Johann J.I. von Döllinger

Christenthum und Kirche in der Zeit der Grundlegung

Johann J.I. von Döllinger

Christenthum und Kirche in der Zeit der Grundlegung

ISBN/EAN: 9783744621434

Hergestellt in Europa, USA, Kanada, Australien, Japan

Cover: Foto ©Lupo / pixelio.de

Weitere Bücher finden Sie auf **www.hansebooks.com**

Christenthum und Kirche

in der

Zeit der Grundlegung.

Von

Joh. Jos. Ign. von Döllinger.

Zweite, verbesserte Auflage.

Regensburg.

Druck und Verlag von Georg Joseph Manz.

1868.

Vorwort.

Es ist nur ein Zeitraum von siebenzig Jahren, mit dessen Darstellung das vorliegende Buch sich befaßt, und zudem ist es im Grunde nur Ein Ereigniß, von welchem hier gehandelt wird, ein Ereigniß und eine Stiftung, welche dem weitaus größten Theile der Zeitgenossen entweder unbekannt blieben oder viel zu unbedeutend schienen, als daß sie es der Mühe werth geachtet hätten, sich näher mit denselben zu beschäftigen. Gleichwohl ist diese Spanne Zeit die wichtigste in der ganzen Geschichte des Menschengeschlechtes. Die Gründung der christlichen Kirche ist der Schluß einer Jahrtausende langen Vorbereitung und Entwicklung und zugleich der Anfangspunkt einer neuen Weltordnung. Die Welt vor Christus, und die Welt nach Christus: dieß ist und bleibt die einfachste und richtigste Eintheilung der Geschichte.

Nur Anfänge sind es, nur die einfache, samenkornartig in sich beschlossene, Fremden ihr Inneres verhüllende Gestalt der apostolischen Urkirche ist es, welche der Betrachtung hier vorliegt. Aber in diesen Anfängen liegen die Kräfte und Keime einer Cultur, welche in ihrer universalen, auf die ganze Menschheit gerichteten Bestimmung nach achtzehn Jahrhunderten noch immer im Werden und im steten Wachsthum begriffen ist, liegt ein Reichthum schöpferischer Ideen, eine Fülle von neuen Gestaltungen in Staat, Kirche, Kunst, Wissenschaft und Sitte beschlossen, welche noch lange nicht erschöpft sind, vielmehr auch noch in künftigen Zeiten Erkenntnisse und Einrichtungen zu Tage fördern werden, die wir jetzt noch kaum zu ahnen vermögen.

Der Naturforscher, der ein Samenkorn öffnet und zerlegt, vermag auch mit dem schärfsten und aufmerksamsten Blicke nicht zu erkennen, welche Pflanzenbildungen dieses Korn potentiell und substantiell schon in sich trägt, vermag nicht die Gestalt zu zeichnen, zu welcher es emporwachsen wird. So würde der scharfsinnigste Römer oder Grieche, wenn er auch die jungen Christengemeinden in seiner Nähe noch so sorgfältig und mit der ganzen ihm möglichen Unbefangenheit beobachtet hätte, entweder auf jede Voraussagung hinsichtlich ihres ferneren Ganges und ihrer künftigen geschichtlichen Stellung verzichtet, oder aber ganz andere Dinge, ja eher das Gegentheil derjenigen Ereignisse und Zustände, die in der Folge sich verwirklichten, in Aussicht gestellt haben. Und nicht blos Heiden, die Christen selber waren noch weit entfernt, die weltbildende Macht und Tragweite der geistigen und sittlichen Kräfte zu überschauen, welche in dem Schooße ihrer Genossenschaft niedergelegt, ihrer Pflege und Verwaltung anvertraut waren. Vor unsern Augen dagegen breitet sich die fast zweitausendjährige Geschichte des Christenthums aus, unser Blick ist im Stande, den mit innerer Nothwendigkeit und Folgerichtigkeit sich vollziehenden Entfaltungsprozeß, diese stete Fortführung und Ausgestaltung zu umfassen und zu ermessen, welche nie über die anfängliche innere Wesensfülle, wohl aber, und weit, über die einfachen Umrisse, die primitiven Formen und Lebensäußerungen des apostolischen Zeitalters hinausgeht. In dem Lichte dieser langen Erfahrung, in welcher jedes Zeitalter als erläuternder Commentar des vorausgegangenen dient, ist uns die Möglichkeit gegeben, tiefer in den Geist der apostolischen Kirche einzudringen, allseitiger ihr Wesen darzustellen, als frühere Geschlechter dieß vermochten. Welches Ziel der Vollständigkeit dem Verfasser des vorliegenden Buches vorgeschwebt habe, wird der Leser ohne Mühe erkennen. Daß es in dieser Darstellung nicht erreicht sei, bekenne ich bereitwillig.

München den 18. September 1860.

Inhalt.

Erstes Buch.

Jesus Christus und die Apostel.

Jesus Christus.

§.

Anfang des öffentlichen Lebens Jesu: der Vorläufer, die
Jugendgeschichte, die Taufe im Jordan, die ersten Jünger . . 1—13
Oeffentliche Wirksamkeit Jesu bis zur Verklärung:
Tempelreinigung. Gespräch mit Nikodemus, mit der Samariterin 14—19
Jesus in Galiläa. Seine Lehrweise. Apostelwahl . . . . . 20—23
Jesu Stellung zum Jüdischen Volke, zu den Priestern und Phari
säern, zu den Aposteln . . . . 24—27
Jesu Wunder und Weissagungen . . . . 28—31
Lehre Jesu:
Ueber Gott, den Vater, und über seine eigene Person; seine ächte
Menschheit und sein Beispiel . . . . 32—38
Ueber Sünde und Satan, Versöhnung und Erlösung, Glaube,
Liebe und wahre Gerechtigkeit, Erfüllung des Gesetzes und
der Verheißung . . . . 39—48
Ueber das Reich Gottes und die Kirche, den Vorrang Petri; die
Vollmachten der Apostel; das Unkraut in der Kirche . . . . 49—62
Schlußakte des Lebens Jesu auf Erden:
Die Verklärung 64
Einzug in Jerusalem, zweite Tempelreinigung, Abendmahl . . 65—70
Leiden und Tod . . . . 71—73
Auferstehung und Himmelfahrt 74
Zahl der hinterlassenen Jünger und Ergänzung der Zwölfzahl . 75—76
Die Ausgießung des heil. Geistes und die ersten Tage
der Kirche . . . . 77—79

Die Apostel.

§.

Petrus. Seine apostolische Thätigkeit zu Jerusalem, Samaria
und Cäsarea . . . . 78—85
Die Diakonen Stephanus und Philippus . . . . 82—83
Gründung der Heidenkirche zu Antiochia 86
Paulus. Bekehrung. Reisen nach Arabien und Jerusalem . . 87—92
Berufung zum Heiden-Apostolate und erste Missionsreise mit
Barnabas . . . . 93—95
Streit über das Gesetz. Apostelconcil. Petrus und Paulus zu
Antiochia . . . . 95—103
Reisen und Briefe bis zur ersten Röm. Gefangenschaft . . . 101—124
Briefe aus der Gefangenschaft. Befreiung. Pastoralbriefe.
Zweite Haft. Hebräerbrief . . . . 125—134
Paulus' Persönlichkeit, apostolische Thätigkeit und Verhältniß zu
den andern Aposteln . . . . 135—142
Petrus. Seine Briefe und sein Verhältniß zur Römischen Kirche 143—150
Neronische Verfolgung. Märtyrertod des Petrus und Paulus
zu Rom . . . . 151—153
Jakobus, der Alphäide, Bruder des Herrn, Bischof von Jerusalem 154—157
Sein asketisches Leben, sein Tod, sein Brief . . . . . . 158—161
Judas und sein Brief 162
Jerusalems Zerstörung und deren Folgen für die Kirche . . 163—167
Johannes, der Apostel und Evangelist. Leben. Briefe. Apokalypse 168—186
Die Anfänge der Häresie und deren Bekämpfung in den apost.
Schriften . . . . 187—195
Die vier Evangelien. Verhältniß des Johannes zu den Syn-
optikern und des Hebräer-Evangeliums zu Matthäus . . . 196—206
Die übrigen Apostel und ihre ersten Jünger . . . . . . 207—208

Zweites Buch.

Die Lehre der Apostel.

1. Schrift und Tradition.

Schrift:
Anlaß und Zweck der apostolischen Schriften . . . . 1—2
Dogmatischer Inhalt und dessen Unvollständigkeit . . . . . 3—5
Individueller Charakter und griechische Sprache . . . . . . 6—7
Uebergang des A. T. nach der Septuag. in die christliche Kirche und
freier Gebrauch desselben im N. T.; Gebrauch nichtkanonischer
Schriften . . . . 8—14
Kanon und Inspiration der neutestamentlichen Schriften . . . 15—17
Tradition:
Ihre Priorität vor der Schrift, Uebergang der Jüdischen Tradition
in die christliche Kirche . . . . 18—20

§.

Verhältniß der Tradition und der Schrift zum christlichen Glauben . 21—22
Erste Fixirung der Tradition 23
Successive Ausbildung und Continuität der Lehre . . . . . . 24—27

2. Die göttliche Trinität. Engel. Dämonen.

Gottheit Christi. Der Logos des Johannes (und des Philo) . . 28—33
Der heilige Geist und sein Werk . . . . 34—36
Die göttliche Trias 37
Das Reich der Engel und der gefallenen Geister . . . . . . 38—42

3. Soteriologie.

Menschwerdung, Versöhnung und Erlösung . . . . 43—52
Sünde und Gesetz, Rechtfertigung und Heiligung . . . . . . 53—92
Universalität der Heilsanbietung, Erwählung und Verwerfung . . 93—97

4. Die Kirche.

Ihre Eigenschaften und Merkmale:
Katholicität (extensive): Die Kirche aus Juden und Heiden, ein Reich
und Gegenreich . . . . 98—102
Intensive Katholicität: Die Kirche als Senfkorn, als Sauerteig,
als Christi Leib . . . . 103—104
Heiligkeit: Die Kirche Christi würdige Braut 105
Einheit. Verbindung des sichtbaren Elementes mit dem unsichtbaren 106—107
Unzerstörbarkeit und Unfehlbarkeit . . . . 108—109
Ihre Aemter und Gewalten:
Dreifaches Amt Christi und Verwaltung desselben durch die Kirche 110—111
Das Priesterthum in der Kirche: spezielles und allgemeines, Fort-
pflanzung des erstern durch Ordination, göttlicher Ursprung alles
Kirchenamtes und Weise der Verwaltung . . . . 112—119
Lehramt: Pflicht und Einheit des Bekenntnisses, Ausschließung jeder
Härese . . . . 120—122
Hirtenamt: Freiheit und Gehorsam der Gläubigen der Kirche gegenüber 123
Die Kirche als Erziehungs- und Heilanstalt, Privilegien ihrer Mit-
glieder . . . . 124—127

5. Gnadenmittel und Opfer der Kirche.

Die Sakramente im Allgemeinen . . . . 128—129
Taufe. Confirmation. Ordination. Krankensalbung . . . . . 130—135
Die Eucharistie als Sakrament und Opfer . . . . 137—150

6. Die letzten Dinge. Die Zukunft der Welt und der Kirche.

Tod. Seligkeit. Reinigungszustand. Hades. Himmel. Die Kirche hier
und dort . . . . 151—159
Die entkleidete Seele. Die Gehenna. Auferstehung u. Auferstehungsleib 160—164
Wiederkunft Christi. Weltgericht. Welterneuerung. Gott Alles in Allem 165—169
Weissagungen Christi über seine Parusie. Ungewißheit des Zeitpunktes 170—173
Der Antichrist bei Johannes und Paulus. Der Frevel am Tempel.
Die Apostasie . . . . 174—187

Drittes Buch.

Verfassung, Gottesdienst und sittlich-religiöses Leben in der apostolischen Kirche.

§.

1. Die Apostel und die Gemeinden. Petrus. Erste Gliederung des Amtes. Aelteste oder Aufseher und Diakonen . . . . . . 1—12
2. Das Episkopat . . . . 13—33
3. Die Diakonissen . . . . 34—35
4. Eigenschaften, Auswahl, Unterhalt der Kirchendiener . . . . 36—41
5. Die Geistesgaben . . . . 42—47
6. Die Taufe . . . . 48—53
7. Buße, Beichte und Kirchenzucht . . . . 54—60
8. Der Gottesdienst der Gemeinde . . . . 61—68
9. Wochen- und Jahresfeste . . . . 69—72
10. Das Gebet. Leiden und Märtyrerthum . . . . 73—82
11. Askese. Virginität und Cölibat. Gelübde . . . . . . 83—99
12. Das weibliche Geschlecht in der Kirche. Keuschheit. Ehe und Ehescheidung . . . . 100—118
13. (korrig. statt 14.) Armuth, Reichthum und Arbeit. Eigenthum und Almosen. Nächstenliebe. Menschenachtung. Sklaverei . 119—131
14. Christenthum und Freiheit. Pflichten gegen die Staatsgewalt. Die Stellung der Christen im Römischen Reiche . . . . . 132—146
15. (korrig. statt 16.) Tod und Leichnam . . . . 147—148
Beilage I. Geschichte der Erklärung des Abschnittes vom Menschen der Sünde im zweiten Briefe an die Thessalonicenser.
Beilage II. Das Recht des Synedriums über Leben und Tod.
Beilage III. Ueber die Aussprüche Jesu von der Ehe.

Erstes Buch.

Jesus Christus und die Apostel.

---

1. Das unter Herodes vereinigte Jüdische Königreich war nach dessen Tode wieder zerschlagen worden, und eben — im Jahre 779 der Stadt Rom — waltete in dem zur Römischen Provinz gewordenen Judäa der Procurator Pontius Pilatus, während der Gebieter des römischen Weltreiches in freiwilliger Verbannung ferne von Rom auf der Insel Capreä sein Alter durch schmutzige Wohllust schändete, während sein Günstling Sejanus die zitternden Bewohner der Hauptstadt fühlen ließ, wie ohnmächtig und schutzlos sie gegenüber der neuen zur blutigen Tyrannei gewordenen Kaisergewalt seien — da trat im entlegensten südöstlichen Winkel des Reiches, in jenen wüsten Gegenden, welche westlich vom todten Meere bis hinauf an die Einmündung des Jordans reichten, ein Bußprediger auf, Johannes, der Sohn des jüdischen Priesters Zacharias [1]).

2. Mit ihm erneuerte sich das alte, seit Jahrhunderten erloschene, jüdische Prophetenthum, dessen letzter und größter Träger er war. Was keiner der frühern Propheten hatte verkündigen können, daß der Verheißene und sein Reich schon ganz in der Nähe sei, dieß zu verkündigen und dem Kommenden den Weg zu bereiten, war ihm beschieden. Johannes sollte der letzte und nächste Vorbote des neuen Glaubensreiches, der Herold seines schon auf Erde weilenden, aber noch verborgenen und unbekannten Stifters sein.

[1]) Luc. 3, 1. seq.

3. Auf ihm ruhte der Eifer und der furchtbar strafende Feuergeist des Elias [1]); mit den schärfsten Worten rügte er die herrschenden Sünden der herrschenden Stände; aber auch die ganze Nation schien ihm unrein und unwürdig der großen Bestimmung, die eben jetzt ihr zu Theil werden sollte; nicht nur die Aufrichtung des Messianischen Reiches, auch eine Ausscheidung und ein großes Strafgericht werde, verkündigte er, an die Erscheinung des Messias geknüpft sein [2]).

4. Ein halbes Jahr wirkte er auf das Volk durch seine Predigt, bevor er es zur Taufe im Jordan rief. Diese Taufe war eine äußerliche und prophetische. Johannes taufte blos mit Wasser; er der von ihm Angekündigte sollte eine, höhere Kräfte gewährende, Feuer- und Geistestaufe einführen [3]). Für jetzt aber sollten die Menschen durch das Ablegen ihrer Kleider bei dem Wasserbade ihre Bereitwilligkeit, den alten Menschen auszuziehen, durch die Eintauchung das Verlangen, von ihrem sittlichen Schmutze gereiniget zu werden, kund geben.

5. Am Jordan taufend harrte Johannes Desjenigen, den er, ohne ihn selber noch zu kennen, ankündigte. Daß ein wunderbares Zeichen vom Himmel ihm den Erwarteten kenntlich machen werde, war ihm verheißen [4]). Da nahte sich ihm ein Jüngling, in dem er einen nahen Verwandten von Mutter-Seite erkannte. Dieser junge Mann, Jesus, war der Sohn eines armen, in dem Galiläischen Städtchen Nazareth wohnenden Weibes, und das Geheimniß seiner vaterlosen Empfängniß war nicht über die Wände des Hauses zu Nazareth hinausgedrungen, vor der Welt galt er für den Sohn des Zimmermanns, der seiner Mutter Gatte gewesen. In einem Stalle zu Bethlehem hatte er das Licht der Welt erblickt, eine Krippe war seine Wiege gewesen. Vor den Mordanschlägen des Herodes hatten Pflegevater und Mutter das Kind nach Aegypten geflüchtet. Von dort zurückgekehrt und zum Gewerbe seines Pflegevaters erzogen, hatte er, als der „Zimmermann" in Nazareth, still und unbeachtet dahin gelebt; nur einmal, als der zwölfjährige Knabe seine Aeltern auf einer Festreise nach Jerusalem begleitete, hatte seine frühreife Schrifteinsicht vorübergehende Aufmerksamkeit erregt. Das war aber längst vergessen, seine nächste Umgebung hatte nichts Außerordentliches an ihm wahrgenommen, so zwar, daß, als er nachher öffentlich zu

---

[1]) Matth 11, 14. Luc. 1, 17. — [2]) Matth. 3, 7 fg. Luc. 3, 7 ff. — [3]) Matth. 3, 11. Joh. 1, 26. 33. — [4]) Joh. 1, 33.

lehren begann, seine Verwandten meinten, er sei von Sinnen gekommen, und sich seiner Person bemächtigen wollten[1]).

6. In Johannes erwachte plötzlich die Ahnung, daß dieser und
kein anderer der Gegenstand der allgemeinen Sehnsucht, der längst-
erwartete Messias, dieser jener Stärkere sei, dem er selber, wie er
vorhergesagt hatte, die Schuhriemen aufzulösen nicht würdig sei.
Und damit erkannte er, daß dieser Jüngling seiner Taufe, der Bußtaufe, nicht bedürfe, daß er, diesem Heiligen gegenüber der Unreine,
ihm nichts zu bieten habe. Abwehrend sagte er ihm: ich bin es,
der deiner Taufe bedürfte, und du kommst, von mir dieses Zeichen
der Schuld und Buße zu empfangen? Der Sohn Mariens aber
bestand darauf, daß er von ihm getauft werden müsse; denn so ge-
ziemt es uns, sprach er, alle Gerechtigkeit zu erfüllen. Gerecht
nemlich war es für ihn, daß er der göttlichen Sendung seines Vor-
läufers und der höhern Anordnung der von ihm gespendeten Taufe
das bestätigende Siegel des eigenen Empfangs aufdrückte; gerecht auch
war es, daß er, dem die Aufgabe geworden, die Last seines Volkes
zu tragen, sich als ein Sohn dieses Volkes unter das Zeichen der
nationalen Schuld und Befleckung beugte. Zugleich hatte diese Taufe
bei ihm die Bedeutung eines Gelübdes für die Zukunft, ein nur der
Erfüllung des göttlichen Willens gewidmetes Leben zu führen.

7. Doch diese freiwillige Erniedrigung gestaltete sich für ihn
zur Verherrlichung, für Johannes zu dem verheißenen Zeichen, an
welchem er den Messias erkannte. Beide vernahmen bei der Taufe
die Stimme vom Himmel: „Dieß ist mein geliebter Sohn, an dem
ich mein Wohlgefallen habe"; beide sahen aus dem geöffneten Himmel
die Taube herabschweben und sich ruhend auf Jesus niederlassen[2]).
So wurde die Taufe und was sie begleitete, die Einweihung Jesu
zu seinem messianischen Amte. Als König, Prophet und Hoherpriester
des neuen Reiches hatte er durch diese Taufe und die Ueberschattung
des heiligen Geistes die Weihe empfangen, wie nach dem alten Gesetze[3]) der Hohepriester durch die Abwaschung mit Wasser und durch
die Ausgießung des Salböls auf sein Haupt eingeweiht wurde.

8. Viel weiter und tiefer schauend als die Masse des Volkes,
der die Vorstellung eines leidenden, sich aufopfernden Messias damals noch so fremd war, zeigte Johannes seinen Jüngern bereits in
Christus das gottgeweihte Lamm, welches für die Sünden der ganzen

---

[1]) Marc. 3, 21. — [2]) Matth. 3, 13 ff. Marc. 1, 9—11. Luc. 3,
21—23. Joh. 1, 32. — [3]) 2. Mos. 29. 4. 7.

Welt sich selber zu opfern bestimmt sei[1]). Ten Abgeordneten des Synedriums, des höchsten geistlichen Gerichtes, die ihn um seine Würde und Beglaubigung befragten, hatte er schon erklärt, daß nicht er, sondern ein anderer bereits unter ihnen Wandelnder der Messias sei[2]); durch solche Hinweisungen führte er diesem die ersten Jünger zu. Sein Amt war eigentlich mit der Taufe Jesu vollbracht, obgleich er noch fortfuhr zu taufen. Noch einmal erklärte er, das Ansehen Jesu müße wachsen, während das seinige abnehme[3]).

9. Herodes Antipas, Vierfürst von Galiläa, hatte anfänglich dem strengen Bußprediger, der auch ihm den Spiegel seiner Missethaten vorhielt, einiges Gehör geschenkt; als aber Johannes auch die blutschänderische Verbindung rügte, in der Herodes mit seines Bruders Gattin und seiner eigenen Nichte, Herodias, lebte, da ließ dieser den Propheten auf der Festung Machärus gefangen setzen, theils um ihn vor der Rache der Herodias zu verwahren, theils auch, weil er dessen Einfluß auf das leicht aufzuregende Volk fürchtete[4]).

10. Die Kunde, welche der Täufer im Kerker von der Haltung und Wirksamkeit Jesu erhielt, weckte Bedenken in ihm. Es schien ihm, daß er, der so viele Wunderheilungen vollbringe, doch nur als einer der Propheten, als ein Verkünder des kommenden Himmelreiches, nicht aber als dessen Bringer und König auftrete. Nicht dieses stillere Wirken Jesu, dieses Zurückhalten hatte er erwartet, sondern vielmehr eine rasche Entfaltung messianischer Hoheit und richterlicher Macht, wie er selber drohend sie den erschreckten Juden als ein nahe bevorstehendes Ereigniß vorgehalten hatte. Teßhalb schickte er zwei seiner Jünger an Jesus mit der Anfrage: Bist du der Kommende, der Messias, oder haben wir diesen in der Person eines Andern erst noch zu erwarten? Diese Frage schloß wohl den Wunsch und die Hoffnung in sich, daß Jesus, so gedrängt, offen zu seinem messianischen Berufe sich bekennen und zum Troste aller sehnsüchtig den Moment Erwartenden auch den Titel sich aneignen werde.

11. Jesus, den die Boten von wunderbar Geheilten umgeben fanden, wies sie auf diese seine Werke hin: was sie hier gesehen und gehört, sollten sie ihrem Lehrer berichten, wie durch seine Kraft Blinde sähen, Lahme giengen, Taube hörten, Aussätzige geheilt würden, Todte auferständen und den Armen, den leiblich Bedürftigen sowohl, oder den Geringsten im Volke, als den geistig Armen,

---

[1]) Joh. 1, 29. — [2]) Joh. 1, 19 ff. — [3]) Joh. 3, 30. — [4]) Matth. 14, 1 ff. Marc. 6, 14—29. Luc. 3, 19. 20.

oder Frommen frohe Botschaft verkündigt werde. Johannes mußte sich erinnern, daß damit die messianische Verheißung der alten Propheten[1] erfüllt war. Es war ihm hiemit das kräftigste Ja auf seine Frage geantwortet[2]).

12. Die Wahrnehmung, daß die Juden zuerst den Täufer begierig aufgesucht hatten, um einen Propheten zu sehen, jetzt aber den Gefangenen leichtsinnig mißachtend, geringschätzig über seine Person und seine Sendung urtheilten und seine Worte vergaßen — diese Wahrnehmung veranlaßte Jesum, seinerseits bei dieser Gelegenheit ein feierliches Zeugniß von der Würde und Größe des Johannes vor dem Volke abzulegen. Er ist, erklärte er, der größte unter den Propheten und damit unter allen von Weibern Geborenen, ja mehr als ein Prophet[3]), denn er hat verkündigt, was keiner der früheren Propheten hatte verkünden können, die Nähe, die Gegenwart des Verheißenen und des Gottesreiches mit ihm; er weiß mehr vom Messias, hat ein vollständigeres und reineres Bild von ihm entworfen, als das war, welches die alten Propheten und das ganze Volk nach ihnen von ihm sich zu bilden vermochten.

13. Unter den Schülern Johannes des Täufers hatte Jesus seine ersten Jünger gefunden. Angeregt durch das Zeugniß, das ihr Lehrer dem bisher Unbekannten gab, schlossen sich Andreas und ein Anderer, unter dem der vierte Evangelist sich selber meint, Jesu an. Der Erstere führte dem Herrn sofort auch seinen Bruder Simon zu, in welchem Jesus auf den ersten Blick die Charakterzüge erkannte, die ihn zum künftigen Felsen seiner Kirche eigneten; prophetisch gab er ihm daher den Namen Fels, Kephas oder Petrus. Auf dem Wege nach Galiläa wurde ein Vierter, Philippus, gleich Andreas und Simon aus Bethsaida, von Jesus zur Nachfolge berufen. Sofort kam Nathanael oder Bartholomäus hinzu; als ihm Philippus ankündigte, daß der wahre Messias in der Person des Zimmermanns-Sohnes von Nazareth gefunden sei, hatte er zweifelnd gefragt, ob aus einem Städtchen, dessen Ruf so ungünstig war, etwas Gutes kommen könne. Aber sein Zweifel schwand, als Jesus ihm zeigte, daß er von einem bedeutungsvollen Moment in dessen Leben, von dem Nathanael allein zu wissen glaubte, Kunde habe. Zugleich verhieß der Erlöser ihm und den Uebrigen, daß sie von nun an größere Dinge sehen würden; in seiner Schule, seinem Dienste, würde

[1] Jesai. 35, 4—6. vgl. 16, 1 sq. — [2] Matth. 11, 1—6. Luc. 7, 18—23. — [3] Matth. 11. 7 sq.

ihnen ein Blick in den geöffneten Himmel, in die Tiefe der göttlichen Rathschlüsse vergönnt sein, würden sie Zeugen sein seines steten,
wie durch auf- und absteigende Engel vermittelten, Wechselverkehrs
mit Gott, und der höheren Kräfte, die er als himmlische Mitgift auf
die Erde herabgebracht[1]). Von diesen Kräften gab er den ersten
Beweis auf der Hochzeit zu Kana in Galiläa, welcher er mit seiner
Mutter und seinen Jüngern beiwohnte, indem er hier Wasser in
Wein verwandelte[2]).

14. Während seines Aufenthaltes in Judäa, als er mit den
Seinigen zum Passahfeste des Jahres 780 nach Jerusalem gereist
war, vollbrachte er eine That, die an sich jeder Zelot oder Eiferer
für das Gesetz hätte unternehmen können, die aber bei ihm zugleich
Kundgebung seiner höhern Würde und seines Messiasberufes war:
er reinigte das Haus seines Vaters, d. h. er übte hier Hausrecht
als der Sohn Dessen, dem der Tempel gehörte, indem er die Käufer
und Verkäufer austrieb[3]). Damit kündigte er bereits an, daß er
jener verheißene Messias sei, dem das reformatorische Recht der
Tempelreinigung zustand[4]). Daß er keinem Widerstand begegnete,
das lag freilich nicht in einer Anerkennung seiner Würde und seines
Rechtes, sondern in der Ueberraschung, die sein plötzliches zuversicht-
liches Verfahren hervorbrachte, und noch mehr in der überwältigen-
den Macht seiner Persönlichkeit, wie auch später die aus ihrer gewöhnlichen Verhüllung hervorbrechende Majestät seines Wesens in
Wort und Blick die gegen ihn geschickten Schergen entwaffnete und
zu Boden warf[5]).

15. Die That Jesu warf einen Schatten auf die Priesterschaft,
die dieses Unwesen im Tempel bisher begünstigt hatte, und während
die Jünger dadurch an jenen verzehrenden Eifer für Gottes Haus
gemahnt wurden, von dem der messianische Psalm redet[6]), begehrten die Pharisäer, er solle seine Berechtigung zu dieser That des
Eifers für Gottes Ehre dadurch nachweisen, daß er sich durch ein
Wunder als einen gottgesandten Propheten oder als den Messias
legitimire. Jesus antwortete ihnen: Brechet diesen Tempel ab und
in drei Tagen werde ich ihn wieder aufrichten. Damit wies er auf
seinen Leib als den wahren Tempel, in welchem die Gottheit wohne,
hin, und gewährte ihnen zugleich das Zeichen einer doppelten Weissagung, seines Todes und seiner Auferstehung. Sie aber, denen

---

[1]) Joh. 1, 35—51. — [2]) Joh. 2, 1 ff. — [3]) Joh. 2, 14. ff. — [4]) Mal.
3, 1—3. — [5]) Joh. 7, 46; 18. 6. — [6]) Ps. 68, 10.

dieser Sinn freilich für jetzt unverständlich sein mußte, fragten ihn höhnisch, ob er ein Gebäude, an welchem man 46 Jahre gebaut, in drei Tagen aufrichten wolle?[1])

16. Die zahlreichen Heilungen, welche Jesus damals in Jerusalem vollbrachte, erregten bei vielen den Glauben, daß er ein gottgesandter Prophet sei oder der erwartete Messias selber; er aber, der die Unzuverlässigkeit dieses blos äußerlichen, durch gesehene Wunder bewirkten Halbglaubens durchschaute, vertraute solchem weder seine Person, noch seine ächte geheimere Lehre an; er wußte, daß die, deren Glauben ein lebendiger, tiefer gehender war, ihm nachgehen und nicht rasten würden, bis er sie in den Kreis seiner Jünger aufgenommen. Darum erlangte Nikodemus — Beisitzer des Synedriums — von ihm bei seinem nächtlichen Besuche eine tiefere Einsicht in seine Sendung und wahre Lehre. Diese Unterredung, durch welche Nikodemus zu erfahren wünschte, ob Jesus der Messias sei, zeigte, wie schwer es einem unter der Herrschaft der damaligen jüdischen Anschauungsweise stehenden Pharisäer wurde, die großen Wahrheiten, auf denen die Lehre Jesu ruhte, nur zu verstehen.

17. Kein Sterblicher, eröffnete hier Jesus dem staunenden Lehrer der Juden, ist je in den Himmel hinaufgestiegen, um dort Gottes Rathschlüsse zu erforschen, ich allein war dort, obgleich jetzt als Menschensohn erscheinend; von dorther bin ich, den Menschen ein Mensch zu sein, auf die Erde herabgestiegen und verkünde nun als der gewissefte Zeuge dessen, was ich dort geschaut, den Menschen Gottes Rathschluß über ihr Heil. Obgleich ich jetzt in menschlicher Hülle auf Erden gegenwärtig bin, stehe ich doch in steter Gemeinschaft mit Gott und führe zugleich ein überirdisches Dasein. In seiner erbarmenden Liebe zur Menschheit hat Gott mich, seinen Eingebornen, mit der Bestimmung gesandt, am Todespfahle erhöht und öffentlich zur Schau gestellt, und dadurch allen auf dieses göttliche Heilmittel gläubig Vertrauenden eine Quelle der Rettung zu werden, nach dem Bilde jener Schlange, welche einst in der Wüste aufgerichtet wurde, damit die von Schlangenbissen Erkrankten durch gläubiges Hinschauen auf sie geheilt würden[2]). Aus diesem Tode fließt die Kraft jener Wasser- und Geistestaufe, an welche die Wiedergeburt zu einem neuen Leben und zum Eintritt in das von mir zu stiftende Gottesreich geknüpft ist.

18. Da Jesus wahrnahm, daß er durch seinen Einfluß auf das

---

[1]) Joh. 2, 18–20. — [2]) Joh. 3, 14. 4. Mos. 21, 9.

Volk für die Pharisäer-Partei bereits Gegenstand der Aufmerksamkeit und des Argwohns geworden sei, beschloß er, sich nach Galiläa (Spätherbst 780) zurückzuziehen, wo er der Ueberwachung und den Nachstellungen jener Partei weniger ausgesetzt war. Sein Weg führte ihn durch Samarien, welches die Strenggesetzlichen unter den Juden bei ihrem Hasse gegen die Samariter lieber durch einen über Peräa genommenen Umweg zu vermeiden pflegten. Bei Sichem ließ Jesus sich mit einem Samaritischen Weibe in ein Gespräch ein, welches ihn darauf führte, einerseits das gute Recht des jüdischen Gottes-dienstes gegen den willkürlich ersonnenen Samaritischen zu behaupten, andererseits aber auf das Vergängliche beider Culte und auf den be-ginnenden neuen, an keine Stätte gebundenen hinzuweisen. Ihr Sa-mariter, sagte er dem Weibe, huldiget Gott durch Opfergebräuche, die ihr eigenmächtig erfunden oder nachgeahmt habt, die für euch, die Verwerfer der Propheten und der ganzen auf den Messias hin-weisenden fortschreitenden Offenbarung, keinen Sinn und keinen In-halt haben. Wir in Judäa dagegen, wir, von denen das messiani-sche Heil kommt, feiern den gesetzlichen vorbildlichen Opferdienst auf Sion. Doch dieser Zank um Garizim oder Sion wird demnächst ein Ende nehmen, denn die Stunde ist gekommen, wo die wahren An-beter Gottes ihm dienen werden, nicht mit legalen, vorbildlichen, an diesen oder jenen Ort oder Tempel gebundenen Ceremonien, nicht mehr mit dem Blute der Böcke oder Lämmer, sondern mit einem Opfer, das der geistigen Natur Gottes angemessen, selbst Geist und Wahrheit sein wird; denn mit den ganz geistigen Akten des Gebetes, der Anbetung, der Liebe und der Hoffnung wird es als das Eine in seiner Wirklichkeit verhüllte, unblutige Opfer des neuen Bundes, fortan dargebracht werden[1]), soweit nur die Gemeinde der Gläubigen reicht.

19. Was Jesus bisher noch nicht gethan, nicht in Jerusalem oder Judäa oder Galiläa, das that er hier in Samarien, er erklärte der Frau unumwunden, er sei der Messias, und schenkte den von ihr herbeigerufenen Bewohnern von Sichem zwei Tage seines Lebens, sie im Glauben an ihn zu befestigen. Dieß konnte er unbedenklich thun unter einem Volke, mit dem die Juden in keinem Verkehr standen, wo es keine lauernden Schriftgelehrten und Pharisäer gab, und wo er nicht fürchten durfte, daß die Anerkennung seiner Messiaswürde sofort eine politische Empörung gegen die Römerherrschaft entzünden würde.

20. Von Samaria gelangte Jesus nach Galiläa, wo er nun

---

[1]) Joh. 4, 1 sq.

besser aufgenommen wurde als früher, da die von Jerusalem zurück-
gekommenen Galiläer den Ruf seiner Thaten und Lehren bereits verbreitet hatten. Von da an brachte er einen großen Theil seines
öffentlichen Lebens in diesem fruchtbaren, dichtbevölkerten Lande zu [1]).
In Jerusalem und in Judäa entwickelte sich schon frühzeitig eine
feindselige Stimmung wider Jesus bei den einflußreichen Klassen und
den Volksführern. Besonders seitdem er an einem Sabbath des
Laubhüttenfestes einen Kranken geheilt, und dann, deßhalb sich ver-
theidigend, sich als den Sohn Gottes bezeichnet hatte, trachteten sie
ihm als einem Sabbathschänder und Gotteslästerer nach dem Leben [2]).
Darum wollte er lieber in Galiläa als in Jerusalem und der Ju-
däischen Landschaft, dem eigentlichen Sitz des Pharisäerthums und
der Gesetzeskundigen, leben und wirken. Dort wohnte, untermischt
mit Heiden, der am wenigsten geachtete, aber auch am meisten sich
selbst überlassene Theil Israels. Aus Galiläa, hieß es bei den Pharisäern, kann kein Prophet kommen [3]). Da er jedoch alle Gerechtigkeit eines Juden erfüllen, sich ganz als treuer, religiös gewissenhafter
Sohn seines Volkes zeigen wollte, führten ihn die hohen Feste immer
wieder auf kurze Zeit nach Jerusalem [4]).

21. Von dem Städtchen Kapernaum aus, wohin er vom allzu
entfernt liegenden Nazareth, von seiner Familie sich für immer tren-
nend, seine Wohnung verlegt hatte [5]), unternahm Jesus seine Wanderungen, auf denen er allmählig ganz Galiläa durchzog, überall in
den Synagogen lehrend. Doch weilte er am häufigsten in den Um-
gebungen des Sees von Tiberias. Er vermied es, die bedeutenderen
Städte des Landes zu betreten, er kam nicht nach Tiberias, der Re-
sidenz des Vierfürsten Herodes, nicht nach Sephoris, Gadara, der
festen Stadt Giskala. Nur in den kleineren Landstädtchen und Flecken
lehrte und wirkte er, auch hierin seinem Plane treu, sich nicht vor-
zeitig in Gefahr zu bringen, und einen Aufruhr, der sich in den zu-
sammengedrängten Massen größerer Städte leichter entzünden könnte,
zu vermeiden. Dabei umging er auch die Mitte des Landes, wo die
ächtjüdische Bevölkerung saß, und suchte lieber die Grenzbezirke oder
auch abgelegene Gegenden auf, theils um ungestört sich dem Gebete
zu überlassen, theils um dem Andringen des wundersüchtigen und
nach einem politischen Messias begierigen Volkes zu entgehen, das
ihn wirklich einmal zum König auszurufen beabsichtigte [6]), wiewohl es

---

[1]) Joh. 4, 43 fg. — [2]) Joh. 5, 16. 18. — [3]) Joh. 7, 52. — [4]) Joh.
5, 1 fg. 7, 10 fg. — [5]) Matth. 4, 13. — [6]) Joh. 6, 15.

in raschem Umschlage zu andrer Zeit wieder seine Person preiszu-
geben bereit war.

22. Zwei Jahre und einige Monate währte seine öffentliche Lehrthätigkeit. Auf seinen Wanderungen pflegten ihm außer
den Zwölfen auch einige Frauen, zum Theil Verwandte, zu folgen.
Ein weiterer Kreis von siebzig Jüngern scheint nur hie und da in
seiner Nähe sich befunden zu haben, sonst aber seinem Gewerbe nach-
gegangen zu sein. Liebreich sich herablassend zu der Fassungskraft der
Geistesarmen und Geistig Unmündigen, kleidete er seine Lehren in
Sprüche, in anschauliche, von der Natur und dem menschlichen Thun
entlehnte Gleichnisse und Beispiele. Er schöpfte aus den Büchern
des Alten Testaments, er stützte sich auf die allgemein bekannte und
herrschende Lehre; aber er behandelte zugleich die heiligen Bücher als
ein Herr und Meister, der, ohne von irgend einem menschlichen
Lehrer gebildet zu sein, ohne das Geistesgepräge irgend einer Schule
oder Partei zu tragen, vielmehr hoch über diesen Schranken stehend,
aus einer ihm eigenthümlichen höhern Erkenntniß Licht und Klarheit
in jene Bücher hineintrug. Völlig und in jeder Beziehung zeigte er
sich als ein ächtes und treues Glied der Jüdischen Nationalität und
des Jüdischen Kirchenthums. Wie er als Kind das National- und
Bundeszeichen der Beschneidung empfangen hatte, so beobachtete er
auch seit seinem öffentlichen Hervortreten das rituelle Gesetz. Auch
die Sabbathfeier verletzte er nicht, obgleich er durch die Ausdehnung,
welche man ihr durch spätere willkürliche Satzungen gegeben hatte, sich
nicht binden lassen wollte. In der Bergpredigt forderte er bezüglich des
Sittengesetzes eine noch strengere Gerechtigkeit, als in dem Buchstaben
der Satzung und in dem damaligen Verständnisse und der Uebung der
Juden lag: aber die Werke dieses Gesetzes sollten von selbst aus der
reinen Wurzel eines geheiligten, ganz an Gott hingegebenen Willens
gleich den Früchten eines guten Baumes hervorwachsen. Die Gerechtigkeit
in seinem Reiche sollte das Gegentheil sein von jener so scharf von ihm
gerügten dünkelhaften, selbstgefälligen und oft heuchlerischen Werkgerechtigkeit der Pharisäer. Dabei sah er wohl voraus, daß die große Mehrheit seines Volkes ihn und seine Lehre zuletzt verwerfen werde. Man
nahm Aergerniß an der Niedrigkeit seiner Herkunft[1]), an seinem
Umgange mit Zöllnern und Sündern[2]), und daß er den herrschenden
Haß gegen die Römerherrschaft und die Begierde, sie abzuwerfen,
nicht theile. Die Pharisäer und Schriftgelehrten aber sahen in ihm

---

[1]) Marc. 6, 3. — [2]) Matth. 9, 11.

einen gefährlichen, ihr Ansehen und ihren Einfluß auf das Volk be-
einträchtigenden Nebenbuhler. Sein ganzes Leben war so, daß er
auch seine Feinde herausfordern durfte, ihn einer Sünde oder eines Irrthums zu zeihen[1]). Die ihm zuletzt überallhin folgenden Späher und
Auflauerer vermochten nichts, was auch nur einen Schatten auf ihn
geworfen hätte, zu entdecken. Er aber lehrte und wirkte von Anfang
an mit dem vollen Bewußtsein, den Haß der Menschen zu wecken
oder zu steigern, und als Opfer dieses Hasses sein Leben hingeben
zu müssen.

23. Das Himmelreich sei nahe, verkündigte er auf seinen ersten
Wanderungen, und die Begründung desselben auf Erden sein Beruf[2]). Jetzt erst berief er jene vier galiläischen Fischer, die sich ihm
früher schon einmal angeschlossen hatten, Andreas und dessen Bruder
Simon, dann Johannes und Jakobus, zu lebenslänglicher ungetheilter
Thätigkeit in seinem Dienst und Auftrag[3]). Auch Thomas und Nathanael schlossen sich ihm nun wieder an. Aus der Menge der allmählig
um ihn sich sammelnden Schüler und Anhänger wählte Jesus sich
einen engern Kreis von Männern, mit denen er eine vertrautere
Gemeinschaft, eine Art von Haus- und Tischgenossenschaft errichtete.
Diese Zwölf, Alle galiläische Bauern, Fischer und Zöllner, sollten
den Grund seiner zu erbauenden Kirche abgeben, sollten, entsprechend
den zwölf Stämmen Israels, die zwölf Patriarchen des neuen Israel
sein. Zu dem so wichtigen Werke dieser Auswahl hatte er sich eine
Nacht im einsamen Gebete vorbereitet[4]). Apostel, Gesandte, nannte
er sie. Sechs von ihnen hatten ihn schon beim Anfange seines Lehramtes begleitet, nämlich die zwei Brüderpaare Petrus und Andreas, Jakobus und Johannes, die Söhne des Zebedäus, nebst
Philippus und Bartholomäus (Nathanael). Zu diesen kamen
nun noch Thomas (Didymus) und Matthäus (Levi) der Zöllner,
ferner zwei Geschwisterkinder (Brüder) Jesu, die Söhne des Alphäus,
Jakobus und Judas Thaddäus; endlich Simon, dessen Beiname
Zelotes zeigt, daß er früher zur Partei der gegen die Fremdenherr-
schaft Eifernden gehört habe, und Judas Ischarioth, der allein kein
Galiläer gewesen zu sein scheint.

24. Er also, der arme Zimmermanns-Sohn, und seine galiläischen Fischer und Zöllner — das waren die Kräfte, durch welche

---

[1]) Joh. 8, 46. — [2]) Matth. 4, 17. Marc. 1, 14 sq. — [3]) Matth.
4, 18 sq. Marc. 1, 16 sq. Luc. 5, 1 sq. — [4]) Luc. 6, 12 sq. Matth.
10, 1 sq. Marc. 3, 13 sq.

der größte Umschwung, der jemals in der Geschichte des menschlichen
Geschlechtes vor sich gegangen, vollbracht werden sollte. Nachdem er
sein Lehramt begonnen, konnte er eigentlich nirgends mehr mit Sicherheit wohnen. Als er einmal in seiner Vaterstadt Nazareth
lehrend in der Synagoge auftrat, wollten die erbitterten Einwohner
ihn von der steilen, an der Stadt sich hinziehenden Felsenwand herab-
stürzen, und nur durch ein Wunder entzog er sich ihren Händen[1]).
So zog er denn, begleitet von seinem engeren Jüngerkreise und von
Frauen, welche aus ihrer Habe die Bedürfnisse des Herrn und seiner Schüler bestritten, in Galiläa von Stadt zu Stadt, von Dorf
zu Dorf[2]). Ueberall im Volke wurde er als eine bedeutungsvolle
und außerordentliche Erscheinung betrachtet, die mit dem zu erwartenden Messias selbst in Verbindung stehe, als dessen Vorläufer auftrete. Da Johannes mittlerweile auf des Herodes Antipas Befehl enthauptet worden war, so sahen die Einen den auferstandenen
Täufer in ihm, die Andern den Elias oder sonst einen wiedererweck-
ten Propheten des Alterthums[3]). Bei so fleischlichen Erwartungen
und Aufruhrgedanken, wie sie sich in dem Wahne und der Sehnsucht des Volkes an den Messias knüpften, konnte Jesus auch nicht
einmal wünschen, daß sie jetzt schon, vor seinem Leiden, ihr Messias-
Phantom auf ihn übertrügen, so daß er sogar den Jüngern verbot,
von seiner Würde zu reden[4]).

25. Wohl zollte er den Pharisäern und Schriftgelehrten seiner
Zeit die Anerkennung, daß sie auf dem Stuhle Mosis säßen und im
rechtmäßigen Besitze der Lehrautorität seien[5]); aber dabei machte doch
der ganze Zustand des Volkes den Eindruck auf ihn, daß es rath-
los, sich selbst überlassen, Verführungen preisgegeben, eine Heerde
ohne Hirten sei[6]). Das Mitleid mit dem Volke bestimmte ihn,
schon eine vorläufige Aussendung der Apostel eintreten zu lassen; zwei
und zwei sollten sie im Lande umherziehen, ausgerüstet mit der Kraft
der Krankenheilung, um überallhin die Kunde von seiner Erscheinung und von der Nähe des Gottesreiches auszubreiten. Ein ande-
resmal sandte er auch den weitern Jüngerkreis, den er um sich gebildet hatte, die Siebenzig, aus, um in den Orten, wohin er nach
ihnen kommen wollte, das Volk auf sein Auftreten und seine Lehre
vorzubereiten[7]).

---

[1]) Luc. 4, 29. 30. — [2]) Luc. 8, 1 sq. — [3]) Matth. 16, 14. —
[4]) Matth. 16, 20. — [5]) Matth. 23, 2. — [6]) Matth. 9, 36. — [7]) Luc.
10, 1 sq.

26. Mehr als einmal schwebte er, durch wilden Volkstumult bedroht, in Lebensgefahr[1]. Lauernd und spähend folgten Pharisäer ihm fast überall hin. Doch flößte ihnen seine Persönlichkeit auch eine gewisse Scheu ein, die lange ihre Hände zurückhielt. Wohl sendete das Synedrium einmal Tempeldiener ab, ihn zu verhaften und vorzuführen; aber diese, durch die Macht seines Wortes entwaffnet, vermochten den Befehl nicht zu vollstrecken[2]. Schriftgelehrte wurden von Jerusalem aus abgeschickt, mit dem Auftrag, ihm beobachtend nachzugehen. In Galiläa sowohl als in Judäa boten die überall zerstreut lebenden Pharisäer ihren Einfluß bei dem Volke auf, dem seinigen entgegen zu wirken. In der Hauptstadt gab es bereits unter den Priestern und Schriftgelehrten Männer, die ihn als einen des Todes würdigen Gesetzesverächter betrachteten und ernstlich beriethen, wie man ihn bei Seite schaffen könne[3]. Er schien ihnen eine absichtliche Mißachtung ihrer Satzungen kund zu geben, er lehrte die Menschen, daß ihre Gerechtigkeit eine andere und bessere als die äußerliche und eingebildete der Pharisäer mit ihrem Scheine ängstlicher Gesetzeserfüllung werden müße[4]. Sie sahen daher in ihm einen gefährlichen Feind, der ihr ganzes bisheriges Ansehen, ihre hohe Geltung beim Volke bedrohe und untergrabe. Er hatte nicht in ihrer Schule studirt, er achtete nicht ihre überlieferte Gesetzesdeutung und er wagte es, sie zuweilen vor dem Volke durch seine treffenden Antworten zu beschämen[5]. Da er als Herzenskundiger oft mehr auf die Gedanken als auf die Worte der Menschen antwortete, empfanden sie die schneidende, ihre innere Blöße aufdeckende Schärfe seiner Reden mit um so tieferem Ingrimm.

27. Selbst von seinen Aposteln hatte er bei ihrem Mangel an Einsicht, bei ihren nationalen Vorurtheilen, ihren fleischlichen Erwartungen und Wünschen und ihrem deßhalb stets wiederkehrenden Mißverstehen seines Berufes Vieles mit nachsichtsvoller Geduld zu tragen. Was er ihnen von dem neuen zu gründenden Reiche, von dem Essen und Trinken seines Fleisches und Blutes, von seinem Hingange zum Vater sagte, das blieb ihnen Alles räthselhaft. Endlich waren sie doch so weit gekommen, daß Petrus in seinem und ihrem Namen den festen Glauben, kein andrer als er sei der Messias, der Sohn Gottes, aussprechen konnte[6]. Von nun an erst suchte er sie mit dem Gedanken,

---

[1] Joh. 5, 18. 7, 30. 8, 59. — [2] Joh. 7, 44 sq. — [3] Joh. 11, 47. Matth. 26, 3. — [4] Matth. 5, 20. 23, 1 sq. — [5] Matth. 21, 16. 23—27. Matth. 22, 17 sq. — [6] Matth. 16, 16.

daß sie ihn durch einen gewaltsamen, in seinem Messias-Berufe erduldeten, Tod verlieren würden, vertraut zu machen. Seine Haupt-
thätigkeit war nun nicht mehr dem wundersüchtigen, überall, wo er sich
blicken ließ, zusammenströmenden und ihm nachziehenden Volke gewidmet. Dieses blieb immer schwankend über ihn und wie von entgegengesetzten Winden, bald des pharisäischen Einflusses, bald auch der Ein-
drücke seiner Person und seiner Thaten, hin und her bewegt. Er zog
sich daher jetzt mehr aus der Oeffentlichkeit zurück; nur noch bei besondern Anlässen gewährte er wunderbare Hilfe und Heilung. Dagegen
beschäftigte er sich nun um so sorgfältiger mit seinen Jüngern. Diese
für ihren Beruf vorzubereiten, sie zu Stellvertretern und Nachfolgern
in der ihm gewordenen Sendung zu bilden, war nun seine vornehmste Aufgabe.

28. Dadurch war Jesus so unendlich über alle menschlichen Lehrer erhaben, daß Wort und That, die Idee und ihre Verwirklichung,
bei ihm stets zusammen fielen. Was er lehrte, bezog sich daher vorzugsweise auf ihn selbst, seine Sendung, sein Werk; die bloße Thatsache seiner Erscheinung unter den Menschen war die beredteste Predigt; seine Persönlichkeit, seine Thaten, sein Leiden und sein Tod
waren der lebendige energische Commentar und die übergeugendste
Bestätigung seiner Lehre. Er trug keine ausführliche Doktrin von Gott
und seinem Wesen, seinen Eigenschaften und Kennzeichen vor, sondern
er stellte sich geradezu als das Ebenbild des Vaters dar, so daß wer
ihn kenne, auch den Vater kenne[1]. Er redete nicht viel davon, daß
Gott den Menschen barmherzig sei, sie wie ein Vater seine Kinder
liebe, sondern er zeigte sich ihnen als die lebendige Verwirklichung
der Barmherzigkeit, als denjenigen, in welchem Gott selbst sich zu den
Menschen herabgelassen hatte. Wenn er sagte: „Mir ist alle Gewalt
gegeben im Himmel und auf Erden,"[2] so war dies Wort nur der
Ausdruck seiner Thaten, denn wo er wirkte, wurden die Blinden sehend,
die Lahmen gingen und Todte standen auf; an der Gewaltfülle, die
er auf Erden als der über die Natur und ihre Kräfte gebietende Machthaber ausübte, konnten und sollten die Menschen erkennen, daß in
ihm der oberste Herr und Gesetzgeber alles Daseins wirklich erschienen sei. Er ermahnte nicht blos, wie Johannes, die Menschen,
Buße zu thun, er redete nicht blos von der Gerechtigkeit Gottes und
seinem Mißfallen an der Sünde, sondern er nahm gleich die größte
aller Bußen selbst auf sich, er zeigte durch sein Leiden und seinen

---

[1] Joh. 12, 45. 14, 7—10. — [2] Matth. 28, 18.

freiwilligen Tod, welch ein Opfer die göttliche Heiligkeit und die Sün-
denschuld der Menschen erfordere. Seine Lehre von der Ohnmacht
des Todes, von der Unzerstörbarkeit des Lebens und von der künftigen Auferstehung der Menschen wurde nur dadurch so mächtig und
überzeugend, daß er selber als Sieger über den Tod und als Erstling
der Auferstandenen vierzig Tage unter den Menschen wandelte.

29. So trugen seine Werke wie seine Worte ein ganz eigenthümliches Gepräge; Wunder zu wirken war für ihn das Natürliche,
der normale Zustand; er zeigte sich in seinen Wundern als den Herrn
und Gebieter der Schöpfung. Er gebot den Winden und sie schwie-
gen, er wandelte über die Wellen; seine Macht über die Natur und
seine Menschenfreundlichkeit zugleich bethätigend verwandelte er Wasser
in Wein, speiste er mit wenigen Broden und Fischen Tausende von
Menschen, befreite er Besessene, heilte er Schaaren von Kranken.
Denn schon in der frühern Zeit seines Auftretens hatte sich das Gerücht von seinen wunderbaren Heilungen durch ganz Galiläa verbreitet
und alle Kranken strömten bei ihm zusammen.¹) Er fachte den bereits
erloschenen Lebensfunken auf's neue an, und erweckte die Tochter des
Jairus, den Jüngling von Naim, seinen Freund Lazarus. Auch in
weiter Entfernung vollbrachte er Heilungen, wie an dem Knechte zu
Kapernaum, an dem Sohne des königlichen Beamten daselbst und
an der Tochter des kananäischen Weibes. So war jeder seiner Schritte
durch Wohlthaten bezeichnet, die er an den Leidenden übte, nicht mit
irdischen Mitteln, mit Geld und Gut, sondern mit göttlichen Kräften,
bildenden, erhaltenden und heilenden, die er in sich trug. Mitunter
war er mit der Heilung der Kranken, die man ihm haufenweise zu-
führte,²) bis spät in die Nacht beschäftigt. Es war gleichsam eine
Sphäre des Heils und des Segens, die ihn umgab. Krankheiten im
leiblichen Gebiete, wie Sünde und Irrwahn im Geistigen, mußten
vor seiner Nähe weichen. Die bloße Berührung seines Gewandes
reichte schon hin, daß eine von ihm ausströmende Kraft heilte, wie
denn auch, was an ihm selbst geschah, seine Verklärung und zuletzt
seine Auferstehung und Himmelfahrt, zeigte, daß seine menschlich-leib-
liche Natur von der höheren göttlichen durchdrungen und beherrscht
sei. Seine Jünger vermochte er gleichfalls mit der Gabe des Wunder-
thuns auszustatten. Gewöhnlich verrichtete er seine Heilungen durch
Auflegung der Hände, wie denn in der Hand sich die ganze Willenskraft des Menschen concentrirt; aber oft folgte die Wirkung auch so-

---

¹) Matth. 4, 24. — ²) Luc. 4, 40. Marc. 2, 4.

gleich auf ein bloßes Wort von ihm, auf einen Machtspruch, ein Gebet.
Fast immer waren seine Wunder, mit denen er freithätig in das Naturleben eingriff, Hilfeleistungen, nie Strafgerichte; nur einmal wirkte
er zerstörend, als er den unfruchtbaren Feigenbaum verfluchte, um
ein symbolisches Zeichen seiner über die Menschheit waltenden Rich-
tergewalt zu geben.

30. Diese Wunder geschahen oft vor einer Menge von Zu-
schauern, auch vor Menschen ganz feindseliger Gesinnung, vor Gegnern, die ihm nur die Ausflucht, er verrichte sie mit Hilfe satoda-
monischer Mächte, entgegen zu setzen wußten[1]. Einzelne wurden
selbst Gegenstand gerichtlicher Untersuchung[2]. Er selber pflegte den
Vater für das Gelingen eines Wunders, das er zu verrichten im
Begriffe stand, anzurufen[3], und vor der Vollbringung schon dankte
er für den zuversichtlich erwarteten Erfolg; an ihn, den Vater, wies
er die Geheilten mit ihrem Danke[4]. Auf diese seine „Werke" berief
er sich als Beweise seiner göttlichen Sendung sowohl den Juden gegenüber als bei seinen Jüngern[5], sie seien ein größeres Zeugniß
für ihn als das Zeugniß des Täufers[6]); sie sollten seine Sendung
den Augen Derer verkündigen, die noch keine Ohren hatten, seine
Botschaft zu hören, sollten dieser die Bahn brechen, sollten als Hilfe
und Erlösung im physischen Gebiete auf die Erlösung des Geistes,
die sein eigentlicher Beruf war, hinweisen. Er befreite einzelne Menschen von den unmittelbaren oder mittelbaren Folgen der Sünde im
Naturleben, damit alle erkannten, daß er die Macht und den Willen
habe, sie von den psychischen Folgen der Sünde, der Verkehrtheit
des Willens, der Verfinsterung des Verstandes, zu befreien. Manche
Wunder verrichtete er in der ausgesprochenen Absicht, daß der Sohn
Gottes durch sie geehrt und in seiner Würde und Sendung anerkannt werde. Wenn er es dagegen in einzelnen Fällen verbot, seine
Wunder auszubreiten[7], so geschah dieß, theils weil die Zeit, wo die
Veröffentlichung mit Nutzen geschehen konnte, noch nicht gekommen
war, theils weil er eine Volksbewegung, die sofort einen politischen
Charakter angenommen und zu seiner Ausrufung als König geführt
hätte, verhüten wollte; mitunter auch, damit ruhige Betrachtung in
den Geheilten den empfangenen belehrenden Eindruck befestige. Als
Bedingung seiner Heilungen forderte er nur Glauben, vertrauende

---

[1] Luc. 11, 15. — [2] Joh. 9, 18 sq. — [3] Marc. 6, 41. 7, 34. —
Joh. 11, 41 sq. — [4] Marc. 5, 19. Luc. 17, 18. — [5] Joh. 10, 25 sq. —
[6] Joh. 5, 36. — [7] Marc. 7, 36.

Hingabe des Willens an seine höhere Wirksamkeit; daher heißt es auch von ihm, daß er da, wo er keinen Glauben gefunden, keine Wunder habe wirken können. Fleischliche Wundersucht wies er stets zurück. Denen, welche in müßiger Neugierde nur ein Zeichen vom Himmel, wunderbare Schaustücke von ihm erwarteten oder begehrten, entzog er sie [1]).

31. Zu seiner Macht über die äußere Natur gesellte sich sein prophetischer, das Zukünftige durchschauender Blick. Die Zerstörung Jerusalems, den Fall des Tempels, die bleibende Zerstreuung der Juden unter alle Völker sagte er vorher[2]). Zugleich verkündigte er auch: seine Erhöhung, sein Tod am Kreuz, werde mit mächtiger Anziehungskraft die Völker zu ihm hinbringen[3]), die Kinder Gottes unter Juden und Heiden würden unter seinem Hirtenstabe zu Einer großen Heerde vereinigt werden[4]); denn ehe das Ende komme, werde das Evangelium vom Reiche Gottes in der ganzen Welt allen Völkern verkündet werden[5]); klein und unscheinbar, als ein Senfkorn werde seine Kirche beginnen, aber mit der Zeit zum mächtigen, alles überschattenden Baume heranwachsen[6]).

32. Jesus war der erste, der die Menschen in solcher Bestimmtheit und Klarheit Gott als Vater zu betrachten lehrte, als den, in welchem sich die ganze Fülle alles dessen, was Liebe genannt werden mag, vereinige. Im alten Testament wurde Gott wohl auch als Vater bezeichnet, aber zunächst nur in Beziehung zu dem von ihm erwählten und erzogenen Volke; auch die Zeitgenossen Jesu, wenn sie sich für ächte Gotteskinder erklärten[7]), hatten dabei nur ihre Zugehörigkeit zum auserwählten Volke vor Augen. Er aber lehrte die Menschen, Gott als Vater, sich als dessen Kinder zu erkennen, weil sie zur Erreichung einer geistig-sittlichen Aehnlichkeit mit diesem ihrem Vater[8]) durch die Liebe und damit zu Erben seines Reiches bestimmt seien, weil die Liebe, die Gott von Ewigkeit zum Sohne habe, auch auf die an denselben Glaubenden übergehe[9]).

33. Wie er sich selber als den Gebieter der Engelwelt bezeichnete, so erklärte er auch die irdische Welt für seinen Acker, auf dem er seinen Samen streue, über dessen Ernte er verfüge[10]). Die Geschichte der Menschheit soll von nun an durch ihn, durch sein Gehen und

---

[1]) Matth. 12, 38 sq. Luc. 23, 8. — [2]) Matth. 21, 2 sq. Luc. 19, 41—44. — [3]) Joh. 12, 32. — [4]) Joh. 10, 16. — [5]) Matth. 24, 14. — [6]) Matth. 13, 31, 32. — [7]) Joh. 8, 41. — [8]) Matth. 5, 44. — [9]) Joh. 17, 26. — [10]) Matth. 13, 24 sq. 37 sq.

Kommen bestimmt werden, sein letztes Kommen soll der Abschluß des ganzen Weltverlaufs werden[1]). Wie im alten Testament das Band, durch welches das jüdische Volk an Gott geknüpft war, als ein eheliches Verhältniß dargestellt wurde, so bezeichnete Christus jetzt sich selbst als den Bräutigam der ganzen, zum Glauben an ihn berufenen Menschheit[2]), aber auch zugleich als ihren Gebieter und Gesetzgeber. Er begehrte, daß die Menschen sich als seine Knechte, Haushälter und Unterthanen betrachten sollten[3]), und dieß um so mehr, als er einst das Richteramt über sie ausüben, und, da der Vater ihm gegeben, das Leben in sich selbst zu haben, durch seine allmächtige Stimme auch die Todten zur Auferstehung aus den Gräbern rufen werde[4]).

34. Ueberhaupt nahm er für sich dieselbe Verpflichtung in Anspruch, wie für den Vater: Alle sollen den Sohn ehren, wie sie den Vater ehren[5]); denn er ist der Lebensquell für Alle, die an ihn glauben, der Weinstock, an welchem allein die Gläubigen als Reben lebendig und früchtetragend sind[6]), und er selbst hat ein überzeitliches, anfangsloses, über alle Veränderung und Hinfälligkeit erhabenes Leben. Vom Himmel ist er herabgekommen, ein früheres himmlisches Sein beim Vater ist seinem Erscheinen auf der Erde vorausgegangen; ja schon ehe die Welt war, hat der Vater ihn geliebt und ihm den Vollgenuß der Herrlichkeit gegeben[7]). Ehe Abraham war, bin ich[8]), sagte er seinen Gegnern, um die jedem Werden und Vergehen entrückte Wandellosigkeit seines göttlichen Lebens zu bezeichnen. Durch des Vaters Verleihung habe er das Leben in sich als selbstständige Quelle, aus der von nun an Alle Leben schöpfen sollen[9]). Ihm, der in ganz eigenthümlichem Sinne der Sohn des Vaters sei, habe dieser auch die Verwirklichung des Heiles der Welt übergeben[10]), so daß Niemand zum Vater komme, als durch ihn[11]), und bald werde ihm auch alle Macht im Himmel und auf Erde übergeben. Zum allwissenden Richter der Welt sei er vom Vater bestimmt[12]), so daß, wen er begnadige, zum Leben, wen er verwerfe, zum Gericht auferstehen werde. Beide, der Vater und er, seien Eins, nicht etwa blos dem Willen nach, sondern es finde das innigste Ineinanderleben des Vaters und des Sohnes statt, so daß der Vater

---

[1]) Matth. 24 sq. — [2]) Matth. 25, 1 sq. — [3]) Matth. 25, 14 sq. Luc. 19, 13—27. — [4]) Joh. 5, 26 sq. — [5]) Joh. 5, 23. — [6]) Joh. 15, 1 sq. — [7]) Joh. 16, 28 17, 5. 24. — [8]) Joh. 8, 58. — [9]) Joh. 5, 26. — [10]) Matth. 11, 27. Luc. 10, 22. — [11]) Joh. 14, 6. — [12]) Joh. 5, 27 sq

in ihm wohne, und wer ihn gesehen, auch den Vater gesehen habe, und seine ganze Persönlichkeit ein Spiegel der Gottheit sei, die Majestät und die herablassende Liebe des göttlichen Wesens aus seinen Werken und Worten hervorleuchte [1]).

35. Am letzten Abende, den er mit seinen Jüngern zubrachte, offenbarte er ihnen noch, daß es eine dritte Persönlichkeit in Gott gebe, den heiligen Geist. Diesen Geist, den Geist der Wahrheit, der vom Vater ausgehe und von Jesu zeugen werde, wolle er ihnen senden [2]). Wie der Sohn darum vom Vater gesendet wurde, weil er den Ursprung seines Seins und Lebens aus dem Vater hat, so wird der Geist von beiden, vom Sohne und vom Vater gesendet, weil er von beiden seinen Ursprung hat, und er heißt daher, wie des Vaters, so auch des Sohnes Geist. Der Sohn ist also Quelle, nicht blos endlichen, geschöpflichen, sondern auch unendlichen Lebens, und auch insofern dem Vater wesensgleich. Erst nach seiner Auferstehung jedoch, ganz am Schlusse seines irdischen Wandels, sprach Jesus den vollen dreipersönlichen Gottesbegriff aus, als er seinen Jüngern das Gebot, auf den Namen des Vaters und des Sohnes und des heiligen Geistes zu taufen, gab, und sie damit belehrte, daß Jeder dieser Drei göttlicher Natur und den Andern wesensgleich, Jeder Grund des Heiles für die Menschen sei [3]).

36. Zugleich aber nannte sich Jesus mit besonderer Emphase und Vorliebe den „Menschensohn." Diesen Ausdruck hatte er dem Propheten Daniel entlehnt, welcher nach dem Sturz der vier Weltreiche Einen wie eines Menschen Sohn mit den Wolken des Himmels kommen sieht [4]), der dann vor den Ewigen gebracht, und dem ewige Herrschaft, Herrlichkeit und ewiges Königthum gegeben wird. Darum nannte er in jenem feierlichen und entscheidenden Momente, als der Hohepriester ihn beschwor, zu sagen, ob er der Sohn Gottes sei, indem er die Frage bejahte, sich zugleich den Menschensohn, der sich künftig ihnen zeigen würde, sitzend zur Rechten Gottes und kommend auf den Wolken des Himmels [5]). Er wollte aber auch mit dem häufigen Gebrauche dieses Namens zu verstehen geben, daß er der wahre, ideale, längst erwartete Mensch, der andere Adam, die Blüthe und das Centrum der ganzen Menschheit sei; und endlich liebte er den Namen darum, weil derselbe, seine Würde zwar andeutend, sie doch zugleich für die gedankenlose Masse verhüllte.

---

[1]) Joh. 14, 7—10. — [2]) Joh. 15, 26. 6, 17. — [3]) Matth. 28, 19.
[4]) Dan. 7, 13. 14. vgl. Matth. 26, 64. — [5]) Matth. 26, 63. 64.

37. Als wahrer, ächter, vollständiger, in Allem seinen irdischen
Brüdern gleicher Mensch, zeigte er sich in jeder Beziehung menschlichen Bedürfnissen, Gemüthsbewegungen und Seelenstimmungen unterworfen. Jener Mittel und Uebungen, deren der Mensch bedarf, um
die Herrschaft des Geistes über den Leib zu behaupten, die Gemeinschaft der Seele mit Gott zu pflegen, bediente auch er sich. Er bereitete sich durch ein vierzigtägiges Fasten auf den Antritt seines Amtes
vor[1] und überwand die dämonischen Versuchungen, die damals an
ihn herantraten; er betete viel und anhaltend; auch wenn er Wunder
verrichtete, betete er um die Kraft dazu, und leitete die Vollbringung
derselben von der Erhörung seines Gebetes ab[2]. Beim Anblick der
Entweihung des Tempels durch die Käufer und Verkäufer ergreift ihn
ein heiliger Zorn; zärtliche Freundschaft knüpft ihn an einen seiner
Jünger; er empfindet tiefes, bis zu Thränen gesteigertes Mitleid mit
dem Unglücke Anderer;[3] auch das Schicksal Jerusalems, wie er es
vorausfieht, preßt ihm Thränen aus[4]. Er weint, wie über dem geschlossenen Grabe des Lazarus, so über dem geöffneten der Stadt.
Die Vorempfindung seines eigenen bevorstehenden Leidens erfüllt ihn
mit schwerer Bangigkeit[5]. Als ein leidensfähiger Mensch empfand
auch er die allem Fleisch und Blut natürliche Scheu vor einem qual-
vollen Tode. So prägte er die reine, noch nicht durch die Sünde
verdorbene Natur des Menschen an sich in der vollkommensten Gestalt
aus; noch nie war die Gottesidee „Mensch" in so erschöpfender Weise
verwirklicht worden. Für alle Zeiten ist dieses Bild als ein uner-
reichbares und doch zu endloser Annäherung Jedem vorgehaltenes Ideal
als das einzige und höchste in der Menschheit aufgerichtet.

38. Vor Allem war er nicht nur der Lehrer, sondern auch das
Vorbild der Liebe, wie sie vor ihm die Menschen noch nicht gekannt
hatten, nicht der sinnlichen, der sich selber suchenden, sondern der
reinen, über jeden fleischlichen Affekt, jede selbstische Beziehung erha-
benen Liebe (Charitas). Auch er hatte einzelne Personen, die er vorzugsweise liebte (Johannes, Lazarus); aber seine Neigung hatte nie
die Farbe des Instinktes, das Gepräge der Gewohnheit, sie floß mit
seiner Heiligkeit zusammen, sie war eine Tugend. Aeußerlichkeiten, Zu-
fälligkeiten, eignes Interesse hatten keinen Theil an ihr; es war die
Liebe, welche durch alle Hüllen und Schranken der Leiblichkeit und der

[1] Matth. 4, 1 sq. Luc. 6, 1 sq. [2] Mark. 7, 34. Joh. 11,
41 sq. — [3] Joh. 11, 35. — [4] Luc. 19, 41. — [5] Luc. 12, 50. Joh.
12, 27.

Sinne hindurchdringend den unsterblichen Geist zu Geistern trägt, jene Liebe endlich, welche nach seinem eignen Worte zum Beweise ihrer alles überwindenden Stärke das Leben für die Freunde hingab und, vorgreifend die Sünder als Freunde sich denkend, auch für sie starb [1]).

39. Aber nicht blos durch seine Erscheinung, durch sein Thun und Lassen, mahnte er die Menschen daran, wie weit sie von dem Urbild der Menschheit abgewichen seien, er sprach es auch in lehrhafter Form kurz und energisch aus. Den Menschen überhaupt erklärte Jesus für ein von Natur fleischlich gesinntes, sittlich mangelhaftes Geschöpf, dem der sündliche Hang schon mit seiner Geburt eingepflanzt sei [2]). Die herrschende, in der ganzen Menschheit überwiegende Sünde, das gesammte, auf geistiger Ansteckung und bösem Beispiele beruhende sündliche Gemeinleben, die damals durch und durch vom Bösen infizirte und beherrschte irdische Ordnung — das nannte Jesus kurz die „Welt" [3]), wie sie einen Gegensatz bildete gegen die aus ihr erwählten Gläubigen. Es gibt aber auch, wie Jesus sagt, einen Fürsten dieser Welt [4]); das ist jener gefallene Geisterfürst, jener Menschenmörder und Lügner von Anfang, der sich der göttlichen Wahrheit entfremdet und in bleibenden Widerspruch gegen sie gesetzt hat, der erste Urheber der menschlichen Sünde, der mordgierige Feind des geistigen und physischen Lebens der Menschen, durch den der Tod in die Welt gekommen ist; der Satan [5]). Er ist der Beherrscher eines weiten, innerlich abgestuften Reiches [6]), er hat seine Engel [7]), die er als seine Werkzeuge gebraucht, er ist bei der Allgemeinheit der Sündhaftigkeit in der Weltordnung, wie sie zur Zeit Jesu sich zeigte, ein allzu mächtiger Gebieter, und Jesus bezeichnet es gerade als das ihm, dem Menschensohne zukommende Werk, dessen Herrschaft zu brechen, den Fürsten dieser Welt zu richten [8]).

40. Als das Lamm Gottes, welches der Welt Sünde trage, hatte der Täufer Jesum bezeichnet. Er wollte sagen, Jesus sei das Gegenbild jenes Passahlammes, dessen Blut an den Thüren der Häuser der Israeliten die Schonung der darin wohnenden Erstgebornen bewirkt hatte [9]); er sei jenes sanft duldende, zur Schlachtbank bestimmte Lamm, das nach der Weissagung des Jsaias die Leiden des Volkes auf sich nehmen werde [10]). Jesus selber indeß äußerte sich

---

[1]) Joh. 15, 13. — [2]) Joh. 3, 6. — [3]) Matth. 18, 7. Joh. 7, 7. 8, 23. 26. — [4]) Joh. 12, 31. — [5]) Joh. 8, 44. — [6]) Matth. 12, 24 —26. — [7]) Matth. 25, 41. — [8]) Joh. 16, 11. 12, 31. — [9]) 2. Mos. 12. — [10]) Jsaias 53, 7.

während seines Lehramtes bis gegen dessen Ende nur andeutend und
verhüllt über seinen Erlösungsberuf. Er sei, sagte er, der Arzt für die
geistig Kranken[1]), gekommen, zu suchen und zu retten das Verlorene[2]),
nicht gekommen, sich dienen zu lassen, sondern selbst zu dienen[3]). Er
redete von der bevorstehenden Erhöhung des Menschensohnes, die ähnlich sein werde der Aufrichtung jenes Schlangenbildes durch Moses[4]).
Später bezeichnete er sich als den guten Hirten, der sein Leben für die
Schafe gebe[5]). Erst kurz vor seiner Verklärung und bald nach derselben
endlich auf der letzten Reise nach Jerusalem sprach er sich deutlicher
aus, daß er sein Leben als Lösegeld für Viele hingeben werde[6]). Nach
dem Einzug in Jerusalem redete er wieder räthselhaft und prophetisch von dem Waizenkorn, das, um viele Frucht zu bringen, erst in
die Erde gelegt, ersterben müße[7]). Wenn er von der Erde werde erhöht sein, sagte er, dann wolle er sie Alle, Heiden und Juden, zu
sich ziehen[8]); gerade sein Tod, diese That aufopfernder Liebe, verkündete er damit, werde die mächtigste Anziehungskraft auf die Menschen üben und seine tiefste Erniedrigung werde zu seiner höchsten
Ehre und Verherrlichung umschlagen; aus allen Völkern und in aller
Welt würden die Empfänglichen um ihn sich schaaren, sich zu Einer
Heerde unter ihm als Hirten vereinigen[9]). Doch erst am Vorabende
vor seinem Leiden, bei der Einsetzung des Abendmahles, sprach er
sich ganz entschieden und offen, Jedem verständlich, über die Nothwendigkeit und die Bedeutung seines Todes aus; jetzt erklärte er,
daß er sich selber zum neuen Passahlamm bestimme, daß sein Blut,
das er vergießen werde, das Blut sei, durch welches der neue Bund,
ein Bund vollkommener Versöhnung und engster Vereinigung mit
Gott, förmlich geschlossen und geweiht werde, daß also sein Tod ein
für die Sünden der Menschheit dargebrachtes Opfer, sein Blut die
Vermittlung der zu gewährenden Sündenvergebung sei[10]).

41. Als Bedingung der Theilnahme an seinem Reiche und dessen
Gütern und Hoffnungen forderte Jesus Glaube und Buße[11]).
An ihn sollten die Menschen glauben, das heißt, seine Persönlichkeit
und seine Würde freudig und lebendig anerkennen, seine Worte mit
zweifelloser Gewißheit als den reinsten Ausdruck göttlicher Wahrheit

---

[1]) Matth. 9, 12. — [2]) Matth. 18, 11. Luc. 19, 10. — [3]) Matth.
20, 28. — [4]) Joh. 3, 14. — [5]) Joh. 10, 11. — [6]) Matth. 16, 21. 17, 9. 22.
20, 18. sq 26, 32. Luc. 21, 46. Joh. 10, 17. — [7]) Joh. 12, 24. —
[8]) Joh. 12, 32. — [9]) Joh. 10, 16. — [10]) Matth 26, 26 sq Luc. 22, 19.
Joh. 16, 1 sq 29. — [11]) Matth. 4, 17. Marc. 1, 15.

ergreifen und auf sich wirken lassen, auf ihn als Bürgen und Vermittler der göttlichen Gnade, als den, durch welchen der Zugang zu
Gott geöffnet sei, vertrauen. Dieser Glaube sei aber das Werk
Gottes in uns[1]); durch ihn würden wir aller göttlichen Segnungen
theilhaftig und insbesondere sei nach dem Willen des Vaters das
ewige Leben der Preis des Glaubens an den Sohn[2]). Ohne Buße
aber ist nach Jesu Lehre der Glaube an ihn weder recht möglich,
noch heilbringend. Nur die, welche das demüthige Anerkennen der
eigenen Schuld und einen kräftigen Haß gegen die Sünde als die
Ursache ihrer Gottentfremdung mit dem Bewußtsein der Unzulänglichkeit
ihrer eigenen sittlichen Kräfte verbanden[3]), welche in ernster Selbst-
erniedrigung als Mühselige und Beladene, ein lebendiges Verlangen
nach Rettung empfindend[4]), nach Gerechtigkeit hungernd und dür-
stend[5]), zu Christus kamen, mit einem Herzen voll Liebe zu ihm[6])
und voll Versöhnlichkeit und Barmherzigkeit gegen ihre Mitmenschen[7])
— nur solche waren ihm die rechten Gläubigen, nur ihnen sprach er
Sündenvergebung, Rechtfertigung, Wiederherstellung der durch die
Sünde verlornen Gotteskindschaft zu.

42. Das Gebot der Liebe zu Gott über Alles, welches schon
im Deuteronomium ausgesprochen war[8]), erklärte Jesus für das erste
und höchste aller Gebote[9]), und verstand unter dieser Liebe eine feste
beharrliche Richtung unsers ganzen Gemüthes, Geistes und Willens
auf Gott als den Inbegriff, das Urbild aller Vollkommenheit und
das höchste Gut, als denjenigen, der uns zuerst geliebt hat und der
Spender aller Seligkeit ist. Dieses Gebot stellte Jesus nicht auf als
eines neben andern, sondern als das Eine Alles beherrschende Gebot,
weil, wo diese Liebe zu Gott, diese unbedingte Hingabe des ganzen
Wesens und aller Kräfte an Gott, vorwiegt, jede andere Liebe auch
eine dadurch geheiligte und veredelte ist, und das Empfinden, Wollen
und Handeln des Menschen in allen Stücken sich durch dieselbe leiten
und bestimmen läßt. Das Gebot der Nächstenliebe setzte Jesus diesem
ersten gleich, denn wer Gott wahrhaftig liebe, der liebe auch um Gottes
willen seinen Bruder und zwar nicht mehr und nicht weniger und
nicht anders als sich selber. Diese Liebe, lehrte er anderswo[10]),
sehe in Jedem, schon insofern derselbe ein Mensch sei, und ohne Rück-

---

[1]) Joh. 6, 29. — [2]) Joh. 3, 16. 11, 25. 26. — [3]) Matth 5, 3. Luc.
15, 17. 21. 18, 13. 14. — [4]) Matth. 11, 28. — [5]) Matth. 5, 6. —
[6]) Luc. 7, 47. — [7]) Matth. 5, 7. 6, 12. Marc. 11, 25. 26. — [8]) 5. Mos.
6, 5. — [9]) Matth. 22, 37. 38. — [10]) Luc. 10, 29 sq.

sich auf die Kluft der Nationen und der Stände und auf den Unterschied der Verhältnisse, ihren Nächsten, und gewähre daher Jedem
Alles, was sie, an dessen Stelle sich befindend, von ihm erwarten
und wünschen würde[1]).

43. Daß alle wahre Liebe zu ihm ·sich in der Haltung seiner
Gebote bethätigen[2]), alle, die seine Jünger sein und an den von
ihm verheißenen Gütern Theil nehmen wollten, ihm auch nachfolgen müßten in der Selbstverläugnung und in der Liebe zu Gott
und den Menschen, sprach er mit dem größten Nachdruck aus[3]). Das
nannte er die Gerechtigkeit, die besser sei als die der Schriftgelehrten und Pharisäer[4]), eine Gerechtigkeit, welche nicht, wie damals
so häufig geschah, sich hinter den Buchstaben des Gesetzes flüchtete,
und diesen noch durch ihre im Interesse der Selbstsucht ersonnene
Deutung in die engsten Schranken einschloß, sondern die Gebote nach
ihrem innersten Gedanken und in dem ganzen diesem Gedanken entsprechenden Umfange erfülle[5]). Bei seinen Gläubigen müsse, erklärte
er ferner, die Liebe zu Gott und zu ihm jede andere Liebe zurück-
drängen. Auch die festesten und theuersten Bande, selbst die des
Blutes und der Verwandtschaft, wenn sie dadurch ihm allein anzu-
hangen gehindert würden, müßten sie lösen[6]). Dabei aber versicherte
er, daß den Seinigen zu dieser Erfüllung die Kraft geschenkt werden
solle, und daß ihnen dann das Harte sanft, das Schwere leicht fallen,
daß sie Ruhe und Erquickung finden würden[7]); ja er pries sie selig[8])
und forderte zur Freude auf darüber, daß ihre Namen im Himmel
angeschrieben seien.

44. Denn als die eigentliche und rechte Heimath, als das
wahrhaftige Leben bezeichnete Jesus eine jenseitige Welt, die er
beschrieb als das Haus des Vaters, in welchem dieser die ganze
Herrlichkeit seines Wesens offenbare, und wo es viele Wohnungen
gebe[9]), als die „ewigen Hütten"[10]), wohin er gehe, um den Seinigen die Stätte zu bereiten. Dort würden sie Theil nehmen an der
Herrlichkeit, die ihm in seinem verklärten Zustande bestimmt sei[11]).

45. Sogleich am Beginne seines Lehramtes trat er dem Wahne
entgegen, als ob er es auf einen Umsturz des alten Bundes, eine
Entkräftung und Abschaffung des Gesetzes und der Propheten abge-

---

[1]) Matth. 7, 12. — [2]) Joh. 14, 15. — [3]) Luc. 9, 23. Joh. 8, 12.
12, 26. — [4]) Matth. 5, 20. — [5]) Matth. 5, 21 sq. — [6]) Matth. 10, 37.
Luc. 9, 57. — [7]) Matth. 11, 28—30. — [8]) Matth. 5, 3 sq. — [9]) Joh.
14, 2. — [10]) Luc. 16, 9. — [11]) Joh. 17, 24.

ſehen habe. Er ſei gekommen, erklärte er, das Geſetz und die Propheten, Gebot und Verheißung, Wort und Anſtalt, die beiden ſich
durchdringenden Beſtandtheile des alten Bundes, nicht aufzuheben,
zu nichte zu machen, ſondern ſie zu erfüllen[1]); das Geſetz nämlich
wollte er erfüllen, indem er es durch Vergeiſtigung vollendete, ihm
dann in dem ganzen Umfange ſeiner Forderungen zum erſtenmale
wirklich durch ſein ſündlos-heiliges Leben genügte, und jene höhern
Kräfte in ſeiner Kirche hinterlegte, welche alle Gläubigen in den
Stand ſetzen, es vollſtändig zu halten; die Verheißungen ſollten in
Erfüllung gehen, indem er theils in ſeiner Perſon, theils in der von
ihm geſtifteten Kirche die Fülle ihrer Verwirklichung hinſtellte, ſo daß
das bisher blos Geweiſſagte nun ſichtbare Geſtalt erlangte. Erſt mit
der gegenwärtigen Weltordnung werde, verſicherte er, das in Wort
und That gefaßte, aber bis dahin auch vollſtändig im Lauf der Welt-
geſchichte verwirklichte Geſetz vergehen[2]). Sein Wort dagegen, erklärte er ſpäter, habe ewigen, auch über den gegenwärtigen Weltzu-
ſtand hinausreichenden Beſtand[3]).

46. So unterwarf er ſich denn ſelber dem Geſetze und den beſtehenden jüdiſchen Inſtitutionen. Er pflegte am Sabbath die Synagogen zu beſuchen, zu den hohen Feſten zog er gleich andern Juden
nach Jeruſalem. Er aß das Paſſah-Lamm mit ſeinen Jüngern, den
von ihm geheilten Ausſätzigen gebot er, ſich der levitiſchen Ordnung
gemäß den Prieſtern vorzuſtellen und das geſetzliche Opfer darzubringen[4]). Den Phariſäern zeigte er, daß das Geſetz anzuſehen und
zu halten ſei als ein organiſches, einheitlich zuſammenhängendes Ganze,
nicht als eine Anhäufung einzelner, für ſich ſtehender Gebote, und
daß die Geſinnung, die Liebe Gottes und des Nächſten, deſſen Ziel
und eigentlicher Inhalt ſei[5]). Er hielt ihnen vor, wie ſie mit ihren
willkührlich erſonnenen neuen Satzungen das göttliche Geſetz, bei
allem zur Schau getragenen Geſetzeseifer, umſtießen, indem er hinwies auf die Beſtimmungen über das Korban, d. h. die Geſchenke
an das Tempelheiligthum, welche nach Rabbiniſcher Lehre den Sohn
der pflichtmäßigen Leiſtung an ſeine Eltern überheben ſollten[6]).

47. Desgleichen beſeitigte er die ſtrengen phariſäiſchen Satzungen über die Beobachtung des Sabbaths durch den einfachen Grund-
ſatz, der Sabbath ſei um des Menſchen willen da und nicht umge-

[1]) Matth. 5, 17. — [2]) Matth. 5, 18. — [3]) Matth. 24, 35. —
[4]) Matth. 8, 4. Luc. 17, 14. — [5]) Matth. 22, 36 sq. Luc. 10, 25 sq.
Marc. 12, 28. — [6]) Matth. 15, 3 sq.

lehrt, und durch die Erklärung, er, des Menschen Sohn, sei Herr
auch des Sabbaths, er habe die Macht, ihn zu verlegen und zu ver-
geistigen, wie nachher seine Kirche kraft der von ihm empfangenen
Vollmacht that[1]). Unbedenklich erklärte er sich für höher und heiliger, als der Tempel sei[2]) (obgleich er diesen als das Haus seines
Vaters selbst ehrte und geehrt wissen wollte, weßhalb er ihn auch
eifernd von der Entheiligung durch die Mäkler reinigte). Er bestätigte den hohen gottgewollten Vorzug der Juden vor allen Völkern
der Erde; von ihnen, erklärte er, kommt das Heil, sie sind die von
Gott dazu bereitete Stätte, sie wissen, wen sie anbeten, während
die Samariter es nicht wissen, da ihr Gottesdienst sich nicht auf
göttliche Anordnung gründet. Und dennoch wird auch der jüdische
Gottesdienst einer großen Umwandlung nicht entgehen; schon ist die
Stunde gekommen, da Gott zeigen wird, daß sein Dienst an keine
räumliche Schranken gebunden sei, daß er weder ausschließlich auf
Garizim, dem Samaritischen Tempelberge, noch auf Moria und in
Jerusalems Allerheiligstem, sondern als Geist im Geiste und in der
Wahrheit mit Durchbrechung solcher örtlichen Schranken angebetet
sein wolle[3]).

48. Während Jesus daher in seiner Bergrede versicherte, daß
die vollständigste Erfüllung des Gesetzes die ihm gewordene Aufgabe
sei, setzte er in derselben Rede mit der ganzen Erhabenheit eines
Gesetzgebers und der Autorität eines göttlichen Gesandten sein „Ich
aber sage euch" nicht blos den falschen pharisäischen Auslegungen,
sondern auch den wörtlich angeführten Aussprüchen des alten Gesetz-
buches entgegen[4]). Er zeigte damit, wie es mit dieser Erfüllung gemeint sei, und daß, wie für die Form der Anbetung Gottes, so auch
für das Sittengesetz selbst die Zeit gekommen sei, die enge nationale
Schranke zu durchbrechen, das Gesetz, welches als ein bürgerliches
und religiöses Band und als eine die Nation zusammenhaltende und
beherrschende Ordnung gegeben war, dieses juridischen Charakters zu
entkleiden, und an die Stelle der Sanktion durch richterlichen und
polizeilichen Zwang den höhern und universaleren Maßstab der göttlichen Heiligkeit und Gerechtigkeit zu setzen. Das, was als pädagogische und zeitlich vorübergehende Herablassung Gottes zu einem aus
sündhaften und fleischlich rohen Menschen bestehenden Volks- und
Staatswesen nicht länger mehr fortbestehen sollte, das verwarf Jesus

---

[1]) Marc. 2, 28. — [2]) Matth. 12, 6. — [3]) Joh. 4, 21—24. —
[4]) Matth. 5, 27—37.

jetzt, und damit erfüllte, vervollkommnete er das Gesetz, und machte es zu dem der jetzt eintretenden Entwicklungsstufe entsprechenden Ausdrucke des göttlichen Willens. So verkündete er nun, daß die Liebe des Nächsten, die schon das alte Gesetz geboten, nicht länger auf die Volksgenossen beschränkt, daß sie auch auf die Feinde im weitesten Umfange, auf den Nationalfeind, auf alle Heiden sich erstrecken müsse.

49. Daß Jesus gekommen sei, die enge Schranke der jüdischen Glaubensgenossenschaft niederzureißen, und ein Weltreich zu stiften, das konnte er der großen Menge, die ihn hörte, nicht offen und entschieden verkündigen. Nie gebrauchte er daher in diesen seinen Vorträgen vor dem Volke das Wort Kirche (Ekklesia). Nur vor seinen Jüngern, und auch vor diesen erst spät, denn auch ihnen fehlte noch immer das volle Verständniß für diese Sache, redete er deutlicher von seiner Kirche. Fast immer gedachte er, und zwar oft auf eine für seine Zuhörer räthselhafte Weise, des Reiches Gottes, des Himmelreiches, welches jetzt nahe herbeigekommen sei, oder welches auch schon da sei; sich anschließend an die bereits von den Propheten[1] und eben erst vom Täufer[2] gebrauchte Bezeichnung. Das „Evangelium vom Reiche" zu verkündigen, sei er gekommen[3]; dieses Reich bildete nun die Grundlage seiner Lehre. Bis auf Johannes den Täufer, sagte er, habe die Zeit der alttestamentlichen Oekonomie (Gesetz und Propheten) gedauert, seit Johannes sei die Zeit des Gottesreiches angebrochen, und Jeder dringe in Kraft seines Glaubens hinein[4]. Johannes selbst habe nur auf das demnächst erscheinende Reich, als ein selber außerhalb Stehender, hingewiesen. Da die meisten seiner Zuhörer sich unter dem Reiche Gottes nur ein Reich irdischer Macht und weltlicher Größe dachten, so begann er bald seine Lehre vom Himmelreiche nur in Gleichnissen verhüllt vorzutragen; diese erreichten den doppelten Zweck, den fleischlich-gesinnten Juden die Wahrheit, die sie nur mißbraucht hätten, zu verdecken, und seinen Jüngern sprechende Bilder als Träger einer Lehre, deren volles Verständniß auch ihnen erst künftig aufgehen sollte, darzubieten. Daher die Bilder vom Acker, von dem gemeinsamen Mahle oder dem großen Hochzeitschmause, von den Jungfrauen und den Arbeitern im Weinberge[5], unter denen er von seinem Reiche lehrte.

---

[1] Dan. 2, 21. — [2] Matth. 3, 2. — [3] Luc. 4, 43. — [4] Matth. 11, 12. Luc. 16, 16. — [5] Matth. 13, 24 sq. 37, 8. 11. Luc. 22, 29. Matth. 22, 2—14. 25, 1—3. 20, 1—16.

Unter der Hülle dieser Bilder konnte er dann seinen Zuhörern sagen, was sie, unverhüllt ausgesprochen, kaum ertragen hätten: daß er noch andre Schafe habe, als die seines Volkes, daß sie vom Morgen und Abend kommen würden, daß er die Menschen ohne Unterschied wie von der Straße werde einladen lassen, und endlich, daß das Evangelium in der ganzen Welt werde verkündet werden [1]).

50. Unter dem Himmelreich oder Reich Gottes verstand er überhaupt jene göttliche Ordnung der Dinge, welche zu verwirklichen er gekommen war. Es sei ein Reich nicht von dieser Welt [2]), obwohl in der Welt, zu welcher, da sie ihrerseits ein von Gott abgekehrtes, vom Satan beherrschtes Reich sei, das seinige in schroffem Gegensatze stehe [3]). Darum antwortete er den Pharisäern, als sie fragten, wann das Reich Gottes komme: es sei mitten unter ihnen, die ersten Keime und Anfänge nämlich seien in ihm und seinen Jüngern schon vorhanden [4]). Er sagte aber auch voraus, daß ein großer Theil seines Volkes keinen Antheil an diesem Reiche erhalten werde, er gab in Gleichnissen zu verstehen, daß das Volk als solches aufhören werde, Träger des Gottesreiches zu sein [5]), daß andre Nationen an dessen Stelle berufen werden würden.

51. Dieses Reich umfaßt übrigens in den Worten Jesu Himmel und Erde und den ganzen Verlauf der Menschengeschichte von Jesus abwärts. Das Wachsthum und die Ausbreitung seines Reiches hob er hervor unter den Bildern des zu hundertfältiger Frucht sich entwickelnden Waizensamens und des kleinen zum hohen schattigen Baume emporwachsenden Senfkorns [6]). Eine Schafheerde mit ihrem Hirten, dessen Stimme sie kennt [7]), eine Familie mit dem Hausvater, mit Knechten und Mägden, oder auch eine Stadt, ein Volk, ein Königreich, dessen König er selber sei [8]), — diese Bilder machten den organischen Zusammenhang seiner Kirche, die Gewalt und Autorität, welche in diesem seinem Reiche ihm und seinen Stellvertretern zustehe, anschaulich. Auch das Amt, das er in seiner Kirche stiften wollte, dessen Geschäfte und Befugnisse, zeichnete er in solchen Bildern eines Gärtners, eines Fischers, eines Hirten. Die Diener der Kirche sollten seine Haushalter sein, die er über die andern Knechte

---

[1] Matth. 8, 11. 13. Luc. 14, 15 — 21. Joh. 10, 16. —
[2] Joh. 18, 36. — [3] Joh. 16, 33. 12, 31. 14, 30. 16, 11. —
[4] Luc. 17, 20. 21. — [5] Matth. 21, 33 sq. — [6] Matth. 13, 3—8.
Marc. 4, 26—29. — [7] Joh. 10, 1—16. — [8] Matth. 5, 14. Joh.
18, 37.

sept, und er verhieß seinen Aposteln und ihren Nachfolgern für die rechte Verwaltung dieses Amtes einen besondern Lohn[1]). Als seine Jünger unter einander stritten, wer von ihnen in seinem Reiche der Größte sein werde, belehrte er sie, daß diejenigen, die in der Kirche die Größten und Vornehmsten sein würden, zugleich die Demüthigsten, die den Andern willig Dienenden sein müßten[2]). Dicht daneben steht nun die feierliche Erklärung, die er bei seinem letzten Abschiedsmahle gab, daß für die Treue, mit der sie bisher ihm gefolgt und gedient, er ihnen sein Reich, die Kirche, wie der Vater es ihm verliehen habe, hinterlasse und zutheile, ein Reich, in welchem sie fort und fort ein heiliges Mahl an seinem Tische feiern, auf zwei Thronen sitzend, als Könige dieses Reiches die Stämme Israels richten, über ihre Aufnahme oder Ausschließung entscheiden, also priesterliche und königliche Gewalt besitzen und üben würden. Von Christus war geweissagt worden, daß er auf dem Throne Davids sitzen werde. So sollten auch sie, als seine Stellvertreter, in seinem Reiche auf Thronen sitzen. Wie er es war, der sie bestellte, so sollte auch ihre Gewalt derjenigen entsprechen, die er selber übte. „Wer euch aufnimmt, der nimmt mich auf, und wer mich aufnimmt, der nimmt Den auf, Der mich gesandt hat"[3]).

62. Im weitesten Umfange wollte Jesus das Wort wahr machen, daß er gekommen sei, nicht das Gesetz aufzuheben, sondern es zu erfüllen. Seine Kirche war in dem mütterlichen Schooße des jüdischen Staats- und Kirchenwesens, als der Embryo der künftigen Kirche des neuen Bundes, erzeugt und bisher bewahrt worden; die Zeit, in welcher die Tochter dem Schooße der Mutter sich völlig entwinden sollte, war noch nicht gekommen. Er selber bestätigte zuletzt noch in Jerusalem vor dem Volke die Autorität der Synagoge. Sie sitzen auf dem Stuhle Mosis, sagte er, sie sind die Schriftgelehrten und Pharisäer, nämlich rechtmäßige Inhaber des Lehramtes und der Kirchengewalt, was sie lehren, das haltet, aber ihre Werke ahmet nicht nach. Und doch wußte er, daß die Synagoge in kürzester Frist das Todesurtheil über ihn als Lästerer fällen würde. Aber ihre Autorität war noch nicht abrogirt, der Moment, ihr völlig den Gehorsam aufzukündigen, war noch nicht eingetreten, der Stuhl Mosis bestand noch. Im rechten Zeitpunkte jedoch sollte dieser Stuhl in seine Kirche verpflanzt werden; denn er hatte bereits seine Maß-

---

[1]) Luc. 12, 42 sq. 16, 1 sq. — [2]) Luc. 22, 25—30. — [3]) Matth. 10, 40.

regeln getroffen, und für die Einsetzung einer Autorität Sorge getragen, wie sie der die ganze Menschheit umfassenden Kirche, welche an
die Stelle der blos ein Volk begreifenden Synagoge treten sollte,
angemessen war. Diese Gewalt sollte Ausfluß und Ersatz der Seinigen sein. In ihm war das alttestamentliche Priesterthum, das Prophetenthum und das Königthum vereinigt. Durch ihn, von ihm in der
Mitte seiner Kirche als deren ewiges Centrum und Einheitspunkt hingestellt, sollte der Stuhl Mosis zum Stuhle der Apostel werden.

53. Zwei Jahre lang hatte er seine Apostel mit sorgsamer
Pflege zu dem Amte, das er auf ihre Schultern legen wollte, vorbereitet; er hatte sie deßhalb auch schon einmal ausgesandt, zu predigen, und ihnen die Kraft der Wunderheilungen mitgetheilt[1]). Er
sende sie wie Schafe unter die Wölfe, hatte er gesagt, und ihnen
voraus verkündet, was in der künftigen Laufbahn ihres Amtes unter
Juden und Heiden ihnen begegnen werde. Mit festem Gottvertrauen
suchte er sie zu erfüllen: im entscheidenden Momente vor den Mächtigen der Welt werde das rechte Wort von dem Geiste Gottes auf
ihre Lippen gelegt werden[2]).

54. Als Petrus in jenem Wendepunkte des zu Ende gehenden
Lehramtes Jesu und seines beginnenden Leidens das Bekenntniß ab-
gelegt hatte, daß Jesus Christus der Sohn des lebendigen Gottes
sei, da belohnte Jesus ihn durch vier mit einander eng verbundene
Verheißungen einer künftig ihm anzuvertrauenden Gewalt und eines
Vorzugs in der Kirche. Er sollte erstens der Fels sein, auf welchen
Jesus seine Kirche bauen wolle[3]); die auf diesem Felsen ruhende
Kirche solle zweitens niemals untergehen; er werde ihm drittens die
Schlüssel des Reiches, der Kirche geben, und viertens solle, was er
auf Erden binden oder lösen werde, auch im Himmel gebunden oder
gelöst sein[4]).

55. Petrus war es allein, der hier gesprochen; er hatte nicht
etwa von den andern Aposteln den Auftrag dazu erhalten, er ragte
unter ihnen durch seinen vom himmlischen Vater ihm verliehenen
Glauben hervor. Um dieses seines felsenfesten Glaubens willen eignete
er sich zum Fundamente der Kirche, die Christus schon früher mit

---

[1]) Matth. 10, 7 sq. — [2]) Matth. 10, 20. — [3]) Der griechische Uebersetzer des aramäisch-geschriebenen Matthäus-Evangeliums sah sich genöthigt,
Πέτρος und πέτρα zu gebrauchen; im Original stand ohne Veränderung des
Genus nach einander Kephas: „du bist Stein und auf diesen Stein u. s. w.",
da Kephas zugleich Name und Sachbezeichnung ist. — [4]) Matth. 16, 18, 19.

einem Hause verglichen hatte. Und jetzt erst erfuhr Simon Bar Jona, warum ihm der Herr gleich im Beginne den Namen Kephas, der Fels, gegeben hatte. So hat hier Christus, wie nachher auch Paulus [1]) die beiden Bilder des Hausbaues und der häuslichen Gemeinschaft mit einander verbunden. Er will sein Haus, die unvergängliche, nie von den Todesmächten zu überwältigende Kirche, auf den glaubenden und bekennenden Simon bauen, und dieser soll in demselben Sinne das Fundament der Kirche werden, in welchem es nach Paulus und Johannes [2]) alle Apostel geworden sind, aber so, daß er auch in seiner Eigenschaft als Grundbaustein allen andern vorgeht. Zugleich aber soll Simon in diesem auf ihm erbauten Hause die Pflichten und Gewalten zwar nicht des Hausherrn — dieser ist und bleibt Christus selbst — wohl aber des Hausverwalters empfangen; sie werden ihm verheißen in dem Symbol der Schlüssel, mit welchen er die Vorrathsräume des Hauses zu eröffnen, die geistigen Vorräthe und Schätze der Kirche, Lehre und Heilmittel, zu bewahren und auszutheilen befähigt wird.

56. Was hier dem Petrus nach dem Berichte des Matthäus vorerst nur verheißen wurde, das wurde ihm später nach der Auferstehung verliehen. Es geschah dieß, als Jesus zum drittenmale den Aposteln, und zwar diesesmal drei Aposteln und drei Jüngern nebst Petrus, erschien. Hatte er früher auf das Zeugniß seiner göttlichgewirkten Glaubensstärke hin ihm jene Zusicherung künftiger Erhebung gegeben, so belehrte er ihn nun durch die in feierlicher Weise dreimal an ihn gerichtete Frage, daß er auch in der Liebe zu ihm die andern Apostel übertreffen, ein Felsenmann, wie im Glauben, so in der Liebe, sein müße, veranlaßte ihn hiedurch, seine dreimalige Verläugnung zu widerrufen, und verband hiemit den dreimal wiederholten Auftrag: Weide meine Lämmer, weide meine Schafe [3]). Damit war der gesammten Kirche, die Apostel mit inbegriffen, ein oberster Hirt gegeben, war Petrus zu der Gesammtheit der Gläubigen in dasselbe Verhältniß gesetzt, in welchem Christus selber bisher stand, als der „gute Hirt" [4]), der für seine Heerde sorge aus Liebe und mit Aufopferung, nicht einem Miethlinge gleich um des eignen Vortheils willen.

57. Früher, unmittelbar vor dem Beginne seines Leidens, als Jesus dem Petrus vorhergesagt, daß er ihn noch in derselben Nacht

[1]) Ephes. 2, 19. 20. — [2]) Apoc. 21, 14. — [3]) Joh. 21, 15—17. — [4]) Joh. 10, 12.

dreimal verläugnen werde, da hatte er ihm zugleich die Versicherung
gegeben, daß in Kraft eines besondern, für ihn an den Vater gerichteten Gebetes, seine Glaubensschwäche nicht bis zum völligen Abfall,
zum entschiedenen Unglauben hinabsinken werde. [1] Daran knüpfte Jesus
die Mahnung, daß Petrus, wenn er von seinem Falle sich wiederum
erhoben, seinerseits die in ihrem Glauben wankend gewordenen Brüder,
die Apostel und übrigen Jünger besestigen, sie in ihrer Entmuthigung
aufrichten, sie mit der Hoffnung seiner sicheren und nahen Auferstehung trösten solle.

58. Petrus ist in den Evangelien so gleichmäßig ausgezeichnet,
so unmittelbar Jesu an die Seite gestellt, als der ihn stets beglei-
tende Schatten, als der Einzige, der sein volles Vertrauen besaß,
der zwischen ihm und den übrigen Jüngern vermittelte, daß kein anderer der Apostel ihm hierin auch nur nahe kommt. Wo nur die
Apostel aufgezählt oder erwähnt werden, ist er unveränderlich der
erste. Alle bedeutenden Momente im Leben Jesu sind in eine gewisse
Beziehung zu Petrus und nur zu ihm gesetzt. Ihm wird die Auferstehung Jesu auf dessen Gebot besonders angezeigt; nur seine Fehler
und seine Demüthigungen, nicht die der andern Apostel, berichtet die
neutestamentliche Geschichte; während sie die Stärke seines Glaubens
und seiner Liebe und die ihm dafür zu Theil gewordene Erhebung
meldet, malt sie sorgfältig die Tiefe seines Falles; keinem Andern
hat aber auch Jesus so viel erziehende, bildende Thätigkeit gewidmet, wie ihm; Vieles und Wichtiges hat er zunächst nur ihm mitgetheilt, keinem Andern, wie diesem, hat er seinen Martyrertod und
zwar zugleich mit seiner Erhebung zur höchsten Würde geweissagt.
Und noch in seinem Tode sollte er seinem Herrn ähnlich werden.

59. Nur in Gemeinschaft mit den übrigen Aposteln empfing
Petrus die anderen Gewalten, welche Christus seiner Kirche hinterließ, die Macht nämlich, auf eine im Himmel wie auf Erden wirksame Weise zu binden und zu lösen, das heißt zu verbieten und zu
erlauben, und zuletzt nach der Auferstehung des Herrn zugleich mit
der Geistesmittheilung die Gewalt, Sünden zu vergeben und zu
behalten. Aber drei Vorzüge blieben ihm. Er war vor allen andern
Aposteln, und in einem vorzüglicheren Sinne als sie, zum Fundamente
der Kirche erkoren; nur ihm waren die Schlüssel im Hause Christi
übergeben; nur er sollte als der Hirte der gesammten Heerde walten.

60. Wie Jesus zwei Jahre lang mit nie ermüdender Liebe an

---

[1] Luc. 22, 31. 32.

dem vielfach unfügsamen und wenig empfänglichen Menschenstoffe, den von ihm ausgewählten zwölf Männern, geformt und gearbeitet hatte, um die rechten Werkzeuge zur Begründung seines Reiches, die Träger, die Lehrer und Regenten seiner Kirche, aus ihnen zu bilden, so war dann auch die wirkliche Sendung, die Uebertragung der ihnen bestimmten Gewalt, seine letzte Angelegenheit, seine entscheidende That, die er bis nach seiner Auferstehung, bis zum Schlusse seiner irdischen Laufbahn und bis zum Moment seines Abschiedes versparte. Die Gewalten und Aufträge, die er dann den Aposteln insgesamt gab und hinterließ, leitete er in höchst feierlicher Weise mit gewichtigen Worten ein, und verband sie mit Verheißungen, wie nur er sie zu geben vermochte, kraft seines in die fernste Zukunft der Kirche dringenden Blickes. Schon in seinem hohepriesterlichen Gebete hatte er, zu dem Vater gewendet, gesagt: „Gleichwie du mich gesandt hast in die Welt, so sende ich sie auch in die Welt"[1]). Jetzt sprach er noch bestimmter die Gleichheit dieser doppelten Sendung aus, und erneuerte die Erklärung, daß die vom Vater ihm ertheilte Sendung nunmehr auf sie übergehe. Dabei verwies er auf seine Machtvollkommenheit: Er, dem alle Gewalt gegeben sei im Himmel und auf Erden, bevollmächtige sie, die Predigt seiner Lehre in alle Welt zu tragen, allen Völkern die Taufe und den Eintritt in seine Kirche, unter der Bedingung der Haltung aller seiner Gebote, anzubieten[2]). Zugleich übertrug er ihnen das Richteramt über die Menschen mit der Gewalt, Sünden zu erlassen und zu behalten. Aller Orten sollten sie lehren, taufen, Kirchen stiften, binden und lösen, Sünden behalten und vergeben. Daß, wer die Kirche nicht höre, wie ein Heide und Zöllner betrachtet, also ausgeschlossen werden solle, hatte er früher bereits erklärt[3]). Und für diese ihre Amtsführung verhieß er ihnen seine stete Gegenwart, seinen kräftigen Beistand „alle Tage bis an's Ende der Welt," eine Verheißung, die über ihr irdisches Leben hinausreichte, sich also auf ihre Erben und Nachfolger erstreckte. Er verhieß ihnen den Geist der Wahrheit, der sie vor jedem Irrthum der Lehre bewahren, sie vielmehr fort und fort in die ganze Wahrheit leiten, sie und die nach ihnen Kommenden immer tiefer in den Zusammenhang seiner Lehre einführen[4]), die organische Entwicklung dieser Lehre in der Kirche leiten werde. Damit hatte er seiner Kirche ihre Magna Charta ertheilt. Auf einen Felsen wurde

---

[1]) Joh. 17, 18. — [2]) Matth. 28, 18—20. Marc. 16, 16. Joh. 20, 21—23. — [3]) Matth. 18, 17. — [4]) Joh. 16, 13.

sie gebaut, unverwüstliche Dauerhaftigkeit, Unvergänglichkeit, gleiche Lehre, gleiche Verwaltung der Heilsmittel ohne Unterbrechung, unter dem doppelten Beistande des zur Rechten des Vaters erhöhten Christus und des von ihm in die Kirche zu bleibender Inwohnung gesandten heiligen Geistes, sollten für alle Zeit ihr unverlierbar gehören. Fortan konnte Niemand mehr von der Kirche sich trennen, ohne zugleich von Christus sich zu trennen, denn nur ihr ist die Versicherung, daß er stets mit ihr sein wolle, gegeben worden.

61. Er aber wollte der wahre König seiner Kirche auch unsichtbar bleiben; die Apostel sollten nur seine Stellvertreter in seiner Abwesenheit sein, ihre Gewalt war nicht ihr Eigenthum, sondern, von ihm ausgeflossen, nur zur verantwortlichen Verwaltung ihnen übertragen. „Ihr sollt euch nicht Meister, nicht Rabbi, nicht Vater nennen lassen; Einer ist euer Meister, Christus, Einer ist euer Vater, der im Himmel, ihr aber seid alle Brüder" [1]. Nur Werkzeuge Dessen sollten sie sein, der sein Reich als der Eine Herr und Hohepriester in jedem Zeitalter nach eignem Gutdünken regieren werde. Und darum erloschen auch die Gewalten und Vorzüge, die ihnen gegeben worden, nicht mit ihnen, denn sie hatten sie nie als Eigenthum besessen.

62. Daß es in seiner Kirche nie an Aergernissen fehlen werde, daß die Bösen in ihr stets mit den Guten vermischt sein und von den kirchlichen Gewaltträgern vielfach geduldet werden müßten, das hatte er vorausgesehen und seine Apostel darüber belehrt, daß diese Mischung in der Kirche etwas von Gott Gewolltes sei. In Parabeln zeigte er ihnen, wie auf dem Acker der Kirche stets das Unkraut unter dem Waizen sprossen werde, und wie man beides bis zur Aernte, wo dann der Herr selbst die vollständige Sichtung und Ausscheidung vornehmen werde, wachsen lassen solle, weil bei den vielfältigen Verflechtungen, durch welche der Waizen mit dem Unkraut zusammenhänge, häufig auch jener mit würde ausgerissen werden, weil durch eine vorzeitige Ausscheidung des Bösen vom Guten in der Kirche dieser mehr geschadet als genützt würde [2].

63. Immer mehr drängten die Dinge zu einer letzten großen Entscheidung. Die Stellung, die Jesus in Mitte seines Volkes eingenommen, ließ nur zwei mögliche Entwicklungen zu, entweder die gläubige Hingebung des gesammten Volkes an ihn als seinen wahren Messias, oder seine Verurtheilung und Hinrichtung als Gotteslä-

---

[1] Matth 23, 8. 10. — [2] Matth. 13, 25 sq.

sterer, der sich fälschlich für den verheißenen Messias ausgebe. Daß das letztere erfolgen werde, war bei der Stimmung und Haltung des einflußreichsten und mächtigsten Theiles der Nation, der Pharisäer und Priester, falls er selber sich diesem Schicksale nicht entzog, nicht zweifelhaft. Schon hatten sich die Häupter des Synedriums verabredet, daß, wer ihn öffentlich als den Messias bekenne, in den Bann gethan und aus der Synagoge gestoßen werden solle [1]). Damals war aber „seine Stunde noch nicht gekommen," sein irdisches Werk noch nicht zu Ende geführt; daher verließ er, wenn er zu den Festen nach Jerusalem kam, die Hauptstadt immer bald wieder, und entzog sich denen, die Gewalt an ihm üben oder ihn gefangen nehmen wollten.

64. Jenen drei Jüngern, welche auch sonst seinen nähern Umgang und sein besonderes Vertrauen genoßen, Petrus, Jakobus und Johannes, denselben, die später bei seinem tiefsten Leiden, seinem Seelenkampfe in Gethsemane, zugegen waren, gestattete er, Zeugen zu sein der Verklärung, welche ihm kurz vor seiner Todesreise nach Jerusalem auf einem Berge zu Theil ward. Dort strahlte sein Antlitz einen, dem Sonnenlicht ähnlichen, Glanz aus, und wurden seine Kleider, wie von Licht übergoßen, glänzend weiß; zu den drei irdischen Zeugen aber kamen zwei himmlische hinzu, die zwei größten Propheten des Alterthums, die mit ihm über seinen bevorstehenden Tod sich unterredeten, während durch die Stimme von oben die feierliche Bestätigung seiner Messiaswürde, wie ehemals bei der Taufe, erfolgte. Für ihn war diese Verklärung eine Weihe zum nahen Leiden, eine Vorausnahme der nachfolgenden Herrlichkeit; seinen Jüngern, die von Furcht ergriffen, von dem Gefühle ihrer Ohnmacht dieser Majestät des bisher nur in seiner Knechtsgestalt gesehenen Lehrers gegenüber niedergedrückt, vor dem Anblicke wie Trunkene in Schlummer verfielen, wurde in dieser Erscheinung der einheitliche Zusammenhang des alten und neuen Bundes, sowie die Verklärungsfähigkeit des menschlichen Leibes anschaulich gezeigt [2]).

65. Als Jesus nach längerem Weilen und Wirken in Peräa den Lazarus zu Bethanien vor vielen Zeugen vom Tode erweckte, erzeugte dieses Wunder große Aufregung unter dem Volke [3]). Das Synedrium faßte auf den Antrag des Hohenpriesters Kaiphas den weiteren Beschluß, daß er als Volksverführer ergriffen und vor Gericht gestellt werden solle. Er aber sagte den Jüngern, die noch immer

---

[1]) Joh. 9, 22. — [2]) Matth. 17, 1 sq Luc. 9, 28—36. Marc. 9. 2—9 — [3]) Joh. 11, 17—53.

3*

von der unmittelbar nahen Aufrichtung des Messianischen Juden-
reiches in aller irdischen Herrlichkeit träumten, zum drittenmale sein
nun ganz nahes Leiden voraus[1]), und hielt darauf seinen öffentlichen
Einzug in Jerusalem. Denn nun, da die Stunde gekommen, war
zum vorsichtigen Zurückhalten kein Grund mehr vorhanden. Unter
dem Hosianna-Ruf der zum Osterfest ziehenden Volksschaaren, als
Sohn David's und Messias von ihnen begrüßt, kam er in der Hauptstadt an[2]). Vergeblich begehrten die Pharisäer von ihm, er solle
den rauschenden Huldigungen des Volkes wehren. Er lehrte und
heilte nun offen im Tempel, den er noch einmal, nicht ohne symbolische Hindeutung auf die seinen Beruf bildende Läuterung Israels
selbst, von Käufern und Verkäufern reinigte[3]). Im Tempel überfiel
ihn bei der Vorstellung seines nunmehr bevorstehenden Leidens und
Todes ein Gefühl der Bangigkeit mit solcher Stärke, daß er erst
um „Errettung aus dieser Stunde" betete; dann aber im rasch sie-
genden Bewußtsein seiner höhern Bestimmung opferte er seinen Willen
dem des Vaters völlig auf und bat nur, daß der Vater seinen Namen
durch dieses sein Todesleiden verherrlichen möge. Eine himmlische,
in donnerähnlichem Laute vernommene Stimme verkündete darauf,
daß der Vater das Opfer des Sohnes aufnehme und es zu seiner
Verherrlichung dienen lasse[4]). Den Tag über in der Hauptstadt
thätig, übernachtete er jedesmal bis zum Donnerstag auf dem nahen
Oelberge, da Jerusalem von Fremden überfüllt war, und er seinen
Feinden sich noch entziehen wollte. Ein Wehruf über die heuchlerischen Führer des Volkes, über die Stadt und deren Bewohner, die
er so oft und stets vergeblich an sich zu ziehen versucht hatte, und
über den baldiger Zerstörung geweihten Tempel, zugleich mit der
Weissagung, daß sie das Sündenmaß ihrer Väter nun voll machen,
und über sich und das Volk die ganze Last der Blutschuld bringen
würden — beschloß sein öffentliches Lehramt[5]).

66. Am Tage vor dem Passah-Feste[6]) verrichtete Jesus bei einer
mit seinen Jüngern gehaltenen Mahlzeit als Vorbild demüthiger Liebe
eine Handlung, die sonst nur Sklaven oder die Geringsten aus der
Gesellschaft vorzunehmen pflegten: er wusch seinen Jüngern die Füße.

---

[1]) Matth. 20, 17—19. Luc. 19, 31 sq. Marc. 10, 32 sq. —
[2]) Matth. 21, 1—11. Marc. 11, 1—10. Luc. 19, 29—40. Joh. 12,
9 sq. — [3]) Matth. 21, 12—16. Luc. 19, 45 sq. Marc. 11, 15—17.
— [4]) Joh. 12, 27—30. — [5]) Matth. 23, 13 sq. — [6]) Joh. 13, 2. 4:
Πρὸ δὲ τῆς ἑορτῆς τοῦ πάσχα.

Daß einer unter ihnen, und zwar Judas, ihn verrathen, daß Petrus ihn verläugnen, Alle in der Nacht seiner Gefangennehmung ihn verlassen würden, sagte er schon jetzt voraus. Am Donnerstag feierte er mit den Zwölfen das Passamahl, und verband damit das, was in seiner Kirche an dessen Stelle treten sollte: er setzte das Sakrament seines Fleisches und Blutes ein[1]). Er wollte seinen Jüngern die Augen vollends öffnen über die Nothwendigkeit seines Todes als eines freien Opfers für sie und für die ganze Menschheit, wollte sie mit in die Genossenschaft dieses Todes hineinziehen und ihnen zugleich den höchsten Beweis seiner Liebe zu ihnen gewähren[2]). Er hatte es als eine Nothwendigkeit bezeichnet, daß er gerade am Passah sein Leben lasse zur Erlösung der Welt; er hatte dafür gesorgt, daß sein Einzug in Jerusalem auf denselben Tag fiel, an welchem das Passahlamm nach der Mosaischen Verordnung ausgesondert werden sollte. Hatte das Passahlamm, als das eigentliche Bundesopfer, mit seiner Communion die Grundlage und den Mittelpunkt des ganzen übrigen alttestamentlichen Opferwesens gebildet, so war jetzt der Moment gekommen, wo er selbst an die Stelle des Passahopfers und aller übrigen damit zusammenhängenden Opfer treten, sein Leben wirklich als Schlachtopfer hingeben und zugleich in seiner Kirche ein bleibendes, hoch über das Stück- und Schattenwerk der Thieropfer erhabenes, sacrificielles Mysterium einsetzen wollte.

67. Seit dem Sündenfalle war die Menschheit eigentlich unfähig geworden, Gott das rechte volle Opfer darzubringen, d. h. das der eigenen Persönlichkeit. Seit die Sünde diese Persönlichkeit befleckt, eine Scheidung zwischen Gott und den Menschen gesetzt hatte, waren alle Opfer wesentlich ungenügend, sie „konnten das Gewissen nicht reinigen"[3]), sie wiesen nur hin auf die künftige Darbringung eines Opfers, von welchem sie ihr Licht, ihre Kraft und ihre Bedeutung empfingen. Jetzt aber sollte Der, welcher das Ideal der Menschheit in sich verwirklichte, durch die freie Hingabe seines Lebens für das ganze Geschlecht, dem er als Glied sich eingefügt hatte, das Eine, große, für Zeit und Ewigkeit allgenügende Opfer vollziehen; und indem er damit die Mangelhaftigkeit aller bisherigen Opfer zugleich aufdeckte und ergänzte, das seinige an deren Stelle setzen. Wie das Passahmahl ein Lebens- und Rettungsfest des Volkes, eine Mahlzeit war, in der das Volk seine Gemeinschaft mit Gott dar-

---

[1]) Matth. 26, 26—28. Luc. 22, 19. 20. Marc. 14, 22—24. 1. Cor. 11. 23. — [2]) Joh. 13, 1 sq. — [3]) Hebr. 9, 9.

stellte, bethätigte, sich derselben freute, so sollte dieses verklärte Pos-
sahmahl demselben das Opfermahl des neuen Bundes werden, in
welchem die Gläubigen durch den Genuß seines Leibes in die substantielle Gemeinschaft des großen Opfers zugelassen und aufgenommen, stets Vergebung der Sünden empfangen, stets gereinigt und
geheiligt werden, stets als Glieder dem Leibe, dessen Haupt Christus
ist, eingefügt, sich selbst dem versöhnten Gott als Opfer darbringen
könnten.

68. Sein Blick war, indem er Brod und Wein segnete, zugleich auf den bevorstehenden Kreuzestod am folgenden Tage und
auf den ganzen ferneren Verlauf der irdischen Zeit und der Entwicklung des menschlichen Geschlechtes gerichtet. Sein Priesterthum,
das er mit seinem Eintritt in die Menschheit begonnen, sollte nicht
mit einem einmaligen Opferakte beendet und abgethan sein, er wollte
es fortwährend ausüben, in der höhern Welt vor dem Vater und
hienieden durch menschliche Stellvertreter, die unter der Hülle von
Brod und Wein ihn selbst, seinen verklärten Leib, sein vergeistigtes
Blut und mit ihm die ihn Genießenden als das ununterbrochene,
stets sich verwirklichende und doch stets Eine und einzige Opfer der
Kirche darbringen sollten.

69. Was er am daraussolgenden Tage, als die Schergen ihre
rohen Hände an ihn gelegt und ihn gebunden hatten, nicht mehr der
Welt zu bezeugen im Stande war, daß sein Tod wirklich ein Opfer,
eine freiwillige Hingabe sei, das bezeugte er jetzt: „Was ich euch
zu essen gebe, ist mein Leib, der für euch gebrochen wird, was ihr
trinket, ist mein Blut, das ich für euch vergieße." So sollten künftig
die Altäre seiner Kirche eins sein mit dem Kreuze, derselbe Leib,
dieselbe Darbringung hier wie dort, ein einziges großes, nicht wieder-
holtes, nur in der Zeit ausgedehntes, der Dauer seiner Kirche sich
anfügendes Opfer, die einzige, der göttlichen Majestät wahrhaft würdige Oblation, zugleich hiemit die gottesdienstliche Feier des neuen
Bundes, die in seiner Kirche nicht weniger real, vielmehr wirksamer
sein sollte, als jenes vorbereitende und schattenbildliche Ganze von
Opfern und Gebräuchen, welches Aarons Söhne bisher verwaltet hatten.

70. So erreichte er in einfachster Weise den doppelten Zweck,
seiner Kirche ein stetes Opfer und einen Mittelpunkt des gemeinschaftlichen Gottesdienstes, und zugleich den Gläubigen eine Speise
zu geben, welche dem ganzen Menschen nach Körper und Geist den
Segen und die heiligende Kraft seiner eignen Menschheit zuführen

und den Keim künftiger Unsterblichkeit ihm einpflanzen sollte. Dieß geschah, indem er Brod und Wein, als die den Grundbestandtheilen des menschlichen Leibes entsprechenden Nahrungsmittel, durch eine substantielle Verwandlung, die jedoch in der jeder sinnlichen Wahrnehmung unzugänglichen Sphäre vor sich ging, zur Würde seines verklärten, mit den Kräften des göttlichen Lebens durchdrungenen Leibes und Blutes erhob. So wurde die Eucharistie die Vollendung Dessen, was er in der Incarnation begonnen hatte, so wußte er seine ganze Kirche in allen folgenden Geschlechtern sich einzuverleiben, damit sie fort und fort mit ihm in unzertrennlicher Weise vereinigt als annehmbares Opfer vor Gott erscheinen könne.

71. Im Garten Gethsemane, als er den Moment seiner Ergreifung erwartete, kam das Gefühl der Angst und Verlassenheit überwältigend über ihn. Wie kein andrer Mensch empfand er, in dem Bewußtsein, daß die Sünde der ganzen Welt auf ihn als das Sühnopfer gelegt sei, die Bitterkeit des Todes, als des Soldes der Sünde. Sein Grauen vor dem Tode war bei ihm vor Allem das Grauen vor der Sünde; und seine unter diesem Gefühle erliegende Menschheit bedurfte der Stärkung, der Kräftigung durch einen ihm deßhalb gesandten Engel. Vorübergehend erwachte der Wunsch in ihm, daß, wenn es möglich sei, dieser Leidenskelch an ihm vorüber gehen, der höchste der Frevel seinem Volke erspart werden, eine Pein, wie sie kein Mensch auch nur von ferne ihm nachzuempfinden vermochte, von ihm abgewendet werden möge. Sofort aber siegte in ihm das klar hervortretende Bewußtsein des unwiderruflichen göttlichen Rathschlusses[1].

72. Nach dem Seelenkampfe in Gethsemane wurde er, von Judas durch einen Kuß verrathen, durch die vom hohen Rathe aus gesandten Häscher ergriffen. Ehe er ihren Händen sich überlieferte und gebunden wurde, ließ er sie seine Hoheit fühlen, sie sanken vor der aus ihm strahlenden Majestät zu Boden[2]. Das Verfahren des Synedriums gegen ihn war kurz und einfach. Da die Aussagen der Zeugen über ihn nicht die von dem Gesetze begehrte Uebereinstimmung darboten, so forderte ihn der Hohepriester Kaiphas zur eidlichen Aussage auf, ob er der Messias und Gottes Sohn sei. Seine ruhig bejahende Antwort ließ den Richtern nur die Wahl, entweder ihn gläubig anzuerkennen als den, für den er sich ausgab, oder ihn

---

[1] Matth. 26, 36 sq. Marc. 14, 32 sq. Luc. 22, 40. — [2] Joh. 18, 4—9.

als Gotteslästerer zum Tode zu verurtheilen. Sie zögerten nicht, das
letztere zu thun, und zum Ausdrucke des Abscheues über die vernommene Blasphemie zerriß der Hohepriester sein Gewand[1]). Um jedoch
das Gehässige der Hinrichtung vor dem ihm noch vielfach anhängigen
Volke nicht auf sich zu nehmen, und ihn statt des gesetzlichen Todes
durch Steinigung am Kreuze sterben zu lassen, klagten sie ihn beim
Römischen Procurator Pilatus als Hochverräther an, ohne des
schon über ihn gefällten Todesurtheils zu gedenken. Er mache sich
zum Könige, gaben sie vor, wiegle das Volk auf und verbiete, dem
Kaiser Abgaben zu entrichten. Die Antwort Jesu auf die Frage des
Procurators machte auf diesen den Eindruck, daß er unschuldig sei;
da aber die Juden auf ihrer Anklage bestanden, so versuchte Pilatus
der ihm unbequemen Zumuthung dadurch sich zu entziehen, daß er
Jesum als Galiläer seinem Landesfürsten, dem eben in Jerusalem an-
wesenden Herodes Antipas, zusandte. Der leichtfertige Tetrarch, der
in Jesus nur einen verstockten, aber harmlosen Schwärmer sah, dem
nicht der Tod, sondern Verachtung und Spott gebühre, sandte ihn
wieder an Pilatus zurück. Vergeblich wollte dieser der Festsitte gemäß, welche die Freilassung eines Verurtheilten erheischte, Jesum
retten; das von den Pharisäern aufgehetzte Volk zog den Raubmör-
der Barabbas vor[2]). Da verurtheilte er ihn zur Geißelung und Kreuzigung, zugleich aber auch jetzt noch ihn für unschuldig und für einen
Gerechten erklärend. Auch sein letzter Versuch, durch Vorführung des
gegeißelten und blutenden, zum Hohne noch mit den Zeichen der
Königswürde bekleideten Jesus das Mitleid des Volkes zu erregen,
scheiterte. Eingeschüchtert durch die drohende Hinweisung auf den
Kaiser, welche die Priester an ihre Bezeichnung Jesu als eines politischen Aufwieglers knüpften, befahl er die Kreuzigung zu vollstrecken.

73. Auf Golgatha, zwischen zwei Uebelthätern, wurde das
Kreuz des Herrn aufgerichtet. Während die Wache seine Kleider
unter sich vertheilte, Volk und Priester und selbst einer der mit ihm
Gekreuzigten ihn höhnten und lästerten, betete er um Vergebung für
die, welche nicht wußten, was sie thaten. Den betäubenden Trank,
den man ihm angeboten, hatte er, da er mit vollem klarem Bewußtsein den Opfertod sterben wollte, verschmäht. Alle seine Jünger hatten ihn verlassen und waren geflohen, Petrus hatte ihn dreimal verläugnet, nur sein Liebling Johannes stand unter dem Kreuze.

---

[1]) Matth. 26, 59—66. Marc. 14, 55—64. Luc. 22, 65—71. —
[2]) Joh. 18, 31 sq.

Zur Belohnung wurde ihm die Fürsorge für die Mutter des Herrn anvertraut. Als der höchste, bis zur Unerträglichkeit gesteigerte Moment seines Leidens eintrat, und sein ganzes menschliches Bewußtsein davon wie unterjocht und augenblicklich erdrückt war, da brach er, die Worte des sein Leiden voraussagenden Psalms sich aneignend, in den Angstruf der Gottverlassenheit aus [1]. Darauf aber bezeugte er sein Erlösungswerk als vollbracht, und indem er seinen Geist in die Hände seines Vaters befahl, starb er, am Freitag den 15ten Nisan oder 7ten April 783, J. 30 der christlichen Aera. Die außerordentlichen Naturerscheinungen bei seinem Tode, die Sonnenfinsterniß und das Erdbeben deuteten an, wie die ganze Natur in die Mitleidenschaft bei dem Tode ihres Gebieters gezogen war, und der Riß in dem das Allerheiligste verdeckenden Tempelvorhang zeigte, wie durch den Tod des Erlösers die Scheidewand gefallen, und der ganzen Menschheit der Zutritt zum Allerheiligsten, zum Reiche Gottes auf Erden geöffnet sei.

74. Der zur Sicherheit durchstochene Leichnam wurde in versiegeltem Grabe von Wächtern bewacht. Aber er hatte erklärt, wie er sein Leben freiwillig, aus eignem Entschluß lasse, so werde er es auch wieder annehmen aus eigner Macht [2], und nur drei Tage im Todtenreiche verweilen; dieses sein Hervorgehen aus dem Grabe werde das große entscheidende, auch Denen, die seinen übrigen Machtbeweisen nicht glauben wollten, gegebene Zeichen sein [3]. Am Tage seiner Auferstehung erschien er der Maria Magdalena, dem Petrus, zwei Jüngern auf dem Wege nach Emmaus und spät Nachts den versammelten Aposteln. So wenig vermochten sie zuerst trotz seiner Vorhersagungen die Thatsache zu fassen und ihren Sinnen zu trauen, daß der Herr sie durch Betasten seiner Person und durch Genuß von Speise von der Wirklichkeit seines aus dem Grabe hervorgegangenen Leibes überzeugen mußte [4]. Acht Tage später, als auch der früher abwesende und ungläubige Thomas zugegen war, erschien er wieder in ihrer Mitte und nun überzeugte sich auch Thomas und bekannte seinen Herrn und Gott. Aber nicht in Jerusalem und nicht von seinen Feinden wollte er gesehen sein, sondern in Galiläa, wo er sein Lehramt im Wesentlichen geführt und die meisten Gläubigen gefunden hatte, wollte er der Menge dieser Gläubigen sich zeigen [5], und zugleich seine Apostel zur Führung ihres Amtes nach seinem Weg-

---

[1] Matth. 27, 46. Ps. 21, 1. — [2] Joh. 10, 17. 18. — [3] Matth. 12, 39—40 — [4] Joh. 20, 1 sq. — [5] Matth. 28, 10.

gange vorbereiten. Auf sein Gebot gingen die Jünger von Jerusalem gleich nach dem Osterfeste weg nach Galiläa [1]); hier erschien er zuerst sieben seiner Jünger am See Tiberias, wobei Petrus zum Haupte der Kirche erklärt wurde [2]). Mehr als 500 Jünger sahen ihn dort und vernahmen seine Worte [3]). Nicht lange vor Pfingsten zogen die Apostel wieder nach Jerusalem, auch hier durch wiederholte Besuche Jesu gestärkt und belehrt. Seine Erscheinung, seine Gestalt, sein Verhalten überzeugte sie, daß er zwar einen wahren Leib hatte und kein wesenloses Gespenst war, sie sahen und berührten seine Wundmale, daß aber sein Leib jetzt den Schranken und Bedingungen des irdisch-körperlichen Daseins nicht mehr unterworfen, daß er verklärt sei. In verschlossenem Raume stand er plötzlich in ihrer Mitte, seine Gestalt war ihnen bald bekannt, bald fremd und unkenntlich. Endlich an einem Donnerstage, dem vierzigsten Tage nach seiner Auferstehung, auf dem Oelberge in der Nähe von Bethanien, erschien er den Aposteln zum letztenmale, gebot ihnen, in Jerusalem die Ausgießung des heiligen Geistes zu erwarten, und kehrte, indem eine Wolke den Emporgehobenen ihren Blicken entzog, zur Herrlichkeit des Vaters zurück [4]).

75. Als Jesus von der Erde schied, hinterließ er nur spärliche und geringe Anfänge einer neuen Kirche. Fünfhundert Brüdern hatte er sich in Galiläa nach der Auferstehung gezeigt, hundert und zwanzig Jünger, die Apostel mit einbegriffen, waren jetzt in Jerusalem versammelt. Natürlich glaubten nur die an ihn, die den Auferstandenen gesehen und gehört hatten, und deren waren wohl höchstens sechshundert. Es war noch das unscheinbare Senfkorn und nichts nach menschlicher Berechnung unwahrscheinlicher, als daß aus diesem Häuschen galiläischer Bauern und Handwerker, Fischer und Zöllner, unter denen sich auch nicht ein einziger von einiger Geistesbildung befand, die ebenso unbekannt mit der Welt als von ihr ungekannt waren, der mächtige, die Welt überschattende Baum einer die verschiedensten Nationen und Millionen umfassenden Kirche hervorwachsen würde.

76. Die erste Angelegenheit war die Ergänzung der Zwölfzahl des apostolischen Collegiums; diese Zahl hatte Jesus festgestellt nach der Grundzahl der Familie, aus der sich das Volk Israel herleitete; noch vor der Ausgießung des heiligen Geistes mußte sie wie-

---

[1]) Matth. 28, 16. — [2]) Joh. 21, 1 sqq. — [3]) 1. Cor. 15, 5–8 — [4]) Marc. 16, 19. Luc. 24, 50, 51. Act. 1, 4 sqq.

der hergestellt, die Lücke, welche des Judas Abfall gebildet, wieder ausgefüllt werden und zwar durch einen Mann, der ein Zeuge und Jünger Jesu während der ganzen Zeit seiner irdischen Thätigkeit gewesen. Dies geschah unter der Leitung des Petrus in einer Versammlung der kleinen Gemeinde. Christus selbst sollte durch das Loos zwischen den zwei Vorgeschlagenen entscheiden, denn nur Er konnte das Apostelamt verleihen. So wurde Matthias einer der Zwölfe.

77. Am Pfingstfeste des Jahres 783, also zehn Tage nach der Himmelfahrt Jesu, an dem Feste, an welchem die Juden als Erstlinge der Aernte Brod und Mehl in den Tempel brachten und Jehova weihten, erfolgte die Ausgießung des heiligen Geistes. Die Erstlinge der neuen Geistesärnte, die Jünger, waren in einem Hause versammelt. Schon die Propheten hatten geweißagt, daß einmal eine große, mächtige Ausgießung des göttlichen Geistes über ganze Gemeinden, über jedes Geschlecht und Alter stattfinden werde, daß Gott sein Gesetz in ihr Herz geben und in ihren Sinn schreiben, ihnen ein neues Herz und einen neuen Geist geben wolle [1]). Jesus selbst hatte diese Ausgießung wiederholt seinen Jüngern verheißen, aber mit dem Beisatze, daß sie erst nach seinem Abschiede von der Erde stattfinden könne und solle, daß erst diese seine menschliche Gestalt und Erscheinung, an der sie in allzu fleischlicher Weise hingen, ihnen entrückt werden müsse, bevor die Gaben des Geistes einen empfänglichen Boden bei ihnen finden könnten [2]). So geschah denn jetzt diese Ausgießung, die Geistes- und Feuertaufe, welche Johannes der Täufer bereits als das Werk Christi angekündet hatte. Wie das Feuer in des innerste Mark eindringt, während das Wasser nur an der Oberfläche bleibt, so sollte der Geist von Oben, dessen Symbol das Feuer ist, die Apostel und Jünger bis in's Innerste der Seele durchdringen und mit seinen Gaben sie erfüllen; sollte nach dem Worte Jesu sie ausrüsten mit der Kraft aus der Höhe [3]). Das Brausen eines gewaltigen Windes und das Erscheinen zungenförmiger Flammen, Symbole des Geistes und der neuen Sprachengabe, über den Häuptern der Versammelten, auch der unter ihnen befindlichen Frauen, kündigte diese Mittheilung an, und die erste Wirkung war ein ekstatischer Zustand, in welchem die Ergriffenen in fremden, ihnen bisher unbekannten Sprachen, besonders der griechischen und der persischen Sprache und zwar in verschiedenen Dialekten redeten, und von den

---

[1]) Joel 3, 1 sq. Ezech. 11, 19 sq — [2]) Joh. 16, 7. — [3]) Luc. 24, 49.

zum Feſte nach Jeruſalem gekommenen helleniſtiſchen Juden aus der
Diaspora und den Proſelyten verſtanden wurden, während Iſraeliten
aus Judäa, denen dieſe Sprachen unverſtändlich waren, ſpottend meinten, ſie hätten ſich ſchon am frühen Morgen in Wein berauſcht. Das
war alſo der Anfang und die Inauguration des großen Werkes, das
die zertheilte und ſeit der Sprachverwirrung feindlich in Nationen
geſchiedene Menſchheit wieder zu Einer großen Geſellſchaft vereinigen
ſollte, in welcher alle Sprachen zu Werkzeugen der Einen gleichen
Wahrheit erhoben und die bisher ſchroff geſpaltenen Völker in der
höheren Einheit der Kirche verbunden werden ſollten. Einigemal noch
fand die Mittheilung des heiligen Geiſtes oder vielmehr die Erneuerung des Vorganges am Pfingſtfeſte in ſo auffallender, ſinnlich her-
vortretender Weiſe ſtatt. Das erſtemal, als die nach ihrer Gefangennehmung wieder freigelaſſenen Apoſtel Petrus und Johannes zu den
Ihrigen zurückkehrend ein Dankgebet verrichtet hatten; da erfolgte
wieder eine Ausgießung des Geiſtes auf alle Verſammelten, von dem
gleichen Zeichen der Erſchütterung des Hauſes begleitet[1]). Das zweitemal, als die erſten Proſelyten des Thores in die Kirche aufgenommen wurden und dabei das Phänomen des Sprachenredens ſich
wiederholte[2]). Gleiches widerfuhr dann den Samaritern, ſowie
jenen Johannesjüngern, welchen Paulus in Epheſus die Hände
auflegte.

78. Von gewaltiger Wirkung war die Rede des Petrus, welche
ſich an dieſes Pfingſtwunder knüpfte. Der Eindruck des eben Geſe-
henen und Gehörten hatte die Herzen Vieler empfänglich gemacht:
„Eine alte Verheißung iſt hier vor euren Augen in Erfüllung gegangen; die, an welchen dieſes Zeichen gegeben worden, glauben
alle feſt an die Meſſiaswürde des Mannes, den ihr, die Nation
durch ihr Synedrium, vor fünfzig Tagen an's Kreuz gebracht habt.
Ihr habt ihn zwar erwürgen dürfen durch Zulaſſung des göttlichen
Rathſchluſſes, er hat aber als David's Sohn, auch hierin wieder
eine Verheißung erfüllend, den Tod überwunden, iſt auferſtanden und
uns, die Zeugen ſeiner Auferſtehung, hat er nun mit dieſer Bürg-
ſchaft der Wahrheit, dieſen Gaben des Geiſtes, ausgerüſtet." — Da
erfüllte ſich das Wort des Propheten: „Sie werden mich anſehen,
den ſie zerſtochen haben, und werden um ihn klagen, wie um den
einzigen Sohn"[3]). Dreitauſend ließen ſich ſofort taufen.

79. Die erſten ſchönen Tage der jungen Kirche hatten begonnen.

---

[1]) Act. 4, 31. — [2]) Act. 10, 46. — [3]) Zach. 12, 10.

Aber die Gläubigen befanden sich noch in einer ganz eigenthümlichen, zuwartenden Zwischenstellung; die Kirche war so zu sagen
nur zur Hälfte geboren, mit der andern Hälfte ruhte sie noch im
Schooße der Synagoge. Die Anhänger Jesu standen unter der Leitung
der Apostel, erkannten aber auch fortwährend die Autorität des in
Jerusalem noch aufgerichteten Stuhles Mosis an; die Synagoge war
noch nicht von Gott verworfen, das Synedrium behauptete sich als
die rechtmäßige Behörde der jüdischen Kirche; die Gläubigen unterwarfen sich ihm bis auf einen Punkt, wo sie „Gott mehr gehorchen
mußten, als den Menschen." Sie waren noch Glieder des ganzen
politisch-religiösen Organismus ihres Volkes und wollten allen Pflichten dieser Gliedschaft entsprechen; sie gingen zum Tempel, der ihnen
fortwährend als das wahre einzige Heiligthum des einen Gottes galt,
nahmen an den öffentlichen Feierlichkeiten und am Gebete dort Theil;
aber sie kamen auch häufig zusammen unter sich, um die Apostel zu
hören, zu beten und „Brod zu brechen," d. h. die Communion des
Leibes und Blutes Christi zu feiern. Die nachhaltige Begeisterung,
das Beispiel Jesu, der Apostel, wohl auch die Erwartung des nahen
großen Strafgerichtes über Jerusalem und Judäa, wirkte so mächtig,
daß die Gemeinde aus freiem Antriebe eine Gütergemeinschaft unter
sich einführte, bei welcher Jeder seinen Privatbesitz so betrachtete und
gebrauchte, als ob die Brüder zum Mitgenuß berechtigt seien, und
manche der Besitzenden ihre Grundstücke verkauften, um den Erlös
durch die Apostel für die Bedürfnisse Aller verwenden zu lassen.
Doch wurde dieses Beispiel nachher von keiner andern der Tochter-
kirchen nachgeahmt. Als Ananias und sein Weib durch die von ihnen
versuchte habsüchtige Täuschung und Heuchelei das erste Attentat
gegen die Autorität des Papstes und den in der Kirche waltenden
heiligen Geist begingen, verhängte Petrus ein schreckenerregendes
Strafgericht über sie [1]).

80. Das Pfingstereigniß mit seinen Folgen hatte die Träger
der Gewalt in der Hauptstadt noch äußerlich ruhig und unthätig
gelassen. Viele indeß erschraken oder ergrimmten, daß die gefährliche
Sekte, die sie mit dem Tode des Urhebers wie einen Wurm zertreten zu haben wähnten, plötzlich ihr Haupt wieder erhebe, die Auferstehung des Gekreuzigten verkünde und seinen Tod der Nation als
einen schweren Frevel zuschiebe. Da erfolgte die öffentliche Heilung
des Lahmen an der Tempelpforte durch Petrus und eine zweite Rede

---

[1]) Act. 5, 1—10.

des Apostels, dießmal an die Schaar der versammelten Anbeter gerichtet. Nicht wir, erklärte er, haben diese Heilung vollbracht; Jesus,
der aus Unwissenheit von euch Getödtete, ist es, in dessen Namen
dieser Mann genesen ist [1]. Seine weitere Aufforderung, mit buß-
fertiger Belehrung sich diesem Jesus zuzuwenden, unterbrachen die
von Priestern und Sabducäern geführten Häscher der Tempelwache,
welche den Petrus und seinen Begleiter Johannes verhafteten. Vor
dem Synedrium erklärte Petrus, daß in keinem Namen für die
Menschen Heil zu finden sei, als nur im Namen Jesu, und setzte
dem Verbote, diesen Namen zu verkünbigen, die Appellation an den
höheren Willen Gottes entgegen; sie könnten nicht anders, sie
müßten das, was sie gesehen und gehört, verkünbigen [2]. Abermals
war eine große Vermehrung der Gemeinde die Folge des Ereignisses,
so daß die Zahl ihrer Glieder schon auf fünftausend gestiegen war.
Ein enges Band gegenseitiger Liebe umschlang die täglich wachsende
Gemeinde, die in der Salomonshalle, einem der Ueberlieferung nach
erhaltenen Ueberreste des alten Tempels, sich zu versammeln pflegte.
Vom Volke wurden sie mit einer gewissen scheuen Verehrung betrachtet [3]. Der Ruf von den außerordentlichen Ereignissen am Pfingstfeste und von den zahlreichen Heilungen, welche ebenso die Pfade
der jungen Kirche, wie die ihres göttlichen Stifters begleiteten, umgab sie in der öffentlichen Meinung mit einem Nimbus, den auch
die Feinde anzutasten einige Zeit Bedenken trugen. Wie Petrus bei
allen Gelegenheiten vor Allen hervorragte, handelnd und redend stets
der Erste, das Haupt der jungen Kirche war, so ruhte auch auf ihm
ganz besonders die Gabe der Heilungen; schon brachte man aus den
umliegenden Städten die Kranken herbei, und der Andrang zu ihm
war so groß, daß man die Kranken auf Betten an die Straßen setzen
mußte, damit nur der Schatten des vorübergehenden Apostels sie
berühre [4].

81. Auf Antrieb der mit dem Hohenpriester Annas verbundenen Sabducäer neuerdings eingekerkert, wurden die Apostel wunderbar befreit und predigten sofort wieder im Tempel. Damals rieth
der angesehene Pharisäer Gamaliel im hohen Rathe zu schonendem,
klugem Abwarten. Man solle erst zusehen, was aus der Sache werden
würde. Dieß wirkte soviel, daß das Synedrium die Apostel mit der
Strafe der Geißelung und mit erneutem Verbote, Jesum zu pre-

[1] Act. 3, 12—26. — [2] Act 4, 1 sq. — [3] Act. 5, 12, 13 — [4] Act.
5, 16.

digen, entließ. Solchem Verbote fügten sie grundsätzlich sich nicht,
und nun brach der Sturm einer allgemeinen und geordneten Verfolgung los [1]).

82. Unter den sieben Männern, welche zum Behufe der Armenpflege mit dem neugeschaffenen Gemeinde-Amte betraut worden, ragte
Stephanus durch Kraft und geistige Begabung hervor. Selbst Hel-
lenist, war er mit den hellenisirten Juden aus Italien, Cyrene,
Aegypten, Cilicien und Vorderasien, welche in Jerusalem ihre eigenen
Synagogen hatten, als Bote Christi mit mächtigem Erfolge in Berührung getreten. Seine Gegner unter diesen Hellenisten klagten ihn
vor dem Synedrium mit Zeugen an, daß er das Gesetz und den
Tempel gelästert, d. h. wohl: den Untergang des Tempels durch ein
göttliches Strafgericht und die damit zusammenhängende Auflösung
oder Umwandlung des Ceremonialgesetzes in Aussicht gestellt habe.
In seiner Vertheidigungsrede entwarf er ein Bild von der geschichtlichen Vergangenheit und den göttlichen Führungen Israels, um den
Versammelten zugleich in dem Verhalten ihrer Vorfahren gegen gott-
gesandte Propheten einen Spiegel vorzuhalten, und auf das Aus-
laufen der pädagogischen Rathschlüsse Gottes in die Sendung des
Messias hinzuweisen. Als er aber zu feurigen Bußmahnungen über-
gehend, ihnen sagte, derselbe Geist des verstockten Ungehorsams und
der Untreue, den ihre Väter gezeigt, herrsche auch in ihnen und habe
sie zu verrätherischer Ermordung des Gerechten getrieben — als er
im ekstatischen Schauen der Glorie Christi ausrief: „Ich sehe den
Himmel offen und den Menschensohn zur Rechten Gottes stehen,“
da galt ihnen dieß als eine neue Lästerung und in wildem Tumult
rissen sie ihn, ohne förmlichen Urtheilsspruch, nach dem Zelotenrecht,
fort zur Steinigung. So starb der erste Martyrer, nach dem Vorgange seines Meisters für seine Feinde betend [2]). Die frühere Gunst
des Volkes vermochte jetzt keinen Jünger Christi mehr zu schützen;
sobald das Wort: „Lästerung,“ erscholl, hatten die Pharisäer wieder
ihren alten Einfluß auf das Volk, welches die Christen ihnen preis-
gab, oder die Strafe an ihnen vollziehen half.

83. Die große Verfolgung in Jerusalem zerstreute die meisten
Gläubigen in die Landschaften von Judäa und Samaria und noch
weiter bis nach Phönicien, Cyprus und Antiochia [3]); daß die vorzüglich bedrohten Apostel gleichwohl in Jerusalem blieben, deutet auf
einen besondern ihnen zu Theil gewordenen Befehl Christi. So wurde

---

[1] Act. 5, 17-42. — [2] Act. 7, 59. — [3] Act. 8, 1-7; 11, 19.

das Evangelium rasch, doch noch immer blos unter den Juden aus-
gebreitet. Die Samariter, dieses jüdisch-heidnische Mischvolk, von
den Juden gehaßt und als Unreine gemieden, waren die ersten, denen
die Zerstreuung der Christen zu gut kam; ihr Land bildete das erste
Stadium der jetzt die Schranken jüdischer Nationalität überschreitenden
Mission. Der Diakon Philippus, der damals auch einen fremden
Proselyten des Thores, den Kämmerer der Königin von Meroe,
taufte, wirkte unter ihnen mit glücklichem Erfolge und ärntete, was
Christus selbst früher gesäet hatte [1]); den von ihm Getauften ertheilten
die vom Apostel-Collegium Gesandten, Petrus und Johannes, durch
Gebet und Handauflegung die Confirmation und mit derselben die
sichtbaren, damals öfter daran geknüpften Geistesgaben. Ohne solches
Zeugniß würden die jüdischen Gläubigen nur schwer zur Einsicht
gelangt sein, daß diese Bastard-Brüder des erwählten Volkes zum
Eintritt in die Kirche berufen seien. Die auffallenden Wirkungen
dieser Geistesmittheilung erzeugten in dem Samaritanischen Magier
Simon die Vorstellung, die Apostel seien im Besitz einer mächtigen,
durch ihre Handauflegung geübten Magie, deren Gebrauch sie Andern
mittheilen könnten, deren Geheimniß man von ihnen mit Geld er-
kaufen möge. Die strafenden und drohenden Worte des Petrus
schreckten ihn so, daß er die Apostel um ihre Fürbitte bei Gott er-
suchte. An eine ernste Belehrung war bei ihm nicht zu denken, er
spielte die Rolle des Thaumaturgen und Sektenhauptes bis an
sein Ende [2]).

84. Abgesehen von dieser Aufnahme in Samaria, wurde das
Evangelium noch immer nur den Söhnen Abrahams verkündet. Was
die Weissagungen lange vor Christus schon angekündigt hatten, daß
auch die Heiden eingehen sollten in das Reich Gottes, was Christus
den Aposteln im Allgemeinen befohlen hatte, alle Völker zu lehren
und zu taufen, dazu war noch immer nicht einmal der Anfang gemacht. Jener von Philippus getaufte Aethiopier war der einzige,
bis dahin getaufte Heide. Es mußte denen, welche die im Schooße
des Judenthums sich vollbringenden Ereignisse betrachteten, scheinen
als sei die ganze, von Christus ausgegangene Bewegung eine blos
in die Grenzen Israels eingeschlossene, und als werde jene undurchdringliche Scheidewand, welche die Sitte jener Zeit mehr noch als
das geschriebene Gesetz zwischen den Juden und dem übrigen Menschengeschlecht aufgerichtet hatte, auch für die Schüler Jesu fortbestehen.

----

[1]) Joh. 4, 35—38. — [2]) Act. 8, 18—24.

Die Apostel kannten im Allgemeinen den göttlichen Rathschluß hin-
sichtlich der Heidenberufung, aber über den Zeitpunkt und über die
Bedingungen dieser Berufung waren sie im Unklaren. Sollten nur
jene Heiden aufgenommen werden, welche bereits Proselyten der
Gerechtigkeit waren, oder die doch der Beschneidung und dem ganzen
Jüdischen Gesetze sich unterwarfen? Das Mosaische Gesetz hatte die
Beschneidung als eine bleibende, immerdar bindende Pflicht verordnet.
Der Unbeschnittene sollte aus dem Volke Gottes ausgerottet werden,
und mit Sicherheit sahen die Apostel voraus, daß das Erlassen dieser
Bedingung bei der Zulassung zur Gemeinschaft der Gläubigen unter
den geborenen Juden das größte Aergerniß geben, und ein mächtiges
Hinderniß für die fernere Verbreitung des Glaubens unter ihnen
werden würde. Es bedurfte einer besondern göttlichen Offenbarung,
um die Scheu und die Bedenken der Apostel zu überwinden. Sie
wurde dem Petrus, der als das Haupt der Kirche die ersten Heiden
aufzunehmen bestimmt war, zu Theil.

85. Es gab damals allenthalben viele Heiden, welche in den
Augen der Juden Halbbekehrte waren, ähnlich jenen frühern Proselyten des Thores, denen nicht die Beobachtung des ganzen Gesetzes,
sondern nur die Enthaltung von gewissen heidnischen Gebräuchen
auferlegt war; diese „gottesfürchtigen" Heiden pflegten die Gebets-
stunden des Tempels zu beobachten und wohnten dem Dienst in den
Synagogen bei, wurden aber von den Juden, da sie nicht beschnitten
waren, noch immer als Unreine betrachtet und behandelt, mit denen
man weder essen und trinken, noch irgend einen vertraulichen Umgang pflegen durfte. Ein solcher halber Proselyt war der Centurio
Cornelius, der zu der Italischen in Cäsarea lagernden Cohorte
gehörte. Durch seine ungeheuchelte Frömmigkeit, die sich seiner ganzen
Familie mitgetheilt, sowie durch seine Mildthätigkeit hatte er sich
bereits den besten Ruf unter den Israeliten in weitem Umkreise erworben,
ihn hatte daher die göttliche Vorsehung sich auserkoren, um an ihm
das Beispiel und den Beweis aufzustellen, daß jene Scheidewand der
Völker nach göttlichem Willen durchbrochen, daß ihre völlige Beseitigung
eingeleitet sei. Während also Cornelius durch eine Engelserscheinung
gemahnt wurde, Petrus zu sich zu berufen, wurde dieser durch eine
besondere göttliche Veranstaltung von jener, von Jugend an einge-
sogenen Vorstellung befreit, auf welche sich die Scheidung von Juden
und Heiden vor Allem stützte, von der Vorstellung nämlich, daß jeder
Unbeschnittene unrein und jeder Verkehr mit ihm verunreinigend sei.
Denn das Speisegesetz, die Unterscheidung von reinen und unreinen

Speisen, war es, was den Abscheu der Juden gegen jede Berührung mit
den Fremden stets wach erhielt[1]); denn durch den Genuß unreiner Thiere
waren diese in ihren Augen selbst unrein geworden. Darum wurde dem
hungernden Petrus in einer Ekstase ein vom Himmel sich herabsenkendes,
mit reinen und unreinen Thieren gefülltes Tuch gezeigt, und als er dem
Gebote: „Schlachte und iß"[2]), Folge zu leisten zögerte, weil er noch nie
Unreines genossen habe, da wurde ihm gesagt, was Gott gereinigt
habe, das solle er nicht als unrein behandeln, und er erkannte, daß
der höchste Gesetzgeber selbst, der früher nur bestimmte Gattungen
von Thieren ausgeschieden und zur Speise übergeben hatte, jetzt
jenen Unterschied aufhob und den Genuß der ganzen Thierwelt gestattete. Der weiter reichende Sinn des Gesichtes wurde ihm aber
klar, als sofort die Boten des Cornelius erschienen, und um so un-
bedenklicher folgte er ihrer Einladung. Als er nun aus den Worten
des Centurio ersah, wie wunderbar die beiden ihnen gewordenen Erscheinungen in einander griffen, da erkannte er erst klar, daß Gott
nicht, wie er sonst mit den Juden geglaubt, nur den Abkömmlingen
Abrahams seine Gnade gewähre, sondern daß auch in andern Völkern Gottesfurcht und thätige Frömmigkeit ihm wohlgefällig sei, daß
er auch ihm dienende Nichtjuden zum Glauben und zum Eintritt in
die Kirche berufe. Und jetzt geschah etwas, was bei den jüdischen Begleitern des Petrus die letzten Bedenken hinwegräumen mußte: Gott selbst
zeigte, daß er unabhängig von dem Dienste des herbeigerufenen Apostels
diese Heiden zu Gliedern Christi gemacht habe; denn ehe sie noch
getauft waren und die Handauflegung empfangen hatten, während
sie auf Petrus' Worte hörten, kam der heilige Geist über sie, sie redeten
in Zungen und priesen Gott, und damit wurde den Erstlingen aus
dem Heidenthume derselbe Vorzug zu Theil, welcher die Erstlinge
Israels am Pfingstfeste verherrlicht hatte. Sie wurden sofort auf
Petrus' Gebot getauft, und so hatte Gott selber die gewöhnliche Ordnung
seiner Gnade gewissermaßen verkehrt und den noch Ungetauften die
Gaben des heiligen Geistes gewährt, um dem allgemeinen Wahne
der Juden zu begegnen, daß die Verheißungen nur ihnen gegeben,
die Heiden aber davon ausgeschlossen seien, um zu zeigen, daß er es
sei, der auch die Heiden zum Glauben und zu den Wohlthaten des
neuen Testamentes berufen habe. Petrus aber, von den Gläubigen

---

[1]) So gaben die Juden selbst die Absicht und die Wirkung der Mosaischen
Speisegesetze an; s. die Rede des Eleazer, Euseb. Praepar. evang. 8, 9. —
[2]) Act. 10, 13.

in Jerusalem mit Vorwürfen empfangen, daß er bei Unbeschnittenen gewohnt und gegessen habe, rechtfertigte sich durch die einfache Darlegung des Ereignisses, in welchem das unmittelbare Eingreifen Gottes so klar vorlag, und durch die Erinnerung an die Verheißung Christi, daß die Seinigen durch den heiligen Geist getauft werden würden, was hier in Erfüllung gegangen sei.

86. War die Bekehrung des heidnischen Hauses in Cäsarea noch ein vereinzelt stehender Fall, so wurde um dieselbe Zeit in der Hauptstadt des Römischen Orients, wo auch Juden in großer Menge wohnten, eine ganze Gemeinde von bekehrten Heiden gegründet, und damit die Einführung der Unbeschnittenen in die Kirche Christi in einen geregelten Gang gebracht. Cyprische und Cyrenäische Hellenisten waren es, welche, durch die Verfolgung aus Jerusalem vertrieben, in Antiochien am Orontes den Griechen Christum mit sehr günstigem Erfolge verkündigten. Barnabas aus Cyprus, von der Kirche zu Jerusalem zu diesen Anfängen einer heidenchristlichen Gemeinde gesandt, erkannte, daß hier ein weites Feld der Wirksamkeit eröffnet sei, und holte daher sich einen Gehilfen aus Tarsus herbei, dessen wunderbare Größe und weltgeschichtliche Bedeutung er selber wohl noch nicht ahnte. Mit diesem wirkte er hier ein Jahr lang. Antiochia wurde, wie es die Größe und Bedeutsamkeit der Stadt und die Persönlichkeit der Männer, welche an dem Aufbau der dortigen Gemeinde arbeiteten, mit sich brachte, die zweite christliche Metropole und Stammkirche, die als vorzugsweise aus Heidenchristen bestehend der ausschließlich aus gläubig gewordenen Juden bestehenden Jerusalemischen Mutterkirche zur Seite trat. Hier war es, wo der neue Name Christianer den Gläubigen zuerst, wahrscheinlich von der heidnischen Bevölkerung und zwar von dem lateinsprechenden Theile derselben im spottenden Sinne, beigelegt wurde [1].

87. Mittlerweile hatte die Kirche in Folge einer wunderbaren Bekehrung und Berufung den Mann erhalten, der vor allen Andern ausersehen war, die alte, Heiden und Juden trennende, Scheidewand niederzureißen und die Letzteren in Masse der neuen Gemeinschaft zuzuführen. In glühendem Eifer gegen die Anhänger Jesu und unermüdeter Thätigkeit, sie auszurotten, hatte sich vor Allen ausgezeichnet ein Jüngling aus Tarsus, Saulus; Sohn eines pharisäischen Vaters, hatte er seine Bildung zu Jerusalem in der Schule Gamaliels, des damals gelehrtesten und frömmsten Gesetzeslehrers,

[1] Act. 11, 26.

4*

empfangen, und war fest gegründet in der herrschenden Lehre von
der nahen Verherrlichung des Gesetzes und der Aufrichtung des
Reiches Israel. Von seinem Vater hatte er das wichtige und werthvolle Vorrecht des Römischen Bürgerthums ererbt; als der Sohn
einer Stadt, welche, ein Hauptsitz Griechischer Bildung und Wissenschaft, selbst mit Athen und Alexandrien wetteifern konnte, war
er der hellenischen Literatur nicht fremd geblieben, ohne daß die
Strenge seines pharisäischen Gesetzeseifers dadurch gemildert worden wäre.

88. Saul, nach Hebräischer, oder Paulus nach Hellenistischer
Form seines Namens, war Zeuge der heldenmüthigen Hingabe, der
großartigen Standhaftigkeit gewesen, mit der Stephanus den Tod
erduldet hatte. Mochte auch dieses Ereigniß einen Stachel in seiner
Brust zurückgelassen haben, der nachher zu seiner Umwandlung mit-
wirkte, für jetzt bestärkte es ihn nur in der Ueberzeugung, daß eine
Sekte, die solche Märtyrer hervorbringe, dem ohnehin innerlich zerrissenen und von außen immer stärker bedrohten reinen Judenthum
die größte Gefahr bringe und daher ausgerottet werden müsse. Mit
Vollmachten vom Hohenpriester, dem Präsidenten des Synedriums,
zur Gefangennehmung der Abtrünnigen versehen, eilte er nach Damascus, wohin viele Christen sich geflüchtet hatten.

89. Aber in dem jetzigen Verfolger war schon der künftige
Apostel, wie die edle Frucht in der rauhen Schale, verborgen. Wenn
ihm die Gewißheit wurde, daß der verheißene Befreier Israels, auf
den er mit dem ganzen Volke hoffte, bereits gekommen und in der
Person Jesu gekommen sei, dann ergoß sich dieser Feuereifer in das
Bette der jungen Kirche, dann wurde diese Fülle von Kenntnissen,
von Geistes- und Willenskraft der Sache dienstbar, die er bisher
gehaßt und verfolgt hatte. Diese Gewißheit aber wurde ihm auf
dem Wege nach Damascus; er vernahm plötzlich die Stimme und
erblickte das Antlitz des Herrn; die Gunst, die den Aposteln und
Jüngern während der vierzig Tage zu Theil geworden, wurde auch
ihm gewährt: Jesus der Auferstandene zeigte sich ihm, aber nicht
wie jenen mit verhüllter Majestät, sondern in der Herrlichkeit und
dem Lichtglanze seiner verklärten Leiblichkeit. Nur ihm wurde dieser
Anblick zu Theil, während seine Begleiter zwar den wunderbaren,
das Licht des hellen Tages überstrahlenden Glanz wahrnahmen, auch
den Schall einer Stimme hörten, aber weder Jesum sahen, noch die
Worte des Sprechenden verstanden. Saul, zu Boden geworfen durch
die Gegenwart des Herrn, dann durch sein Wort wieder aufgerichtet,

vernahm nun, daß er, der bisherige Verfolger, bestimmt sei, das zu bezeugen und zu verkündigen, was er bisher geläugnet, was er als Lästerung
verabscheut hatte. Und jetzt, als die Vision vorübergegangen, bemerkte
er, daß die Sehkraft seinem Auge entzogen war. Von seinen Begleitern nach dem nahen Damascus geleitet, blieb er drei Tage lang
blind, aß nicht und trank nicht; aber in dieser Nacht, die seine Sinne
umhüllte, sahen die Augen seines Geistes um so schärfer; die
Täuschungen, die bisher diesen hohen und kräftigen Geist wie gefangen
gehalten, schwanden nun, die prophetischen Stellen der Schrift wurden
ihm klar, der Blick des sterbenden Stephanus tauchte vor seiner
Seele auf. In drei Tagen durchlebte er Jahre der Buße und erkannte
sich nun als den ersten der Sünder[1]); die stolze Selbstgerechtigkeit
des Pharisäers, der sich tadellos wähnte in der Beobachtung aller
Aeußerlichkeiten des Gesetzes, fiel wie eine harte Rinde von seinem
Herzen; der Glaube an Jesus, den zu lästern er die Jünger hatte
zwingen wollen, zog ein und begann sofort sein ganzes bisheriges
Bewußtsein umzugestalten. Ein Gläubiger von Damascus, Ananias,
dem die Juden selbst das Zeugniß gaben, daß er ein gewissenhafter
Gesetzesbeobachter sei, hatte bereits in einem Gesichte den Auftrag
empfangen, dem Feinde und drohenden Verfolger, dessen bloßer Name
auch ihn schon mit Furcht und Zagen erfüllte, der aber eben jetzt
zum Zeichen seiner Demüthigung und seines Gehorsams im Gebete
begriffen sei, durch Handauflegung das Augenlicht wieder zu geben.
Wie dort Petrus und Cornelius durch gleichzeitige Gesichte vorbereitet und auf einander angewiesen wurden, so wurde auch jetzt Saul,
während an Ananias jener Ruf erging, durch eine Vision belehrt,
daß dieser Mann zu ihm kommen und ihn von seiner Blindheit heilen
werde. So geschah es; Saulus wurde dann durch die Taufe in den
Schooß der Kirche aufgenommen und verkündigte Jesum in den
Synagogen der Stadt[2]).

90. Doch nicht lange — das würden die Juden zu Damascus,
wo sie wider einen Abtrünnigen aus den Ihrigen freie Hand hatten,
nicht geduldet haben. Saul ging daher nicht nach Jerusalem zurück,
sondern nach Arabien[3]), entweder in jene Theile des wüsten Ara-
biens, die sich bis an die Gärten von Damascus hin erstrecken, oder
in das Peträische, Syrien und Aegypten berührende Arabien, nicht
sowohl um dort zu predigen, sondern um in einsamem Verkehr mit

---

[1]) I. Timoth. 1, 15. Ephes. 3, 8. — [2]) Act. 9, 9—22. — [3]) Gal.
1, 17.

Gott sich zu sammeln und vorzubereiten auf die künftige Aufgabe seines Lebens, um durch den Umgang mit dem verklärten Erlöser jene Befähigung für das Apostolat zu gewinnen, welche den übrigen Aposteln der Umgang mit dem auf Erde wandelnden Christus gewährt hatte. War doch auch der Herr selbst nach der Taufe und vor dem Antritt seines Lehramtes von dem Geiste in die Wüste geführt worden. Als Saul nach kurzer Abwesenheit wieder in Damascus erschien, trachteten die Juden ihm nach dem Leben. Sie hatten den Statthalter des damaligen Gebieters von Damascus, des Königs Aretas, gewonnen, der auf ihn fahnden ließ, während sie, die Juden, die Thore bewachten, damit der gehaßte Abtrünnige nicht entkomme. Aber die Gläubigen ließen ihn Nachts in einem Korbe über die Mauer herab[1]). Jetzt, im dritten Jahre, ging er, zum erstenmale seit seiner Bekehrung, nach Jerusalem.

91. Paulus hat es später selbst hervorgehoben, daß er nach jener wunderbaren Erleuchtung nicht etwa menschlichem Einfluß und menschlicher Prüfung und Gutheißung sich unterworfen habe, daher auch so lange nicht nach Jerusalem gegangen sei, weil er, von dem verklärten Jesus selber unterrichtet und geleitet, weder einer solchen Nachhülfe, noch einer irdischen Beglaubigung bedurft habe[2]). Sein Evangelium, wie er es von Gott unmittelbar empfangen, gab weder dem Zweifel, noch der Berichtigung oder der Ergänzung durch Menschen, auch nicht durch die Apostel daselbst, Raum. Was ihn daher jetzt nach Jerusalem führte, war der Wunsch, den ersten und vornehmsten der Apostel, den Christus selber zum Hirten seiner Heerde eingesetzt, näher kennen zu lernen und sich mit ihm zu besprechen. Der Cyprier Barnabas war es, der ihn bei den Aposteln, bei Petrus nämlich und Jakobus, dem Bischof von Jerusalem — denn Andere sah Saul damals nicht — einführte. Die Gläubigen hatten dort von den Ereignissen in Damascus noch nichts vernommen, und blickten daher mit Furcht und Argwohn auf den Mann, der, vor Kurzem noch ihr grimmiger Feind, jetzt einer der Ihrigen zu sein vorgab. Doch das Wort des Barnabas und nicht minder der Haß, der den hellenischen Juden eingab, ihm nach dem Leben zu streben, überzeugten sie von dem Ernst und der Wahrhaftigkeit seiner Bekehrung. Nachdem er fünfzehn Tage hindurch mit Petrus verkehrt hatte, verließ er Jerusalem, von den für sein Leben besorgten Freunden

---

[1]) 2. Cor. 11, 32—33. — [2]) Gal. 1, 17.

bis Cäsarea geleitet, ging nach Tarsus, und kurz darauf, von Barnabas gerufen, nach Antiochien.

92. Eine gemeinschaftliche Liebesgabe, welche die Neubekehrten zu Antiochia einer Hungersnoth wegen an ihre judenchristlichen Brüder nach Jerusalem sandten, führte den Barnabas und Saul abermals nach der Jüdischen Hauptstadt[1]). Dort war der Haß der Synagoge gegen die kleine arme und unansehnliche Schaar der Gläubigen noch in voller Kraft; aber diese vermieden es, Aufsehen zu erregen, und konnten, da sie fortwährend den Tempel besuchten und an den jüdisch-religiösen Feierlichkeiten Theil nahmen, leichter verborgen bleiben. Die Hohenpriester und das Synedrium unterließen es damals wohl gerne, durch Verfolgungen die Aufmerksamkeit der Römischen Machthaber auf ihre inneren Angelegenheiten zu lenken; auch waren sie anderweitig genug beschäftigt und in Spannung erhalten, erst durch den Versuch des Caligula, seine Bildsäule im Tempel aufzustellen, dann durch die Politik der Römischen Statthalter, die Hohenpriester nicht lange im Amte zu lassen, sondern öfter zu wechseln, wodurch zugleich die Eifersucht zwischen Pharisäern und Sadducäern wach erhalten wurde. Jetzt aber, als Paulus zum zweitenmale (J. 44) nach Jerusalem kam, hatten sie wieder einen König, Herodes Agrippa, den Enkel Herodes des Großen, der als zu ihrer Nation gehörig betrachtet werden konnte, denn er hatte von dem alten Hasmonäerblute in seinen Adern. Er wollte die schwierige Aufgabe lösen, sich zugleich bei seinem Volke populär zu machen, und doch auch mit den Römischen Gewalthabern in gutem Vernehmen zu stehen; darum hielt er zwar die Hohenpriester gleichfalls durch öftern Wechsel in strenger Abhängigkeit, gab aber dafür die Gläubigen dem Volks- und Priesterhasse preis. Wieder wurden die Ostertage als Zeitpunkt zur Vollstreckung der Strafgerichte gewählt: Jakobus der Zebedäide, der Bruder des Johannes, wurde der erste Blutzeuge unter den Aposteln; Petrus aber ward im Kerker aufbewahrt, damit sein Tod am Schlusse der Osterzeit als willkommenes Schauspiel diene. Doch durch einen Engel in der Nacht befreit, zeigte sich Petrus der für ihn betenden Versammlung der Gläubigen im Hause der Maria, gebot den freudig Erstaunten, Jakobus den Alphäiden und die übrigen Brüder von seiner Befreiung in Kenntniß zu setzen, und verließ sofort Jerusalem, wo von jetzt an nur Jakobus als Bischof der Gemeinde zurückblieb. Die Kirche

---

[1]) Act. 11, 27—30.

wurde indeß bald von der Feindschaft des Herodes durch seinen Tod
errettet, dessen furchtbare Umstände ihn den Gläubigen als ein über
den Verfolger verhängtes Strafgericht Gottes erscheinen ließen [1].

93. Mehrere Jahre waren seit Saul's Bekehrung verflossen, und
noch immer nahm er nur eine untergeordnete Stelle in der Kirche
und in der Reihe der mit dem Lehramte beschäftigten Männer ein.
Die Apostelgeschichte nennt die erleuchteten Propheten und Lehrer,
welche damals in der Kirche von Antiochia sich befanden: zuerst Barnabas, dann Simon Niger, Lucius von Cyrene, Manahen, den
Milchbruder des Tetrarchen Herodes, und zuletzt Saul. Erst einige
Zeit nach der Rückkehr von seiner zweiten, in Gemeinschaft mit Barnabas unternommenen Reise nach Jerusalem, wurde er zugleich mit
Barnabas zu der ihm früher schon angekündigten Apostelwürde erhoben.
Während nämlich die genannten Männer ein Fasten beobachteten
und ihr priesterliches Amt verrichteten, erging, entweder durch den
Mund eines der gegenwärtigen Propheten, oder durch eine gleichzeitige Inspiration Mehrerer, das göttliche Gebot an sie, den Barnabas und Saul zu dem Werke, zu welchem der Herr sie berufen
habe, auszusondern; dieß geschah mit Gebet und Auflegung der
Hände. Es war dieß keine eigentliche Verleihung des Apostolates,
dazu hatten die Apostel selbst keine Gewalt von Christus empfangen.
Sowohl die Berufung zum Apostolat, als die Uebertragung desselben mußte unmittelbar von Gott geschehen. Als Matthias erwählt
wurde, handelte es sich nur darum, den von Christus festgesetzten
und abgeschlossenen Kreis der Zwölfe [2] wieder zu vervollständigen.
Man kann nicht sagen, daß Saul und Barnabas zu einer neuen,
bisher noch nicht dagewesenen Art des Apostolats, zu einem Heiden-
Apostolat, berufen worden seien, denn eine solche Scheidung der apostolischen Thätigkeit für Juden und Heiden fand nicht statt, und die
neuen Apostel selber wandten sich immer zuerst an die Juden. Als
das Wahrscheinlichste dürfte demnach Folgendes gelten: Barnabas
und Saul waren bestimmt, zwei im apostolischen Collegium entstandene Lücken auszufüllen, die eine, welche das Schwert des Herodes
durch die Hinrichtung Jakobus des Zebedäiden bewirkt hatte, die andere,
welche jetzt, als sämmtliche Apostel Jerusalem verlassen hatten, um die
evangelische Lehre in entferntere Gegenden zu tragen, dadurch entstand,
daß Jakobus der Alphäide sich als Bischof von Jerusalem der eigentlich
apostolischen Thätigkeit gänzlich entzog, ohne freilich die apostolische

---

[1] Act. 12, 1—23. — [2] Matth. 19, 28.

Würde zu verlieren. Indem also Saul und Barnabas jetzt in den Apostelkreis eintraten, war die Zahl der in der Mission thätigen Apostel wieder auf das normale Verhältniß von Zwölfen gebracht. Daß Barnabas insbesondere im eigentlichen Sinne Apostel gewesen sei, so gut wie Paulus, ist unverkennbar. Paulus selbst setzte ihn zugleich mit sich selber auf gleiche Linie mit den übrigen Aposteln [1]). Lukas gibt dem Paulus nie allein, sondern nur zugleich mit Barnabas den Apostel-Titel, und zwar erst seit der Ordination zu Antiochia, die bei ihm auch noch darin einen Wendepunkt bildet, daß er vorher stets den Barnabas dem Paulus vorsetzt, von da an aber den Paulus voranstellt [2]). Die Griechische wie die Abendländische Kirche ehrt Barnabas als solchen, und Hieronymus zählt ihn und Paulus als den dreizehnten und vierzehnten Apostel. Das Apostel-Collegium hat also gleichzeitig immer nur aus zwölf, successiv aber aus vierzehn Männern bestanden, und darum weiß auch die Apokalypse nur von zwölf Aposteln als Grundsteinen der Mauer der heiligen Stadt. [3])

94. Da die Berufung zum Apostolat unmittelbar von Gott geschehen mußte, so hatte Paulus bei seinem zweiten Besuche der Jüdischen Hauptstadt im Tempel in einem ekstatischen Zustande eine abermalige Erscheinung und Offenbarung Christi gehabt, die ihm die Bestimmung, den Heiden das Evangelium zu verkündigen, ertheilte, und in diesem Apostolate wurde ihm Barnabas durch die Manifestation des göttlichen Willens zu Antiochia beigesellt. Darum machte Paulus den Galatern gegenüber auch sein unmittelbar von Gott gegebenes, den übrigen Aposteln ebenbürtiges Apostolat geltend; er sollte sein Evangelium predigen, ohne von irgend Jemanden erst gelernt zu haben, ohne Jemand erst zu befragen und dessen Zustimmung zu erholen. Wenn er dennoch den Apostel Petrus bei seinem kurzen Aufenthalt in Jerusalem aufsuchte, so geschah dieß, um dem Vorrang desselben damit zu huldigen, nicht um einen Unterricht, dessen er nicht bedurfte, oder eine Vollmacht und Sendung, die er schon besaß, von ihm zu empfangen [4]). Uebrigens pflegten Paulus und Barnabas, wiewohl vorzugsweise zum Heiden-Apostolat berufen, doch, das erste Recht der Juden fortwährend anerkennend, auf ihren Wanderungen stets den Juden zuerst Christum zu verkündigen. Die Synagogen [5]) waren um so mehr die Stätten, wo Paulus zuerst auftrat, als sich allenthalben eine Anzahl „gottfürchtender" Heiden, Proselyten des Thores,

---

[1]) Cor. 9, 5. 6. — [2]) Act. 13, 2?. — [3]) Apoc. 21, 14. — [4]) Gal. 1, 15—19. — [5]) Act. 13, 5. 14.

an dieselben angeschlossen hatte; diese bildeten dann die Brücke, mittels
welcher die Botschaft von Christus auch zu den noch dem Polytheis-
mus ergebenen, und sonst so schwer erreichbaren Heiden gelangen konnte.

95. Paulus und Barnabas unternahmen sofort zum Antritt
ihres Apostolats mit großem Erfolge im Jahre 45 eine erste Missionsreise nach Cyprus und den südlichen Provinzen von Kleinasien [1]).
Aber nach ihrer Rückkehr nach Antiochia brach der Hader mit den
Judaisten aus, fortan und durch das ganze apostolische Zeitalter
hindurch die schwerste Anfechtung, mit welcher die junge Kirche, die
größte Schwierigkeit, mit der Paulus insbesondere zu kämpfen hatte.
Das Verfahren der beiden Apostel, die Heiden unmittelbar zum Eintritt in die judenchristliche Gemeinschaft ohne Rücksicht auf Gesetz,
Befleckung und Absonderung einzuladen, hatte für die meisten Juden, wie sie damals gesinnt waren, etwas Erschreckendes und Uner-
trägliches. Die Folge dieses Verfahrens mußte die sein, daß die
hohen Vorrechte der Söhne Abrahams bald gänzlich verschwanden, daß
sie in einer nicht fernen Zeit von der Masse der gläubigen Heiden
gleichsam aufgesogen wurden. Vor Allem in Jerusalem, im steten
Anblick des Tempels und des levitischen Dienstes, war diese Besorgniß mächtig. Der Vorgang mit Cornelius war noch ein verein-
zelter Fall, eine Ausnahme von der Regel, bei der man sich beru-
higte, weil ihr durch die wunderbare Erscheinung der Geistesgaben
an diesen Heiden das Siegel göttlicher Bewilligung aufgedrückt war;
jetzt aber, als sich Gemeinden bildeten, die ganz oder der Mehrzahl
nach aus gläubig gewordenen Heiden bestanden, wurde ihnen die
Größe der Gefahr einleuchtend. Einige von ihnen, „nebeneinge-
schlichene falsche Brüder," erschienen in Antiochia mit der Absicht, die
Neubekehrten unter das Joch des Mosaischen Gesetzes zu beugen.

96. Das Ceremonial-Gesetz hatte seinen festen Halt und die
Bürgschaft seiner Fortdauer an dem Jüdischen Staatswesen. So
lange dieses mit dem Tempel bestand, war an eine Lösung dieses
Gesetzes nicht zu denken, oder sie hätte nur im Falle eines fast
gleichzeitigen und massenhaften Eintrittes der Jüdischen Nation, des
niedern Volkes sowohl als der herrschenden Klassen, in die christliche
Kirche sich vollziehen können. Denn das Ceremonial-Gesetz hatte
durchaus zugleich den Charakter eines bürgerlichen Gesetzes: nicht
blos als Individuum, sondern vor Allem als Mitglied dieses Volkes und Staates war der Jude zur Haltung des Gesetzes verpflichtet,
und es lag kein Ausspruch des Herrn vor, der den einzelnen Gläu-

_____

[1]) Act. 13, 4—14. 27.

bigen zugemuthet hätte, von ihrem Volke und dessen politisch-kirch-
lichem Organismus sich loszureißen, was ohnehin in Judäa und
Galiläa ohne Auswanderung nicht möglich gewesen wäre. Aber
auch in der Diaspora betrachteten die Juden sich fortwährend als
Glieder des Gemeinwesens, das zu Jerusalem seinen Sitz und Mittelpunkt hatte, und sandten dorthin ihre Steuer. So war es also
nicht der Willkühr der Gläubigen in Judäa überlassen, ob sie das
Ceremonial-Gesetz fernerhin beobachten wollten oder nicht, sondern
es war dieß für sie eine Nothwendigkeit. Einstweilen, bis die göttlichen Rathschlüsse sich weiter und klarer entwickelt haben würden,
blieben sie Israeliten in vollem Sinne, die sich eben nur dadurch
unterschieden, daß sie an den gekommenen Messias glaubten, die aber
im Uebrigen der bestehenden gesetzlichen Ordnung sich willig fügten.

97. Die Apostel ihrerseits durften nichts thun, was den großen
Beruf der gesammten Nation, Träger und Werkzeug der Messianischen Religion zu werden, hemmen konnte — ein Beruf, dem die
Nation noch immer nicht definitiv entsagt hatte, für dessen Verwirklichung ihr eine noch nicht abgelaufene Frist gewährt war. Sie
durften nichts einführen oder abschaffen, wodurch die Masse der Juden von der Gemeinschaft der Christus-Gläubigen ohne Noth zurückgestoßen worden wäre; alle Fäden, welche die Gemeinde der Gläubigen noch mit der größern jüdischen Nationalkirche und dem Staatswesen verknüpften, mußten sie sorgfältig erhalten. Sie selber also
fuhren fort das Gesetz zu beobachten, sie duldeten und billigten die
Beibehaltung desselben in den judenchristlichen Gemeinden.

98. Aber die Gesetzeseifrigen unter den Bekennern Jesu, die
von Jerusalem nach Antiochia kamen, erklärten den Heidenchristen:
„Wenn ihr euch nicht beschneiden lasset, so könnet ihr nicht selig
werden" [1]). Dieß ging selbst über die herrschende Ansicht des damaligen Judenthums hinaus; denn es gab eine zahlreiche Schaar
von Proselyten des Thores, denen man die Unterwerfung unter das
Ceremonial-Gesetz nicht zumuthete; hätte man von Seite der Synagoge diesen erklärt, ohne Beschneidung gebe es für sie keine Seligkeit, so würde natürlich kein Heide ein solcher Proselyt geworden
sein, er würde Heide geblieben oder Proselyt der Gerechtigkeit geworden sein, deren es aber im Vergleiche mit jenen nur Wenige
gab. Nur einzelne Eiferer unter den Juden hielten die Beschneidung für durchaus unumgänglich, wie jener Eleasar, der dem Könige
Jzatas von Adiabene die Seelengefahr, in der er als Unbeschnit-

_____
[1]) Act. 15, 1.

teuer schwebe, vorstellte, während der Jüdische Kaufmann Ananias
demselben Könige abgerathen hatte, sich beschneiden zu lassen, da er
Gott auch so verehren könne.[1]) Es war also die Ansicht dieser gläubig gewordenen Pharisäer, daß nicht nur der Glaube an Jesus, den
verheißenen Messias, sondern auch die Annahme des Ritualgesetzes
Bedingung des Heiles sei, daß Jesus gerade dazu gekommen sei,
dieses Gesetz zu bestätigen und den Kreis der Gesetzes-Diener zu
erweitern, daß die Zeit der Duldung und Nachsicht für gottfürchtende
Heiden, nun nachdem das messianische Reich angebrochen, abgelaufen sei, und daß, wer zum Heile gelangen wolle, zu dem durch Bei-
ziehung und Einverleibung der gläubigen Heiden verstärkten Israel
als Vollbürger gehören müsse.

99. Hiezu kam noch ein schwer in's Gewicht fallender Umstand: es war nicht abzusehen, wie zwischen Heidenchristen und Judenchristen, zwischen Beschnittenen und Unbeschnittenen, ein brüder-
liches Verhältniß, ein gedeihliches Gemeinschaftsleben, sich bilden
sollte. Denn der strenge Gesetzesdiener aß und trank nicht mit Unbeschnittenen, das Speisegesetz hinderte ihn daran. Es war hier in
der That ein Knoten geschürzt, der im Grunde nur durch thatsächliches Eingreifen der göttlichen Vorsehung gelöst oder zerhauen werden konnte. Bis dieß geschah, waren die Ansprüche der beiden
Theile nicht völlig ausgleichbar und mußte irgend eine zeitweilige
Vermittlung gefunden werden.

100. Paulus also und Barnabas mit einigen andern, darunter
Titus, ein bekehrter Grieche, der sich an Paulus angeschlossen hatte,
gingen jetzt im Auftrage der antiochenischen Gemeinde nach Jerusalem, um eine Entscheidung der schwierigen Frage zu erlangen. Es
war die dritte Reise des Paulus nach der Hauptstadt seit seiner Bekehrung, 14 Jahre nach derselben, und er selber hat in dem Briefe
an die Galater darüber berichtet, doch nur so weit es sich dort um
die Anerkennung seines Apostolates und seiner evangelischen Verkündigung von Seite der Hauptapostel handelte. Da er sich den
Galatern zur Wahrung seiner apostolischen Autorität als unter der
unmittelbaren Leitung und Erleuchtung des Herrn stehend darstellt,
so führt er auch diese seine Reise auf eine ihm gewordene Offenbarung zurück. In einer Versammlung, der nebst den Presbytern
der Gemeinde die beiden Apostel, Jakobus und Petrus beiwohnten,
wurde auf den Antrag des Petrus beschlossen, daß Beschneidung und

---

[1]) Joseph. Arch. 22, 2. 5.

Gesetz den aus dem Heidenthum Bekehrten nicht aufgebürdet werden sollte. Damit aber eine wirkliche Verschmelzung von Heiden und
Juden zu Einer Kirche erleichtert werde, sollten sich die erstern gewisser,
den Juden besonders anstößiger Dinge enthalten, nämlich der Theilnahme an heidnischen Opfermahlzeiten und des Essens vom Blut
und von dem Fleische durch Erstickung getödteter Thiere. Die Apostel glaubten diese Dinge um so mehr fordern zu sollen, als dieß
für alle Juden Steine des Anstoßes waren, die ihnen, wenn sie an Gläubigen geduldet wurden, das Christenthum als eine mit heidnischen
Gräueln behaftete Religion erscheinen ließen. Das Verbot der „Porneia" beizufügen, hielt man in Jerusalem für nothwendig, weil Unreinigkeit und Fleisches-Sünden unter den Heiden so gemein waren
und für etwas so Indifferentes gehalten wurden, daß manches davon
sich auch unter den christlich gewordenen Heiden erhalten mochte[1]).

101. In einer Privatbesprechung mit den drei Aposteln, welche
der öffentlichen Versammlung wahrscheinlich vorherging, hatte Paulus sein Verfahren bei den Heidenpredigten vorgelegt, nicht, wie er
sagt, um von ihnen belehrt zu werden, denn er that, was er that,
kraft göttlicher Eingebung, sondern damit es von ihnen bestätigt, mit
ihrer Autorität bekräftigt würde. Das hatte er bereits gegen die
Forderungen der christlichen Pharisäer in der Gemeinde durchgesetzt,
daß sein Begleiter Titus, ein gläubig gewordener Grieche, nicht beschnitten werden solle. Die Apostel, die das ganz in der Ordnung
fanden, hatten auch an der Lehre und dem Verfahren des Paulus
nichts auszusetzen[2]), vielmehr schlossen sie mit ihm einen brüderlichen
Bund; sie erkannten an, daß, gleichwie Petrus ganz für das Werk der
Judenbekehrung von Gott ausgerüstet und gesegnet sei, so Paulus ein
auserkornes Werkzeug zur Gewinnung der Heiden sei; sie kamen daher überein, daß sie in wechselseitiger Anerkennung neben einander wirken wollten: Petrus, Jakobus und Johannes, indem sie sich auch fernerhin vorzugsweise der Predigt des Evangeliums an die Beschnittenen
widmeten, während Paulus und Barnabas als Heidenapostel wirkten[3]). Dieß hinderte indeß nicht, daß Paulus auch fortwährend mit
unermüdetem Eifer seine Stammesgenossen für den Glauben an
Christus zu gewinnen trachtete, und umgekehrt Petrus und Johannes,
wo die Gelegenheit sich bot, auch den Heiden sich nicht entzogen.
Waren doch auch außerhalb Judäa's alle bereits gestifteten oder noch
entstehenden Gemeinden aus Juden und Heiden gemischt, so daß je-

---

[1]) Act. c. 15. Gal. 2, 1—10. — [2]) Gal. 2, 6. — [3]) Gal. 2, 7—9.

der Apostel, der nicht, wie Jakobus, in Judäa blieb, für beide Theile sorgen mußte. Zugleich sollten aber die von Paulus und Barnabas zu stiftenden Gemeinden in Verbindung mit der Kirche zu Jerusalem treten und ihr Tochterverhältniß durch Sammlung und Einsendung von Gaben für die Armen der Jüdischen Metropole anerkennen.

102. Das Schlimmste war also abgewendet, die christliche Freiheit der Heidenchristen gerettet; aber die Hauptschwierigkeit blieb doch noch ungelöst, man hatte sie wohl absichtlich auf dem Concilium nicht berührt. Daß die Judenchristen und die Apostel selbst fortfahren würden, das Gesetz zu halten, wurde hier stillschweigend vorausgesetzt. Wie sollte aber eine rechte kirchliche Gemeinschaft zu Stande kommen, solange der Israelite den, wenn auch gläubig gewordenen und getauften Griechen doch für ein unreines Wesen hielt, mit dem er ohne Befleckung nicht essen und trinken könne? Ohne Zweifel war die Ansicht der Apostel, daß hier die Forderung des Ritualgesetzes gegen die höheren Pflichten der christlichen Bruderliebe und das bessere Recht der Gliedschaft am Leibe der Kirche zurückstehen müsse. In Judäa fehlte es, da dort rein Jüdische Christengemeinden bestanden, an Gelegenheit, dieß thatsächlich zu zeigen. Aber bald nach dem Apostel-Concil erhielt Petrus Veranlassung, seine Ansicht thatsächlich geltend zu machen, als er zugleich mit Paulus und Barnabas in Antiochien weilte. Er trug kein Bedenken in dieser Stadt, wo das Jüdische Gesetz nicht mehr Landesgesetz war, „heidnisch zu leben" [1]), d. h. mit den dortigen Heidenchristen Gemeinschaft des Hauses und Tisches zu pflegen, bis einige Judenchristen aus Jerusalem, also von der Gemeinde des Jakobus ankamen. Da glaubte er, um diesen kein Aergerniß zu geben, und damit sein Wirken unter den Juden in Palästina nicht gelähmt würde, sich von der Tischgenossenschaft mit den belehrten Heiden zurückziehen zu sollen. Alle Judenchristen zu Antiochien und unter ihnen selbst Barnabas folgten seinem Beispiele [2]). Es war dieß keine Verletzung des auf dem Concil gefaßten Beschlusses, denn dieses ganze Verhältniß war dort unbestimmt geblieben, und allerdings war derjenige, der über diesen Theil des Gesetzes hinwegschritt, in den Augen aller Juden ein Gesetzesverächter. Petrus mochte also wohl meinen, daß er, genöthiget, zwischen zwei Aergernissen zu wählen, dem den Hellenen oder dem den Israeliten zu gebenden, für das kleinere Uebel sich entscheiden solle. Er fürchtete, sagt Paulus,

---

[1]) Gal. 2, 14. — [2]) Gal. 2, 11—14.

die aus der Beschneidung [1]). Das war sicherlich nicht Mangel an
sittlichem Muthe, er hatte diesen sattsam bewährt, als er ganz Jerusalem und den dort Herrschenden ihr am Herrn begangenes Verbrechen wiederholt vorgehalten, als er der ersten Heidenfamilie die
Pforten der Kirche geöffnet hatte, und auf dem Concil mit der Anerkennung der Freiheit der Heidenchristen Allen vorangegangen war.
Aber Petrus erwog, daß die Judenchristen in Judäa zu dem auch
in der Abhängigkeit von Rom's Oberhoheit noch fortbestehenden
Jüdischen Staatsorganismus gehörten, der ganz auf dem Mosaischen
Gesetze ruhte; daß dieses Gesetz, ohne einen Unterschied zwischen
seinen politischen, socialen und rituellen Bestandtheilen, hier National-
und Landesgesetz war, welchem auch die Gläubigen, so lange sie
Bürger und im Lande bleiben wollten, sich nicht entziehen konnten.
Mit Recht hatte er bisher, da er in Antiochia sich außerhalb des
Jüdischen Staatsgebietes befand, die Rücksicht auf die Glaubensbrü-
der aus dem Heidenthume höher gestellt, als die Bewahrung des
Gesetzes. Jetzt aber sah er sich durch die Gegenwart Jerusalemi-
scher Judenchristen in's Gedränge gebracht zwischen zwei Pflichten
und Rücksichten, zwischen seinen alten, durch ihn hauptsächlich bekehrten, durch das Gesetz der Absonderung noch gebundenen Stam-
mesglaubensgenossen, und zwischen den neuen durch Andere gewon-
nenen Brüdern. Als der von Christus eingesetzte Hirte der ganzen
Heerde gehörte er beiden an; aber er war bis jetzt vor Allem der
Apostel Israels gewesen, und er wollte seine Wirksamkeit in Jerusalem und Judäa noch nicht aufgeben, er wollte sein Ansehen und
seinen Einfluß dort und überall, wo die Jüdisch-Geborenen die
Mehrzahl bildeten, ungeschmälert erhalten. Wohl hatte Petrus schon
bei der Taufe des Cornelius die Scheidewand des Ritualgesetzes
durchbrochen und sein Recht dazu dem Bedenken der Andern gegenüber behauptet; aber damals hatte er sich auf die Feuertaufe der
wunderbaren Geistesgaben berufen können, durch welche die heidnischen Belehrten von Gott selbst für rein und den Jüdischen Gläubigen ebenbürtig erklärt worden seien. In Antiochien war ein solches Ereigniß nicht vorgekommen.

103. Nun hatte aber Petrus selbst auf dem Concil die Beobachtung des Ritualgesetzes für ein Joch erklärt, das weder die gläubig gewordenen Juden noch ihre Väter hätten tragen können; er
hatte eben erst nach dem Ausdrucke Pauli „obwohl ein Jude,

---

[1]) Gal. 2, 12.

heidnisch gelebt"[1]) und nicht jüdisch, und doch nahm er jetzt eine
Haltung an, welche, bei seiner Stellung in der Kirche, für die Heidenchristen einem moralischen Zwange gleichsam, sich dem gesetzlichen
Joche zu unterziehen. Denn wenn der Träger der gesetzlichen Einheit, der, den Christus zum Hirten seiner Heerde erwählt hatte,
durch seine Handlungsweise zu erkennen gab, daß er die Unbeschnittenen für unrein, ihre Person und ihre Speise für befleckend halte,
so mußten diese schließen, daß ihnen, um nur der Gemeinschaft mit
dem Haupte der Kirche gewürdiget zu werden, nichts übrig bleibe,
als ihre von dem Concil ihnen gewährleistete Freiheit zum Opfer
zu bringen und gleichfalls Gesetzesbeobachter zu werden. Das fand
Paulus von seinem Standpunkte aus als Apostel der Heiden und
Verkünder der evangelischen Freiheit unerträglich; er bedachte zugleich, wie die Partei der Pharisäischen Eiferer, die den Heidenchristen das Joch des ganzen Gesetzes aufgelegt wissen wollte, dieses
Beispiel des Apostelfürsten mißbrauchen würde. Er rügte das Benehmen des Petrus öffentlich und mit scharfen Worten. Er baue
wieder auf, was er vorher abgebrochen, warf er ihm vor, er habe
ja selbst durch sein früheres Verhalten die schlechthinige Verbindlich-
keit des Gesetzes für Judenchristen aufgehoben, er handle jetzt also
aus bloßer Menschenscheu wider seine bessere Ueberzeugung, und das
sei „Hypokrisis," Verstellung[2]). Es wird nicht berichtet, was Petrus hierauf erwiedert habe; jedenfalls war die Mißhelligkeit keine
nachhaltige, denn beide Apostel waren in der Sache selbst einig.
Paulus dachte nie daran, den Judenchristen überhaupt und den in
Palästina wohnenden insbesondere die völlige Lossagung vom Gesetze zuzumuthen, von ihnen z. B. zu verlangen, daß sie ihre Kinder unbeschnitten lassen sollten; er erkannte an, daß sie es so lange,
als die gegenwärtige politisch-kirchliche Organisation des Jüdischen
Volkes währe, halten müßten. Die große Scheidung war noch nicht vollbracht, der an Jesus glaubende Jude blieb noch Mitglied seines
Volkes und als solches, wie der Privilegien und Rechte, so auch der
Pflichten eines Juden theilhaft; erst wenn der Alles zusammenhaltende Schlußstein zerschlagen, das Nationalheiligthum des Tempels
durch höheres Eingreifen zerstört war, dann mochten die Ringe dieser Volkskette auseinander fallen, dann gehörte der gläubig gewordene Sohn Abrahams nur der Kirche, nicht mehr seinem Volke und
der Synagoge an. Paulus selbst trug daher kein Bedenken, auch

---

[1]) Gal. 2, 14. — [2]) Gal. 2, 11—18.

für sich das Gesetz, wo es nicht mit den höhern Pflichten seines Apostolates und seiner Stellung zu den Heidenchristen in Collision trat, noch zu beobachten, wie damals, als er den Timotheus, den Sohn einer Jüdischen Mutter und eines Griechischen Vaters, beschneiden ließ und wiederum, als er die Kosten eines Nasiräer-Gelübdes trug[1]). Nur dann eiferte er gegen den Gesetzesdienst, wenn derselbe an die Stelle des Glaubens an Christus sich setzen und im Gewissen als das Mittel der Rechtfertigung des Menschen vor Gott gelten wollte, und wenn, was nur von diesem falschen Standpunkt aus möglich war, das Joch desselben auf den Nacken der Heidenchristen gelegt werden sollte. Ein solcher Versuch, meinte er, liege mittelbar in dem Benehmen des Petrus. Andererseits dachten nun aber Petrus und Barnabas, sie hätten völlige Gewissensfreiheit, das Ritualgesetz, als etwas an sich Indifferentes, zu halten oder zu lassen, und in der Unmöglichkeit, beiden, den Heiden und den Juden gerecht zu werden, glaubten sie ihren Volksgenossen den Vorzug geben zu sollen. Bei Petrus war dieß natürlicher und leichter zu rechtfertigen als bei dem Cyprioten Barnabas; Petrus sah in dem gläubiggewordenen Israel den Kern der Kirche, zu welchem die Heidenchristen sich nur als die später hinzugekommenen Gäste verhielten, dessen Wohle jede andere Rücksicht weichen müsse; er wußte, daß in Jerusalem und in Judäa seiner Wirksamkeit nichts nachtheiliger sein könne, als die Kunde von einem Durchbrechen der die Jüdische Reinheit schirmenden Schranke.

104. Der Zwist der beiden großen Apostel scheint eine vorübergehende Trennung auch zwischen Paulus und Barnabas zur Folge gehabt zu haben; als nämlich Barnabas zu der mit Paulus verabredeten Missionsreise seinen Vetter Markus mitnehmen wollte, widersetzte sich Paulus, weil dieser Mann sie früher in Pamphylien aus Weichlichkeit verlassen habe[2]). Da Markus dem Petrus nahe befreundet und wohl auch in der Absonderung von den Heidenchristen dem Beispiele beider Apostel, des Petrus und Barnabas, gefolgt war, so mag dieß bei Paulus mitgewirkt haben. Darüber trennten sich nun die bisher vereint wirkenden beiden Heidenapostel. Barnabas ging mit Markus nach seinem Vaterlande Cyprus; Paulus, begleitet von Silas, trat seine zweite große Missionsreise an. Er besuchte die Gemeinden in Syrien, Cilicien und Lykaonien, gesellte sich in Lystra den jungen Timotheus zu, und kurz darauf muß auch,

---

[1]) Act. 21, 23—26. — [2]) Act. 15, 36—41.

Döllinger, K. G. 2r Aufl. I. (M.) 5

wie man an dem veränderten Tone der Erzählung wahrnimmt, der
Evangelist Lukas sich ihm angeschlossen haben. Paulus, der die
in Jerusalem von den Gesetzeseiferern geforderte Beschneidung des
Titus verweigert hatte, bewog dagegen den Timotheus, sich dem
Ritus zu unterziehen [1]); denn er wollte ihn zur Verkündigung des
Evangeliums in den Synagogen und in Jüdischen Häusern ge-
brauchen. Von nun an treten die übrigen Apostel auf längere
Zeit zurück; von ihrer Wirksamkeit ist uns nichts bekannt, Paulus
ist nun die Hauptperson, dessen Geschichte bis zu seiner Römischen
Gefangenschaft den Inhalt des zweiten Theils des Lukas-Berichtes
bildet.

105. Nach längerem Verweilen in Galatien ging Paulus mit
seinen drei Gefährten von Troas, durch ein Traumgesicht gemahnt,
hinüber nach Macedonien. Mit ihm betrat das Evangelium zum
erstenmale den Boden von Europa. Trotz der erlittenen Mißhandlungen gründete der Apostel in Philippi, Thessalonika und
Beröa blühende Gemeinden; die erste derselben nannte er selbst
später seine Freude und seine Krone [2]). In Thessalonika konnte er
drei Wochen lang in der Synagoge Jesum predigen, doch endlich
wiegelten die Juden das Volk gegen ihn auf, und wenn auch die
Juden zu Beröa sich empfänglicher zeigten, so vertrieb ihn doch auch
von da bald ein Auflauf, angestiftet durch die von Thessalonika her-
übergekommenen Juden. Die Gläubigen brachten ihn nach Athen in
Sicherheit [3]). Hier unter dem leichtfertigen Volke, umgeben von der
höchsten künstlerischen Pracht des Heidenthums, fand er keinen empfänglichen Boden; Epikuräer und Stoiker spotteten über ihn und
seinen gekreuzigten Nazarener; die Einen nannten ihn einen Schwätzer,
die andern meinten höhnisch, er wolle zwei neue fremde Götter einführen, Jesum und die Auferstehung. Nicht ohne Wirkung blieb
indeß seine auf dem Areopag gehaltene Rede, in der er an einen
dem „unbekannten Gotte" errichteten Altar anknüpfte, um den
Athenern eben diesen namenlosen und bisher von ihnen nicht ge-
kannten Gott zu verkünden. Einige Personen, unter ihnen der
Areopagite Dionysius, erster Bischof von Athen, wurden gläubig.

106. Ein ergiebigeres Feld eröffnete sich ihm in der reichen
und üppigen Handelsstadt Korinth, wo er anderthalb Jahre verweilte. Er lebte hier im Hause des Juden Aquila, seines Zunft-
genossen, als Teppichmacher — denn dieses Handwerk hatte er nach

---

[1]) Act. 16, 3. — [2]) Phil. 1, 3—8. 4, 1. — [3]) Act. 17, 11—15.

jüdiſcher Sitte neben ſeinen Studien erlernt — von ſeiner Hände-
arbeit. Seine Predigten ſammelten eine zahlreiche Gemeinde. Wie
allenthalben, wandte er ſich auch in Korinth zuerſt an die Juden und
an die zu deren Synagoge ſich haltenden Proſelyten, erfuhr aber
heftigen Widerſtand von Seite der Mehrzahl; er kehrte daher der
Synagoge den Rücken, und hielt ſeine Verſammlung in dem an-
ſtoßenden Hauſe eines Proſelyten Juſtus. Seine Erfolge unter der
heidniſchen Bevölkerung, den niedern Klaſſen insbeſondere, waren
groß; ſelbſt der Synagogenvorſteher Criſpus mit ſeinem ganzen
Hauſe hatte ſich bekehrt. Vergeblich brachten ihn einmal die Juden
vor das Tribunal des Prokonſuls Gallio als einen Störer ihrer
Religion, ſie wurden abgewieſen.

107. Während dieſes ſeines erſten Aufenthaltes zu Korinth
ſchrieb Paulus den erſten ſeiner Briefe, den an die Gläubigen zu
Theſſalonika, etwa um das Jahr 52, und kurz darauf noch einen
zweiten, voll Sehnſucht, ſie wieder zu ſehen. Der durch ihn von
Athen aus dorthin geſandte Timotheus hatte einen im Ganzen gün-
ſtigen Bericht über den Zuſtand der Gemeinde erſtattet; der Ruf
ihrer Glaubensfeſtigkeit bei ſchweren Bedrängniſſen hatte ſich bereits
weit verbreitet. Sie ſeien, ſagt Paulus, Vorbilder geworden für die
Gläubigen in Macedonien und Achaia; ihr Kirchenweſen war bereits
geordnet; ſie hatten Presbyter, die Geiſtesgaben, namentlich auch
das Charisma der Prophetie, fehlten nicht. Aber eine Schattenſeite
der dortigen Zuſtände war, daß die Phantaſie der Chriſten ſich begierig auf die Vorſtellung von der Nähe der zweiten Erſcheinung
Chriſti geworfen hatte; ſie meinten, dieſe Wiederkunft des Herrn zur
Vollendung ſeines Reiches auf Erden werde allernächſtens eintreten;
dieſe Erwartung beherrſchte ihr ganzes Bewußtſein und drängte die
andern chriſtlichen Wahrheiten zurück; die Folge davon war, daß
nicht Wenige, träumeriſchen Erwartungen ſich überlaſſend, ihre Be-
rufsgeſchäfte aufgaben oder vernachläßigten und ſich in Müßiggang
oder zweckloſer Geſchäftigkeit umhertrieben[1]. Der Apoſtel bekämpfte
dieſe Verirrung, indem er im erſten Briefe ihnen vorſtellte, wie die
Zeit der Paruſie ſich nicht beſtimmen laſſe, da der Herr wie ein
Dieb in der Nacht unerwartet, aber zum Heil für die Wachſamen
kommen werde. Dabei widerlegte er auch den Wahn, als ob bei
der Paruſie und um ihretwillen die Geſtorbenen ſchlimmer daran
ſein würden, als die Lebenden.

---

[1] 1 Theſſ. 4, 10. 11. 2 Theſſ. 3, 8.

108. Unterdeß war in Theffalonika felbft ein erdichteter Brief Pauli zur Beftätigung jener Erwartung verbreitet worden[1]); er gab fich daher in feinem zweiten Schreiben Mühe, fie zu einer ruhigen und befonnenen Stimmung zurückzuführen, indem er fie an gewiffe Zeichen mahnte, welche der zweiten Ankunft Chrifti vorhergehen müßten. Da er hiebei fich auf früher mündlich gegebene Erklärungen bezog, fo find feine Aeußerungen in diefem Briefe zum Theil nur andeutend und dunkel, wie denn auch bei ihm felber die Hoffnung, die Wiedererfcheinung Chrifti noch zu erleben, zurücktrat. Er wünfche zu fterben, um bei Chriftus zu fein, fchrieb er fpäter den Philippiern[2]).

109. Nach einem Aufenthalt von anderthalb Jahren verließ Paulus Korinth, die größte und blühendfte der von ihm gegründeten Gemeinden. Er wollte zunächft durch Darbringung eines Opfers zu Jerufalem ein Gelübbe erfüllen, weßhalb er fich im Hafen Kenchreä nach Jüdifchem Gelobungsbrauch das Haupthaar befchnitt[3]). Sein Weg führte ihn nach der blühenden Handelsftadt Ephefus mit ihrer zahlreichen Jüdifchen Bevölkerung, die ihn gern bei fich behalten hätte, aber er wollte zum nächften Fefte feines Gelübdes wegen in Jerufalem fein. Dort angekommen, fcheint er diesmal nach kurzem Aufenthalt und flüchtiger Begrüßung der Gemeinde gleich wieder abgereist zu fein. Nach einem Befuche in Antiochien und in den früher bekehrten Galatifchen Gemeinden wandte er fich zu längerem Verweilen nach Ephefus. Hier kam, durch ihn hauptfächlich, nicht nur eine der wichtigften chriftlichen Kirchen zu Stande; von diefem Mittelpunkt aus, der durch feine Handelsverbindungen Verkehrsgelegenheiten in Fülle darbot, verbreitete er auch das Chriftenthum theils perfönlich theils durch Gehülfen nach allen Theilen von Kleinaften.

110. Schon vor Paulus war der alexandrinifche Jude Apollos, ein beredter und fchriftgelehrter Mann, nach Ephefus gekommen, der, blos durch Johannesjünger unterrichtet, von der chriftlichen Taufe, als einer von der Johannestaufe verfchiedenen, noch nichts wußte, aber doch Jefum als den Meffias verkündete. Von den Freunden des Paulus, Aquila und Priscilla, genauer unterrichtet, ging er mit Empfehlungsbriefen nach Korinth, lehrte mit großem Erfolge und traf dann, von dort nach Ephefus zurückkehrend, mit Paulus zufammen[4]). Diefer felbft fand damals zwölf Jünger in der Stadt,

---

[1]) 2 Thess. 2, 2. vgl. 2 Thess. 3, 17. — [2]) Phil. 1, 23, cf. 1 Thess. 4, 16. 17. — [3]) Act. 18, 18. Wer die Darftellungsweise des Lukas in der Apoftelgefchichte kennt, kann unmöglich die fraglichen Worte auf Aquila beziehen. — [4]) Act. 18, 24—28. 1 Cor. 1, 12 sqq.

die blos die Johannestaufe empfangen und von der Mittheilung des heiligen Geistes und seiner Gaben noch nichts vernommen hatten; er ließ sie taufen, und ertheilte ihnen durch Handauflegung die Confirmation, worauf sofort das Zungenreden und die Weissagungen auch bei ihnen sich äußerten [1]).

111. Paulus mußte sich auch hier nach einiger Zeit von der öffentlichen Synagoge absondern und sich mit seinen Christen in die Privatsynagoge des Tyrannus zurückziehen. Die Persönlichkeit des Apostels, seine Lehre, die Heilungen, welche er hier besonders zahlreich an Kranken und Dämonischen wirkte, alles dieß brachte eine große Bewegung in Ephesus hervor, und wurde dieselbe noch durch ein auffallendes Ereigniß gesteigert. Jüdische Exorcisten, die Söhne des Ober-Rabbi Skevas, meinten durch den Gebrauch desselben Namens, den Paulus anrief, ohne allen Glauben an Jesus, doch die gleichen Wirkungen hervorbringen zu können. Sie wandten also bei einem Dämonischen die Formel an: „Ich beschwöre dich bei Jesus, den Paulus verkündigt." Aber gehöhnt und schwer mißhandelt von dem Dämonischen mußten sie aus dem Hause entfliehen. Viele Goëten und Magie-Treibende wurden darauf gläubig und verbrannten ihre magischen Bücher. Schon wurde denen bange, die ihren Lebensunterhalt aus dem Götzendienste zogen, und dem Demetrius, dem Besitzer einer Fabrik, in der kleine silberne Abbilder des berühmten Artemis-Tempels verfertigt wurden, gelang es, unter dem Rufe: „groß ist die Artemis der Ephesier", einen Volksauflauf zu erregen, der den Paulus und seine Freunde verderben, oder wenigstens aus der Stadt treiben sollte, der aber durch die kluge Rede des Stadtschreibers noch beschwichtigt wurde [2]).

112. Von Ephesus aus sandte Paulus seine beiden wichtigen Briefe, den an die Galater und den ersten an die Korinthier. Die von ihm in Galatien gestifteten, meist aus Heidenchristen, zum Theil aber auch aus bekehrten Juden bestehenden Gemeinden waren seit kurzem durch judaistische Lehrer verwirrt worden, so rasch und so stark, daß es dem Apostel wie eine Bezauberung vorkam [3]). Diese Verführer empfahlen den Galatischen Christen, sich der Beschneidung zu unterziehen und gewisse andere jüdisch gesetzliche Gebräuche zu beobachten, und Viele leisteten Folge.

113. Man hat es auffallend gefunden, daß Paulus sich in diesem Briefe nie auf die Entscheidung des Concils zu Jerusalem be-

---

[1]) Act. 19, 1—7. — [2]) Act. 19, 85—41. — [3]) Gal. 3, 1.

rufen habe. Aber jene Entscheidung kannten die dortigen Christen
sehr wohl, Paulus selbst hatte sie dahin gebracht; sie wußten, daß Niemand das Recht habe, die Haltung des Gesetzes zur Bedingung ihrer
Aufnahme oder ihres Bleibens in der Kirche zu machen, daß dort
verboten wurde, ihnen Beschneidung und Gesetz als ein zwingendes
Joch aufzulegen. Die Galatischen Irrlehrer scheinen jene Entscheidung
nicht angetastet zu haben, sie waren nicht solche gesetzliche Zeloten,
wie jene zu Jerusalem; sie selber hielten das Gesetz nicht vollständig [1]),
forderten auch keine vollständige Beobachtung desselben von den dortigen Christen, sie drohten auch denen, die sich nicht beschneiden lassen
würden, wohl nicht mit ewiger Verdammniß, wie jene. Vielmehr war
ihr Hauptgrund, wie Paulus selbst angibt [2]), der, daß sie dadurch die
Verfolgungen der vermöge ihrer nationalen und religiösen Cohäsiv-Kraft
immer noch mächtigen Juden abwehren und den schutz- und rechtlosen
Christen die gesicherte Stellung zuwenden wollten, welche die Römischen
Gesetze den Juden eingeräumt hatten. Denn, wie Hieronymus bemerkt,
wurden alle Beschnittenen, wenn auch Christen, von den Heiden als
Juden betrachtet, während die Christen, welche die Vorhaut behielten,
von Heiden und Juden gleichmäßig verfolgt wurden [3]). Sie empfahlen
also die Beschneidung und die Beobachtung einiger gesetzlichen Gebräuche
theils aus Gründen der Sicherheit, theils aus religiösen Gründen.
Sie beriefen sich auf das Beispiel der Hauptapostel in Judäa, welche
das Gesetz fortwährend selbst beobachteten und beobachten ließen, was
sie gewiß nicht thun würden, wenn sie nicht einen Gott gefälligen
Dienst damit zu leisten glaubten. Wie die meisten Juden damals
den Heiden sagten: zum Heil genüge es schon, den Götzen zu entsagen und Proselyt des Thores zu werden, besser aber und Gott
wohlgefälliger sei es freilich, mit Annahme der Beschneidung Proselyt
der Gerechtigkeit und Glied des auserwählten Volkes zu werden —
so mochten die Judaisten in Galatien den Gläubigen die von ihnen
empfohlenen gesetzlichen Uebungen als die zu ersteigende höhere Stufe,
als etwas besonders Verdienstliches und Heilbringendes darstellen.
Zugleich verdächtigten diese Judaisten das apostolische Amt des Paulus;
er habe seine Sendung nicht durch ordentlichen Beruf von Christus
selbst empfangen, auch habe er gar nicht in der Gemeinschaft des auf
Erden wandelnden Jesus gelebt, sondern das Evangelium erst später
von den rechten Aposteln überkommen; diese, Petrus, Jakobus und
Johannes, beobachteten fortwährend das Ritualgesetz, Paulus aber

---

[1]) Gal. 6, 13. — [2]) Gal. 6, 12. — [3]) Hieron. in Gal. 2, 10.

könne mit seiner nicht aus der Quelle geschöpften Lehre den alten, großen Aposteln nicht gleich sein an Ansehen.

114. Dagegen erhob sich nun Paulus mit einem Nachdruck und einer Schärfe, wie sie in keinem andern Briefe hervortritt. Mit unwilliger Rüge ihres Wankelmuthes betheuert er, daß, wenn selbst ein Engel vom Himmel ihnen eine andere Lehre predigte, er verflucht sein würde, zeigt ihnen durch Darlegung seiner Bekehrung und seines folgenden Lebensganges, daß er sein Evangelium und seine Sendung unmittelbar von Christus und nicht von Menschen empfangen, daß er Meister geworden, ohne Schüler gewesen zu sein, daß aber seine Lehre von den angesehensten Aposteln stets als mit der ihrigen wesentlich einstimmig anerkannt worden sei. Der fernere Inhalt des Briefes ist dem Nachweis gewidmet, daß die Galater Thoren seien, ihre evangelische Freiheit mit der Knechtschaft des Gesetzes vertauschen zu wollen, und er mahnt sie dabei an ihre eigene Erfahrung, daß sie die Geistesgaben nicht etwa durch Beobachtung des Gesetzes, sondern durch den Glauben empfangen hätten.

115. Ungefähr um dieselbe Zeit — ungewiß ob vor oder nach dem Galater-Briefe — sandte Paulus seinen ersten Brief an die Korinthier ab. Wenn es sich dort um eine kleine Gemeinde in einem abgelegenen Städtchen des innern Kleinasien handelte, so war die Kirche von Korinth eine auf den Leuchter gestellte, in einer der bedeutendsten Städte der alten Welt, im Mittelpunkte des Handels, auf der Grenzscheide zwischen Orient und Occident, unter stetem Ab- und Zuflusse von Gläubigen aus andern Ländern. Die Uebelstände, welche Paulus hier zu bekämpfen hatte, waren denn auch eigenthümlicher Art. Das Auffallendste und Störendste war das hier eingerissene Parteiwesen; die Einen wollten Pauliner sein, die Andern Anhänger des in Korinth als Lehrer aufgetretenen Apollos, wieder Andere, wahrscheinlich Judenchristen, gaben sich für Jünger des Petrus aus, entweder weil Petrus wirklich unterdeß in Korinth gewesen, oder weil fremde judenchristliche Lehrer dahin gekommen waren, und unter seinem Namen Anhänger geworben hatten. Und endlich fanden sich auch solche, welche im Gegensatz gegen diese drei Fraktionen blos an Christus allein, den sie, aus Palästina gekommen, persönlich gekannt hatten, sich halten zu wollen vorgaben[1]). Es handelte sich dabei nicht um Unterschiede der Lehre, die der Apostel sonst namhaft gemacht und bekämpft haben würde, er betrachtet aber diese

---

[1]) 1 Cor. 1, 11. sq.

Parteibezeichnungen als Symptome des Mangels an kirchlichem Ein-
heitssinne. Paulus und Apollos waren innig befreundet; aber die
Jünger des letztern pochten auf die erhabene Lehrform des in Alexan-
drinischer Philosophie und Schriftauslegung erfahrnen Meisters und
blickten geringschätzig auf die einfache und kunstlose Predigt des Kreuzes
Christi herab, wie sie Paulus verkündigte. Offenbar hatten indeß
diese Versuche, eigene Schulen zu bilden, nicht bis zur Trennung der
kirchlichen Gemeinschaft geführt.

116. Paulus hatte daher die Ueberschätzung menschlicher Weisheit und philosophischer Meinungen zu bekämpfen, theils mit Beziehung auf die Apollosjünger, theils zur Abwehr von Irrthümern,
welche, Griechischer Philosophie entsprossen, sich in Korinth einzunisten
drohten; wie er denn die Auferstehungslehre hier gegen jene Korinthischen Christen vertheidigen mußte, welche, die wirkliche Auferstehung des Leibes läugnend, die Lehre bildlich von der geistigen
Erweckung des Menschen durch den Glauben deuteten¹). Zugleich
mußte er in einer Stadt, wo die herrschende Sitte die Versuchungen
zu Fleischessünden so mächtig machte, gegen diese Verirrung und
gegen die schlimmen Folgen einer falschen Freiheit überhaupt warnen;
duldeten doch die Korinthischen Christen einen in blutschänderischer
Ehe lebenden Mann in ihrer Gemeinschaft; er mußte sie endlich
erinnern, daß es Christen nicht zieme, ihre Rechtshändel vor die
heidnische Obrigkeit zu bringen.

117. Mit besonderer Sorgfalt erörterte Paulus hier die Frage
wie sich die Gläubigen bezüglich der Theilnahme an Opfermahlzeiten
und des Essens von Opferfleisch überhaupt zu verhalten hätten. Das
Concilium von Jerusalem hatte diese Theilnahme und den Genuß
im Allgemeinen untersagt, aber in der Anwendung der Vorschrift
ergaben sich doch mannigfache Schwierigkeiten. Opfermahlzeiten wurden nicht nur in den Tempeln, sondern auch in Privathäusern häufig
gehalten, und wer bei heidnischen Bekannten speiste, konnte oft nicht
wissen, ob das Vorgesetzte Fleisch eines Opferthieres sei oder nicht.
Auch konnte man kaum vermeiden, solches Fleisch, das täglich auf den
Markt gebracht wurde, dort einzukaufen. Die Korinther hatten
Paulus hierüber befragt, und die Forderung der Enthaltung vom
Götzenopfer, welche die Synode zu Jerusalem kurzweg, ohne alle
nähere Bestimmung gestellt hatte, reichte hier nicht aus; ängstliche
Judenchristen konnten sie auf Fälle ausdehnen, welche den aus dem

---

¹) 1 Cor. 15, 12 sq.

Heidenthum gläubig gewordenen der Natur der Sache nach frei gelassen zu sein schienen. Daher berief sich auch Paulus nicht darauf.
Den Genuß von Opferfleisch, wenn es auf dem Markte gekauft worden,
oder wenn es einem Christen bei einer heidnischen Mahlzeit ohne
Erwähnung der Opfer-Eigenschaft vorgesetzt werde, erklärte er für
an sich unverfänglich[1]), verlangte aber, daß die Heidenchristen sich
dieser ihrer Freiheit da enthalten sollten, wo sie ihren schwächeren
Brüdern, den Judenchristen, damit Aergerniß geben oder sie zur Sünde
verleiten würden. Zugleich aber warnte er auch vor förmlicher Theilnahme an einer Opfermahlzeit, da der Mitessende dadurch allerdings
in die Gemeinschaft der Dämonen trete, denen die Heiden opferten.

118. Die Kunde, welche Titus dem Apostel über Aufnahme
und Erfolg dieses ersten Schreibens gebracht hatte, veranlaßte ihn,
der unterdeß über Troas nach Macedonien gegangen war, zu einem
zweiten Briefe an die Korinthier, welcher eine fortlaufende, doch
mit vielen Ermahnungen durchzogene, Rechtfertigung seiner Person
wie seines Amtes ist. Eingedrungene Judaistische Irrlehrer nöthigten
ihn dazu; sie hatten ihn als einen Mann geschildert, der sich das
Apostelamt eigenmächtig anmaße, der, veränderlich und unzuverläßig,
bald trotzig, bald verzagt, in seiner eitlen Selbstüberhebung des Vertrauens der Gemeinde unwürdig sei[2]). Dagegen führte nun Paulus
an, daß die nationalen Vorrechte, auf die jene „überhohen Apostel"
pochten, auch ihm zukämen, daß er für Gottes Sache weit mehr gethan, gekämpft und gelitten habe, als jene dünkelhaften und betrüg-
lichen Menschen, die sich fälschlich für Apostel ausgäben[3]). Er erwähnte die besondern Gnadenerweisungen, die Visionen und Offenbarungen, die ihm in ekstatischer Erhebung gewährt worden. Demnach begehrte er von den Korinthiern volle Anerkennung seiner
apostolischen Autorität[4]). Damit verband er die nachdrückliche Empfehlung einer Liebessteuer für die armen Christen in Jerusalem[5]).

119. Paulus hatte seine Thätigkeit bereits bis nach Illyrien,
dem Küstenlande des Adriatischen Meeres, ausgedehnt, als er sich
wieder nach Hellas wandte und neuerdings drei Monate in Korinth
und der Umgegend verweilte. In diese Zeit fällt sein Brief an die
Christen zu Rom, in welchem er sich schon rühmen konnte, daß er
von Jerusalem bis nach Illyrien und rings umher das Evangelium

[1]) 1 Cor. 10, 14—32. — [2]) 2 Cor. 1, 17; 3, 1 sqq., 10, 1 sqq.,
11, 11 sqq. — [3]) 2 Cor. 11, 3—33. — [4]) 2 Cor. 12, 1—21. — [5]) 2 Cor.
8, 1—9, 15.

Christi verkündigt und zur Annahme gebracht habe[1]). Schon oft
hatte der Apostel den Wunsch gehegt, die Christen in Rom zu besuchen, hatte sich aber immer durch seinen Grundsatz, nicht eine schon
apostolisch gegründete Kirche zum Felde seiner Thätigkeit zu erwählen,
nicht, wie er sagt, auf ein fremdes Fundament zu bauen, davon abhalten
lassen. Aber obgleich er selber noch nicht nach Rom gekommen war, hatte
er doch bereits viele Freunde und Anhänger dort, darunter jetzt auch
Aquila und Priscilla. So schrieb er denn zum erstenmale an eine
ihm persönlich noch fremde Gemeinde. Die Kirche muß dort schon
sehr blühend gewesen sein; von ihrem Glauben an Christus redete
man, wie Paulus sagt, in der ganzen Welt[2]); es gab hier, obgleich
sie natürlich aus Judenchristen und Heidenchristen zusammengesetzt
war, keine Parteiungen und feindliche Gegensätze, wenn auch die
Schwierigkeiten einer völligen Verschmelzung von Juden- und Heiden-
Gläubigen sich hier so gut wie anderwärts fühlbar machten. Die
Haupthindernisse waren jedoch, als Paulus dieses Schreiben erließ,
bereits überwunden; er bezeugt den Römern, daß sie voll guter Gesinnung, von aller Einsicht erfüllt und im Stande seien, sich unter
einander zu ermahnen[3]). Er warnt nicht vor wirklicher, sondern nur
vor möglicher Verführung durch Irrlehre. Mehr als zwanzig Jahre
apostolischer Thätigkeit lagen hinter ihm, als er dieses Schreiben, die
vollste, reiffste Frucht seines Geistes, die Haupturkunde seiner Theologie, verfaßte. Schon im zweiten Briefe an die Korinthier hatte er
im vollen Gefühl seiner Würde und seiner errungenen Triumphe von
sich wie von einem siegreichen Feldherrn und mächtigen Eroberer gesprochen, vor dessen unwiderstehlicher Waffenrüstung alle Irrthümer
gleich Festungen vor einem stürmenden Heere dahinsinken, vor dem
alle Höhen sich beugen, der Alles unter den Gehorsam Christi gefangen nimmt[4]). In der östlichen Hälfte des Römischen Reiches
hatte er sein Werk in der Hauptsache vollendet, sein Blick war nun
auf den Westen gerichtet. Er wollte nach Spanien gehen und nur auf
der Durchreise Rom besuchen, vorher aber noch, damit ja das Band,
das die westlichen Kirchen an die Muttergemeinde zu Jerusalem
knüpfte, nicht gelockert werde, und damit man in Jerusalem seine
treue Liebe zu den beschnittenen Brüdern und Stammesgenossen er-
kenne, wollte er selbst den Ertrag einer Collekte nach der Jüdischen
Hauptstadt überbringen.

120. Juden und Heiden haben einander nichts vorzuwerfen,

---

[1]) Rom. 15, 19. — [2]) Rom. 1, 8 — [3]) Rom. 15, 14. — [4]) 2 Cor. 10, 3—5.

allgemeine Sündhaftigkeit herrscht auf beiden Seiten, auch auf Jüdischer, dem eigenen Gesetze zufolge; Allen mangelt die Gerechtigkeit vor
Gott, welche nicht durch Werke des Gesetzes im weitesten Sinne zu
erlangen ist, sondern einzig durch die gläubige Hingebung an Christus,
an Den, der als der zweite Adam den an ihn Glaubenden weit mehr
noch gewährt, als sie durch den ersten Adam verloren haben. Dieses
Heil weist nun aber ein großer Theil des Judenvolkes von sich. In
trotziger eigenwilliger Verhärtung und Feindschaft gegen Christus
halten sie das Gesetz als den Weg des Heiles fest. Während demnach Einzelne wohl den wahren Heilsweg betreten, erscheint die Masse
der Nation als unter einem Gerichte göttlicher Verstoßung liegend;
am Ende der Zeiten aber wird Gott die seinem Volke gegebenen
Verheißungen doch noch wahr machen. Das sind die Hauptgedanken
in diesem tiefsinnigen, kühnen, an Contrasten, an schneidenden und
erschütternden Stellen und Ergüssen trauernder Liebe zu seinem ver-
blendeten Volke reichen Briefe.

121. Seinen Entschluß zum fünftenmale, dießmal als Ueberbringer der Kirchensteuer, nach Jerusalem zu gehen, führte Paulus
ohngeachtet mannigfacher Warnungen nun aus. Von Philippi, wo
er mit Lukas zusammentraf, ging er nach Troas und fand hier die
drei ihm zu Begleitern bestimmten Reisegefährten, unter ihnen Timotheus. In Milet nahm er für immer Abschied von den um ihn
versammelten Vorstehern der Vorderasiatischen Gemeinden, empfahl
ihnen die Sorge für die ihnen anvertrauten Kirchen, und kündigte ihnen
prophetisch das nahe Auftreten von Irrlehrern [1]) an, die selbst aus ihrer
Mitte sich erheben würden. Er wußte wohl, daß, wie er hier
sagte, Bande und Trübsal seiner warteten; auch in Cäsarea kündigte
Agabus ihm dieß an [2]). Zu Pfingsten (58 oder 59) kam er nach
wahrscheinlich fünfjähriger Abwesenheit in Jerusalem an. Dem Bischof Jakobus und den versammelten Presbytern erstattete er Bericht
über die Erfolge seiner apostolischen Wirksamkeit; darauf gab ihm
Jakobus den Rath: da Myriaden von Israeliten, die alle eifrige Anhänger des Gesetzes seien, gläubig geworden, so möge er durch die
That den Verdacht von sich abwenden, als ob er ein Verächter der
vaterländischen Satzungen sei und seine Volksgenossen zur Vernach-
läßigung derselben verführe; er möge nämlich sich an ein eben von
vier armen Gemeindegliedern abgelegtes Nasiräer-Gelübde durch Tra-
gung der Opferkosten anschließen. Paulus, der sich nun im Mittel-

---

[1]) Act. 20, 17—38. — [2]) Act. 21, 11.

punkte des Gesetzes befand, wo Alle, Christen und Juden, es noch
beobachteten, wo das Gesetz die ganze öffentliche Ordnung beherrschte,
und das göttliche Zeichen zum Abbruch des alten Baues noch nicht
gegeben war — Paulus trug kein Bedenken, sich dem Rathe zu
fügen und als Opfernder im Tempel zu erscheinen. Erst kürzlich hatte
Agrippa I., als er von Rom kommend vom Throne Besitz ergriff,
dasselbe Mittel, sich die Neigung der Juden zu erwerben, angewendet[1]), und Paulus selbst hatte es als seinen Grundsatz hingestellt,
den Juden ein Jude zu werden, um sie zu gewinnen[2]), und hatte
früher schon ein Gelübde in Jerusalem erfüllt.

122. Kaum hatte Paulus den Tempel betreten, als klein-asia-
tische Juden, die ihn erkannten, einen Aufruhr erregten gegen den
Mann, der allenthalben lehre gegen das Volk, das Gesetz und den
Tempel und diesen noch dazu eben jetzt entweiht habe. Man hatte
ihn nämlich mit dem Hellenen Trophimus, einem seiner Begleiter,
gesehen und meinte, er habe denselben mit in den Tempel gebracht.
Die Römische Tempelwache entriß ihn den Händen der wüthenden
Volksschaar, und Paulus versuchte durch eine von der Treppe der
Burg Antonia herab gehaltene Rede und Erzählung seiner Geschichte
ihren Sinn zu wenden. Man hörte ihn ruhig an, bis er seiner im
Tempel ihm ertheilten Sendung zu den Heiden gedachte. Da brach
der Sturm los; Alles ertrug der Jude eher als den Gedanken, daß
die unbeschnittenen Heiden den Söhnen Abrahams gleichgesetzt werden
sollten. Der Elende müsse von dem Erdboden vertilgt werden,
riefen sie. Der Folter, durch welche der Römische Befehlshaber das
Bekenntniß eines Verbrechens von ihm erpressen wollte, entging
Paulus durch Berufung auf sein Römisches Bürgerrecht. Vor das
Synedrium gestellt, warf er mit kluger Berechnung einen Feuerbrand
in die aus Pharisäern und Sadducäern gemischte Versammlung, indem er seine pharisäische Abkunft und Bildung und seinen Glauben
an die Auferstehung als die Ursache hervorhob, warum er jetzt verfolgt werde, von den Sadducäern nämlich, zu denen der Hohepriester
selbst sich neigte. Daß sich seine ganze Lehre auf die Auferstehung
Christi und auf die künftige Auferstehung aller Gläubigen gründe,
konnte er in Wahrheit sagen, wie denn auch schon die erste Christen-
verfolgung von der gerade im Synedrium übermächtigen Sabbu-
cäischen Partei ausgegangen war[3]). Jetzt war die Folge, daß beide
Parteien in tobenden Streit unter einander geriethen, und einige

---

[1]) Joseph. Arch. 17, 6, 1. — [2]) 1 Cor. 7, 17—19. — [3]) Act. 4, 6 sq.

Pharisäer sich des Apostels als eines Unschuldigen und Rechtgläubigen, selbst die Wahrheit der ihm zu Theil gewordenen Erscheinung zugebend, annahmen. Für diesesmal gerettet, wurde er von dem Befehlshaber Lysias, der ihn einem von vierzig Juden gegen sein Leben gerichteten Mordanschlag entziehen wollte, unter starker Bedeckung nach Cäsarea an den Procurator Felix gesandt. Dort erschien schon nach wenigen Tagen der Hohepriester Ananias mit andern Synedristen als Ankläger, aber weder Felix noch sein Nachfolger Festus wollten ihn verurtheilen oder den Juden preisgeben. So blieb Paulus, da er mit Gold sich nicht loskaufen wollte, zwei Jahre in Cäsarea gefangen. Vergeblich versuchte er, den Gast des Festus, den König Agrippa, zu rühren oder zu erschüttern. Da er aber an den Kaiser appellirt hatte, mußte er, immer als Gefangener, nach Rom gesandt werden.

123. Im Frühjahr d. J. 61 landete Paulus an der Küste Italiens. Die Römischen Christen gingen ihm bis zu den drei Tabernen entgegen und die lange genährte Sehnsucht des Apostels, in der Welthauptstadt zu wirken, die in Jerusalem zuletzt in einer nächtlichen Vision empfangene Zusage, daß er auch in Rom von dem Herrn zeugen werde, erfüllte sich nun. Er durfte mit einem Soldaten, der an ihn angekettet war, in einem Privathause wohnen und brachte so in Rom zwei Jahre zu, bei strenger Bewachung, doch frei im Empfange von Besuchen[1]) und in der Verkündigung Christi. Gleich in den ersten Tagen ließ er die Vornehmsten der dortigen Juden zu sich kommen, denn er besorgte, daß ihnen von Jerusalem feindliche Berichte zugekommen seien. Sie versicherten, nichts über ihn vernommen zu haben, von der Nazarenischen Sekte aber nur zu wissen, daß ihr allenthalben widersprochen werde. Seine Belehrungen hatten auch hier den gewöhnlichen Erfolg, daß die Juden seiner spotteten, und Paulus ihnen das Wort hinwarf, das ihnen bitterer als der Tod war: „den Heiden ist dieses Heil Gottes gesandt und sie werden es hören“.

124. Die lange Dauer der Haft des Apostels hatte ihren Grund in der Zögerung der Ankläger, die entweder erst später nach Rom kamen, oder vielleicht auch ihre Anklage durch Nichterscheinen fallen ließen. Wenn sie wirklich in Rom erschienen, so mußten sie die drei dem Apostel zur Last gelegten Vergehen: daß er der Urheber von Unruhen und Parteiungen unter den Juden des ganzen Reiches,

---

[1]) Act. 28, 30.

zugleich ein Anführer der Nazarenersekte sei, und den Tempel zu
entheiligen versucht habe, durch zahlreiche aus verschiedenen Provinzen
herbeigerufene Zeugen unterstützen. Und da Kaiser Nero einen Angeklagten, wenn verschiedene Beschuldigungen gegen ihn vorlagen,
nur mit Unterbrechungen und über jede einzelne zu richten pflegte,
so mußte auch dadurch der Prozeß gegen Paulus sich in die Länge
ziehen. Daß er aber mit einer Freisprechung endigen würde, ließ
sich schon nach dem Verfahren des Felix und des Festus voraussehen.
Unterdeß blieb er durch seine Abgeordneten in stetem Verkehr mit den
von ihm gestifteten Gemeinden im ganzen Reiche und selbst mit Kirchen, die er weder gestiftet, noch persönlich besucht hatte. Viele seiner
ältesten und treuesten Anhänger umgaben ihn in Rom. Lukas, Timotheus, Tychikus, auch Demas, der ihn später verließ, und selbst
Markus, früher die Ursache der Trennung zwischen Paulus und Barnabas, waren ihm nun nahe und dienten ihm[1]). Zwei Macedonier,
Aristarchus und Epaphras von Kolossä, waren seine Mitgefangenen[2]).

125. Gleichzeitig verfaßte nun Paulus drei Briefe, den kleinen
an Philemon, eine Fürbitte für einen flüchtigen und untreuen Sklaven,
den Brief an die Kolosser und den an die Ephesier. Die Gemeinde
zu Kolossä in Großphrygien war von Paulus weder gestiftet, noch
bis jetzt von ihm besucht worden. Aber der Gründer derselben Epaphras war nun in Rom', und hatte dem Apostel berichtet, daß der
Glaube der bortigen Christen gefährdet sei durch das Auftreten von
Irrlehrern, welche Vorläufer der großen gnostischen Bewegung des
zweiten Jahrhunderts waren, und einen jüdisch gesetzlichen Eifer, besonders für die Feier der jüdischen Feste und Neumonde, mit gnostischen Principien verbanden. Sie lehrten Enthaltung von Fleisch und
Wein, warnten gegen Befleckung durch Berührung oder Genuß unreiner Dinge, und sich hoher überlieferter Weisheit rühmend, behaupteten sie mit scheinbarer Demuth, der Mensch müsse, da der
höchste Gott unfaßbar und unerreichbar sei, gewissen Mittelwesen,
Engeln oder höhern Geistern dienen[3]).

126. Derselbe Tychikus, der diesen Brief überbrachte, hatte noch
ein anderes kurz nach dem Kolosserbrief verfaßtes Schreiben des
Apostels abzugeben. Es trägt die Aufschrift an die Ephesier; da
aber Paulus in demselben von seiner mehrjährigen frühern Wirksamkeit in Ephesus nichts erwähnt und alle persönlichen Beziehungen zu

---

[1]) Col. 4, 14. Philem. 23. 24. Col. 1, 1. Philipp. 1, 1. Col. 4, 7.
Ephes. 6, 21. — [2]) Col. 1, 7; 4, 10. — [3]) Col. 2, 16—22.

Gliedern der dortigen Gemeinde hier fehlen, auch in ältern Exemplaren der Name Ephesus nicht stand, so zeigt sich, daß das Schreiben eine weitere Bestimmung hatte, daß es ein Circularschreiben an einen Kreis vorderasiatischer Kirchen war, in deren Versammlungen es vorgelesen werden sollte, wenn auch Ephesus der Hauptort, den Paulus im Auge hatte, war[1]). Der Brief, in welchem die enge Verwandtschaft der Gedanken und Wendungen mit dem Kolosserbrief die gleichzeitige Abfassung beider verräth, enthält zuerst einen kurzen, hauptsächlich in der indirekten Form einer Danksagung vorgetragenen Abriß der Paulinischen Lehre, mit besonderer Hervorhebung der Aufhebung des Mosaischen Gesetzes, womit zugleich die Trennung von Juden und Heiden beseitigt sei[2]). Er schildert die Fülle der ihnen zu Theil gewordenen Gnade, den Gegensatz ihres früheren heidnischen und ihres jetzigen Lebens, er redet dann von der Einheit der Kirche, in welcher die Heiden mit dem gläubigen Israel zu Einem Tempel Gottes verbunden seien; ihm vor Allem sei das erhabene Amt, die Heidenwelt zur Kirche zu berufen, von Gott verliehen. Daran schließt sich dann im zweiten Theile eine Reihe ethischer Belehrungen und Ermahnungen.

127. Die Gemeinde zu Philippi, die erste Schöpfung Pauli in Europa, hatte ihm durch Epaphroditus eine Geldunterstützung gesendet, um seine Gefangenschaft zu erleichtern[3]). Der Bericht des Boten über ihren Zustand war ungemein günstig ausgefallen, so daß Paulus in seinem Danksagungsschreiben sie mehr als irgend eine andere Gemeinde loben konnte. Der ganze, in einer freudigen gehobenen Stimmung geschriebene Brief ist daher vorzugsweise eine von warmer Liebe für diese Gemeinde zeugende Herzensergießung. Hier waren zwar keine innern Spaltungen, aber Paulus hielt es doch für nothwendig, vor seinen Jüdischen Widersachern[4]) und den überall herumstreichenden Irrlehrern zu warnen, und den Philippiern zu zeigen, daß er alle die Vorzüge, welche jene ihn verkleinernden falschen Brüder aus der Beschneidung von sich rühmten, auch besitze[5]).

128. Daß Paulus aus seiner Haft wieder entlassen worden und nach einer neuen zwei- bis dreijährigen apostolischen Thätigkeit erst im J. 67 in Folge der Neronischen Christen-Verfolgung hingerichtet worden sei, das ist die Ueberlieferung der ganzen alten Kirche, wogegen in

[1]) Tertull. c. Marc. 5, 11. Basil. c. Eunom. opp. ed. Garn. I. 254.
[2]) Eph. 4, 1—6, 24. — [3]) Phil. 2, 25. 30; 4, 16. — [4]) Phil. 1, 28—30.
— [5]) Phil. 3, 2—4, 1.

neuester Zeit diese Freiwerdung und die zweite Gefangenschaft Pauli
auf's schärffte bestritten und angenommen wurde, daß jene erste Gefangenschaft nur mit seinem Tode sich geendigt habe. Daß aber die
Ueberlieferung der alten Kirche das Richtige aussage, läßt sich bis
zur Gewißheit nachweisen. Wenn die Apostelgeschichte des Begleiters
Pauli nach der genauesten auf kleine Details eingehenden Erzählung
der Reise und Ankunft Pauli in Rom plötzlich mit der Angabe schließt,
daß er zwei volle Jahre unter militärischer Bewachung in Rom geblieben sei, so ist hiemit zugleich das Ende dieser Haft angegeben.
Dieses mußte entweder durch den Tod oder durch Befreiung erfolgt
sein; durch den Tod offenbar nicht, denn dann wäre es unbegreiflich,
warum Lukas, der im zweiten Theile seines Werkes ganz der Biograph des Paulus ist, diesen, das ganze Werk seines Helden glorreich
krönenden Schlußstein nicht hinzugefügt haben sollte. Andererseits ist
sein Schweigen über das, was nach den zwei Jahren der Gefangenschaft
folgte, ganz natürlich, da er nicht mehr der Begleiter des Apostels
war, und seine Erzählung vor dem Jahre 67 verfaßte, also den Tod
desselben noch nicht erwähnen konnte. Die damalige Befreiung Pauli
ist an sich schon wahrscheinlich, da die Juden, wie Felix und Festus
bereits erkannt hatten, offenbar nicht im Stande waren, dem Apostel
ein nach römischen Gesetzen todeswürdiges Verbrechen mit Zeugen
nachzuweisen; deßgleichen ist es nicht wahrscheinlich, daß man einen
römischen Bürger nicht zwei, sondern vier Jahre ohne Entscheidung
in Haft behalten haben sollte[1].

129. Dem positiven Zeugnisse des Clemens, des Muratorischen
Kanons, des Eusebius, Chrysostomus und Hieronymus steht im
christlichen Alterthume auch nicht ein einziges gegentheiliges entgegen.
Clemens, der Zeitgenosse und Schüler Pauli, sagt in seinem von Rom
nach Korinth gesandten Briefe: Paulus habe das Evangelium im
Osten und Westen verkündigt, habe die ganze Welt (d. h. das ganze
römische Reich) Gerechtigkeit gelehrt, sei dann bis zur äußersten
Grenze des Westens gegangen, habe vor den Machthabern gezeugt,
oder den Märtyrtod erlitten und sei so der Welt entnommen worden[2].
Hier liegt eine bestimmte geographische Angabe vor, ein in Rom
Schreibender kann unter der Grenze des Westens nicht Rom selbst
verstanden haben; daß Paulus überhaupt auch im Westen gepredigt
habe, hatte Clemens zuerst schon gesagt, er will aber, um die

[1] Euseb. 2, 22. Chrysost. In 2 Timoth. 4, 20. Hieron. Catal.
Script. — [2] Clem. Rom. 1, 5.

allumfassende heroische Thätigkeit des Apostels noch anschaulicher zu machen, noch etwas Größeres hinzufügen, daß er nämlich auch bis zur äußersten Grenze des Westens[1]), also jedenfalls zu einer der westlichsten Provinzen des Reiches gekommen sei. Daß dieß Spanien gewesen sei, sagt ein Zeuge der Zeit von 165 bis 175, der Verfasser des Muratorischen Kanons ausdrücklich.[2]) Hiezu kommt noch das gewichtige, nur durch die jüngste Annahme der Unächtheit dieser Briefe zu beseitigende Zeugniß der Pastoralschreiben, die man, ohne den darin enthaltenen thatsächlichen Angaben Gewalt anzuthun, weder vor noch während der ersten Gefangenschaft setzen kann, und die beweisen, daß Paulus nach dieser Haft noch Ephesus, Creta, Macedonien, Milet und Nikopolis besuchte, und sich dann zum zweiten Male zu Rom in Gefangenschaft befand.[3])

130. Die drei Pastoralschreiben Pauli wurden binnen wenigen Monaten geschrieben; sie gleichen einander im Styl, in der Materie und in dem darin sich kundgebenden Zustand der Kirche; sie sind in diesen Beziehungen von den übrigen Briefen des Apostels wesentlich verschieden. Alle Versuche, die Pastoralbriefe bezüglich der

---

[1]) Der Einfall Wieseler's, τὸ τέρμα τῆς δύσεως zu übersetzen: „Der Herrscher von Rom" würde kaum eine Widerlegung verdienen, wenn nicht auch Schaff, Geschichte der apostolischen Kirche S. 348, demselben sich angeeignet hätte und demnach übersetzte: „Er war vor der höchsten Gewalt des Abendlandes erschienen"; daß aber τέρμα irgendwo höchste Gewalt heiße, ist rein ersonnen. In der angeführten Stelle: καινῶν δ' ἀναγυγας θεοι θνητοῖσι τιμωρῶν, ἀπαντων τέρμ' ἔχοντες αὐτοί (Eurip. Suppt. 617) heißt τέρμα nicht, wie Schaff meint, höchste Gewalt, sondern Ziel, Ende (der Leiden nämlich.) Ebenso in dem τέρμα θνητηρίας, Sophocl. Oed. Col. 725 und Eurip. Orest. 1317 (metam salutis.) Darauf, daß sich in Spanien keine Tradition von einer von Paulus dort gestifteten Kirche erhalten habe, sollte man kein Gewicht legen. Von der Geschichte der Kirche in Spanien in den drei ersten Jahrhunderten wissen wir fast nichts; ein paar Martyrien späterer Zeit, die in Cyprians Briefen vorkommende Geschichte der zwei in der Mitte des dritten Jahrhunderts abgesetzten Bischöfe und die Kanones der Synode von Elvira, das ist Alles. Die Tradition der spanischen Kirche reicht nur bis in's dritte Jahrhundert zurück; kein christlicher Spanier hat vor Ende des vierten Jahrhunderts etwas geschrieben. — [2]) Sicuti et (Lucas) semota passione Petri evidenter declarat sed (ob. et) profectione Pauli ab urbe ad Spaniam proficiscentis. Vergl. Wieseler in den theologischen Studien, 1856, S. 105. Der Verfasser beruft sich nämlich auf die Weglassung dieser beiden Begebenheiten, des Todes Petri und der spanischen Reise Pauli, als einen Beweis, daß Lukas nur das, was in seiner Gegenwart geschehen, berichte. — Er stellt also beide Thatsachen auf gleiche Linie der Gewißheit. — [3]) 2. Tim. 1, 16, 17.

Zeit ihrer Abfassung auseinander zu reißen, sind mißlungen und müssen mißlingen. Es muß selbst ein längerer Zeitraum, ein Zeitraum von etwa fünf Jahren zwischen dem Philipper-Briefe, dem letzten in der ersten Gefangenschaft geschriebenen, und dem ersten Briefe an Timotheus verflossen sein, und das Wahrscheinlichste ist, daß dieser Brief und der Brief an Titus kurz vor seiner letzten Ankunft in Rom geschrieben wurden. In Spanien hatte Paulus jüdische Proselyten, denen er das Evangelium verkündigen konnte, in allen großen Küstenstädten von Tarraco bis Gades gefunden. Aus Spanien scheint er um das Jahr 66 nach Ephesus gegangen zu sein, wo er häretische Lehrer, die Vorläufer und ersten Stifter der neuen Gnosis, geschäftig fand. Er blieb dennoch nicht lange dort, sondern eilte nach andern Gegenden. Es war wohl die Ahnung, daß ihm nur noch eine kurze Frist zu wirken vergönnt sei, verbunden mit der Empfindung seiner körperlichen Erschöpfung und seines Alters — schon in dem, mehrere Jahre früher geschriebenen Briefe an Philemon hatte er sich einen alten Mann genannt — was ihn jetzt rastlos von Ort zu Ort trieb, um noch möglichst viele Gemeinden zu stiften oder gestiftete zum letztenmale zu besuchen und zu stärken. So kam er erst nach Macedonien[1]), dann nach Creta[2]). Von Macedonien aus sandte er sein erstes Schreiben an seinen geliebten Schüler Timotheus, von dem er schon früher gesagt hatte, er treibe das Werk des Herrn gleich ihm selbst[3]). Der Brief sollte ihm eine Anweisung zur wirksamen Verwaltung seines bischöflichen Amtes in Ephesus und besonders für die rechte Besetzung der Kirchenämter ertheilen, und ihn zugleich in den Stand setzen, den jüdisch-gnostischen Irrlehrern in Ephesus mit größerem Erfolge und mit der Autorität des Apostels entgegenzutreten.

131. Bald darauf ging Paulus über Ephesus nach Creta, wo er, wie mehrere Aeußerungen in dem Briefe an Titus andeuten, christliche Gemeinden schon vorfand, die gleichfalls durch falsche Lehrer beunruhigt wurden, und wohl auch bezüglich ihrer Verfassung noch ziemlich formlos waren. Bei der Abreise ließ er seinen Begleiter und Schüler Titus als seinen Stellvertreter mit umfassenden Gewalten zur Ordnung der Gemeinden daselbst zurück, und sandte ihm bald darauf, wahrscheinlich von Ephesus aus, unmittelbar vor seinem Abgange nach dem Westen, den Brief, in welchem er ihn über die Führung seines Amtes und über sein Verhalten gegen die judaistischen Verführer belehrte. Zu Nikopolis in Epirus, wo er den Winter zu-

---

[1]) 1. Tim. 1, 3. — [2]) Tit. 1, 5. — [3]) 1. Cor. 16. 10.

bringen wollte, sollte Titus sich ihm wieder anschließen. Auf dem
Wege dahin ließ er seinen alten Begleiter Trophimus krank in Milet
und Erastus in Korinth zurück. Wahrscheinlich wurde er, da ein so
ausgezeichneter christlicher Lehrer in der jetzigen Lage der Dinge nicht
mehr lange verborgen bleiben konnte, während des Winters in Nikopolis ergriffen und zur Beurtheilung nach Rom gesandt. Die Furcht
vor der Gefahr zerstreute nun seine Begleiter und Jünger. Demas,
in der ersten Gefangenschaft des Apostels sein treuer Begleiter, verließ ihn „aus Weltliebe", und ging nach Thessalonika, Crescens wandte
sich nach Galatien, Titus mag auf seinen Wunsch nach Dalmatien
gegangen sein. Nur Lukas hielt bei ihm aus und folgte ihm
nach Rom.[1]

132. Diese zweite römische Haft des Apostels war sehr verschieden von der ersten, aus der er im Anfange des Jahres 63 befreit worden war. Damals konnte er in seiner gemietheten Wohnung
vor einer zahlreichen Zuhörerschaft das Evangelium völlig frei predigen; jeder konnte sein Haus, das er zwei Jahre bewohnte, leicht
finden und hatte freien Zutritt zu ihm. Damals hatte der in weitem Umkreise verbreitete Ruf seines freien Predigens trotz der Bande
die Mehrzahl der Christen in Rom mit Muth erfüllt, so daß auch sie
furchtlos Christum verkündigten.[2] Jetzt aber mußte ihn Onesiphorus,
als er nach Rom kam, erst mühsam aufsuchen; jetzt hatten alle seine
Begleiter und Gehülfen bis auf einen Einzigen ihn verlassen.[3] Es
war allzugefährlich[4]), ihm Theilnahme zu zeigen, und jeder Christ mußte
für sein eigenes Leben fürchten. Er war nun nicht nur gefesselt,
sondern wurde auch, ganz anders als das erste Mal, wie ein Verbrecher behandelt. Denn seitdem war der Brand von Rom den
Christen zur Last gelegt worden, und hatten die grausamen Hinrichtungen stattgefunden. Zwischen diesen und dem Gerichte über Paulus
lagen zwar ein paar Jahre, aber der Abscheu gegen die neue Sekte
war keineswegs gemildert, und Paulus war ein wohlbekanntes Haupt
derselben. Es war so bedenklich, ihm auch nur rechtlichen Beistand
zu leisten, daß er sein erstes Verhör allein, ohne die Hülfe eines Ad-
vokatus oder Procurators bestehen mußte — diesmal nicht vor dem
in Hellas weilenden Kaiser, sondern wahrscheinlich vor dem Stadtpräfekten[5]). Wenn Paulus sagt, er sei damals aus dem Löwenrachen

---

[1]) 2. Tim. 4, 11. — [2]) Phil. 1, 13. 14. — [3]) 2. Tim. 1, 17. —
[4]) 2. Tim. 4, 16. — [5]) Ἐπὶ τῶν ἡγουμένων, sagt Clemens v. Rom; was
offenbar nicht vom Kaiser zu verstehen ist.

errettet worden [1]), so bezieht sich dieß wohl auf seine Entbindung von
der Anklage wegen Theilnahme an der Brandstiftung, und von dem
grausamen Tode, der die Folge einer Verurtheilung über diesen Punkt
gewesen wäre. Daß er dem Tode nicht entgehen, und nicht völlig losge-
sprochen werden würde, wußte er wohl. Bald werde sein Blut als
Trankopfer ausgegossen, die Zeit seines Abschiedes stehe bevor, schreibt
er nach diesem Verhör seinem Timotheus. Zwar hatte er den treuen
Lukas noch in seiner Nähe; auch neue Jünger hatte er gefunden, Linus, Pudens und Claudia, aber er sehnte sich, noch einmal seinen
geliebten Timotheus zu sehen und ihm seine letzten Aufträge zu geben;
daher schrieb er diesen zweiten Brief an ihn, damit er noch eilig komme.
Da es aber sehr ungewiß war, ob Timotheus ihn noch am Leben finden
würde, so ertheilte er ihm noch mannigfache Rathschläge über die
Führung seines kirchlichen Amtes, mahnte ihn zur Standhaftigkeit in
der Verfolgung und warnte ihn wieder vor der neuen Irrlehre.

133. In die letzten Jahre des Apostels fällt noch der Brief
an die Hebräer, d. h. an Palästinische Judenchristen; der Inhalt
des Briefes verräth, daß er nicht vor dem Jahre 63 und nicht nach
69 geschrieben ist. Die Empfänger desselben erscheinen als vertraut
mit dem levitischen Gottesdienste und dem Tempelritus; sie befinden
sich in der Nähe des Tempels, so daß jüdischer Cultus und jüdisches
Priesterthum noch ihre volle Anziehungskraft auf sie üben. Ihre Kirche
besteht schon längere Zeit [2]), ihre ursprünglichen Vorsteher und Lehrer
waren bereits todt [3]); der Tod dieser Männer konnte den Lebenden als
Musterbild, um der Standhaftigkeit willen, mit der sie für den Glauben
starben, vorgehalten werden. Die Gläubigen bilden schon eine zweite Generation, befinden sich aber in bringender Gefahr des Abfalles von Christus und des Rückfalles in den gemeinen Judaismus; schon haben
Einige die Stätten der Versammlung zu besuchen aufgehört. Von
solcher Gefahr der Apostasie zum Judenthume und der Blasphemie
gegen Christus, wie sie hier vorausgesetzt wird, ist sonst nirgends
in den apostolischen Briefen die Rede. Es waren dieß erst jetzt und
in Judäa, vor Allem zu Jerusalem selbst, eingetretene Zustände. Es
scheint, daß die Feindseligkeit der übrigen Juden und die Besorgniß,
von der Theilnahme am Tempelcultus ausgeschlossen zu werden, die
Ursachen dieser Neigung zum Abfalle waren. Daß aber der Verfasser
des Briefes selbst die Gläubigen, an die er schrieb, zum völligen Austritte aus dem jüdischen Religionsverbande aufgefordert habe, was

---

[1]) II. Tim. 4, 17. — [2]) Hebr. 5, 12. — [3]) Hebr. 13, 7.

neuerlich mehrfach behauptet wurde, ist unrichtig.[1]) So etwas würde er nicht vorübergehend mit ein paar undeutlichen Worten abgethan, sondern in ausführlicher Erörterung motivirt haben. So lange der Tempel stand, wurde von keinem Judenchristen die Lossagung vom levitischen Gottesdienste gefordert. Wohl aber zeigt der Verfasser die Erhabenheit des neuen Bundes über den alten Bund mit seinem blos symbolischen und transitorischen Charakter; er zeigt die Erhabenheit des Messias und die Vorzüge der neuen vor der alttestamentlichen Offenbarung; er zeigt, daß es seit dem Opfer Christi keines Opfers für die Sünde mehr bedürfe. Die Priesform tritt an dieser Schrift erst gegen das Ende ein; von vorne herein gleicht sie mehr einer Abhandlung, die in sorgfältiger Gliederung mit mehr systematischer Ordnung, als sich sonst in den apostolischen Briefen findet, und nicht ohne rednerischen Glanz ihr Thema durchführt. Sie ist nicht ursprünglich aramäisch, sondern griechisch geschrieben, trägt keines Apostels Namen, und kann in ihrer vorliegenden Gestalt nicht das eigenhändige Erzeugniß des Paulus sein, obwohl Paulinischer Geist darin weht. Indeß darf man nicht, wie häufig geschieht, als einen entscheidenden Beweis gegen die Abfassung durch Paulus die Stelle[2]) anführen, wo es heißt: die Seligkeit, die zuerst durch den Herrn verkündigt, sei von denen, welche es gehört, auf uns überliefert worden. Denn der Verfasser redet hier im Namen der Gemeinde, an die er schreibt, und es wäre doch sehr gesucht und mit Gewalt herbeigezogen gewesen, wenn der Apostel, der doch in der That jene unmittelbare Verkündigung Jesu nicht gehört hatte, sich hier gleich hätte verwahren wollen: „ich freilich habe eine innere Offenbarung vom Herrn empfangen." Aber andere Thatsachen sind um so bezeichnender: daß nämlich der Verfasser sich durchweg auf die alexandrinische Uebersetzung stützt, selbst da, wo ihr Sinn von dem des hebräischen Textes völlig abweicht[3]), während Paulus sich nicht strenge an dieselbe zu halten pflegte, vielmehr oft auch selbstständig übersetzte; daß ferner Paulus stets am Anfange seiner Briefe seinen Namen nennt; und endlich daß der Styl feiner gebildet ist, leichter und glätter dahinfließt, aber weniger präcis ist, als bei dem oft mit der Sprache ringenden Paulus. Auch ist die Haltung weniger dialektisch, mehr rhetorisch und verräth die Bildung der Schule.

134. Dennoch hat die kirchliche Ueberlieferung, namentlich die der orientalischen Kirche, der dann später die abendländische Kirche

---

[1]) In verfehlter Deutung der Worte 13, 13, z. B. von Lünemann, Delitzsch. — [2]) Hebr. 2, 3. — [3]) S. bei Hebr. 10, 5.

beigetreten ist, den Apostel Paulus als den Haupturheber des Briefes anerkannt. Die syrische Kirche, die Alexandrinische, also diejenigen, welche der Gemeinde, an die er ursprünglich gerichtet worden, die nächsten waren, legen ihn dem Apostel bei; aber fast durchaus wurde auch angenommen, daß er hier nicht selbst die Feder geführt, sondern der Brief durch die Vermittlung eines Andern, des Lukas oder des Clemens, zu Stande gekommen sei. Die Meinung des Clemens von Alexandrien [1]), daß Lukas ihn aus dem hebräischen Texte des Paulus in's Griechische übersetzt habe, ist zwar unhaltbar, da der Brief zu deutlich seine ursprünglich griechische Abfassung bezeugt, und die Miturheberschaft des Freundes oder Jüngers Pauli sich weiter als auf eine bloße Uebersetzerarbeit erstreckt haben muß. Der Römische Clemens kann nicht wohl als Verfasser oder Mitverfasser betrachtet werden, denn dann würde die lange Ignorirung oder Zurückweisung des Briefes in der römischen Kirche um so unerklärlicher sein; auch ist die Verschiedenheit zwischen seinem Korinthier-Briefe und zwischen dem Hebräer-Briefe zu groß, als daß Ein Verfasser beider anzunehmen wäre, und die Art, wie Clemens den Hebräer-Brief in dem seinigen benützt hat, verräth gleichfalls, daß er den erstern nicht geschrieben hat. Die Behauptung Tertullian's [2]), daß Barnabas der Urheber sei, steht völlig vereinzelt; die Vermuthung, daß Apollos diesen Brief verfaßt habe, kann sich auf keine einzige Spur oder Andeutung in der alten Kirche stützen, und ist, da eben von Apollos nichts Näheres bekannt ist, bloßer Nothbehelf. So bleibt immer noch das Wahrscheinlichste, daß der von Paulus geleitete Lukas der Schreiber des Briefes sei, und darauf weist auch die älteste Ueberlieferung hin. [3])

---

135. Unter allen Persönlichkeiten des Neuen Testamentes ist Paulus diejenige, die wir am besten kennen, denn nicht nur in der Erzählung seines Schülers und Begleiters Lukas, auch in seinen Briefen ist sein Bild auf's Anschaulichste gezeichnet. Er scheint von unansehnlicher Gestalt gewesen zu sein; die Lykaonier hielten ihn für Hermes, den Barnabas aber für Zeus, offenbar weil die persönliche Erscheinung des letzteren die stattlichere, die des Paulus unbedeutend war [4]). Seine Briefe, sagten seine korinthischen Gegner [5]), sind gewichtig und stark, aber seine leibliche Gegenwart ist schwächlich, und sein mündlicher Vortrag flößt nur Geringschätzung ein; sie mein-

---

[1]) Ap. Eus. 6, 14. — [2]) De pudic. c. 20. — [3]) Origen. ap. Eus. 6, 25. Hieron. Cat. c. 5. — [4]) Act. 14, 11. — [5]) 2. Cor. 10, 10.

ten, ſolche körperlichen Gebrechen und Schwächen, wie ſie ihm eigen
ſeien, vertrügen ſich nicht mit der von ihm in Anſpruch genommenen
apoſtoliſchen Autorität. Er ſelbſt fühlte das Mißverhältniß ſeiner
äußeren Erſcheinung und ſeiner natürlichen Kräfte zu dem ihm auf-
erlegten hohen Berufe auf's Lebhafteſte, er empfand ſeinen Mangel
an mündlicher Beredſamkeit mitunter bis zur Befangenheit und Schüch-
ternheit; „ich gerieth bei euch", ſchreibt er an die Korinthier, „in Schwachheit, in viel Furcht und Zittern." [1] Er vergleicht ſeinen körperlichen
Zuſtand mit den Zeichen der Hinfälligkeit, der Bläſſe u. ſ. f., mit dem
Zuſtande des Herrn am Kreuze. [2] Er gedenkt eines ſchweren, nie-
derbeugenden, anhaltenden Leidens, deſſen wiederkehrende Paroxysmen,
„den Pfahl in ſeinem Fleiſche", er empfand, als ob er von einem
Dämon mit Fäuſten geſchlagen würde. [3] Dreimal hatte er um deſſen Wegnahme gebetet; dieß wurde ihm aber nicht gewährt. Dazu
kamen die Wunden und Narben, die er in ſeinem Apoſtelberufe empfangen, welche er aber als Ehrendenkmale, als die ihm, dem Knechte
Chriſti, eingeäßten Mahlzeichen ſeines Herrn trug. [4]

136. Aber in dieſer gebrechlichen Hülle wohnte ein mächtiger
Geiſt, eine glühende, nie nachlaſſende Begeiſterung, ein nie verzagen-
der Muth. Und wenn er Alles, was er vollbrachte, in ſtetem Ringen mit ſeinem ſiechen und hinfälligen Körper verrichtete, wenn er
das Bewußtſein hatte, den hohen, ihm anvertrauten Schatz in einem
irdenen Gefäße zu tragen [5]), ſo hielt ihn dieß nicht ab, ſich ſeiner
Schwachheit zu rühmen, und einen Grund freudiger Erhebung darin
zu finden; denn wenn er in ſich ſchwach ſei, dann ſei er, ſagte
er, ſtark in Gott. [6] Und wenn auch die Tiefe und der Reichthum ſeiner Gedanken mit der Unangemeſſenheit des Ausdruckes rang,
wenn ihr kühner Flug ihn mit ſich fortzureißen ſchien, er redete
zugleich „mit Macht und im Namen des heiligen Geiſtes und in
großer Zuverſicht." [7] Denn daß er den Geiſt Gottes habe [8]),
daß Chriſtus durch ihn rede oder er in Chriſtus [9]), daß der Herr
mit ſeiner Kraft ihm einwohne [10]), davon hatte er die tiefſte Gewißheit. Und in der That ließ ihn Chriſtus an Zeichen und
Beweiſen ſeiner ganz ſpeziellen Führung und Erleuchtung nicht
Mangel leiden. Viermal, ſoviel wir wiſſen, wurde ihm in ſeiner
apoſtoliſchen Laufbahn die Tröſtung einer beſondern Viſion und damit verbundenen Ermunterung und Erleuchtung durch den Herrn zu

---

[1] 1. Cor. 2, 3. — [2] 2. Cor. 4, 10. — [3] 2. Cor. 12, 7. —
[4] Gal. 6, 17. — [5] 2. Cor. 4, 7. — [6] 2. Cor. 12, 10. — [7] 1. Theſſ.
1, 5. — [8] 1. Cor. 7, 40. — [9] 2. Cor. 2, 17, ſq. 13, 3. — [10] 2. Cor. 12, 9.

Theil: einmal im Tempel zu Jerusalem bald nach seiner Bekehrung:
das zweitemal in Korinth unmittelbar nach seiner Ausstoßung aus
der Synagoge, als Jesus ihm in der Nacht dieselbe Zusicherung gewährte, die er den älteren Aposteln gegeben hatte: „Ich bin mit dir";
wieder dann in der Burg Antonia, und zuletzt während der Katastrophe
des Schiffbruchs.[1]) Einmal widerfuhr ihm, daß er in einer Ver-
zückung momentan sich versetzt fühlte in den Sitz der Herrlichkeit
Christi, in die unmittelbare Nähe Gottes, wo er wunderbare, nicht
nachzusprechende Worte vernahm.[2]) Ueberhaupt war der, den er auf
dem Wege nach Damaskus gesehen, fortwährend mit ihm; Paulus rief
ihn an und empfing Antwort von ihm, und fand in diesem persönlichen
Verkehr, in dieser fortlaufenden Offenbarung den reichsten Ersatz und
Trost für alle die „Gebrechen, Schmähungen, die Nöthen, Verfolgungen und Aengsten", denen er preisgegeben war.[3]) Er bedurfte
einer solchen steten Aufrichtung und Stärkung in der That, denn was
er in der Ausrichtung seines apostolischen Berufes zu tragen hatte,
überstieg die Kräfte eines gebrechlichen und an sich schon mit einem
schweren Leiden behafteten Mannes. Als er den zweiten Brief an
die Korinthier schrieb, (also um 57) etwa zehn Jahre vor seinem
Tode, war er bereits fünfmal von den Juden gegeißelt worden, und
diese Strafe der gesetzlichen 39 Streiche war so grausam, daß die
Gegeißelten zuweilen daran starben.[4]) Dreimal hatte ihn trotz seines
Bürgerrechtes die römische Strafe des Peitschens mit Ruthen getroffen, die gleichfalls den Tod nicht selten nach sich zog. Einmal zu
Lystra hatte der von den Juden angestiftete Pöbel ihn gesteinigt, so
daß man ihn bereits für todt hielt.[5]) Dreimal hatte er Schiffbruch
gelitten, und in Folge davon einmal einen Tag und eine Nacht mit
Hülfe eines Wracks, oft von den Wellen überschüttet, auf dem Meere
umhergetrieben. Siebenmal bis zu seinem Tode war er in Bande
gelegt worden.[6])

137. Die Lehre, die Paulus vortrug, war bei ihm gleichsam
zu Fleisch und Blut geworden, verwachsen mit seinem ganzen Dasein,
mit seinen persönlichsten, eigensten Gefühlen und Erfahrungen. Er
war nicht ein bloßer Schüler und Nachahmer Christi, sondern von
ihm völlig in Besitz genommen und begeistet. Seit jener Einen Chri-
stophanie, in der Jesus sich ihm in seiner Glorie und göttlichen Ma-

---

[1]) Act. 18, 10; 23, 17 sq.; 27, 23. — [2]) 2. Cor. 12, 1—4. —
[3]) 2. Cor. 12, 10. — [4]) Joseph. Arch. 8, 21, 23. — [5]) Act. 14, 18. —
[6]) Clem. Rom. ep. I. 1, 5.

jestät gezeigt hatte, war er ein völlig anderer, auch sein Selbstbewußt-
sein und sein Leben war ein anderes geworden; er war nun so innig
mit Christus vereinigt, daß der Gedanke an ihn, das Bewußtsein
seiner Gegenwart sich jeder That und jeder Betrachtung beimischte,
daß sein habitueller Zustand der einer fortwährenden Erhebung und,
mit andern Menschen verglichen, der einer Ekstase war.[1]) Er schildert sich selbst als so völlig von der im Opfertode bewiesenen Liebe
Christi beherrscht, daß er seiner nicht mehr mächtig ist, daß er dem
Drängen dieser Liebe folgen muß mit Lossagung von jeder Rücksicht
für das Ich. Er fühlt sich als einer, der mit Christus gestorben,
dem die Welt gekreuzigt ist, wie er der Welt.[2]) Sein höchstes Streben war, daß sein eigenes Leben im Handeln und Dulden ein würdiges Abbild des Lebens Jesu würde. In den Leiden, die ihn trafen,
sah er nur eine Fortsetzung und Ergänzung dessen, was Christus gelitten hatte.[3]) Ob er durch sein Leben oder durch sein Sterben
Christus verherrlichen soll, ist ihm gleich[4]); er würde vorziehen zu
sterben, um bei Christus zu sein, wenn sein Amt nicht der Dienst
der Kirche wäre.

138. Die rein menschliche Vielseitigkeit und geistige Beweglich-
keit des Hellenen war in Paulus zum Erstenmale verklärt zu einem
ganz dem Dienste erkannter Wahrheit hingegebenen, bis zur Heiligkeit
geläuterten Charakter. Das Evangelium zu predigen, ist für ihn nicht
Sache der freien Wahl, es ist ihm heilige Pflicht, Nothwendigkeit; er
weiß nur, daß er ein willenloses Werkzeug in Gottes Hand ist, daß er
für sich die Macht nicht hat, durch sein Schweigen jene gewaltigen Thatsachen und Lehren in ihrem Siegesgange durch die Welt aufzuhalten.
Den Gedanken, das ihm aufgetragene Amt des Predigens unerfüllt zu
lassen, kann er nicht fassen.[5]) Er fühlt sich einerseits frei von allen
irdischen Banden, andererseits aber wieder gebunden mehr als irgend
ein Mensch; denn er ist der Knecht Aller, schuldig, allen Menschen
mit seinem Evangelium zu dienen.[6]) Und dieses Dienen war bei
ihm mit ächter Genialität zu einer wahren Kunst ausgebildet. Er
besaß eine wunderbare Fähigkeit und Leichtigkeit, sich an die Stelle
Anderer zu versetzen, seine Worte und seine Handlungen jeder Lage,
jeder Fassungskraft anzupassen. Mit liebevoller Sympathie versenkte
er sich völlig in seine Belehrten, nahm er ihre Gefühle in sich

---

[1]) Gal. 2, 20; 6, 14. 2. Cor. 5, 16. Phil. 3, 20. — [2]) Gal. 6, 14.
— [3]) Col. 1, 24. — [4]) Phil. 1, 22. — [5]) 1. Cor. 9, 16. — [6]) 1. Cor.
9, 19.

auf; ihre Freuden waren seine Freuden, ihre Leiden seine Leiden,
so zwar, daß in einigen seiner Briefe abwechselnd zwei Paulus zu
reden scheinen: der eine, der ganz in den Gefühlen, Anschauungen und
Zuständen seiner Glaubensgenossen mit aufzugehen scheint, und der
andere, der in seiner apostolischen Würde mahnend, zurechtweisend,
strafend darübersteht. So kann er von sich selber sagen, daß er Allen
Alles geworden sei, um sie zu gewinnen, den Juden ein Jude, den
Heiden ein Gesetzloser. Er ist für die ganze Kirche das eigentliche
Vorbild der sich anbequemenden, in Mitteldingen nachgebenden, den
Schwächeren allmählig zu sich emporziehenden pastoralen Liebe gewor-
den. Er zuerst hat durch Wort und Beispiel gelehrt, wie man aus
ächter Liebe eine an sich statthafte Freiheit verläugnen solle. „Wenn
die Speise meinen Bruder ärgert, will ich lieber zeitlebens kein
Fleisch essen." [1]

. 139. In allen seinen Belehrungen und Anordnungen ist er daher der Kirche, die er leiten will, mit der ganzen Kraft seines Geistes und der Energie seines Willens gegenwärtig; wo seine Briefe
hingehen, da geht auch er hin, abwesend dem Leibe nach, wie er sagt,
aber anwesend im Geiste. Er scheint immer die Wirkung seiner
Worte zum Voraus zu berechnen. Sein durch Liebe zugleich und
durch reiche Erfahrung und intuitive Menschenkenntniß geschärfter
Blick erräth die Gefühle und Stimmungen der neuen Christen, und
begegnet ihnen mit dem rechten Worte. Er ist ja stets bei ihnen,
denkt, fühlt, lebt und leidet mit ihnen. Zeit und Entfernung vermögen nichts über diese Gemeinschaft des Glaubens, der Freuden und
Leiden. Nur selten pflegt er geradezu und einfach zu gebieten; er
regiert seine Gemeinden, indem er sie in die Gemeinschaft seines
Erkennens und Wollens hineinzieht. Während er ihre Anschauungen und Prüfungen in sich aufnimmt, legt hinwiederum er seine
Einsichten und seine Empfindungen vor ihnen blos. Statt ihnen
starre Gesetze vorzuschreiben, strebt er, sie sich zu assimiliren, seinen
Geist mit dem ihrigen zu verschmelzen.

140. Man hat es oft schon auffallend gefunden, daß die Briefe
Pauli so äußerst wenige Beziehungen auf die Geschichte Jesu enthalten; aber er schrieb an solche, die bereits gläubig geworden, an denen
er schon, seinem Ausdrucke nach, Mutter- und Ammendienste versehen
hatte. [2] Und dann ist es immer der gekreuzigte und der auferstandene Herr, der ihm vorschwebt, dieses Doppelbild trägt er in sich,

---

[1] 1. Cor. 8, 13. — [2] 1. Thess. 2, 7.

von dem einen oder dem andern spricht er zu den Gläubigen. Sein Evangelium ist ein Evangelium der Herrlichkeit Christi und eine Lehre vom Kreuze; er blickt lieber vorwärts in die Zukunft und die bevorstehende Wiedererscheinung Jesu in seiner Herrlichkeit, als rückwärts in die Zeit seines irdischen Wandels. [1] Auch ausdrückliche Anführungen bestimmter Aussprüche Jesu finden sich bei Paulus nur sehr selten und nicht in Hauptfragen. Nicht auf Aussprüche des Herrn pflegt er sich zu berufen, sondern auf seine apostolische Vollmacht, auf den Kreuzestod und die Auferstehung des Herrn. Doch wiederholt er die bei der Einsetzung des Abendmahles gesprochenen Worte, und erwähnt ein Wort Jesu, das sich aber in den Evangelien nicht findet. Nur zweimal macht er Vorschriften Jesu geltend, einmal bezüglich des Rechtes der Apostel und Missionäre vom Evangelium zu leben, und das andere Mal, indem er, zwischen seiner eigenen Meinung und den Befehlen Christi unterscheidend, das Scheidungsverbot des Herrn anführt. [2] Daß ihm indeß bei seinen sittlichen Ermahnungen, sowie bei seinen Hinweisungen auf die Dinge nach dem Tode Erklärungen des Herrn vorschwebten, ist nicht zu verkennen. Die Demuth des Apostels, das bereitwillig abgelegte Bekenntniß, daß er, der Verfolger Christi und seiner Jünger, ein großer Sünder gewesen, hielt ihn gleichwohl nicht ab, sich auch zu rühmen, zu bezeugen, wie Großes Gott an ihm und durch ihn gethan habe, und sich auf die, durch ihn gewirkten Zeichen und Wunder als Beweise der Aechtheit und Rechtmäßigkeit seines Apostolats zu berufen. Obwohl weit entfernt von jeder Selbsterhöhung glaubte er das seinem Amte schuldig zu sein. So mahnt er die Korinthier daran, daß er mitten unter widerwärtigen, geduldig ertragenen Verhältnissen sich unter ihnen als Apostel durch Wunder und Zeichen einer göttlichen Macht legitimirt habe [3]; und weiter noch geht er im Römerbriefe, wo er sich rühmt, daß er durch die Kraft seiner mit Gottes Hülfe gewirkten Zeichen und Wunder von Jerusalem bis Illyricum Alles mit dem Evangelium Christi erfüllt habe. [4]

141. Ein paar Aeußerungen des Galaterbriefes sind häufig dazu gebraucht worden, zwischen Paulus und den ältern Aposteln eine Kluft, eine große Trennung und ein gespanntes Verhältniß voraus zusetzen, welches in der Wirklichkeit nicht bestanden hat. Weit entfernt, das Ansehen, die Wirksamkeit der andern Apostel der seinigen gegenüber herabsetzen zu wollen, redet Paulus stets mit voller Aner-

[1] Röm. 6, 9—11; 7, 4; 10, 9. 2. Cor. 4, 4. — [2] 1. Cor. 7, 10. 12. — [3] 2. Cor. 12, 12. — [4] Röm. 15, 19.

kennung und Hochachtung von ihnen, schließt sich ihnen an und macht
gemeinschaftliche Sache mit ihnen. Er fühlt es und sagt es, daß sie
ihm gleich seien und er ihnen, gleich in der Hoheit des Amtes und
der Sendung, gleich aber auch in der von der Welt ihnen bewiesenen
Verachtung. „Uns Apostel hat Gott zu den letzten gemacht, wie zum
Tode Verurtheilte, zu einem Schauspiele vor der Welt, vor Engeln
und Menschen." [1]) Er stellt die Apostel in der Kirche obenan [2]), sie
sind ihm mit den Propheten die Grundlage der Kirche. [3]) Sie sind
„seine Brüder und Männer, welche durch ihre Wirksamkeit Christo Ehre
machen. [4])" Er selbst nennt sich den geringsten der Apostel, obgleich
er, oder vielmehr die Gnade Gottes in ihm, mehr gearbeitet habe als
sie alle. [5]) Paulus war nicht bekehrt durch einen Apostel, sondern
durch unmittelbare Offenbarung und Berufung Christi; auch seine
apostolische Würde und Sendung hatte er nicht von seinen Collegen
empfangen, sondern von Christus selbst. Was er sein Evangelium
nannte, die Lehre, daß die Heiden durch den Glauben ohne die Beobachtung des mosaischen Gesetzes in der Kirche nicht geringer, an
Hoffnung und Heilsgütern nicht ärmer seien, als die Judenchristen mit
ihrer Gesetzeshaltung, das war ihm unmittelbar gewiß durch eine spezielle,
ihm zu Theil gewordene Mittheilung. In dieser Gewißheit seines
Berufes und seiner Lehre, in dem Bewußtsein, daß Gott mit ihm sei,
daß das Zeugniß seiner Wunderkraft ihm zur Seite stehe, führt er
mitunter die gebietende Sprache eines mächtigen Herrschers im Reiche
der Geister; er fühlt sich stark und wohlgerüstet genug, jedes Bollwerk, das sich wider die Erkenntniß Gottes erhebe, zu zertrümmern,
jedes Menschen Gedanken und Anschläge unter den Gehorsam gegen
Christus zu beugen, jeden Ungehorsam zur Strafe zu ziehen. [6])

142. Die andern Apostel mußten sich ihrerseits ihres hohen
Vorzuges, Paulus gegenüber, vollkommen bewußt sein. Jesus selbst
hatte sie selig gepriesen, daß sie sahen, was sie sahen [7]); er hatte den
Genuß der Tage des Menschensohnes, der ihnen zu Theil geworden,
als ein hohes Gut geschildert und ihnen vorhergesagt, daß sie später in
ihren Bedrängnissen nach einem einzigen dieser Tage sehnsüchtig zurück-
blicken würden. [8]) Wie schwelgt Johannes noch in hohem Alter in der
Wonne des Bewußtseins, daß er den geschaut habe mit seinen Augen und
betastet habe mit seinen Händen, der vom Anfange an gewesen! [9])

---

[1]) 1. Cor. 4, 9. — [2]) Eph. 4, 11. — [3]) Eph. 2, 20. — [4]) 2. Cor.
8, 23. — [5]) 1. Cor. 15, 9. — [6]) 2. Cor. 10, 4—6. — [7]) Luc. 10, 23 sq.
— [8]) Luc. 17, 22. — [9]) 1. Joh. 1, 1—4.

Aber dieses Bewußtsein auf beiden Seiten führte zu keiner Trennung.
Wenn Petrus mit Paulus über eine gewisse Scheidung der Wirkungskreise übereinkam, so hatte das seinen Grund darin, daß Petrus fühlte,
wie er und die übrigen ältern Apostel ihrer ganzen Bildung nach
vorzugsweise zur Mission unter den Juden geeignet und berufen seien,
wie es ihre Aufgabe sei, erst auf der Basis bekehrter Juden und
gebildeter judenchristlicher Gemeinden die Heiden herbeizuziehen. Petrus
und die andern ältern Apostel bedurften, um auf die Heiden einzu-
wirken, der Vermittlung der gläubig gewordenen Juden in der Diaspora, welche schon mit heidnischer Anschauung und Sitte vertraut
waren, während Paulus unmittelbar und mit bestem Erfolge an
die Heiden sich zu wenden der rechte Mann war. Wenn aber Paulus sich als den Heidenapostel bezeichnete, so meinte er nicht, daß er
den Heiden in der Werkthätigkeit seines Berufes den Vorzug zu geben hätte vor den Juden: im Gegentheile, seine erste Pflicht und
Thätigkeit gehörte immer den Juden. Sondern das meinte er damit,
daß das Feld seiner apostolischen Wirksamkeit vorzugsweise das weite
Gebiet der heidnischen Provinzen des Reiches sei, in denen die Juden
nur sporadisch wohnten, während die andern Apostel damals noch den
Gemeinden in Judäa und Galiläa sich widmeten, in denen es nur
Judenchristen gab oder so wenige Heidenchristen, daß das judenchristliche Element den vorherrschenden Charakter dieser Gemeinden bildete,
und die wenigen Heidenchristen sich demselben anbequemten. Dagegen
überwog in den von Paulus gestifteten oder besuchten Gemeinden der
heiden-christliche Charakter von Anfang an und es mußte den dort
befindlichen Judenchristen angesonnen werden, sich darnach zu richten,
dem trennenden, das Zusammenessen mit nicht Beschnittenen verbieten-
den Theile des Gesetzes zu entsagen.

———

143. Von den Thaten und Schicksalen des Petrus seit der
Begegnung mit Paulus zu Antiochien bis zu seinem Zeugentode in
Rom ist uns nichts bekannt. Wir besitzen aber zwei, wahrscheinlich
in diese Zeit fallende, Briefe von ihm. Sein erstes Sendschrei-
ben richtete er in einer nicht genau bestimmbaren Zeit an die zum
Theil aus Judenchristen, überwiegend aber aus Heidenchristen be-
stehenden Gemeinden im nördlichen Kleinasien, an die unter den
Heiden „als Fremdlinge zerstreut lebenden Gläubigen" in Pontus,
Galatien, Kappadocien, Asia und Bithynien, also an Gemeinden, die
zum Theil von Paulus gestiftet worden waren. Auch war ein früherer

Gefährte des Paulus, Silas, der Ueberbringer.[1]) Der Ausdruck
„Diaspora" in der Ueberschrift beweiset keineswegs, daß der Brief
blos an die Christen jüdischer Abkunft in jenen Gemeinden gerichtet
war, eine Trennung, an die Petrus sicher nicht dachte, sondern bot
sich von selbst dar als die natürliche Bezeichnung für die Christen,
die nun ebenso wie bisher die Juden eine Diaspora bildeten, und
im römischen Reiche sich als zerstreute, aber innerlich zusammen-
gehörende und geistig eng verbundene Fremdlinge fühlten.[2]) Auch
können mehrere Aeußerungen im Briefe nur von Solchen, die früher
Heiden gewesen, verstanden werden.[3]) Es waren die bereits eingetretenen und noch bevorstehenden Leiden und Verfolgungen, welche
den Apostel veranlaßten, die Gläubigen durch Hinweisung auf die
ihnen gegebenen Verheißungen zukünftiger Herrlichkeit zu stärken. Die
christliche Hoffnung und der Einfluß, den sie auf das ganze Leben
üben muß, bildet den Grundgedanken seines, nicht dogmatischen,
sondern paränetischen Briefes; er zeigt ihnen, wie hoch begnadigt sie
seien als Erlöste und Wiedergeborne, und daß auf Grund dieser
hohen Gabe es ihre Aufgabe sei, die Vorwürfe der Heiden durch
einen reinen Wandel zu beschämen, daß nicht bloß Heiligkeit der
Einzelnen, sondern auch Verherrlichung und Vollendung der ganzen
Kirche als des von Gott nunmehr zu seinem Eigenthume auserwählten Volkes ihr Ziel sein müsse. Daran knüpft sich dann eine Reihe
spezieller Ermahnungen für besondere Lebensverhältnisse. Unverkennbar hatten die Briefe Pauli an die Ephesier und Römer starke, in
seinem Schreiben sich reflektirende Erinnerungen in dem Geiste des
Petrus zurückgelassen. Zugleich ist der Brief von alttestamentlichen
Worten und Phrasen, in denen seine Gedanken auszudrücken dem
Apostel natürlich war, durchwebt. Die ganze Haltung des Briefes,
was er sagt und nicht sagt, beweist, daß die Schwierigkeiten,
welche Anfangs der völligen Verschmelzung von Heiden- und
Judenchristen entgegenstanden, damals, in jenen Gegenden wenigstens, schon überwunden waren, und daß dort solche Verirrungen,
wie sie Paulus in seinem Galaterbriefe zu bekämpfen hatte, nicht
mehr vorkamen, die jüdisch-gnostischen Verführungsversuche aber
noch nicht hervorgetreten waren. Die Zeit der Abfassung ist also
wohl mehrere Jahre vor dem Tode des Apostels zu setzen, auch ehe

---

[1]) 1. Petr. 5, 12. — [2]) Vergl. 1. Petr. 2, 11, wo die Christen überhaupt πάροικοι καὶ παρεπίδημοι genannt werden, wie in der Aufschrift
παρεπίδημοι διασπορᾶς. — [3]) 1. Petr. 4, 3, 4.

noch Paulus seine Briefe an die Kolosser, an Timotheus und Titus geschrieben hatte.

144. Dagegen ist der zweite, später an dieselben Gemeinden
gerichtete Brief des Apostels eine Art von Testament; er weiß,
daß sein Abschied aus dem Leben ganz nahe ist, und warnt die
Kirchen noch vor der Gefahr irreführender Lehren, vor antinomisti-
schen Häretikern, welche theils als künftig kommend, theils als schon
hervorgetreten geschildert werden, als Menschen, die auf Grund ihrer
Gnosis und ihres falschen Spiritualismus die Hingebung an alle Lüste
des Fleisches predigten, und zugleich die Wiederkunft Christi und das
Weltgericht läugneten. Die auffallende Uebereinstimmung dieses Briefes mit dem Briefe Judä ist nicht durch Benützung dieses Briefes,
sondern umgekehrt dadurch zu erklären, daß Judas das Schreiben des
Petrus vor sich hatte, und in den unterdessen wirklich hervorgetretenen Verführern die von Petrus vorausgesagten erkannt hatte. So
deutlich der Brief sich selbst als eine Schrift des Apostelfürsten bezeichnet, so ist er doch in der alten Kirche nur langsam zu allgemeiner Anerkennung und Benützung gelangt. Er steht nicht in der ältern syrischen Peschito, Origenes und Eusebius rechnen ihn zu den
bestrittenen Schriften; doch hat schon Hermas ihn gebraucht, Clemens
von Alexandrien in seinen Hypotyposen ihn commentirt, Firmilian
von Cäsarea sich auf ihn berufen, und von da an, besonders seit dem
vierten Jahrhundert, wird er allgemein als kanonisch behandelt. Der
Grund jener frühern Bezweiflung lag nach Hieronymus[1]) in der
großen Verschiedenheit des Styles, die man zwischen dem ersten, nie
verdächtigten Briefe Petri und zwischen diesem zweiten fand. Hieronymus hat aber auch bereits die natürliche Ursache dieser Unähnlich-
keit angegeben, daß sich nämlich Petrus verschiedener Interpreten
bediente, da er der griechischen Sprache nicht so kundig war, daß er
sie mit Leichtigkeit schreiben konnte. Und in der That kannte man
bereits in den frühesten Zeiten zwei Interpreten des Petrus, den
Markus, der als der Gehülfe des Apostels bei der Abfassung des
ersten Briefes bezeichnet wird, und den Glaukias.

145. Bei Bestimmung des Verhältnisses, in welches Petrus
zur römischen Kirche getreten, handelt es sich um zwei Fragen:
Hat Petrus die römische Kirche gestiftet? Hat er dort den Tod
erlitten? Beide sind zu bejahen. — 1. Die römische Kirche muß
von einem Apostel gestiftet worden sein, und dieser kann nur Petrus

---

[1]) De script. eccl. c. 1.

gewesen sein. Paulus erklärt in seinem Briefe an die Römer, er
habe seinem Verlangen, zu ihnen zu kommen, oft schon widerstanden,
weil er es sich zum Grundsatze gemacht habe, das Evangelium nur
dahin zu bringen, wo Christus noch nicht verkündigt worden sei, um
nicht auf ein fremdes Fundament zu bauen. Jetzt aber, nachdem in
den westlichen Gegenden die Kirche gestiftet sei, werde er nach Spanien gehen und auf dem Wege dahin auch Rom besuchen.[1] Er
wollte also auch dießmal in Rom nicht eine geordnete apostolische Wirksamkeit übernehmen, „weil dort der Grund schon gelegt war." Von
wem? Paulus meinte natürlich nicht: durch die zufälligen Versuche
eines namenlosen Gläubigen oder durch solche, welche, etwa von Jerusalem zurückkommend, das dort Vernommene erzählten; solche erste
formlose Ankündigungen fand er wohl in den meisten Kirchen vor,
denen er gleichwohl seine spezielle Thätigkeit widmete. Er kann überhaupt nicht gemeint haben, daß es für ihn Prinzip gewesen sei, nur
da zu lehren, wo noch Niemand vor ihm das Evangelium verkündigt
hatte, denn einerseits ließe sich dafür kein vernünftiger Grund denken,
und andrerseits beweiset seine Wirksamkeit in Antiochien und auf
Cyprus, sowie seine ängstliche Sorge und sein ernstes Mahnschreiben
an die ihm noch persönlich unbekannte Gemeinde zu Colossä das Gegentheil. Es bezieht sich dieß also auf die frühere mit den großen
Aposteln zu Jerusalem geschlossene Uebereinkunft und die zu ihnen
eingenommene Stellung, wonach er sich des Eingreifens in ihre Wirksamkeit oder des Fortbauens auf einem von ihnen gelegten Grunde
enthalten wollte. Da kann denn kein Zweifel sein, daß Petrus, vielleicht in Gesellschaft mit Johannes, es war, der den Grund in Rom
gelegt hatte.

146. Die Bildung einer Kirche zu Rom, im Mittelpunkte des
Reiches, wo die Zahl der Juden größer, ihre Stellung bedeutender
war, als in irgend einer Stadt außerhalb Judäa, nur Alexandrien
ausgenommen, war eine viel zu wichtige Angelegenheit, als daß man
sie hätte dem Zufalle überlassen mögen. Wenn schon die Wirksamkeit
des Philippus in Samaria die Apostel Petrus und Johannes bestimmte,
dorthin zu gehen, um das von dem Diakon begonnene fortzuführen
und zu vollenden, wenn das Beispiel von Antiochien ihnen die expan-
sive Kraft des Evangeliums und doch auch die Wichtigkeit und Nothwendigkeit einer kirchlichen Organisation in einer großen Hauptstadt
zeigte, so ist undenkbar, daß man in Jerusalem, wo zu jedem Haupt-

---

[1] Rom. 15, 20—21.

feste römische Juden sich einfanden, nicht ernstlich an die Pflanzung des Evangeliums in der großen Weltstadt gedacht haben sollte. Während nun alle Hauptkirchen ihre Tradition über die Männer, denen sie ihre erste Gründung verdankten, haben, bezeichnet die allgemeine Tradition der ganzen und die spezielle Tradition der römischen Kirche einstimmig den Petrus als den Stifter und ersten Ordner dieser Kirche und sie läßt ihn, was auf dasselbe hinauskömmt, bereits unter Claudius das erste Mal nach Rom gehen. Dionysius von Corinth und Irenäus bezeichnen schon im zweiten Jahrhunderte Petrus als den, der den Grund der römischen Gemeinde gelegt. Die Pflanzung der römischen und der korinthischen Kirche, sagt jener, sei durch Petrus und Paulus geschehen;[1] d. h. wie Paulus die korinthische, so hatte Petrus die römische gegründet. In ähnlicher Weise legt Irenäus den beiden Aposteln die Grundlegung und Ordnung dieser Kirchen bei; und da Alles, was Paulus in Rom gewirkt hat, in eine spätere Zeit fällt, so ist es immer Petrus, der als der eigentliche Vater der dortigen Kirche erscheint.

147. Die römische Kirche befand sich, als Paulus an sie schrieb, in einer andern Lage, wurde von Paulus in einer andern Weise behandelt, als andere Kirchen. Sie ist, so zu sagen, schon fertig; ihr Glaube wird bereits in der ganzen Welt gerühmt.[2] Spaltungen, Parteistreitigkeiten kommen hier nicht vor. Juden und Heiden leben innerhalb der Kirche brüderlich zusammen, und Paulus richtet sein Wort abwechselnd an die einen und an die andern, aber er thut es mit einer rücksichtsvollen Hochachtung, wie sich das in keinem seiner andern Briefe findet; er entschuldigt seine „Dreistigkeit," seine Ermahnungen an sie zu richten, sich auf seine höhere Sendung, ein Diener Christi unter den Heiden zu sein, berufend, obgleich der Hauptinhalt des Briefes mehr noch die Juden als die Heiden anging. Er weiß sehr wohl, daß die dortigen Christen selbst schon mit aller Erkenntniß erfüllt seien. Das hätte Paulus zu einer Zeit, wo sich selbst in vielen Gemeinden und bei Individuen, wie Apollos, noch sehr mangelhafte Kenntnisse der neuen Lehre fanden, unmöglich schreiben können, wenn er nicht in der Person des Gründers und ersten Verkündigers eine Bürgschaft für die Reinheit und Vollständigkeit des dort gepflanzten Evangeliums erkannt hätte. Nur am Schlusse

---

[1] Dionys. ap. Eus. 2, 25. φύτευμα ist der von ihm gebrauchte Ausdruck, und bei Iren. ap. Eus. 5, 6: θεμελιώσαντες και οικοδομήσαντες. cf. Eus. 5, 8. — [2] Rom. 16, 19.

bringt er noch eine ganz kurze, sehr allgemein gehaltene Warnung vor Spaltungen an. Es gab also in Rom nicht wie in so manchen andern Gemeinden judaistische Widersacher des Paulus; und da die Stiftung dieser Kirche auch offenbar nicht von Jüngern des Paulus ausgegangen war, da die dortige Eintracht eine feste und wohlgeordnete kirchliche Organisation voraussetzt, wie sie damals nur durch die Apostel aufgerichtet werden konnte, so werden wir immer wieder auf Petrus, als den einzig denkbaren Gründer, zurückgeführt. Die Ansichten aber von einer allmähligen Entstehung der Gemeinde ohne eigentlichen Stifter, oder von einer Stiftung durch Aquila und Priscilla, oder von einer mittelbaren Stiftung durch Paulus erweisen sich als völlig unhaltbar.

148. Die Juden hatten in Rom einen eigenen Stadttheil in der Transtiberinischen Region inne, wo sie zum Theil schon seit dem J. 63 vor Christus, als Pompejus Tausende von jüdischen Kriegsgefangenen dahin gebracht und zu Freigelassenen gemacht hatte, wohnten. Sie sind es, welche nachher die Synagoge der Libertini zu Jerusalem errichtet haben. Beim Tode des ersten Herodes hatten sich den aus Jerusalem gesandten Abgeordneten 8000 in Rom wohnende Volksgenossen angeschlossen. Seitdem war ihre Zahl noch gewachsen, und viele Proselyten des Thors kamen hinzu. Da wurden sie im Jahre 49 von dem Kaiser Claudius aus Rom vertrieben, weil sie, nach den Worten des römischen Geschichtsschreibers, „auf Anstiften eines gewissen Chrestus unablässige Unruhe erregten." [1] Daß hier Streitigkeiten über die Messiaswürde Christi, und durch die Bildung einer christlichen Gemeinde herbeigeführte Kämpfe gemeint seien, ist eine so nahe liegende Deutung, daß man immer wieder darauf zurückkommen wird. Mit dem bald nachher erfolgten Tode des Claudius kehrten die Vertriebenen wieder zurück. Als Paulus an die Römer schrieb, befanden sich die durch das Edikt von Rom Weggetriebenen, Aquila und Priscilla, wieder dort. Als jedoch Paulus um das J. 62 in Folge seiner Appellation an den Kaiser nach Rom kam, äußerten sich die Vorsteher der römischen Judenschaft über die Christengemeinde mit sichtlicher Zurückhaltung: „Wir wünschen, sagen sie, von dir zu hören, was du denkst, denn von dieser Sekte ist uns bekannt, daß sie überall Widerspruch findet." Unverkennbar waren sie durch die vorausgegangenen Ereignisse und die unter Claudius erlittenen Schläge eingeschüchtert und vorsichtig gemacht, und wollten dem Manne, der

---

[1] Suet. Claud. 25.

demnächst, durch seine römische Civität geschützt, ein Verhör vor dem
Kaiser oder dessen Delegirten zu bestehen hatte, seine Waffen wider
sich in die Hände geben. Paulus selbst scheint ihr Mißtrauen
durchschaut zu haben, denn er versichert sie: indem er an den Kaiser
appellire, habe er keineswegs die Absicht, eine Anklage gegen sein Volk
vorzubringen.[1]) Die Reise Petri nach Rom muß also vor dem
Verbannungsdekrete des Claudius erfolgt sein.[2])

149. Das eigene Zeugniß des Petrus in seinem ersten Briefe
erhebt die Thatsache, daß er zu Rom gewesen sei, zur Gewißheit.
Der Brief ist von einer Stadt, welche Petrus als Babylon bezeichnet, geschrieben. An das ägyptische Babylon, ein festes Castell und
Stationsort einer römischen Legion, kann hier vernünftiger Weise nicht
gedacht werden; so ist also nur die Frage, ob Babylon am Euphrat,
oder ob, nach einer, den damaligen Juden aus dem prophetischen
Sprachgebrauche sehr natürlich sich darbietenden Bezeichnung, Rom
gemeint sei. Das letztere hat die alte Kirche, nach einer schon von
Papias bezeugten, also aus der apostolischen Zeit stammenden Tradi-
dition angenommen. Daß Petrus über die Grenze des römischen
Reiches hinaus, auf Parthisches Gebiet nach Babylon am Euphrat gegangen sei, daß dort damals schon eine christliche Gemeinde bestanden habe, denn von dieser grüßt der Apostel die Gläubigen, an die
er schreibt — dieß ist mehr als unwahrscheinlich. Strabo und Plinius[3]) schildern Babylon als eine „große Einöde," die besonders
durch die Nähe von Seleucia und Ktesiphon von Einwohnern entblößt worden sei. Die Hauptsitze der Juden in der Satrapie Babylonien waren die Städte Nearda und Nisibis; von Babylon waren
die Juden mehrere Jahre früher, als Petrus hätte hinkommen sollen,
nach Seleucia ausgewandert, da sie sich dort gegen die ihnen feindlich

---

[1]) Act. 24, 17—19. — [2]) Die Apostelgeschichte schweigt über die Thaten
und Schicksale Petrus seit der Taufe des Cornelius bis zur Gefangennehmung des Apostels durch Herodes Agrippa. (Act. 11, 18—12, 3). So ergibt
sich ein Zeitraum von fast vollen drei Jahren für die durch die Tradition bezeugte Reise des Petrus nach Rom und seine Rückkehr nach Jerusalem. (Vgl.
Oug's Einleitung II, 273.) Seine Ankunft in Rom fällt in die ersten Zeiten
der Regierung des Claudius, nicht secundo Claudii anno, wie Hieronymus
nach der Chronik des Eusebius angibt; der nun vorliegende bessere Text der
Chronik hat diese Zeitbestimmung nicht. (J. Kunstmann in den hist. pol.
Blättern 1857, II, 596 ff.) Richtiger Orosius: (Hist. 7, 6) Exordio regni
Claudii. Daß Lukas das Auftreten des Petrus in Rom nicht erwähnt, wird
denjenigen nicht befremden, der seine Verschweigungen in der Geschichte des
Paulus bedenkt. — [3]) Plin. hist. nat. 6, 26. Strabo 16, p. 739.

7*

gesinnten, heidnischen Bewohner nicht mehr halten konnnte; und bald
darauf war, einer Pestkrankheit wegen, eine neue Auswanderung erfolgt. In Seleucia aber wurden fünf Jahre darauf über 50,000
Juden von den Syriern und Hellenen erschlagen; die übriggebliebenen
wandten sich hierauf nicht nach Babylon, sondern nach Nearda und
Nisibis,[1] und es läßt sich aus der Darstellung des Josephus kein
anderer Schluß ziehen, als daß es in der Zeit, in welcher der Brief
Petri geschrieben ward, keinen Juden mehr in Babylon gegeben habe,
wie denn auch Agrippa in seiner Rede beim Beginne des jüdischen
Krieges von Juden jenseits des Jordans nur die in der Proving
Abiabene zu nennen weiß. Daß der, mit dem Apostel in „Babylon"
befindliche Markus gerade in der Zeit, in welche aller Wahrscheinlich-
keit nach die Abfassung des Briefes fällt, in Rom gewesen sei, ist
aus seiner Erwähnung bei Paulus[2] ersichtlich. Bald darauf weilte
er in Kleinasien, von wo Paulus ihn kurz vor seinem Tode wieder
nach Rom rief.[3] Wenn Petrus in einem Briefe Rom ebenso bezeichnet, wie es in dem poetisch-prophetischen Buche der Apocalypse
bezeichnet wird, so hat dieß nichts Befremdendes; den mit den prophetischen Schriften und ihrer Ausdrucksweise vertrauten, in einem
galiläischen Landstädtchen erwachsenen Juden mußte der Anblick Roms,
der dortigen Neronischen Gräuel, des herrschenden Götzendienstes und
Sittenverderbens aufs Lebhafteste an die alttestamentlichen Schilderungen von Babylon erinnern, und so lag es ihm nahe genug,
nachdem er schon im Eingange seines Briefes die kleinasiatischen Gemeinden „auserwählte Pilgrime" genannt hatte, auch am Schluße
die Gemeinde, deren Gruß er vermittelte, die „Mitauserwählte in
Babylon" zu nennen. Endlich sind in dem ganzen Schreiben die
Vorboten der Neronischen Verfolgung nicht zu verkennen, und da
hatte Petrus allerdings Grund, durch eine den Heiden unverständliche
Bezeichnung des Ortes der Gefahr vorzubeugen, welche für ihn und
die römischen Christen erwachsen mußte, wenn eine Abschrift des
Schreibens in heidnische Hände fiel, was doch leicht geschehen konnte.

150). Petrus ist in Rom unter Nero als Märtyrer den Tod
am Kreuze gestorben, wozu Origenes noch den besondern Umstand
erwähnt, daß er mit dem Haupte nach unten an's Kreuz geheftet wor-
ben sei. So lautet das einstimmige Zeugniß der ganzen alten Kirche,
und die Gründe, mit denen man es bestritten, sind auf einem andern
Boden als dem der historischen Forschung erwachsen. Schon das

---

[1] Joseph. Arch. 18, 9. — [2] Col. 4, 10. Philem. 24. — [3] 2. Tim. 4, 11.

Evangelium Johannis läßt über die Todesweise des Apostels keinen Zweifel. Der Herr mahnt bei seiner letzten Unterredung den Petrus prophetisch an sein Lebensende: in seinem Alter werde er die Hände ausstrecken und gebunden werde man ihn dahin bringen, wo er nicht hin wolle. Damit habe, setzt der Evangelist[1]) bei, Jesus die besondere Todesart Petri, durch die er den Herrn verherrlichen würde, angezeigt. War nun, wie diese Bemerkung verräth, der Märtyrertod des Petrus schon am Ende des ersten Jahrhunderts eine in der Kirche allgemein bekannte Thatsache, so daß der Evangelist sich mit dieser bloßen Hindeutung begnügen konnte, so kann unmöglich angenommen werden, daß der Ort, wo dieser zur Verherrlichung des Herrn erlittene Tod stattgefunden, nicht ebenfalls allgemein bekannt gewesen sei. Und da ist nie eine andere Stadt genannt worden, als Rom; auch nicht die leiseste Spur findet sich, daß eine andere Kirche jemals den Anspruch erhoben habe, bei ihr sei der Apostel gestorben. Die beiden Apostel, sagt Dionysius von Korinth um das J. 170, hätten in Rom zu derselben Zeit den Märtyrertod erlitten. Ich kann, sagt der römische Christ Cajus um das J. 200 in seiner Schrift gegen den Montanisten Proklus, auf dem Vatikan und auf dem Wege nach Ostia die Denkmäler (Trophäen) der Apostel (Petrus und Paulus) zeigen, welche diese Kirche gegründet haben.[2]) Daß Petrus in Rom, „dem Leiden des Herrn gleich gemacht worden sei," rechnet des Cajus Zeitgenosse Tertullian zu den Vorzügen der dortigen Kirche.[3])

151. Petrus hat den Tod entweder nach Paulus, oder gleichzeitig mit ihm erlitten: eine Zeitbestimmung bietet die Angabe des Römischen Clemens: „Paulus sei hingerichtet worden unter den Machthabern;" dieß deutet auf die Zeit der Abwesenheit Nero's von Rom im J. 67, als der Stadtpräfekt Helius Cäsarianus und die Prätoriums-Präfekten Nimphidius Sabinus und Tigellinus dort walteten. Die alte Angabe von einem fünfundzwanzigjährigen Episcopat des Petrus in Rom ist dadurch entstanden, daß man seine Reise nach Rom in das Jahr 42, das zweite Jahr des Claudius setzte, als das Jahr seiner Befreiung aus dem Kerker des Agrippa und seiner Entweichung aus Judäa; da ergeben sich dann bis zu seinem Tode im J. 67 fünfundzwanzig Jahre. Natürlich sollte damit nicht behauptet werden, daß Petrus diese ganze Zeit in Rom zugebracht habe.

152. Diese erste heidnische Verfolgung, welcher Petrus und Paulus als Opfer fielen, war die Bluttaufe der Römischen Gemeinde,

---

[1]) Joh. 21, 19. — [2]) Ap. Euseb. 2, 25. — [3]) De praescr. c. 36.

und es entsprach ihrer Würde und Bedeutung, daß sie als die zuerst
und am schwersten Geprüfte allen andern vorleuchten mußte. Bisher
hatten die Christen in den Augen der Heiden, der Römischen Machthaber insbesondere, für eine Jüdische Secte gegolten, die sich durch
eine im Schooße des Judenthums erfolgte Spaltung gebildet habe.
Als solche mußte sie den Römern bedeutungslos erscheinen. Zwar berichtet Tertullian: [1] Tiberius habe auf die aus Palästina erhaltenen
Berichte den Antrag an den Senat gestellt, Christus unter die Römischen Götter aufzunehmen, und da der Senat dieß abgelehnt,
habe er doch den Anklägern der Christen Strafe gedroht. Aber diese
an sich schon unwahrscheinliche Nachricht hat das Schweigen aller andern
Quellen gegen sich. An Anklägern der Christen, theils Jüdischen, theils
Heidnischen, scheint es allerdings auch in so früher Zeit nicht gefehlt
zu haben, denn unter Nero waren sie bereits „dem Volke wegen
ihrer Gräuelthaten verhaßt"; sie galten für Anhänger einer neuen mit
Verbrechen verknüpften Superstition, [2] so daß die erste Erwähnung
des Christenthums bei heidnischen Geschichtschreibern desselben auch
schon als eines abscheulichen oder verderbenbringenden Aberglaubens,
der Christen als „Feinde des menschlichen Geschlechtes" gedenkt, und
diese Vorstellung von nun an wohl bei den gebildeten Römern vor-
herrschte. So frühe hatten die Feinde des Christenthums die an die
Agapen und die Eucharistie anknüpfende Lüge, die später so viele
Schlachtopfer forderte, verbreitet. Die menschenfeindliche Gesinnung
traute man ihnen schon als einer Jüdischen Secte zu, denn der gleiche
Vorwurf lastete auf dem ganzen Jüdischen Volke, und der Schleier
des Geheimnisses, in welchen die Christen von Anfang an ihre gottesdienstlichen Versammlungen hüllten, gab dem Verdachte, daß sie
einem verbrecherischen Geheimdienste fröhnten, neue Nahrung.

153. Eine ungeheure Feuersbrunst, die am 19. Juli d. J. 64
ausgebrochen, hatte in sechs Tagen und sieben Nächten von den vierzehn Quartieren Roms drei in Asche gelegt, sieben größten Theils
zerstört. Man wußte, daß Nero während des Brandes von einem
nahen Thurme aus sich an dem prachtvollen Anblicke des Flammen-
meeres geweidet hatte, allgemein ward er für den Anstifter gehalten,
obgleich Tacitus unentschieden läßt, ob das Feuer nicht von Ungefähr
entstanden. Erschreckt durch den Abscheu des Volkes sah Nero sich
nach Personen um, denen er die Schuld des Frevels zuschieben könne.
Daß er auf die Christen verfiel, geschah wahrscheinlich unter Jüdi-

---

[1] Apol. c. 5. — [2] Tac. Ann. 15, 44. — Sueton. Nero 16.

schem Einflusse. Denn seine Gattin Poppäa Sabina, von der er
damals beherrscht wurde, war eine Proselytin,[1] und Nero selbst war
von Jüdischen Magiern und Wahrsagern umgeben, die ihm nachher
auch, an die Messiaserwartung anknüpfend, vorhersagten, daß er nach
seinem Sturze Beherrscher von Jerusalem werden, und von dort aus
die Wiederherstellung seiner früheren Macht erleben würde.[2] Zuerst
wurden Einige ergriffen, die sich als Christen bekannten, und auf
ihre, ohne Zweifel durch die Folter erpreßten Angaben hin be-
mächtigte man sich einer großen Menge Anderer, welche nun in Masse
hingerichtet wurden. Theils kreuzigte man sie, theils ließ man sie
in Thierfelle eingenäht von Hunden zerfleischen, oder sie wurden in
Gewändern, welche in brennbare Stoffe eingetaucht waren, Nachts als
Fackeln in den kaiserlichen Gärten verbrannt. Von Rom aus verbreitete sich die Verfolgung wahrscheinlich auch in einzelne Provinzen,
denn nachdem einmal die Hinrichtungen um des Brandes willen begonnen hatten, wurden, wie Tacitus sagt, Andere, ohne der Brandstiftung beschuldigt zu sein, um's Leben gebracht, weil sie durch den
auf ihnen lastenden allgemeinen Haß todeswürdig erschienen.

154. Schon früher, im J. 62, war Jakobus den Märtyrertod gestorben. Das ist jener Jakobus, welcher im ursprünglichen
Apostel-Collegium neben Petrus und Johannes mit dem Beinamen
der Gerechte hervorragte. Diesen dreien hatte, der alten Ueberlieferung gemäß, Jesus nach seiner Auferstehung die Gnosis, d. h.
das höhere Verständniß seiner Lehre mitgetheilt, und diese überlieferten sie den übrigen Aposteln.[3] Dem Jakobus war der Auferstandene besonders erschienen,[4] ihn bezeichnet Paulus neben Kephas und
Johannes als eine Säule der Kirche.[5] Dieser Jakobus heißt vorzugsweise der Bruder des Herrn; seine Mutter war nämlich die
gleichnamige Schwester der Mutter Jesu, und hatte aus ihrer Ehe
mit Klopas (Alphäus) vier Söhne, Jakobus, Judas, Simon und
Joses und einige Töchter. Klopas bei Johannes[6] und Alphäus bei
den Synoptikern ist derselbe Name. Die doppelte griechische Schreib-
art rührt von der verschiedenen, weichern oder härtern Aussprache
der Anfangsbuchstaben in den Aramäischen Namen her, wie dieß an
mehreren Namen der Alexandrinischen Uebersetzung ersichtlich ist. Es

[1] Joseph. Arch. 20, 8. — [2] Suet. Nero 40. — [3] Clem. Alex. ap.
Euseb. 2, 1. — [4] 1. Cor. 15, 7. Der Apostel nennt hier Jakobus ohne nähere
Bezeichnung; daß es aber nicht der Zebedäide, sondern der Alphäide gewe-
sen, sagt das Evangelium der Hebräer. — [5] Gal. 2, 9. — [6] Joh. 19, 25.

scheint, daß nach dem Tode des Klopas Joseph, der Pflegevater Jesu, die Wittwe, seine Schwägerin, mit ihren Kindern in sein Haus aufgenommen hatte, so daß die zwei Familien zu einem Hauswesen verschmolzen,[1] und die Vettern und Basen Jesu als seine Brüder und Schwestern, gemäß dem erweiterten Gebrauch des Brudernamens bei den Juden, galten. Maria selber, die Schwester der Mutter Jesu, erscheint demnach auch unter den Jesus begleitenden Frauen bei seiner letzten Anwesenheit in Jerusalem. Nach der Angabe des Hegesippus war Alphäus oder Klopas zugleich ein Bruder Josephs; es hatten also die beiden Brüder zwei Schwestern geheirathet, und es war dann dem jüdischen Rechte und Brauche um so angemessener, daß Joseph zugleich die Kinder seines Bruders adoptirte. Zwei dieser Brüder oder Vettern Jesu, Jakobus und Judas, wurden in die Apostelzahl aufgenommen; die zwei andern, Joses und Simon nicht, ohne Zweifel, weil sie eine Zeitlang nicht an die Messiaswürde Jesu hatten glauben wollen.[2] Aber auch diese wurden nachher gläubig und nahmen nach der Himmelfahrt des Herrn an der Verbreitung des Evangeliums Theil; denn Paulus erwähnt neben den Aposteln auch die Brüder Jesu, welche sich des Rechtes bedienten, sich von dienenden Weibern als „Schwestern" auf ihren Missionswanderungen begleiten zu lassen,[3] und Simon ward zweiter Bischof von Jerusalem.

155. Es hat also keinen dritten Jakobus, keinen Bruder des Herrn und Bischof von Jerusalem, der von dem Apostel, dem Alphäiden, verschieden gewesen wäre, gegeben. Die älteste und am besten beglaubigte Ueberlieferung der Kirche weiß nur von Jakobus, dem Zebedäiden, und von dem Alphäiden. In der Apostelgeschichte des Lukas ist offenbar nur von Einem Jakobus, nachdem der Zebedäide hingerichtet war, die Rede; wäre der dort als Haupt der Mutterkirche erwähnte Jakobus[4] ein anderer als der unter den Aposteln aufgeführte, so hätte Lukas diesen, den Apostel, spurlos verschwinden, und unmerklich „den Bruder Jesu" dafür eintreten lassen, und überhaupt würde dann von dem Apostel gar nichts bekannt sein, er wäre für die Geschichte ein völlig leerer Name.

156. Die kirchliche Tradition über Jakobus scheint erst durch die aus apokryphischen Schriften geschöpften Notizen in Verwirrung gebracht worden zu sein. Bei Hegesippus und Clemens von Alexandrien findet sie sich noch rein; diese kennen nur zwei Jakobi, obgleich

---

[1] Matth. 13, 55. Marc. 6, 3 — [2] Joh. 7, 5. — [3] 1. Cor. 9, 5. — [4] Act. 15 et 21.

der erstere sagt: „es werden viele Jakobi erwähnt." Aber ihm ist
der Bischof von Jerusalem ganz deutlich der Alphäide oder Sohn
des Klopas. Störend griff in das Bewußtsein der Kirche über Jakobus eine schon alte von Origenes[1]) erwähnte, zum Theil durch das
Mißverstehen des wahren Verhältnisses entstandene Ansicht ein, daß
die Brüder Jesu Söhne Josephs aus einer frühern Ehe gewesen seien.
Die besonders durch das apokryphische Protevangelium Jakobi weit
verbreitete Angabe, die Eusebius durch seine Aeußerungen, Jakobus
sei gleichfalls ein Sohn Josephs genannt worden, zu bestätigen schien,
die aber Hieronymus als Träumereien der Apokryphen abfertigte,
verhüllte die Thatsache, daß Joseph Adoptiv- oder Pflegevater seiner
Neffen nach dem Tode seines Bruders war. Besonders aber waren
es die „apostolischen Constitutionen," welche, indem sie den Bischof
von Jerusalem völlig von den zwölf Aposteln trennen, die spätern
Ansichten Vieler in der Griechischen Kirche bestimmten. In diesem,
seiner jetzigen Gestalt nach dem vierten Jahrhunderte angehörigen,
Werke wird[2]) Jakobus Alphäi stets eigens als Apostel, und neben
ihm Jakobus der Bruder des Herrn und Bischof von Jerusalem auf-
geführt; in einer Stelle heißt es sogar: von dem Herrn sind die
dreizehn Apostel eingesetzt worden, von den Aposteln aber ich Jakobus, und ich Clemens und Andere." Die Einsetzung des Jakobus
zum ersten Bischofe von Jerusalem geschah einer alten Angabe zufolge[3]) durch die drei Apostel Petrus, Johannes und Jakobus, den
Zebedäiden. So lange jedoch die Apostel in der heiligen Stadt anwesend waren, theilte er nach der Angabe des Hegesippus[4]) die Regierung der Gemeinde von Jerusalem mit ihnen. Er war es denn
auch, der auf dem Apostelconvent in der Frage der Heidenchristen
das Wort zuerst nach Petrus nahm, und die Bestimmungen bezüglich
der von ihnen zu beobachtenden Enthaltung durchsetzte. Mit Petrus
und Johannes gab er auch dem Paulus den Handschlag zur Be-
zeugung der apostolischen Amts- und Glaubensgemeinschaft. Seine
Stellung, seine Gebundenheit an die blos aus Judenchristen bestehende
Gemeinde zu Jerusalem brachte es mit sich, daß er vor allen der
eigentliche Judenapostel war.

157. Da er an der Bekehrung der Heiden keinen persönlichen
Antheil nahm, auch nicht in die Lage kam, mit Heidenchristen zusammen zu leben, da er zugleich sich stets in der Nähe des Tempels

---

[1]) In Matth. l. 13, 462. — [2]) Const. apost. 2, 55; 6, 16; 8, 46. —
[3]) Clem. Alex. ap. Eus. 2, 1. — [4]) Ap. Eus. 2, 23.

befand, so konnte er jenen unermüdlichen Eifer in Leistung des Gesetzes bethätigen, der ihn den Zeitgenossen und der Nachwelt als
das Vorbild jüdisch-nationaler, durch das Evangelium verklärter
Frömmigkeit erscheinen ließ. Für die Hauptstadt und für Palästina war
er der kirchliche Mittelpunkt und die entscheidende Autorität, nachdem
Petrus sich entfernt hatte. Diesen hohen Rang behauptete er nicht
als „Bruder des Herrn," auch nicht, weil er diese Eigenschaft mit
der Apostelwürde verband; denn sein Bruder Judas, der also zu Jesus in demselben Verhältnisse stand und gleichfalls Apostel war, bezeichnet sich selbst als „Diener Christi und Bruder des Jakobus,"
und betrachtete dieß also als einen ganz besondern Vorzug; auch
Lukas nennt ihn nur Judas Jakobi. [1]

158. Aber auch bei den nichtgläubigen Juden stand er seiner
Frömmigkeit und strengen Ascese wegen in so hohem Ansehen, daß
der Ehrenname „der Gerechte" ihm allgemein beigelegt wurde. Hegesippus, der ältere judenchristliche Berichte vor sich hatte, und dessen
Bericht von Epiphanius noch in einigen Zügen ergänzt wird, schildert ihn als einen Nasiräer, der als solcher Gott von seiner Geburt
an geheiligt gewesen. Wein und starke Getränke trank er nicht, er
enthielt sich des Fleischgenusses, der Bäder und des Salbens mit Oel;
er ging barfuß, trug keinen Wollenstoff, sondern nur ein einfaches lei-
nenes Gewand. Da Jakobus dem Apostel Paulus gerathen hatte, sich
an dem Nasiräatsgelübde einiger Juden zu betheiligen, so ist diese
Nachricht über sein eigenes umfassenderes Nasiräat um so glaublicher.
Er lebte in steter Virginität, so daß die Sekte der Ebioniten bloß seines Beispieles wegen den Stand der freiwilligen Ehelosigkeit hoch
hielt, was sie in der Folge wieder aufgab. [2] Ihm allein unter den
Christen war später der Eintritt in den Tempel gestattet. [3] Dort
fand man ihn oft auf den Knieen liegend und betend um Vergebung
für sein Volk, und er that dieß so häufig und anhaltend, daß
seine Kniee davon harthäutig, wie die eines Kameeles geworden waren.
So groß war der Ruf seiner Heiligkeit, daß das Volk sich an ihn
drängte, auch nur den Saum seines Gewandes zu berühren.

---

[1] Act. 1, 13. Luc. 6, 16. — [2] Epiph. haer. 78, 13. — [3] Εἰς τὸ
ἅγιον sagt Hegesippus, also dort wo die Priester ihre täglichen Dienste verrichteten. Erst Epiphanius und Rufinus haben daraus das „Allerheiligste" gemacht,
was freilich ganz undenkbar wäre. S. Rulnard not. ad acta MM. p. 4. ed.
Amstel. Hiernach wäre Jakobus der Einzige gewesen, dem man, ohne daß er
Priester war, oder einer levitischen oder priesterlichen Familie angehörte, den
Eintritt in diesen innern Tempelraum gestattet hätte.

159. Ueber seinen Tod sagt Josephus nur kurz: Jakobus, der Bruder Jesu, sei nach dem Tode des Römischen Prokurators Festus und vor Ankunft seines Nachfolgers Albinus (also im J. 62) auf Anstiften des Hohenpriesters Ananus gesteinigt worden. Näheres berichtet Hegesippus. Hienach wurde er, um ihn einzuschüchtern, auf die Zinne des Tempels gestellt und gefragt, welches die Thüre Jesu sei, d. h. wohl: welches nach der Lehre Jesu der Eingang zum ewigen Leben sei. In Folge seines Bekenntnisses, daß Jesus im Himmel zur Rechten der Allmacht sitze und wiederkehren werde, stürzten sie ihn von der Tempelzinne herab, und steinigten ihn unten; als er, noch nicht todt, für seine Mörder betete, tödtete ihn ein Walker mit seinem Walkholze. Diese Angabe stimmt mit der des Josephus in so weit zusammen, als es in dem Jüdischen Gesetze hieß, ein Schuldiger, der zur Steinigung verurtheilt, solle durch die Zeugen von einer Höhe herabgestürzt werden; wenn er noch lebe, sollten die Zeugen einen schweren Stein auf sein Herz werfen, und das umstehende Volk ihn mit Steinen vollends tödten.[1]) Ananus ließ nach dem Tode des Jakobus noch mehrere Personen durch das Synedrium als Gesetzesübertreter (d. h. weil sie Christen waren), verurtheilen und steinigen, bis ihn König Agrippa deßhalb des Priesterthums entsetzte. Man sieht, daß der Tod des Jakobus und das, was unmittelbar darauf geschah, eine Folge der letzten großen Entscheidungskrise in Jerusalem, kurz vor dem Ausbruch des Krieges und der Zerstörung der Stadt war. Hegesippus bemerkt, auf das Zeugniß des Jakobus seien Viele, auch von den Oberen des Volkes gläubig geworden. Aber die Masse des Volkes und der Herrschenden beharrte in ihrer Feindschaft gegen das Christenthum, und dieß mußte die Katastrophe herbeiführen.

160. Der Brief des Jakobus ist an „die zwölf Stämme in der Diaspora," also an die außerhalb Palästina unter den Heiden zerstreut lebenden Juden, aber an solche, die bereits gläubig waren, geschrieben, und beschränkt sich völlig auf den judenchristlichen Kreis, hat also Gemeinden, die noch ganz oder größtentheils aus Judenchristen bestanden, wie solche in Syrien sich finden mochten, zunächst und vorzugsweise im Auge. Die fließende und leicht sich bewegende Gewandtheit des ursprünglich griechischen Styles beweist, wenn Jakobus sich nicht wie Petrus eines hellenistischen Juden als „Interpreten" bediente, wie häufig damals auch unter den Palästinischen Juden

---

[1]) Sanhedrin cap. 16 et 15.

die Fähigkeit griechisch zu schreiben verbreitet war. Auch durch Kraft
und Gedankenreichthum, durch die sentenziöse, bilderreiche, oft poetisch
sich steigernde Sprache, durch eine sehr sichtbare, vielfache Berührung
mit der Bergrede Jesu zeichnet das Schreiben sich aus. Es ist theils
der Widerlegung eines dogmatischen Irrthums (der mißverstandenen
und übel angewandten Lehre von der Rechtfertigung durch den Glauben) theils und hauptsächlich der Rüge und Verbesserung sittlicher
Gebrechen, namentlich des schroffen Gegensatzes zwischen Reichen
und Armen und der Bevorzugung der erstern in den Gemeindeversammlungen gewidmet. Das Christenthum bezeichnet der Apostel als
das Gesetz der Freiheit, das königliche Gesetz der Liebe, welches Gott
dem Menschen durch den Glauben ins Herz schreibe; sonst aber werden die wichtigsten, neutestamentlichen Lehren nicht einmal berührt.
Und doch enthält dieser Brief mehr Anklänge an Reden Jesu und
Wiederholungen von Worten des Herrn, als alle andern apostolischen
Briefe zusammengenommen.

161. In den beiden ersten Jahrhunderten wurde der Brief
Jakobi nur selten angeführt, doch hat ihn Hermas gekannt; in der
Syrischen Peschito hatte er bereits seine Stelle, [1]) und Clemens von
Alexandrien hatte ihn mit den übrigen erläutert. [2]) Origines [3]) aber
ist der erste, der ihn ausdrücklich dem Jakobus beilegt: In der
Abendländischen Kirche wurde er, so viel wir sehen, erst am Schlusse
des vierten Jahrhunderts gebraucht. Eusebius setzt ihn unter die bestrittenen Stücke, bemerkt aber, daß er in sehr vielen Kirchen öffentlich vorgelesen wurde [4]), und gibt als Grund zum Zweifel an der
kanonischen Berechtigung des Briefes nur an, daß derselbe bei den
frühern Kirchenschriftstellern seltener angeführt werde. Nur allmählig,
im Laufe der Zeit, sagt Hieronymus, [5]) habe der Brief Autorität
erlangt; der Verdacht, dessen er zugleich gedenkt, daß der Brief von
einem Andern unter dem Namen des Jakobus verbreitet worden sei,
mag im Occident eine Zeitlang bestanden haben; im Orient findet
sich nichts davon, auch ist nie ein anderer Verfasser desselben genannt worden.

162. Ein anderer Bruder, d. h. Vetter Jesu, war Judas,
der Bruder des Jakobus, gleich diesem Sohn des Klopas, des Oheims
Jesu, und der Maria, unter dem Namen Thaddäus oder Lebbäus
unter den Aposteln mitgezählt. Der Ausdruck des Hegesippus, er sei

---

[1]) Clem. ep. 1, 10. Herm. Past. 8. 6. — [2]) Eus. 6, 14. — [3]) Opp. IV.
306. — [4]) Eus. 3, 25. — [5]) De vir. ill. c. 2.

„dem Fleische nach" Bruder des Herrn[1]) genannt worden, will sagen, das Verwandtschaftsverhältniß zwischen ihm und Jesu habe sich blos auf den Menschen Jesus bezogen, der als Sohn Gottes keine Verwandten hatte.[2]) Sein kurzer Brief, mit einer allgemein lautenden Aufschrift, ist gleichwohl speziell an die Gemeinden von Kleinasien gerichtet, und wohl erst nach dem Tode des Petrus, Paulus und Jakobus verfaßt, um den dortigen gnostisch-antinomistischen Irrlehrern das Zeugniß eines noch überlebenden Apostels entgegen zu setzen. Mit der Schilderung dieser Irrlehrer und Verführer, ihres fleischlichen Sinnes, ihres Mißbrauches der christlichen Agapen, ihrer Lästerungen, beschäftigt sich der Brief vorzugsweise; er sucht die Christen durch Erinnerung an die nun eingetroffenen Weissagungen der Apostel, daß solche Menschen kommen und die Kirche verwüsten würden, gegen ihre Lockungen zu verwahren. Und hier trifft er häufig in den Gedanken und selbst in den Worten mit dem zweiten Briefe Petri zusammen; nur daß er die allgemeiner gehaltenen Andeutungen des Petrus, durch die Erfahrung belehrt, näher ausführt. Der Brief ist stets in der Kirche als ächt betrachtet, auch frühzeitig schon (von Tertullian, Clemens, Origenes) namentlich angeführt worden, und wenn Eusebius ihn zu den bestrittenen zählt, und auch sonst einzelne Bedenken gegen ihn laut wurden, so hatte dieß seinen Grund blos in dem Gebrauche, welchen der Verfasser von zwei apokryphischen jüdischen Schriften späterer Zeit, dem Buche Henoch und der Anabasis des Moses[3]) gemacht hat.

163. Es schien als ob der Märtyrertod des Jakobus das Ziel gewesen sei, mit welchem die der jüdischen Nation gesetzte Frist der Bekehrung abgelaufen war. Es war nun klar, daß, so lange Jerusalem und der Tempel stand, so lange das jüdische Staatswesen mit seinem theokratischen Charakter sich erhielt, die Masse der Juden nicht zum Glauben an ihren wahren Messias gebracht werden könne. In der That wurde seit der Hinrichtung des Jakobus in Jerusalem

---

[1]) Ap. Fun. 3, 20. — [2]) Wenn der Apostel Judas (Luc. 6. 16. u. Act. 1. 13.) Ιούδας Ἰακώβου genannt wird, so heißt das gewiß nicht: „Sohn des Jakobus" — wonach dann der Verfasser des Briefes ein anderer als der Apostel sein müßte, sondern es ist eben ἀδελφός zu suppliren, was kein Bedenken haben kann, wenn es, wie aus der Ueberschrift des Briefes selbst sich ergibt, unter den ersten Christen gebräuchlich war, den Judas zur Unterscheidung von andern Judas als Bruder des so gefeierten und allgemein bekannten Jakobus zu bezeichnen. — [3]) Aus dieser Schrift ist nach Orig. de princip. 3, 2 die Angabe über den Erzengel Michael und den Satan geflossen.

die Lage der Christen immer unerträglicher. Schon der Brief an
die Hebräer schildert einen Zustand, in welchem nicht wenige, den
Anfeindungen der Volksgenossen erliegend, wieder abfielen. Jene religiöse Begeisterung, jenes Hervortreten des pharisäischen Zelotenthums,
durch welches endlich das ganze Volk in den Kampf gegen die Römer, ja gegen alle Nichtjuden verwickelt und mit fortgerissen wurde,
machte ein ruhiges Fortbestehen der Christengemeinde in Judäa und
Galiläa unmöglich, wenn auch die Mitglieder derselben fortwährend
durch Beobachtung des Ritualgesetzes ihre Zugehörigkeit zum jüdischen
Staats- und Kirchenwesen bezeugten. Die Verehrer eines in Armuth und
Niedrigkeit gekommenen und am Kreuze gestorbenen Messias konnten nicht
mehr neben denen bestehen, welche eben jetzt mit grenzenloser Zuversicht
und Ungeduld einen mit dem Schwerte bewaffneten, sie zum Siege
über die Römer führenden Messias erwarteten — noch unter den
über ihnen zusammenschlagenden Flammen des Tempels erwarteten.

164. Denn nunmehr übernahm die Jüdische Nation selbst die
Vollstreckung des höheren Rathschlusses und Gerichtes an sich. Im
J. 66 brach der Aufruhr gegen die Römerherrschaft aus, welcher die
Belagerung und Eroberung Jerusalems zur Folge hatte. Von dieser
großen Katastrophe wurde die dortige christliche Gemeinde nicht mit-
betroffen. Schon Christus hatte seine Jünger gewarnt, wenn sie den
Gräuel der Verwüstung an heiliger Stätte, Jerusalem von feindlichen
Lagern umringt sähen, sollten sie die Stadt verlassen und nach den
Bergen fliehen.[1] Dazu kam noch kurz vor der Einschließung der
Stadt, nach dem Berichte des Eusebius, eine besondere Offenbarung,
die durch den Mund der Bewährtesten in der Gemeinde den Christen Jerusalem zu verlassen und zu Pella in Peräa sich niederzulassen
gebot. Dem Beispiele der Christen in der Hauptstadt folgten wahrscheinlich die Christen aus den Landschaften Judäa und Galiläa.
Pella war eine griechische Coloniestadt; dort mögen also die ersten
heidenchristlichen Einflüsse auf die bisher so abgeschlossene judenchristliche Gemeinde von Jerusalem stattgefunden haben.[2]

165. Der Fall des Tempels war für die junge Kirche ein Ereigniß von entscheidender Bedeutung. Das Judenthum bedurfte zu
seiner gottesdienstlichen Thätigkeit, zu seinem religiösen Leben überhaupt nothwendig eines Tempels, und dieser Tempel durfte nur ein
einziger sein, durfte auf der ganzen Erde nur an Einem bestimmten Orte
sich befinden. Als der Tempel in Flammen aufging, war die Uebung

---

[1] Matth. 24. 16. — [2] Euseb. 3, 5. Epiph. de pond. et mens. c. 6.

des rituellen Gesetzes in seinen wesentlichsten Bestandtheilen unmöglich geworden, die Opfer, welche in der Jüdischen Religion das Heiligste waren, mußten aufhören, das Priesterthum war zu einem müßigen Vorzug, einem leeren Titel herabgesunken. Den Wahn, an welchen damals so viele Juden sich anklammerten, daß Gott den Tempel plötzlich durch ein Wunder wiederherstellen würde, theilten die Christen nicht; sie erkannten in dessen Zerstörung die göttliche Fügung und das Zeichen, daß nunmehr das Ende des Ceremonialgesetzes gekommen, daß die volle Lösung und Entlassung der christlichen Lehre aus dem mütterlichen Schooße der Jüdischen hiemit vollzogen sei. Dem Jüdischen Volke war nun Alles genommen, was ehemals zu seinen Vorzügen gehört hatte. Die letzten Reste des nationalpolitischen Gemeinwesens, der staatlichen Existenz waren vernichtet, es hatte keinen Mittelpunkt, keine Hauptstadt mehr; es hatte zwar noch seine Gesetze, aber ein Gesetz, das gewissermaßen sich selbst verbot, dessen rituelle Bestandtheile, eben nach dem Gesetze selbst von keinem einzigen Israeliten mehr geübt werden konnten. Allen Christen und sicher auch vielen Juden mußte dieß als eine feierliche, von Gott thatsächlich vollzogene Verstoßung des ehemals aus den übrigen Nationen auserwählten Volkes erscheinen.

106. Die Mehrzahl des Volkes blieb auch nach der Zerstörung der Stadt und des Tempels entschlossen, in dem gewohnten Kreise von Hoffnungen und Vorstellungen zu verharren. Das Ereigniß wurde wohl im Allgemeinen als ein schweres, von Gott über die Nation verhängtes Strafgericht aufgefaßt, aber die rechte Schuld wurde nicht gefunden. Daß die Katastrophe die Erfüllung des Urtheils sei, das sie über sich selbst gesprochen, als sie riefen: „Sein Blut komme über uns und unsere Kinder" — das faßten sie nicht. Ihre Lehrer beredeten sie, darum, weil es am Eifer für das Gesetz, an der Genauigkeit in dessen Erfüllung gemangelt, sei dieses Unheil über sie gekommen. Der Masse der Juden konnte eine Religion nicht gefallen, die gleich auf der Schwelle ihnen mit der Zumuthung entgegentrat, allen ihren Vorrechten und Vorzügen zu entsagen, und den Heiden, den Unbeschnittenen sich demüthig gleichzustellen, anzuerkennen, daß sie bei all ihrer gesetzlichen Gerechtigkeit Sünder seien, und der vergebenden Gnade so gut wie die Heiden bedürften. Fast überall hatten die Heiden seit dem Beginne des großen Kampfes einen glühenden Haß gegen die Juden kund gegeben, in vielen Städten waren sie das Opfer dieses blutdürstigen Hasses geworden, und zu Hunderten, ja zu Tausenden hingeschlachtet worden. Um so tiefer

und unauslilgbarer loderte nun auch in ihnen das Gefühl der Rach-
gier und des Hasses gegen alle Unbeschnittenen, und ein Glaube, der
ihnen das Gebot allgemeiner Liebe als erste Bedingung vorhielt, der
ihnen zumuthete, etwa auch einem Unbeschnittenen als Bischof oder
Presbyter sich unterzuordnen, war ihnen unerträglich.   Das Wort:
„ein Unbeschnittener soll ausgerottet werden aus Gottes Volke" —
schwebte ihnen stets vor, und mit einem Nichtjuden zusammen zu
essen, galt fortwährend für befleckend.   Wohl waren ihre Feste und
ein Theil ihrer Ceremonien durch das Verschwinden des Tempels,
durch das Aufhören der Opfer zur leeren Schale ohne Kern geworben, aber sie erwarteten noch lange, von einem Jahre zum andern,
die wunderbare Wiederaufrichtung des gefallenen Tempels; die ihnen
gebliebenen Trümmer des Ceremonialgesetzes wurden unterdeß mit um
so zäherer Anhänglichkeit festgehalten, sie waren das Bollwerk, hinter
das ihre Nationalität sich verschanzte, und diese war durch die gemeinsame Hoffnung, durch den Dünkel und Hochmuth der Abrahami-
ben, durch ihre geschichtlichen Erinnerungen so fest verkittet, daß alle
Keulenschläge der römischen Macht, das ganze beispiellos einzige
Verfahren, welches die Römer nur gegen sie und sonst gegen keine
andere überwundene Nation anwandten, das Herausreißen dieses
Volkes aus seinem Boden, die Zerstreuung über alle Länder, der
demüthigende Tribut an den Jupiter-Tempel des Capitolium, daß
Alles dieß sie nicht zu zerbröckeln im Stande war.

167. Alle, die fortan zu dem christlichen Glauben sich bekannten,
verloren damit ihre Zugehörigkeit zur Nation, sie waren in den Augen
der Masse Blätter und Zweige, die vom Volksbaume herabgefallen
waren, der Baum aber blieb lebenskräftig. Die unverwüstliche Fruchtbarkeit dieses Volkes ersetzte stets reichlich alle solche Verluste, und
in ihrem Sanhedrin, der nun seit der Zerstörung Jerusalems in
Jamnia saß, hatten sie einen festen religiösen Vereinigungspunkt. Und
dabei entwickelte sich jetzt jene Leichtgläubigkeit, jene Bereitwilligkeit,
fratzenhafte, immer aber der Eitelkeit, dem Dünkel und dem fleischlichen Sinne der Juden schmeichelnde Fabeln zu erfinden und anzunehmen, wovon die allmälig sich bildende Talmud-Literatur so reichlich Zeugniß gibt. Diese Sucht war natürlich bei einem Volke, das
eine so reiche und wunderbare Geschichte hatte, dessen Gegenwart
aber so arm und leer war, das immer beflissen sein mußte, den Widerspruch zu verdecken, daß es sich fortwährend für das einzige und
auserwählte Volk Gottes hielt, und daß doch auf diesem Liebling der
Gottheit unter den Nationen alle Zeichen göttlicher Verwerfung

lasteten, daß es das am schwersten mißhandelte und zertretene unter Allen war. Dazu kam die zuversichtliche Hoffnung, daß ihnen einst bei der Ankunft des Messias alle erduldeten Trangsale reichlich vergolten werden müßten, und ihre Phantasie gefiel sich in der Ausmalung dieser dem vorherrschenden Sinne gemäß recht fleischlich gedachten Vergeltung.

168. Nach der Zerstörung Jerusalems, also seit dem J. 70 während der drei letzten Decennien des ersten Jahrhunderts knüpft sich so ziemlich Alles, was wir von der Kirche wissen, an die Person und die Schriften des Apostels Johannes. Ihm war es beschieden, die übrigen Apostel lange zu überleben, damit die junge Kirche noch in diesen spätern Zeiten die hohe Autorität eines Apostels und Augenzeugen nicht entbehre, und gleich das erste Glied an der Kette der apostolischen Ueberlieferung noch bis in's zweite Säculum hinüberreiche. Johannes war nach kirchlicher Tradition durch seine Mutter Salome mit der Familie Jesu verwandt. Neben Petrus war er mit seinem Bruder Jakobus der vertrauteste Schüler Jesu, der Liebling des Herrn, der beim letzten Mahle an dessen Brust lag, der einzige von allen Jüngern, der auf dem Richtplatze bei der Kreuzigung zugegen war, und dessen Treue Jesus belohnte, indem er ihm seine Mutter zur Fürsorge übergab. Wann er Jerusalem für immer verlassen habe, läßt sich nicht bestimmen. Bei dem letzten Besuche, den Paulus daselbst machte, um d. J. 58, dürfte er bereits entfernt gewesen sein.

169. Johannes scheint mit Petrus enge verbunden gewesen zu sein, und wird, so lange wir von dem gemeinschaftlichen Wirken der Apostel Bericht haben, immer mit diesem zusammen genannt als dessen Begleiter, und dann von Paulus mit ihm und dem jüngern Jakobus als eine der Säulen der Kirche bezeichnet. Später nahm er seinen bleibenden Aufenthalt zu Ephesus, und leitete von dort aus die vorderasiatischen Kirchen.[1] Zu dem Kreise von Jüngern, den er sich dort bildete, gehören Polykarp und Ignatius. Erst unter Domitian wurde Johannes nach Rom gebracht, dort, wie Tertullian und Hieronymus berichten, in siedendes Oel getaucht, und als er unversehrt geblieben, nach der Insel Patmos verbannt im J. 95. Nach dem Tode Domitians lehrte er nach Ephesus zurück.[2] Drei

[1] Polyc. ap. Eus. 5, 21. Iren. 3, 3, 4. — [2] Eus. 3, 18. Orig. Comm. in Matth. Opp. III, 729. Tert. Praeser. 36. Hieron. adv. Jovin. I, 26. Comm. in Matth. 20, 22.

Züge aus dieser spätern Zeit des Apostels werden noch von ihm
berichtet: der Abscheu, den er gegen den Irrlehrer Cerinth ausdrückte,
als er mit demselben einmal im Bade zusammentraf; die stete Wiederholung des Wortes: „Ihr Kinder liebet einander" — in den Gemeindeversammlungen; endlich die Zurückführung und Bekehrung des
Jünglings, der, schon getauft, unter Räuber gerathen und Anführer
einer Bande geworden war.[1]   Johannes starb in hohem, fast hun-
dertjährigem Alter unter Trajan im J. 100 oder 101.

170. Der erste Brief des Johannes ist ein Seitenstück,
gewissermaßen eine Ergänzung seines Evangeliums. Mit sichtlicher
Hinweisung auf Paulus mahnt der Apostel: es sei die letzte Stunde,
als deren Zeichen viele Antichristi entstanden seien, nämlich gnostisch
gesinnte Irrlehrer, welche die Einheit der Person Christi zerrissen,
und den Menschen Jesus von dem himmlischen Christus, der nur
vorübergehend in ihm gewohnt habe, unterschieden. Gegen sie hebt
Johannes hervor, daß der Sohn Gottes im Fleische erschienen sei.
Der Vortrag geht zuweilen in den Ton der Abhandlung über, wendet sich aber immer wieder zur Form der Anrede, und erhebt sich,
durch seine Ausführung über die göttliche Quelle der christlichen Religion und über die Wurzel und die Seligkeit eines in thätiger Liebe
sich äußernden christlichen Lebens, zu einer Lehrschrift allgemeiner
Bedeutung. Dieser erste Brief ist nie in der Kirche beanstandet, nie
einem Andern, als dem Apostel Johannes zugeschrieben worden,
obgleich der Verfasser sich nicht genannt hat. Aber er bezeichnet sich
im Anfange als einen Augenzeugen des Lebens Jesu, und einzelne Aussprüche verrathen den Apostel;[2] der ganze Ton, die mehr
contemplative Geistesrichtung, der Gebrauch abstracter Begriffsbe-
zeichnungen kennzeichnet den Verfasser des vierten Evangeliums.

171. Dagegen erhoben sich schon früher in der Kirche Zweifel,
ob auch die zwei kleinen, einander sehr ähnlichen Sendschreiben, die
im Kanon der zweite und dritte Brief Johannis heißen, von
dem Apostel herrührten. Der Schreiber bezeichnet sich blos als „der
Presbyter", aber schon der Gebrauch des Wortes in diesen Briefen
zeigt, daß er diesen Titel nicht in dem gewöhnlichen kirchlichen Sinne,
als ob er nur einer unter mehreren Presbytern einer Gemeinde gewesen wäre, verstanden haben kann. Gewiß wollte der Verfasser
die einzige und erhabene Stellung, die er in dem ihn umgebenden

---

[1] Iren. 3, 3. Hieron. Comm. in Galat. G. Clem. Alex. quis dives
salv. c. 42. — [2] 1 Joh. 1, 3. 5; 4, 14.

Kreise als der durch hohes Alter ehrwürdige Lehrer, der letzte der
Apostel, einnahm, damit ausdrücken; denn in diesem Worte, wie es
in der Kirche damals und noch später mehrfach gebraucht ward,
verband sich der Begriff des Lehramtes mit dem des Alters. Der
zweite Brief macht den Eindruck, daß er an eine Gemeinde gerichtet
sei; wäre unter dieser „Auserwählten Frau und ihren Kindern"
eine Privatfamilie gemeint, so hätte der Apostel doch nicht sagen
können, daß nicht nur er, sondern Alle, die die Wahrheit erkannt,
die Kinder dieser Auserwählten liebten. Es ist also von einer Gemeinde[1]) oder einem Theile derselben die Rede; der Apostel freut
sich, daß sie in der Wahrheit wandeln, und warnt wieder vor den
die Erscheinung Christi im Fleische läugnenden Irrlehrern. Der
dritte Brief, an Cajus, rügt das Treiben eines gegen Johannes
feindlich gesinnten Bischofes Diotrephes, der nicht nur die von dem
Apostel mit einem Schreiben abgesandten Brüder zurückgewiesen,
sondern sogar diejenigen, welche sie annehmen wollten, aus der
Kirchengemeinschaft ausgeschlossen hatte. Johannes kündigt an, daß
er nun selbst zu dieser Gemeinde sich begeben wolle.

172. An die Briefe des Apostels reiht sich im Kanon sein prophetisches Buch, die „Offenbarung". Sie ist unstreitig sein Werk.
Der Verfasser nennt sich selbst Johannes, und gibt sich zu erkennen
als einen Jünger des Herrn, der zur Zeit der Abfassung des Buches
bei den vorderasiatischen Kirchen in hoher, lehramtlicher Autorität
gestanden. Da man nun in der Kirche noch einen andern Johannes,
einen Zeitgenossen des Apostels, der gleichfalls zu Ephesus lebte
und ein Schüler Jesu war, kannte, einen Presbyter, dessen Grab zu
Ephesus nebst dem des Apostels zu sehen war, so hat man schon
frühzeitig vermuthet, dieser Presbyter möge der Verfasser der Apokalypse sein. Einen geschichtlichen oder traditionellen Anhalt hat indeß diese Vermuthung nicht, sie ist nur aus dem Interesse, einen
Andern als den Apostel zum Urheber des prophetischen Buches zu
machen, entsprungen. Die älteste kirchliche Ueberlieferung eignet das
Buch deutlich dem Apostel zu. Ist es schon von Gewicht, daß Papias es als ein unter göttlicher Inspiration geschriebenes erwähnt,
so sind die Zeugnisse des Justin, Melito, Irenäus, des Muratorischen
Kanons und des Hippolytus entscheidend. Der Apostel hat bis zu

---

[1]) Nach 2. Joh. 1. Auch die Worte: πάντες οἱ τῶν εἰκότων der gehen
sichtlich über den Umfang einer aus Mutter und Kindern bestehenden Familie
hinaus. —

8*

Trajans Zeit in Ephesus gelebt, und etwa vierzig Jahre darnach erwähnt Justin in derselben Stadt[1]) die Apokalypse als sein unbezwei-
feltes Werk.[2]) Dieß setzt voraus, daß in der eigenen Kirche des
Johannes, wo die Apokalypse zuerst erschienen, und von wo aus sie
dann verbreitet wurde, der Apostel als Verfasser derselben gekannt
war. Kurz darauf schrieb Melito, Bischof von Sardes, also einer
Kirche, an welche eines der apokalyptischen Sendschreiben gerichtet ist,
über das Buch eine eigene Schrift, den Johannes ohne irgend nähere
Bezeichnung als ihren Urheber nennend. Die Aussage des Jrenäus[3])
geht auf seinen Meister Polykarp, den Schüler des Apostels zurück;
daß er mit der Bezeichnung des Verfassers als „Johannes der Jünger des Herrn" keinen andern, als den Apostel gemeint habe, ergibt
sich unverkennbar aus seiner Berufung auf das Zeugniß derer, die
den Johannes von Angesicht gesehen hätten. Und daß garade dort,
wo diese Augenzeugen sich befanden, in Vorderasien, die Apokalypse
bereits als diese noch lebten, ein vielgelesenes und vielbesprochenes Buch
gewesen sei, zeigt der Streit über die Zahl 666, für deren Richtigkeit
(gegen die Lesart 616) Jrenäus eben das Zeugniß dieser Zeitgenossen
des Apostels anruft. Es kann daher dort, in der Geburtsstätte der
„Offenbarung" nur Eine kirchliche Tradition über den Verfasser gegeben
haben, und diese weiß nur von dem Apostel. Wäre es anders, so
hätte man sicher bereits in jener frühen Zeit den Johannes, dem die
Schrift angehörte, näher bezeichnet, entweder als den Apostel, oder als
den, der, ohne Apostel zu sein, doch ein Jünger Jesu und Presbyter
gewesen. Daß auch die römische Kirche das Buch als ein Werk des
Apostels gekannt habe, dafür spricht der Muratorische Kanon und
Hippolyt, der bereits für das Evangelium und die Offenbarung Johannis eine eigene Schutzschrift verfaßte. Cajus kann demnach nicht
als ein Zeuge der Römischen Tradition in diesem Punkte gelten.
Clemens und Origenes vertreten die Ueberlieferung der Alexandrinischen Kirche.[4]) Und so steht bis in die Mitte des dritten Jahrhunderts Cajus in Rom, der in seinem antichiliastischen Eifer den Irr-
lehrer Cerinth für den Verfasser der Apokalypse hielt,[5]) allein. Die
Aloger in Kleinasien sprachen mit der Apokalypse zugleich auch das
Evangelium dem Apostel ab, und gehören einer spätern Zeit an. Erst
Dionysius von Alexandrien (247—264) erschütterte einigermaßen die

---

[1]) Euseb. 4, 18. — [2]) Dial. c. Tryph. p. 308. — [3]) Iren. 5, 30. —
[4]) Strom. 6, p. 667. 2, p. 297. Orig. ap. Euseb. 6, 25. Comm. in Joan. opp.
IV, 17. — [5]) Ap. Euseb. 3, 28. Theodoret. haer. feb. 2, 3.

bis dahin fast gleichförmige Ueberlieferung der Kirche. Irre gemacht durch die Dunkelheit des Buches, und bemüht, den ägyptischen Chiliasten ihre vermeintlich stärkste Waffe zu entreißen, behauptete er, nicht aus geschichtlichen, sondern aus innern und negativen Gründen, die Apokalypse könnte nicht ein Werk des Apostels sein, theils weil der Apostel sich weder im Evangelium, noch in den Briefen mit Namen nenne, hier aber der Name angegeben sei, theils weil Sprache, Darstellung, Gedanken von denen des Evangeliums und der Briefe allzu verschieden seien.[1]) Er vermuthete daher, ein anderer Johannes, der Presbyter zu Ephesus, möchte der Verfasser sein. Seitdem zeigt sich in der orientalischen Kirche ein Schwanken, und theilweise eine Abneigung gegen das Buch; es wurde mehrfach in den Verzeichnissen der kanonischen Bücher übergangen, in Uebersetzungen, wie die Peschito, ausgelassen, während die abendländische Kirche es anzuerkennen fortfuhr. Doch im vierten Jahrhundert wurde die Thatsache, daß es vom Apostel herrühre, auch im Orient nicht weiter mehr bezweifelt.

173. Nach der Angabe des Irenäus, der durch seinen Lehrer Polykarp, den Jünger des Johannes, die genaueste Kunde darüber haben konnte, ist die Apokalypse gegen Ende der Regierung Domitians, also um das J. 96 abgefaßt, und wenn er bezüglich der Zahl 666 sich auf Personen beruft, welche den Johannes von Angesicht geschaut hätten, so gilt ihr Zeugniß auch für die Zeit der Abfassung. Daß er die Offenbarung auf Patmos empfangen habe, wo er „um des Wortes Gottes und des Zeugnisses Jesu willen" sich befand, sagt Johannes selber. Die häufigen Versuche, die Abfassung der Apokalypse in eine frühere Zeit, unter Nero oder Galba, oder Vespasian zu setzen, beruhen auf willkürlichen Deutungen einzelner dunkler Stellen. Die bedeutenden Verschiedenheiten der Sprache zwischen dem Evangelium und der Offenbarung erklären sich schon einfach dadurch, daß Johannes bei der letztern sich eines andern Hermeneuten bedient haben mochte, als bei jenem. Denn daß er, der Sohn des galiläischen Fischers, der griechischen Sprache nicht so vollkommen mächtig wurde, um derartige Schriften ohne Hilfe von Hellenisten zu Stande zu bringen, ist doch höchst wahrscheinlich. Doch könnte Johannes auch bei den Briefen und dem Evangelium einen Gehilfen benützt, und dagegen sein letztes Werk, die Apokalypse allein aufgezeichnet haben.

174. Die Apokalypse setzt durchweg eine schwere, kurz vorhergegangene Verfolgung voraus. Das Blut der Märtyrer war schon

---

[1]) Ap. Euseb. 7, 24, 25.

reichlich geflossen. Einer derselben, Antipas, der als treuer Zeuge bei den Christen in Pergamus getödtet worden war, wird genannt.[1]) Unter dem himmlischen Altar sieht der Seher die Seelen der um des göttlichen Wortes und ihres Zeugnisses willen geschlachteten Bekenner, sie sind nach römischer Sitte mit dem Beile enthauptet worden,[2]) und sie vernehmen, daß ihre Zahl noch größer werden solle. In der Neronischen Verfolgung wurden andere, härtere Todesarten angewandt. Der Apostel nennt sich selbst einen Mitgenossen an der Bedrückung der Gemeinde,[3]) und die „Engel" oder Bischöfe der Gemeinden von Pergamus und Philadelphia werden besonders dafür gelobt, daß sie den Glauben Christi nicht verläugnet hätten. Die große Buhlerin,[4]) Babylon oder Rom, ist schon trunken vom Blute der Heiligen und der Zeugen Jesu, und das Thier lästert Gott[5]) und läßt sich anbeten von allen Erdbewohnern.

175. Hier ist Domitian und die von ihm verhängte Verfolgung nicht zu verkennen — er, der zum erstenmale seit Caligula sich den Namen „Gott" förmlich beilegte, der seine Briefe mit den Worten anfing: „Unser Herr und Gott befiehlt", der Jedermann nöthigte, ihn, schriftlich oder mündlich, ebenso anzureden, seine Statuen im heiligsten Orte der Tempel aufstellen[6]), und ganze Heerden von Opferthieren seiner Gottheit schlachten ließ[7]). Wir wissen von dieser Verfolgung nur wenig: man bezieht auf sie den Bericht des Dio Cassius,[8]) daß des Kaisers Vetter, der Consul Flavius Clemens, mit vielen Andern auf die Anklage des Atheismus und wegen Annahme Jüdischer Gebräuche theils zum Tode, theils zum Vermögensverluste verurtheilt worden seien; denn die Christen galten in den Augen der Römer noch immer als Jüdische Sekte, wer zu ihnen übertrat, verband Judaismus mit Leugnung der Götter. Gewiß ist, daß Domitian aus politischem Argwohn die noch übrigen Glieder des Davidischen Hauses umbringen ließ, wiewohl er zwei Anverwandte Jesu, die ihm zum Zeichen ihrer Armuth und Unschuld die Schwielen ihrer Hände zeigten, unversehrt entließ.[9]) Die Verfolgung war indeß doch eine so harte, daß selbst ein heidnischer Schriftsteller der Zeit, Bruttius, der vielen Christen, die in derselben gelitten hätten, gedachte,[10]) und der Römische Clemens[11]) von einer großen Menge von Auserwählten,

---

[1]) Apoc. 2, 13. — [2]) Apoc. 20, 4. — [3]) Apoc. 1, 9. — [4]) Apoc. 2, 13. — [5]) Apoc. 17, 3. — [6]) Sueton. Domit. 13. — [7]) Plin. Paneg. c. 33; c. 52. — [8]) Dio Cass. 67, 15. — [9]) Hegesipp. ap. Euseb. 3, 19. 20. — [10]) Euseb. Chron. 1. 2 ad Olymp. 218. — [11]) Ep. ad Cor. 6.

auch Frauen redet, welche „durch Erduldung schmachvoller Mißhandlungen und Qualen zum herrlichsten Beispiele unter uns geworden sind."

176. Während dieser Verfolgung also oder unmittelbar nach
ihr und unter dem lebendigen Eindrucke derselben, zugleich auch
in der Voraussicht künftiger noch größerer Verfolgungen ist die Offenbarung geschaut und geschrieben. Johannes schildert als Zeuge,
und auf besonders göttliches Gebot, was ihm in einem Cyclus von
Visionen gezeigt wurde. Er enthüllt die in einem versiegelten Buche
verschlossenen Mysterien der Gerichte und Fügungen Gottes. Die
Thaten also des erhöhten Erlösers, die Leiden der Gläubigen, und das
Strafgericht über die Feinde der Kirche, über die dämonischen Mächte,
und ihre Werkzeuge unter den Juden und Heiden — dieß ist es, was
im Allgemeinen den Inhalt dieses zunächst für den Kreis der Kleinasiatischen Gemeinden bestimmten Buches bildet. Die Gläubigen
sollten durch dasselbe in den bereits eingetretenen und noch bevorstehenden Gefahren und Verfolgungen zur Geduld und Ausdauer,
zur Treue und Festigkeit des Bekenntnisses ermuntert werden. Dabei
zeigt der Seher die im Himmel triumphirende Kirche, während er
der auf Erden streitenden Kirche die schwersten Prüfungen als be-
vorstehend ankündigt. Das Ganze ist von Beziehungen auf das alte
Testament, von Anspielungen und Erinnerungen an dasselbe durchzogen. Die Bilder, deren er sich bedient, sind großentheils dem
Ezechiel, Daniel und andern alttestamentlichen Propheten entlehnt.

177. Den Anfang des Buches machen sieben Briefe, welche
der Seher im Namen des sich ihm offenbarenden Christus an die
Vorsteher der Kirchen von Ephesus, Smyrna, Pergamus, Thyatira,
Sardes, Philadelphia und Laodicea richtet; sie beziehen sich auf die
Zustände, Gebrechen und Gefahren dieser Gemeinden oder auf die
persönlichen Eigenschaften, Tugenden oder Fehltritte der Bischöfe.
In der nun folgenden Reihe von Visionen werden in einer Fülle
der kühnsten Bilder und Symbole große physische und politische Erschütterungen und Katastrophen, werden alle denkbaren Schrecknisse
der Natur und Plagen der Erdbewohner vorgeführt, und es zeigt
sich alsbald, daß jede buchstäbliche concrete Deutung auf bestimmte
Ereignisse hier unstatthaft ist. Vier Reiter, der Sieg, der Krieg,
die Theurung, die Pest erscheinen; Erde, Meer, Ströme, Quellen,
selbst die Himmelskörper werden von ungeheuern Plagen getroffen;
giftige Heuschrecken, vertilgende Reiterschaaren peinigen die Menschen.
Dazwischen aber eröffnet der Seher Blicke in die himmlische Kirche,
und zeigt, wie Alles, was in der Kirche und für sie auf Erden ge-

schieht, seinen Grund in göttlichen Rathschlüssen und Ereignissen der unsichtbaren Welt hat, und wie die Kirche nach ihrer unsichtbaren himmlischen Seite im Vollgenusse der verheißenen Güter sich befindet, während ihr nach ihrer irdischen Seite ein steter Leidenskampf auferlegt ist.

178. In drei Perioden führt der Seher die Entwicklung und Vollendung des göttlichen Reiches und des Gerichtes über die Feinde der Kirche vor. Zuerst die Zeit der heidnischen Verfolgungen, deren vorübergehende Natur durch die Zeitbestimmung von vierthalb Jahren, (die halbirte symbolische Hauptzahl sieben) ausgedrückt ist. Hierauf der lange Zeitraum des Sieges Christi und der Kirche, während dessen der Satan gebunden, seine Autorität über die herrschende Weltmacht gebrochen ist, die Kirche unter der Herrschaft Christi und der Heiligen im Himmel auf Erden blüht und gedeiht, oder das tausendjährige Reich. Endlich die letzte Zeit, in welcher Satan wieder mit aller Macht die Kirche befehdet, die Zeit eines großen Kampfes und der Auflösung der gegenwärtigen Weltordnung. Die Zahlen sind durchaus symbolisch, und nach dieser Zahlensymbolik wird Alles begränzt und bestimmt. Die Siebenzahl herrscht durch das ganze, in dem dreifachen Cyklus der sieben Siegel, Posaunen und Zornesschalen sich gliedernde Buch. Durch eine siebenfache Prüfung und Verfolgung geläutert, wird die Kirche zuletzt als das vom Himmel sich herablassende Jerusalem geschaut. Die aus Daniel entlehnte Halbsiebenzahl (vierthalb Jahre, 42 Monate, 1260 Tage) steht als Bezeichnung für eine Periode von kürzerer Dauer, gleichwie tausend Jahre eine unbestimmt lange Dauer bedeuten. Die Versuche aus der Apokalypse bestimmte chronologische Data herauszurechnen, oder ein prophetisches Compendium der Welt- und Kirchengeschichte aus ihr zu machen, beruhen auf gänzlichem Mißverstehen des Buches. Die ganze Zeit von dem Siege des Christenthums im römischen Reiche bis zu den letzten Dingen des gegenwärtigen Weltlaufes wird in zwei Zügen zusammengefaßt, der Bindung des Satans und der Herrschaft Christi und der Heiligen vom Himmel aus über die Kirche.

179. Das erwürgte und ewig lebendige Lamm, der Löwe vom Stamme Juda, der überwunden und durch seinen Sieg dem Verhängniß und der Weltgeschichte eine andere Wendung gegeben hat, nur er allein ist würdig, das mit sieben Siegeln verschlossene Buch der Zukunft zu eröffnen. Und wie er das Buch aus der Rechten des Vaters nimmt, fällt Alles im Himmel anbetend vor ihm nieder, Alles vereinigt sich zum Lobe Gottes und des Lammes. Die in der

Verfolgung Erwürgten, deren Seelen Johannes unter dem himmlischen Altare sieht, vernehmen, daß durch die Opfer kommender Verfolgungen ihre Zahl wird vermehrt werden, und dürfen schon jetzt
an der himmlischen Feier vor Gott und dem Lamme theilnehmen.[1]
Zugleich werden die aus der Verfolgung erretteten Gläubigen als
das wahre Zwölfstämmereich und als Auserwählte, welche Gott in
seinen besondern Schutz genommen, besiegelt, und der Seher erblickte
eine zahllose Schaar seliger Märtyrer aus allen Völkern, die mit
Siegespalmen in den Händen das Lob des Lammes vor seinem
Throne verkünden.[2]

180. Die Läuterung der Kirche durch das Feuer heidnischer
Verfolgung wird nun unter einem neuen Bilde dargestellt. Johannes soll den Tempel, den Altar und die darin Anbetenden messen;
sie sind, als das innere Heiligthum der Kirche, geschützt, und der
heidnischen Wuth entzogen, aber der Vorhof des Tempels und die
heilige Stadt selbst, die äußerlich erreichbare Kirche, sind den Heiden
preisgegeben; sie werden sie in der ihnen dazu vergönnten Frist zertreten.[3] Zugleich erhebt sich im Umfange des Reiches, der großen
Stadt, welche pneumatisch Sodoma und Aegypten heißt,[4] das christliche Zeugenthum ausgerüstet mit höheren Kräften und unbesiegbar.
Und wenn auch die Zeugen der heidnisch Römischen Weltmacht, dem
Thiere aus dem Abgrunde als Opfer fallen, wenn ihre Leichname un-
begraben liegen zum Hohn und zur Freude der mannigfachen heidnischen
Völkerstämme und Zungen, so wird dieser heidnische Triumph sich in

---

[1] Apoc. 6, 10; 7, 9. — [2] Apoc. 7, 3 sq. — [3] Apoc. 11, 1 sq. —
[4] Die heilige Stadt (die Kirche) und die große Stadt, das geistliche Sodoma,
oder Aegypten, das römische Reich, setzt Johannes deutlich einander entgegen.
Daß hier überhaupt nicht von einer eigenen Stadt die Rede sein, und der
Seher nicht Jerusalem gemeint haben könne, beweist schon die Vergleichung mit
einem Lande, Aegypten, wie er denn auch sicher nicht daran dachte, Jerusalem
in Einem Athemzuge als heilig und wieder als Sodoma zu bezeichnen. Wenn
es heißt: in der großen Stadt sei auch der Herr der beiden Zeugen gekreuzigt
worden, so wird hier nur darum an diesen Tod erinnert, um zu mahnen, daß
die Zeugen (die Verkünder des Evangeliums) im römischen Reiche kein anderes
Schicksal erwarten dürften, als das, welches in diesem Reiche auch ihrem Herrn
zu Theil geworden sei; auch konnte der Prophet nicht von einem auf die Stadt
Jerusalem beschränkten Vorgange sagen, was 11, 9, 10. steht, daß Viele von
den Völkern, Geschlechtern, Zungen und Nationen (so hatte er schon früher die
Bewohner des römischen Reiches bezeichnet) ihre Leichname hätten liegen sehen,
und daß die von den zwei Propheten gepeinigten Bewohner der Erde sich über
ihren Tod gefreut hätten.

Schrecken verwandeln; das christliche Zeugniß, scheinbar in seinen Organen vernichtet, erhebt sich von Neuem, die getödteten Zeugen gehen in den Himmel ein, und gleichzeitig wird das römische Reich von großen Katastrophen (innern Kriegen und Umwälzungen) betroffen.

181. Johannes schildert nun denselben Entwicklungsgang der Kirche, den Kampf der feindlichen Mächte gegen Christus und die Kirche in einem andern Cyklus von Bildern. Er greift auf die Geburt Christi zurück. Ein Weib mit der Sonne bekleidet, den Mond unter den Füßen, auf dem Haupte eine Krone von zwölf Sternen, die Kirche, die Johannes in ihrer frühern jüdischen und jetzigen christlichen Gestalt auffaßt, gebiert nach schweren Geburtswehen den Messias. Der Satan, der große rothe Drache mit sieben Häuptern, sieben Hörnern und sieben Kronen auf den Häuptern, will das erwartete Kind gleich nach der Geburt (durch sein Werkzeug Herodes) verschlingen. Dieses aber wird zu Gott und seinem Throne entrückt, während die Mutter (die Kirche), wie ehemals die Synagoge in der Verfolgung des Antiochus, für bestimmte Zeit in die Wüste entweicht. Der große Kampf mit den Erzfeinden der Kirche wird nun zuerst im Himmel entschieden. Der Drache mit seinem Anhange wird, vom Erzengel Michael, dem Vertheidiger der Kirche überwunden, aus dem Himmel herab auf die Erde gestürzt.[1]) Ist hier Michael als der Sieger dargestellt, so erscheinen sofort die Gläubigen selbst als die Ueberwinder des Satans; sie haben ihn, den steten Ankläger der Brüder, überwunden durch das sündentilgende Blut des Lammes und durch ihr standhaft bekennendes Märtyrerthum, und die triumphirende Kirche im Himmel freut sich über den Sieg der hienieden streitenden.

182. Dieser Sieg der Gläubigen ist bedingt durch einen schweren und langen Kampf, und diesen schildert sofort der Seher, seinen Standpunkt am Ufer des Meeres nehmend.[2]) Satans Werkzeuge erscheinen. Zuerst erhebt sich aus dem Meere ein Thier, dessen Gestalt ein Gemisch ist von Leopard, Bär und Löwe; es hat sieben Häupter und zehn Hörner, eben so viele Kronen, und auf den Häuptern die Namen der Lästerung. Es ist das christenfeindliche römische Weltreich. Die sieben Köpfe sind sieben Berge (die Hügel auf denen Rom steht) aber auch sieben Herrscher. Der Drache (Satan) gibt ihm seine Macht über die Völker der Erde, seinen Thron und große Gewalt, damit es mit den Heiligen kämpfe. Der Drache und das Thier werden von den Menschen angebetet. Es lästert Gott und

---

[1]) Apoc. 12, 7. 10. — [2]) Apoc. 13.

bedrängt die Gläubigen, welche geduldig ausharrend und im Hin-
blick auf die kommende Vergeltung den Glauben bewahren sollen.[1])
Gleichzeitig steigt ein anderes Thier aus der Erde auf: das falsche
Prophetenthum,[2]) die neue heidnische, ganz auf die Befestigung und
Wiederaufrichtung des heidnischen Religionswesens gerichtete, Magie
und Theurgie übende Philosophensekte. Dieses Thier redet wie der
Drache, verführt durch seine magischen Künste und Zeichen die
Menschen, daß sie das erste Thier anbeten und ihm Bildnisse errichten.[3]) Wer das Bildniß des Thieres nicht anbetet, wird getödtet,
und wer nicht das Namen-Wahlzeichen des Thieres an sich hat,
wird vom bürgerlichen Verkehr ausgeschlossen.

183. Das Lamm und mit ihm 144,000, die als Kinder Gottes
und Heilige mit dem Namen des Lammes und seines Vaters bezeichnet sind, stehen auf dem Berge Zion, dem Feinde gegenüber.
Dieß sind nicht dieselben, welche früher[4]) als Besiegelte aus den zwölf
Stämmen Israels erwähnt werden; diese hier sind überhaupt „aus
den Menschen" erkauft, und dürfen als Reine, die sich mit Weibern
nicht befleckt, dem Lamme überall hin folgen. Ein Engel mit dem
ewigen Evangelium von der Vollendung des Reiches und der Nähe des
Gerichtes fliegt durch den Himmel; ein zweiter kündigt den Sturz
Babylons (:Roms) an; der dritte droht den Anbetern des Thieres
mit dem strafenden Zorne Gottes. Unter verschiedenen Bildern, einer
Ernte, einer Weinlese mit der Kelter, und der soeben ausgegossenen
Zornes-Schalen, schildert darauf der Seher das göttliche Gericht über
den heidnischen Götzendienst und den Sieg des Christenthums.[5])

184. Johannes sieht demnächst in einer Wüste auf jenem Thiere
(der römischen Weltmacht) ein kostbar geschmücktes Weib sitzen, trunken vom Blute der heiligen Märtyrer, und in der Hand einen goldenen Becher haltend voll Gräuel und Unzucht. Es ist das sieben-
hügelige Rom, die große Babylon, die Mutter aller Abgötterei. Das
Thier hat eine tödtliche, aber wieder geheilte Wunde an einem seiner
Köpfe. Zehn Könige, vorgestellt durch die zehn Hörner, hassen zwar
die Hure, geben aber ihre Kraft und Macht dem Thiere, und erhalten
mit dem Thiere auf Eine Stunde Gewalt; sie werden als Gottes

---

[1]) Apoc. 13, 1—10. — [2]) Apoc. 16, 13; 19, 20. — [3]) Vgl. die „Vorhalle" S. 614 über den besonders in den kleinasiatischen Städten alle unter
den Augen des Johannes im Schwange gehenden Cult der Kaiser, der lebenden wie der todten und der Göttin Roma. — [4]) Apoc. 7, 1. sq. — [5]) Apoc.
14, 14—20.

Werkzeuge einerseits Rom verwüsten, andrerseits aber auch mit dem Lamme kämpfen und von ihm überwunden werden. Das scheint auf jene Völker und Fürsten zu deuten, welche zeitweilig von Rom abhängig oder mit ihm verbündet, zuletzt das Reich zerstückten, die Hauptstadt einnahmen, und, nachdem auch sie die Christen bedrängt, sich zum Evangelium bekehrten. Ein Engel vom Himmel verkündet nun den Fall Babylons der großen mächtigen Stadt; die Gläubigen sollen aus ihr, die dem Untergange geweiht ist, ausgehen. Beweinen werden sie die Könige, die mit ihr gebuhlt, klagen werden die Kaufleute und Seefahrer über den Untergang der Stadt des Weltreichthums, des Handels und aller Ueppigkeit. Dagegen frohlocken im Himmel die Heiligen, die Apostel und die Propheten. Sind dann die fremden Könige, welche das Strafgericht an der götzendienerischen und bluttrunkenen Stadt vollstreckt haben, überwunden, so erscheint nun Christus selbst als König und Herr, mit dem Symbol und Attribut des Weltrichters, an der Spitze himmlischer Heerschaaren. Mit ihm streiten das Thier und die Könige der Erde; beide, das Thier und der falsche Prophet werden in den Feuerpfuhl geworfen, die Könige aber, die dem Thiere helfen, kommen um durch das vom Munde Christi ausgehende Schwert.[1]

185. Der Satan wird nun gebunden, und auf eine lange Zeitdauer (tausend Jahre) in den Abgrund geworfen; seine Macht als des Fürsten dieser Welt ist mit dem Sturze des Heidenthumes im römischen Reiche gebrochen, er kann nicht mehr die Völker zum Götzendienste verführen. Während dieser Zeit herrschen im Himmel mit Christus die Märtyrer und Heiligen, die das Thier nicht angebetet haben; dieß ist die erste figürliche und nicht leibliche, dem ersten Tode entgegengesetzte Auferstehung; der Apostel sieht daher auch nur die Seelen dieser Erstandenen,[2] d. h. aus der streitenden in die triumphirende Kirche Uebergegangenen. Auf Erden ist dieß die Zeit der ausgebreiteten, und gewissermaßen herrschenden Kirche; das Sonnenweib ist nicht mehr verborgen in der Wüste, die viertehalb Jahre der Trübsal sind zu Ende,[3] die Kirche besitzt nun die Länder, Völker und Güter, welche ehedem ihrem Feinde gehörten.

186. Am Ende dieser langen Periode (der gegenwärtigen Weltordnung) wird Satan entfesselt aus seinem Kerker hervorgehen und als Völkerverführer auftreten, er selbst, nicht mehr das Thier oder der falsche Prophet, denn der heidnische Götzendienst der Alten ist

---

[1] Apoc. 19, 11—21. — [2] Apoc. 20, 12. — [3] Apoc. 12, 11.

vorlängst zerstört. Zahlreiche Schaaren führt er zum Kampfe gegen
die Stadt der Heiligen, die Kirche; aber sie unterliegen, und der
Satan wird für immer in den Feuerpfuhl gestürzt, wo das Thier
und der falsche Prophet sich schon befinden. Nun folgt die rechte,
allgemeine Auferstehung (die erste war nur eine figürliche und par-
tielle), und das Weltgericht geht vor sich in den Geburtswehen einer
neuen, sich verklärenden Welt. Christus nimmt den Stuhl des
Vaters ein und sitzt zu Gericht. Dem ewigen Tode verfallen die,
deren Namen nicht im Buche des Lebens stehen, und zuletzt werden
auch Tod und Hades in den Feuerpfuhl geworfen; die ewige Scheidung
der zwei Gebiete ist vollbracht.[1] Johannes sieht nun das neue
Jerusalem, die triumphirende Kirche, sich vom Himmel herabsenken
in ihrem vollen Glanze als eine geschmückte Braut. Das himmlische
Jerusalem und das auf Erden ist nun Eines und dasselbe, der
Himmel ist irdisch, die Erde himmlisch geworden. Sünde und Uebel
sind vernichtet und auf ewig aus dem neuen Jerusalem, in dem
Gott sich in reiner, strahlender Herrlichkeit offenbart, hinausgewiesen.[2]
Mit der Mahnung, daß Niemand zu den Worten dieser Weissagung
hinzu oder davon thue, und mit der Verheißung, daß der Herr bald
kommen werde, schließt das Buch.

187. Die Sendschreiben an die sieben kleinasiatischen Gemeinden weisen auf Zerrüttungen, welche die schon von Paulus klar
in ihren Anfängen geschilderten und in ihrer weitern Entwicklung
vorausgesetzten Irrlehren in dem Schooße einiger dieser Kirchen verursacht hatten. Denn mit der äußern Anfeindung der Kirche durch
die heidnische Gewalt ging von Anfang an gleiches Schrittes die
innere Gefährdung und Bedrängung der Kirche durch Versuche und
Bemühungen, die apostolische in der Kirche niedergelegte Lehre zu
entstellen, fremdartige, außerkirchliche religiöse oder philosophische Ideen
mit ihr zu vermischen, oder überhaupt eine fremde Doctrin an die
Persönlichkeit des irgendwie in seiner messianischen, prophetischen
oder reformatorischen Bedeutung anerkannten Jesus zu knüpfen. Die
ersten, der apostolischen Zeit angehörigen, häretischen Einflüsse und
Gestaltungen drangen aus der Synagoge in die Kirche. Wie sich
in Aegypten in der Jüdisch-Alexandrinischen Schule ein von Plato-
nischer Anschauungsweise durchdrungenes Judenthum gebildet hatte,

---

[1] Apoc. 20, 11—15. — [2] Apoc. 21, 9—27.

so hatten die in Kleinasien überaus zahlreich verbreiteten Juden, die in ihrer Diaspora dem herrschenden alles Fremde abwehrenden Einflusse des Pharisäismus weit weniger als die Paläftinischen Israeliten unterlagen, aus der Berührung mit griechischer Bildung und griechischer Speculation manches aufgenommen, was ihrem Drange nach vermeintlich höherer Erkenntniß Nahrung verhieß. Mit dem Verlangen, die Geheimnisse der Engelwelt und der dämonischen Mächte zu erforschen, verband sich vielfach ein Gelüste nach Gesetzlosigkeit und Emancipation des Fleisches, geweckt und genährt durch die verführerische Kraft heidnischer Sitte. Männer dieser Richtung und Gesinnung schloßen sich der jungen christlichen Gemeinschaft um so bereitwilliger an, als sie hier eine neue zwischen Judenthum und Heidenthum in die Mitte sich stellende Genossenschaft fanden, mit einer noch nicht in feste Formeln gefaßten, der Entwicklung eben so fähigen als bedürftigen Doctrin, ein Gefäß also, welches eigens für die Aufnahme ihrer Meinungen bereitet schien.

188. Das Geschäft der Apostel wurde durch die Nothwendigkeit, diese Beftrebungen zu bekämpfen, wesentlich erschwert, mochten die Urheber und Anhänger solcher abweichenden Doctrinen es darauf anlegen, sich innerhalb der apostolisch-kirchlichen Gemeinschaft zu behaupten, oder mochten sie auf eine Trennung und auf die Bildung eigener kirchlichen Körperschaften hinarbeiten. Von solchen, noch in ihren ersten Anfängen begriffenen Spaltungen sagt Paulus, daß, gleichwie das Böse in der göttlichen Weltordnung widerwillig dem Guten dienen muß, so auch nach der höhern Leitung der Kirche diese Trennungen und ihre Ursachen für dieselbe nothwendig seien, als Mittel der Prüfung und Läuterung und zur Ausscheidung der nicht Probehaltigen.[1]) Der Apostel gebraucht hier das von den philosophischen Schulen der Griechen hergenommene Wort „Häresien", das seitdem in die kirchliche Sprache übergegangen ist, um Parteien, welche sich auf Grund abweichender Lehren von der Kirche sondern, oder von ihr ausgestoßen werden, zu bezeichnen. Aber zu wirklichen Trennungen kam es damals und auch einige Zeit nachher wohl noch nicht. Paulus gedenkt öfter der „schwachen Brüder" aus Israel;[2]) bei ihnen wirkten früh eingesogene Jüdische Vorurtheile noch mächtig nach; sie wollten oder konnten keine Partei oder Sekte bilden, sie standen vereinzelt, und es ließ sich von ihnen erwarten, daß sie mit der Zeit, von dem frischen Glaubensleben der übrigen,

---

[1]) 1 Cor. 11, 19 — [2]) Rom. 14, 1. 2. 1 Cor. 8, 7; 9, 22.

besonders der Heidenchristen bewältigt, sich vollständig mit diesen verschmelzen würden. Solche behandelte Paulus mit zarter, rücksichts-
voller Schonung. Von ihnen sagt er: „Wenn ihr in Einigem noch
eure abweichende Meinung habt, so wird Gott auch dieß euch noch
enthüllen", d. h. er wird eure Meinungen durch den Einfluß der
kirchlichen Gemeinschaft, durch euer Wachsthum im Geiste Christi,
euch noch berichtigen.[1])

189. Aber bald kamen weit bedenklichere und drohendere Elemente in den neugegründeten Gemeinden zum Vorscheine. Der gewöhnliche Judaismus in seiner pharisäischen Gestalt, welchem nichts
als die universale Geltung des Gesetzes und die für alle Zeiten gesicherte Bevorzugung der jüdischen Nationalität am Herzen lag —
jener Judaismus, den Paulus scharf bekämpfte, — brachte es nicht
zu eigenen Gemeinden, wenigstens nicht zu Gemeinden von längerer
Dauer, und schon in der spätern apostolischen Zeit scheint diese Gefahr für die junge Kirche in der Hauptsache überwunden gewesen zu
sein. Dagegen drang eine Lehre und Richtung von weit stärkerer
Verführungskraft — ein gnostischer Judaismus — mehrfach in
die Gemeinden ein, und bereitete diesen schwere Zerrüttungen, den
Aposteln und ihren ersten Nachfolgern harte Kämpfe. In welcher
Zeit und unter welchem Einflusse diese gnostische Richtung, diese Misch-
ung von heidnischer und jüdischer Lehre in das Judenthum der
Diaspora gekommen sei, ist unklar. In Palästina waren es nur die
Essäer, bei denen sie sich zeigte, außerhalb Palästinas ist von einem
Einflusse und einer Verbreitung der Essäer keine Spur zu entdecken.
Es läßt sich daher nur sagen, daß die älteren orphisch pythagorischen
Ideen, und die seit längerer Zeit von den babylonischen Magiern
her nach Westen verbreitete Vorstellung über die verschiedenen Klassen
der Dämonen und theils höherer, theils dienender Geister und über
die Bedingungen der Einwirkung auf dieselben auch unter den Juden
in Kleinasien Eingang gefunden hatten.[2])

190. Die Irrlehrer zu Colossä, vor denen Paulus die
dortigen Gläubigen warnte, waren Judenchristen, welche, an dem
Gesetze und der Beschneidung festhaltend, die Beobachtung der alttestamentlichen Speisegesetze und der jüdischen Feste, Neumonde und
Sabbathe forderten. Damit verbanden sie aber eine gegen den Körper,
als den befleckenden Kerker der Seele, maßlos strenge Ascese, und
einen nach des Apostels Bezeichnung auf falscher Demuth beruhenden

---

[1]) Phil. 3, 15. — [2]) Clem. Alex. Strom. 3, 6.

Engelsdienst. Die Engel waren ihnen nämlich nach heidnischer Vorstellung Mittelwesen, an welche der Mensch, da der höchste Gott unfaßbar und unzugänglich sei, sich halten, deren Gunst er durch einen sorgfältigen, ihnen gewidmeten Dienst erwerben müsse.[1] Ohne Zweifel wurde dabei die Würde Christi, als eines Propheten, dem selbst nur einer dieser weltbildenden Engel, und zwar ein Engel von niederer Ordnung, sich geoffenbart habe, herabgesetzt, da Paulus hier so nachdrücklich die Majestät des Eingebornen geltend macht. Die Warnung des Apostels: „hütet euch, daß Niemand euch verführe durch Philosophie und leeren Betrug nach Menschenüberlieferung,"[2] beweist, daß die Quelle dieser Lehren eine auf heidnischem Boden erwachsene Philosophie war, wie sie sich auch bei den Essäern fand. —

191. Diesen Colossischen Irrlehrern waren die Verführer in Ephesus und der Umgegend, gegen welche die Pastoralbriefe Pauli gerichtet sind, nahe verwandt. Sie waren jüdische Gnostiker; was sie Gnosis nannten, war eine angeblich tiefere und geheimere Einsicht in die göttlichen Dinge, für welche der große Haufe der Uneingeweihten nicht befähigt sein sollte. Sie befaßten sich mit „Mythen und endlosen Genealogien" d. h. mit Aufstellung von lange fortgesponnenen Aeonenreihen, deren Begränzung eine ganz willkührliche war, und die eben so gut noch um einige Glieder hätten vermehrt werden können. Paulus nennt die Fabeln dieser Irrlehrer, ihre phantastischen Fictionen über die Geisterwelt, „jüdische Mythen."[3] Sie waren also nicht unmittelbar aus dem Heidenthume gekommen, sondern fanden sich bereis im Judenthume, aber in einem mit heidnischer Speculation befruchteten Judenthume. Paulus weissagt ferner, daß zu diesen Irrthümern bald auch noch die praktischen Verirrungen, das Verbot der Ehe und des Genusses gewisser Speisen, nämlich animalischer Nahrung, hinzu kommen würden,[4] vermöge der dem Judenthume ursprünglich fremden, aber ächt gnostischen Anschauung, daß die physische Zeugung etwas Satanisches und der Genuß des durch Zeugung Entstandenen böse und befleckend sei. Zwei dieser Irrlehrer, Hymenäus und Philetus, behaupteten, die Auferstehung sei bereits geschehen,[5] d. h. sie solle nicht in das künftige sondern in das jetzige, zeitliche Dasein, und vollziehe sich in dem Moment, in welchem der Mensch durch die Gnosis zum Bewußtsein seiner höhern, vorzeitlichen Existenz und seiner durch diese bedingten Bestimmung komme.

---

[1] Theodoret. ad Coloss. 2, 18. — [2] Col. 2, 8. — [3] Tit. I, 14. — [4] 1 Tim. 4, 3. — [5] 2 Tim. 2, 18.

192. Eine andere Klaffe von Irrlehrern in Kleinasien, welche die erste Kirche bedrohten und theilweise verwüsteten, schildert Petrus in seinem zweiten Briefe und Judas. Auch bei ihnen scheint gnostische Anschauung vorwiegend gewesen zu sein, aber diese Gnosis trug ein offen antinomistisches Gepräge; sie rühmten sich ihrer Ausschweifungen und trugen sie zur Schau als eine eben so berechtigte wie im religiösen Interesse wohl berechnete Uebertretung des Sittengesetzes. Sie versprachen denen, die sich ihrer Leitung hingaben, sie zur wahren Freiheit zu führen, beriefen sich dabei auf Paulus, seine Lehre von der Abschaffung des Gesetzes als eines tödtenden Buchstabens und von der evangelischen Freiheit zu ihrem Zwecke verdrehend.[1] Sie spotteten darüber, daß die Verheißung von der Wiederkunft Christi noch immer nicht erfüllt, daß von einem Weltuntergange nichts zu sehen sei, und behaupteten, es bleibe vielmehr Alles in seinem gegenwärtigen, seit Anfang der Schöpfung fortdauernden Bestande.[2] Diese Irrgläubigen waren noch in der äußern Gemeinschaft der Kirche; denn sie nahmen an den Liebesmahlen der Kirche Theil, und entweihten sie, um ihre schwelgerische Lust zu befriedigen.[3] Dagegen waren die „Antichriste", deren Treiben Johannes in seinem Briefe schildert, bereits aus der kirchlichen Gemeinschaft, freiwillig wie es scheint, ausgeschieden.[4] Diese trennten gemäß der gnostischen Unterscheidung den Menschen Jesus von dem höheren Christus, nahmen keine wahre Menschwerdung an, und legten Jesu doketisch einen bloßen Scheinkörper bei.[5] Als „Antichriste" bezeichnet sie Johannes, weil ihm die Läugnung der Menschwerdung als die Eine Hauptlüge gilt, die den Urheber zu einem wahren Antichristus mache; denn wer den Sohn läugne, der läugne, da Sohn und Vater wesentlich zusammen gehören, auch den Vater oder Gott in der Wahrheit seines Wesens.

193. Als der Archihäretiker und Vater aller Häresie galt dem christlichen Alterthum der Magier Simon. Wahrscheinlich bestand die magische Thätigkeit, durch welche dieser Mann seine Ansprüche auf göttliche Würde und Sendung unterstützte, in dem Gebrauche, den er von gewissen physikalischen Kenntnissen zu Todten- und Dämonenbeschwörungen, Krankenheilungen und zauberischen Gaukelwerken machte. In seinem Vaterlande Samaria hatte er alles Volk vom Kleinsten bis zum Größten für sich gewonnen: und allgemein

[1] 2 Petr. 2, 19. — [2] 2 Petr 3, 3. 4. — [3] Jud. 12. — [4] 1 Jo. 2, 19. — [5] 1 Jo. 2, 22; 4, 3.

wurde geglaubt, er sei eine als menschliche Persönlichkeit unter ihnen
erschienene, aus der Gottheit emanirte Kraft, und zwar eine so hohe,
daß man ihn vorzugsweise die „große" hieß. [1]   Simon war ohne
Zweifel eine sehr bedeutende Persönlichkeit; seine Anschließung an
das Christenthum war nur äußerlich und vorübergehend, durch das
Verlangen, der apostolischen Charismen theilhaftig zu werden, bewirkt.
Sein Name ist hauptsächlich durch ältere Häretiker mit einem Sagen-
gewebe umsponnen worden, das aber steht fest, daß er später nach
Rom kam, und dort mit Petrus wieder zusammen traf.   Die älteste
beglaubigte Sage über sein Lebensende ist: er habe unter einem Pla-
tanosbaume gepredigt, habe sich dort mit dem Vorgeben, er werde
wieder auferstehen, lebendig begraben lassen, sei aber natürlich nicht
wieder auferstanden. [2]   Die Schrift, welche die Simonianer unter
seinem Namen hatten, die „große Apophasis" (Verkündigung) rührt
wohl nicht von ihm selbst her, wie es denn überhaupt unmöglich ist,
in der Lehre der Simonianer das der spätern Entwicklung der Secte
Angehörige von dem ursprünglichen Dogma des Simon selbst zu
unterscheiden.

194. In der Apokalypse kehrt die Schärfe des Apostels sich besonders gegen die Secte der Nikolaiten, deren Werke und deren
Leben als hassenswürdig bezeichnet werden. [3]   Sie gaben den Diakon Nikolaus zu Jerusalem für ihren Stifter aus.   Ueber ihn und
die Veranlassung, seinen Namen mit der Secte zu verknüpfen, gab
es in der alten Kirche zwei Berichte.   Er hatte eine sehr schöne Frau,
von der er sich aber, um ein enthaltsames Leben zu führen, trennte.
Nach der einen Angabe nun nahm er nach einiger Zeit sein Weib
aus Unenthaltsamkeit wieder zu sich, und stellte endlich die Behauptung auf, wer nicht täglich den Fleischestrieb durch Beiwohnung be-
friedige, der könne nicht selig werden.   Die Nikolaiten scheinen also
derartiges wirklich gelehrt zu haben. [4]   Ganz anders lautet dagegen
der Bericht des Clemens, der wohl genauere Quellen hatte, da er
auch Näheres über den Sohn und die Töchter des Diakons wußte,
daß sie nämlich sehr alt geworden und in steter Jungfrauschaft gelebt
hätten. [5]   Nach diesem Berichte machten die Apostel dem Diakon
Vorwürfe, daß er allzu eifersüchtig auf seine Frau sei; er ließ sie
daher kommen und erklärte unbesonnen und im Eifer, den Vorwurf
von sich abzulehnen, vor der Gemeinde, jeder der wolle, möge sie

---

[1] Act. 8, 10. — [2] Hippol. Philos. p. 176 Miller. — [3] Apoc. 2, 6.
15. — [4] Epiph. 25, c. 1. p. 76. — [5] Clem. Alex. Strom. 3, p. 436.

heirathen. Dieß sei dann von Menschen, die ihre Ausschweifungen damit zu beschönigen gesucht, zum Vorwand genommen worden, in Verbindung mit einem andern Worte des Mannes, daß man sein Fleisch mißbrauchen müsse. Nikolaus verstand dieß von der Bezähmung des Fleischestriebes durch energische ascetische Mittel; die Häretiker aber, die sich nachher mit seinem Namen schmückten, deuteten es von der Nothwendigkeit, sich den Lüsten des Fleisches hinzugeben, um den Stachel derselben damit abzustumpfen. Die Nikolaiten in Ephesus, Pergamus und anderen kleinasiatischen Städten, waren also eine gnostisch — antinomistische Sekte, welche Anbequemung an heidnischen Götzendienst empfahl, das Essen der Götzenopfer, nachdem sie die Speisen durch einen Exorcismus gereinigt, für indifferent erklärte, Weibergemeinschaft unter sich hatte, und denen, die Unzucht getrieben, nach achttägiger Absonderung den Frieden bewilligte. [1]

195. Verschieden von den Nikolaiten waren die Bileamiten, deren der Apostel in dem Sendschreiben an die Kirche zu Pergamus erwähnt; er nennt sie so, weil sie Verführer der Gläubigen zu heidnischer Zuchtlosigkeit waren, wie ehemals Bileam durch seinen dem Balak gegebenen Rath der Verführer der Israeliten geworden war. Auch sie entbanden sich von dem apostolischen Verbote des Essens von Opferspeisen, nahmen an heidnischen Opfermahlzeiten Theil, und ließen sich dadurch zur Unzucht verleiten. In Thyatira gab es damals Anhänger einer gnostischen Prophetin, die der Apostel Jezabel nennt; sie beförderte die gleichen, zur Beschönigung der Unsittlichkeit ersonnenen, Verirrungen. [2]

———

196. Von den vier durch die Kirche anerkannten Evangelien hat Johannes das letzte verfaßt, und so werden wir zum Schlusse dieser Geschichte der Apostel auf die Betrachtung der aus ihrem Kreise hervorgegangenen, aus fünf Schriften bestehenden geschichtlichen Literatur geführt. Jenen vier Berichten gingen Andere vorher, von denen jedoch nichts bekannt ist, als was Lukas im Eingange seiner Schrift darüber sagt: daß nämlich Viele bereits versucht hatten, das Leben Jesu darzustellen, oder die ihnen kund gewordenen an seine Person sich knüpfenden Thatsachen zu erzählen — Thatsachen, von denen die Glieder der Kirche, wie Lukas sagt, fest überzeugt waren. [3] Diese

———

[1] Iren. 2, 27; 3. 11. Theodoret. haer. fab. 3. 1. — [2] Apoc. 2, 20. 24. — [3] Luc. 1, 2.

schriftlichen Aufzeichnungen reichen also bis in die Zeit hinauf, wo
die meisten Apostel und viele andre Augenzeugen noch lebten, und
etwaige Irrthümer sofort ihre Berichtigung finden mußten.

197. Als aber Apostel und namhafte Aposteljünger sich dem
Geschäfte, die Thaten und Lehren Jesu zu verzeichnen, unterzogen,
da verloren sich diese früheren namenlosen Versuche. Zuerst that
dieß der vormalige Zolleinnehmer am See Genesareth und nachherige
Apostel Matthäus. Er schrieb sein Evangelium in hebräischer
(d. h. aramäischer) Sprache, zunächst für die Palästinische Christengemeinde. Dieses aramäische Original ist längst verloren; die Kirche
kannte und gebrauchte wenigstens seit dem zweiten Jahrhundert nur
eine griechische Uebersetzung, deren Urheber schon im Alterthume nicht
bekannt war. Ob diese in der Kirche allein geltende Uebersetzung
sich mit größerer oder geringerer Freiheit dem aramäischen Texte angeschlossen habe, läßt sich nicht sagen. Die aus dem alten Testamente
angeführten Stellen entsprechen häufig weder der Alexandrinischen
Uebersetzung noch dem hebräischen Texte genau. Die Messiaswürde
Jesu darzuthun, die ungläubigen Juden zu überführen, daß die
Nation und ihre Führer in offenbarer, selbstverschuldeter Verblendung
ihn verworfen und getödtet hätten, den gläubigen Juden eine geschichtliche Rechtfertigung dafür, daß sie in einer eigenen Kirchengemeinschaft
sich zusammengethan, zu bieten — das ist der Zweck des Evangelisten.
Darum faßt er die Geschichte Jesu vorzüglich im Zusammenhange
mit dem alten Testamente auf, darum weiset er bei jeder Gelegenheit
auf die durch und an Jesus geschehene Erfüllung einer alttestamentlichen Weissagung oder eines Vorbildes hin. Darum auch, und
weil er für Juden schrieb, denen die Thatsachen noch in lebhafter
Erinnerung waren, sind bei ihm die Geschichten meistens kürzer, die
dabei geführten Reden ausführlicher, und in dieser sorgfältigen
Mittheilung längerer, innerlich zusammenhängender Lehrreden Jesu
verräth er seinen apostolischen Charakter. Dagegen ist er in Thatsachen, in Angabe von Zeit und Ortsumständen oft weniger genau
als Markus und Lukas; er drängt zuweilen das Thatsächliche in
wenige allgemeine Angaben zusammen, er gruppirt das Gleichartige
und folgt überhaupt mehr einer sachlichen als einer chronologischen
Anordnung des Stoffes.

198. Sicher ist das Evangelium des Matthäus das älteste unter
den kanonischen, und hat daher auch den beiden anderen als Vorbild
gedient. Beides, daß Matthäus zuerst, und daß er hebräisch geschrieben, ist die Ueberlieferung der alten Kirche, die durch eine bis

an die apostolischen Zeiten hinanreichende, mit Papias nämlich be-
ginnende Zeugenreihe vertreten wird, und im ganzen Alterthume nie
widersprochen ward.[1] Ferner berichtet Irenäus[2], daß Matthäus
geschrieben, als er im Begriffe gestanden, Palästina zu verlassen,
und daß dieß der Zeit nach mit der gemeinschaftlichen Wirksamkeit
des Petrus und Paulus in Rom zusammenfalle, also zwischen die
Jahre 63 und 67. Jedenfalls ist sein Evangelium noch vor der
Zerstörung Jerusalems verfaßt.

199. Johannes Markus, der Sohn einer zu Jerusalem
wohnenden Christin Maria und Vetter des Barnabas[3], von Petrus
belehrt, diente als Gehilfe nicht nur dem Paulus, sondern auch dem
Barnabas und dem Petrus.[4] Fand er sich bei Paulus in dessen
erster römischer Gefangenschaft[5], so begleitete er auch den Petrus
als dessen Dollmetscher oder Sekretär, dem es oblag, die mündlichen
Aeußerungen des Apostels zu verzeichnen. Unter dem Einflusse des
Petrus[6], d. h. nach den Notizen, die er sich im Umgange mit ihm
und nach Anhörung seiner Vorträge aufgezeichnet hatte, schrieb er
dann auch sein Evangelium in Rom, zunächst für die römische Gemeinde; Petrus soll nach der ältesten Angabe die Herausgabe des
Evangeliums weder gehindert noch dazu ermuntert haben[7], während
er nach der von Eusebius berichteten Sage das Evangelium ausdrücklich bestätigt hätte.[8] Im Widerspruche behauptet Irenäus, daß
Markus erst nach dem Tode des Petrus und Paulus sein Evangelium
bekannt gemacht habe.

200. Papias, der jene Beziehungen des Markus-Evangeliums
zu Petrus nach der Aussage des Presbyters Johannes, eines Schülers
des Herrn, mittheilt, fügt noch bei, Markus habe Einiges nicht in
der Ordnung, wie es geschehen, sondern in der Auseinanderfolge, in
der er es von Petrus gehört, aufgeschrieben. Dabei hat indeß Markus
auch die Evangelien des Matthäus und Lukas in seinem Berichte,
theils abkürzend, theils verschmelzend, theils auch erweiternd benützt,
so zwar, daß nur sechs Erzählungen ihm eigenthümlich sind.[9] Für
diese Benützung der beiden andern Evangelien und die zu treffende

---

[1] Papias ap. Eus. 3, 39. Pantaen. ap. Eus. 5, 10. Orig. ap. Eus.
6, 25. Euseb. 3, 24. Epiph. haer. 30, 3. Hieron. praef. in Matth. —
[2] Eus. 3, 24. Iren. 3, 1. — [3] Act. 12, 12. — [4] 1 Petr. 5, 13. Col 4,
10. — [5] Philem. 24. — [6] Papias ap. Eus. 3, 39. Tertull. c. Marc. 4.
5. Iren. 3, 1. Eus. 5, 8. — [7] Clem. Alex. Hypotyp. ap. Eus. 6, 14. —
[8] Eus. 2, 15. Dem. evg. 3, 5. Hieron. ad Hedib. 150, 11. — [9] Marc.
4, 26—29; 7, 32—37; 8, 22—26; 11, 1—14; 13, 33—37; 16, 9—11.

Auswahl war ihm nun das von Petrus Vernommene maßgebend. Er gibt größtentheils nur die Thatsachen mit Uebergehung der längern Reden so wie der Geburt und Jugendgeschichte Jesu, erst mit dem Auftreten des Täufers beginnend. Sein Weglassen alles dessen, was nur für die Juden vorzugsweise bedeutsam war, seine beigefügte Erklärung jüdischer Sitten und Oertlichkeiten zeugt, daß er zunächst für Heidenchristen schrieb.

201. Ob der griechische Arzt Lukas aus dem Heidenthume oder aus dem hellenischen Judenthume Christ geworden sei, ist zweifelhaft, indeß verräth er eine genaue Kenntniß jüdischer Zustände und Sitten, und gebraucht in der Apostelgeschichte jüdische Zeitrechnung. Sein Evangelium führt uns in den Kreis des Paulus, denn an diesen Apostel hatte Lukas sich mit treuer Hingebung angeschlossen, ihn begleitete er auf seinen Missionsreisen, auch in Rom hielt er standhaft bei dem gefangenen Apostel aus, weßhalb ihn Paulus vor Andern besonders rühmte.[1] Lukas erwähnt, daß Viele bereits vor ihm als Verfasser evangelischer Berichte sich versucht, daß er Alles von Anbeginn' an genau erforscht[2]), also ohne Zweifel auch die schon vorhandenen Berichte geprüft und benützt habe. Er selbst hat zunächst für einen Christen Theophilus geschrieben, wahrscheinlich einem Römer von Rang, um demselben zu zeigen, wie zuverlässig sein empfangener Unterricht sei. Daß Paulus oder die Lehrweise Pauli einen gewissen Einfluß auf dieses Evangelium, auf die Auffassungsweise des Verfassers, die Auswahl des Stoffes geübt habe, ist unverkennbar, so daß Irenäus geradezu sagt: Lukas habe das von Paulus verkündigte Evangelium in seinem Buche verzeichnet.[3]) Die Lehre und Anschauung, welche Paulus als Heidenapostel vorzugsweise vertritt, die Berufung der Heiden, die universale Bestimmung des Christenthums, die der glaubensvollen Liebe und Demuth gewährte Sündenvergebung treten in den Parabeln und Erzählungen bei Lukas sichtlich hervor. Daß dieses dritte Evangelium von keinem Andern als ihm herrühre, darüber hat in der Kirche von Anfang an nie ein Zweifel bestanden. Dieß gilt auch von der zweiten geschichtlichen Composition des Lukas, der Apostelgeschichte, der Fortsetzung oder dem andern Theile seines Evangeliums. Nur eine ganz vereinzelt stehende, spätere Notiz[4]) erwähnt, daß sie von Einigen auch dem Römer Clemens, von Andern dem Barnabas zugeschrieben werde. Auch dieses Buch ist

---

[1] 2 Tim. 4, 10, 11. — [2] Luc. 1, 1—3. — [3] Iren. 3, 1. — [4] Phot. quaest. Amphil. 115.

zur Belehrung des Theophilus verfaßt und der Stoff aus dreifacher Quelle, aus schon vorhandnen Berichten, aus mündlicher, im Verkehre mit den Aposteln und andern Zeugen gewonnener Mittheilung, und aus eigner Zeugenschaft geschöpft. Durch sein „Wir" zeichnet sich der Verfasser im letzten Theile des Buches mehrmals als Augenzeugen und Theilnehmer an den Ereignissen. ')

202. Weit verschieden von den drei ältern Evangelien ist das vierte und jüngste Evangelium, das des Apostels, „den Jesus lieb hatte," der allein auch am Kreuze noch bei ihm ausgeharrt, und dem er seine Mutter anvertraut hat. Dieses Evangelium wurde in Ephesus um d. J. 97 veröffentlicht, nachdem es Johannes in hohem Alter während oder gleich nach seiner Verbannung auf Patmos verfaßt hatte. Geschrieben wurde es auf die dringenden Bitten der vorderasiatischen Bischöfe und der Gesandtschaften vieler Gemeinden und selbst mehrerer noch lebenden Jünger Christi, unter denen sich auch der Apostel Andreas befunden haben soll. Nach einer sehr alten, bis an die Zeit Polykarps, des Jüngers Johannis, hinanreichenden Nachricht, hatte Johannes denen, die ihn zur Abfassung eines neuen Evangeliums aufforderten, gesagt, sie möchten mit ihm ein dreitägiges Fasten begehen, auf daß Gott ihnen seinen Willen offenbare. Darauf sei dem Apostel Andreas geoffenbart worden, Johannes solle Alles in eignem Namen niederschreiben, die übrigen aber es durchsehen. ²) Der Apostel hatte aber einen doppelten Zweck bei der Abfassung dieses Evangeliums, einmal nämlich, die Berichte der ältern Evangelien zu vervollständigen, und dann der jüdisch-gnostischen Irrlehre, die durch Cerinthus vertreten, selbst in Ephesus Fuß zu fassen strebte, und besonders ihren Behauptungen bezüglich der Person Christi entgegen zu treten. ³) Dieß ist im Evangelium, ohne alle directe Polemik, ohne nähere Bezeichnung der Irrlehre, durch die bloße Darlegung der entgegengesetzten Thatsachen ⁴), geschehen. Auch die Absicht, ein pneumatisches Evangelium zu schreiben, wird ihm durch eine alte Ueberlieferung beigelegt: da die andern drei Evangelien das Leibliche, die Thaten

---

') Act. 16, 10—17; 20, 5—15; 21, 1—18; 27, 1—28. — ²) Canon Murat. Dieselbe Tradition hat im Wesentlichen Hieronimus, praef. Comment. in Matth. mit Berufung auf die ecclesiastica historia, die dieß erzähle, und mit Hervorhebung des Prologs des Evangeliums als besonderer Frucht der damals dem Johannes zu Theil gewordenen Offenbarung. — ³) Euseb. 6, 11. — ⁴) Clem. Alex. ap. Euseb. 6, 11.

Christi vorzugsweise behandeln, habe er das Geistige an Christus besonders hervorheben wollen.

203. Die alte Angabe, daß Johannes die drei andern Evangelien habe vervollständigen wollen, wird durch die Vergleichung des seinigen mit diesen bestätigt. Er setzt größtentheils das durch diese Berichtete voraus, er geht ihnen mehrfach ergänzend nach, und mitunter ist seine Erzählung nur durch Hinzunahme der früheren Nachrichten verständlich. Außer der Leidensgeschichte hat er nur drei Ereignisse mit den drei ältern gemein, die Speisung der Fünftausend, das Wandeln Jesu auf dem See und die Salbung durch Maria. Er übergeht mit Vorbedacht die wichtigsten Dinge, die Geburt Jesu, die Jordantaufe, die Versuchung, die Verklärung, die Einsetzung des Abendmahls, obgleich er die dieser unmittelbar vorhergegangene Fußwaschung berichtet, den Seelenkampf in Gethsemane. Auch in der Leidensgeschichte übergeht er das aus den übrigen Evangelisten Bekannte, wo es ihm nicht wegen des Zusammenhanges oder wegen eines beizubringenden Zusatzes unentbehrlich ist; er erzählt so, daß sein Bericht stets in den der anderen eingreift, er schweigt, wo diese reden, und umgekehrt. Einmal bringt er selbst eine ausdrückliche chronologische Berichtigung der in den ältern Evangelien gegebenen Darstellungen.[1] Vor den andern Evangelisten eignet ihm der Vorzug der genauen Zeitbestimmung, und der größern Frische, Lebendigkeit und Anschaulichkeit der Erzählung, wie er denn auch wiederholt für die Wahrheit seines Berichtes mit Hinweisung darauf, daß er Augen- und Ohrenzeuge gewesen, sich verbürgt.[2] Bei aller durch seine Absicht bedingten Auswahl des Stoffes ist die Anordnung desselben doch eine fast dramatische, die Geschichte schreitet der Zeitfolge gemäß fort, man sieht die Steigerung der jüdischen Feindseligkeit, die Entwicklung bis zur Katastrophe; das Evangelium ist ein wohlgegliedertes, harmonisches Ganzes, in welchem Klarheit mit eigenthümlicher Tiefe, Einfachheit des Ausdruckes mit schwungvoller Erhabenheit des Gedankens gepaart ist. Dabei schimmert überall die begeisterte Liebe des Verfassers zu dem, an dessen Herzen er einst geruht, hindurch, auch die kleinsten Züge weiß er mit in das Gesammtbild seines Herrn zu verweben. Doch sind ihm die Lehren Jesu die Hauptsache: die Thatsachen, die er berichtet, sollen oft nur zur Rede des Herrn vorbereiten, wie er denn auch nur fünf seiner Wunderwerke erzählt. Nur wegen einer

---

[1] Jo. 3, 24. — [2] Jo. 1, 14; 19, 35.

einzuleitenden Rede Jesu wiederholt er die schon von den andern
Evangelisten berichtete Brodvermehrung und sein Wandeln auf
dem See.

204. Der Schauplatz und auch größtentheils der Inhalt der
Geschichte ist bei Johannes ein anderer, als bei den übrigen Evangelisten. Matthäus, der Zöllner im Galiläischen Capernaum, und
die von ihm abhängigen Lukas und Markus schildern das Wirken
Jesu in Galiläa seit der Gefangensetzung des Täufers unter den
dortigen Fischern, Bauern und Kleinstädtern. Hier greift Johannes
ergänzend ein, indem er das, was zwischen die Versuchung Jesu und
die Haft des Täufers fällt, besonders sein erstes öffentliches Auftreten in Judäa mittheilt.[1] Die Festreisen Jesu nach Jerusalem
wurden in den ältern Evangelien angedeutet, vorausgesetzt, aber
nichts Näheres ward darüber berichtet, wohl schon deshalb, weil
Matthäus, durch sein Amt gehindert, nicht dabei war. Nur Lukas
hat eine reichhaltige Sammlung von Notizen über Thaten und Lehren
Jesu, die in zwei Reisen durch Samaria nach Jerusalem fallen, und
eine über die Gränzen von Galiläa hinaus sich erstreckende Lehrthätigkeit
Jesu darstellen[2], bricht aber auch beim Eintritte des Herrn in die
Hauptstadt ab. Dagegen berichtet Johannes, der unzertrennliche
Begleiter Jesu, jede Reise nach Jerusalem und jedes dortige Verweilen; er berichtet die Thaten und Lehren Jesu in Judäa und
besonders in der heiligen Stadt. Daher denn auch die große Verschiedenheit der Form zwischen den Lehren und Reden Jesu bei den
ältern Evangelisten, und denen, die Johannes bringt. Jene theilen
vorzugsweise die für das galiläische Volk bestimmten, in Gnomen,
Parabeln und sittlichen Vorschriften sich bewegenden Vorträge mit;
Johannes dagegen berichtet mehr, was Jesus in der Hauptstadt,
im Verkehr mit Vornehmern, mit Priestern und Gesetzesgelehrten
sagte; er erzählt ganze Gespräche und Vorträge, die durch Einwürfe
und Gegenreden unterbrochen wurden; die Worte Jesu sind bei ihm
oft feierlicher, räthselhafter, schwerer verständlich; ohne Zweifel auch
darum, weil gerade solche Aeußerungen seines Herrn sich ihm, seiner
Geistesrichtung nach, am tiefsten eingeprägt hatten, und weil es in
seinem Zwecke lag, den Messias als den Mensch gewordenen, göttlichen Logos nachzuweisen, und daher auch besonders jene Aussprüche
Jesu anzuführen, welche, dem Jüdischen Unglauben entgegentretend,
auf seine göttliche Messiaswürde und himmlische Abkunft sich bezogen.

---

[1] Jo. c. 1—4. — [2] Luc. 9, 51; 19, 28.

205. Ohne sich zu nennen, macht der Verfasser des vierten Evangeliums sich doch so kenntlich, daß selbst ohne die kirchliche Tradition kein Zweifel über ihn bestehen könnte. Er bezeichnet sich in der Erzählung nur als „den Jünger, den Jesus lieb hatte" oder als den „andern Jünger". Geschrieben hat er, wie er sagt, „damit ihr glaubet, daß Jesus sei der Christus, der Sohn Gottes," nicht für Juden noch für erst zu belehrende Heiden, sondern für Heidenchristen und griechisch-jüdische Christen. Der erste seiner Briefe scheint ein Begleitschreiben zu seinem Evangelium zu sein. Wenn es am Eingange dieses Briefes heißt: „Was wir gehört und gesehen haben mit unseren Augen, was wir betastet haben vom Logos des Lebens, das verkünden wir euch"; wenn er weiter hin nach den Worten „ich schreibe euch" gleich von dem redet, was er ihnen bereits geschrieben habe[1]), so muß sich dieß auf sein Evangelium beziehen. Ueberhaupt steht der Brief, was Geist und Richtung betrifft, mit dem Evangelium in der engsten Verknüpfung. Das Evangelium ist denn auch als das Werk des Johannes durch die ganze kirchliche Tradition, durch den Einfluß, den es von Anfang an auf die Lehre und Denkweise der Gläubigen, auf ihre Schriften ausgeübt hat, auf's Vollständigste bezeugt. „Es ist, sagt Eusebius, sämmtlichen Kirchen unter dem Himmel durchweg bekannt, und muß in erster Linie einstimmig angenommen werden."[2]) Wäre es, wofür man es neuerdings auszugeben versucht hat, ein unterschobenes Machwerk aus der Mitte des zweiten Jahrhunderts, so müßte es wie durch ein Wunder auf einmal in allgemeinen Gebrauch und zu Ansehen gelangt sein, während doch damals andere unächte Evangelien sorgfältig von den Christen zurückgestoßen wurden. Unbegreiflich wäre dann, daß keiner der zahlreichen, damals noch lebenden Schüler des Johannes seine Stimme dagegen erhob, unbegreiflich auch, daß nicht einmal einzelne Kirchen, wie bei dem Hebräerbrief und der Apokalypse geschehen, eine Zeitlang Bedenken hegten oder ungewiß blieben, und daß namentlich die kleinasiatischen Kirchen, die bis zuletzt unter der Leitung des Johannes gestanden, es sofort annahmen.

206. Neben diesen Evangelien werden andere erwähnt, unter denen das Hebräer-Evangelium in syrochaldäischer Sprache das älteste und bedeutendste war. Die Grundlage dieser Schrift bildete das aramäische Original des Matthäus. Es hat in zweifacher

---

[1]) 1 Jo. 2, 12—14. — [2]) Eus. 3, 24.

Gestalt existirt; denn die beiden judenchristlichen Secten der Ebioniten und der Nazaräer hatten dasselbe, aber jede hatte es mit eigenthümlichen Zusätzen. Der Judenchrist Hegesippus [1]), der es zu gelegentlichen Anführungen gebrauchte, kannte es wahrscheinlich in der Gestalt, die es bei den Nazaräern hatte. Beide Partheien behaupteten selbstverständlich, daß ihr Evangelium die ächte Schrift des Matthäus sei, und der Ebionit Symmachus am Ende des zweiten Jahrhunderts bekämpfte in seinen Denkwürdigkeiten das griechische Matthäus-Evangelium, natürlich, indem er die Aechtheit der Ebionitischen Gestaltung desselben voraussetzte. [2]) Die der Kirche näher stehenden Nazaräer hatten es ganz unverkürzt, also namentlich mit den zwei ersten, in dem Ebionitischen Evangelium fehlenden Kapiteln. [3]) Von Hieronymus, dem die Nazaräer von Beröa es abzuschreiben gestatteten, wurde es in's Griechische und Lateinische übersetzt. Er selbst theilte die auch sonst verbreitete Ansicht, daß es in der Hauptsache die Urschrift des Matthäus sei, aber die nicht unverändert gebliebene Urschrift. [4]) Das Evangelium war nicht, wie neuerlich behauptet wurde [5]), eine corrumpirte Uebersetzung aus dem griechischen Matthäus, sondern nach der Angabe des Hieronymus waren alle alttestamentlichen Stellen nach dem hebräischen Texte und nicht nach der Alexandrinischen Uebersetzung angeführt, und derselbe Kirchenlehrer, der es genau kannte, da er es zweimal übersetzte, würde diesen Ursprung leicht entdeckt haben. Er ist aber immer der Ansicht geblieben, daß es aus dem hebräischen Matthäus geflossen sei, aus demselben, den der Apostel Bartholomäus nach Südarabien oder Aethiopien gebracht hatte, und den Pantänus hundert Jahre später dort fand. [6])

---

[1]) Euseb. 4, 22; 3, 20. Phot. bibl. cod. 232. — [2]) Euseb. 6, 17. — [3]) Epiph. haer. 29, 9. — [4]) Hier. de vir. ill. 3 adv. Pelag. 3, 1. — [5]) Delitzsch, in der Zeitschrift für Luth. Theologie 1850, S. 463. — [6]) Hieronymus hat nicht zwei verschiedene Schriften, ein Aramäisches Matthäus-Evangelium, und ein Nazaräisches Hebräer-Evangelium gekannt, sondern nur eine Schrift, die ihm die Nazaräer mittheilten, die er abschrieb und dann übersetzte, und von der sich auch ein Exemplar in der Pamphilischen Bibliothek zu Cäsarea befand. Von dieser sagt er einmal, sie sei das Original des Matthäus, sonst aber: sie werde von Vielen für den authentischen Matthäus gehalten. Sie ist ihm „das Evangelium, dessen sich die Nazaräer bedienen", (ad Matth. 12, 13. Comm. in Ezech. 24, 7. ad. Matth. 23, 35.) oder das, „welches mit hebräischen Buchstaben geschrieben ist." (Epist. ad Hedib.) Das Hebräer-Evangelium der Nazaräer stimmte also, bis auf die von ihm bemerkten Stellen und Zusätze,

207. Die „Säulen der Kirche," Petrus, Jakobus Alphäi, Johannes und neben ihnen Paulus und Barnabas sind es, von deren apostolischer Thätigkeit die Geschichte Zeugniß gibt; von der Wirksamkeit der acht übrigen Apostel enthalten die neutestamentlichen Schriften keine Spur, die späteren Quellen nur höchst dürftige zum Theil unsichere Notizen. Mehrere sollen nach weit entfernten Ländern als Verkündiger Christi gezogen sein, und so weit jüdische Gemeinden in solchen Gegenden den Aposteln Anhalt und Stützpunkt gewährten, ist dieß glaublich. Daß Andreas in Scythien, Thomas in Parthien, d. h. dem westlichen Theile des Parthischen Reiches, zwischen dem Euphrat und Tigris, gewirkt habe, berichtet bereits Origenes.[1]) Dort, in Edessa, befand sich auch des letzteren Grabmal, und nur die Gräber der vier Apostel Petrus, Paulus, Johannes und Thomas kannte man noch im vierten Jahrhundert.[2]) Bartholomäus kam bis nach „Indien", womit wahrscheinlich das südliche Arabien gemeint ist, und hundert Jahre später fand Pantänus dort das von ihm dahin gebrachte aramäische Evangelium des Matthäus.[3]) Von Matthäus selbst berichtet die älteste Quelle nur, daß er ein Leben strenger Enthaltung geführt, und kein Fleisch genossen habe.[4]) Philippus lehrte in Phrygien und starb in Hierapolis. Seine drei theils vermählten theils jungfräulichen Töchter standen noch lange nach ihrem Tode in hohem Ansehen, und der Bischof Polykrates von Ephesus im zweiten Jahrhundert gedenkt ihrer als hochgeehrter Säulen der Kirche von Asien.[5]) Von Matthias ist nur ein Ausspruch über die Nothwendigkeit, das Fleisch durch Abtödtung völlig zu zähmen, bewahrt worden.[6]) Daß Matthias, Thomas, Philippus und Matthäus eines natürlichen Todes gestorben seien, behauptete bereits um die Mitte des zweiten Jahrhunderts Herakleon, und Clemens, der dieß anführt, widerspricht nicht.[7])

----

größtentheils mit dem Griechischen Matthäus-Texte überein, und er kannte beides sagen, daß die Nazaräer-Schrift der hebräische Matthäus sei, (dem Wesen nach), oder auch, daß Viele sie für den ächten hebräischen Matthäus hielten — diejenigen nämlich, welche nur von der großen Uebereinstimmung, nicht aber von den Abweichungen und Einschaltungen wußten. Das Ebionitische Hebräer-Evangelium hat Hieronymus nicht näher gekannt, wie umgekehrt Epiphanius nur dieses, nicht aber das Nazaräische (wenigstens nicht genauer) kannte. — [1]) Ap. Eus. 3, 1. — [2]) Chrysost. in Hebr. hom. 26. — [3]) Eus. 5, 10. — [4]) Clem. Alex. Paedag. 2, 1. p. 114. — [5]) Ap. Eus. 5, 24. — [6]) Clem. Alex. Strom. 3, p. 436. — [7]) Strom. l. 4, p. 502. Statt Ματθαῖος ist aber Ματθίας zu lesen; denn der nachher genannte Levi ist Matthäus.

Barnabas endlich, von Chriftus gleich Paulus unmittelbar zum
Apoftolat berufen, von Lukas und dem Apoftelconcilium dem Paulus
noch vorgeſetzt, von Hieronymus mit Recht als der vierzehnte Apoftel
mit dem dreizehnten, Paulus, gezählt, ſcheint auf Cyprus geftorben
zu ſein. Der unter ſeinem Namen vorhandene und ſchon in der
alten Kirche viel geleſene Brief an die Judenchriften kann aber nach
entſcheidenden Innern Gründen nicht von ihm ſein, ſondern iſt ſpäter,
wohl ohne Abſicht der Täuſchung, durch bloßes Rathen ihm beigelegt
worden. Der Brief iſt deutlich erſt nach der Zerſtörung von Jeruſalem geſchrieben, in einer Zeit, wo ein Verſuch gemacht wurde,
den jüdiſchen Tempel wiederherzuſtellen[1]), was nur in der Periode
zwiſchen Nerva und der zweiten Zerſtörung unter Hadrian (97—135)
geſchehen ſein kann. Die ſchroffe Härte des Urtheils über alles
Jüdiſche, die maßloſe Uebertreibung in der Angabe über den ſittlichen
Charakter der Apoftel vor ihrer Berufung, die Menge von gezwungenen
typiſch-allegoriſchen Deutungen, die ungeſchichtlichen und unbibliſchen
Behauptungen z. B. über die Beſchneidung — alles dieß ſind Dinge,
die den Gedanken an einen Leviten und Apoftel als Verfaſſer dieſes
Briefes gar nicht auffommen laſſen. Er iſt ſichtlich das Werk eines
namenloſen Alexandriniſchen Allegoriften in der erſten Hälfte des
zweiten Jahrhunderts. Daß ihm nachher der Name des Barnabas
vorgeſetzt ward, geſchah wohl, weil man in der mit gelehrter alle-
goriſcher Ausbeutung des Ceremonialgeſetzes verbundenen antijüdiſchen
Richtung des Briefes einen Mann, der Heidenapoftel und Levit zugleich war, zu erkennen wähnte. Doch hat ſchon Euſebius das
Schreiben als ein unächtes Erzeugniß mit anderen entſchieden apo-
kryphiſchen Schriften zuſammengeſtellt.[2])

208. Markus pflanzte die chriftliche Kirche zu Alexandrien,
und Euſebius[3]) läßt ihn im J. 62 den Anianus als erſten Biſchof
dort einſetzen. Jahrhunderte lang bewahrte man ſeinen Mantel,
mit dem jeder neue Biſchof bei ſeiner Beſitznahme ſich bekleidete[4]),
und im vierten Säculum wallfahrtete man bereits von ferne her zu
ſeinem in der Nähe der Stadt befindlichen Grabe.[5]) Titus, den
Paulus zuletzt noch nach Dalmatien geſandt hatte, kehrte nach Creta
zurück und ſtarb dort.[6]) Thaddäus oder Addäus, ein aus Edeſſa
gebürtiger Jude und einer der 70 Jünger, wurde von dem Apoftel

---

[1]) Ep. Barn. c. 16. — [2]) Eus. 3, 25. — [3]) Eus. 2, 16. — [4]) Literal.
Brev. c. 20. — [5]) Pallad. hiſt. Laus. c. 113. — [6]) Addus Gr. ad Hieron.
de vir. ill. c. 12.

Thomas nach seiner Vaterstadt gesandt, bekehrte dort den König
Abgar von Oshroene mit einem Theile des Volkes, worüber Eusebius
einen Bericht in dem Archive zu Edessa fand. [1]) So durfte diese
Stadt sich rühmen, unter allen Städten die erste ganz christliche und
der feste Punkt geworden zu sein, von welchem aus das Christenthum sich im Persischen Reiche verbreitete.

---

[1]) Eus. 1, 13. vgl. Assemani Bibl. Orient. III. P. II. p. 3 sq. Acta
s. Thoma III. Thilo, p. 116.

Zweites Buch.

Die Lehre der Apostel.

---

1. Schrift und Tradition.

1. Es lag in der Abkunft und Würde des Stifters der christlichen Religion, daß er selber nicht schrieb. Er war zu erhaben, um Schriftsteller zu werden. Nicht durch ein Buch, durch seine Thaten, durch sein mündliches Wort, durch die Heilmittel, die er einsetzte, und den Geist, den er verlieh, wollte er den Grund zu seiner Kirche legen. Auch seinen Jüngern gab er nicht den Auftrag, zu schreiben. Mündlich, von einem Orte zum andern wandernd, überall persönlich zeugend und eingreifend, sollten sie die Botschaft von ihm verbreiten und Gemeinden bilden. Als er ihnen den höheren Beistand des göttlichen Geistes verhieß, gedachte er nicht einer schreibenden Thätigkeit, sondern nur der Fälle, wo sie zu reden haben würden. Selbst in jenem feierlichen Momente, als er, Abschied von ihnen nehmend, seine letzten, ihre ganze apostolische Thätigkeit zusammenfassenden Aufträge ihnen hinterließ, wird der Abfassung von Schriften nicht erwähnt. So war es auch bei der Berufung des Paulus. Und unter den von diesem aufgezählten Charismen [1]) ist zwar ein prophetisches, aber keine besondere Gabe des Schreibens.

2. Mehrere Apostel, Jakobus der Zebedäide, Philippus, Thomas, Simon, Matthias, haben denn auch nichts Schriftliches hinterlassen.

---

[1]) Rom. 12. 1 Cor. 12.

Ein Vierteljahrhundert nach dem Abſchiede Chriſti verfloß, bis der
Anfang damit gemacht ward. Diejenigen, welche dann ſchrieben,
kamen erſt durch beſondere Anläſſe dazu, und wollten keineswegs
damit religiöſe Urkunden oder vollſtändige Bekenntnißſchriften hinter-
laſſen, keine Bücher, welche wie die Bücher Moſis und die der
Propheten, oder wie die grundlegenden Schriften anderer Religionen
als göttlich geoffenbarte Lehr- und Geſetzbücher ſich ankündigten.
Keiner der Apoſtel hat es für nöthig gehalten, keiner es unternommen, die Summe ſeiner mündlichen Verkündigung in einer oder
mehreren Schriften zuſammengefaßt niederzulegen, noch weniger
konnte die Abſicht ſein, daß die Schriften der einzelnen Apoſtel zu-
ſammengenommen, und ſich wechſelſeitig ergänzend, das Ganze der
chriſtlichen Lehre darbieten ſollten. Das konnte ſchon darum nicht
erſtrebt werden, weil ein gemeinſchaftliches Schreiben nach etwa vor-
ausgegangener Verſtändigung und Vertheilung bei den Apoſteln
nicht ſtattfand. Jeder ſchrieb wie beſondere Anläſſe und örtliche
Bedürfniſſe ihn dazu drängten, namentlich um den Mangel des
perſönlichen Verkehrs zu erſetzen, um dem was durch ſeine mündliche Lehrthätigkeit zu Stande gekommen war, nachzuhelfen, Fragen
zu beantworten, Zweifel zu löſen, auftauchende Mißbräuche und
Verirrungen zu rügen, kurz daſſelbe zu thun, was ſie am häufig-
ſten und wirkſamſten mündlich thaten. Paulus legte auf ſeine mündliche Wirkſamkeit, auf das Sehen und Sprechen, mehr Werth und
Gewicht als auf ſein Schreiben. Während er den römiſchen Chriſten
den ausführlichſten und lehrhafteſten ſeiner Briefe ſchrieb, ſehnte er
ſich doch, ſie zu ſehen, um ihnen aus der Fülle ſeines Geiſtes eine
Gnadengabe zur Stärkung ihres Glaubens mitzutheilen.[1] Den
Gläubigen zu Theſſalonika ſchrieb er: er bete ohne Unterlaß, ſie
wieder zu ſehen, um die Mängel ihres Glaubens zu erſetzen.[2]
Ju allen Briefen der Apoſtel wird die Kenntniß des Glaubens-
inhalts ſchon vorausgeſetzt; „ich habe euch nicht geſchrieben, als
wüßtet ihr die Wahrheit nicht", ſagt Johannes.[3]   Nur erinnern
an mündlich Mitgetheiltes wollten die Apoſtel; hauptſächlich aber
ſind ihre Briefe paränetiſchen Inhalts. Ethiſche Ermahnungen,
Vorſchriften und Rathſchläge über das Verhalten in mancherlei, zum
Theil ganz eigenthümlichen und nur damals vorgekommenen Lebens-
verhältniſſen, Rügen drohender oder eingeriſſener Mißbräuche und
Laſter bilden einen großen Theil des Stoffes.

---

[1] Rom. 1, 11 sq. — [2] 1 Thess. 3, 10. — [3] 1 Joh. 2, 21.

3. Ueberschauen wir den dogmatisch-lehrhaften Inhalt der apostolischen Reden und Briefe, so sind es bei Petrus die Lehrpunkte
von der messianischen Würde Christi, die sühnende und besonders
die reinigende Kraft seines Leidens und Todes, seine Wirksamkeit im
Todtenreiche, dann die drei Bedingungen des Heils und der Selig-
keits-Hoffnung: Sinnesänderung, Glaube und Taufe, endlich die
Parusie des Herrn und die Welterneuerung, welche und zwar in
kürzester Form, bloß assertorisch, erwähnt werden. Im Brief des
Jakobus ist der Grundgedanke die Erhebung und Vergeistigung
des Gesetzes zu einem Gesetze der Freiheit; im Uebrigen flicht er seinen sittlichen Ermahnungen und Rügen nur die Lehre ein, daß
nicht der Glaube allein, sondern der Glaube zugleich mit den Werken
die Menschen vor Gott rechtfertige. In den Schriften des Johannes ist es der göttliche Logos, der eingeborne Sohn, der als
Leben das Prinzip des Lebens für die ganze Menschheit ist, und sich
durch das dreifache Mittel und Zeugniß seines Blutes oder Todes,
des Wassers (der Taufe) und des von ihm gegebenen heiligen Geistes
als Befreier von der Macht und Befleckung der Sünde erweist.
Das Leben, das er gibt, ist vor Allem Liebe Gottes, und damit und
daraus Wegnahme der Sünde, Befähigung sich selbst zu heiligen,
Kraft der Erkenntniß Gottes und der Erfüllung seiner Gebote, Zuversicht der Gebetserhörung, sichere, freudige Hoffnung auf Vollendung des Heils.

4. Den reichsten dogmatischen Stoff bietet natürlich Paulus,
und zum Theil in ausführlicher, dialektischer, aus alttestamentlichen
Stellen argumentirender Erörterung. Gleichwohl enthalten seine Briefe
zu beträchtlichem Theile blos paränetischen Stoff. Der ganze Phi-
lipperbrief ist eine Herzensergießung des Dankes und der Liebe ohne
doctrinelle Ausführungen. Vieles ist nur Vertheidigung seiner amt-
lichen Würde und seines Verfahrens bezüglich der Heiden, namentlich ist der ganze zweite Brief an die Korinthier der Feststellung
seiner vielfach angefochtenen apostolischen Autorität gewidmet. Dann
sind es praktische, Leben und Zucht der Gläubigen betreffende Fragen,
die ihn, besonders im ersten Korinthierbriefe, viel beschäftigen: Parteiwesen in den Gemeinden, Gebrauch der Geistesgaben, Opferfleisch,
Unzucht, Ehe, Agapen, Kopfbedeckung der Frauen. Die Briefe an
Timotheus und Titus sind Anweisungen über Führung des Lehr- und
Hirtenamtes. Ueberwiegend dogmatisch sind die Briefe an die Römer,
Galater, Colosser, Ephesier. Sein Hauptbrief, der an die Römer, führt
die Lehre aus, daß die Gerechtigkeit, ohne welche bei der allgemei-

nen Sündhaftigkeit Niemand zum Heile gelange, auf dem Wege der
Mosaischen Gesetzesbeobachtung vergeblich erstrebt, von Christus mittelst des Glaubens an ihn als Gnadengeschenk gewährt werde. Auch
der Galaterbrief soll gegen jüdische Werkgerechtigkeit zeigen, daß das
Gesetz wohl der Pädagog zu Christus, das Heil aber von dessen Beobachtung unabhängig sei. In dem Briefe an die Colosser werden die
beiden Glaubenswahrheiten der göttlichen Würde Christi und der Erlösung kurz besprochen, in dem an die Ephesier die Vorzüge der Kirche
und das Glück ihrer Gemeinschaft anzugehören. In den Briefen an
die Thessalonicenser ist es neben vielem Persönlichen und Paränetischen blos die Erwartung der Parusie Christi, welche in Verbindung
mit der Auferstehungslehre besprochen wird. Endlich wird im Hebräerbriefe, dem ausführlichsten dogmatischen Schreiben nebst dem
Römerbriefe, mittelst einer ganz für damalige Juden berechneten
Argumentation die unendliche Erhabenheit der Person Christi, der
daraus sich ergebende Vorzug des Christenthums vor der alttestamentlichen Religionsordnung, und der Unterschied des alttestamentlichen
und des neutestamentlichen Hohenpriesters und Opfers gezeigt.

5. Alles dieß, einzeln und zusammengenommen, ist weit entfernt von einem Codex der Lehre oder einer Summe des Glaubens.
Schon gleich die christliche Haupt- und Grundlehre, die den damaligen
Juden so fremde und anstößige, den Heiden unerhörte Lehre von der
göttlichen Trinität, das Dogma, dessen Feststellung und Ausbildung
die Kirche Jahrhunderte lang beschäftigen sollte, wird nirgends eingehend besprochen, stets nur vorausgesetzt, kaum vorübergehend berührt. Und doch war ohne diese Lehre das ganze auf diesem Fundamente ruhende Christenthum unfaßbar, und mußte jeder Gläubige
dieselbe als Thatsache an sich selber durchleben, mußte in der Manifestation des Vaters durch die Incarnation des Sohnes und in der
Wirksamkeit des Sohnes durch den heiligen Geist die Verwirklichung
seines Heils erkennen und empfinden, wenn es auch den Christen
damals noch ganz ferne lag, sich des Mysteriums in Gestalt einer
abstrakten Theorie oder Spekulation bemächtigen zu wollen.

6. Bei allem Gemeinschaftlichen tritt in den apostolischen
Schriften die geistige Eigenthümlichkeit, der individuelle Charakter der
Verfasser auf's deutlichste hervor. Sie sind nichts weniger als blos
unselbstständige, aller eignen Geistesthätigkeit sich entäußernde Werk-
zeuge. So bilden Johannes und Paulus einen auffallenden Contrast.
Ruhig, assertorisch, ohne dialektische Bewegung, das contemplative
Auge auf Gott und den menschgewordenen Logos gerichtet, schreibt

Johannes.   Dagegen macht die hastige, in prägnanten, kurz abge-
brochenen Sätzen sich fortbewegende Darstellung des Paulus den Eindruck, als ob er oft unter der Fülle der auf ihn einströmenden Gedanken fast erliege. Die Menge seiner Digressionen, Fragen, Ausruf-
ungen, unvollendeter oder halb ausgesprochener Sätze, die Anakoluthe,
die Parenthesen, die oft schwerfälligen Perioden, alles dieß offenbart
den feurigen Drang seines Geistes, die tiefe Anfregung und die Begierde, zu überzeugen, zu erschüttern, welcher selbst die Wortfülle einer
so reichen Sprache nicht immer genügt, und in plötzlichem Wechsel
geht die gewandte dialektische Erörterung in einen lyrischen Jubel-
ruf, eine kirchlich-feierliche Doxologie über.

7.   Alles hatte sich so gefügt, daß das Meisterstück des sprach-
bildenden Menschengeistes, die griechische Sprache, und zwar auf der
Höhe ihrer Ausbildung, als das Produkt einer in der Geschichte der
alten Völker einzig dastehenden literarischen Fruchtbarkeit und energischen Geistesthätigkeit, daß gerade diese Königin der Sprachen das
Gefäß wurde, welches die christlichen Ideen zuerst aufnahm, und
ihnen Gestalt und Farbe gab. Allerdings war das Idiom, in welchem
die Apostel schrieben, nicht die Sprache Platons und Xenophons mit
ihrer Attischen Grazie und Feinheit, es war die sogenannte „gemeine
Sprache," wie sie seit Alexander aus der Auflösung und Mischung
der alten Dialekte entstanden war, und zwar in ihrer hellenistischen
Gestalt, das heißt, so wie sie die damaligen in der Heidenwelt zerstreuten Juden aus dem Munde des Volkes, mit alten Hebraismen
und neuen Aramäismen versetzt, angenommen und sich gleichsam
mundgerecht gemacht hatten. Es glich daher mehr der Volks- und
Umgangssprache, als der Buchsprache. Die bereits sehr verbreitete
Alexandrinische Uebersetzung des alten Testamentes mit ihrem stark
hebraisirenden Charakter hatte diesem Dialekte die Fähigkeit verliehen,
Schriftsprache zu werden. Ihr Wortgebrauch bildete die sprachliche
Grundlage für die Apostel und die ersten christlichen Schriften. Sie
konnten sich dem Gebrauche, den die Septuaginta von gewissen griechischen Worten zur Bezeichnung der Begriffe: Glaube, Buße, Gerechtigkeit, Heiligung, und anderer machte, anschließen, so fremdartig
auch diese Worte dem in der klassischen Literatur gebildeten Griechen
und Römer klingen mußten. Sie konnten indeß nicht einmal bei dieser schon vorgefundenen Terminologie stehen bleiben, der Reichthum,
die Tiefe und Eigenthümlichkeit der christlichen Ideen trieb zur Bildung einer neuen Terminologie, die nicht sowohl aus neu erfundenen
Worten, als aus alten und gewöhnlichen, aber in einem ganz andern

Sinne genommenen Worten bestand. Wenn das Wort, welches in der klassischen Literatur vorzugsweise „Anmuth" bedeutet, von den Aposteln in dem den Heiden freilich völlig fremden Sinne von „göttlicher Gnade" gebraucht wird, so läßt sich daraus auf den Abstand, ja auf die Kluft schließen, die überhaupt zwischen der heidnischen Hellenen-Sprache und der dem Christenthum dienstbar gemachten, vom christlichen Geiste gleichsam durchleuchteten Sprache sich ergab. Die neu in die damalige Welt eingeführten oder christlich umgestalteten, corrigirten und verklärten Begriffe: Heiligkeit, als eine von Gott ausfließende Wirkung im Menschen, Demuth, Gewissen, Kosmos, der Unterschied zwischen Psyche und Pneuma, dieß und Vieles Andre mußte sich sein entsprechendes griechisches Gewand erst schaffen. Nur annähernd vermögen wir uns jetzt den Eindruck vorzustellen, den die Lesung apostolischer Schriften auf gebildete Heiden jener und der nächstfolgenden Zeit machen mußte. Ohne Zweifel war er in den meisten Fällen, schon um der Sprache und Terminologie willen, anfänglich ein abstoßender; und sehr Vieles mußte ihnen völlig unverständlich sein.

8. Das Alte Testament nahmen die Christen aus dem Judenthume mit herüber in die christliche Kirche, als die fortan nur ihnen rechtmäßig gehörende heilige Urkunde, welche, wie sie von Christus und der Kirche zeuge, so auch durch ihn und seine Stiftung erfüllt sei und fernerhin erfüllt werden solle. Auf die Bücher des Alten Testaments stützte und berief sich Jesus. „Die Schrift, in der ihr das ewige Leben zu haben meint, ist es, die von mir zeugt"[1]). Von mir hat Moses geschrieben, sagte er. Daß sie die Schrift nicht kannten, daß sie ihr nicht glauben wollten, das war es, was er den Juden als eine Haupturfache ihrer Irrthümer vorwarf. Das unzertrennbare Ganze des Alten Testaments, Gesetz und Propheten, zu erfüllen, sei er in die Welt gekommen. Nicht auflösen wollte er es, vielmehr sollte sein ganzes Leben, sein Lehramt, die Stiftung seiner Kirche, sein Opfertod und seine Auferstehung, eine Erfüllung des „Gesetzes" und der Verheißungen sein, und diese Erfüllung sollte durch die ganze Dauer seiner Kirche bis zur letzten Vollendung fortgehen. Die ganze Grundlage der Kirche nach der doctrinellen und ethischen Seite nahm er aus dem Judenthum herüber. Nur die zur nationalen Beschränktheit gehörigen, mit der Universalität der Kirche nicht vereinbaren Elemente, dann die rituellen, durch ihre Erfüllung

---

[1]) Jo. 5, 39.

zu abrogirenden, durch reale Güter zu ersetzenden Schattenbilder
sollten fallen, und das Christenthum sollte das entwickelte, menschheitliche, geistig vollendete Judenthum werden.   In diesem Sinne
konnte er sagen, daß auch kein Jota des Gesetzes, auch das kleinste
nicht, in demselben vergehen solle, so lange Himmel und Erde bestehe.[1])

    9.   Die beginnende christliche Kirche empfing aus der Synagoge
die Sammlung der jüdischen heiligen Bücher, so wie sie damals nach
ihrer Eintheilung in drei Klasen bestand: Gesetz, Propheten und
Hagiographen (Ketubim), welcher Name aber erst spät üblich wurde.
Diese Sammlung der alttestamentlichen Schriften war noch zur Zeit
Christi keineswegs eine festgeschlossene; es gab über einige Theile der
Hagiographen noch verschiedene Meinungen; selbst noch längere Zeit
nach Jerusalem's Zerstörung wurde über den Werth der sogenannten
drei Salomonischen Schriften, der Sprüche, des Predigers und des
Hohenliedes, und über die Aufnahme des Buches Esther in den Kanon
viel unter den Juden gestritten. Die Schule Schammai's wollte den
Prediger nicht zu den heiligen Schriften gezählt wissen, und das
neue nach dem Jüdischen Kriege zu Jamnia gebildete Synedrium
veranstaltete noch ein Zeugenverhör über den Umfang der dritten Abtheilung des Hebräischen Kanons[2]). Die Alexandrinischen und Hellenistischen Juden hatten in ihren Sammlungen heiliger Schriften die
griechisch geschriebenen oder nur in dieser Sprache erhaltenen Bücher,
welche in den 400 Jahren zwischen Maleachi und Johannes dem
Täufer entstanden waren, und sie gingen, da sie der Alexandrinischen
Uebersetzung einverleibt waren, mit den übrigen in die christliche
Kirche und den Gebrauch der Gläubigen über. Diese Bücher, (Sirach,
das Buch der Weisheit, Tobias, Judith, die Geschichten der Makkabäer, nebst Baruch) füllten in geschichtlicher und doctrineller Beziehung die Lücke aus, welche die hebräisch-Palästinensische Sammlung
zwischen dem Exil und der Römerschaft ließ; sie waren zum Theil
die aus der Vermählung des Jüdischen Geistes mit dem Griechischen,
aus der Berührung des Mosaismus mit Griechischer Philosophie erzeugten Früchte, sie wirkten als verbindende Mittelglieder vorbereitend
und bahnbrechend für das Christenthum, und in den Schriften der
Apostel sind sie, wenn auch nirgends namentlich angeführt, doch mehrfach, mitunter bis zur wörtlichen Uebereinstimmung, benützt. Ueberhaupt aber sind die alttestamentlichen Schriften im Neuen Testa-

---

[1]) Matth. 5, 18. Luc. 16, 17. — [2]) Grätz. Gesch. der Juden. IV.
S. 41 f.

mente unter der allgemeinen Bezeichnung „Gesetz und Propheten"
angeführt.[1])

10.   In der geistigen Atmosphäre dieser Schriften, deren allmälige Erzeugung ein Jahrtausend bedurfte, bewegten sich Christus
und die Apostel; aus ihnen schöpften die ersten Christen die Ueberzeugung, daß der Herr und seine Kirche die Erfüllung, die legitime
Fortsetzung der alten Verheißungen, des alten Bundes seien. „Die
Schrift kann nicht gebrochen werden", das hatte Jesus den Pharisäern zugegeben.[2]) „Alles was vorher (vor unserer Zeit) geschrieben
worden — sagt Paulus — (das alte Testament), das ist zu unserer
Belehrung geschrieben, damit wir durch die Standhaftigkeit im Leiden,
und den Trost, welchen wir aus diesen Schriften schöpfen, die Hoffnung (des künftigen Heils) festhalten[3])". In den neutestamentlichen
Schriften werden dann auch außer dem Pentateuch Jesaias, Jeremias,
Daniel, die Psalmen besonders häufig angeführt; auch von den meisten
übrigen Propheten, Hiob und den Sprüchen wird Gebrauch gemacht.
Dagegen wird Obadja, Nahum, der Prediger, das hohe Lied, Esther,
Esras, Nehemias nie citirt. Diese Anführungen aus dem alten Testamente oder Berufungen und Argumentationen aus demselben sollen
aber nicht eigentlich eine Ableitung und Demonstration gewisser Lehren aus dieser Quelle sein, sie sollen in der Regel nur zeigen, daß
das der christlichen Erkenntniß bereits Gewisse auch dort schon bezeugt, oder in verwandten und anklingenden Aeußerungen vorhanden
sei. Christus selbst hat seine Lehre nicht aus diesen Büchern sich
gebildet, sondern besaß und verkündigte sie aus höherer primitiver
Quelle, aus seinem unmittelbaren Gottschauen. Die Apostel und
Jünger aber verfuhren in dem Gebrauch und der Auslegung des
Alten Testaments nicht nach irgend einem feststehenden hermeneutischen
Systeme, das sie überkommen oder selbst gebildet hätten; sie waren
überzeugt, daß sie in ihrer Kenntniß Christi und seiner Geschichte den
Schlüssel zum Verständnisse der biblischen Weissagungen, deren Haupt-
gegenstand er sei, besäßen, daß so vieles bisher Dunkle in diesen
Büchern für sie durch ihren Glauben licht geworden sei, und das damals vorhandene Charisma der Prophetie wurde gewiß auch auf die
prophetisch-biblische Auslegung bezogen und angewandt. Von den
spielenden und bodenlos willführlichen exegetischen Kunstgriffen, die
bereits in den Rabbinischen Schulen überhandnahmen, blieben sie
frei, wenn auch die Methode ihrer Auslegung in mancher Beziehung

---

[1]) Luc. 16, 29. 31. Act. 24, 14. — [2]) Jo. 10, 35. — [3]) Rom. 15, 4.

eine von den Juden ererbte war. Von der Betrachtung der biblischen Bücher als eines großen prophetischen Ganzen ausgehend,
sahen sie überall Vorbilder und Weissagungen auf Christus, auf die
Gegenwart und herrliche Zukunft seines Reiches, und war ihnen das
Alte Testament eine unerschöpfliche Fundgrube von Typen, geschichtlichen Parallelen und Anwendungen. Zurückblickend aus der Zeit der
Erfüllung auf die jüdische Vorbereitungsperiode, betrachteten sie Personen, Ereignisse, Institutionen, Sprüche im Lichte der weltordnenden,
alles unter sich verkettenden Thätigkeit Gottes, und so erkannten sie
in der Gegenwart, in den großen Ereignissen und Thaten, deren
Zeugen sie waren, die jenen Typen der Vergangenheit entsprechenden
Antitypen, lasen sie Alles als Weissagung, als Schattenriß der Zukunft, und waren des endlichen Sieges der von ihnen vertretenen
Sache um so gewisser.

11. Eine nähere Erklärung über das Verhältniß der biblischen
Bücher zu jener göttlichen Leitung, durch welche ihr Inhalt typisch
und prophetisch geworden, und über die Beschaffenheit der Erleuchtung ihrer Verfasser wird bei Christus und den Aposteln nicht gefunden. Sich auf den Standpunkt der Pharisäer versetzend, sagt
Christus, indem er auf ein Wort der Psalmen sich zur Rechtfertigung
eines von ihm gebrauchten Ausdruckes beruft: die Schrift könne, nach
dem eignen Glauben seiner Gegner, nicht aufgelöst werden, d. h. sie
müsse auch in dieser Stelle Recht behalten. Was der Herr von der
immerwährenden Gültigkeit des Gesetzes bis zur Erfüllung jedes
Buchstabens sagt[1]), bezieht sich eben blos auf die in ihm und seiner
Kirche zu erwartende Erfüllung des alten Gesetzes. An den Gesetzes-
codex oder die ganze Sammlung der biblischen Bücher ist dabei nicht
gedacht[2]). Paulus verweist den Timotheus auf die (jüdischen) heiligen Schriften, die er von Jugend auf kenne, und die ihn (durch den
in Christus wurzelnden Glauben) zum Heil anleiten könnten; und in
ganz allgemeiner Reflexion, ohne anzugeben, an welche einzelnen Schriften er denke, fügt er bei: jede von Gott durchhauchte oder begeistigte
Schrift sei auch nütze zur Belehrung, zur Zurechtweisung und Besser-
ung[3]). Das Wort des Petrus endlich, daß die prophetischen Verheißungen nie aus dem Willen des Menschen gekommen, daß vielmehr die
Propheten stets vom heiligen Geiste getrieben, geredet hätten[4]), beschränkt sich auf die Weissagungen. Dabei werden aber alttestament-

---

[1]) Jo. 10, 35. — [2]) Matth. 5, 18. Luc. 16, 17. — [3]) 2. Tim. 3.
15. 16. — [4]) 2 Petr. 1, 21.

liche Citate mit der Formel: daß Gott oder der heilige Geist so rede, öfter
von den Aposteln angeführt. Und Paulus erkennt die vorausblickende
göttliche Fügung in manchen Stellen oder Thatsachen des Alten
Testaments, von denen er darum zu behaupten nicht ansteht, daß sie
um des Bedürfnisses der Christen willen geschrieben worden seien [1]).

12. Die Apostel bedienten sich großentheils der schon vor ihrer
Zeit allgemein unter den Juden verbreiteten, selbst in Palästina ge-
kannten und mitunter gebrauchten Alexandrinischen Uebersetzung des
Alten Testaments [2]). Diese Uebersetzung wich aber in sehr vielen
Stellen und in bedeutenden Dingen von dem hebräischen Texte ab,
oder eigentlich von derjenigen Gestalt dieses Textes, welche ihm, freilich mehrere Jahrhunderte später, durch die jüdischen Masorethen gegeben wurde. Der Text, welcher der Griechischen Uebersetzung zu Grunde
lag, war von Vocalpunkten, Accenten und Lesezeichen entblößt und
ohne Wortabtheilung geschrieben. Denn die ganze jetzige Lesung des
hebräischen Textes, die Vocalisation, die Abtheilung der Worte, Verse
und Abschnitte ist ein Produkt viel späterer, erst einige Jahrhunderte nach der Gründung der christlichen Kirche gemachten Arbeiten
der Jüdischen Gelehrten-Schulen. Die Griechischen Uebersetzer waren
also, zumal da sie es mit einer bereits todten, nur von Gelehrten
mehr verstandenen Sprache zu thun hatten, in unzähligen Fällen
ihrem eigenen Gutdünken überlassen, oder auf eine gerade in ihrem
Kreise recipirte Tradition angewiesen [3]). Zudem arbeiteten sie in einer
im Vergleiche mit den früheren Israelitischen Zuständen und Bedürfnissen schon ganz veränderten Zeit und Lage; zunächst für die
Jüdische Diaspora außerhalb Palästina, dann auch für die Heiden.
Sie wollten überhaupt nicht eine streng-wörtliche, das Original Zug
für Zug wiedergebende Uebersetzung liefern: dieß verbot schon der
tiefe, durchgreifende Gegensatz der beiden Sprachen; sie milderten vielfach die der späteren Sinnesweise widerstrebenden Schroffheiten des
Originals, besonders die Anthropomorphismen, sie vertauschten den
tropischen Ausdruck mit dem eigentlichen und schalteten erklärende Zu-

[1]) Rom. 4, 23, 24; 15, 4. 1 Cor. 9, 10; 10, 11. — [2]) Von etwa
350 Citationen aus dem A. T. im N. T. sind nur etwa fünfzig von der Septuaginta abweichend. S. Grinfield's Apology for the Septuagint. London
1850 p. 145. — [3]) Die Lesung des unpunktirten Textes war allerdings nicht
der Willkür der Einzelnen überlassen oder völlig schwankend; es gab eine exege-
tische Tradition: sie muß aber Vieles unbestimmt gelassen haben, und die Alexandrinischen Uebersetzer mögen sie auch in vielen Fällen nicht gekannt, in andern
sich aus Gründen darüber hinweggesetzt haben.

fäße in den Text ein. So gestaltet ist die Septuaginta das Erzeugniß und Denkmal der zuerst in Alexandrien vollzogenen Durch-
dringung des Jüdischen von Hellenischem Geiste. Sie war zusammen
mit der Alexandrinischen Schule, deren Anschauung sich darin abspie-
gelte, das Werkzeug in der Hand der Vorsehung, den Jüdischen
Geist aus seiner engen nationalen Schranke zu entbinden, den durch
das Christenthum zu vollendenden Uebergang des Judenthums zur
Weltreligion anzubahnen. Diese Schule wollte nachweisen, daß in der
Geschichte, der Gesetzgebung, dem Glauben und den gottesdienstlichen
Formen des Judenthums ein Kern universaler, über allen Volks-
religionen erhabener und doch allen Völkern gemeinsamer göttlicher
Wahrheit und lauterer Philosophie enthalten sei. Sie hat theils zur
Geistesbildung, theils zur Ausdrucksweise der ersten Verkündiger des
Evangeliums mächtig mitgewirkt, wie bei Paulus, Johannes, am
stärksten im Hebräerbriefe sich zeigt.

13. In dem Gebrauche, den die neutestamentlichen Schriftsteller
von Stellen des Alten Testaments machen, verfahren sie mit einer
Freiheit, an welche der Maßstab einer streng beweisenden exegetischen
Argumentation nicht angelegt werden darf. In der Regel citiren sie
blos nach dem Gedächtnisse, und dabei auch mit Abweichungen in den
Ausdrücken, welche durch den Gebrauch, den sie eben von der Stelle
machen wollen, bedingt sind. Sie combiniren mitunter mehrere, zum
Theil weit auseinanderliegende Stellen zu einer einzigen[1]), oder sie
verschmelzen verschiedene Stellen mit einander[2]), oder sie citiren mit
einer so freien Veränderung der Worte, daß sie damit zugleich eine
Erklärung und Anpassung der Stelle an das als Erfüllung bezeichnete
Ereigniß geben[3]). Paulus insbesondere verfuhr mit großer Freiheit;
in der Regel citirte er nur nach seinem Gedächtnisse, wie schon die
häufigen kleineren und größeren Abweichungen vom Texte beweisen;
der Alexandrinischen Uebersetzung sich gewöhnlich bedienend, übersetzte
er zuweilen auch selbstständig, wo ihm das Hebräische mehr in der
Erinnerung war, oder besser zu seinem Zwecke taugte. Oft leitet er
mehr aus den Stellen ab, als dem Wortlaute und dem geschichtlichen
Sinne nach darin liegt[4]), oder er legt der Stelle eine symbolische
und typische Deutung unter[5]), einmal ist es sogar ein dem Sinne
des Textes entgegengesetzter Sinn, den er wiedergibt und zu seiner

---

[1]) z. B. Matth. 21, 5. Act. 13, 22. — [2]) z. B. Rom. 9, 33 vergl. mit
Jes. 28, 16 und 8, 14. — [3]) Matth. 27, 9. — [4]) Gal. 3, 8. Rom. 4, 11;
4, 13; 9, 25, 26 etc. — [5]) 1 Cor. 9, 9.

Argumentation verwendet[1]). Nicht selten bedient er sich der Schrift-
worte nur zum Ausdruck seines Gedankens, wo er sich dann auch
etwas zuzusetzen oder zu ändern gestattet, oder sie in einer andern
Beziehung als der vom Texte geforderten anwendet. Daß selbst in
dem ursprünglich aramäisch geschriebenen Evangelium des Matthäus
alle Stellen aus dem Pentateuch, den Psalmen, und theilweise aus
den Propheten nach dem Texte der Septuaginta angeführt sind, ist
wohl auf Rechnung des griechischen Bearbeiters zu setzen. Nur einige
Messianische Stellen der Propheten, in denen die Messianische Beziehung nicht in der Griechischen Uebersetzung, sondern blos im hebräischen Texte gefunden werden konnte, werden hier in einer von
den Alexandrinern unabhängigen Uebertragung angeführt. Am weitesten geht hierin der Verfasser des Hebräerbriefs; er schließt sich
nicht nur genau an die Alexandrinische Uebersetzung an, so daß er
den Codex vor sich gehabt zu haben scheint, er baut auch seine Argumentation auf sie in Stellen, in welchen sie vom hebräischen Texte
wesentlich abweicht[2]), oder Zusätze zu demselben gibt[3]).

14. Auch läßt sich nicht sagen, daß beim Gebrauche älterer Urkunden die Apostel sich gerade strenge an die kanonischen Bücher des
Alten Testaments gebunden hätten. Jesus selbst hat mitunter aus
nun verlorenen, und nicht im Kanon enthaltenen Schriften Stellen
gebraucht. So bediente er sich der Worte von den Quellen lebendigen Wassers, die aus dem Leibe des Gläubigen strömen würden, mit
der Bezeichnung: „die Schrift sagt"[4]); und die „Weisheit Gottes",
aus welcher er die Stelle von den zu den Juden gesandten Propheten und ihrem Schicksale sich aneignete[5]), muß ebenfalls eine nicht
im biblischen Kanon befindliche Schrift gewesen sein. So hat Paulus mit der sonst nur bei kanonischen Citaten gebräuchlichen Formel:
„Wie geschrieben steht", aus einer älteren verlorenen Schrift, der
Offenbarung des Elias, die Worte sich angeeignet: Was kein Auge
gesehen und kein Ohr gehört, und in keines Menschen Herz gestiegen
ist, hat Gott den ihn Liebenden bereitet[6]). Auch im Ephesierbriefe

---

[1]) Eph. 4, 8. Statt: „du empfingest Geschenke unter Menschen", bei P:
„er gab Geschenke den Menschen". — [2]) Hebr. 10, 5 — 7 aus Psalm 40, 7 — 9.
Im Hebr.: „Ohren hast du mir gegraben"; im Griech.: „einen Leib hast du mir
zubereitet". Schon Hieronymus führt an, daß dieß als Grund gegen den
Paulinischen Ursprung des Briefes geltend gemacht worden sei. Ad Jes. 6, 9.
Opp. ed. Martianay III, 64. — [3]) Hebr. 1, 6 ein dem hebr. Texte fremder Zu-
satz zu Deuter. 32, 43. dann c. 10, 5 — 7. — [4]) Jo. 7, 38. — [5]) Luc.
11, 49 — 51. — [6]) 1 Cor. 2, 9. Nicht aus Jesai. 64, 4 wie Hieronymus meint, ad Pammach. ep. 101, denn diese Stelle hat doch eigentlich,

ist eine Stelle aus einer verlorenen religiösen Schrift mit der sonst
bei biblischen Citaten gebräuchlichen Einführungsformel angebracht.¹)
Sodann beruft sich Jakobus in seinem Briefe²) auf einen nirgends
in den biblischen Büchern vorkommenden Ausspruch, mit der Bezeichnung: die Schrift sagt. Und Judas bedient sich in einem kurzen
Schreiben zweier außerkanonischen Schriften, der Anabasis des Moses und des Buches Henoch³).

15. Daß eine Sammlung der apostolischen Schriften oder
die Herstellung eines neutestamentlichen Kanons schon im Zeitalter
der Apostel selbst, etwa von Johannes oder einem andern angesehenen
Christen, irgendwo versucht worden sei, davon findet sich keine Spur.
Auch besitzen wir nicht Alles, was die Apostel schrieben; zwei Briefe
von Paulus, einer an die Korinther⁴) und einer an die Laodicener⁵),
sind verloren, und waren schon in der alten Kirche nicht mehr bekannt. Es verlautet auch nichts von Schritten, welche die Apostel
oder ihre nächsten Nachfolger gethan hätten, um alle Gemeinden mit
genauen Abschriften apostolischer Schriften zu versehen. Nur einmal
im ganzen Neuen Testamente wird der Lehre und der Schriften eines
andern Apostels gedacht: Petrus erinnert die kleinasiatischen Gemeinden, daß auch sein „geliebter Bruder" Paulus sie in seinen Briefen
gleich ihm ermahnt habe, in Erwartung der Parusie des Herrn ein
heiliges Leben zu führen; sügt aber zur Warnung bei, es sei in diesen Briefen einiges Schwerverständliche, was bereits von Irrlehrern,
denen es an Erkenntniß und festem Glauben mangle, verdreht zu
werden pflege, wie sie denn auch die „andern Schriften", nämlich die
damals in den christlichen Gemeinden gebrauchten, zu ihrem eigenen
Verderben verdrehten⁶).

16. So wurde schon in der apostolischen Zeit erkannt und ausgesprochen, daß wichtige dogmatische Stellen der Paulinischen Briefe
dunkel und schwerverständlich seien. Ueberhaupt aber mußte den Heidenchristen Vieles in den Schriften und Briefen der Apostel schwierig
und an sich unsaßbar sein und bleiben. Denn wenn auch Viele von
ihnen vorher Proselyten des Thores oder Besucher der Synagogen
gewesen, so mangelte ihnen doch in den meisten Fällen die tiefere

---

außer dem entfernten Anklang von ein paar Wörtern, gar keine Aehnlichkeit
mit dem Citat des Apostels. Daß es in dem genannten Buche gestanden, sagt
Origenes, Comm. in Matth. 27, 9. cf. Coteler. ad Constit. apost. 6. 17 p. 346.
¹) Eph. 5, 14. — ²) Jac. 4, 5, 6. — ³) Jud. v. 9 u. 11. — ⁴) 1 Cor.
5, 9. — ⁵) Col. 4, 16. — ⁶) 2 Petr. 3, 16.

jüdisch-alttestamentliche Bildung und die Vertrautheit mit den jüdischen Vorstellungen. In den Synagogen wurden die biblischen Abschnitte in dem allen Heiden und den meisten Juden unbekannten
hebräischen Texte gelesen; in manchen ließ man dann noch die Griechische Uebersetzung lesen, oder das Gelesene durch einen Interpreten
vollmetschen. Aber das Anhören dieser Lectionen genügte noch lange
nicht, um die Proselyten mit einem für sie so neuen und fremdartigen
Kreise von Anschauungen vertraut zu machen. Noch weniger vermochten die zahlreichen Heiden, welche ohne alle vorgängige Bekanntschaft mit dem Judenthume unmittelbar aus dem Heidenthume in
die Kirche gelangt waren, dem Gedankengange und der Argumentation
der apostolischen Schriften zu folgen. Denn die Apostel trugen doch
die jüdische Bildung und Vorstellungsweise, wenn auch in der von
Christus verklärten und vergeistigten Gestalt, in sich; ihre Schriften
sind ganz von dieser Anschauungsweise durchzogen. Selbst die dem
Alten Testamente entnommenen Begründungen des Heidenapostels
mußten einem hellenischen Christen schwer faßlich erscheinen. Nur
wenn er schon Jahre in der christlichen Gemeinschaft zugebracht, in
die apostolische Betrachtungsweise sich hineingelebt hatte, vermochte
er sich in diesen Briefen zurechtzufinden.

17. Die neutestamentlichen Schriften enthalten kein Selbstzeugniß ihrer Inspiration; welche Vorstellung die Verfasser von ihren
eignen Schriften hatten, ist nirgends ausgesprochen. Keiner sagt
irgendwo, daß er aus göttlicher Eingebung schreibe. Aber sie fühlten
sich, mündlich lehrend oder schreibend, als Männer, die unter Leitung
und Eingebung des heiligen Geistes standen. Durch den heiligen
Geist, sagten sie, ist uns die Offenbarung zu Theil geworden, er ist
es, der vom Himmel gesandt, durch uns spricht, unser Amt ist ein
Dienst des heiligen Geistes, ja eine Fortsetzung des Lehramtes Christi[1]).
Zwar unterschied Paulus zwischen Geboten des Herrn, die er in
dessen Namen verkündige, und zwischen solchen Vorschriften, die er
aus eigener Einsicht und aus seiner Beurtheilung der damaligen
Lage und der Bedürfnisse der Gemeinden entnahm; aber auch diese
waren doch, wie er wußte, unter dem Einflusse des ihm mitgetheilten heiligen Geistes entstanden[2]); auch sie sind daher in seinen Augen
Vorschriften des Herrn[3]).

18. Sämmtliche Schriften, die nachher in der neutestamentlichen

---

[1]) Eph. 3, 5. 1 Cor. 2, 10. 1 Pet. 1, 12. 2 Cor. 3, 8. 2 Cor. 5, 20.
— [2]) 1 Cor. 7, 10. 12. 25. 40. — [3]) 1 Cor. 14, 37.

Sammlung vereinigt wurden, sind in der Zeit vom J. 54 bis 98 verfaßt. Die Kirche bestand also, durch die mündliche Lehre und die unmittelbare Thätigkeit Christi und der Apostel gebildet, schon über zwanzig Jahre, als der erste Anfang schriftstellerischer Wirksamkeit gemacht wurde. Was geschrieben wurde, das wurde in ihrem Schooße, aus der Fülle der in ihr bereits vorhandenen Erkenntniß und überlieferten Lehre und Lebensanschauung heraus, geschrieben. Nirgends wird in diesen ältesten Schriften, die sich nicht selber wechselseitig Zeugniß geben, gesagt oder vorausgesetzt, daß man nur die schriftlichen Erzeugnisse der Apostel oder ihrer Jünger zur Regel des Glaubens und des kirchlichen Lebens nehmen, nur in ihnen und sonst nirgends Belehrung über Gottes Offenbarung suchen solle. Nirgends wird auch gesagt oder angedeutet, daß die Apostel Alles geschrieben, was den Gläubigen zu wissen wesentlich sei, oder Alles was sie mündlich gelehrt hätten. Noch am Schlusse seiner irdischen Laufbahn verwies Paulus seinen Jünger Timotheus nicht auf seine Sendschreiben oder die Schriften anderer Apostel, sondern auf das, was er mündlich von ihm gehört habe[1]); diese Lehre soll er zuverläßigen Männern zur treuen Bewahrung und weitern Mittheilung übergeben. Solche mündliche Ueberlieferung war also das Mittel, welches dem Apostel vorzugsweise geeignet erschien, die christliche Lehre nach dem Abtritte des ersten Jüngergeschlechts rein und ächt auf die nachfolgenden Generationen kommen zu lassen. Auch da, wo er die Gläubigen auf ein früheres an sie gerichtetes Schreiben, an dessen Lehrinhalt sie festhalten sollten, hinwies, vergaß er nicht, das mündlich Mitgetheilte als die reichere Quelle, aus der sie zu schöpfen hätten, voranzusetzen[2]).

19. Gleichwohl aber müssen wir, wie es die Väter und Zeugen der alten Kirche so oft ausgesprochen haben, behaupten: Es gibt keinen Punkt des christlichen Lehrbegriffs, der nicht in den apostolischen Schriften bezeugt und niedergelegt wäre. Die Kirche kann und darf nie eine Lehre aufnehmen, die sich nicht biblisch rechtfertigen ließe, die nicht in mehr oder minder entwickelter Gestalt, mindestens andeutungsweise oder in den Vordersätzen, aus denen sie als logische Schlußfolge sich ergibt, irgendwo im Neuen Testament enthalten wäre, und daher auch als Glied harmonisch in den Organismus der christlichen Doctrin sich einfügte.

20. Die dogmatische Tradition der Jüdischen Kirche ging noth-

---

[1]) 2 Tim. 2, 2. — [2]) 2 Thess. 2, 14.

wendig in die chriftliche Kirche über. Chriftus felbft hatte fie aner-
lannt, aus ihr heraus hatte er gelehrt, auf die Autorität ihrer Organe, der auf dem Stuhle Mofis fitzenden Pharifäer, hatte Chriftus
die Seinigen verwiefen[1]), und wenn er ihre willführlichen Gefetzes-
beutungen fcharf rügte, wenn er ihnen vorwarf, daß fie Gottes Gefetz
durch ihre für Ueberlieferungen der Väter ausgegebenen Erfindungen
zu nichte machten, daß fie am Sabbath die Werke der Nächftenliebe
unterfagten, oder einem Sohn erlaubten, feine Eltern darben zu laffen, um das dadurch erfparte Geld in den Opferkaften zu legen —
fo waren das Verkehrtheiten Einzelner, allenfalls auch ganzer Schulen; davon war aber unabhängig die herrfchende Lehre, welche vielmehr in den Vorträgen und Vorausfetzungen Chrifti und der Apoftel
ihre Beftätigung fand. Aus der Tradition floß, was über die Auferftehung, das Gericht, Paradies und Gehenna ohne irgend ein be-
ftimmtes Zeugniß der hebräifch-kanonifchen Bücher gelehrt wurde.
Manches die Engel und die gefallenen Geifter Betreffende im Neuen
Teftamente ift nicht aus den biblifchen Büchern, wohl aber aus der
Tradition gefchöpft[2]). Die Behauptungen des Petrus und des Judas
über die Sünde und die Strafe der gefallenen Engel[3]) find gleichfalls der überlieferten Jüdifchen Lehre entnommen.

21. So wurde in ftetiger ununterbrochener Strömung das
Jüdifche Religionsbewußtfein, in welchem die Apoftel, die erften chriftlichen Lehrer und großentheils auch die Gläubigen erzogen waren
und längere oder kürzere Zeit gelebt hatten, in das Bette der chriftlichen Kirche hinübergeleitet: fo ward die Jüdifche Ueberlieferung zur
chriftlichen. Hier trat kein gewaltfamer Bruch, keine förmliche Los-
fagung ein; das Chriftenthum wollte auch nicht etwa blos die Re-
formation des Judenthums fein, fondern die Erfüllung deffelben, der
Uebergang aus der Erwartung in den Befitz, die Verehrung des gekommenen Erlöfers ftatt der Ausficht auf einen künftigen, die Vergeiftigung des Gefetzes zum Evangelium, die Weltreligion und die
allgemeine, jedem Volke ihre Pforten öffnende Kirche ftatt der bloßen

---

[1]) Matth. 23, 3. — [2]) Aus derfelben Quelle hat Paulus die Vorftellung
eines himmlifchen Jerufalems (Galat. 4, 26. Hebr. 11, 10.) und eines dritten
Himmels (2 Cor. 12, 2.) — Auch die Angaben des Hebräerbriefs über den Inhalt der Bundeslade und über gewiffe Vorgänge beim Opfer-Ritus find Belege, wie man im urchriftlichen Kreife, traditionellen Notizen oder außerbiblifchen
Schriften folgend, fich nicht auf den Inhalt der kanonifchen Bücher befchränkte.
[3]) 2 Petr. 2, 4. Jud. v. 6.

Genossenschaft des Blutes und der Abstammung; Ekklesia statt der
Synagoge. Die Christen wußten sich in Gemeinschaft mit allen Frommen Israels bis in die Gegenwart herein; und wenn sie auch die
pharisäische auf die Uebung des Ceremonialgesetzes sich beziehende
Tradition, die Satzungen über den „Zaun um das Gesetz" und Aehnliches als etwas für sie Bedeutungsloses unbeachtet ließen, so nahmen sie dafür alle wirklichen Güter, die heiligen Bücher, die überlieferte Lehre, das Sittengesetz in seiner durch Christus ihm gegebenen Erweiterung, und selbst das Ritualgesetz in seinen Principien
mit einem seines bisherigen typischen und fleischlichen Charakters
entkleideten Priesterthum, Altar und Opfer — alles dieses nahmen
sie für sich in Anspruch. Die Psalmen dienten ihnen als Hymnen-
und Gebetsammlung, an die Stelle der Beschneidung trat die Taufe,
das Paschafest verklärte sich zur eucharistischen Opfer- und Com-
munionfeier, und das jüdische Priesterthum mit seiner fleischlichen
Fortpflanzung von Vater auf Sohn ward, als die Zerstörung des
Tempels ihm ein Ende gemacht, durch die geistliche Succession des
christlichen Priester- und Lehramtes ersetzt. So erwuchs christliches
Bewußtsein und Leben aus dem jüdischen. In dem Vierteljahrhundert nach der Auffahrt des Herrn, in welchem die Kirche bestand,
ohne daß etwas in ihr und für sie geschrieben wurde, lebte sie von
den Erinnerungen an Christus, vom mündlichen Worte der Apostel
und Jünger, von jüdischer Schrift und Tradition. Im Schooße der
Kirche, als Ausdruck und Verkörperung des in ihr waltenden Geistes,
der in ihr niedergelegten Ueberlieferung wurden dann im Laufe von
fünfzig Jahren die neutestamentlichen Schriften geschrieben. Im
Lichte dieses die Kirche erfüllenden und sie von einer Generation zur
andern fortleitenden Geistes, lasen, verstanden, erklärten Volk und
Vorsteher diese Schriften. Welche Schwierigkeiten auch einzelne Stellen
schon frühe dem Verständnisse darbieten mochten: im Ganzen und
Großen vermißte man nichts in den apostolischen Schriften, fand
man sie nicht dunkel oder ungewiß und zweideutig, weil man den
lebendigen Commentar, die erforderliche Ergänzung in der überlieferten Lehre der Kirche, in der stets in den Herzen und auf den
Lippen der Gläubigen wohnenden Sinnesweise und Lebensanschauung besaß. Und bedenkt man, wie fremdartig und dunkel ganze
Abschnitte des Römer- und Galaterbriefes, der ganze Brief an die
Hebräer, den unvorbereitet übergetretenen hellenischen Gläubigen vorkommen mußten, so darf man wohl sagen, daß die zweite, zum
Theil schon im Schooße der Kirche erzogene Generation der Christen

die neutestamentlichen Schriften schon besser verstand, als dieß den hellenischen Zeitgenossen der Apostel möglich gewesen war.

22. Der gekreuzigte Christus, den die Apostel verkündigten, war „den Juden ein Aergerniß, den Heiden eine Thorheit". Und doch traten Schaaren durch sie Bekehrter in die Kirche ein, weil sie den Aposteln glaubten, d. h. überzeugt waren, daß diese Männer die Boten, die bevollmächtigten Gesandten eines Höheren seien, und daß der Inhalt ihrer Botschaft wahr sei. Sobald sie Glieder der Kirche geworden, waren sie bereit, zu lernen, zu gehorchen, der ganzen von einem Apostel vorgetragenen, in der Kirche niedergelegten Lehre sich innerlich und aufrichtig zu unterwerfen. Sie waren nicht eingetreten, um zu streiten oder zu wählen, einzelne Artikel anzunehmen, andere, die ihnen nicht gefielen, zurückzuweisen; dieß wäre nur ein Zeichen gewesen, daß es ihnen an wirklichem Glauben mangle. So dankt Paulus Gott, daß die Gläubigen das Wort, das er ihnen verkündet, nicht als Menschenwort, sondern als Gottes Wort angenommen hätten [1]. Die, welche zum Glauben an dieses Wort aufforderten, waren eine Handvoll ungebildeter Galiläer, und ein Pharisäer, der, im Vergleich mit dem, was damals als Wahrheit galt, selber seine Lehre als Thorheit bezeichnete [2]. Aber sie waren die Einzigen in der damaligen Zeit, die, selbst glaubend, auch Glauben fanden. Durch sie wurde die Kirche auf Glauben gebaut und eine Schule des Glaubens. So viel Zurückstoßendes und Lästiges, Dunkles und Geheimnißvolles die christliche Lehre für den natürlichen Menschen hatte, in der Kirche lernte jeder seinen Geist und Willen beugen unter die Autorität dieser Kirche, lernte sie anschauen als die Verkörperung des die Nationen der Erde lehrenden heiligen Geistes, die äußerlich bezeugte, was der Geist innerlich lehrte, die ihre Sendung von Christus hatte, wie dieser die seinige vom Vater hatte. So fanden sich die Christen zugleich von dem falschen Vertrauen auf Menschen, von der Mühe und Unsicherheit des Suchens, und von der Qual des Zweifels und der Ungewißheit erlöst. Nicht ein Buch überreichte man ihnen, aus dem sie mit peinigender Unsicherheit auf die Gefahr des Mißverstehens hin die Summe des zu Glaubenden heraus lesen sollten, sondern an eine lebendige, stets zeugende, Allen gleich offene und zugängliche Autorität wurden sie verwiesen. Dieser Glaube, daß Gott es sei, der zuerst durch die Apostel geredet, und nun in seiner Kirche rede, gab

---

[1] 1 Thess. 2, 13. — [2] 1 Cor. 1, 21.

ihnen in seiner Gewißheit Ruhe, bildete die Norm und Stütze ihres ganzen Lebens, und nun waren alle ihre Kräfte auf die That gerichtet, und war ihr einziges Streben, die geglaubten Dinge, von deren Macht sie ergriffen waren, in ihrem Leben auszuprägen.

23. Schon in diesem Zeitraum sah sich der größere Theil der Kirche, seit dem J. 68, nach dem Tode des Petrus und Paulus, der persönlichen Autorität der Apostel beraubt. Dennoch war die Kirche fortwährend im raschen Wachsthum begriffen: Juden und Heiden begehrten aufgenommen, unterrichtet zu werden. Auf die Frage: was ist euer Glaube? und was habe ich zu glauben, zu thun und zu lassen? antworteten die Vorsteher nicht etwa mit der Verweisung auf die Sammlung der apostolischen Schriften, schon darum nicht, weil eine feste geschlossene Sammlung noch lange nicht existirte, weil damals jede Gemeinde nur einige Stücke, mehrere oder wenigere, besaß. Der Katechumene ward also auf die mündlich überlieferte Lehre verwiesen; so, hieß es, haben es die Apostel von Christus, und wir von ihnen und ihren Jüngern vernommen. Man theilte ihm einen kurzen Abriß der Hauptartikel mit, wie ein solcher in dem ältesten, bis in die apostolischen Zeiten hinaufreichenden Symbolum enthalten ist; das Leben in der Kirche, der Umgang mit den älteren Gläubigen, die Theilnahme am Gottesdienste, die Vorträge, die er da hörte, dieß Alles gewährte ihm, was er noch bedurfte, und vollendete seine christliche Erziehung. Es war ein Zeugniß, dem er glaubte, weil dessen thatsächliche Wahrheit ihm einleuchtete. Wir hier, wurde ihm gesagt, sind nur ein Bruchtheil der ganzen großen, bereits in Asien, Afrika, Europa verbreiteten Kirche. Wie wir glauben und lehren, so glauben und lehren alle Kirchen, welche unmittelbar oder mittelbar von den Aposteln oder ihren Jüngern gestiftet sind. Wir schreiben einander, schicken einander Liebesgaben, wir werden von Gläubigen anderer Gemeinden besucht, es ist überall eine und dieselbe Lehre. Mag, wie in Ephesus, noch ein Apostel selbst lehren, oder mag anderswo bereits der dritte oder vierte Nachfolger auf dem Stuhle sitzen, den zuerst ein Apostel eingenommen, das Zeugniß ist überall gleichen Inhalts, gleicher Gewißheit. So glaubst du, indem du unsern Worten glaubst, der Lehre der ganzen Kirche und damit dem heiligen Geiste. Denn Christus hat seiner Kirche diesen Geist der Wahrheit verheißen und gegeben; sie kann daher, wo es sich um die Substanz des heilbringenden Glaubens handelt, nichts Anderes als Wahrheit lehren. Wir aber, unsere Kirche hier, ist ein Glied an dem von diesem Geiste beseelten Leibe; an dieser Zugehörigkeit, dieser

Gliedschaft besitzen wir die Bürgschaft für die Reinheit und Aechtheit
unserer Lehre, und die älteren Glieder unserer Kirche, welche unsere
Vorgänger, die früheren Lehrer oder noch den Apostel selbst gehört,
verbürgen wieder den jüngeren, daß auch jetzt noch die gleiche Lehre
vorgetragen werde. Dieß war die Tradition der Kirche. So hatte
jede Gemeinde ihre eigene Tradition, bezeugt und fortgetragen von
einer Generation zur andern, von Bischof zu Bischof, von Vater zu
Sohn; aber dieses Bächlein gab, wie es sich aus dem breiten traditionellen Strome der Gesammtkirche fortwährend nährte und er-
frischte, so auch seinen Inhalt wieder an denselben ab. Und so mußte
jeder, wem er glaube, auf wessen Zeugniß er sein Heil setze. Nicht
sich glaubte er, nicht seinem eignen durch unabhängiges Studium
gewisser Schriften geleiteten Geiste; nicht auf die Schlüsse, welche er,
je nach dem Maße seiner geistigen Begabung und Bildung, aus den
von ihm verglichenen Stellen dieser Schriften gezogen, baute er
seinen Glauben, sondern auf das Zeugniß, das ihm in letzter Instanz
die Kirche gab, jene Kirche, von der Christus gesagt, daß er sie auf
einen Felsen gründe und unter den Schutz und die Leitung des
Geistes der Wahrheit stelle.

24. So ruhte der Glaube des Einzelnen auf dem doppelten
menschlich-göttlichen Zeugnisse der Kirche, dem Zeugnisse nämlich,
welches in jeder Gemeinde das jüngere Geschlecht von dem ältern
empfing, und dem parallel laufenden Zeugnisse, welches jede Einzel-
kirche von den übrigen, und damit von der Gesammtkirche erhielt.
An ihrer apostolisch-bischöflichen Succession hatte die Kirche eine Gewißheit, ähnlich der, welche auch die damaligen Philosophenschulen
bezüglich der Continuität ihrer Doctrin besaßen, daß nämlich ihre
Lehre immer noch dieselbe sei, wie die bei der Gründung der Kirche
verkündigte; nur daß die Gewähr, welche die Succession so vieler,
in lebendigem Verkehr und geistigem Austausch stehenden Kirchen
leistete, eine weit festere war. Jede Kirche aber hatte nebstdem noch
eine höhere, ihr eigenthümliche, schlechthin jeden Zweifel, jede Möglichkeit der Abirrung ausschließende Gewißheit in der Gliedschaft
am Leibe der großen allgemeinen Kirche. Von diesem Zeugnisse
erleuchtet, beruhiget und sichergestellt, und erfüllet bereits von einer
bestimmten Glaubensanschauung, lasen nun die Einzelnen, welche
ihr Eifer dazu trieb, was sie von Evangelien und apostolischen Briefen sich verschaffen konnten, und fanden darin die Bestätigung dessen,
was sie gelehrt worden waren. Sie lasen diese Schriften als zur
Gesammt-Tradition der Kirche gehörig, als den ersten geschriebenen

Theil derselben bildend. Wie sich hier die mündliche, der Kirche
übergebene und in ihr fortgepflanzte Lehre zuerst in schriftlichen
Denkmalen verkörpert hatte, so geschah dieß in den nächsten und folgenden Menschenaltern. Zu jeder Zeit brachte die Kirche eine Literatur hervor, welche aus Denkmalen der gleichzeitigen Tradition bestand, und so wurde stets ein Theil dessen, was im Bewußtsein der
Gläubigen lebte, in Schrift firirt, natürlich ohne daß jemals der
ganze in der Kirche vorhandene und lebendige Glaubensstoff in den
literärischen Productionen und kirchlichen Urkunden zum völligen Ausdruck gekommen wäre; denn es ist eben nicht möglich, die ganze
Lebens-, Denk- und Sinnesweise einer großen Gesellschaft, wie die
Kirche ist, niederzuschreiben. Das Glaubensleben jeder kirchlichen
Generation oder Periode nährte sich wieder aus diesen Denkmalen
der vorausgegangenen Zeit, vor allem stets aus denen der Apostel.
So wirkte in jedem Abschnitte der kirchlichen Geschichte die ganze
frühere Zeit der Kirche fort mittels des lebendigen Organismus, der
die Kirche der Gegenwart mit ihrer Vergangenheit verknüpfte, durch
die nie sich verläugnende Kraft des göttlichen Wortes: „Ich bin bei
euch bis an's Ende der Zeiten", durch die vererbten Gebräuche und
Einrichtungen, durch die todten, aber in ihren Schriften noch lebenden und sprechenden Lehrer.

25. Was die Apostel schriftlich und mündlich der Kirche übergaben, war nicht eine Summe fertiger Artikel, eine Anzahl formell
und materiell abgeschlossener Dogmen, wobei die Aufgabe der Kirche
nur gewesen wäre, sie in ihrem Gedächtnisse und in beglaubigten
Abschriften sorgfältig zu bewahren, das Erbgut der Lehre nur wie
ein todtes ein für allemal fertiges Besitzthum zu hüten. Das erste
Depositum der Lehre war ein Lebendiges, welches organisch wachsen,
sich aus seiner Wurzel heraus nach innerer Nothwendigkeit und zugleich in einer den geistigen Bedürfnissen der Gläubigen in verschiedenen Zeiten entsprechenden Weise entfalten und sich den angemessen-
sten Ausdruck schaffen sollte. Es bestand mehr aus Thatsachen,
Principien, dogmatischen Keimen und Andeutungen, welche die Anlage
und Fähigkeit zu successiver Entwicklung und lehrhafter Ausbildung
in sich trugen, in welchen potentiell eine Fülle dogmatischen Stoffes
beschlossen lag. Dem geschichtlichen Charakter der christlichen Religion gemäß mußte demnach eine dem Gesammtleben der Kirche entsprechende, mit diesem in Wechselwirkung tretende successive Entwicklung und Ausbildung der Lehre ohne Aenderung ihres Wesens stattfinden. Sie war das Werk einer gemeinsamen, Jahrhunderte hin-

11*

durch fortgesetzten, immer auf dem Grunde der Vorfahren fortbauen-
den Geistesarbeit der erleuchtetsten Christen, einer steten Vertiefung
in die heiligen Schriften, wodurch allmälig auch die in diesen enthaltenen Andeutungen und Wahrheitskeime erst den erleuchteten For-
schern und Lehrern, dann auch der Masse der Gläubigen aufgeschlos-
sen wurden. Gefördert wurde diese Entfaltung von innen durch die
Natur einer göttlichen Mittheilung, welche bei ihrer Bestimmung,
nicht blos das ethische Gebiet, sondern auch das ganze Geistesleben
des Menschen zu durchdringen und zu beherrschen, einen nie völlig
zu erschöpfenden Reichthum an Folgesätzen in sich trug; sodann durch
das unabweisbare Bedürfniß und Streben des menschlichen Geistes,
sich stets tiefer in diese Lehre zu versenken, sie zu einem zusammenhängenden Systeme zu gestalten, oder nach allen ihren Verzweigun-
gen zu vollem, auch dem wissenschaftlichen Verstandes-Interesse ge-
nügenden Bewußtsein sich zu bringen. Von außen kam hiezu die
Nöthigung, welche in den häretischen, nach und nach alle christlichen
Lehren alterirenden oder zersetzenden Bestrebungen lag, die bedrohten
Punkte zu befestigen und wie mit Bollwerken von weiter führenden
und tiefer eindringenden Bestimmungen zu umgeben, das anvertraute
Gut der Lehre gegen jedweden Versuch einer einseitigen oder geradezu
verkehrten Ausdeutung und schiefer Fortbildung zu wahren, sie daher
in ihre Bestandtheile zu zerlegen, ihren vollen Gehalt aufzuweisen
und in kirchlicher Entscheidung zu sichern und festzustellen. In solchen
Fällen erhob sich laut und vielstimmig die kirchliche Tradition als das
verletzte oder bedrohte und darum zu positiven Satzungen drängende
Gemeinbewußtsein der Gläubigen. Dergestalt zieht sich durch die
ganze Geschichte der Kirche ein fortschreitender, lehrbildender Proceß,
in welchen der menschliche Geist eingehen mußte, aber nicht der sich
selbst überlassene, nur von natürlichen Trieben beeinflußte Menschengeist, sondern der vom Parallel, dem der Kirche gegebenen Lehrer,
geleitete. Und so war diese Lehrfortbildung und dogmatische Feststellung in letzter Instanz das Werk desselben Geistes, aus welchem
auch der Lehrgehalt der neutestamentlichen Schriften selbst geflossen
war, und was sich von irrender Beschränktheit und Leidenschaft der
Thätigkeit der bei diesem Processe betheiligten individuellen Organe
beimischte, das wurde durch die höhere Energie des in der Kirche
waltenden göttlichen Geistes auf die Länge unschädlich gemacht, und
wie in einem geistigen Läuterungsfeuer zuletzt aufgezehrt.

26. Die christliche Lehre in ihrer geistigen und ethischen Erhabenheit, ihren dem vulgären Verstande unfaßbaren Mysterien und

dem unerbittlichen Ernste ihrer sittlichen Forderungen, ist an sich
mehr als jedes andere religiöse System den Angriffen, den stören-
den und alterirenden Einflüssen menschlicher Neigungen, eigensüchti-
ger Gelüste und geistiger Beschränktheit, also der Gefahr ausgesetzt,
entstellt und herabgezogen zu werden in den Dienst menschlicher
Selbstsucht und kurzsichtiger Leidenschaft. Dieser, ihr kostbarstes Gut,
ihr Lebensprincip bedrohenden Gefahr entging die Kirche durch den
Besitz und Gebrauch der apostolischen Schriften und der übrigen älteren und jüngeren Urkunden ihres Glaubens, durch die Festigkeit
ihrer Verfassung als des zur Bewahrung der Ueberlieferung und zur
kräftigen Ausscheidung unreiner und verderblicher Elemente nothwendigen Organs und durch die schützende Leitung und stets wirksame
Erleuchtung des göttlichen Geistes. In jedem Zeitraume war die
in der Kirche geltende Lehre oder Tradition ein göttlich-menschliches,
durch das Zusammenwirken und Ineinandergreifen göttlicher Kräfte
und menschlicher Lehr- und Glaubensthätigkeit bedingtes Produkt,
das Ergebniß des Glaubens und Lebens aller vorausgegangenen Geschlechter. Ihr inneres Wachsthum, die allmälige Entfaltung der
christlichen Grundlehren und dogmatischen Principien in ihre Consequenzen, das successive Heraustreten der in einem doctrinellen Keime
beschlossen liegenden Einzelbestimmungen in das kirchliche Bewußtsein,
die fortschreitende Vermehrung und Erweiterung der kirchlichen Ent-
scheidungen und Formulare, das Alles vollzog sich durch das Zusammenwirken dreier Kräfte und kirchlicher Thätigkeitsformen, der logisch-
dialektischen, der gelehrten, auf die Urkunden der älteren Ueberlieferung, der Schrift und der altkirchlichen Literatur gerichteten Forschung,
und der erleuchteten, in die Schrift und Contemplation der Mysterien
sich versenkenden Andacht. In ähnlicher Weise hatte die religiöse
Erkenntniß in der vorchristlichen Zeit eines mehr als tausendjährigen
Processes bedurft, um von den höchst einfachen Thatsachen und Glau-
bensartikeln, welche das religiöse Bewußtsein der Patriarchen bildeten,
bis zu dem ausgebildeten Glaubenssysteme fortzuschreiten, zu welchem
die jüdischen Zeitgenossen Jesu, z. B. ein Pharisäer wie Gamaliel
oder Paulus vor seiner Bekehrung, sich bekannten. Und dieß war die
unter dem Zusammenwirken progressiver göttlicher Offenbarung und
menschlicher Geistesthätigkeit erreichte Entwicklung, wie sie innerhalb eines einzigen Volkes sich vollzog, während an der großen Arbeit der christlichen Lehrentwicklung die begabtesten Völker dreier
Welttheile seit achtzehn Jahrhunderten sich betheiligen.

27. So konnte in keinem Zeitraume der Kirche, von Christus

und den Aposteln an, heute anders gelehrt und geglaubt werden, als
gestern gelehrt und geglaubt worden war. Wohl konnten später
theologische Meinungen auftauchen und vergehen, es konnten manche
einem Zeitalter angehörige, aus einer vorübergehenden Lage erwachsene volksmäßige Vorstellungen sich geltend machen, die dann wieder
vom Strome der Zeit verschlungen wurden. Aber in der Continuität der traditionellen Strömung konnte weder plötzlich noch allmälig
die Verdrängung einer Lehre durch eine andere ihr entgegengesetzte erfolgen; nie konnte auch eine in der Kirche einmal wirklich erkannte und
geglaubte Wahrheit verloren gehen oder von der Dignität eines
Glaubenssatzes zu einer blos in der Kirche geduldeten Meinung her-
absinken. Das richtige Verständniß der Lehre und die demselben
entsprechende Auslegung der apostolischen Schriften wurde wie an
einer Kette von Glied zu Glied fortgeleitet. Die überwachende Kritik
übte im Grunde jeder gläubige Christ, übte vor Allem mit dem Gewichte ererbter Autorität das apostolische Lehramt in seiner organisch-
hierarchischen Gliederung. Die Ablehnung jeder fremden Lehre ergab
sich einfach aus der Wahrnehmung, daß sie, nach ihrem Wortlaute
oder ihren nothwendigen Consequenzen, der von den Vorfahren über-
kommenen widerspreche. Jeder aber, Laie oder Kleriker, konnte nach
der ihm eigenthümlichen Begabung Theil nehmen an der Forschung,
und das Seinige beitragen zu dem großen Gestaltungs- und Entwicklungsprocesse christlicher Lehre und Anschauung; konnte es mit
um so größerer Zuversicht, als er sich getragen und bewahrt wußte
durch den Körper, dem er als Glied angehörte, durch die Kirche,
deren thatsächliches oder ausdrückliches, billigendes oder zurückweisen-
des Urtheil früher oder später über den Werth oder Unwerth, die
Wahrheit oder den Irrthum seiner Deutungen und Aufstellungen
entschied — wenn nur er selbst und die Anhänger, die er etwa fand,
einen hinreichend starken und demüthigen Glauben besaßen, um ihren
Geist nicht über den der Kirche setzen zu wollen.

2. Die göttliche Trinität. Engel. Dämonen.

28. Wenn der Heidenapostel sagt: „Es gefiel Gott, seinen Sohn
in mir zu offenbaren"[1], so meinte er damit, daß ihm durch himmlische, ihm unmittelbar zu Theil gewordene Unterweisung die innere
Wesenheit des erhöhten Jesus enthüllt worden sei. Christus selbst

---

[1] Gal. 1, 16.

war ihm wiederholt erschienen, damit er Zeugniß gebe von dem,
was er gesehen hatte.[1]) Seiner Anschauung zufolge ist, im Gegensatze gegen unsern irdischen Stammvater Adam, Christus „aus dem
Himmel"[2]); denn er hatte im Angesichte Christi die Herrlichkeit Gottes strahlen sehen.[3]) Zwischen ihm, dem Sohne, und dem Vater
findet innige, ausschließliche Wesensgemeinschaft statt; so zwar, daß
das ganze Wesen des Vaters im Sohne abgedruckt ist, und er den
an sich unschaubaren Vater als dessen Ebenbild zur Anschauung bringt,
den Vater abspiegelnd, wie sich in den Sonnenstrahlen der Abglanz
der Sonne darstellt.[4]) Alles ist durch ihn und in ihm (durch einen
in seiner Person liegenden Schöpfungsakt) geschaffen; er hat als
Vermittler des göttlichen Schaffens die ganze Schöpfung vollzogen,
und ist selbst der Erstgeborne der ganzen Schöpfung, der nicht geschaffen, sondern geboren, aus dem Wesen Gottes erzeugt ist.[5]) Indem die verklärte Leiblichkeit des erhöhten Christus dem Apostel vorschwebt, gebraucht er den Ausdruck: die ganze Fülle der Gottheit
(nicht der göttlichen Gnade, sondern der göttlichen Wesenheit) wohne
in ihm leibhaftig.[6]) Wenn hier Paulus von dem menschgewordenen
Sohne redet, so faßt er dagegen den Sohn in seinem vorzeitlichen
Dasein in's Auge, indem er von ihm sagt: Er sei in Gottes Gestalt
gewesen (im Besitze göttlicher Herrlichkeit), habe aber dieses gottgleiche
Sein nicht für einen Raub gehalten, d. h. er habe seine Gottgleich-
heit nicht angesehen, wie man ein geraubtes Gut betrachtet und eifersüchtig festhält, jeden Gedanken an dessen Entäußerung zurückweisend,
sondern habe vielmehr durch seine Menschwerdung und Annahme der
Knechtsgestalt sich selbst entleert.[7]) Darum muß denn auch die ganze
Geisterwelt vor seinem Namen die Kniee beugen. Als den Sohn,
den eigenen Sohn Gottes, den Sohn seiner Liebe bezeichnet Paulus
sowohl den menschgewordenen Erlöser in seinem irdischen Wandel
oder seiner himmlischen Erhöhung, als auch die präexistirende göttliche Person, welche Gott vom Himmel herabgesandt hat.[8]) Er nennt
Christum geradezu Gott in zwei Stellen, einmal im Römerbriefe:
„Christus, welcher über Alles ist, Gott, gepriesen in Ewigkeit"[9]);
das anderemal im Briefe an Titus, wo er der „Erscheinung unseres
großen Gottes und Heilandes Jesu Christi" gedenkt.[10])

---

[1]) Act. 22, 17 sq. — [2]) 1 Cor. 15, 47. — [3]) 2 Cor. 4, 6. —
[4]) Hebr. 1, 3. Col. 1, 15. — [5]) 1 Cor. 8, 6. Col. 1, 16. — [6]) Col. 2, 9.
— [7]) Phil. 2, 6—8. — [8]) Gal. 4, 4. Rom. 8, 3. — [9]) Rom. 9, 5. —
[10]) Tit. 2, 13.

29. Jene göttliche Person, welche in Jesus Mensch geworden, nennt Johannes am Anfange seines Evangeliums und in der Apokalypse den Logos, d. h. das „Wort", nicht: „die Vernunft." Offenbar war das Wort Logos als Bezeichnung eines göttlichen Mittelwesens, einer neben Gott oder dem „Vater" stehenden zweiten Persönlichkeit, in der Zeit und Umgebung, in der sich Johannes bei Abfassung seines Evangeliums befand, schon gebräuchlich. Die Quelle, aus der diese Vorstellung und Bezeichnung geflossen, und aus der Johannes sie mittelbar oder unmittelbar sich angeeignet hat, muß in der Genesis, den deuterokanonischen Büchern und der Alexandrinisch-jüdischen Religionsphilosophie gesucht werden. Aus dem Munde Jesu selbst wußte Johannes, daß er schon vor der Weltschöpfung Herrlichkeit beim Vater hatte, daß der Vater dem Sohne gegeben hatte, Leben in sich zu haben. In der apokalyptischen Vision war ihm Jesus in seiner ewigen Präexistenz als der Urheber aller Geschöpfe, als der Anfang und das Ende gezeigt worden. Im Anfange der Genesis fand er das Wort Gottes als den Vermittler der Schöpfung bezeichnet; in den deuterokanonischen didaktischen Schriften fand er die Sophia, die Weisheit, die bei dem Vater als Pflegekind und Beisitzerin auf seinem Throne ist, vom Anfang an vor der Schöpfung der Welt, die selber die Bildnerin von Allem, der Abglanz des ewigen Lichtes, die Alles belebend Durchdringende ist, die unter allen Völkern Besitzthum, Israel aber zum Eigenthume hat.[1]

30. Die Alexandrinisch-Philonische Lehre bot ihm für Alles dieß den rechten Ausdruck. Zwar ist der Logos des Philo keineswegs Eines mit dem des Johannes. Philo's Logos ist ein zweiter Gott, wird aber eigentlich nur mißbräuchlich Gott genannt, und Philo rühmt sogar die Juden, welche nicht dem stellvertretenden Offenbarer, dem Logos, sondern dem allmächtigen Gotte dienen[2]), dem, der erhaben ist über alle „Logische Natur." Philo's Logos ist eigentlich die platonische Ideenwelt, das Urbild der Ordnung und Harmonie in der endlichen Welt; er ist nicht der Schöpfer, sondern Gott hat nur nach ihm, als dem Urbilde und Muster, die Welt geschaffen und geordnet. Bei Johannes dagegen ist der Logos nicht etwa das göttliche Denkvermögen, nicht dessen Inhalt, die Ideenwelt, sondern eine persönlich für sich bestehende Hypostase. Er ist weder Muster noch Vorbild der Schöpfung, sondern selbstschöpferisch; durch ihn ist die Welt gewor-

---

[1] Prov. 8, 23. Sir. 24, 1—9. Sap. Sal. 7, 21 sq. — [2] Phil. opp. ed. Mangey I, 413. II, 625.

den. Bei Philo ift der Logos die Quelle alles Lichtes, des geiftigen
in der Menschenseele und des physisch-kosmischen; bei Johannes ift er
nur das intellectuelle moralische Licht, welches die Menschen erleuchtet,
welches mit der sittlich-geiftigen Finsterniß der Welt in Kampfe liegt.
Philo kennt weder eine nähere Beziehung des Logos zum Messias,
noch eine Menschwerdung desselben; sein Logos, dessen Persönlichkeit
er nicht festzuhalten vermag, der sich ihm immer wieder zu einer
Abstraction verflüchtigt, könnte gar nicht Mensch werden. Bei Johannes ift der Logos Fleisch geworden, und damit als Messias erschienen.

31. Johannes nennt aber den präexistenten Herrn den Logos,
nicht nur weil er diese Bezeichnung schon vorfand, sondern auch weil
er damit das Wesen und die Thätigkeit des Sohnes am Besten ausdrücken konnte. Der Sohn ift das „Wort", weil, wie dieses die
Ausprägung des Gedankens, so er der Abdruck vom Wesen des Vaters, der Abglanz seiner Herrlichkeit ift, aber vom Vater das Dasein
hat, wie der Sprechende das Wort als den Ausdruck seines Gedankens erzeugt. In der Offenbarung sagt Johannes von dem auf dem
weißen Pferde erscheinenden Reiter (Christus), er trage einen geheim-
nißvollen, unaussprechlichen Namen, den Niemand wisse, als er selbst.[1]
Dann aber fügt er bei: genannt wird sein Name der „Logos Gottes",
als ob er damit sagen wolle, daß dieß der Name sei, der unter Menschen jenem göttlichen, das Wesen des Sohnes adäquat ausdrücken-
den am nächsten komme.

32. Das göttliche Wort, sowohl nach seinem göttlichen Wesen
und seiner vorzeitlichen Wirksamkeit als in seiner menschlichen Erscheinung, will Johannes in seinem Prolog schildern. Die Sohnschaft
legt er aber nicht erst dem fleischgewordenen, sondern dem präexistenten Christus bei: „Im Anfange war das Wort", d. h. von Ewigkeit
her, nicht blos im Anfange der Schöpfung; es war Gott und bei
Gott oder zu Gott hin[2]), nicht eine aus Gott emanirte Kraft, auch
nicht eine eigene außer Gott bestehende Substanz, kein zweiter Gott,
aber Alles, was Gott selbst eigen ift, kommt ihm zu; er hat an der
ganzen Fülle seiner Herrlichkeit Antheil, und Gott oder der Vater ift
vor der Erschaffung der Welt das Object seiner Thätigkeit, seines
Schauens und Wollens. Er ift der Eingeborne vom Vater, denn er
ift das Wort, welches der Vater zu besonderer persönlichen Existenz
aus der Fülle seines Wesens gesprochen hat, und durch welches wieder alles Sprechen des Vaters statt findet.

¹) Apoc. 19, 12. 13. — ²) Πρὸς τὸν Θεόν, Jo. 1, 1.

33. Dieser Logos nun ist und war das vermittelnde Organ der Schöpfung; durch ihn ist Alles geworden, er allein ist das Leben und gibt Leben, physisches wie geistiges; denn alles Leben ist in ihm als seinem Princip und Quell enthalten. Als das Licht der Menschheit hat er schon vor seiner Menschwerdung in die durch die Entfremdung des Menschen von Gott entstandene Finsterniß hineingeleuchtet, aber diese faßte ihn nicht, und als er, Mensch geworden, zu seinem Eigenthumsvolke kam, da ward er auch von des Mehrzahl dieses Volkes verworfen. Die Welt ist nicht nur durch den Sohn, sondern auch für ihn, um seinetwillen nach apostolischer Lehre geschaffen; denn er ist der unmittelbare Zweck der Welt, oder in ihm findet jeder Zweck der Welt seine Verwirklichung[1]); daher hat ihn auch Gott zum Erben derselben eingesetzt[2]), hat ihm Alles unterworfen.[3])

34. Den heiligen Geist hatte Christus wiederholt bereits erwähnt, als er, Wesen und Beruf desselben deutlicher bezeichnend, seinen Jüngern einen Andern statt seiner, einen Paraklet, einen göttlichen Helfer und Beistand verhieß. Aber erst nach seinem Hingang, sagte er ihnen, erst wenn er beim Vater verherrlicht sein würde, und vom Vater her könne und werde er ihnen diesen Geist senden, der ihnen dann die vorübergehende leibliche Gegenwart des Sohnes ersetzen solle.[4]) Erst mußte das ganze Werk der Menschwerdung, die Erlösung, vollbracht und damit der Zugang zum Vater wieder eröffnet, die Erhebung und Verklärung der menschlichen Natur in Christus erfolgt sein; die Jünger mußten erst empfänglich gemacht, es mußte das Material zum Bau der Kirche erst für seine Bestimmung bereitet sein, ehe Christus den heiligen Geist vom Vater senden konnte, der dann die Jünger sofort als lebendige Steine zu diesem Bau verwandte, und in ihm wie in einem Hause seine bleibende Wohnung nahm. Hat sich der Sohn durch Incarnation mit der menschlichen Natur verbunden, so setzt der Geist durch Inhabitation das Werk des Sohnes an der Menschheit fort und vollendet es; er richtet ein Reich auf Erden auf, das als ein lebendiger Organismus Christum zum Haupt und Könige, ihn, den vom Vater und vom Sohn gesendeten Geist, zur belebenden Seele, die Christen zu Gliedern hat. Er ist daher das Princip der kirchlichen Gemeinschaft und Einheit; zugleich verklärt er den Sohn in der Kirche, sofern diese die stete Offenbarung des Lebens Christi, Christus ihr Haupt, sie die Gesammtheit seiner Glieder ist.[5]) Er überzeugt die „Welt" von der

---

[1]) Col. 1, 16. — [2]) Hebr. 1, 2. — [3]) Eph. 1, 22. — [4]) Jo. 14, 16; 15, 26. — [5]) 1 Cor. 12, 12.

Sünde, der Gerechtigkeit und dem Gerichte; denn als Geist der
Kirche ist er eine stete Manifestation, ein nie aufhörendes Zeugniß
von der Sündhaftigkeit der mit der Kirche in unversöhnlichem Kampfe
liegenden Welt, so daß diese, das Gebiet des natürlichen, von Wahn
und Sünde beherrschten Lebens, in ihrer Nichtigkeit und Lüge sich
enthüllt. Er zeugt ferner von der Gerechtigkeit der Sache Christi,
des nun zur Herrlichkeit des Vaters erhobenen und von dorther
unsichtbar die Kirche beherrschenden Erlösers, und von dem über
Satan und dessen Weltherrschaft bereits vollzogenen Gerichte. ')

35. Dieser Geist ist der Geist der Wahrheit²); als solcher
entfaltet er seine Kräfte in der Kirche, der er, sich selbst mittheilend,
zugleich die Wahrheit mittheilt. Er erinnert die Kirche an Alles,
was Christus gesagt hat³); er lehrt sie, was die Jünger damals,
als Christus persönlich mit ihnen war, noch nicht tragen konnten,
bringt das zuerst noch Unverstandene zu lebendigem Bewußtsein,
theils durch Erleuchtung, theils durch Heiligung der Glieder der
Kirche, wodurch sie für die rechte und volle Erkenntniß empfänglich
gemacht werden. Und indem er die einzelnen in den Worten Christi
liegenden Andeutungen in der Erkenntniß der Kirche allmälig zu
einem Ganzen vereinigt, leitet er sie in die ganze Wahrheit.⁴) Sein
Beruf also ist es, in der Kirche die Ueberlieferung von Christus, von
seiner ganzen Lehre rein und vollständig zu bewahren. Er redet
aber nicht aus sich, sagt Christus, sondern nur was er vom Vater
und vom Sohne hört, gleichwie Christus von sich selber gesagt
hatte: er rede nur, wie ihn sein Vater gelehrt habe⁵); nur nach
dem Willen und der Eingebung des Vaters handle und rede er.
Wie der Sohn „nichts von sich selber thun kann, denn was er den
Vater thun sieht", d. h. wie er in Wort und Werk nur die göttlichen Gedanken, die er im Schooße des Vaters schaut, verkündet
und verwirklicht, so wirkt auch der heilige Geist nicht vereinzelt, für
sich stehend und willkührlich⁶), sondern er „nimmt es von dem, was
des Sohnes ist." Also persönliche Unterschiedenheit und lebendiges
Zueinandersein von Vater, Sohn und Geist.

36. Alles was Christus von der Sendung des Geistes und von
seinen Wirkungen vorausgesagt hatte, ging reichlich in Erfüllung.
Die Kraft und Thätigkeit des Geistes erkannten die Jünger in sich

') Joh. 16, 8 — 11. — ²) Joh. 14, 17; 15, 26; 16, 13. — ³) Joh.
14, 26. — ⁴) Joh. 16, 12 — 15. — ⁵) Joh. 8, 28; 5, 19; 12, 49. —
⁶) ἀφ' ἑαυτοῦ, Joh. 16, 13.

felber als Trägern des apoftolifchen Amtes, in den Gläubigen, in
der Kirche. So erschien ihnen die Lüge des Ananias und seines
Weibes als eine Verfündigung nicht gegen bloße Menschen, sondern
gegen den in den Apofteln als Chrifti Stellvertretern und in der
Gemeinde wirksamen heiligen Geift.[1] Die Korinthische Gemeinde
schildert Paulus als den vom heiligen Geifte bewohnten und darum
heiligen und unantaftbaren Tempel Gottes.[2] Diefem Geifte kommt
vorzugsweise das Erforschen der Tiefen der Gottheit zu, die Erkenntniß des innersten göttlichen Wesens und der verborgenften göttlichen Gedanken und Rathschlüffe. Nur er allein kann diese Erkenntniß selbst haben und sie den Menschen mittheilen, wie ja auch
eines Menschen Rathschläge und Vorfätze Niemand kennt, als deffen
eigener Geift.[3] Bei den einzelnen Gläubigen ist die Heiligung[4],
die Liebe mit der Fülle ihrer Werke und Tugenden[5] die vom heiligen Geifte gewirkte Frucht. Er ist es denn auch, der, wenn er
folche Wirkungen an einem Menschen hervorgebracht hat, ihn der
göttlichen Kindschaft gewiß macht[6], indem das Zeugniß des eigenen
Bewußtseins sich mit dem des göttlichen Geiftes durchdringt und mit
ihm zusammenfließt. Und damit ist er auch das Unterpfand unserer
Vollendung im Himmel.[7]

37. Die göttliche Trias, die in drei Subjecten sich entfaltende
Gottheit ist durch die von Chriftus vorgeschriebene Taufformel[8] als
Grundlehre des Chriftenthums verkündet. Jeder, der in die Kirche
aufgenommen wird, foll seinen Glauben, wie an den Vater, so auch
an den Sohn und Geift bekennen, durch den Sohn mit dem Vater
und durch den heiligen Geift mit dem Sohne in Gemeinschaft treten. Die Trinität wird stets nur von ihrer ökonomischen Seite, das
heißt in Beziehung auf das an den Menschen zu verwirklichende
Heil erwähnt; diese aber hat das ontologische Verhältniß, die Beziehung der göttlichen Personen zu einander, zum Grunde und zur
Vorausfetzung, und wo die Apostel nur den Herrn[9] oder nur den
Geift als Spender der Gnade nennen, ist die gemeinschaftliche Wirkung des Vaters, Sohnes und Geiftes zu denken. So unterscheidet
Paulus[10] Gnadengaben, die der Geift, Aemter, die der Sohn verleiht, und Wirkungen (der Charismen und Aemter), die der Vater

---

[1] Act. 5, 4. 5. — [2] 1 Cor. 3, 16. 17. cf. Eph. 2, 21. 22; 1 Petr. 2, 5.
[3] 1 Cor. 2, 9 — 11. — [4] 2 Thess. 2, 13. 1 Petr. 1, 2. — [5] Gal. 5, 22.
Rom. 15, 30. — [6] Rom. 8, 16. — [7] 2 Cor. 1, 22; 5, 5. Eph. 1, 14. —
[8] Matth. 28, 19. — [9] 2 Thess. 3, 18. 2 Tim. 4, 22. — [10] 1 Cor. 12, 4—7.

(Gott) hervorbringt, führt aber dann sogleich alle Kundgebungen
dieser Charismen auf den heiligen Geist zurück. So gedenkt sein
dreitheiliger Abschiedsgruß an die Korinthier der Gnade Christi, der
Liebe Gottes (des Vaters) und der Gemeinschaft des heiligen Geistes [1]), gleichwie Petrus in seinem Antrittsgruße die trinitarische
Oekonomie des Heils in die Auserwählung durch den voraussehen-
den Rathschluß des Vaters, die Heiligung durch den Geist, und die
Besprengung mit dem Blute Christi, d. h. die Aufnahme in den durch
den Versöhnungstod Christi gestifteten Bund, zusammenfaßt. [2])

38. Wie die Geschichte Jesu und der Apostel häufiger Engels-
erscheinungen gedenkt, bei der Geburt des Herrn, in Gethsemane,
am Grabe und bei seiner Himmelfahrt, dann im Gefängnisse des
Petrus und sonst öfter — so wird auch von diesen höheren kosmi-
schen Wesen in den Reden Christi und in den Briefen der Apostel
wie von einer längst bekannten, und sich gleichsam von selbst ver-
stehenden Sache geredet, und die Sadducäische Läugnung derselben
erscheint als etwas den religiösen Juden so Frembes, daß ihrer gar
nicht gedacht wird. Gemäß den Aeußerungen Christi und der Apostel ist die Engelwelt ein in mannigfachen Abstufungen geordnetes
Geisterreich [3]); es gibt unter ihnen solche, die an Stärke und Kraft
bedeutender sind, Erzengel [4]); sieben Engel des höchsten Ranges
sieht Johannes vor dem Throne Gottes stehen [5]); einer derselben
(Gabriel) sagt von sich selbst, er stehe vor Gott [6]); und dann schaut
der Seher wieder Myriaden von Myriaden in weiterem Umkreise
rings um Gott und die Aeltesten. [7]) Alle sind sie bereits zur Vollendung gekommen, Geschöpfe, die sich im ruhigen Besitze der den Menschen erst
in Aussicht gestellten Güter befinden, unsterblich [8]), heilig, da sie der
steten Gemeinschaft mit Gott, der unmittelbaren Nähe zu ihm sich
erfreuen. Sie stehen in Gottes Dienst, werden von ihm ausgesandt; Gott ehrt sie, indem er sie an seiner Action Theil nehmen
läßt. Doch ist ihr Wissen ein beschränktes, ihre Erkenntniß der
Steigerung fähig; sie verlangen den göttlichen Rathschluß von der
Erlösung ganz zu durchschauen. [9])

39. „Ihr werdet die Engel auf- und niederfahren sehen auf
des Menschen Sohn", hatte Jesus beim Beginne seiner Wirksamkeit seinen Jüngern gesagt. [10]) Sie beugen ihre Kniee im Namen

---

[1]) 2 Cor. 13, 13. — [2]) 1 Petr. 1, 2. — [3]) Ephes 1, 21. — [4]) 1 Thess.
4, 16. Jud. 9. — [5]) Apoc. 1, 4. — [6]) Luc. 1, 19. — [7]) Apoc. 5, 11.
— [8]) Luc. 20, 36. — [9]) 1 Petr. 1, 12. — [10]) Jo. 1, 52.

Jesu.[1]) Sie alle, auch die höchsten Engel sind Wesen, die in seinem Dienste stehend zum Besten der Gläubigen wirken.[2]) Sie nehmen innigen Antheil an den Schicksalen seiner Kirche, an den Vorgängen in ihr; die Kirche, ihre göttliche Stiftung und Leitung, ist für sie ein Spiegel, in dem sie die Weisheit Gottes in noch höherem Grade als vorher erkennen.[3]) Sie freuen sich über die Lust selbst einer einzigen sündigen Seele.[4]) Im Namen der sieben Engel vor dem Throne Gottes grüßt Johannes die klein-asiatischen Kirchen[5]); Michael ist nun der Vertheidiger der Kirche[6]), und Paulus beschwört den Timotheus bei Gott, bei Christus und bei den Engeln, die ihm vorgehaltenen Pflichten zu erfüllen.[7]) Selbst jeder einzelne Mensch hat seinen Schutzengel. Auch die Geringsten unter den Wiedergeborenen, sagt Jesus, haben ihre Engel, welche stets das Angesicht Gottes schauen[8]); und als die Jünger den aus dem Kerker befreiten Petrus erblickten, hielten sie ihn zuerst für seinen Engel.[9]) Wie die Engel ihre Bitten mit denen der irdischen Frommen vereinigen und sie so vor Gott bringen, schildert die Vision in der Apokalypse: ein Engel mischt den als Weihrauchduft emporsteigenden Gebeten der Heiligen himmlischen Weihrauch bei, um sie dadurch Gott wohlgefälliger zu machen[10]); denn Engel und Menschen bilden Einen großen Organismus, und Gott hat Alles, was im Himmel und was auf Erden ist, durch die Versöhnung Christi in ihm als dem Haupte zu einer Harmonie seines Dienstes und seiner Verherrlichung zusammengefaßt.[11])

40. Aber auch ein Reich böser Engel wird im Neuen Testamente häufig erwähnt; die ganze Menschwerdung des Logos, sein irdisches Werk, die Kirche mit ihren Instituten und Gaben ist diesem Reiche entgegengesetzt. „Christus ist gekommen, die Werke des Teufels zu zerstören." [12]) Unter den guten Engeln wird keiner als Fürst und Haupt der ganzen Engelwelt erwähnt; wohl aber ist von einem mächtigen Herrscher des Reiches der Finsterniß und ihm untergeordneter böser Geister unzählige Male die Rede. Es ist derjenige, dessen Wesen und Leben keine Wahrheit ist[13]), der den Anfang des großen Abfalls gemacht hat, durch dessen freie Selbstentscheidung das Böse in die von Gott gut geschaffene Welt gekommen ist.

---

[1]) Phil. 2, 10. — [2]) Hebr. 1, 14. — [3]) Eph. 3, 10. — [4]) Luc. 15, 7. 10. — [5]) Apoc. 1, 4. — [6]) Apoc. 12, 7. — [7]) 1 Tim. 5, 21. — [8]) Matth. 18, 10. — [9]) Act. 12, 15. — [10]) Apoc. 8, 3. — [11]) Eph. 1, 10. [12]) 1 Jo. 3, 8. — [13]) Jo. 8, 44.

So erscheint er als ein in stetem Widerspruche und unversöhnlicher Feindschaft gegen Gott verhärteter, alles Gute hassender Geist, dessen Reich überall dem göttlichen hemmend, zerstörend, zum Abfall verführend gegenüber tritt. Er, der Satan, der große Drache, die alte Schlange, der wahrheitshassende Lügengeist, ist es, welcher sündigte von Anfang an; der Mensch fand das Böse schon vor; es ist nicht des Menschen ursprüngliche eigene That, sondern er ist dazu verführt worden, und indem durch des Satans Verlockung die Sünde und mit der Sünde der geistige und physische Tod über die Menschen gekommen ist, heißt er der Fürst des Todes[1]), der Menschenmörder von Anfang.[2])

41. Die Geister, welche in bestimmten Ordnungen und Abstufungen dem Reiche dieses Herrschers angehören, haben die ihnen ursprünglich zugetheilte Macht und Herrlichkeit nicht bewahrt, sind zugleich aus ihrer Sphäre, dem Lichtreiche, gewichen, und dafür in den Ort der Finsterniß hinabgestoßen worden, wo sie auf eine letzte Entscheidung ihres Geschickes aufbewahrt werden, gefesselt durch Bande, wie sie die Finsterniß den ihr Verfallenen anlegt.[3]) Die Finsterniß dieser Welt ist die Stätte, an die und durch die sie gebunden sind, und in welcher sie wiederum herrschen. Sie sind Weltgebieter, deren Element die dem damaligen Weltzustande eigene Finsterniß, der ganze religiöse und sittliche Zustand der heidnischen Welt ist; sie sind die „Geisterschaft der Bosheit", die ihre Wohnstätte in den die Erde umgebenden Luftregionen hat[4]); unreine Geister, die aus dem Reiche und Dienste Gottes verstoßen in Satans Knechtschaft übergegangen, die Vollstrecker und Werkzeuge seines gott- und menschenfeindlichen Sinnens und Trachtens geworden sind. Sie glauben wohl, daß Gott sei, aber von der Liebe Gottes abgefallen und in Selbstsucht verhärtet, empfinden sie Schauder vor ihm[5]), denn sie wissen oder ahnen, daß er ihnen ihre Herrschaft über die heidnische Welt wieder entreißen und sie richten wird. Redende Beispiele der Macht dieser Geister in einer Zeit, wo ihr in seiner bisherigen Herrschaft bedrohtes Reich alle seine Kräfte zu deren Behauptung zusammenraffte, waren die „Dämonischen" oder Besessenen, welche damals in Palästina und unter den Heiden in beträchtlicher Zahl sich fanden, und deren viele durch ein Machtwort Jesu oder der Apostel und Jünger befreit wurden. Ihr Zustand

---

[1]) Hebr. 2, 15. — [2]) Jo. 8, 44. — [3]) Jud. 6. 2 Petr 2, 4. — [4]) Eph. 6, 12. — [5]) Jacob. 2, 19.

war, wie im Judenthume allgemein geglaubt ward, durch eine dämonische Einwirkung auf das körperlich-physische Gebiet ihres Wesens bewirkt; Symptome desselben waren häufig Epilepsie, Tobsucht,
Manie, Stummheit; sie fühlten sich durch diese Einwirkung wie gebunden, und ihren Leib und dessen Organe fremder Herrschaft
unterworfen.[1])

42. In dem sittlichen und religiösen Zustande der damaligen
Welt liegt der Grund, warum der Satan der Fürst dieser Welt[2]),
sogar der Gott des gegenwärtigen Aeon[3]), d. h. des damaligen durch
die Herrschaft des Heidenthums bezeichneten Zeitlaufs, genannt wird.
Seine Geister sind es, denen der heidnische Götterdienst gilt. Das
Idol, sagt Paulus, welchem geopfert wird, ist freilich nichts; es ist
ein todtes Machwerk menschlicher Hände, und hat auch nicht einmal
als Abbild eines ihm entsprechenden Wesens Wahrheit; aber die
Götter der Heiden sind allerdings wirklich existirende und nicht ohnmächtige Wesen; sie sind Dämonen, und was ihnen geopfert wird,
das wird den Dämonen geopfert. „Es gibt viele Götter und viele
Herren in der überirdischen Region wie auf der Erde, wir Christen
aber haben Einen Gott den Vater, und Einen Herrn Jesum Christum."[4]) So ist denn Satans Reich ein weitverbreitetes; nicht nur
die gefallenen Geister, auch die durch Sünde und Wahn Gott ent-
fremdete Menschheit gehört dazu. Das Reich Christi aber ist dem
seinigen entgegengesetzt[5]), durch das Erlösungswerk Christi wird er
hinausgeworfen aus dem bisher beherrschten Gebiete[6]); was er auch
thun mag, das Werk des Herrn zu verderben[7]), und Unkraut
unter den Weizen zu säen[8]), den göttlichen Heilsanstalten das Unheil beizumischen, seine Macht ist dennoch eine abnehmende, bestimmt,
zuletzt ganz vor der göttlichen Macht zu verschwinden.[9]) Bis dahin
aber versteht er es, mit gewaltiger Kraft und List — kann er sich
doch selbst in den Schein des Lichtengels verhüllen[10]) — die Menschen an ihrer schwächsten Seite anzugreifen, um sie durch Sünde
und Unglauben unter seine Botmäßigkeit zurückzubringen oder in
seinen Stricken festzuhalten.[11])

---

[1]) Luc. 6, 18; 9, 39; 13. 16. Matth. 17, 15. Act. 8, 7; 16, 16. —
[2]) Jo. 12, 31; 14, 30. — [3]) 2 Cor. 4, 4. cf. Eph. 2, 2. — [4]) 1 Cor. 8,
4 — 6. cf. 10, 19 — 20. 1 Jo. 5, 19. — [5]) Act. 26, 18. Col. 1, 13.
— [6]) Jo. 12, 31. — [7]) 2 Tim. 2, 26. — [8]) Matth. 13, 28. —
[9]) Apoc. passim. Rom. 16, 20. — [10]) 2 Cor. 11, 13. — [11]) Eph. 6, 11.
1 Petr. 5, 8.

3. Menschwerdung. Versöhnung und Erlösung. Rechtfertigung und Heiligung. Erwählung.

43. Der Logos wurde Fleisch; dieses längst vor Jesu Geburt, ja schon vor der Schöpfung existirende göttliche Wesen, ward auf Erden geboren in „Menschenähnlichkeit"[1]); er erschien, zur bestimmten Zeit von Gott gesandt, in einer, der mit Sünde behafteten Menschennatur ähnlichen Gestalt[2]), nur daß diese bei ihm ohne Sünde war und blieb. In seiner äußern Erscheinung, Haltung und Geberde fand man nur Menschliches[3]); er war aber nicht ein Mensch wie alle andern, er war der mensch-gewordene Gottes-Sohn, der hiemit eintrat in einen Zustand der Entäußerung und Erniedrigung, einen Zustand, von welchem gesagt werden konnte, daß der Sohn sich selbst entleerte, und seine göttliche Gestalt und Herrlichkeit beim Vater vertauschte in die Gestalt eines Knechtes. So ist er, obgleich er reich und Gebieter des Weltalls war, arm geworden um unsertwillen.[4]) Die Thatsache der übernatürlichen, vaterlosen Erzeugung Jesu haben die Apostel in ihren Briefen nicht näher berührt; sie wird aber bei ihnen vorausgesetzt, und Paulus hat sie in den Worten[5]): „Christus sei aus einem Weibe geboren," angedeutet. Nach der Lehre Pauli konnte Christus geschlechtlich nicht von Adam abstammen, da er, diesem als der neue zweite Adam entgegengesetzt, der Stammvater eines neuen Geschlechtes werden sollte.

44. Als Mittler, als Versöhner und als Erlöser ist Christus aufgetreten. Gerade als Mensch ist er Mittler geworden[6]), da in ihm die menschliche Natur in ihrer unsündlichen Reinheit zur engsten persönlichen Gemeinschaft mit der Gottheit erhoben worden, und da er nun als der neue zweite Adam den Beruf und die Kräfte und Mittel besitzt, die Menschen zu entsündigen und in seine Gemeinschaft aufzunehmen.[7]) Denn in seiner völligen Einheit einerseits mit Gott, andrerseits mit der Menschheit ist er und nur er allein im Stande, die Feindschaft der Menschen wider Gott durch die wirkliche Aufhebung des beide Trennenden, der Sünde, zu bewirken. Dazu gehörte aber, daß er nicht nur sein ganzes irdisches Leben ohne irgend einen

---

[1]) Phil. 2, 8. — [2]) Rom. 8, 3. — [3]) Phil. 2, 7. Hebr. 2, 14 — 15. — [4]) 2 Cor 8, 9. — [5]) Gal. 4, 4. — [6]) 1 Tim. 2, 5. Hebr. 9, 15. — [7]) Eph. 5, 29. 30. 1 Cor. 10, 16 — 18.

persönlichen Vorbehalt durch eine fortgehende Selbsthingabe dieser großen Aufgabe widmete, sondern daß er es auch mit dem Opfer seines als Sühnmittel für die Sünde der Menschheit frei übernommenen Todes krönte und beschloß.[1]) Damit wurde sein ganzes Leben zur Versöhnung; alle sittlichen Akte desselben wurden eine Kette von Sühnakten für die menschliche Sünde. Durch die Sühnung aber bewirkte der Mittler zugleich die Aussöhnung der Menschen mit Gott, und wurde der Stifter eines neuen auf seinem Opfertode beruhenden Bundes[2]) zwischen den Menschen und Gott.

45. Die höchste bewirkende Ursache der Erlösung ist also Gott selbst[3]); er versöhnt durch Christus die Menschen mit sich, und wird daher auch geradezu „Heiland" genannt.[4]) Er hat uns (das gesammte Menschengeschlecht) versöhnt (und damit jedem Einzelnen die Möglichkeit und den Zutritt zur individuellen Begnadigung eröffnet), als wir noch seine Feinde, Zornes-Kinder oder Gegenstand des göttlichen Mißfallens waren.[5]) Weil aber dieses Mißfallen nichts anders ist, als die nach außen gegen die Menschen gekehrte göttliche Heiligkeit, so geht die Versöhnung von der Liebe Gottes aus. Er ist es, der die Welt so sehr geliebt (und zugleich die Sünde, das sittliche Verderben der Welt so sehr verabscheut) hat, daß er, in der Vermählung der göttlichen Liebe mit der göttlichen Heiligkeit und Gerechtigkeit, seinen Sohn in die Welt gesandt und dahingegeben hat.[6])

46. Demnach ist die Menschwerdung des Sohnes und sein willig erduldeter Tod am Kreuze die thatsächliche Offenbarung der göttlichen Liebe und der göttlichen Gerechtigkeit in ihrer Harmonie. Gott hat uns zuerst geliebt, nicht erst in Folge der durch Christus geleisteten Versöhnung sind wir Gegenstand der göttlichen Liebe geworden, vielmehr war die Sendung des Sohnes selbst schon die That und der glänzendste Erweis der ursprünglichen Liebe Gottes — einer Liebe, die nicht etwa durch unsere Liebe hervorgerufen ward, sondern als wir von Gott noch abgewendet waren, vorherging. „Wir waren noch Sünder, als Christus für uns starb."[7]) Was die Liebe sei, und wie weit sie in ihrer Aufopferung gehe, das haben wir, sagt Johannes, an Christus gesehen, der sein Leben für uns gelassen.[8])

---

[1]) Jo. 10, 17. 18. — [2]) 1 Cor. 11, 25. Gal. 4, 24. Hebr. 7, 22; 8, 6; 9, 15. — [3]) 2 Cor. 5, 18. 19. Rom. 3, 25. — [4]) Luc. 1, 47. 1 Tim. 1, 1. Tit. 3, 4. — [5]) Rom. 5, 10. Eph. 2, 3. — [6]) Jo. 3, 16. 17. — [7]) 1 Jo. 4, 10. cf. Rom. 5, 8. — [8]) 1 Jo. 3, 16.

Hatte Gott in der vorchristlichen Zeit die Sünden der Menschen lang-
müthig übersehen, so hat er endlich in dieser jüngsten Zeit seine,
eben durch diese Nachsicht verkannte und verhüllte Gerechtigkeit geoffenbart, insofern er Jesum offen als Sühnopfer darstellte, so daß
einerseits Christus durch sein freiwillig vergossenes Blut sich zu
einem solchen Opfer machte, andererseits die Menschen sich durch
den Glauben die versöhnende und heilende Kraft dieses Opfers aneignen.[1] Dieselbe große Thatsache erscheint bei Paulus in der
Form, daß Jesus für uns zur Sünde[2] geworden sei; das heißt:
ohne im Geringsten selbst sündig zu sein, bei vollkommener innerer
Unschuld und Heiligkeit, ward er uns zu Liebe und unsere Stelle
vertretend, als Sünder behandelt, von der Welt dafür angesehen und
als Verbrecher hingerichtet, so daß er wie eingehüllt, überschüttet und
bedeckt war mit der Sünde und ihren Folgen, und die ganze Last
derselben empfand.

47. Es war also ein Opfer, ein den Mittelpunkt der ganzen
Menschengeschichte bildender Akt der Hingabe, durch welchen die
Erlösung vollbracht wurde. Darum war der Sohn gesandt worden,
damit er vollbringe, was der durch die Sünde gebundene Mensch
leisten sollte und nicht vermochte. Das Opfer der freien und völligen Hingabe an Gott, diese höchste und eigentliche Bestimmung der
Menschheit zu vollziehen, und die durch die Sünde zerrissene Gemeinschaft mit Gott damit herzustellen; damit er es übernehme, in der
Würde und dem unendlichen Werthe einer gottmenschlichen Persönlichkeit, als Bürge und Stellvertreter der ganzen Menschheit, als
ihr Haupt und neuer Adam, zur Sühne für menschliche Sünde und
Losreißung von Gott, jenes Opfer zu leisten — zu leisten in der
Gestalt des peinlichsten Leidens und des Todes im Kampfe mit einer
von der Macht der Sünde beherrschten Welt.

48. „Ich habe das Blut euch gegeben auf den Altar, zu sühnen
eure Seelen," war dem Israelitischen Volke gesagt worden.[3] So
waren die Sühnopfer des alten Testaments, in denen das im Blute
befindliche Leben der Thiere geopfert ward, schwache Vorbilder dessen,
was auf Golgatha geschehen sollte. Denn „ohne Blutvergießen geschieht keine Vergebung."[4] Christus selbst hatte gesagt: „ich heilige
mich (weihe mich als Opfer) für sie, auf daß auch sie geheiligt seien"[5],
und hatte der Vergießung seines Blutes die Bedeutung und Kraft

---

[1] Rom. 3, 25. — [2] 2 Cor. 5, 21. — [3] 3 Mos. 17, 11. — [4] Hebr.
9, 22. — [5] Jo. 17, 19.

der Sündenvergebung beigelegt. Entsprechend sagt denn auch Petrus: Christus habe (als unser Priester und Sündopfer) unsere Sünden selbst an seinem Leibe hinaufgetragen auf das Holz des Kreuzes, als den Altar, „auf welchem er durch seine Wunden uns geheilt" habe [1]), und heißt Christus bei Johannes das geschlachtete Lamm, als das Gegenbild des Passahlammes; „er hat uns in seinem Blute rein gewaschen von unsern Sünden," und die Seligen „haben ihre Kleider gewaschen und weiß gemacht im Blute des Lammes." [2]) Hier wird also sinnbildlich die durch den Opfertod Christi ermöglichte, durch die gläubige Hingabe an ihn verwirklichte Reinigung von der Sünde als ein Reinwaschen befleckter Kleider dargestellt.

49. Wie Johannes sagt auch Paulus: Christus ist als unser Passahlamm geopfert worden [3]), gleich diesem fehlerlos und zur Versöhnung, als Zeichen und Pfand des Ausganges aus dem Lande der Knechtschaft dargebracht, und in der Communion zum Genusse, zur Lebensnahrung seiner Gläubigen sich darbietend. Ausführlich wird im Hebräerbriefe Christus als der große, sich selbst für uns zum Opfer bringende Hohepriester geschildert. War beim Opfer und Priesterthum des Alten Bundes Alles nur äußerlich, vorbereitend, fleischlich, mangelhaft, so ist dagegen bei Christus, der Opfer und Hohepriester in Einer Person ist, Alles vollkommen. Er allein ist der Priester, der, unendlich abgesondert von den Sündern durch seine Heiligkeit, ihnen wieder unzerreißbar verbunden ist durch die Theilnahme an ihrer Natur. Theilnehmend an Gott durch seine Gottheit, an uns durch seine Menschheit, verbindet er in seiner Person Gott mit dem Menschen; er ist die über den unermeßlichen Abgrund, der uns von Gott trennte, sicher hinüberführende Brücke, und der „ewige Geist," d. h. die himmlische unsterbliche Natur, die er besitzt, gibt dem Opfer seines Blutes und Todes einen unendlichen Werth. Zugleich ist er ein Priester, wie wir ihn bedürfen; selber durch die Schule der Versuchungen und der schwersten Leiden hindurchgegangen, hat er, doch ohne Sünde, unsere Zustände, Leiden und Bedrängnisse mit empfunden, und bietet uns für jedes Bedürfniß, jede Versuchung das rechte Heilmittel dar. [4]) Und nun setzt er, in den Himmel eingegangen, sein auf Erden begonnenes Priesterthum und Opfer dort für alle Zeiten fort; sein Stand der Herrlichkeit hat an seinen Beziehungen zu uns und seinen Leistungen für uns nichts geändert;

---

[1]) 1 Petr. 2, 24. — [2]) Apoc. 1, 5; 7, 14. — [3]) 1 Cor. 5, 7. — [4]) Hebr. 2, 17. 18.

er ift, zur Rechten feines Vaters fitzend, und diefem ftets gleich, das, was er für uns auf Erden war.

50. Das altteftamentliche Priefterthum — fo lehrt der Hebräer-brief ferner — ift nun aufgehoben. Wie das Opfer des neuen Bun-des weit erhaben ift über die Opfer des alten Bundes, welche nur vorläufige Abbilder waren, geeignet und beftimmt, die Sehnfucht nach der vollen Realität des Urbildes zu wecken, fo ift auch der Priefter, der Mittler eines befferen, an Verheißungen reicheren Bundes, hoch-erhaben über das an fich unvollkommene und nicht zur Vollendung führende, der Sünde, dem Tode und daher dem Perfonen-Wechfel unterworfene Leviten-Priefterthum.[1] Er ift Priefter auf Melchife-bels Weife; denn diefer alte Priefterkönig war ein Vorbild Chrifti durch die Vereinigung der königlichen und priefterlichen Würde in feiner Perfon, durch feine Namen (König der Gerechtigkeit und Frie-denskönig), und durch die Univerfalität feines Priefterthums, welches ungleich dem Levitifchen, weder gefchlechtlich vermittelt oder an eine Familie gebunden, noch national befchränkt, noch auch der Abrogation verfallen war. So wird Aaron's Ordnung durch das unvergäng-liche und unwandelbare Priefterthum Chrifti aufgehoben und erfetzt.

51. Die verföhnende Kraft des Opfers Chrifti ift aber wefent-lich bedingt durch deffen heiligende Kraft. Durch fein einmaliges Opfer, fagt der Hebräerbrief, hat Chriftus eine ewige Heiligung be-wirkt.[2] Indem er für die Menfchen zur Sünde (Sündopfer) wurde, hat er die Herrfchaft der Sünde gebrochen, gegen welche das Mofai-fche Gefetz ohnmächtig war; er hat fie im Fleifche, d. h. in der bis-her von ihr beherrfchten Menfchennatur, thatfächlich verurtheilt und entthront.[3] Den Anfang dazu machte fchon gleich die erfte Erfchein-ung des Sohnes Gottes im Fleifche. Indem er das Haupt der Menfchheit, der neue Stammvater der Gläubigen wurde, gingen und gehen von feiner zum Gefäße der Gottheit gewordenen Menfchen-natur jene Kräfte aus, welche dem Chriften den Sieg über die Sünde, den das Gefetz nicht verleihen konnte, ermöglichen. Fortan follten und konnten die Menfchen das im Fleifche wohnende Gefetz der Sünde und des Todes durch das Gefetz des Geiftes, der in Chriftus ruhenden Lebenskräfte, überwinden.[4] Es fragt fich dem-nach hier: in welcher Weife, durch welchen Prozeß die Uebertragung diefes Sühnungs- und Heiligungswerkes auf den einzelnen Men-

---

[1] Hebr. 7, 1—2. 8. — [2] Hebr. 10, 11—14. — [3] Rom. 8, 3. — [4] Rom. 8, 1. 2.

ſchen ſtattfinde, oder unter welchen Bedingungen jeder an den Früchten dieſes Werkes Theil nehmen, zur wahren Gerechtigkeit und zum Heil gelangen könne.

52. Denn Verſöhnung und Rechtfertigung wird bei Paulus genau unterſchieden. Der Opfertod Chriſti am Kreuze iſt ein großes Werk univerſaler Erlöſung; er iſt eine Friedensſtiftung, welche nicht blos auf die Erde und das menſchliche Geſchlecht, ſondern auch auf höhere Regionen und deren Bewohner ſich bezieht.[1] Es iſt eine Verſöhnung, welche das ganze Weltall durchdringt[2], an welcher auch die bewußtloſe Natur ihren Antheil hat.[3] Dieſe Verſöhnung iſt ein für allemal auf Golgatha vollendet. Damit iſt die Menſchheit als Gattungseinheit wieder in das rechte Verhältniß zu Gott geſtellt, die Vergebung der Sünden iſt für die Menſchheit im Ganzen erworben; Gott hat ihr ſein Antlitz in Huld und Wohlwollen wieder zugewendet, hat die Schätze ſeiner Gnadengaben ihr wieder zugänglich gemacht. Chriſtus iſt es, der dieſe Gaben erkauft, der den Preis dafür entrichtet hat, und der ſie nun uns anbietet. Wir waren noch Feinde Gottes, als die Erlöſung vollbracht wurde[4], und ſind alſo Erlöſte oder Verſöhnte, ehe wir (perſönlich) gerechtfertigt werden; jenes hat Chriſtus für uns und ohne uns vollbracht; dieſes, unſere Rechtfertigung, die wirkliche Verſetzung jedes Einzelnen aus dem Stande der Sünde und des göttlichen Mißfallens in den Stand der Erneuerung und Gnade, iſt erſt möglich geworden durch jene That der Verſöhnung, und iſt das, was Chriſtus in uns und mit uns vollbringt.

53. Alle Menſchen ermangeln an ſich der Gerechtigkeit vor Gott; ſie ſind Sünder. Uebergewicht der niedern ſinnlichen Triebe über die höhern, eine zur Selbſtſucht ausgeartete Selbſtliebe, ein in zuchtloſe Eigenwilligkeit verkehrter Freiheitsſinn, darin beſteht das natürliche Verderben, das jedem Menſchen angeboren iſt, als ein, ſeiner Natur in ihrem gegenwärtigen Zuſtande inwohnendes Prinzip der Sünde[5], nach Paulus' Beſchreibung ein in unſern Gliedern (unſern natürlichen Kräften) herrſchendes Geſetz der Sünde. Der geſchichtliche Anfang und zugleich die wirkende Urſache dieſer allgemeinen Sündhaftigkeit iſt jene erſte Uebertretung des göttlichen Gebotes, zu welcher das erſte Menſchenpaar durch ſeinen Feind und den Urheber des Böſen und der Sünde in der Welt, den Satan, ver-

---

[1] Col. 1, 20. — [2] Eph. 1, 10. — [3] Rom. 8, 17—21. — [4] Rom. 5, 10. — [5] Rom. 7, 12 sq.

führt wurde.[1]) Durch den von Gott geſetzten geſchlechtlichen Zuſam-
menhang der Menſchen iſt von da an die Sünde als eine Natur-
macht, als ein Jedem angeborner, Gott mißfälliger Zuſtand, über die
ganze Menſchheit verbreitet. Es iſt nicht die von Adam einmal begangene ſündige That, welche etwa dem Einzelnen als etwas ihm
doch eigentlich Fremdes blos zugerechnet würde, ſondern der Zuſtand,
der als Wirkung dieſer That beim Menſchen eintrat, iſt ein bleibender, ſich vererbender, und ſo wirkt die Sünde fort in dem ganzen
Geſchlechte. Jeder befindet ſich, vermöge der in ſeinem Weſen ſtatt-
findenden Disharmonie und böſen Anlage in einem Gott mißfälligen
Zuſtande; die Sünde iſt nicht als Thun, ſondern als Leiden, als
Anlage, als der Keim einer moraliſchen, ſich mit der Zeit entwickelnden Krankheit ſchon in ihm, ehe ſie ſich noch zur Uebertretung oder
Thatſünde geſtaltet. So iſt Sünde und ihre Folge, der Tod, der
allgemeine Typus aller vom Fleiſche gebornen Menſchen.[2])

54. Nach der hiſtoriſchen[3]) ſowohl als pſychologiſchen[4]) Dar-
ſtellung des Apoſtels ſind demnach alle Menſchen Sünder; ſie ſind unter die Sünde verkauft, und daher Kinder des Zornes[5]); Gegenſtand
desjenigen Mißfallens, welches Gottes Heiligkeit nothwendig an dem
Böſen empfindet. Aber dieſes Verderben der ſittlichen Natur des
Menſchen durch den Sündenfall iſt nicht etwa eine vollſtändige Zerſtörung, ſo daß auch nicht Ein Funke der guten Anlagen und der
Kraft zum Guten mehr vorhanden wäre. Der Menſch iſt als ſitt-
liches Weſen dadurch wohl verwundet, aber nicht getödtet, er iſt noch
erlöſungsfähig, ja, er empfindet auch ein ſehnſüchtiges Verlangen
nach Erlöſung.[6]) Allerdings iſt der Tod, unter deſſen Herrſchaft
die Menſchen in Folge des Sündenfalles ſtehen, nicht blos ein kör-
perlicher, ſondern auch ein geiſtiger[7]); die Erlöſung iſt eine Belebung der todten Menſchheit durch den Glauben an den gekreuzigten
und auferſtandenen Erlöſer; und es iſt der ganze Zuſtand der ſün-
digen, von Gott abgekehrten, aus ſich ſelbſt zum Guten und zur Belehrung ohnmächtigen Menſchheit, den der Apoſtel ſich unter dieſem
Bilde des Todes denkt. Aber die höheren, dem Menſchen mit dem
Bilde Gottes anerſchaffenen Kräfte ſind auch nach dem Falle noch
vorhanden, er hat noch eine Anlage zur Erkenntniß Gottes, ein ſchlum-
merndes Bewußtſein Gottes, welches ſich ſchon an der Betrachtung

---

[1]) Rom. 3, 23. 1 Jo. 1, 8. — [2]) 1 Cor. 15, 21 ss. Rom. 5, 12. Jo.
3, 6. — [3]) Rom. c. 2. 3. — [4]) Rom. c. 7. — [5]) Eph. 2, 3. — [6]) Rom.
7, 7 seq.; 2, 14. 15. — [7]) Eph. 2, 1. Col. 2, 13. Rom. 7.

der Natur entwickeln kann; er könnte durch Gehorsam gegen diese
Erkenntniß und gegen das innere Gesetz, gegen die Stimme seines
Gewissens den in ihm liegenden Keim der Sünde in seiner Entwicklung hemmen. [1]) Es sind also in dem natürlichen Menschen Anknüpf-
ungspunkte für die belehrende Gnade Gottes vorhanden, er hat
einen angebornen, durch seine sündhafte Lebensentwicklung mehr oder
weniger verdunkelten, aber doch nie völlig erloschenen Wahrheitssinn,
mit dem er seinerseits der zum Glauben ihn sollicitirenden Botschaft
und Gnade begegnen kann; und wenn die Gnade ihr Werk an ihm
begonnen hat, dann entsteht bei ihm jener von Paulus geschilderte [2])
Mittel- und Uebergangszustand, in welchem er bereits innerlich nach
der Bekehrung sich sehnt, aber in dem Kampfe von Fleisch und Geist
noch schwankt zwischen zwei Gegensätzen. Aus diesem Zustande her-
aus- und weiterschreitend muß es der Mensch zur wirklichen Gerechtigkeit und damit zur Erlangung aller göttlichen Verheißungen bringen. Dieß geschieht nicht durch das Gesetz und dessen Werke, sondern durch den Glauben. Christus nämlich verhält sich zu der von
Adam stammenden Menschheit, wie zum wilden Baume sich das edle
Pfropfreis verhält, welches den Baum und dessen Säfte zu veredeln
bestimmt ist. Wie von Adam Sünde, so geht von Christus Gerechtigkeit auf Alle über; das Organ aber der Aufnahme und Aneignung ist der Glaube.

55. Paulus versteht unter dem Gesetze, welches er von der
Rechtfertigung des Menschen ausgeschlossen wissen will, das Mosaische Gesetz, wie er dessen Charakter und Tragweite erlebt hatte und
fortwährend empfand, und wie es ihm überall an seinen Stammesgenossen entgegentrat als jener das ganze Bewußtsein und Leben
tragende Complex von politischen, rituellen, moralischen Satzungen,
welcher die große, undurchdringliche Scheidewand zwischen Juden und
Nichtjuden bildete. In diesem Gesetze waren, seinem Gefühle nach,
die Menschen wie in einem Gefängnisse eingeschlossen. Durch alle
Theile und Einzelnheiten dieses Gesetzes fühlte sich der Jude gleichmäßig
gebunden; er unterschied nicht und konnte nicht unterscheiden zwischen
dem rein Sittlichen, Unvergänglichen, und dem Vorübergehenden,
blos für nunmehr abgestorbne oder in der Umwandlung begriffene
Verhältnisse Bestimmten. Alle Gebote schienen ihm auf gleiche Linie
gestellt als eben so viele Offenbarungen des zu pünktlichem und buch-
stäblichem Gehorsam verpflichtenden göttlichen Willens. Er betrach-

---

[1]) Rom. 1, 20. Rom. 2, 14. — [2]) Rom. 7, 17 ss.

tete die ganze Sittlichkeit und Frömmigkeit vorzugsweise unter dem
national-rechtlichen Gesichtspunkte, als einen Dienst des äußern Gehorsams, den er als Glied des Israelitischen Volkes und Staates
dem Gesetze seiner Nation erwies, und wofür er von rechtswegen,
in Kraft eines geheiligten und feierlichen Vertrags, Anspruch hatte
auf das göttliche Wohlgefallen und den Genuß der dafür verheißenen Güter.

56. Von diesem geschriebenen, in allen seinen Theilen enge zusammenhängenden, dem Jüdischen Volke ehemals gegebenen Gesetze
behauptet nun Paulus, es sei aufgehoben [1] — aufgehoben nämlich
in formaler Beziehung, in seiner Eigenschaft als nationales, politik,
Sitte und gottesdienstliche Formen umfassendes Statut. Wir verkündigen, sagt er, ein anderes, längst schon verheißenes Gesetz, in
welchem alles national Beschränkte, specifisch Jüdische abgestreift, und
dessen Inhalt durch Vergeistigung, durch Hervorhebung des Prinzipes,
durch Setzung der Wirklichkeiten an die Stelle der vorbildenden Schat-
tenrisse umgewandelt ist. Nun verbindet und vermischt aber Paulus
das äußere Mosaische Gesetz mit dem innern, im Gewissen des Menschen vernehmbaren Sittengesetze, jener Stimme Gottes in der Seele,
welche, wenn auch schwach, dunkel und verworren sich kund gebend,
doch auch für den Heiden ein Gesetz bildet. Dieses Gesetz hatte für
die Heiden dieselbe auf Christus vorbereitende Bestimmung und Bedeutung, wie das Mosaische für die Juden. [2] So gelten die Aussprüche des Apostels bald von dem Gesetze überhaupt, dem äußern,
positiven sowohl als dem innern, bald, und dieß am häufigsten, blos
von dem ersteren, dem Mosaischen. Das Gesetz ist an sich, abgesehen
von den Wirkungen, die es auf den gefallenen Menschen hervorbringt,
gut, gerecht, heilig, pneumatisch; es enthüllt und rügt den Widerspruch
des menschlichen Willens gegen den göttlichen; durch seine Drohungen und Schreckmittel zügelt und hemmt es auch die groben Aus-
brüche menschlicher Böswilligkeit. Aus dem Gesetz kömmt Erkenntniß
der Sünde; es deckt dem Menschen das in ihm wohnende Böse auf,
und weckt so das Gefühl der Nothwendigkeit einer Erlösung. [3]

57. Allein andrerseits entwickelt sich auch der sündhafte Hang
durch das Gesetz als Widerspruch gegen den darin enthaltenen göttlichen Willen. Gerade an der Forderung und Mahnung des Gesetzes entzündet sich die böse Anlage und Neigung zur vollen und bewußten Thätigkeit, und macht das Gesetz ohnmächtig. Dergestalt

---

[1] Gal. 3, 19. — [2] Rom. 2, 14. 15. — [3] Rom. 3, 20; 7, 13.

erhält das Gesetz theils das Bewußtsein der Sünde, theils die Sünde
selbst fort und fort lebendig; indem es ihr hemmend entgegentritt,
treibt es sie zur Ueberschreitung des Gebotes. Es ist „die Kraft der
Sünde," und insofern ein Gesetz des Todes. [1]) Zugleich fordert es,
daß ohne Ausnahme alle Gebote ganz erfüllt werden; wer nur eines
davon übertritt, ist des ganzen Gesetzes schuldig, und steht unter dem
Fluche, mit dem dasselbe jeden Uebertreter bedroht. [2]) Auch das liegt
daher in der Natur des Gesetzes oder vielmehr des gefallenen Menschen, daß der Gehorsam, zu dem es drängt, nur ein sklavischer, erzwungener ist, daß es überhaupt knechtischen Sinn erzeugt, und das
rechte Vertrauen, den wahren kindlichen Gehorsam hindert. [3]) Es
verheißt zwar dem seine Gebote vollständig Beobachtenden das Leben,
aber es erfüllt diese Verheißung nicht; denn es kann eben nicht lebendig machen, das vermag nur der Glaube. Das Gesetz kann nur
verdammen.

58. So bildet der Stand des Gesetzes einen Gegensatz gegen
den Stand des Christen. Die Verheißung der Erlösung und der
Glaube war früher als das Gesetz; dieses ist nur als etwas Vorübergehendes, um der Uebertretungen willen, zwischen eingetreten,
nicht von Gott selbst unmittelbar, sondern durch Engel promulgirt,
als ein Erziehungsmittel für Unmündige, um erst das Bewußtsein
von der Größe des Sündenelendes in der Menschheit zu entwickeln. [4])
Es soll also keineswegs immerdar bestehen und gelten, vielmehr ist
sein Ziel Christus; mit seinem Erscheinen und mit dem Eintritte der
neuen, von ihm gestifteten Glaubensökonomie hört das pädagogische
Amt des Gesetzes auf, die Gläubigen sind nicht mehr unter dem
Gesetze. [5]) Die Oekonomie des Gesetzes ist durch Christus und für
die Seinigen in die Oekonomie der Gnade verwandelt, die ohne Aufhebung der Gesetzesordnung nicht eintreten könnte, und so hat nach
der Lehre des Apostels das ganze Mosaische Gesetz in seiner bisherigen Form, ohne Unterschied der rituellen oder moralischen Satzungen,
keine verbindende Kraft mehr. So setzt er denn, in dem verheißenen
Geiste bestehenden Segen Abrahams, der durch den Glauben empfangen werde, den Fluch, der auf jedem Gesetzesdiener durch das Gesetz
selbst laste, entgegen [6]); von diesem Fluche hat Christus die Juden,
wenn sie an ihn glauben, losgekauft, indem er durch die Art seines

---

[1]) Rom. 7, 8. 1 Cor. 15, 56. — [2]) Gal. 3, 10; 5, 3. Jac. 2, 10. —
[3]) Rom. 8, 15. Gal. 3, 19; 4, 1—3. 1 Tim. 1, 8—10. — [4]) Gal. 3,
19—24. — [5]) Gal. 3, 25—27. — [6]) Gal. 3, 13—14.

Todes, durch das Hängen am Holze,[1] dem Ausspruche des Gesetzes
zufolge selbst ein Fluch in den Augen der Menschen wurde, also einen
Tod erlitt, der nach dem Gesetz als ein Fluch, ein Gegenstand des
Abschens erschien.[2] In anderer Wendung bezeichnet Paulus das
Gesetz als eine gegen uns zeugende Schuldschrift, welche in dem Tode
Christi mit an's Kreuz geheftet, und damit aufgehoben worden sei.[3]
Das Gesetz der Gebote und Satzungen ist also für die Gläubigen
abgethan[4]); kein Studium einer Menge von Satzungen, von oft
unverstandenen, oft nur noch künstlich anwendbaren Geboten wird
mehr von ihnen gefordert; der Buchstabe des geschriebenen Gesetzes
mit seinen Drohungen, seiner Rache und seinem Fluche hat keine
Macht mehr über sie. Ist die Gesetzökonomie aufgehoben, hat das
Gesetz überhaupt keine Kraft, Leben an die Stelle des Todes zu
setzen, d. h. dem sündigen Menschen die Liebe zu Gott einzuflößen,
ihm die Kräfte zur Unterdrückung der sündlichen Begierden und zur
rechten Erfüllung der Gesetzes-Forderungen mitzutheilen, so ergibt
sich, daß kein Mensch durch das Gesetz und aus den Werken des
Gesetzes gerecht werden kann.

59. Der Jude war stolz auf das, was er war und that; stolz
auf seine Abstammung, seine Geburtsstätte, seinen Tempel, seine
Opfer und Ceremonien; stolz auf seine Gesetzeswerke; alles dieß war
seine Gerechtigkeit, mit der er unfehlbar vor Gott diesseits und jenseits bestehen mußte. So hielt er die Fetzen seiner Armuth und
Blöße für das Purpurgewand einer Gerechtigkeit, an deren Saum
er nicht einmal hinanreichte. Denn alle diese Dinge, die Opfer, die
Waschungen, die Beschneidung, die Sabbathfeier und Anderes konnten die Sünde nicht hinwegnehmen, konnten nicht neue ethische Kräfte
verleihen, konnten nicht innerlich den Menschen gerecht machen. Dafür wurde nun Allen, ohne Unterschied und ohne Vorrecht, Juden
wie Heiden, Gerechtwerdung durch den Glauben mit Ausschluß aller
Gesetzeswerke gepredigt. Heil nur durch den Glauben — das heißt:
Heil nur durch Gottes Gnade. Damit wurde der Mensch vor Allem
gedemüthigt, und erinnert, daß Nichts, was er aus sich selbst zu thun
vermöge, Gott gefallen könne. Nicht aus den Werken des Gesetzes,
das hieß: aus Werken, welche allein in Folge des Gesetzes, kraft der

---

[1] 5 Mos. 21, 23. — [2] Vor den Menschen als Fluch erschien, nicht bei
Gott, denn vor diesem ist der Tod Christi vielmehr ein süßer Wohlgeruch,
ὀσμὴ εὐωδίας Eph. 5, 2. Paulus hat daher das ὑπὸ θεοῦ, das in der Septuag.
sowohl als im Hebr. steht, absichtlich weggelassen. — [3] Col. 2, 13. 14. —
[4] Eph. 2, 15.

bloßen gesetzlichen Erkenntniß und Hilfe vollbracht werden. Alles, was der Jude kraft des Mosaischen Bundesgesetzes, der Heide kraft des von ihm im Gewissen erkannten Sittengesetzes thut, sei es auch ein moralisches, dem Buchstaben des Gesetzes ganz entsprechendes Werk, das schließt Paulus von der Rechtfertigung aus.

60. Der Apostel unterscheidet demnach stets die Gerechtigkeit aus dem Gesetze oder den Werken des Gesetzes, die keine wahre Gerechtigkeit ist, und die Gerechtigkeit aus dem Glauben, welche wohl eine Gerechtigkeit des Gesetzes ist, insofern der Mensch im Glauben die Gesinnung hat, welche das Gesetz wahrhaft erfüllt. Gott aber sieht nicht auf die That, sondern auf die Gesinnung und Willensrichtung, aus welcher die That hervorgeht. Nach dieser urtheilt er über den Menschen; wo er sie findet, erklärt er den Menschen für gerecht, ehe sie noch in äußern Handlungen sich kund gegeben, sich noch thatsächlich zur wirklichen Gerechtigkeit oder Gesetzesgemäßheit des menschlichen Handelns gestaltet hat. Darum gebraucht er neben dem Worte: „Rechtfertigen" auch die Bezeichnung, daß Gott dem Menschen Gerechtigkeit zurechne. [1] Er erkennt nämlich in der Rechtfertigung einen sittlichen Urtheilsspruch über die Würdigkeit oder Unwürdigkeit des Menschen, den Werth oder die Schuld seines Wollens und Thuns. Gott rechnet dem Menschen entweder Sünde zu [2], oder er rechnet ihm Gerechtigkeit zu [3]; entweder überhaupt, wenn die ganze Willensrichtung des Menschen, seine Hingabe an Gott, oder sein Abgewendetsein von Gott dem göttlichen Urtheile unterliegt; oder im Einzelnen, wenn irgend eine besondere That des Menschen zum Gegenstande des göttlichen Urtheiles gemacht wird. Gott rechnet dem Menschen das, was er ihm als Gabe mitgetheilt und der Mensch sich angeeignet hat, diese ihm inwohnende Kraft, dieses Prinzip des neuen freien Gehorsams, schon als die ganze Leistung, als die vollendete Gerechtigkeit an, obwohl diese nur allmälig in ihm zur Ausbildung gelangt. So wird das lüsterne Anschauen eines Weibes dem Menschen als Ehebruch, der Haß des Nächsten, den er in der Seele trägt, als Todtschlag ihm angerechnet. [4] Wie hier die bloße Gesinnung oder Willensrichtung dem Menschen vor Gott zu seiner Verurtheilung bereits als die vollbrachte That angerechnet wird, so wird auch dem nicht gesetzlich Wirkenden, aber Glaubenden dieser Glaube zur Gerechtigkeit gerechnet. [5]

---

[1] λογίζεσθαι. Rom. 4, 3. 6. — [2] Rom. 4, 8. 2 Tim. 4, 16. — [3] Rom. 4, 3. 5. 9—24. — [4] Matth. 5, 28. Jac. 2, 9. — [5] Rom. 4. 4.

61. In den Werken, die als die Früchte dieses Glaubens allmälig hervortreten, ist nichts, was nicht wesentlich schon in diesem Glauben wäre; sie sind nur die Fortsetzung und Entwicklung desselben, im Keime schon darin enthalten. Dieser Glaube hat (potentiell) die Werke; darum spricht Paulus wiederholt von dem Gehorsam des Glaubens [1]), und stellt die Gerechtigkeit des Menschen einfach als einen Dienst des Gehorsams hin. [2]) Der innere Gehorsam (Glaube) enthält schon im Keime den ganzen äußern Gehorsam. Die Begriffe „Gerechtigkeit" und „Rechtfertigung" hängen nun selbstverständlich bei Paulus aufs Engste zusammen. Er gebraucht den letztern Ausdruck von dem Urtheile Gottes über den Menschen; gerechtfertigt werden heißt bei ihm: von Gott für gerecht erklärt werden, aber: „das Urtheil Gottes ist nach der Wahrheit." [3]) Gott urtheilt und erklärt nur den als gerecht, der es wahrhaft innerlich ist; denn vor Gott und in Christo gilt nur: der durch die Liebe thätige Glaube [4]) — die neue Creatur [5]) — die Beobachtung der göttlichen Gebote. [6]) Das ist jenes Charisma, jene Gabe der Gerechtigkeit [7]), welche vom Herzen aus das ganze Leben in allen seinen Kräften und Thätigkeiten durchdringend, sich zur Herrschaft durchkämpft, mit deren Eintritt die Sünde im Menschen gekreuziget ist, das heißt, in schmerzlichen Kämpfen und Leiden allmälig erstirbt. [8]) Wer diese Gabe hat, der erfüllt — was das Gesetz nicht konnte — kraft evangelischer Gnade die Gerechtigkeit des Gesetzes. [9]) Paulus nennt sie auch das Gesetz der Gerechtigkeit, das, wie er sagt, die Juden nicht erreichten, weil sie es auf verkehrte Weise, nämlich durch die Werke des Gesetzes, suchten. [10]) Sie ist ihm ferner ein neues, schöpferisches, Leben gebendes Gesetz, das Gesetz des Lebens in Christo, welches dem Gesetze der Sünde entgegentretend und dieses im Menschen entthronend, nicht herrisch von Außen gebietet, sondern in unsern Willen übergeht. Darum nennt er sie auch „Gerechtigkeit Gottes" oder „aus Gott," und setzt sie der eigenen Gerechtigkeit oder der Gerechtigkeit aus dem Gesetze entgegen. [11]) Diese Gabe ist also etwas dem Menschen wahrhaft Inwohnendes, von Gott in ihm Gepflanztes. Sie stammt ursprünglich von der Gnade Gottes, geht aber zunächst und direkt von der Gnade des Einen Menschen Jesus Christus aus, und von ihrer Annahme hängt alle Seligkeit ab. [12])

---

[1]) Rom. 1, 5; 16, 26. — [2]) Rom. 6, 16. — [3]) Rom. 2, 2. — [4]) Gal. 5, 6. — [5]) Gal. 6, 15. — [6]) 1 Cor. 7, 19. — [7]) δωρεα, δικαιωμα Rom. 5, 16. 17. — [8]) Gal. 5, 24. — [9]) Rom. 8, 4. — [10]) Rom. 9, 31. — [11]) Rom. 3, 21; 10, 3. Phil. 3, 9. — [12]) Rom. 5, 15.

62. Dieses uns inwohnende Prinzip, diese Gabe soll nun nach der stets wiederkehrenden Mahnung Pauli zur völligen Herrschaft über alle Fähigkeiten des Menschen durchgebildet werden; wir sollen „unsere Glieder, die bisher Waffen der Sünde waren, zu Waffen der Gerechtigkeit machen"[1]), sollen, dem Sündendienste entsagend, durch Gehorsam in den Dienst der Gerechtigkeit treten.[2]) Ueberhaupt dient nach Paulus jeder Mensch einem von zwei Herren, er ist entweder Knecht der Sünde, oder Diener der Gerechtigkeit[3]), derjenigen Gerechtigkeit, welche zugleich mit Friede und Freude im heiligen Geiste das Reich Gottes ausmacht, und in welcher der neue Mensch nach Gott geschaffen ist[4]), jener Gerechtigkeit endlich, deren Lohn oder Früchte Gott mehren wird[5]), denn wie sie von Gott mitgetheilt ist, so ist sie auch der göttlichen wesensverwandt. „Wer Gerechtigkeit thut, der ist gerecht, so wie Er gerecht ist."[6]) Sie ist daher auch das Einzige, was vor Gott gilt, und wenn Paulus von der Gerechtigkeit des Menschen im Sinne der Annehmbarkeit bei Gott, des Gott Wohlgefälligen spricht, so erinnert er auch, daß es Gott ist, der das ihm Wohlgefällige in uns wirkt[7]); er mahnt, daß nur der Gott gefalle und den Menschen genehm sei, der „in Gerechtigkeit, Friede und Freude im hl. Geiste Christo diene."[8]) Sie ist daher entgegengesetzt jenem Prinzip der Sünde, welches von den ersten Menschen an Alle geknechtet und elend gemacht hat, und bestimmt, dieses zu überwinden. Der zweite, göttlich-menschliche Adam sollte mächtiger sein, zu befreien und zu reinigen, als der erste es gewesen, zu verderben und zu knechten. Ist dort die Quelle des Todes, die physische und die moralische, so ist hier die Quelle des Lebens. Wie durch den Fall und dessen Folgen der Mensch nicht etwa blos zurechnungsweise, sondern wahrhaft und innerlich Sünder wurde, und ein Prinzip des Bösen sich dem ganzen Geschlechte mittheilte, so ist die Gerechtigkeit, als das dem Uebel, gegen welches dieselbe vorgekehrt worden, genau entsprechende Heilmittel, ein durch innere ethische Umwandlung im Menschen bewirkter Zustand. Durch den Gehorsam des Einen werden die Vielen gerecht gemacht.[9])

63. Christus ist mit der Bestimmung in der Welt erschienen, als zweiter Adam der zweite Anfänger des menschlichen Geschlechtes zu werden. Adam und Christus stehen also als die Häupter der alten

---

[1]) Röm. 6, 13. — [2]) Röm. 6, 16. — [3]) Röm. 6, 20. — [4]) Eph. 4, 24. — [5]) 2 Cor. 9, 10. — [6]) 1 Jo. 3, 7. — [7]) Hebr. 13, 21. — [8]) Röm. 14, 18. — [9]) Röm. 5, 19. κατασταθήσονται, in Gerechtigkeit festgestellt. vergl. 2 Petr. 1, 8. Jac. 1, 8.

und neuen Menschheit in antitypischer Beziehung zu einander. Wie jener,
Adam, aus der Erde war, irdisch, und nur Irdische zeugen konnte,
so ist der zweite Stammvater, Christus, aus dem Himmel und zeugt
Himmlische, obgleich seine Leiblichkeit nicht himmlischen Ursprunges,
sondern aus Davids Samen war. Aber als ein neues Glied in der
Kette der Menschheit ist er der geistige Repräsentant derselben, in
welchem die Idee der Menschheit verwirklicht erscheint. Er ist daher
für sie der lebendig machende Geist geworden, er vermag die Men
schen in das himmlische Leben zu zeugen [1]), und der von ihm ausgehende Lebensstrom kann und soll sich über das ganze Geschlecht
verbreiten. Wie Christus am Kreuze gerufen: „es ist vollbracht," so
hat er als der Repräsentant der Menschheit ein für allemal das vollendet, was allmälig in der Entwicklung der Weltgeschichte in den
einzelnen Menschen zu Stande kommen sollte. Daher sagt Paulus,
Gott habe mit Christo die durch ihre Sünden todten Menschen mit-
auferweckt und in die himmlische Welt versetzt.[2]) So ist also das
Leiden des Herrn wie seine Herrlichkeit, sein Tod wie seine Auferstehung die Quelle, aus der die Gerechtigkeit des Menschen fließt.
Nur wer den Tod erduldet hat, der ist von der Sünde losgespro-
chen, sagt Paulus[3]), und deutet dieß auf die Nothwendigkeit, nach
dem Vorgange Jesu und durch die Kraft seines Todes der Sünde
völlig abzusterben, um den Wahn zu entfernen, als ob von einer
Rechtfertigung als bloßer Sündenvergebung, ohne wirkliche innere
Tödtung der Sünde die Rede sein könnte. „Wir glauben, daß, da
Einer gestorben ist, nun Alle gestorben sind" [4]), d. h. Alle haben in
und mit ihm den Tod erlitten; nur die, welche der Selbstsucht ab-
gestorben, dieselbe Selbstentäußerung an sich üben, wie sie der ster-
bende Christus bewiesen hat, deren Thun und Lassen einzig durch die
Liebe zu ihm bestimmt wird, nur diese sind Christen. Die Leiden
und Widerwärtigkeiten der Erlösten stehen in einem innern Zusammenhange mit den Leiden Christi; zur Gemeinschaft mit Christus
gehört eine Gemeinschaft seiner Leiden, ein mit ihm Leiden und
Sterben.[5]) Das Leben des Christen ist ein Eingepflanztsein in Christo
mittels der Gleichmäßigkeit seines an den Gläubigen sich durch lebendige und tiefeindringende Betrachtung vollziehenden Todes.[6]) In
dieser Betrachtung verdammt der Gläubige sein bisheriges Leben und
ist demselben gestorben.

---

[1]) 1 Cor. 15, 47. Rom. 5, 14—21. — [2]) Eph. 2, 5. 6. — [3]) Rom. 6,
7. — [4]) 2 Cor. 5, 14. — [5]) Gal. 2, 19. Rom. 6, 5. 8. Rom. 8, 17. 2.
Tim. 2, 11. — [6]) Rom. 6, 5.

64. Zugleich aber wird durch die assimilirende Kraft, die von dem erhöhten Christus ausgeht, der Gläubige ihm ähnlich nicht nur in seinem Tode, sondern auch in seinem Leben. Das Leben des Auferstandenen ist so kräftig und wirksam als sein Tod. Der ganze Proceß, durch welchen das wahre Leben der Gläubigen diesseits und jenseits zu Stande kömmt, ist eine Wirkung sowohl als eine Nachbildung seiner Auferstehung. Paulus bezeichnet gerade mit besonderem Nachdruck die Auferstehung Christi als die Ursache unserer Rechtfertigung. „Um unserer Sünden willen ist er dahingegeben, um unserer Rechtfertigung willen ist er auferweckt." [1]) Nicht etwa blos darum, weil wir gerecht werden durch den Glauben, der seinerseits durch die Auferstehung des Herrn bedingt ist — sondern weil der wiederbelebte und erhöhte Christus in seiner geistig-verklärten Leiblichkeit durch die von ihm wie aus einer unerschöpflichen Vorrathskammer ausfließenden Kräfte thätig ist, sich aus der Menschenwelt einen Leib zu bilden, dessen Haupt er ist, welchem die Gläubigen als so viele einzelne, durch ihn mit geistigem Leben erfüllte Glieder eingefügt werden. [2]) So zeigt Paulus, daß, wo der Tod Christi sich wirksam erweist (dadurch, daß wir ihm in diesem Tode nachfolgend, der Sünde absterben), auch sein wiedererwecktes Leben wirksam sein muß [3]); denn darum ist Christus erweckt, damit wir Gott Frucht bringen. [4]) Wäre er nicht auferstanden, so wären wir noch in unsern Sünden [5]); so aber wurden wir durch den Tod Jesu, als wir noch Feinde waren, versöhnt, durch sein Leben gerettet, d. h. gerechtfertiget. [6]) Im Zusammenhange mit dieser Vorstellung beschreibt Paulus die Rechtfertigung als einen Proceß der Lebensmittheilung [7]); „Leben" aber ist bei ihm jene von dem wiederbelebten und erhöhten Christus ausgehende moralische Erneuerung, durch welche der Mensch der Sünde abstirbt, und „das Gesetz des Geistes des Lebens" in ihm an die Stelle des Gesetzes der Sünde und des Todes tritt. [8]) „Rechtfertigung des Lebens" nennt er also den Vorgang, durch welchen der Mensch aus dem Zustande der Sünde durch innere Erneuerung in den des Lebens versetzt wird, denn „Fleischessinn ist Tod, aber geistig gesinnt sein ist Leben." [9]) Das ist der Reichthum, die überfließende Fülle der göttlichen Gnade gegen uns, daß er uns, die wir in Sünden todt waren, lebendig gemacht hat mit Christus, uns mit ihm

[1]) Rom. 4, 25. — [2]) Eph. 4, 15 ss. 5, 29—32. 1 Cor. 12, 12 ss. 2 Cor. 3, 18. Phil. 3, 21. 1 Cor. 15, 43 ss. 2 Cor. 4, 10. — [3]) Rom. 6, 4. 5. — [4]) Rom. 7, 4. — [5]) 1 Cor. 15, 17. — [6]) Rom. 5, 10. — [7]) δικαίωσις ζωῆς, Rom. 5, 18. — [8]) Rom. 8, 2. vgl. 8, 6. — [9]) Rom. 8, 6.

auferweckt, und uns bereits das Vorgefühl und die Erwartung der
Theilnahme an der himmlischen Herrlichkeit Christi gegeben hat [1]);
uns gegeben hat, „zu herrschen im Leben" [2]), d. h. angethan zu sein
mit der königlichen Würde wahrer Gerechtigkeit; denn die Begriffe
„Leben und Gerechtigkeit" fallen bei Paulus zusammen.

65. Es ist derselbe Gedanke anders gewendet, wenn die Rechtfertigung bei Paulus als ein Werk dargestellt wird, welches der heilige Geist am Menschen vollbringt. Indem er dem alttestamentlichen
Amte des Todes und der Verdammniß das Amt des neuen Bundes
entgegensetzt, nennt er dieses abwechselnd „Amt des Geistes" und
„Amt der Gerechtigkeit" [3]); und als die Wirkung dieses Amtes des
Geistes hebt er hervor die Freiheit und die Mittheilung der Herrlichkeit Christi an die Gläubigen, durch deren fortgesetzten Einfluß sie
endlich ganz in das Bild Christi umgewandelt werden. [4]) Und wiederum ist es bei ihm der heilige Geist [5]) zugleich mit dem Namen
(dem Wesen und der Kraft) Jesu, durch welchen die Gläubigen Sündenvergebung, Heiligkeit und Gerechtigkeit empfangen haben. Die
Rechtfertigung wird also wieder hiemit als eine vom heiligen Geiste
verliehene, aber durch Christus erworbene, aus seiner Fülle genom-
mene [6]) Gnadengabe dargestellt; denn das ist eben das Werk und
Geschäft des heiligen Geistes, daß er den durch die Sünde von Gott
entfremdeten Menschen in den Stand der göttlichen Kindschaft ver-
setze und allmälig zu einem „vollendeten Gottesmenschen" [7]) aus-
bilde. Darum ist die Rechtfertigung des Menschen in den Augen
des Apostels vor Allem eine Manifestation göttlicher Macht. Das
Evangelium — die Botschaft vom Reiche Gottes und dem darin zu
findenden Heile — ist eine „Macht Gottes," und weil er der mächtigen Wirkung dieser Botschaft an den Gläubigen sicher war, darum
schämte er sich desselben nicht, wie er sagt. [8]) Es ist im Gegensatze
gegen die philosophischen Systeme der Griechen und gegen das Jüdische Gesetz eine Kraft Gottes, das Werkzeug einer nur durch göttliche Allmacht am Menschen zu vollbringenden Wirkung, der Befreiung nämlich vom Joche der Sünde und der innern Erneuerung; die
stets fortwirkende mächtige Arznei, welche den Kranken unfehlbar
heilt, wenn er — durch den Glauben — sie in sich aufnimmt.

66. Diese Macht des Evangeliums äußert sich aber am stärk-

---

[1] Eph 2, 4—6. — [2] Rom. 5, 17. — [3] 2 Cor. 3, 8. 9. — [4] 2 Cor.
3, 17. 18. — [5] 1 Cor. 6, 11. — [6] Jo. 1, 16. — [7] 2 Tim. 3, 17. —
[8] Rom. 1, 16.

ften in den zwei Hauptthatfachen der evangelifchen Gefchichte, dem
Kreuzestode Chrifti und feiner Auferftehung. Wie das Evangelium
überhaupt, fo ift insbefondere der gekreuzigte Chriftus, zwar den Juden ein Aergerniß und den Heiden eine Thorheit, den Gläubigen
aber eine Kraft Gottes [1]), das Werkzeug, mittels deffen die göttliche
Allmacht und Liebe den Menfchen aus feiner geiftigen und fittlichen
Knechtfchaft befreit. Darum ift es der Glaube an den Opfertod
Chrifti, der Glaube an fein Blut, wie Paulus kurzweg fagt [2]), durch
welchen der Menfch gerecht gemacht wird. Worin diefer Glaube
eigentlich beftehe und was er wirke, zeigt der Apoftel an feinem eigenen Beifpiele. Er hat fich mit allen Kräften feines Denkens und
Wollens fo in den Tod Jefu verfenkt, daß er fagen kann: er fei
mit Chriftus gekreuziget, fo daß nicht fowohl er lebe, als Chriftus in
ihm, daß die Welt ihm und er der Welt gekreuziget fei. [3]) Er war
alfo innerlich fo von diefer Thatfache ergriffen und beherrfcht, fo von
dem Geifte des gekreuzigten Herrn durchdrungen, daß das ausfchlie-
ßende Streben nach jenen von Chriftus am Kreuze bewährten Tugenden, das Erfülltfein von der gleichen Gefinnung jede irdifche
Begier und Leidenfchaft in ihm überwog und erftickte.

67. So wird der Glaube an den Tod und die Auferftehung
des Herrn, durch die Gnade Gottes in uns belebt und geftärkt, zur
Gerechtigkeit in uns. Unter allen Ereigniffen in der Gefchichte der
Menfchheit ift diefer Tod dasjenige, welches völlig geeignet ift, den
tiefften Eindruck auf jede Betrachtung hervorzubringen, die größte
Gewalt über Gedanken und Gefühle der Menfchen zu üben. Jefus
felbft hatte in diefer Beziehung auf das Vorbild der ehernen Schlange
hingewiefen, durch deren Anfchauen die Ifraeliten in der Wüfte ehedem von den Biffen giftiger Schlangen genafen. [4]) So werde auch
er aufgerichtet werden vor den Augen der Welt und aller kommenden
Gefchlechter und durch das Hinfchauen auf ihn, den am Kreuze hängenden, folle dann das Gift der Sünde, welches für die Seele das
ift, was jenes Schlangengift für den Leib der Ifraeliten war, entkräftet und der ethifch kranke Menfch geheilt werden. Die Entfern-
ungen des Raumes und der Zeit find hiebei bedeutungslos. Das
geiftige Anfchauen des Gekreuzigten ift nach achtzehn Jahrhunderten
noch eben fo heilkräftig, er felbft in feinem Leiden und Tode noch
immer fo magnetifch anziehend, als er es für Paulus war. Diefe
größte That hingebender Liebe, diefe für unfern Blick unermeßliche

<hr>

[1]) 1 Cor. 1, 23. — [2]) Rom. 3, 25. — [3]) Gal. 2, 20). — [4]) Jo. 3, 14.

freiwillige Erniedrigung des Gottmenschen enthält Alles, was schon nach den Gesetzen der menschlichen Natur am mächtigsten zu ergreifen, die Regungen der Fleischeslust, des Weltsinnes, des Hochmuthes schon in der Geburt zu ersticken vermag. In dem klaren Lichte dieses Leidens, und indem das Bild seiner Hingebung, seiner duldenden Sanftmuth durch den bleibenden Einfluß des heiligen Geistes in unserer Seele befruchtet und festgehalten wird, erscheint jeder selbstgefällige Dünkel als Wahnsinn, jedes Haschen nach vergänglicher Lust als Thorheit.

68. Aber der Tod des Herrn wird mit seiner Auferstehung immer eng verbunden, er wird als der in der Auferstehung aufgehobene, Beides als zu unserer Heilung und Gerechtmachung gleich nothwendig und gleich wirksam gedacht. Wie sich in dem Leben des Christen die Kraft des Todes Jesu abspiegeln soll, so soll es auch eine fortgehende Offenbarung der Kraft seiner Auferstehung sein.[1] Christus also in seiner Erhöhung und verklärten Leiblichkeit und kraft seiner Stellung zum Vater und zur Menschheit ist die Quelle aller den Menschen in Folge der Menschwerdung mitzutheilenden Kräfte, und führt die Menschen mit gottmenschlicher, Leib und Geist durchdringender Energie zum Heile. Denn er bildet sich aus den Menschen einen Leib, dessen belebendes Haupt er ist; Alle, die durch Glauben und Taufe diesem Leibe als Glieder eingefügt werden, empfangen die Gaben und Kräfte, die von ihm, als dem Haupte, ausströmen.[2] Darum ist es speciell der Glaube an die Auferstehung und Erhöhung Christi, in welchen Paulus das Moment der Rechtfertigung setzt.[3] Der Mensch glaubt an Christus, indem er, in seine Gemeinschaft tretend, Genosse seines Todes und seiner Auferstehung wird, d. h. der Sünde so abstirbt, daß diese ihn nicht mehr ihrer Herrschaft unterwerfen kann, und indem er durch eine Wiedergeburt und geistliche Zeugung ein Glied an dem Leibe Christi und damit des von Christus sich ergießenden Lebens theilhaft wird. Sobald auf diese Weise das Princip der Sünde durch das der Gerechtigkeit in ihm verdrängt, und dieses letztere in ihm thätig und kräftig ist, verwirklicht sich an ihm das göttliche, ihn als gerecht anerkennende Urtheil. Das Leben schaffende Princip nennt Paulus auch den Geist, und setzt daher dem Dienste des Todes und der Verdammung (des Gesetzes) den Dienst des Geistes (der Gerechtigkeit)

---

[1] Phil. 3, 10. — [2] Eph. 4, 15 ss.; 5, 29—32. 1 Cor. 12, 14. ss. Col. 2, 19. — [3] Rom 4, 21; 10, 9.

13*

entgegen [1]), so wie er unsere Gerechtigkeit den Einflüssen des in uns wirkenden Geistes zueignet, des Geistes nämlich, der das Gesetz uns in's Herz schreibt.

69. Trinitarisch vertheilt sich also die Rechtfertigung so, daß es der Vater ist, der aus ursprünglicher Liebe die Welt mit sich versöhnt hat; der Sohn es ist, der durch seine Menschwerdung zugleich das Werkzeug der Versöhnung und die Quelle unserer Gerechtwerbung geworden ist; der heilige Geist endlich, als der vom Sohn Gesandte, die Rechtfertigung in uns wirklich vollbringt. Darum stellt Paulus die Erscheinung Christi auf Erden und die Existenz der christlichen Kirche als eine große Offenbarung der Gerechtigkeit Gottes in jetziger Zeit dar.[2]) In der vorausgegangenen Zeit hatte das Verhalten Gottes zu den Sünden der Menschen mehr seine Langmuth und Barmherzigkeit als seine Gerechtigkeit (d. h. seine Heiligkeit in der Beziehung zu den Menschen) geoffenbart. Er hatte die Sünden der Menschen übersehen und vorübergehen lassen[3]); dadurch und durch den sittlichen Zustand des von ihm auserwählten Volkes war seine Heiligkeit in den Augen Vieler verdunkelt worden. Die schweren und anhaltenden Sünden Israels hatten verursacht, daß Gottes Name unter den Heiden entheiligt ward, als ob er kein heiliger und gerechter Gott sei.[4]) Daher denn jene merkwürdige Weissagung: „Ich will meinen großen Namen, der bei den Heiden entheiligt ist (den ihr unter denselben entheiligt habt), heilig machen. Und die Heiden sollen erfahren, daß ich der Herr sei. Denn ich will euch ein neues Herz und einen neuen Geist in euch geben, und will das steinerne Herz aus eurem Fleische wegnehmen, und euch ein fleischernes Herz geben; ich will meinen Geist in euch geben, und will solche Leute aus euch machen, die in meinen Geboten wandeln, und meine Rechte halten und darnach thun." Darin also bestand die jetzige Offenbarung seiner Gerechtigkeit, daß an die Stelle der bloßen Paresis die Aphesis, an die Stelle des Uebersehens, gleichsam des auf sich beruhen lassens der Sünde, die Vergebung der Sünden mit innerer Erneuerung des Menschen, gesetzt wurde, denn das zur Vergebung der Sünden ausgegossene Blut äußert seine eigentliche Kraft darin, daß es von der Sünde reinigt.[5]) Dadurch ferner enthüllte sich diese göttliche Gerechtigkeit, daß jetzt erst der Ausdruck seines heiligen Willens an den Menschen, das Gesetz, recht aufgerichtet[6]), die rechte

---

[1]) 2 Cor. 3, 7 ss. — [2]) Rom. 1, 17. — [3]) πάρεσις Rom. 3, 25. — [4]) Ezech. 36, 23 ss. — [5]) 1 Jo. 1, 7. Hebr. 9, 13. 14. — [6]) Rom. 3, 31.

Erfüllung desselben im Innern des Menschen durch die aus dem
Erlösungswerke ihm zufließenden Kräfte und Gnadenmittel ermög-
licht wurde, Gott also den bisher Ungerechten, den Heiden, für gerecht erklärte, indem er ihn zugleich innerlich gerecht machte.[1]

70. Die zwei Faktoren menschlicher Gerechtigkeit — die Gabe
und Wirkung des heiligen Geistes im Menschen und die entsprechende
empfangende und aneignende Thätigkeit des Menschen faßt nun Paulus in dem Begriffe Glauben zusammen. Eine Gerechtigkeit aus
Gott wird dem Menschen angeboten; mittels des Glaubens eignet
er sich dieselbe an, und das, wozu sie sich in ihm gestaltet, heißt
gleichfalls bei Paulus „Glaube." So wird der Mensch durch den
Glauben gerecht, und seine Gerechtigkeit ist nichts anderes als Glaube.
Denn der Glaube ist das Mittel, Gaben von Gott zu erhalten, das
angemessene Werkzeug für die Werke des heiligen Geistes. Dieser
Glaube, dessen Anlage und Bedürfniß im Allgemeinen als das seh-
nende Verlangen nach der Ergänzung unseres Daseins aus Gott
schon im Menschen liegt, ist wesentlich einerseits Selbsthingabe an
Gott, andererseits Ergreifen, Aneignen des von Gott durch Christus
Dargebotenen, das aber eben nur in solcher Selbsthingabe ergriffen
und besessen werden kann. Er ist nicht eine einzelne Thätigkeit des
menschlichen Erkennens, Fühlens oder Wollens, sondern ein Complex
von Thätigkeiten, etwas, was nur durch das Zusammenwirken aller
Seelenkräfte zu Stande kommt. Hoffnung, Liebe, Furcht und Ver-

[1] Rom. 4, 5. δικαιοῦντα τὸν ἀσεβῆ. Seit der Entstehung des jüdischen
Hellenismus ist ἀσεβὴς der stehende Ausdruck für „Heide," wie unter ἀσεβεῖς
immer die Juden verstanden werden; so bei Josephus, Philo, den Sibyllinen;
vgl. 1 Macc. 3, 15 u. 9, 73. Paulus konnte in einem Schreiben an die
Judenchristen zu Rom, die er noch nie gesehen, das Wort, das überhaupt
bei ihm nur dreimal vorkommt, unmöglich in einem andern Sinne nehmen als in dem herkömmlichen; kein Jude konnte dabei an sich und an solche
Stammesgenossen denken, die vor ihrem christlichen Glauben fromme Juden
waren. Auch in der Stelle Rom. 5, 6 geht das ὄντων ἡμῶν ἀσθενῶν auf die
Juden, wie schon das ἡμῶν zeigt, und das ὑπὲρ ἀσεβῶν auf die Heiden.
Paulus konnte nicht in einem Athemzuge dieselben Menschen als ἀσθενεῖς und
als ἀσεβεῖς (als Gottlose oder Verräther Gottes nach der gewöhnlichen Deutung)
bezeichnen. ἀσθενεῖς sind Schwache, denen bei gutem Willen und den Gesetzes-
forderungen gegenüber doch die Kraft des Geistes, die sie jetzt als Christen haben, fehlte. Zwischen dem ἀσθενὴς und dem ἀσεβὴς ist eine weite Kluft; Christus aber ist für beide, für Juden und Heiden gestorben, sagt Paulus. Zudem
liegt in dem Worte Pauli, wie schon Grotius u. A. bemerkt haben, eine Hindeutung auf den frühern, von der jüdischen Ueberlieferung allgemein angenom-
menen Götterdienst Abrahams.

trauen, Demuth und Gehorsam, Standhaftigkeit und Eifer — alle
diese Dinge liegen in dem rechtfertigenden Glauben; vor Allem aber
dieß, daß er ein von Gott gewirkter Zustand der Seele sei, daß
Gott erst Licht aus der Finsterniß, Harmonie aus der Zerrüttung
im menschlichen Herzen hervorbringe, und dann dieses sein Werk,
wie er ehedem bei der Schöpfung gethan, segne.

71. Ueberhaupt ist der Glaube, durch den der Mensch gerechtfertigt wird, bei Paulus die Empfänglichkeit des Menschen, seine
willige Hingabe an die göttlichen Wahrheiten und Einflüsse. Durch
den Glauben und in demselben lebt der Mensch ein ganz neues
Leben[1]; im Glauben und in der Hoffnung fest und unerschütterlich
gegründet, sind die Christen heilig, tadellos und unklagbar vor Christus.[2] Und anderwärts legt er dieses „fest gegründet und gewur-
zelt sein" des Christen der Liebe bei, dem Glauben aber das Wohnen Christi in unsern Herzen[3]; denn nur der durch Liebe wirkende
Glaube gilt in Christo[4], und nur dieser kann folglich gerecht machen.
Wo der Apostel den rechtfertigenden Glauben an Christus näher bezeichnet, da ist es besonders der Gehorsam, derjenige nämlich, mit
welchem Christus sein Leben als Sühnopfer hingibt, dann das Blut
oder der Opfertod und die Auferstehung Christi, das sind die Thatsachen, welche als Objekt dieses Glaubens genannt werden. Diese
Thatsachen bringen, indem der Glaube sich betrachtend in sie ver-
senkt, den stärksten und nachhaltigsten, den Menschen innerlich um-
wandelnden Eindruck hervor. Er kann die volle Bedeutung des
Todes Jesu nicht in sich aufnehmen, ohne damit die ganze Verwerflichkeit der Sünde zu erkennen, sie gründlich zu hassen und ihr
abzusterben, die Auferstehung nicht betrachten, ohne zu neuem Leben
emporgehoben zu werden.[5] Hiemit wird, was Christus vollbracht
und was an ihm geschehen, zum herrschenden Motiv unseres ganzen
Lebens gemacht. Dieß ist Glaubensgerechtigkeit; so „herrscht die
Gnade durch Gerechtigkeit"[6], durch dieselbe Gerechtigkeit, deren
Diener wir, deren Werkzeuge unsere Glieder werden sollen.[7] Hier
ist die Gnade nicht etwa blos die Gewährung einer göttlichen Gunst,
sondern zugleich eine höhere von Gott verliehene Kraft, die Mittheilung einer Gabe. Es ist dieselbe Gnade, die uns erzieht, uns
disciplinirt zum gerechten und gottseligen Leben und zur Verläugnung aller weltlichen Begierde.[8] So ist uns „Christus geworden

[1] Gal. 2, 20. — [2] Col. 1, 22. — [3] Eph. 3, 17. — [4] Gal. 5, 6. —
[5] Rom. 6, 4. 5. — [6] Rom. 5, 21. — [7] Rom. 6, 16. 19. — [8] Tit.
2, 11. 12.

Weisheit von Gott, Gerechtigkeit, Heiligkeit und Loskaufung" [1]), er ist es geworden als Vorbild und als Quelle dieser Dinge.

72. Paulus führt als Musterbild der durch den Glauben erlangten Gerechtigkeit zwei Männer an: Noe und Abraham. Jener baute im Glauben an die ihm gewordene göttliche Weisung über das bevorstehende Gericht der Fluth und die Rettung seiner Familie die Arche, und ward dadurch „Erbe der glaubensgemäßen Gerechtigkeit". [2] Diesem ward sein Glaube an die göttliche Verheißung von einem Leibeserben und einer den Sternen des Himmels gleichen Nachkommenschaft zur Gerechtigkeit gerechnet. Worin. lag nun die rechtfertigende Kraft dieses Glaubens bei Noe und Abraham? In der moralischen Beschaffenheit ihres Glaubens; darin, „daß Abraham nicht schwach war im Glauben [3]), und obgleich ein Greis mit erstorbenem Leibe doch nicht zweifelte, sondern fest an die Erfüllung der Verheißung glaubte. Dieser Glaube ward ihm neuerdings zur Gerechtigkeit gerechnet, nachdem er schon lange vorher durch jenen Akt des gläubigen Gehorsams, den er, dem göttlichen Rufe folgend und aus seiner Heimath ausziehend, vollbrachte, gerecht vor Gott geworden war. [4] Der Apostel erkennt in diesem Glauben jene Gesinnung, die, ganz auf Gott gerichtet, die völlige und willige Unterwerfung des Menschen unter jede Manifestation des göttlichen Willens in sich begreift. So leitet er aus dem Glauben, als demjenigen Seelenzustande, in welchem der Mensch sich das Zukünftige vergegenwärtigt und das Unsichtbare versichtbaret, alles Gute und Große der Männer des alten Bundes und ihr ganzes gottgefälliges Verhalten ab. [5] Der Glaube an Christus, der jetzt allein rechtfertigt, ist nur die höhere Stufe dieser Eigenschaft. Wenn die Vorväter bereits ihre Glaubensstärke darin zeigten, daß sie „hofften wider Hoffnung und fest glaubten und vertrauten wider allen Anschein des Gegentheiles," so wird diese Energie und Festigkeit des Glaubens jetzt in noch höherem Grade in Anspruch genommen, da der Christ seinen Herrn und Erlöser in der Verhüllung und Knechtsgestalt des am Kreuze gestorbenen Zimmermannssohnes erkennen soll — eine Erkenntniß, die von der Gesinnung und dem Entschlusse, in gewissem Sinne dem gleichen Prozeß des Leidens und Sterbens sich zu unterziehen, nicht zu trennen ist. Indem also der Mensch zur Gerechtigkeit glaubt oder im Glauben gerecht wird, macht er

---

[1] 1 Cor. 1, 30. — [2] Hebr. 11, 7. — [3] Rom. 4, 19—21. — [4] Hebr. 11, 8. — [5] Hebr. c. 11.

von seiner Freiheit den stärksten und entscheidendsten Gebrauch, dessen
er fähig ist; er nimmt demüthig das Urtheil hin, das ihn für einen
ohnmächtigen Sünder erklärt und ihm dann seine Sünden vergibt;
er entsagt aller eigenen Gerechtigkeit und jedem Streben darnach;
er erkennt an, daß Gerechtigkeit nur bei Gott ist, und er nur von
dorther sie empfangen kann. Er überläßt sich völlig dem Willen
und widmet sein ganzes Leben dem Dienste Gottes. Und so liegt
im Glauben die ganze Energie des auf Gott und Christus gerichteten Willens.

73. Paulus versteht den Glauben, wie Christus ihn versteht,
wenn dieser den Mangel des Glaubens bei den Juden in ihrer eitlen
Ehrsucht und in ihrem von der Liebe Gottes entleerten Herzen findet.[1] Wie der Glaube, den Christus begehrt, eine ethische Gesinnung, und zwar eine sehr reine, von aller Selbstsucht entfernte
ist, so auch der Glaube, den nach Paulus Gott dem Menschen zur
Gerechtigkeit rechnet. Der Mensch wird also gerecht durch den
Glauben mit Ausschluß der Werke des Gesetzes; aber diese Lehre
hebt, wie Paulus sagt, die Gerechtigkeit des Gesetzes nicht auf, sondern richtet sie vielmehr auf.[2] Denn dieser Glaube ist eine herrschende, jede Handlung des Menschen erzeugende oder bestimmende
Gesinnung, ist die in ihm als wirkliche Lebenseigenschaft constituirte
Gerechtigkeit aus Gott, das an die Stelle der vorhin gebietenden
Sünde getretene Lebensgesetz des Geistes, kraft dessen nun die Forderung des Gesetzes wirklich im Menschen und von ihm erfüllt
wird.[3] Denn nur darum, sagt Paulus, kommt die Gerechtigkeit
nicht aus dem Gesetze, weil das Gesetz eben nicht lebendig machen,
nicht die Kraft zur Erfüllung seiner Forderungen geben kann.[4]
Das vermag nur der gekreuzigte und erstandene Christus durch den
Glauben an ihn; dieser hat das dem Gesetze Unmögliche geleistet,
indem er die Lebensquelle für Alle geworden.[5] Gerechtfertigt aber
ist in dem göttlichen Urtheile nur der, in welchem wirklich die das
Gesetz erfüllende Gesinnung herrscht, das heißt: der in Liebe thätige
Glaube — denn die Liebe ist des Gesetzes Erfüllung.[6] So ist
das Evangelium eine neue Offenbarung der göttlichen Gerechtigkeit
und der göttlichen Gnade: der ersteren, indem nun wirklich der
Sünder von seinem Glauben aus als Gerechter lebt, und also
Zeugniß gibt von der göttlichen, in den Menschen selbst wahrhaft

---

[1] Jo. 5, 41—44. — [2] Rom. 3, 31. — [3] Rom. 8, 4. — [4] Gal. 3, 21.
— [5] Rom. 8, 3. — [6] Rom. 13, 10.

eingegangenen Gerechtigkeit: der Gnade, insofern dieß eben Gottes freie Gabe, sein völlig unverdientes, nicht ein durch Leistung von vorausgehenden Werken bedingtes Geschenk ist. Denn daß der Mensch das Heil nur durch den Glauben erlange, ist eben so viel, als daß es ein Geschenk der unverdienten göttlichen Gnade sei. Diese Lehre demüthigt daher den Menschen, indem sie ihn mahnt, daß er aus sich selbst Nichts thun kann, Gott zu gefallen, und daß er Alles von Gott empfangen muß. Sie zeigt ihm ferner im wahren Lichte die Heiligkeit Gottes, der sich nicht mit diesem oder jenem äußern Werke, nicht mit einem mechanischen Dienste begnügt, sondern mit und in dem Glauben die ganze Gesinnung des Menschen, die völlige Hingabe seines Geistes und Willens begehrt.

74. Alles wird hier im Sinne Pauli umsonst und aus Gnade gegeben. Wie Gott dem Menschen durch den Glauben seine Sünden vergibt, so reinigt er auch sein Herz und heiligt ihn durch den Glauben. Wie unsere Lossprechung von Sünden nicht aus den Werken, so ist auch unsere Heiligung nicht aus den Werken. Denn Gnade sein und aus den Werken sein, das sind entgegengesetzte, sich wechselseitig aufhebende Dinge.[1] Und was vermöge der Werke gegeben wird, das wird nach Pflicht oder Verdienst gegeben. Paulus nennt daher die ganze christliche Religion „Glaube," wie denn überhaupt im Neuen Testamente im Gegensatze gegen Judenthum und Heidenthum das Christenthum „Glaube" genannt wird.[2] „Jetzt, da der Glaube gekommen ist, sind wir nicht mehr unter dem Zuchtmeister," sagt Paulus[3], und redet zugleich von dem „Glauben," der erst, nachdem die Zeit der Gesetzeszucht abgelaufen, geoffenbart werden, nun erst als religiöses Institut in die Welt treten sollte. Es gab Glauben und Gläubige auch vor Christus, aber „der Glaube" war noch nicht da, dieses neue System, diese göttliche Oekonomie und Ordnung, in welcher der Glaube eins und Alles ist, und alles eigenthümlich Christliche unter dieser Beziehung begriffen wird. So stehen bei ihm Gesetz und Glaube als die zwei Theile oder Hälften der von Gott beliebten Ordnung einander gegenüber. Der Mensch muß aus dem Glauben gerecht werden, und nicht aus dem Gesetze, das heißt zugleich: Niemand kann mehr als Jude wahrhaft gerecht und Gott gefällig werden, sondern nur als Christ; denn die Verheißungen sind in Christo erfüllt, und alle Mittheilung höherer

---

[1] Rom. 11. 6. Rom. 4, 4. — [2] Act. 6, 7; 13, 8. Rom. 10, 8; 1, 5. — [3] Gal. 3, 23.

Kräfte ergießt sich von nun an in die christliche Kirche. Denn das
„Gesetz kam durch Moses, Gnade und Wahrheit aber durch Christus".[1] Israel (die Juden in Masse als Nation) trachtete nach
dem Gesetze der Gerechtigkeit, aber sie erreichten es nicht, weil sie
es nicht durch den Glauben, sondern durch Werke des Gesetzes
suchten.[2] Ihr Ziel war das rechte, sie wollten wirklich gerecht und
heilig werden, aber das Mittel war verkehrt. Die Heiden dagegen
(die nun gläubig gewordenen) haben dieses Ziel, die Gerechtigkeit
erreicht, durch die Gnade des Evangeliums, so daß nun in ihnen
die Gerechtigkeit des Gesetzes erfüllt wird, und sie nicht nach dem
Fleische, sondern nach dem Geiste wandeln.[3]

75. Paulus unterscheidet demnach eine falsche und eine wahre
Gerechtigkeit: er selbst hatte vor seiner Belehrung eine Gerechtigkeit
aus dem Gesetze[4], wie sie aus diesem hervorgegangen, der Norm
desselben entsprechend, mit blos menschlichen Mitteln und den Kräften eines sich selbst überlassenen Willens durch gesetzliche Leistungen
zu Stande gekommen war. Dem Gesetze nach war er untadelhaft;
menschliches Urtheil konnte ihm in dieser Beziehung keinen Vorwurf
machen. Aber das Gesetz kann nicht lebendig machen, und die von
ihm hervorgebrachten Werke sind demnach todte, werthlose Werke.
Deßhalb erstrebt er, Alles dieß für Koth achtend, eine bessere Gerechtigkeit, die aus Gott und göttlicher Kraftverleihung quellend, im
Glauben liegt, und eine Erfahrung der Kraft seiner Auferstehung,
eine Theilnahme an seinem Leiden und ein seinem Tode Gleichge-
staltetwerden ist.

76. Der gesetzliche Geist des damaligen Judenthums war der
mächtige Gegner, den Paulus fort und fort zu bekämpfen hatte, wie
ihn auch Christus schon an den Pharisäern gerügt hatte. Paulus
kannte sie wohl, diese Eigengerechtigkeit, die, weil sie ohne Liebe ist,
keinen sittlichen Maßstab kennt; diesen gesetzlichen Geist, der alles
Vorgeschriebene für gleich wichtig und gleich verbindlich hält, weil
doch Alles auf dem Willen des Gesetzes beruhe, und der eben darum
die willkührlichen rituellen Anordnungen den ewigen ethischen Geboten
vorzieht. Er kannte sie, die Gesetzesdiener, wie sie, nur den Buchstaben der Satzung zum Motiv wie zur Richtschnur ihres Thuns
nehmend, egoistisch und heuchlerisch auf die bequemste Weise mit
diesem Buchstaben sich abzufinden bestrebt waren, und die Kunst

[1] Jo. 1, 17. — [2] Rom 9, 31. 32. — [3] Rom. 8, 4. — [4] Phil. 3, 7—11.

verstanden, statt des göttlichen Willens ihr eigenes Belieben als Inhalt der Form des Gesetzes unterzuschieben.

77. Darum predigte Paulus so energisch das Abgethansein des „Gesetzes der Gebote in Satzungen" [1], aber er erklärt zugleich, daß durch die Lehre von der Glaubensgerechtigkeit das Gesetz nicht abgethan, sondern aufgerichtet werde; denn damit wird die innere Gesetzesbeobachtung an die Stelle der äußern und buchstäblichen gesetzt. Das Gesetz selbst ist ursprünglich gut und geistig, zum Leben gegeben und nicht zum Tode[2]); nur so weit es ein tödtendes Buchstabenwesen geworden, ist es abgeschafft. Es besteht aber fort als Gesetz des Geistes, und in demselben Briefe, in welchem Paulus so ausführlich mit der Nachweisung beschäftigt ist, daß der Mensch gerechtfertigt werde aus dem Glauben, und nicht aus den Werken des Gesetzes, erklärt er gleich vornherein, daß es die Thäter des Gesetzes seien, nicht die Hörer desselben, welche gerechtfertigt werden.[3]) Er kennt folglich ein Gesetz, dessen Werke, weil von gläubiger Gesinnung getragen und daher als Früchte der Liebe erwachsen, allerdings rechtfertigen, wie er auch eine Gerechtigkeit kennt, welche die Werke des Gesetzes ausschließt, und doch nicht ohne Werke (der das Gesetz erfüllenden Liebe) gedacht werden darf.

78. Es gibt also ein Gesetz Christi, das er als König und oberster Gesetzgeber seiner Kirche vorgeschrieben hat; dieses ist das Gesetz des Glaubens[4]), das Gesetz des lebendig machenden Geistes[5]), welches gleich auch die Kraft zur Erfüllung der von ihm gestellten Forderungen mit sich bringt; das Gesetz, welches, im Gegensatze gegen die steinernen Tafeln des Mosaischen Gesetzes, in des Menschen Sinn und Herz geschrieben wird[6]), dasselbe, das Jakobus das vollkommene Gesetz der „Freiheit"[7]) nennt. Von diesem Gesetze erklärt Paulus gebunden zu sein[8]), während er frei ist von dem des alten Bundes; diejenigen erfüllen es, welche Noth und Lasten mit einander tragen.[9]) Die Gebote Christi sind nicht schwer, sagt Johannes[10]), dem nämlich, der Gott liebt; denn das ganze Gesetz Christi ist: Gehorsam aus Liebe. Wäre der Mensch in dieser Liebe vollkommen, widerstritte nicht fortwährend das Fleisch dem Geiste, so würde Gottes Gebot und unser eigenes Wollen völlig zusammenfallen, unsere Pflicht immer auch mit Lust vollzogen werden. Aber diese Vollkom-

---

[1] Eph. 2, 15. — [2] Rom. 7, 10. 12. — [3] Rom. 2, 13. — [4] Rom. 3, 27. — [5] Rom. 8, 2. — [6] Hebr. 8, 10. — [7] Jac. 1, 25. — [8] 1 Cor. 9, 21. — [9] Gal. 6, 2. — [10] 1 Joh. 5, 3.

menheit wird dem Menschen als ein stets anzustrebendes, in diesem Leben nie völlig erreichtes Ideal vorgehalten.

79. Es gibt also in Christus und in seinem Reiche keinen Gegensatz, keine Scheidewand zwischen Gesetz und Evangelium. Das Evangelium hat eine gesetzliche Seite; denn seine Verheißungen sind an Bedingungen geknüpft, welche alle in gesetzlicher Form, d. h. als verpflichtende göttliche Vorschriften mit daran geknüpfter Vergeltung des Lohnes oder der Strafe auftreten; und wiederum ist das Gesetz Christi ganz evangelisch, denn jede seiner Forderungen ist unzertrennlich mit der Anbietung der zu ihrer Erfüllung nöthigen Kraft verbunden; es geht in unsern Willen über, als Liebe Gottes, welche den ganzen Umkreis der menschlichen Pflichten umfaßt und ihm genügt. Allerdings schließt nun Paulus mit größtem Nachdrucke die Werke des Gesetzes, von ihm auch oft Werke kurzweg genannt, von aller Beziehung zur Rechtfertigung und zum Heile des Menschen aus. Zunächst meint er die Werke, die der Jude kraft des Mosaischen Gesetzes that, dann aber auch alles natürlich-menschliche, dem sich selber überlassenen Willen entsprungene Thun und Lassen. Gnade und Werke sind bei ihm entgegengesetzt, eines hebt das andere auf.[1]) Gerechtfertigt, sagt er, wird nicht der, welcher (in gesetzlichen Leistungen) werkthätig ist, sondern der Glaubende; Gott erklärt auch den, der ihm bisher als Heide ganz entfremdet war, wenn er nur gläubig wird, für gerecht.[2]) Abraham, wie Paulus selbst, mochten durch ihre dem Fleische nach (vor dem Glauben und daher ohne Gnade) vollbrachten Werke Ruhm bei den Menschen finden, bei Gott hatten sie keinen.[3]) Denn Abraham hat nicht durch das Gesetz, sondern durch die Glaubensgerechtigkeit die große Verheißung erworben, daß die ganze gläubige Menschheit ihm und seinem Samen einverleibt werden, und daraus eine geistige Weltherrschaft der Abrahamiden hervorgehen solle.[4]) Unter der Glaubensgerechtigkeit versteht also Paulus hier jene größte, aus unerschütterlichem Glauben und Gehorsam hervorgegangene That Abrahams, die Hingabe seines einzigen Sohnes.[5])

80. Die Glaubensgerechtigkeit besteht demnach in Werken, die eben darum nicht Gesetzeswerke sind, wenn sie auch den Gesetzesforderungen entsprechen, sondern Früchte des Glaubens und der Gnade. Paulus bezeichnet sie als die innere pneumatische, von Christus durch

---

[1]) Rom. 11, 6. — [2]) Rom. 4, 5. τὸν ἀσεβῆ. — [3]) Rom. 4, 1—2. — [4]) Rom. 4, 13. — [5]) 1 Mos. 22, 16—18.

seinen Geist vollzogene Beschneidung des Herzens[1]), die sittliche
Reinigung und Erneuerung des Menschen, die neue Creatur. Solche
Werke sind es, denen Paulus das beilegt, was er den Gesetzeswerken
abspricht; die also nach ihm allerdings zur Rechtfertigung unerläßlich
sind. Wenn jene nur Ruhm vor den Menschen haben, so haben
diese ihr Lob bei Gott.[2]) Dieß sind die Werke, mit welchen die
Gebote Gottes erfüllt werden, welche Erfüllung allein gilt und nicht
die Beschneidung[3]); in ihnen ist der in Liebe wirksame Glaube
thätig, an welchem allein Alles gelegen ist.[4]) Nur die Vollbringer
solcher Werke sind die wahren Thäter des Gesetzes, welche gerechtfertigt werden[5]). Solcher Werke sich zu rühmen, fällt dem, der sie
hat, nicht ein, da er sie nicht aus eigener Kraft hervorgebracht, sondern diese Kraft dazu empfangen hat, da das, was im Werke gut
ist, von Gott kommt. Daher ist Rechtfertigung und Heiligung, oder
Gerechtigkeit und Heiligkeit wesentlich der gleiche Zustand, nur entweder nach zwei Seiten, oder nach seinen niedern und höhern Ent-
wicklungsstufen betrachtet. Die Heiligkeit ist Gerechtigkeit, sofern sie
nach ihrer Annehmbarkeit bei Gott oder nach dem von Gott über
sie gefällten Urtheile aufgefaßt wird. Paulus erwähnt das Gehei-
ligtwerden nur einmal in Verbindung mit dem Gerechtfertigtwerden,
und da läßt er es vorhergehen[6]); ein andermal[7]) setzt er, indem er
die Glieder der Heilskette oder die Reihe der Gnadengaben aufzählt, durch welche Gott den Menschen zur ewigen Herrlichkeit
führt, die Rechtfertigung unmittelbar mit dieser zusammen, ohne der
Heiligung zu erwähnen.

81. Den Uebergang aus dem Judenthum und Heidenthum in
die christliche Kirche bezeichnet Paulus überhaupt als ein „Errettet-
werden" und versteht darunter die Versetzung aus dem Zustande der
Unseligkeit, des Verderbens, in den des erreichbaren Heiles. Alle
Christen sind „Errettete." Gerechtfertigt sein und Errettet sein ist
dasselbe, nur daß jenes den Zustand in Bezug auf das göttliche Urtheil, dieses ihn in Bezug auf die Lage und die Aussichten des Menschen bezeichnet. Paulus setzt daher auch, wo er von der Errettung
spricht, Gnade und Werke einander entgegen, nämlich Werke aus
eigenem Sinn und Trieb, deren der Mensch, da sie nicht Früchte
der Gnade sind, sich zu rühmen versucht sein könnte, und wiederum
Werke und gute Werke. „Durch die Gnade seid ihr gerettet mittels

---

[1]) Col. 2, 11. Phil. 3, 3. — [2]) Rom. 2, 29. — [3]) 1 Cor. 7, 19. —
[4]) Gal. 5, 6. — [5]) Rom. 2, 13. — [6]) 1 Cor. 6, 11. — [7]) Rom. 8, 30.

des Glaubens, und euer Versetztsein in den Stand des Heils ist nicht aus euch, Gottes ist die Gabe, nicht aus Werken, auf daß sich nicht Jemand rühme; denn sein Gebilde sind wir, geschaffen in Christo Jesu zu guten Werken, und daß wir in solchen Werken wandeln, dafür hat Gott uns vorbereitet." [1]) Das ist also Gottes Gabe: einmal diese Umschaffung des Menschen, die ihn befähigt, statt der Werke, die keinen Werth vor Gott haben, nunmehr wahrhaft gottgefällige Werke zu vollbringen; und dann, daß Gott Alles dazu Erforderliche vorbereitet hat, daß es uns, seiner Veranstaltung gemäß, zur steten Vollbringung guter Werke an Nichts fehlt. Jene Werke aber, welche an unserm Heil keinen Antheil haben, gehen der Umschaffung oder Wiedergeburt des Menschen voraus. Noch deutlicher heißt es im Briefe an Titus[2]): „Als die Güte und Menschenliebe Gottes sich offenbarte, da hat er, nicht wegen Werken der Gerechtigkeit, die wir gethan hätten, sondern nach seiner Barmherzigkeit uns errettet durch das Bad der Wiedergeburt und der Erneuerung des heiligen Geistes, den er durch Christus reichlich auf uns ausgegossen hat, damit wir durch seine Gnade gerechtfertigt, der Hoffnung nach Erben würden des ewigen Lebens." Hier haben wir eine kurze Beschreibung des ganzen Heilsprozesses: Taufe — Mittheilung des heiligen Geistes — Erneuerung durch denselben (oder Heiligung) und damit Versetzung in den Heilsstand — Rechtfertigung — Erbschaft des ewigen Lebens. Die Rechtfertigung ist also Zweck und Wirkung der innern reinigenden und heiligenden Geisteserneuerung. Gott macht den Menschen erst durch Umschaffung oder Wiedergeburt gerecht, und dann erklärt er ihn für gerecht; das Alles aber ist Gnade und nicht Verdienst unserer vorausgegangenen Werke. Werke, welche im Lebenszustande der Gerechtigkeit von uns vollbracht worden wären — nur diese könnten verdienstlich sein — hatten wir eben keine, da uns dieser Zustand mangelte. Nach der Lehre Pauli werden wir also ebenso ohne Werke des Gesetzes geheiligt, wie wir ohne solche Werke gerechtfertigt werden.

82. Es ist klar, daß Paulus, indem er dem Gesetze und dessen Werken den Glauben als das allein Rechtfertigende gegenüberstellt, mit diesem Worte den ganzen Prozeß der menschlichen Bekehrung und Aussöhnung mit Gott bezeichnet, wie er unter dem Zusammenwirken der göttlichen Gnade und der menschlichen Freiheit in den einzelnen Momenten der Buße und Bekehrung, des Vertrauens, der

---

[1]) Eph. 2, 8 seq. — [2]) Tit. 3, 6—7. vgl. 2 Tim. 1, 9.

Hoffnung und der Liebe verläuft. Der Mensch kann nicht den Anfang seiner Bekehrung aus sich selbst machen, die Gnade Gottes muß
durch einen anregenden Ruf zur Buße ihm zuvorkommen, einen „heiligen Ruf"[1]), der freilich auch oft durch des Menschen Schuld und
eigene Verhärtung unwirksam bleibt.[2]) Wo er wirksam wird, da
erzeugt er zuerst in der bisher verfinsterten, durch mannigfachen Wahn
bethörten Seele des Menschen eine Erleuchtung; die Gnade öffnet
ihm Auge und Herz[3]), bringt ihn zum Erwachen und Zusichkom-
men[4]); er erkennt mit der ihm verliehenen bessern Einsicht die Heiligkeit Gottes, die Natur der Sünde und sein eigenes sündiges Wesen; durch die Botschaft vom Erlöser, von seinen Werken, seinen An-
erbietungen und Verheißungen erkennt er[5]), daß es ein sicheres Heilmittel für seine Krankheit, eine Kraft für seine Ohnmacht, eine
Rettung aus dem sonst unvermeidlichen Verderben gebe.

83. Nicht nur gleich im Anfange kann der Mensch dieser
Erkenntniß und der reinigenden und umbildenden Kraft, mit welcher
sie auf sein Willensvermögen wirkt, widerstreben, er kann dieß auch,
nachdem er zuerst sich ihr einigermaßen geöffnet, im weitern Verlaufe
fortwährend thun; er kann ihr das Gebiet seines Innern Schritt für
Schritt streitig machen, so daß auch die bereits gewonnene Erkenntniß durch seine Schuld in ihm todt und unfruchtbar wird. Mit
Einem Worte: er kann erleuchtet werden und doch unbekehrt bleiben.
In dem Maße aber, als er die Heilswahrheiten auf sein Gefühl und
seinen Willen umbildend einwirken läßt, wird auch seine Erkenntniß
reicher, lauterer und kräftiger. Indem also der Mensch im Spiegel
der evangelischen Lehre und des Musterbildes Jesu die Tiefe seines
Falles, die Weite seines Abstandes von diesen Forderungen und Vor-
bildern, den Widerspruch zwischen dem, was er sein sollte und was
er ist, und die Ohnmacht seines Willens, diesen Widerspruch auszugleichen, erkennt und empfindet, in dem Maße erwacht in ihm das
schmerzliche Gefühl der Scham und des Mißfallens an diesem Zustande. Haß der Sünde, Sehnsucht nach Vergebung, nach Herstellung der Gemeinschaft mit Gott, nach Befreiung von dem Joche der
Sünde, der Entschluß, ihrem Dienste zu entsagen, stellen sich ein.[6])
Daß diese Affekte der Reue nicht zum Verzagen, zur sittlichen Entmuthigung und zur Verzweiflung führen, dafür sorgt der Glaube
an den Erlöser und an die von ihm bereits objectiv vollbrachte Aus-

---

[1]) 2 Tim. 1, 9. — [2]) Act. 13, 46 ss.; 24, 21. Hebr. 4, 7. — [3]) Act.
26, 18; 16, 14. — [4]) Eph. 5, 14. — [5]) Tit. 1, 2 — [6]) 2 Cor. 7, 8—11.

söhnung der Menschheit mit Gott. Dieser Glaube gestaltet sich in ihm
sofort als Vertrauen. Er vertraut, daß in Folge dieser That die Herrschaft des Satans gebrochen, daß ihm wie Allen der Zugang zu Gott
geöffnet sei; er vertraut bei allem Gefühl seiner Unwürdigkeit auf die
Allmacht, die Wahrhaftigkeit und Güte Gottes, der seine Verheißungen auch an ihm wahrmachen, auch ihm den Beistand seiner Gnade
zu den von ihm geforderten Leistungen gewähren werde; er vertraut,
daß die versöhnende und heiligende Kraft des Leidens und Sterbens
Christi und seiner Auferstehung sich auch an ihm bewähren, daß der
erhöhte Christus durch seinen heiligen Geist auch ihm die Fülle seiner
Gaben und Kräfte mittheilen werde, wenn er nur nicht durch eigene
Schuld diese Gaben von sich stößt.

84. Indem er nun erkennt, wie Gott uns zuerst geliebt, da
wir noch Sünder und ihm entfremdet waren, wie er durch den
Opfertod seines Sohnes den erhabensten Beweis dieser Liebe gegeben hat[1]), und in die Betrachtung dieser unverdienten Huld und
Liebe, dieser zum Vergeben und Geben so bereiten Gnade sich ver-
senkt, entzündet sich in seinem Herzen die Gegenliebe, und damit
erfüllt sich die große Bestimmung des Glaubens. Durch den Glauben leben, heißt nur: durch den Glauben lieben und in dieser Liebe
gehorchen und dulden. „Der in Liebe thätige Glaube"[2]), das ist
die kürzeste Beschreibung des ganzen Christenthums. Die Strahlen
der göttlichen Liebe, in Christus wie in einem Herd gesammelt, zün-
den durch den auf ihn gerichteten Glauben im menschlichen Herzen
die Liebe an zu Gott, als dem schlechthin Heiligen, als unserm
Vater und Erretter. Den heiligen, den gerechten und die Sünde
hassenden Gott kann die schuldbeladene Seele des Menschen noch
nicht lieben; aber den liebenden, den mit der Menschheit versöhnten,
den zur Vergebung bereiten, die Fülle seiner Gaben anbietenden, oder
mit Einem Worte: den durch Christus sich offenbarenden Gott kann
sie lieben. Und nur in und mit dieser Liebe findet eine ernstliche
Annahme der göttlichen Verheißungen und Gaben, in welcher der
ihrer Natur gemäße Gebrauch derselben nothwendig inbegriffen ist,
statt. Diese Annahme ist nämlich zugleich eine völlige und unbedingte Selbsthingabe an Christus, ein freier, williger Gehorsam und
Eifer, seine Gebote zu halten. Dieß ist der Prozeß, in welchem sich
die Bekehrung des Menschen vollzieht. Wenn er so weit gekommen
ist, darf er, ohngeachtet der ihm noch anhängenden, aber nicht mehr

---

[1]) 1 Jo. 4, 19. Rom. 5, 6. 8. 1 Petr. 1, 18—20. — [2]) Gal. 5, 6.

herrschenden, sondern durch Reue und Liebe wesentlich überwun
denen Sünde, und ehe noch die innere Umwandlung sich in äußern
Thaten kund gegeben, sich als von Gott begnadigt oder gerechtfertigt
ansehen; seine Sünden sind ihm nun vergeben, er ist bereits er
neuert und „zu guten Werken geschaffen."

45. In der Rechtfertigung ist also Beides, die Vergebung der
Sünde, die Lossprechung vom göttlichen Strafurtheil und die wirk
liche Gerechtmachung, unzertrennlich mit einander verbunden. Ver
gebung der Sünde ist nie getrennt von der Unterjochung der Sünde;
denn vergeben heißt die Strafe der Sünde wegnehmen, und die
schlimmste Strafe der Sünde ist eben ihre herrschende Macht und die
darin liegende Feindschaft gegen Gott. Dieß ist an sich schon die
Hölle in der Brust des Menschen. Die Sünde ist ihre eigene Strafe,
und nur indem die Sünde selbst im Menschen zerstört wird, kann
die Strafe derselben aufgehoben werden. Darum wird zuweilen
unter der Vergebung der Sünden der ganze Segen des Evangeliums
verstanden, der eben in der Wegräumung der Hauptwirkungen der
Sünde besteht, nämlich des geistigen Todes, der Trennung der Seele
von Gott, folglich positiv in der Wiederherstellung des geistigen Le
bens, in der Wiedervereinigung der Seele mit Gott. Wiewohl daher
Paulus die Gläubigen, an die er schreibt, immer als bereits Gerecht
fertigte ansieht, so bezeichnet er doch auch wieder die Gerechtigkeit
als etwas Zukünftiges, als einen Gegenstand der Hoffnung, welchem
er und sie erst nachtrachten müßten [1]), weil sie eben nichts Abgeschlos
senes, ein für allemal Entschiedenes ist, sondern gewissermaßen immer
wieder von Neuem erworben, bethätigt werden muß als Heiligkeit
und als entsprechendes göttliches Wohlgefallen. Daher auch gleich
beigefügt wird, daß nur der in Liebe thätige Glaube gelte, also eine
sich entwickelnde, in fortwährendem Wachsthume begriffene, und darum
auch theilweise erst zu hoffende Gerechtigkeit.

46. Denn die Bekehrung, die den entscheidenden Wendepunkt
im Leben des Menschen bildet, ist der Anfang einer fortgehenden
Erneuerung und Umgestaltung aus dem Innersten des Geistes und
der Gesinnung heraus [2]), der Eintritt in den Zustand eines Ringens
des Geistes nach der ihm gebührenden Herrschaft über das Fleisch
und alle niedern Triebe, eines fortwährenden Tilgens der zurückge
bliebenen Ueberreste der frühern Sündenmacht, wobei der Mensch
alle Begegnisse des Lebens sich zu weiterer Läuterung und Heiligung

[1]) Gal. 2, 17; 5, 5 — [2]) Eph. 4, 23. Rom. 12, 2.

dienen läßt. Alles hängt hier davon ab, daß der Mensch sich dem
Einflusse der göttlichen Gnade nicht entziehe. Vermöge der von Ewigkeit her bestimmten Mittlerstellung, die der Sohn zwischen Gott und
den Menschen einnimmt, wird alle göttliche Liebe und Gnade nur in
ihm und durch ihn geschenkt.[1]) Von dem Sohne aber, dem Gekreuzigten und Auferstandenen, geht der heilige Geist aus, der die wahre,
die Sünde tilgende Kraft als das Princip eines neuen Lebens den
Menschen mittheilt und ein göttlichmenschliches Leben in ihnen erzeugt. Denn der Mensch kann mit seinen durch die allgemeine Sündhaftigkeit und durch hinzugekommene persönliche Sünden geschwächten
und zerrütteten sittlichen Kräften sich nicht aus sich selbst zu Gott
wenden und bekehren; die Gnade Gottes muß ihm zuvorkommen.
Wie Christus zu seinen Jüngern gesagt: „ohne mich könnt ihr Nichts
thun"[2]), so sagt Paulus: Christus kann Niemand einen Herrn heißen
und in Gemeinschaft mit ihm treten, als durch den heiligen Geist.[3])
Die Wirkungen oder Gaben dieses Geistes, die er in mannigfaltiger
Vertheilung[4]), wie es Gott in seiner Weisheit beliebt, ausspendet,
umfassen den ganzen Verlauf unserer Bekehrung und Heiligung. Gott
ist es, der in uns das Wollen und Beschließen, die Thatkraft, wirkt,
und darum sollen wir unser Heil mit Furcht und Zittern zu Stande
bringen[5]); denn wir können dieser wirksamen Gnade auch widerstehen,
und sie dadurch vereiteln. Glaube, Buße, Hoffnung, Liebe, Alles
dieß ist „Frucht des Geistes"[6]), der unser Inneres, Verstand, Gemüth
und Willen reinigt und erleuchtet — Alles überhaupt, was zum
christlichen Leben, dessen Anfang, Entwicklung, Gedeihen und Vollendung gehört, wird auf Gott oder den heiligen Geist als Urheber
zurückgeführt.[7]) Darum nennt Paulus den menschlichen Körper den
Tempel des heiligen Geistes, weil die in der Hütte des Leibes wohnende Seele gleichsam der Schauplatz und das Object der Gaben
und Wirkungen des heiligen Geistes ist.

87. Wenn daher die Gläubigen das Gesetz Gottes erfüllen, so
ist das nicht ihr eigenes Werk, sondern Gottes Werk in ihnen[8]):
denn der Geist, der sie frei macht von dem Gesetze der Sünde und
des sie begleitenden Todes, setzt an die Stelle desselben eine andere
höhere Macht, sein eigenes Walten, sein Gesetz des Lebens in Christo.[9]) Diese Macht wirkt aber im Menschen nie zwingend, nie phy-

---

[1]) 2 Tim. 1, 9. — [2]) Joh. 15, 5. — [3]) 1 Cor. 12, 3. — [4]) Hebr.
2, 4. — [5]) Phil. 2, 12. 13. — [6]) Gal. 5, 22. — [7]) 2 Petr 1, 3 Rom. 15,
16. Phil. 1, 6. — [8]) Eph. 2, 8—10. — [9]) Rom. 8, 2.

fisch oder mit unwiderstehlicher Allmacht den Willen bestimmend; der
Mensch kann und muß in jedem Momente sich entweder ihr hingeben
oder sich gegen sie verschließen, sie annehmen oder ablehnen.[1]) Aber
die bereits empfangene Gabe des göttlichen Geistes, die Kraft, durch
die er uns die göttlichen Gebote zu erfüllen in den Stand setzt, die
Ausgießung der Liebe Gottes in unsere Herzen[2]), das Bewußtsein,
schon jetzt der Hoffnung nach Erben des ewigen Lebens zu sein[3]), das
Alles verbürgt den Gläubigen, daß sie wirklich Antheil haben an der
Liebe Gottes, wirklich in Gemeinschaft stehen mit Christus.[4]) Sein
Geist ist nach dem Ausdrucke des Apostels das Siegel und Aufgeld
in unsern Herzen, welches uns von der Festigkeit des mit ihm geschlossenen Bundes, der Wahrheit und Gewißheit seiner Verheißungen
überzeugt.

88. Durch Sicherheit, durch Mangel an Wachsamkeit, durch
träge Vernachlässigung der dargebotenen Gnadenkräfte, der christlichen
Besserungs- und Stärkungsmittel, kann der Wiedergeborne in seinen
frühern sündigen Zustand und selbst unter die völlige Herrschaft der
Sünde zurückfallen; dann ist seine abermalige Belehrung schwieriger,
als die erste gewesen; daher die starken Warnungen des auf die
furchtbare Gefahr einer gänzlichen Verstockung hinweisenden Apostels[5]):
„Das letzte wird mit ihnen ärger als das erste, besser wäre es, den
Weg der Gerechtigkeit gar nicht erkannt zu haben." Nach dem Hebräerbriefe gibt es sogar einen Abfall, welcher der von Christus für
unvergebbar erklärten Sünde gegen den heiligen Geist[6]) verwandt
oder mit ihr wesentlich Eines ist, und nicht einmal die Möglichkeit
einer Belehrung mehr zuläßt. Der Apostel redet nämlich, die Lage
gewisser schwankend gewordenen Judenchristen ins Auge fassend, von
Personen, welche als Hochbegnadigte mit dem Glauben selbst die
jener Zeit eigenthümlichen wunderbaren Geistesgaben bereits empfangen hatten, lebendige Glieder an dem vom heiligen Geiste beseelten
Leibe Christi gewesen; solche wenn sie dennoch völlig abfallen, wenn
sie damit die an sich selbst erlebten Wirkungen des heiligen Geistes
als Lug und Trug schmähen, und bis zur Lästerung Christi fortschreiten,
versinken dann freilich in einen Zustand selbst verschuldeter Verblendung und Verhärtung, aus dem keine Rettung mehr möglich ist.

89. Das ganze durch die Gnade geleitete und beherrschte Leben
des Gläubigen besteht aus einer Reihe einzelner Akte, welche als die

---

[1]) Hebr. 3, 12. 13. — [2]) Rom. 5, 5. — [3]) Tit. 3, 7. — [4]) 1 Joh. 3,
23. 24. 2 Cor. 1, 21, 22. — [5]) 2 Petr. 2, 20—22. — [6]) Hebr. 6, 4—8.

gemeinsamen Erzeugnisse dieser Gnade und des menschlichen Willens,
als „gute Werke", als die Erfüllung der göttlichen Gebote hohe Verheißungen haben. Solche Werke kommen aus dem Herzen, in welchem der durch die Liebe thätige Glaube wohnt. Christus selbst hatte
das Bleiben in seiner Liebe, den Genuß seiner Freundschaft an die
Haltung seiner Gebote geknüpft.[1] So sagen die Apostel: die Liebe
sei des Gesetzes Erfüllung[2], seine Gebote seien nicht schwer[3], wer
sage, er kenne Christus, und seine Gebote nicht halte, der sei ein
Lügner.[4] Gott, sagen sie, hat uns dazu bereitet, daß wir in guten
Werken wandeln[5], daß wir reich an ihnen werden und uns damit
ein Fundament der künftigen Seligkeit legen sollen[6]; denn als Lohn
dieser Werke hat Christus die ewige Seligkeit verheißen.[7] Sie sind
Früchte des Geistes, und daher Gott als Urheber zuzuschreiben, die
Kraft dazu kömmt nur von Gott, ist eine von ihm empfangene, ohne
ihn würden wir nichts vermögen[8]); aber der Gläubige, der als Gottes Werkzeug durch die Gnade sie in sich hervorbringen läßt, nimmt
an der innern Güte derselben Antheil, kraft welcher sie Gegenstand
des göttlichen Wohlgefallens, des verheißenen Lohnes sind; er wird
in seinem beharrlichen Vollbringen des Guten, als ein „guter und
getreuer Knecht"[9], als ein zu jedem guten Werke geeignetes Gefäß
der Ehre[10] würdig, oder er verdient die Seligkeit des Reiches der
Herrlichkeit und Vollendung.[11] Solche werden mit Christus wandeln in weißen Kleidern, „denn sie sind es würdig"[12]; und im
Rückblicke auf den guten Kampf, den er gekämpft, und die bewiesene
Treue durfte Paulus sagen, daß sein Lohn ihm schon bereit liege,
der Siegeskranz seiner Gerechtigkeit, den ihm Gott als gerechter
Richter an seinem Tage verleihen werde, und nicht blos ihm, sondern Allen, die in Liebe zum Herrn seiner Wiederkehr harrten.[13]
Denn die Seligkeit ist ein an die Bedingung eines in guten Werken
fruchtbaren Glaubenslebens geknüpftes Gut, und darum eine Belohnung, welche die moralische Befähigung des Empfängers, d. h. dessen
Verdienst, voraussetzt. Diese moralische Befähigung, dieser Schatz von
guten Werken ist aber selbst wieder Gottes gnädige, durch Christus
verdiente Gabe[14], wie denn auch dieß, daß unsere Werke Fortsetzung
und Vermehrung der Gnade in diesem, und die Krone der Seligkeit

---

[1] Joh. 15, 10. 14. — [2] Rom. 13, 10. — [3] 1 Joh. 5, 3. —
[4] 1 Joh. 2, 4. — [5] Eph. 2, 10. — [6] 1 Tim. 6, 18. sq — [7] Matth
16, 27. — [8] 1 Cor. 4, 7. — [9] Matth 25, 21. cf. 2 Tim. 2, 15. —
[10] 2 Tim. 2, 21. — [11] 2 Thess. 1, 5. Luc. 20, 35 — [12] Apoc. 3, 4. —
[13] 2 Tim. 4, 8. — [14] Joh. 15, 1. 5. Phil. 2, 13.

in jenem Leben verdienen, daß sie belohnungsfähig sind, doch selbst
wieder etwas von Christus Verdientes ist. Kein Christ wird also
bei dem Gebrauche des Wortes: Verdienst, an ein auf innerer
Gleichheit der menschlichen Leistung und der göttlichen Gegenleistung
beruhendes Recht der Forderung denken. Aber die Sprache gestattet,
da von einem Verdienen zu reden, wo eine Bedingung erfüllt wird,
an welche Gott die Verleihung seiner Gabe geknüpft hat. Nur das
Bewußtsein, daß Gott als Wohlthäter seine freie Gabe nach einer
weisen und festgeordneten Regel austheile, und daß der Christ auf
die Wahrhaftigkeit und Treue Gottes, der seine Verheißung auch
an ihm erfüllen werde, vertrauen dürfe und solle, liegt in dem Begriffe „Verdienst."

90. Wenn Paulus jenes verkehrte Vertrauen auf das Mosaische Gesetz bekämpfte, welches Gerechtigkeit und Heil nur in der
Beobachtung desselben und nicht in der gläubigen Hingabe an Christus suchte, so hatte einige Zeit nachher Jakobus gegen eine scheinbar entgegengesetzte, aber doch aus derselben Wurzel hervorgewachsene
Verirrung zu streiten, gegen Personen, welche durch den Glauben
allein schon vor Gott gerecht zu werden wähnten. Dieser Wahn trat
unter verschiedenen Gestalten, bei Juden, Christen und Häretikern
auf. Auch Johannes mußte gegen Verführer warnen[1], welche eine
Gerechtigkeit des bloßen Glaubens predigten, und mußte darauf
dringen, daß nur der gerecht sei, der Gerechtigkeit thue, daß die
wahre christliche Gerechtigkeit eine völlige sittliche Wiedergeburt des
Menschen sei. In der That lehrte Simon Magus und seine Anhänger, nur aus Gnade (also nur durch den Glauben oder die gläubige Erkenntniß, die Gnosis) gelangten die Menschen zum Heile, und
nicht vermöge ihrer guten Werke.[2] Unter den Juden gab es noch
zur Zeit des Justinus solche, die sagten, wenn sie auch Sünder seien,
so werde um ihrer Erkenntniß des wahren Gottes willen Gott ihnen
die Sünde nicht zurechnen[3]; und bei den judaisirenden Gnostikern,
deren Ansichten die Clementinen darstellen, wird angenommen, daß
die „monarchischen", d. h. dem Glauben an den Einen Gott ergebenen Seelen, das vor den Heiden voraus haben, daß sie, wenn
sie auch in Lastern gelebt, doch nicht untergehen können, sondern durch
blos läuternde Strafen hindurch endlich zur Seligkeit gelangen.[4]

91. Jakobus und Paulus verbinden mit dem Worte „Recht-

---

[1] 1 Joh. 2, 29; 3, 7 sq. — [2] Iren. 5. 20. Theodoret. haer. fab.
l. l. — [3] Just. Dial. c. Tryph. 141. — [4] Clem. Hom. 3, 6.

fertigung" den gleichen Begriff, nämlich den der göttlichen Genehmigung, des Gerecht erfunden und erklärt werdens in dem Urtheile Gottes über des Menschen Gesinnung, womit die göttliche Kindschaft und Anwartschaft auf die ewige Seligkeit verbunden ist. Auf dem ersten Blick nun scheint Jakobus dem Paulus zu widersprechen, wenn dieser sagt: der Mensch wird gerecht ohne des Gesetzes Werke, durch den Glauben[1]); Jakobus dagegen: der Mensch wird durch die Werke gerecht und nicht durch den Glauben allein.[2]) Aber es scheint auch nur so. Jakobus lehrt: Zwei Faktoren müssen im Menschen bei seiner Rechtfertigung zusammen wirken, sein Glaube und seine Werke, solche Werke nämlich, welche durch den Glauben allein zu Stande kommen. Durch diese Werke erlangt der zur Rechtfertigung erforderliche Glaube des Menschen erst seine wahre Gestalt, legt sich erst in seiner vollen Wahrheit und Wirklichkeit dar. Denn ohne die Werke ist er zwar immer Glaube, aber nicht lebendig, sondern todt, insofern er nämlich dasjenige Leben nicht hat, welches ihm allein den entscheidenen Werth bei Gott gibt und das in der Erzeugung der guten Werke besteht. In diesen Werken also vollendet er sich erst. Gerade an Abrahams Beispiel zeigt sich, wie Glaube und Werke, um zu rechtfertigen, nothwendig und untrennbar zusammen gehören, diese nichts ohne jenen vermögen und der Glaube nichts ohne die Werke vermag. Dasselbe Hauptbeispiel also, auf welches sich Paulus stützte, um die todten Werke des Gesetzes von der Rechtfertigung auszuschließen, gebraucht Jakobus, um den unfruchtbaren, werklosen Glauben zu bestreiten. Er führt das letzte und stärkste Glaubenswerk Abrahams, die Hingabe seines Sohnes Isaak als Opfer, an. Nur indem Abrahams Glaube als unerschütterliches Vertrauen auf Gottes Verheißungen und als unbedingter Gehorsam gegen Gottes Gebot sich so glänzend bewährte, wurde ihm nach den Worten der Schrift sein Glaube zur Gerechtigkeit gerechnet und er ein Freund Gottes genannt.[3])

92. So bekämpfte Jakobus einen neuen Pharisäismus, der sich damals schon im Schooße der neuen Kirche erhob, und stolz auf seinen reinen, vermeintlich tadellosen Glauben sich mit diesem begnügte und der mühsamen Werke sich entschlug. Wenn Jakobus die Werke für unentbehrlich zur Rechtfertigung erklärt, während Paulus die Werke von derselben ausschließt, so ergänzen und erklären beide einander. Paulus meint die Werke des Gesetzes, die

---

[1]) Rom 3. 28. — [2]) Jac. 2, 24. — [3]) Jac. 2. 13—26.

im Fleische gethan werden; nie nennt er diese „gute Werke", er
unterscheidet vielmehr genau zwischen Werken oder Gesetzeswerken
und zwischen guten Werken; sorgfältig fügt er dieses Beiwort da
bei, wo er nicht von den todten Gesetzeswerken spricht, die er auch
schlechthin „Werke" nennt.[1]) Mit diesen meint er Werke, bei denen
bloß die äußere Handlung, nicht das Prinzip, die Gesinnung, aus
der sie hervorgehen, in Betracht kommt, Werke, die zwar aus Gehorsam gegen ein Gebot geschehen, aber aus einem eigennützigen,
blinden, knechtischen Gehorsam; dann auch Werke, die der noch unerleuch-
tete, noch ganz sich selbst überlassene Mensch mit seinen natürlichen
Kräften vollbringt, wie er den Heidenchristen zu Ephesus einschärft:
daß ihr gerettet, in den Stand des Heils versetzt seid, das verdankt
ihr nicht euern Werken, denen nämlich, die ihr als Heiden gethan,
sondern es ist Gottes Gabe; ihr mußtet erst in Christo zu guten
Werken geschaffen, der heilige Geist als Lebensprinzip erst in euch
gepflanzt werden.[2]) Und nur solche Werke sind es, die nach Jakobus
rechtfertigen, Werke eines Gesetzes, nach welchem wir gerichtet werden, aber eines „Gesetzes der Freiheit", welches in das Innere des
Menschen eingehend und dasselbe durchdringend, ihm nicht mehr
bloß gebietend gegenüber tritt, sondern durch die damit verknüpfte
belebende Kraft einen ungezwungenen, freien Gehorsam in ihm erzeugt.[3]) Das ist dasselbe Gesetz, welches Paulus als das Gesetz des
lebendigmachenden Geistes in Christo bezeichnet, das ihn befreit habe
vom Gesetze der Sünde und des Todes.[4]) Die Wahrheit, die
Jakobus ausspricht, daß der Glaube, um zur Rechtfertigung zu
dienen, durch die Werke ergänzt, vervollkommt werden müsse, kleidet
Paulus in die Form: Wenn er allen Glauben hätte, auch den
stärksten, und hätte die Liebe nicht, so würde er nichts sein[5]), also
auch nicht gerecht vor Gott. In demselben Sinne ist ihm die Liebe
größer, kostbarer als der Glaube[6]). Heil und Gerechtigkeit also in
noch höherm Grade an die Liebe geknüpft als an den Glauben; —
denn durch die Liebe oder durch die Werke der Liebe wird, wie
Jakobus sagt, der Glaube erst so vervollkommt, daß er zum rechtfertigenden wird.[7])

[1]) 2 Cor. 9, 8. Eph. 2, 10 Col. 1, 10. 2 Thess. 2, 17. 1 Tim. 2, 10.
5, 10, 25; 6, 18. 2 Tim. 2, 21; 3, 17. Tit. 1, 16; 2, 7, 14; 3, 8, 14.
Hebr. 10, 24; 13, 21. — [2]) Eph. 2, 9, 10. — [3]) Jac. 1, 25; 2, 12. —
[4]) Rom. 8, 2. — [5]) 1 Cor. 13, 2. — [6]) 1 Cor. 13, 13. — [7]) Die neuerlichst
wieder (Huther exeg. Handbuch über den Brief Jakobi, 1858, S. 130) hervor-
gesuchte Distinktion, daß Jakobus von einer andern Rechtfertigung rede als

93. Hat sich nun gezeigt, wie klar und einstimmig die Apostel
den Proceß der menschlichen Bekehrung, Rechtfertigung und Beselig-
ung beschreiben, so finden wir sie auch Eins in der Behauptung,
daß kein Mensch von diesem Heilsprocesse ausgeschlossen sei, daß die
Gnade noch überschwenglicher sei, als die Sündhaftigkeit der Menschen.[1] Paulus spricht die Universalität des Erlösungswerkes bestimmt aus. Gott will, daß alle Menschen in den Stand
des Heiles, Alle zur Erkenntniß der Wahrheit gelangen[2]; Aller
will er sich erbarmen.[3] Das Heil, welches von Christus als dem
zweiten Adam ausgeht und durch ihn angeboten wird, ist so allum-
fassend, als die Sündhaftigkeit, welche vom ersten Adam ausging.[4]
Christus, sagt Johannes, hat das Versöhnungsopfer für die ganze
Welt dargebracht.[5] Wenn also nicht Alle den Segen desselben
wirklich erlangen, so ist es ihre Schuld; auf Gottes Seite ist kein
Mangel, keine Beschränkung. Gottes ganze Oekonomie mit dem
gefallenen Geschlechte ist eine Oekonomie der Barmherzigkeit. Wenn
die Verfasser der neutestamentlichen Schriften von der Thatsache der
Erlösung, wie sie in der Zeit sich vollzogen hat, den Blick empor-
steigen lassen zu dem Urheber, der sie bei sich beschlossen und dann
ausgeführt hat, dann reden sie von einem außerzeitlichen, ewigen
Rathschlusse Gottes. „Das Lamm war geschlachtet von Ewigkeit." „Gott hat uns erwählt, ehe der Welt Grund gelegt war,
daß wir wären heilig und tadellos vor ihm."[7] Dabei ist es aber
nicht sowohl das Schicksal des einzelnen Individuums, welches als
Gegenstand eines besondern göttlichen Rathschlusses dargestellt wird,
als vielmehr das Werk der Erlösung und der Stiftung der Kirche
im Ganzen und Großen: dieses, die Berufung der Heiden in die
Kirche, ist das Mysterium, welches, seitdem der Verlauf der Weltperiode begonnen, von Anbeginn der Zeiten an beschlossen, aber von
Gott geheim gehalten war, und welches nun zur Ausführung kommt.[8]

94. Als Gott sich ein Volk zum Träger und Organ seiner
messianischen Voranstalten erwählte, da hatten weder die Stammväter dieses Volkes noch ihre Nachkommen Böses oder Gutes gethan,

---

Paulus, nämlich dies von der spätern im Endgerichte sich vollziehenden, während
Paulus von der ersten Versetzung des Menschen in den Gnadenstand dachte, ist
grundlos. Jakobus nimmt δικαιοῦσθαι als gleichbedeutend mit εἶναι δίκαι-
ον ὄντα, mit λογίζεσθαι εἰς δικαιοσύνην; er weiß offenbar von keiner Rechtfertigung, welche durch den Glauben allein geschähe. — [1] Röm. 5, 21. —
[2] 1 Tim. 2, 4. — [3] Röm. 11, 32. — [4] Röm. 5, 18. — [5] 1 Jo. 2, 2. —
[6] Apoc. 13, 8. — [7] Eph. 1, 4 — [8] Röm. 16, 25.

und nicht von dem Werthe ihrer Thaten konnte ihre Wahl abhängen. Aber Gott überschaute zum Voraus die ganze, in ihren Vätern Jakob und Esau bereits präformirte Grundrichtung der beiden
von Isaak ausgehenden Völker, der Israeliten und der Edomiter,
und darum hat er „Jakob geliebt, Esau aber gehaßt", d. h. ihn
und sein Volk nicht zum Werkzeug seines Heilsplanes erwählt. Gott
hasset Nichts, was er hervorgebracht hat[1]); denn Gott ist die Liebe.

95. Wie auch die Verwerfung des Evangeliums durch die
Mehrzahl der Juden doch in den Cyclus der die religiöse Führung
der Menschheit betreffenden göttlichen Rathschlüsse passe, wie sie
zuletzt doch zur Förderung des Heiles auf Erden und zur Verherrlichung Gottes dienen müsse, das zeigt Paulus an dem Beispiele
jenes Pharao, denn alle göttlichen Gebote und Mahnungen nur
verhärteten, und der doch mit dieser seiner, im eigenen verderbten
Willen wurzelnden Verhärtung nur ein Werkzeug war in der Hand
Gottes, das wider seinen Willen Gottes Macht verkündigen und
das noch schwache Vertrauen der Israeliten stärken mußte. Wenn
der Apostel hier den Ausdruck: „Gott verhärtet" gebraucht, so wird
nur in der energischen Sprache Pauli der Erfolg jener Veranstalt-
ungen, durch welche Pharaos Trotz sich steigerte, mit Uebergehung
aller Zwischenursachen, unmittelbar auf Gott zurückgeführt. In der
alttestamentlichen Stelle, welche Paulus hier im Auge hatte[2]) ist es
Pharao selbst, der sich verhärtet.

96. Paulus läßt demnach keinen Widerspruch gelten zwischen
der universalen Bestimmung der Erlösung und der Thatsache, die
sich bereits klar herausgestellt hatte, daß gerade die große Mehrheit
desjenigen Volkes von dem messianischen Reiche ausgeschlossen blieb,
welches durch seine Abstammung, seine Verheißungen und bisherigen Vorzüge vor Allen dazu berufen war. Pochend auf ihre Herkunft und ihre Gesetzeswerke pflegten die Juden das Heil und Alles,
was als Bedingung dazu gehörte, als etwas ihnen, und nur ihnen
von Rechtswegen Gebührendes zu betrachten. Daher ihr Schluß:
Christus kann nicht der wahre Messias, der Glaube an ihn nicht
das von Gott gewollte sein; denn das müßte sich eben in dem be-
reitwilligen und einmüthigen Zufallen der ganzen Nation zeigen,
wovon, wie der Augenschein lehrt, gerade das Gegentheil stattfindet.
Paulus erwiedert hierauf zweierlei: Erstens: es kommt hier nicht
auf die leibliche Abstammung, die physische Zugehörigkeit zu jener

[1]) Sap Sal 11, 21 — [2]) 2 Mos 8, 15—32; 9, 34.

Nation an, nicht alle Glieder des Volkes Israel sind Israeliten im höheren geistigen Sinne des Wortes.[1]) Gab doch schon in der Urzeit die bloße Abstammung von den Vätern, deren Same wir sind, kein Recht auf die göttlichen Verheißungen; nur Einem von Abrahams Söhnen, und wieder nur Einem von Isaals Söhnen wurden sie zu Theil. Zweitens: überhaupt hängt hier Alles eben so wenig von menschlichem Willen und Thun als von leiblicher Abstammung ab, sondern einzig von dem Rathschlusse Gottes, der Alles vorausgesehen hat, Alles mit höchster, aber für uns kurzsichtige Sterbliche unerforschlicher Weisheit und Gerechtigkeit lenkt. Hier stützt sich also der Apostel auf jene göttliche Nothwendigkeit, die nicht bedingt ist durch menschliches Streben und Handeln, sondern durch Gottes ewigen Beschluß. Gott ist es, der für die Völker wie für die einzelnen Menschen die äußeren Verhältnisse, die Lage, in der sie sich befinden, ihren davon abhängigen Lebensgang ganz bestimmt, und in diesem Sinne den Isaak vor Ismael, den Jakob vor Esau, und von den aus diesen beiden entsprossenen Völkern die Israeliten vor den Edomitern erwählt hat.[2]) Dabei läßt Gott jedem die seiner Natur gemäße freie Entwicklung, nur daß nicht die zeitliche Vollbringung gottgefälliger oder mißfälliger Handlungen, sondern die Gesinnung als die Wurzel aller Thaten, die vorausgesehene Willensrichtung für Gott Bestimmungsgrund ist. Den grübelnden Verstand, der auch nach dem Warum der göttlichen, die Lage, die Umgebung, die Lebensbedingungen des einzelnen Menschen bestimmenden Anordnungen fragen möchte, weiset Paulus in seine Gränzen zurück durch den Satz, daß der Töpfer Macht habe, aus dem Lehm Gefäße wie er will zu bilden, Gefäße der Ehre oder der Unehre[3]) — wie denn in der That auf die Frage: warum bin ich also gebildet, mit diesen Anlagen geschaffen, in diese Sphäre gesetzt — jeder sich keine andere Antwort geben kann als die, daß es eben Gott so gefallen hat, daß er ein Gefäß ist, von Gott gebildet, ihm als Werkzeug zu dienen, zu hohen und ehrenvollen Dingen oder auch zu scheinbar geringen und von den Menschen verachteten.

97. So ist denn nach dem Ausdrucke Pauli das Evangelium den Einen ein Geruch des Todes zum Tode, den Andern aber ein Geruch des Lebens zum Leben[4]), und es gibt unter den Menschen „Gefäße des Zornes, bereitet zum Verderben"[5]), die es aber nur

[1]) Rom. 9, 6. sq. — [2]) Rom. 9, 11. sq. — [3]) Rom. 9, 20—21. —
[4]) 2 Cor. 2, 14. sq. cf. 1 Cor. 1, 18. — [5]) Rom. 9, 22.

darum sind, weil sie nicht Gefäße der Gnade werden wollten, und
die Gott mit Langmuth trägt, theils um ihnen selber noch eine Frist
der Bekehrung zu lassen, theils damit sie Andern zum Segen dienen:
denn die Verstocktheit der Juden soll den Gutgesinnten unter den
Heiden zum Gewinn werden. In einem Theile der Juden sah also
Paulus Gefäße des Zornes; aber er zeigt nun auch weiter, daß
Gott dennoch sein Volk nicht verstoßen habe.[1] Ihm schwebt der
Gedanke vor, den er aber nicht näher ausführt, daß die Bekehrung
des ganzen israelitischen Volkes die Bekehrung der Heiden nicht er-
leichtert, sondern vielmehr gehemmt und erschwert haben würde.
Nur auf eine Zeitlang ist daher Israel verworfen, und der einzige
Grund dieser Verwerfung ist sein Unglaube, seine Untreue gegen die
in Christo dargebotene Gnade Gottes. Einst in ferner Zukunft
wird, nachdem die Menge der Heiden bekehrt sein wird, auch die
Verstocktheit Israels aufhören, und das ganze dann noch übrige
Volk durch Theilnahme an dem Messianischen Reiche gerettet werden.[2]
Von einer unbeschränkten Willkür göttlicher Rathschlüsse über ewiges
Heil oder Verderben der Menschen, von einer Glauben oder Unglauben, Sinnesänderung oder Verhärtung bedingenden göttlichen
Vorherbestimmung ist also bei Paulus keine Rede: er setzt vielmehr
immer die Freiheit des Individuums, die Zurechnungsfähigkeit des
menschlichen Thuns und Lassens voraus. Ihre Ausschließung aus
dem Messianischen Reiche haben die Juden selbst durch ihren Unglauben verschuldet, und sie wird eben nur so lange als dieser
dauern.[3] Wenn er von einer Verstockung der Menschen durch Gott
redet [4], so denkt er an jenen Zustand des vollendeten Stumpfsinnes
und der unverbesserlichen Verschlossenheit gegen Wahrheit und Gnade,
wie er sich bei den beharrlich Widerstrebenden als unvermeidliche
Wirkung der unbeachtet gelassenen göttlichen Mahnungen und Ge-
wissensanregungen ergibt.

4. Die Kirche.

98. Aus zwei großen Abtheilungen, aus zwei ursprünglich
getrennten Menschengattungen sollte die christliche Kirche sich erbauen,
aus Juden und aus Heiden. Nicht als zwei ebenbürtige Nebenbuhler mit vorher schon gleicher Berechtigung, gleichen Vorzügen kamen
sie in der Kirche zusammen; vielmehr waren die einen jene längst

---

[1] Rom. 11 — [2] Rom. 11, 25. 26. — [3] Rom. 9, 32; 11, 21. 30. 31.
[4] Rom. 9, 18; 11, 8.

Begnadigten und Auserwählten, denen „die Kindschaft angehörte
und die Herrlichkeit und die Bündniffe und die Gefetzgebung und
der Gottesdienft und die Verheißungen; denen die Väter angehörten, von denen auch Chriftus ftammt nach dem Fleifche."[1] Die
Andern aber waren ohne den Chriftus, der als das ewige Wort des
Vaters geiftig und im Meffianifchen Keime fchon längft im Volke
Ifrael gewohnt hatte; fie waren fremd und ausgefchloffen von dem
Bürgerrechte Ifraels, ferne von den Bündniffen der Verheißung,
ohne Hoffnung und gottverlaffen in diefer Welt.[2] Nun aber ift
die Scheidewand durchbrochen, find die Fernen nahe gekommen; fie
find als Reifer des wilden Oelbaumes in den edlen Oelbaum, in
das Volk der Erwählung eingepfropft und feines Lebensfaftes theil
haft geworden.[3] Jetzt alfo find beide Mitbürger Eines Reiches
Ifrael, beide bilden eine Hausgenoffenfchaft Gottes, und der ganze
Bau, wie er harmonifch ineinander gefügt wird, wächft „zu einem
heiligen Tempel im Herrn."[4] Diefes Bild des Tempels kehrt
öfter bei den Apofteln wieder, da ihnen die chriftliche Genoffenfchaft
die Wohnftätte des heiligen Geiftes ift, wie ehemals die Schechina
im jüdifchen Tempel zugegen war. So find dem Apoftel Petrus
die Gläubigen die lebendigen Steine, aus denen der geiftige Tem
pel fich erbaut.[5]

99. Aus einer Familie war ein Wanderftamm, aus diefem ein
Volk geworden; ein Volk von Sklaven zuerft, dann aber ein Volk
von Kriegern und Eroberern, hatte es fein Heiligthum in einem
wandernden Zelte, dann in der Hütte zu Schilo, endlich im Tempel
zu Jerufalem. Einmal in entfernte Gefangenfchaft weggeführt,
dann wieder nach der Rückkehr und nationaler Wiederaufrichtung
ein Spielball der Heiden führte es jetzt gleichfam ein doppeltes
Leben, das politifch nationale in Judäa und ein anderes in der
weiten Zerftreuung der Diafpora, wo Ifrael hellenifirt und von
einem Kreife heidnifcher Profelyten umgeben, fchon feit anderthalb
Jahrhunderten dem Berufe, die Heiden zu bekehren und mit ihnen
Eine große Kirche zu bilden, entgegenreifte. Daß die große Mehr
zahl fich diefem Berufe entziehen würde, war zu erwarten und hin
derte nicht die Continuität der Kirche. Nur einem „Ueberbleibfel"
hatten die Propheten die glorreichen Siege und Erfolge unter den
Heiden verheißen.[6] Das erkannte auch Paulus; mit Hinweifung

[1] Rom. 9, 1, 5. — [2] Ephes. 2, 12. cf. Col. 1, 21. — [3] Rom. 11, 23.
— [4] Eph. 2, 20. 21. — [5] 1 Petr. 2, 5. — [6] Joel 2. 32. Mich. 5, 8.
Zach. 8, 12.

auf jene 7000, die ehemals allein in Israel ihre Knie nicht vor
Baal gebeugt hatten, sagte er: „So ist auch jetzt ein Ueberbleibsel
nach Gottes gnädiger Auswahl vorhanden." [1] In der That waren
Viele, Alle berufen, aber nur Wenige auserwählt. Die Kirche
aber blieb, und als die Jüdische Masse die zur Universalreligion
und zum Weltreich vorgeschrittene zurückstieß, da entwich auch der
belebende Geist aus jener Masse; der entseelte Leib hielt zwar noch
die Glieder zusammen, aber die religiös-produktive Kraft war erloschen; was in dem Leichnam ferner noch sich regte, war: Gesetzes-
kasuistik, Talmud, Rabbinenthum. Alles Leben war in der Kirche
geblieben, in welcher Gesetz in Gnade, Furcht in Liebe, Bilder
und Zeichen in Wirklichkeiten sich verwandelt hatten. Was dort
Schattengestalt gewesen, ward hier Substanz; Gottes heiligende
Kraft dort gezeigt, ward hier gegeben; was in den alten Institutionen und Satzungen blos auf den vorübergehenden Zustand des
Volkes oder einer bestimmten Zeit sich bezogen, das fiel; was dagegen eine allgemein menschliche Bedeutung und bleibenden Werth
hatte, das wurde beibehalten, erweitert, mit höherm Inhalte erfüllt.
Christus selbst hatte es so gefügt, daß sein Tod und seine Auferstehung mit dem einen der großen Jahresfeste, die Sendung des
heiligen Geistes mit dem andern zusammenfiel; er hatte seiner Kirche
die Gestalt eines wohlgeordneten Reiches gegeben, hatte den hierarchischen und liturgischen Character im Wesentlichen beibehalten,
und so war seine Kirche keineswegs eine bloße Fortsetzung der Synagoge — denn die unermeßliche Thatsache der Menschwerdung mit
den neuen, aus ihr fließenden Kräften war dazwischen getreten —
aber es war noch die alte, der Substanz nach erhaltene, durch den
dreifachen Proceß des Aufhebens, Bestätigens und Verbesserns hin-
durchgegangene, in eine höhere, geistigere Lebensstufe erhobene Kirche.

100. So befand sich denn die christliche Kirche zuerst noch im
Schooße der jüdischen Kirche, wie das noch ungeborne Kind im
mütterlichen Leibe. Auch nachdem die bestehenden Gewalten und ihr
Anhang zu Jerusalem den Messias verworfen hatten, war die der
Synagoge gegebene Frist noch nicht abgelaufen. Die Apostel wollten weder sich noch ihre Gläubigen von der Gemeinschaft des unauflöslich mit einander verflochtenen Jüdischen Staats- und Kirchenwesens absondern; sie besuchten den Tempel, nahmen Theil an dem
Opferdienste, und auch die ersten Heidenchristen mochten, wenn sie

[1] Rom. 11, 2—5.

nach Jerusalem kamen, im Tempel den wahren Gott anbeten. So
stand die Kirche Christi in dieser Vorbereitungs- und Uebergangszeit mit ihrer ersten und vornehmsten Hälfte, der judenchristlichen,
noch innerhalb der Synagoge, aber mit ihrer jüngern zweiten Hälfte,
der heidenchristlichen, stand sie doch bereits außerhalb derselben und
unabhängig von ihr.

101. Als ein Reich hatte Christus seine Kirche geschildert, als
ein großes, mächtiges Reich, das unter allen Anfeindungen sich un-
überwindlich behaupten werde; er hatte seinen Aposteln verkündigt,
daß sie in diesem Reiche als Fürsten und Richter auf Thronen
sitzen würden, richtend die Stämme des (leiblichen und geistigen)
Israel, und daß ihr Richtspruch auch im Himmel gelten würde.
Aber es war nicht ein Reich „von dieser Welt" [1], es hatte keinen
irdischen, sondern einen himmlischen Ursprung, und wie es nicht auf
weltliche Weise, nicht mit Waffengewalt, gegründet war, so sollte
es auch nicht mit Gewalt und Zwang behauptet und verwaltet
werden; ferner Gehorsam und Liebe sollen in ihm walten, Rang-
sucht, Habsucht und Herrschbegierde sollte keine Stätte in ihm finden.
Zu den Juden, den gebornen Erben desselben, gelangt [2], wird es
jedoch von ihnen (als Volk) weggenommen, und anderen empfäng-
licheren Nationen gegeben werden. [3] Dieses Reich nun wird nach
der Vorhersagung seines Stifters in schwere Kämpfe verwickelt,
aber doch nie zerstört werden, es wird aus diesen Anfeindungen und
Kämpfen nicht nur zuletzt immer siegreich hervorgehen, sondern auch
die zuerst ihm feindlich widerstrebenden Weltreiche, wenn sie nicht
untergehen, von innen heraus umgestalten.

102. Denn es sollen alle Völker allmälig diesem Reiche einverleibt werden. Die Kirche sollte nicht als eine verborgene Sekte
vegetiren, nicht als ein stilles Häuflein einzelner sich für auserwählt
haltender Seelen ihr Dasein fristen, sondern als Weltkirche weit
und umfassend genug sein, um jede Nationalität, jede der menschlichen Natur entsprechende Richtung und Thätigkeit in ihren Schooß
aufzunehmen und zu veredeln. Die große Erziehungsanstalt der
Menschheit sollte sie werden, Staat und Recht, Ehe und Sitte,
Bildung und Wissenschaft, jede ethische Lebensform, jede Grundlage und jedes Produkt nationalen und individuellen Lebens und
Wirkens sollte sie mit ihrem Geiste durchdringen und läutern. Aus
einem ganz durch die Religion geschaffenen und nur durch sie vom

---

[1] Joh. 18, 36. — [2] Matth. 12, 28. — [3] Matth. 21. 43.

Untergange bewahrten Volke hervorgegangen, war es gerade in
ihrer Anfangsperiode ihr Loos, in schwerem Kampfe, in beständigem
Ringen mit dieser so zähen, so fest ausgebildeten und geschlossenen
Nationalität sich behaupten und entwickeln zu müssen, und dann in
einem Weltreiche sich zu verbreiten, das auf den Trümmern der
besiegten Volksthümlichkeiten sich erbaut, alle Schranken derselben
durchbrochen hatte. So entging die Kirche der Gefahr, gleich in
ihrer Jugend in die brennende und abstoßende Form einer bestimmten Nationalität gepreßt, und dadurch ihrem universalen Berufe entfremdet und für denselben untauglich gemacht zu werden.

103. Christus hatte für seine Kirche das bedeutungsvolle Gleich-
niß des Senfkornes gewählt, des kleinsten unter den Samen des
Israelitischen Feld- und Gartenbaues, aus welchem aber eine Staude
erwächst, die dort oft Baumesgröße erreicht.[1] So sollte seine
Kirche aus dem kleinsten Umfange, aus einem winzigen, aber die
ganze nachfolgende Entwicklung potentiell und substantiell in sich
schließenden Keime sich entfalten zu einem mächtigen, die Völker
überschattenden Baume. Er hatte dieses Bild ergänzt durch das
des Sauerteiges, welcher in stiller verborgener Wirksamkeit und mit
unwiderstehlich umgestaltender Macht, nicht ohne einen dauernden
Gährungsprozeß, allmählig die menschheitliche Masse durchdringe.[2]
Das reichhaltigste und lehrvollste Bild der Kirche ist aber das,
dessen Paulus[3] sich mit Vorliebe bedient, das eines organischen
Leibes, des Leibes Christi, den er mit seinem Geiste erfüllt, wobei
Bild und Sache ihm theilweise zusammenfließen. Die Vielheit der
Glieder an diesem Leibe hindert nicht die Einheit, ist vielmehr zur
Herstellung und Bewahrung derselben unentbehrlich. Und neben
der Einheit besteht, dem göttlichen Willen gemäß, die größte Mannigfaltigkeit der Berufe und der Gaben, der Leistungen und der
größeren oder geringeren Theilnahme an dem Leben des Ganzen.
Alle stehen also in organischer Verbindung unter sich und mit dem
von dem Leben Christi durchströmten Ganzen. Alle sollen, Jeder
nach seiner Eigenthümlichkeit und Stellung im Organismus, harmonisch zusammenwirken, kein Glied darf sich absondern, für sich
sein wollen, und selbstische Zwecke verfolgen, oder andern Gliedern
zukommende Funktionen sich anmaßen. Einzelne, selbst viele Glieder
dieses Leibes können krank oder verderbt sein, so daß der Leib da-

---

[1] Matth. 13, 31. Marc. 4, 31. — [2] Matth. 13, 33. — [3] Col. 1,
18, 21. 1 Cor. 12, 12—20. 27; 10, 17. Rom. 12, 5. Eph. 1, 23; 5, 23.

durch entstellt ist, und seine Lebenskraft sich von diesen leidenden
oder verrenkten Gliedern zurückzieht; aber sie stehen noch, so lange
sie sich nicht gänzlich abgesondert haben, unter der heilenden oder
doch Heilung anbietenden Einwirkung der gesunden Glieder und des
Gesammtorganismus.

104. Als das Ziel und die Aufgabe dieses Leibes bezeichnet
nun Paulus das endliche Reifwerden „zum vollkommenen Manne."[1]
Der Leib wird fortwährend „erbaut," oder ist im steten Wachsthum
begriffen, bis die Glieder in ihrer Gesammtheit endlich zu demjenigen Maße oder derjenigen Entwicklungsstufe gelangt sein werden,
auf welcher sie der Fülle Christi theilhaft werden.[2] Damit ist
eine stets fortschreitende, über die ganze Dauer des irdischen Weltlaufes sich erstreckende Bewegung der Kirche ausgesprochen, sie reist
fortwährend demjenigen Alter entgegen, in welchem der Alles in
Allem erfüllende Christus[3] sich ihr mit dem ganzen Reichthum seines Wesens und seiner Gaben mittheilen, sie wie ein Gefäß mit
Ausschluß jedes andern Inhaltes erfüllen wird.[4]

105. Wenn dann Paulus die Liebe und Hingabe Christi für
seine Braut, die Kirche, schildert, so stellt er die Thätigkeit des
Herrn an der Kirche dar als eine stets fortgehende Reinigung und
Ausschmückung, auf daß seine Braut in tadelloser Schönheit, ohne
Schmutz und Runzeln, seiner würdig erscheine.[5] Demnach ist die
Kirche stets heilig, weil Christus immerdar an ihrer Heiligung ar-
beitet, weil sie an ihm, ihrem Haupte, die Quelle aller Heiligkeit
besitzt, weil der ihr innewohnende Geist der „heilige Geist ist, weil
in Lehre, in Gnadenmitteln, in Zucht und Autorität jedes Werkzeug,
jede Bedingung der Heiligkeit ihr gegeben ist, weil diese Fülle von
ethischen Kräften, diese mächtige Waffenrüstung der Kirche in stetem
Kampfe liegt mit der Sünde und nie von dieser besiegt werden
kann. Wie gewaltig auch jemals die Macht des Bösen und die
Zahl der Bösen in der Kirche werden möge, sie werden doch niemals im Stande sein, die objective Heiligkeit der Kirche zu entweihen, das Licht ihrer Lehre zu verfinstern, die Lebenskraft ihrer
Institutionen und Gnadenmittel zu tödten. Bei dieser Auffassung
der Kirche als Braut Christi wird ihr Verhältniß zu Christus bereits als ein eheliches gedacht, wiewohl das große Vermählungsfest
erst am Ende der Tage gefeiert werden wird[6], wo sie alsdann als

---

[1] Eph. 4, 13. — [2] Eph. 4, 13. — [3] Eph. 1, 23. — [4] εἰς μέτρον
ἡλικίας τοῦ πληρώματος τοῦ χριστοῦ. — Eph. 4, 13. — [5] Eph. 5, 27. —
[6] Apoc. 21, 2. 9; 19, 7. 8; 12, 1 sq. Eph. 5, 29 sq.

die auserwählte Genossin des Herrn an seiner Herrlichkeit den ihr
gebührenden Antheil nehmen wird. Als Brautgabe oder Mitgift
hat sie die Gewalten und Gnadenmittel empfangen, die sie nun als
die von ihm aufgestellte Verwalterin gebraucht und spendet. Wie
das Weib vom Manne genommen ist und in der Ehe selbst leiblich
Eins mit ihm wird, so daß der Gatte im Weibe sich selber liebt,
so verhält es sich auch mit Christus und der Kirche. Es ist also
eine aus wenigen aber festen Ringen bestehende Kette, die den
Gläubigen unauflöslich an Christus bindet. Jeder Christ konnte
sagen: ich bin ein Glied am Leibe der Kirche, dieser Leib ist der
Leib Christi, und dieser ist wiederum zugleich die Braut Christi, die
sich im Besitze und Genusse der Güter ihres Gemahls befindet; ich
habe also Theil an allen ihren Vorrechten, ihren Mitteln der Gnade
und dem Reichthum ihrer Heilskräfte. Alles ist euer, sagt Paulus,
ihr aber seid Christi, Christus aber ist Gottes.[1] Das Alles konnte
nun freilich auch jeden Augenblick dem Einzelnen verloren gehen,
und der, welcher ein Glied am Leibe Christi gewesen, zuletzt doch
durch seine Schuld verworfen werden.

106. Aus der Sünde, aus der Selbstsucht, aus dem durch
den Willen beherrschten und irregeleiteten Verstande und der Ima-
gination des sich selbst überlassenen Menschen war die Vielheit und
Mannigfaltigkeit der Religionen hervorgegangen. Aus der Heiligkeit und Einheit Gottes entsprang die Einheit der Kirche im
Glauben, in der Ethik und der Gottesverehrung. Wo die Menschen
zerrissen hatten, da einigte Gott. In der Einheit der von ihm
gestifteten Kirche war das Siegel erkennbar, welches der Gott,
dessen Wesen Einheit, dessen Wille Ordnung und Liebe ist, seiner
Schöpfung aufgedrückt, mit welchem er die centrifugalen Kräfte der
Menschen gebunden hatte. Als ein göttliches Werk war daher auch
diese organische, der Kirche gegebene Einheit unzerstörbar; Personen,
Parteien, ganze Gemeinden und Theile der Kirche konnten sich los-
reißen, aber sie konnten die Verheißungen und Gaben, den der
Kirche unabänderlich innewohnenden Geist nicht mitfortnehmen bei
ihrem Ausgange, weder ganz noch stückweise; sie konnten die Kirche
nicht zerreißen, nicht eine Vielheit von Kirchen, von Leibern des
Herrn einführen, sich nicht als ebenbürtige Kirchen neben die Eine,
in ihrer Continuität und in der geordneten Succession des Apostolats beharrende stellen. Wie viele Zweige auch von dem Baume

---

[1] 1 Cor. 3, 22. 23.

abfielen, der Baum blieb, und trieb mit unversiegender Lebenskraft neue Aeste.

107. Unzertrennlich ist in der Kirche das sichtbare Element mit dem unsichtbaren verbunden, nicht etwa in zwei Kirchen getheilt. War doch Christus selbst als ein Licht in die Finsterniß der Welt gekommen und hatte die Kirche gestiftet, damit sie als die allgemeine Lehrerin und Erzieherin von allen Völkern gesehen und vernommen würde, als die „Stadt auf dem Berge", die nie verborgen sein kann, als die Leuchte, die nicht unter den Scheffel gesetzt werden, sondern Allen strahlen soll.[1] Ihr Wort, ihre Gnadenmittel, ihre Einrichtungen, ihre Hirten und Lehrer, ihre Gebräuche und Werkzeuge, Alles sollte sichtbar und greifbar sein. Zugleich aber sollte die Kirche auch ihre unsichtbare Seite haben; war doch vor Allem schon ihr Haupt Christus ein unsichtbares, und sie selber, hier als die streitende, dort als die triumphirende, gehörte mit ihrer andern Hälfte dem unsichtbaren Gebiete an.[2] Ihre Continuität, ihr Zusammenhang mit der Kirche der vorausgegangenen Zeiten und Geschlechter, die hohen Vorzüge, die sie als Leib Christi und Organ des heiligen Geistes hat, die Kraft der ihr gegebenen Gnadenmittel, das Alles entzog sich jeder sinnfälligen Wahrnehmung, es konnte nur geglaubt und in Folge dieses Glaubens erlebt werden. Und dennoch war die Kirche ihr eigener Bürge und Zeuge. Ihr Selbstzeugniß bestand in den besonderen, ihr verliehenen Gaben; in ihrer Erscheinung, ihrer Stimme, dem Eindruck, den sie auf die Menschen machte, ihrer Macht über die Geister. Das sollte ihr Creditiv, die Bürgschaft ihrer Berechtigung, ihres höhern Ursprungs, ihrer Sendung sein. Wie Christus redete „als einer, der Vollmacht hat"[3], so war auch ihr Wort überwältigend, unwiderstehlich; die Menschen glaubten ihr, oft erst nach langem Widerstreben, aber sie fühlten: Verstand und Wille müßten sich beugen vor der Majestät dieser durch Liebe und zugleich durch Ehrfurcht die Seelen gewinnenden Königin.

108. Schon die alten Weissagungen trafen in der Versicherung zusammen, daß das Reich des Messias ein ewig dauerndes Reich sein, daß seiner Herrschaft und Herrlichkeit kein Ende sein werde. Der Gründer der neuen Kirche unterließ denn auch nicht, den an ihn Glaubenden die wiederholte Versicherung zu geben, daß das Haus, welches er für sie baue, ein unerschütterlich festes und

---

[1] Matth. 5, 14—15. — [2] Ephes. 3, 15. Hebr. 12, 22. — [3] Matth. 7, 29.

alle Bürgschaft der Unzerstörbarkeit in sich tragendes sei, daß sie in diesem Hause gegen jede Gefahr der Mißleitung und des Wahnes geborgen seien. Er hatte früher denjenigen als einen klugen Mann gepriesen, der sein Haus nicht auf Sand, sondern auf Felsengrund baue; nur dann werde es allen Stürmen Trotz bieten.[1] Nun erklärte er, daß er sein eigenes Haus, seine Kirche, auf einen Felsen baue, und daß jenes Gesetz der Hinfälligkeit, des Absterbens und der Auflösung, dem sonst alles Irdische unterworfen ist, (die Pforten des Todes) über seine Kirche keine Macht haben sollte.[2] Wie er dann im Begriffe steht, die Erde zu verlassen, da knüpft er in majestätischer, feierlicher Weise an die Sendung, die er den Trägern des von ihm eingesetzten Amtes ertheilt, eine Verheißung, die so bestimmt, so unbedingt und so umfassend lautet, daß sie die Magna Charta seiner Kirche geworden ist. „Alle Gewalt ist mir gegeben im Himmel und auf der Erde: darum gehet hin, lehret und taufet alle Völker und weiset sie an, Alles zu befolgen, was ich euch geboten habe. Und siehe, ich bin bei euch alle Tage bis zum Ende des Weltlaufes."[3] Solche Worte sind nur Einmal zu Menschen gesprochen worden, und sie tönen nun seit achtzehn Jahrhunderten wieder in der Seele jedes Gläubigen. Er, der Besitzer göttlicher Weltherrschaft, will seine Kirche nie preisgeben, kein Feind soll sie überwältigen, kein Verfolger sie vertilgen, kein grundstürzender Irrthum sie verfinstern; gerade für ihre lehrende Thätigkeit, für ihre Aufgabe, die geoffenbarte Wahrheit rein und unverfälscht allen Völkern, allen Geschlechtern zu überliefern, hat er ihr für immer seine Gegenwart, seinen allmächtigen Beistand zugesagt. Er hat die Art und Weise dieses Beistandes näher erklärt: während er zum Vater geht, steigt von dort der von ihm gesendete Paraklet herab, der Geist der Wahrheit, um für immer in der Kirche zu wohnen. Sein Geschäft ist: „in alle Wahrheit zu führen", an Alles zu erinnern, was Christus geredet hat, die Lehre Christi zu verkündigen.[4] So hat die Kirche seit dem ersten Pfingstfeste einen göttlichen Lehrer und Führer, und sie ist das Organ, durch welches der heilige Geist die Gläubigen lehrt. Damit war ein mächtiger Vorzug der christlichen Kirche vor der Jüdischen gegeben; denn wie diese nicht der Leib des Mensch gewordenen Sohnes war, ihn nicht zum Haupte hatte, so war sie auch nicht erfüllt und geleitet vom heiligen Geiste.

---

[1] Matth. 7, 24. — [2] Matth. 16, 18. — [3] Matth. 28, 19. 20. — [4] Jo. 14, 26; 16, 13. 15.

15*

109. Paulus kennt ein Haus Gottes auf Erden[1]); dieses Haus
ist aber jetzt nicht mehr das Volk des alten Bundes, Israel ist nicht
mehr die Gemeinde, in der Gott seine Wohnung hat, sondern es ist
das christliche Volk, „die Kirche des lebendigen Gottes", und diese ist
die „Säule und Grundfeste der Wahrheit". Ueberall außer dieser
Kirche ist Lüge und Täuschung, oder schutzlose, mit Irrthum ver-
mengte, der menschlichen Willkür, der Entstellung und Alterirung
preisgegebene Wahrheit; sie aber, die Eine Kirche, und unter allen
irdischen Einrichtungen nur sie allein, ist das schirmende Gefäß, in
welchem jene Wahrheit, von deren Erkenntniß und thätiger Verwirklichung das Heil des Menschen abhängt, immerdar unverfälscht bewahrt wird; denn Christus ist ihr unabtrennbares Haupt, und der
heilige Geist, der Geist der Wahrheit, ist der sie belebende, erleuchtende
und beherrschende Geist. So fließt denn in der Kirche ein immer-
während er Strom der Wahrheit wie der Gnade. Die Substanz
dessen, was Christus gelehrt, was die Apostel verkündigt, ist zu einer
steten Erleuchtung, zu einem nie von der Kirche weichenden, nie in
Finsterniß sich verkehrenden Lichte geworden. Nur außer der Kirche,
nicht innerhalb derselben, bildet sich jener von Paulus geschilderte
Zustand[2]), wo die Menschen „herumgetrieben werden von jedem
Winde der Lehre", und preisgegeben sind „menschlichem Trug und
arglistiger Verführung". In der Kirche dagegen hat Christus ein
Lehramt eingesetzt zur Erbauung des Leibes Christi, „damit Alle zur
Einheit des Glaubens und der Erkenntniß des Gottessohnes, zu
männlicher Reife und zum Maße des christlichen Vollalters gelangen."[3])

110. Ein dreifaches Amt hat Christus zum Heile der Menschen übernommen, das priesterliche, das prophetische und das königliche. In jedem derselben ist er einzig und unerreichbar, jedes ist
bei ihm in fortwährender Ausübung begriffen. In den Himmel erhöht, allen Schranken des Raumes und der Zeit enthoben, ist er
fortwährend der Eine große Prophet seiner Kirche, der, was er geschaffen hat, auch erhält; der durch seinen Geist, durch sein Bleiben
bei der Kirche bis zum Weltende fort und fort lehrt und die Reinheit und Wahrheit seiner Lehre bewahrt. Er ist der Eine Hohepriester, der auch beim Vater sein auf Erden vollbrachtes Opfer
fortsetzt, der sich dem Vater immerdar vorhält zur Begnadigung der
Menschen und für sie fürbittend.[4]) Er ist endlich der Eine König

---

[1]) 1 Timoth. 3, 15. — [2]) Eph. 4, 14. — [3]) Eph. 4, 13. — [4]) Hebr. 4, 14;
6, 20; 8, 1 ss. Rom. 8, 34.

und Herr der Welt und der Kirche, dem Alles unter die Füße gethan [1]), der mit allmächtiger Kraft und allwissender Weisheit über
seine Kirche, und in ihr Alles dem großen Endziele entgegenführend,
waltet. So sind alle Gläubigen aller Zeiten die Lehrlinge dieses
Propheten, die Unterthanen dieses Königs, die Altargenossen am
Opfer dieses Hohenpriesters. Aber sie sind es durch die Vermittlung
seiner irdischen Stellvertreter, welche sein prophetisches Amt durch
die stete Verkündigung seiner Lehre, sein königliches durch die Regierung seiner Kirche, sein priesterliches durch die Darbringung und
Austheilung seines Opfers verwalten. Und so ist im Apostolate diese
dreifache Gewalt vereinigt; denn die Kirche ist sein Leib, die Fülle
(das Erfüllte) desjenigen, „der Alles in Allem erfüllt." [2])

111. Christus ist der Einzige, der für die Menschen gelitten
hat; und doch durfte Paulus sagen, daß er das, was mangle an
dem Leiden Christi, für die Kirche erfülle [3]), und jeder Märtyrer,
jeder der für die Wahrheit und das Wohl der Kirche litt, durfte
dasselbe sagen. Er ist der einzige Mittler und Fürbitter, und doch
ist die Kirche angewiesen, Fürbitte zu thun für alle Menschen. [4])
Nur er kann Sünden vergeben und doch: „welchen ihr die Sünden
vergebet, denen sind sie vergeben." [5]) Nur er kann Menschen wie-
dergebären, und doch vollbringen dieß die Diener der Kirche durch
die Taufe. Nur er kann Speise zum Leben geben, aber es sind
menschliche Hände, die diese Speise in der Kirche austheilen. Darum
eben hat Christus diesen Leib, die Kirche, geschaffen, damit Alles,
was die Organe dieses Leibes in seinem Namen, aus seiner Kraft
und Vollmacht thun, seine That sei; damit jeder seiner Diener und
Werkzeuge wisse, daß er in den priesterlichen und kirchlichen Funktionen
nur die äußere Form biete, die Kraft und Wahrheit des Aktes aber
dem Einen Propheten und Priesterkönig allein gehöre, und damit
jede Selbstsucht und Selbstverherrlichung des Menschen in der Wurzel
abgeschnitten sei.

112. Und so ist das Priesterthum derjenigen, welche die
Organe am Leibe Christi sind, einerseits die Verschalbarung und
Applikation des Priesterthums Christi, andrerseits die vertretende Vollziehung des allgemeinen Priesterthums der Gläubigen. Dem Volke
gegenüber repräsentirten die Apostel und ihre priesterlichen Nachfolger

---

[1]) 1 Cor. 15, 27. — [2]) Eph. 1, 23: τὸ πλήρωμα, der von Christus, mit
seinen Gaben, Gewalten, Kräften ganz erfüllte, die Fülle Christi in sich tragende
Leib. — [3]) Col. 1, 24. — [4]) 1 Tim. 2, 1. — [5]) Jo. 20, 23.

den Herrn; Gott gegenüber vertraten sie das Volk. Das irdische,
organische Priesterthum der Vorsteher war die Bürgschaft und das
Zeugniß sowohl des fortdauernden, immerdar thätigen Hohenpriester-
thums Christi, als des allgemeinen, Gott gefälligen Priesterthums
aller Gläubigen. Die Kirche aber ist die Besitzerin aller Güter des
alten Bundes: Synagoge, Tempel und Thron Davids, d. h. Lehramt, Priesterthum, Königthum, dort geschieden, sind zuerst in der
Person Christi vereinigt, und in dieser Einigung von ihm denjenigen
übertragen, zu denen er gesagt hat: „Wie mich der Vater gesandt, so
sende ich euch." Christus selber hat in einem höhern und eigentlichen
Sinne das priesterliche Königthum oder das königliche Priesterthum,
die Vereinigung dieser beiden geistlichen Gewalten, so wie er selbst
sie besaß, auf seine Apostel übertragen. Bei derselben Gelegenheit,
wo er den über den Vorrang streitenden Aposteln erklärte, daß es
allerdings unter ihnen einen „Größeren", einen „Anführer" geben
werde, der sich aber als den Diener Aller betrachten müsse, sagte er
ihnen zugleich, daß sie Alle in seinem Reiche, mit der priesterlich-
königlichen Würde bekleidet, obenan stehen sollten: „Ich überweise
euch das Reich, wie mir es mein Vater überwiesen hat, daß ihr an
meinem Tische in meinem Reiche esset und trinket und als Regenten
der zwölf Stämme Israels (und der dem Baume Israels einge-
pfropften heidnischen Zweige) auf Thronen sitzen sollet." [1]) Also die
priesterliche Feier des eucharistischen Opfermahles und die richterlich-
königliche Gewalt über die Kirche, dieß sind die zwei vornehmsten
Befugnisse und Verrichtungen, welche in der „Ueberweisung des
Reiches" enthalten sind.

113. Darum schließt Paulus auf das Recht der christlichen
Amtsträger, von den Gläubigen unterhalten zu werden, aus dem
jüdischen Rechte und Brauch, wonach die Verrichter des Tempel-
dienstes vom Tempel leben, des Altares Diener vom Altare ihren
Theil bekommen.[2]) Darum ist ihm die Kirche der wahre Tempel
Gottes. Aber noch stand der alte Tempel, noch wurde der ganze
alttestamentliche Opferdienst geübt, noch saß der Hohepriester in
Jerusalem und das ganze Aaronisch-levitische Priesterthum war noch
in unverkümmertem, unbestrittenem, von Jesus selbst anerkanntem
Besitze seines Ansehens, seiner Rechte und Funktionen. Und die
Kirche war doch nur die vergeistigte Expansion des Judaismus.
Ihre israelitischen Glieder hatten, indem sie Christen wurden, nicht

---

[1]) Luc. 22, 30. — [2]) Cor. 9, 13. 14.

aufgehört, Juden, Mitglieder des Jüdischen Staats- und Kirchen-
gemeinwesens zu sein. Der Zeitpunkt, wo das christliche, an die
Stelle des Jüdischen tretende Priesterthum offen proklamirt werden,
wo der priesterliche Name ohne Bedenken gebraucht werden konnte,
war also vor der Zerstörung der Stadt und des Tempels für die
Apostel noch nicht gekommen; der Gebrauch des Wortes würde nur
Anstoß gegeben, Verwirrung verursacht haben, man würde dasselbe
im gesetzlichen Sinne, statt im evangelischen, genommen haben. Als
aber der Tempel gefallen, das levitische Priesterthum zweck- und
inhaltlos geworden war, da war der Zeitpunkt eingetreten, das
christliche Sacerdotium laut zu bekennen; da trug Johannes in Ephesus
das goldene Stirnblech, das sonst den Nachfolgern Aarons eigenthümliche Symbol.[1])

114. Da die Kirche an der dreifachen Würde ihres Hauptes
theilnehmend, zugleich Tempel und Priesterthum ist, so nennt Petrus
die Gläubigen ein „geistiges Haus" und „ein heiliges Priesterthum",
berufen zur Darbringung pneumatischer, Gott durch Christus gefäl-
liger Opfer.[2]) Gleich darauf wendet er, was ehemals vom Volke
Israel gesagt worden war, auf die Kirche des neuen Bundes an:
„Ihr seid das auserwählte Geschlecht, das königliche Priesterthum,
das heilige Volk, das Volk des Eigenthums." Und in dem Hym-
nus, den in der Vision des Apostels die Heiligen singen, heißt es:
„Du erkauftest uns für Gott mit deinem Blute aus allen Geschlechtern,
Sprachen und Völkern und Nationen, und machtest sie unserm Gott
zu Königen und Priestern; sie werden auf der Erde herrschen."[3])
Wie also das Volk Israel in seiner Gesammtheit ein „Königreich von
Priestern" genannt wurde, so heißt und ist nun die ganze christliche
Gemeinde, auf welche alle Privilegien und Vorzüge des alten Israels
übergegangen sind, ein Volk von Königen und Priestern; sie hat vom
Königthume das Herrschen über die Welt und die Sünde und über
die Anfälle der Feinde ihres Heils schon in der Gegenwart, und die
Hoffnung der Theilnahme an königlichen Ehren in der Zukunft.
Denn: „wer überwindet, dem will ich geben zu sitzen mit mir auf
meinem Throne"[4]); wenn wir mit ihm leiden, so werden wir auch
mit ihm herrschen[5]); ja, nach einem starken Ausdrucke Pauli sind

---

[1]) Polycrat. ap. Euseb. 5, 24. Nach der Angabe des Epiphanius hätte
indeß auch Jakobus, als Bischof von Jerusalem, also schon vor der Zerstörung,
diesen hohenpriesterlichen Schmuck getragen. — [2]) 1 Petr. 2, 5. 9. 10. —
[3]) Apoc. 5, 10. — [4]) Apoc. 3, 22. — [5]) 1 Tim. 2, 12. Eph. 2, 6.

die Gläubigen jetzt schon, ihrem innern Bewußtsein nach und sofern
sie bereits über ihre Leidenschaften zu herrschen verstehen, mit und
durch Christus in den Himmel versetzt.[1]) Von dem Priesterthume
aber hat die christliche Gemeinschaft die Kraft und Verpflichtung,
jenes Opfer, welches Paulus „den vernünftigen Gottesdienst" nennt[2]),
das Opfer unserer selbst, die völlige Hingabe unseres Geistes und
Leibes an Gott, darzubringen. Dieses Eine große allumfassende
Opfer begreift in sich: das Opfer des Gebetes[3]), das Lobopfer, oder
„die Frucht der seinen Namen preisenden Lippen"[4]), und endlich die
Opfer der in Thaten der Milde und Barmherzigkeit sich äußernden
Nächstenliebe.[5]) In diesem Sinne hat also jeder Christ einen priesterlichen Beruf, wie ihn ehemals jeder Mitbürger des alten Bundes
hatte. Indeß reicht das allgemeine Priesterthum der Gläubigen noch
über das der Genossen des alten Bundes hinaus, und ist höherer
Dignität, denn es verwirklicht sich zugleich auch in dem eucharistischen
Opfer der Kirche, in welchem die Selbstdarbringung des Gläubigen
mit der Oblation der Persönlichkeit Christi auf's engste verknüpft ist,
und von dieser getragen wird. Gleichwie aber neben dem allgemeinen
Priesterthum aller Israeliten das spezielle, eigentliche Priesterthum
der Aaroniden und Leviten bestand, so daß eines das andere bedingte
und ergänzte, so war es auch von Anbeginn an in der christlichen
Kirche. Priesterberuf und Priesterwürde kam allen Gläubigen zu;
Priesteramt, der wirkliche Dienst am Altare nur den Aposteln und
den von ihnen eingesetzten Gehilfen und Nachfolgern. Seit der Einsetzung der Abendmahlsfeier gab es ein eigentliches Priesterthum in
der Kirche, einen „Altar", von welchem die (jüdischen) Diener des
Zelttempels nicht essen durften[6]); von dort an hatte die Erfüllung
der alten Weissagung begonnen, daß Gott auch von fremden Völkern
zu Priestern und Leviten nehmen werde[7]), daß es in dem Zeitalter
des Davidischen Sprossen nie an Priestern fehlen werde zur täglichen
Darbringung von Opfern.[8]) So nannte Paulus sich einen evangelischen Priester Jesu Christi unter den Heiden, berufen, die Heiden
als ein vom heiligen Geiste geheiligtes, Gott gefälliges Opfer darzubringen.[9]) Paulus bedient sich hier nicht des sonst ihm geläufigen
Wortes „Diener", sondern des Wortes, das im Hebräerbriefe von
dem Priesterthum Christi gebraucht wird, und redet von einer priester-

---

[1]) Eph. 2, 6. — [2]) Rom. 12, 1. — [3]) Apoc. 8, 3. 4. — [4]) Hebr. 13, 15. —
[5]) Jac. 1, 27. — [6]) Hebr. 13, 10. — [7]) Isai. 66, 21. — [8]) Jerem. 33,
17, 18. — [9]) λειτουργὸς, cf. Hebr. 8, 1. 2. 4.

lichen Verwaltung des Evangeliums mit einem andern, gleichfalls
nur in sacerdotaler Bedeutung vorkommenden Worte.[1])

115. Die Fortpflanzung und Uebertragung der priesterlichen Gewalten wurde an den Ritus der Ordination durch Handauflegung geknüpft, wie denn alle Uebertragung, auch die, durch
welche der Opferende statt seiner das Opfer substituirte, mittels einer
Handauflegung vollzogen ward, und wiederum bei Segnungen und
Heilungen als wirklichen Geistes- und Lebensmittheilungen derselbe
Ritus angewendet wurde. Kranke hatte der Herr durch Handauflegung geheilt[2]); als er aber nach seiner Auferstehung den Aposteln
den heiligen Geist, hier nämlich die Amtsgnade zur Verwaltung der
Binde- und Lösegewalt übertrug, da that er es nicht durch Handauflegung, sondern durch Anhauchung mit dem Athem seines verklärten Leibes. Dieß ziemte jedoch nur dem Herrn, nicht den
Aposteln; er gab hiemit aus der Fülle des ihm eigenen Geistes.[3])
Die Jünger aber, die nur bestimmte Gaben des Geistes mitzutheilen
hatten, bedienten sich dabei der Handauflegung, sowohl zur Verleihung
der Geistesgaben an alle neugetauften Gläubigen, als zur Uebertragung
der priesterlichen Amtsgnade. Das kirchliche Amt mit seinen Attri-
buten: Lehre, Sündenvergebung, Verwaltung der Gnadenmittel und
des Opfers, bedurfte solcher Ausrüstung mit höherer Kraft; denn es
beruhte ganz auf göttlicher Anordnung und Berechtigung, und wo
Gott die Sendung gab, da gab er auch die Kraft und den Segen,
ohne welche eine gottgefällige Thätigkeit des Gesendeten nicht möglich ist. Hier also wurde ein besonderes Charisma gewährt, aus
dessen Empfang der Priester immer wieder, wie Timotheus, erneuerte Kraft zur würdigen und fruchtbaren Verwaltung seines Amtes
schöpfen sollte.[4])

116. Alles Kirchenamt beruhte auf göttlicher Sendung; so
waren die Apostel gesendet, so waren es Alle, die neben und nach
den Aposteln dem Amte sich unterzogen. Jeder konnte sagen: Christus ist es, der mich (mittelbar oder unmittelbar) gesandt hat; ich rede,
weil es mir von ihm, in seinem Namen befohlen ist. Nicht die
Gemeinde machte ihre Vorsteher, sondern die Apostel; sie und die
von ihnen Gesandten machten, bauten die Gemeinden und gaben
ihnen Vorsteher. „Für Christus, sagt Paulus, verwalten wir das

---

[1] ἱεροργοῦντα cf. Suicerl Thes. u. Schleussnerl Lex. s. v. —
[2] Luc. 4, 41. Marc. 6, 5. — [3] Τὸ ἴδιον πνεῦμα didotc δι᾽ ἐμφυσήσεως
ἐπευφημίας, sagt Cyrillus, in Joann. Opp. t. IV. p. 1095. — [4] 2 Tim. 1, 6.

Gesammtamt, gleich als ermahnte Gott durch uns."[1] Als „Diener" Christi, als „Haushälter, die Gott in seinem Hause, der Kirche, zur Verwaltung seiner Mysterien angestellt hat", sind die Hirten der Kirche zu betrachten.[2] Die andern Glieder des Leibes der Kirche können und dürfen so wenig ihres Amtes sich anmaßen, als der Fuß oder die Hand die Funktionen der Augen oder des Mundes übernehmen kann.[3] Vielmehr muß in dem stets lebendigen, stets organischen Leibe der Kirche jene Unterordnung, jene wechselseitige Beziehung und jenes Zusammenwirken stets bewahrt werden, welches der Urheber von Anbeginn in denselben gelegt hat.

117. „Wenn schon das Amt des verurtheilenden Gesetzes, das alttestamentliche, glanzvoll war, sagt Paulus, wie viel mehr muß das Amt der Gerechtigkeit, das christliche Lehramt, in Herrlichkeit strahlen."[4] War doch jenes levitische Priesterthum nur ein „Schattenriß des neuen!"[5] Von dem Jüdischen ist gesagt: „Niemand darf sich diese Würde eigenmächtig anmaßen, sondern Gott muß ihn dazu berufen, wie auch den Aaron."[6] Das christliche Amt durfte also dem Jüdischen mit seiner ununterbrochenen Succession, seiner von allem Volkswillen unabhängigen, höheren Autorität nicht nachstehen. Die Erfüllung durfte nicht ärmer sein als das Vorbild. Demnach ging der Strom der Succession im Amte von den Aposteln aus, um von Geschlecht zu Geschlecht fortgeleitet zu werden. Für alle Zeiten hatte Christus gesagt: „Wer einen, den ich senden werde, aufnimmt, der nimmt mich auf und den, der mich gesandt hat"[7]); Allen, die durch die geordnete Succession zum Amte gelangen würden, hatte er die Binde- und Lösegewalt übertragen.[8] Darum ist in der Kirche eine feste, gleichmäßige, menschlicher Willkür entzogene Lehre, weil er selbst es ist, der Hirten und Lehrer eingesetzt hat.[9] Wohl sah Paulus voraus, daß eine Zeit kommen würde, wo die Menschen sich nach ihren selbstischen Gelüsten mit Lehrern versehen würden, die ihnen Angenehmeres predigten[10]); aber das war auch eine Zeit des Abfalles von der Kirche. Nur außer ihr, nicht in ihr, nur in Empörung gegen die kirchlichen Gewalten konnte man sich selber ein Lehramt machen, das dann auch eine neue, den Ohren der Menschen willkommenere Lehre vorzutragen bestellt wurde.

118. Mit feierlicher Betheuerung: „ich sage die Wahrheit in

[1] 2 Cor. 5, 20. — [2] 1 Cor. 4, 1. — [3] 1 Cor. 12, 21. — [4] 2 Cor. 3, 9. — [5] Hebr. 10, 1. — [6] Hebr. 5, 1. — [7] Jo. 13, 20. — [8] Matth. 16, 19. — [9] Eph. 4, 11. — [10] 2 Tim. 4, 3. 4.

Chrifto und lüge nicht", hebt Paulus seine apostolische Würde und
Gewalt hervor, um kraft derselben seinen Jüngern Timotheus und
Titus für bestimmte Theile der Kirche, dem Timotheus für Ephesus,
dem Titus für Kreta, seine amtliche Vollmacht zu übertragen. Sie
sollen lehren und wachen über die Reinheit der Lehre[1]), sollen Aufseher oder Presbyter einsetzen[2]), und für die Verbreitung und Fortpflanzung der von ihm vernommenen Lehre durch tüchtige, dem Lehramte gewachsene Männer Sorge tragen.[3]) Diese Uebertragung, diese
Einsetzung in das kirchliche Amt war aber keine blos menschliche
Vorkehrung, keine That der bloßen Zweckmäßigkeit. Mit der Sendung ging auch die Gnade des Amtes auf die zum Dienste berufenen
Männer über: der heilige Geist war es, der, menschlicher Werkzeuge
sich bedienend, sie einsetzte. „Achtet auf euch und auf die ganze
Heerde, in welcher euch der heilige Geist zu Aufsehern verordnet hat,
um die mit seinem Blute erkaufte Gemeinde des Herrn zu weiden",
sprach Paulus zu den nach Milet berufenen Vorstehern von Ephesus.[4])
Und den Timotheus ermahnte er, die Gnadengabe, welche durch seine,
des Apostels, Handauflegung und durch die des Presbyteriums ihm
verliehen worden, solle er nicht unbenützt lassen, sondern sie in sich
wieder erwecken und sie fleißig gebrauchen.[5])

119. Aemter, Dienste und Gewalten wollte Christus in seiner
Kirche, aber keine Herrscher und keine Herrschaft. Als die Apostel
unter sich über den Vorrang stritten, da sagte er ihnen, voraussetzend,
daß allerdings Einer in seinem Reiche der erste und größte zu sein
bestimmt sei: sein Reich solle nicht den heidnischen Reichen jener Zeit,
Rang und Gewalt in seiner Kirche nicht den Rang- und Machtver-
hältnissen weltlicher Herrscher gleichen, sondern der Größte unter
ihnen müsse werden wie der Geringste, der Regierende wie der Diener,
wie er selbst der Diener seiner Jünger geworden sei.[6]) Und Petrus
warnte die Vorsteher, daß sie in den Gemeinden nur als Hirten und
Musterbilder, nicht gleich despotischen Gebietern wirken sollten.[7]) Also
nicht jenes dünkelvolle, eigensüchtige und willkürliche Walten, jenes
Ausbeuten der Völker zum Genusse und Vortheile der Herrschenden
sollte jemals in der Kirche Christi aufkommen. Und wenn es doch
aufkam, dann sollte es doch stets als das erkannt werden, was es
ist: als ein greller Widerspruch gegen die göttliche Anordnung, als
eine Versündigung an dem ächten Geiste der Kirche. Keine eigen-

[1]) Tim. 1, 3. 4. — [2]) 1 Tim. 3, 1 ss. — [3]) 2 Tim. 2, 1. 2. — [4]) Act. 20, 27. — [5]) 1 Tim. 4, 14. 2 Tim. 1, 6. — [6]) Luc. 22, 26. 27. — [7]) 1 Petr. 5, 3.

mächtigen Lasten und Gebote sollten die Leuter auflegen; die Gewalten,
die Christus gab, waren pädagogische: als Hirten, als Erzieher,
nicht als Herren der christlichen Völker sollten sie, das Heil und die
geistige Förderung der Gemeinden zur einzigen Richtschnur nehmend,
demüthig und dienstwillig, aber stets den anerkannten göttlichen Willen
über menschliches Belieben setzend, und nicht um Menschengunst buhlend,
ihr Amt in der Furcht Gottes und mit dem bleibenden Bewußtsein
dereinst abzulegender Rechenschaft verwalten, und nie vergessen, daß
ihr einziger Vorzug darin bestehe, willige, hingebende Werkzeuge Gottes
zum Wohle der Brüder zu sein. Andererseits sollten sie aber auch
ihre Gewalten nicht als etwas blos von dem Volke ihnen Uebertragenes
ansehen; sie besaßen und übten sie als etwas unmittelbar oder mittelbar
von Christus Ueberkommenes. Wie der Herr zu seinen Aposteln
gesagt hat: „nicht ihr habt mich gewählt, sondern ich habe euch erwählt", so konnten auch die Amtsträger der Kirche zu den Gemeinden
sagen: Wir sind es, die als Gottes Boten und Werkzeuge euch gelehrt,
belehrt, getauft haben; ehe ihr waret, was ihr jetzt seid, waren wir.

120. Im Anfange mußten die Apostel mit schwachen und
irrenden Gliedern der Kirche viele Nachsicht und Geduld üben; hatte
doch auch der Herr mit ihnen lange Geduld gehabt, hatte er doch
ihre Befangenheit in Jüdischen Vorurtheilen in schonender Milde
getragen. „Wenn ihr in irgend einer Hinsicht anders gesinnt seid
als die Vollkommenen, so wird auch darüber Gott euch noch Auf-
schluß geben", schreibt Paulus an die Christen zu Philippi[1]), und
in dem Briefe an eine andere Gemeinde gedenkt er, wie er Tag
und Nacht bete, sie persönlich zu sehen, damit er die Mängel ihres
Glaubens ergänzen könne.[2]) Sie mußten Individuen und ganze
Gemeinden wie „unmündige Kinder" behandeln, denen man geraume
Zeit keine schwere Speise, sondern nur Milch, nur die Anfangsgründe
der christlichen Lehre mittheilen konnte.[3]) Aber in zwei Dingen ließen
sie keine Schwäche gelten, stellten sie ihre Forderung mit aller Schärfe
auf, dieß waren: die Pflicht des Bekenntnisses und die Ausschließung
jeder Häresie. Ohne Bekenntniß kein Heil; „mit dem Herzen wird
geglaubt zur Gerechtigkeit, mit dem Munde aber wird bekannt zur
Seligkeit", sagt Paulus, eingedenk des Wortes Christi, daß er sich
dereinst vor seinem Vater im Himmel nur zu demjenigen bekennen
werde, der ihn hienieden vor den Menschen bekenne.[4]) Ohne Wanken

---

[1]) Phil. 3, 15. — [2]) 1 Thess. 3, 10. — [3]) 1 Cor. 3, 12. — [4]) Rom. 10, 9. 10.
Matth. 10, 32.

das Bekenntniß fest zu halten, mahnt der Apostel die Jüdisch-
christlichen Gemeinden.[1]) Den Hauptinhalt des Bekenntnisses bildete
Jesus, der im Fleische erschienene und von den Todten erweckte Sohn
Gottes und Hohepriester, dann Auferstehung, Weltgericht, Buße und
Taufe.[2]) Doch umfaßte die Pflicht des Bekenntnisses mehr als das
bloße Aussprechen einer Formel: der ganze Wandel eines Christen
sollte ein fortwährendes, thatsächliches Bekenntniß, ein lebendiger
Spiegel der Wahrheit sein, die er zu glauben mit den Lippen bezeugte.
In diesem erweiterten Sinne sagt Paulus: Niemand vermag Jesus
den Herrn zu nennen, ohne vom heiligen Geiste getrieben zu sein[3]);
und sagt Johannes: Jeder Geist, der Jesum Christum bekennt als
den im Fleische gekommenen, der ist aus Gott.[4])

121. Das Bekenntniß nun mußte das gleiche sein bei Allen
und in allen Theilen der Einen Kirche. Dieß erforderte selbst die
Existenz der Kirche; eine Kirche mit ungleichem, widersprechendem
Bekenntnisse hätte nicht einmal während des Lebens der Apostel,
vielweniger nach ihrem Tode zusammengehalten werden können. Einheit
der Lehre und folglich des Bekenntnisses war die erste Grundbeding-
ung der Einheit der Kirche. Daher die dringende Ermahnung an
Alle, „gleiche Rede, gleiches Bekenntniß zu führen, einstimmig zu
sein in Einem Sinne und Einer Meinung".[5]) Von Sekten, Schulen,
Ansichten und Systemen war die Welt damals voll, Alles gährte
und wogte, wechselseitig sich anziehend und abstoßend, durcheinander,
in steter Mischung und Umwandlung folgte eine Theorie der andern;
alle Formen des Heidenthums, Pharisäisches, Alexandrinisches, Gno-
stisches Judenthum, Alles das warb und buhlte um den Beifall der
Menschen. Da war unbegränzter Raum für Prüfung und Wahl;
Jeder konnte, im stolzen Gefühle seiner Geistesfreiheit und Selbst-
herrlichkeit alle diese Systeme, diese Schulen und Sekten der Reihe
nach versuchen, in den dargebotenen Lehren und Erkenntnißmitteln,
in den pomphaften Verheißungen und Aussichten, die man ihm eröffnete, nach Gefallen schwelgen. Nur Eines fehlte: Gewißheit,
Autorität, Glaube. Dieß fand er nur in der Kirche. Wenn ihm
einmal klar und gewiß ward, daß Christus das sei, wofür er sich
ausgab, die Wahrheit, daß das Wesen Gottes in ihm zur Erscheinung,
der Wille Gottes in seiner Kirche zur Verwirklichung gekommen sei:
dann verzichtete er gerne auf jeden Vorbehalt, jedes Markten mit

---

[1]) Hebr. 4, 14; 10, 23. — [2]) 1 Jo. 2, 23; 4, 2. 15. 2 Jo. 7. Hebr. 3, 1;
4, 14. — [3]) 1 Cor. 12, 3. — [4]) 1 Jo. 4, 2. cf. 1 Jo. 4, 15. — [5]) 1 Cor. 1, 10.

der Lehre der Kirche, dann handelte es sich für ihn nur noch darum, Erkenntniß und Willen von diesen geglaubten Wahrheiten immer mehr durchdringen zu lassen.

122. Die Apostel wußten denn auch von keiner Duldung, keiner Nachsicht gegen die Irrlehren ihrer Zeit, die freilich auch alle im grellen, handgreiflichen Widerspruche mit der von ihnen verkündeten Lehre standen. Das in der Kirche gebräuchlich gewordene und schon bei Petrus[1]) in diesem Sinne vorkommende Wort „Häresis" nimmt Paulus[2]) zuerst noch in allgemeiner Bedeutung von Spaltung und Parteiung, aber schon im Briefe an Titus meint er unter dem „häretischen Menschen", den sein Jünger nach ein- oder zweimaliger Mahnung meiden soll, einen Irrlehrer. In dem verwerfenden Urtheile über jede Häresie, jede von der kirchlichen abweichende Lehre waren Alle einig. „Wer der apostolischen Lehre widerspricht, der ist in den Stricken des Satans gefangen und falls er nicht Buße thut, verloren."[3]) Er sündigt mit dem Bewußtsein der Schuld[4]), und muß nach vergeblicher Zurechtweisung aus der kirchlichen Gemeinde ausgestoßen werden. Paulus belegte den Hymenäus und Alexander mit förmlicher Exkommunikation; er übergab sie dem Satan, d. h. er entzog ihnen alle Rechte und Schutzmittel der kirchlichen Gemeinschaft, womit sie wieder den außerhalb der Kirche waltenden dämonischen Einflüssen verfallen waren, „damit sie, gezüchtigt, abließen zu lästern."[5]) Und solche Ausstoßung aus der Kirche sollte stets geschehen; denn der Irrthum in religiösen Dingen hat nach des Apostels Ausdruck eine „überwältigende Kraftwirkung"[6]), gleich einem mächtigen Gifte oder einem berauschenden Tranke; und die Ihrigen vor diesem Unheil zu bewahren, gehört zu den ersten Pflichten, zu den dringendsten Aufgaben der Kirche. Die Apostel hielten daher falsche Lehre für verderblicher als böses Beispiel, weil nach dem Worte eines Neueren dieses den Strom, jene aber die Quelle vergiftet. Mit gewaltigem Nachdrucke sagt Paulus: Wenn auch wir oder ein Engel vom Himmel euch ein anderes Evangelium verkündeten, als wir euch verkündet haben — Fluch über ihn![7]) Selbst der milde Johannes verbietet der Gemeinde, zu ihr kommenden Irrlehrern die Gastfreundschaft zu erweisen, ja sie auch nur zu grüßen.[8]) Sie sind ihm „Antichristi"; von denen, die selbst abgefallen waren von der Kirche, sagt er: sie

---

[1]) 2 Petr. 2, 1. — [2]) 1 Cor. 11, 19. Gal. 5, 20. — [3]) 2 Tim. 2, 25. 26. — [4]) Tit. 3, 11. — [5]) 1 Tim. 1, 19. 20. — [6]) 2 Thess. 2, 11. — [7]) Gal. 1, 8. 9. — [8]) 2 Jo. 9, 10.

haben nie innerlich und in Wahrheit zu uns gehört, sonst würden sie bei uns geblieben sein.[1]

123. Im Allgemeinen konnte daher auch für die Gläubigen das Verhältniß von Freiheit und Gehorsam der Kirche gegenüber nicht zweifelhaft sein. Nicht um in der Kirche zu gebieten, sondern um in ihr zu gehorchen, waren die wahrhaft Bekehrten in die Kirche eingetreten. Es war ihnen so nachdrücklich gesagt, daß sie Glieder würden an einem Leibe, sie wußten, daß für sie als Glieder die Nothwendigkeit und Pflicht, den von den höhern Organen des kirchlichen Leibes ausgehenden Impulsen zu gehorchen, von selbst sich ergab. Sie wußten, daß sie nach den Worten des Apostels um theuern Preis erkauft seien, und nicht der Menschen Knechte werden sollten[2]; aber sie erkannten und bewährten die Freiheit, die sie mit dem Glauben errungen, gerade darin, daß sie, Knechte Christi geworden[3], demüthig und vertrauend sich den Ordnungen und Gesetzen seiner Kirche unterwarfen. Dafür waren aber auch diese Ordnungen und Vorschriften noch höchst einfach, und umfaßten nur das, was sich aus den Grundlehren, den Bedingungen eines gedeihlichen Gemeindelebens und den sittlichen Geboten des Evangeliums mit Nothwendigkeit ergab. Daß die christliche Freiheit nicht Willkür, eigenes Gutdünken und Zuchtlosigkeit, sondern Hingebung an das um der Heiligung willen gegebene Gesetz sei, und daß sie in der Gebundenheit durch die Kirche und in der Abhängigkeit von ihr nicht schwächer, sondern stärker seien, weil durch den göttlichen Organismus der Kirche getragen und gestützt, davon waren die Christen überzeugt. Sie wußten, daß der Herr gesagt hatte: der solle wie ein Heide und Zöllner geachtet werden, der die Kirche nicht höre[4], daß Paulus geboten hatte, alle Gemeinschaft mit einem Menschen aufzugeben, der die apostolische Ermahnung nicht achte[5], daß den hebräischen Christen der Gehorsam gegen ihre Vorsteher an's Herz gelegt worden.[6]

124. Natur und Bestimmung der Kirche bringt es mit sich, daß jeder in ihr unter einer fortwährenden erziehenden Einwirkung steht. Die Kirche ist eine ethische Macht, die alle ihre Glieder, auch die innerlich nicht guten, in einer wirklichen Gemeinschaft zusammenhält, in welcher im Ganzen genommen die reinigenden und heiligenden Kräfte stärker sind als das den einzelnen Gliedern inwohnende Böse. Sie ist eine große Erziehungsanstalt, nicht für ein gewisses

---

[1] 1 Jo. 2, 19. — [2] 1 Cor. 7, 23. — [3] 1 Cor. 3, 22. — [4] Matth. 18, 27. — [5] 2 Thess. 3, 14. — [6] Hebr. 13, 7.

Lebensalter, sondern für die ganze Dauer des irdischen Daseins, die
den Menschen als Kind empfängt, fort und fort durch Lehre, Beispiel, gemeinschaftliches Gebet und Gottesdienst, durch ihre Gnadenmittel läuternd, unterrichtend, erbauend und heiligend auf ihn ein-
wirkt, seinen Geist unablässig nährt und erleuchtet, seinen Willen zu
kräftigen beflissen ist, und ihn erst beim Austritte aus diesem Leben
entläßt, ohne auch dann ihn als einen von ihr Geschiedenen zu betrachten, oder ihrem Einflusse auf ihn zu entsagen. In der Kirche
ist Jeder ein Berufener, Jeder, wie auch sein sündiger Zustand be-
schaffen sein möge, ein Heilbarer, ein Objekt der kirchlich-erziehenden
Thätigkeit, Jeder aber auch bestimmt, sich zugleich empfangend und
gebend, aktiv und passiv zu verhalten. Wie er für alle Uebrigen
betet, so wird von Allen für ihn gebetet. Wie das Beispiel der
Uebrigen auf ihn wirkt, so ist auch das seinige an den Mitgliedern
des Leibes nicht verloren. Keiner kann jemals so tief sinken, daß
die Kirche an ihm verzweifeln müßte, daß sie nicht bis zu ihm sich
hinabbeugen und ihn empor zu ziehen versuchen sollte. So lange er
athmet, wird er nicht aufgegeben, und vertraut die Kirche auf die
Kraft der ihr zu Gebote stehenden Heilmittel, die den in jedem
Getauften, wenn auch dem Erlöschen nahen, doch trotz aller Sünde
bleibenden Lebens-Funken wieder zur hellen Flamme anzufachen im
Stande sind.

125. Es gibt also in der Kirche keinen hoffnungslos Verlornen,
keinen zur Verdammniß Prädestinirten. Wie die Nationen, so sind
die Individuen heilbar[1]), und die Kirche ist gerade die große Heil-
und Besserungsanstalt, die an keinem ethischen Leiden verzweifelt,
kein Todesurtheil fällt, Niemanden schlechthin für einen „Bösen",
sondern eben nur für einen Sünder erklärt, der, solange die Be-
gnadigungsfrist, d. h. sein Erdenleben, noch nicht abgelaufen ist, sich
noch bekehren kann. Gerade um der Sünder willen ward sie gestiftet, wie auch ihr Herr und Meister als Arzt, nicht der Gesunden,
sondern der Kranken wegen gekommen war.[2]) Auch unwürdige
Menschen, die in schwere Sünden gefallen waren, wurden daher
noch als Glieder am Leibe Christi betrachtet und behandelt; so lange
sie nicht selber aus der Kirche austraten, vielmehr in ihr blieben
und wenigstens einige kirchliche Funktionen und Verbindlichkeiten
erfüllten, waren sie Objekte des kirchlichen Heilverfahrens, übte die
Kirche an ihnen direkt oder indirekt durch Lehre, Beispiel, Warnung

---

[1]) Sap. 1, 14. — [2]) Marc. 2, 17. Luc. 5, 31.

ihren erziehenden Beruf. Mochten sie auch insofern todte oder ge-
lähmte Glieder am Leibe des Herrn sein, als sie momentan sich
gegen die heilenden, aus dem übrigen Organismus und aus dem
Haupte auf sie einströmenden Einflüsse verschlossen hatten: Niemand
durfte sagen, daß diese Einflüsse immerdar ganz vergeblich und unfruchtbar an ihnen bleiben würden, die Kirche hoffte und betete für
sie, und der Sünder von heute konnte morgen schon ein Bekehrter
sein. Nur dann, wenn die Gefahr, daß die noch gesunden Glieder
durch die Ansteckung in das Verderben des Kranken hineingezogen
würden, größer war, als die Hoffnung seiner Heilung, mußte die
Absonderung erfolgen.

126. Darum hatte Christus in einer ganzen Reihe von Gleichnissen, in denen er die Beschaffenheit der Glieder seines Reiches, der
Kirche, veranschaulichte, in den Gleichnissen von der Tenne mit Weizen
und Spreu[1]), vom Weizen und Unkraut auf dem Acker, vom Fisch-
netze[2]), von der königlichen Hochzeit[3]), von den klugen und thörichten
Jungfrauen[4]), vom guten Hirten[5]) und vom Weinstocke[6]) die Seinigen
darauf vorbereitet, daß es in der Kirche stets eine große Anzahl von
Unbekehrten und Unreinen geben werde; denn er hatte vorausgesehen,
daß das eine der größten Versuchungen, einer der verführendsten Irrthümer werden würde, eine Kirche von lauter Reinen und vermeintlich
Vollkommenen herstellen zu wollen. Der Acker der Kirche ist mit
Weizen und Unkraut besäet, und erst der Tag der Ernte, des Gerichtes,
führt die Scheidung herbei. In den Fischnetzen befinden sich gute
und faule Fische, wie das Reich Gottes, die Kirche, Böse und Gerechte
umfaßt. Der gute Hirt sieht auch noch in den verirrten Schafen
seine Schafe und geht ihnen nach in die Wüste. An dem rechten
Weinstocke, Christus, gibt es auch nichtfruchtbringende Reben, erst
zuletzt, bei vollendetem Abfalle, werden sie hinausgeworfen und verbrannt. Ebenso Paulus: in dem großen Hause der Kirche gibt es
nicht blos goldene und silberne Gefäße, sondern auch hölzerne und
irdene; gibt es Gefäße, denen im Gebrauch der Besitzer Ehre, und
andere, denen Schmach zu Theil wird. Der Apostel, der dieses Bild
gebraucht, will nicht, daß die letzteren aus dem Hause geworfen
werden, sondern nur, daß man sich von ihnen reinige, sich nicht
durch sie beflecken lasse, und so ein geheiligtes, d. h. dem Herrn
angehöriges Gefäß der Ehre werde.[7]) Demnach ist in der Kirche

[1]) Matth. 3, 12. — [2]) Matth. 13. — [3]) Matth. 22, 2 ss. — [4]) Matth. 25,
1 ss. — [5]) Jo. 10, 1 ss. Luc. 15, 4 ss. — [6]) Jo. 15, 1 ss. — [7]) 2 Tim. 2, 20. 21.

bei der mannigfaltigsten Abstufung eine Verkettung Aller; alle
Gläubigen sind ein priesterliches Geschlecht, Jeder ist in seiner Weise
vermittelnd, ist ein Organ, durch welches Andere ethische Mittheilungen und Einwirkungen empfangen, und die am meisten Geför-
derten sind das Salz, der Sauerteig für die Masse der Kirchenglieder.

127. Von den Privilegien, den Vorzügen der Mitglieder der
Kirche gegenüber der übrigen Welt reden die Apostel in den stärksten
Ausdrücken. So ist es ein Stand der Gnade und der höheren Berechtigung, in welchem sich die „Heiligen" zu Ephesus befinden; sie
sind schon gesegnet mit allem geistlichen Segen in himmlischen Dingen
durch Christus.[1] Sie bedürfen einer besondern Erleuchtung, um
nur im Stande zu sein, die hohe, glorreiche Bedeutung ihrer eigenen
Lage recht zu erkennen[2]); sie sind nun Mitbürger der Heiligen und
der Familie Gottes, sie waren Finsterniß, jetzt aber sind sie Licht
im Herrn. Und doch hielten es die Apostel, welche den Zustand
der Kirche und der Gläubigen in ihr als einen so hochbegnadigten,
bevorzugten und glänzenden schilderten, wieder für nothwendig, ganz
gemeine grobe Sünden und Ausschweifungen zu rügen und davor
immer wieder zu warnen.[3] Dicht neben den Schilderungen der
Vorzüge und Gaben der Kirche geht die Hinweisung auf den möglichen und oft genug wirklichen Mißbrauch derselben. So dankt
Paulus Gott für die den Christen zu Korinth gegebene Gnade[4]),
daß sie durch Christus reich seien an aller Erkenntniß und jeglicher
Gabe; unmittelbar darauf folgt aber ein scharfer Tadel ihrer Spaltungen und Streitigkeiten, und der Apostel sagt ihnen, sie seien
noch fleischlich, und häuft eine lange Reihe von Vorwürfen und
Anklagen auf sie. Paulus wußte, daß Gott seine Gaben der
Kirche ohne Vorbehalt, ohne Reue[5]) gibt, daß im kirchlichen Gebiete
große Gebrechen neben großen Vorzügen geraume Zeit bestehen
können, und er schaute seine Gemeinden nicht blos, wie sie in der
Gegenwart waren, sondern auch vorgreifend, wie sie in der Zukunft
erst werden sollten.

5. Gnadenmittel und Opfer der Kirche.

128. · Es war der Vorzug der neuen christlichen Kirche vor der
Jüdischen, daß in ihr Schatten zu Substanzen, Symbole zu Gnaden-

---

[1] Eph. 1, 3. — [2] Eph. 1, 18. — [3] 2 Petr. Hebr. 6, 4—6; 10,
26—29. — [4] 1 Cor. 1, 5 sq. — [5] Rom. 11, 29.

mitteln, Vorbilder zu Gefäßen des Heils, Ritualien zu Kanälen höherer Kräfte wurden. Was vorher als ein frommer Brauch nur eine Andeutung, eine Erinnerung und Mahnung gewährte, das wurde jetzt Träger einer göttlichen Kraft, Werkzeug für die Vollziehung der Heiligung an den Gläubigen. Die einfachsten, dem menschlichen Organismus und Leben am nächsten stehenden Stoffe und Akte wurden von dem Herrn zu solchen Gefäßen und Werkzeugen höherer Gaben, zu Conductoren heiligender Kräfte erwählt: Wasser, Brod und Wein, Oel, Auflegung der Hände. Und an diese symbolischen Stoffe und Handlungen wurden entsprechende Worte geknüpft, welche so zur vollziehenden That wurden und, die Gnade in Einen Moment concentrirend, das wirkten, was sie sagten und was der Akt bedeutete, so daß sie als entscheidende Thatsachen, als Denksäulen seines religiösen Lebens und Anhaltspunkte seines Vertrauens, in der Anschauung und Erinnerung des Empfangenden blieben.

129. Für Wesen, welche körperlich wie geistig gefallen sind, wurden diese Heilmittel bestimmt, bestimmt von Demjenigen, der selbst als Erlöser in leiblicher sowohl, als menschlich-geistiger Natur auf Erden erschienen war. Sie sollten nicht bloße Zeichen oder Pfänder, Symbole von Gnaden, sondern wirkliche Mittheilung derselben, Handlungen des erstandenen und verklärten Christus an den zu belehrenden und zu heiligenden Menschen, sie sollten die Bande sein, welche den Leib der Kirche mit seinem Haupte verknüpften, die Arzneien und Nahrungsmittel, durch welche das Leben der Kirche stets erhalten und erneuert würde. Er selbst hatte bereits dadurch, daß er die Augen eines Blinden mit Speichel und Erde bestrich, daß er seine Jünger, Kranke mit Oel zu salben, anwies, eine solche Verbindung höherer Kräfte mit sinnlichen Zeichen angekündigt, damit die Menschen gewöhnt würden, ihren Blick über den einfachen Stoff oder das Zeichen und über den menschlichen Verwalter hinaus auf den hinter diesem materiellen Schleier verborgenen, des Menschen als seines Werkzeuges dabei sich bedienenden göttlichen Erlöser zu richten.

130. Auf den Namen des Vaters, des Sohnes und des Geistes sollten nach Jesu Anordnung alle Völker getauft werden, d. h. sie sollten damit verpflichtet werden, die drei göttlichen Personen zu glauben und zu bekennen, sollten in die Gemeinschaft des Todes und der Auferstehung Jesu aufgenommen werden, so daß an ihnen selbst der alte Mensch begraben und ein neuer erweckt würde, daß sie die

16*

Kraft des Todes wie der Auferstehung des Herrn an sich erführen. [1]
Diese Vorstellung, daß der Mensch in der Taufe mit Christus begraben werde und auferstehe, ist für Paulus die Hauptsache an diesem Sakramente; schon durch die Taufe, behauptet er, wird der
Mensch Christo einverleibt [2], zieht er Christum an, so daß in Folge
dieser durch das sakramentale Bad bewirkten Verbindung alle Verschiedenheit der natürlichen Abstammung verschwindet; Griechen und
Juden, Knechte und Freie, Männer und Weiber in Christo Eines,
Glieder seines Leibes und mit ihm zugleich Kinder Gottes und Abrahams Same geworden sind. Und darum ist auch in der Taufe
sein Sterben und seine Auferstehung unser Sterben und Auferstehen
geworden, und soll das ganze Leben des Christen nur eine Entfaltung des in der Taufe Begründeten und Angefangenen sein. Paulus unterscheidet nämlich an dem Menschen nicht blos Leib und Geist,
sondern er unterscheidet auch noch in der leiblichen Seite des Menschen den groben, sichtbaren, massenhaften Körper, und eine verborgene, innere, den Schranken des Raumes enthobene, sinnlich nicht
wahrnehmbare, „pneumatische" Leiblichkeit: diese, die einst auch auferweckt werden wird [3], ist allein fähig und geeignet, mit dem verklärten Leibe Christi in eine organische Verbindung zu treten, demselben substantiell eingefügt zu werden, und das geschieht bereits in
der Taufe, so daß das Eintauchen ins Wasser auch zugleich ein
Einsenken in den Leib Christi ist, daß wir die zwei entscheidenden
Momente, durch welche dieser Leib hindurchgegangen, Tod und Auferstehung (Verklärung), mittels der Taufe principiell mitzuerleben beginnen, der alte Adam mit seinen sündlichen Neigungen darin ver-
senkt oder mitgekreuzigt wird, indem der reine, von Heilkräften über-
strömende Leib Christi denselben allmälig verdrängt und absorbirt,
und unser ganzes religiöses Leben auf diesem Fundamente sich auf-
erbaut. [4]

131. Durch die Taufe also ist Christus der Stammvater eines
neuen Geschlechtes, dessen Individuen Alle mittels des Sakramentes
Glieder seines Leibes geworden, denen Allen das Princip, die Kraft
und Anlage zum Absterben des alten Sündenlebens und zur allmä-
ligen, aber mühsamen Entwicklung des neuen, und zugleich der Keim
der künftigen leiblichen Auferstehung eingepflanzt ist. Auf daß nun
die Taufe wirklich ein Bad der Wiedergeburt [5], der Bund eines

---

[1] Rom. 6, 4. — [2] Gal. 3, 27. — [3] 1 Cor. 6, 12 ss. Eph. 5, 30.
Rom. 7, 22. Eph. 3, 16. — [4] Col. 2, 12. 20; 3, 1. — [5] Tit. 3, 5.

guten Gewissens mit Gott [1]), eine Anstalt der Sündenvergebung und
Heiligung werde, kommt die des Menschen Denken und Wollen um-
gestaltende Thätigkeit des heiligen Geistes zu dem Ritus hinzu, und
bewegt den Menschen zur bewußten Annahme des ihm objectiv ge-
schenkten Gutes; daher Johannes Geist, Wasser und Blut, (die in
der Taufe mitgetheilte Kraft des Blutes Christi), als die drei Zeugen nennt, auf denen die Gewißheit unseres Heiles beruhe. [2])

132. Die rechte und volle Mittheilung des Geistes, den Christus allen seinen Gläubigen verheißen hatte, sollte indeß erst nach
der Taufe durch eine eigne Handlung erfolgen. Als Philippus, der
Evangelist, die gläubig gewordenen Samaritaner getauft hatte, begaben sich die Apostel Petrus und Johannes eigens von Jerusalem
nach Samaria, um ihnen durch Auflegung der Hände den heiligen Geist mitzutheilen, ihnen das zu gewähren, was noch nicht in
der Taufe lag, was Christus den Seinigen als eine Feuer- und Geistestaufe verheißen hatte. [3]) Nicht bloß außerordentliche, in das Gebiet des Wunders gehörige, Gnadengaben waren es, welche durch
diese Händeauflegung gewährt wurden, sondern auch Kräfte der Erkenntniß, des Glaubens, der Heiligung; namentlich auch Kraft und
Muth des Bekenntnisses; es waren Gaben des Geistes, wie sie überhaupt und zu allen Zeiten zur Erfüllung des christlichen Gemeinde-
berufes, des allgemeinen Priesterthumes erforderlich sind. Jene Ausgießung, durch welche die kleine Schaar der ersten Gläubigen am
Pfingstfeste die Geistesgaben empfangen hatte, sollte im geordneten
Wege einer bleibenden, nach der Taufe zu verrichtenden kirchlichen
Handlung an den Neubekehrten vermittelt werden. Ob außerordentliche
Charismen bei solcher Handauflegung hinzukamen oder nicht, das war
etwas Zufälliges, und so wie die Wunderzeichen, welche Christus als
einen den Gläubigen überhaupt eigenthümlichen Vorzug verhieß [4]),
später wegfielen, ohne Nachtheil für den Glauben, und ohne daß die-
ses Erlöschen zu einem Schlusse auf Schwäche oder Unächtheit des
Glaubens berechtigt hätte — so konnten und mußten auch bei der
Händeauflegung die Wunder-Charismen aufhören, während das Wesentliche, die innere erleuchtende und kräftigende Wirkung blieb.

133. Der Hebräerbrief rechnet die Belehrung über diese Handauflegung zu den grundlegenden Anfangslehren, zu den Hauptartikeln
der christlichen Religion, aus denen das christliche Leben beginnt, und

---

[1]) 1 Petr. 3, 21. — [2]) 1 Joh. 5, 6. — [3]) Act. 1, 5. — [4]) Marc.
16, 20.

welche der Gläubige schon auf der Schwelle der Kirche bei seinem
Eintritt in sie findet. Als solche zählt er nämlich auf: Buße von
todten Werken-, Glaube an Gott, Taufe, Handauflegung, Tobtener-
stehung und das ewige Gericht. Das ist dieselbe Handauflegung,
als deren Wirkung er in der sogleich folgenden Parallelstelle angibt,
daß der Mensch theilhaft geworden sei des heiligen Geistes. Es
handelt sich demnach hier um ein allgemeines, für die Gesammtheit
der Gläubigen bestimmtes Institut, das göttliche Verheißung hat,
und stets fortbauern soll, denn nur ein solches kann zu den ersten
und fundamentalen Principien des christlichen Lehrens und Lebens
gehören. Mit Beziehung auf dasselbe sagt Paulus den Christen,
an die er schreibt: sie seien versiegelt mit dem heiligen Geiste[1]), und
hätten die Erstlinge desselben[2]); den Geist der Verheißung nennt er
ihn, sofern er schon im alten Bunde der Menschheit verheißen war,
und zwar als eine allgemeine, Söhnen und Töchtern, Greisen und
Jünglingen, Knechten und Mägden zu verleihende Gabe.[3]) „Auf
euch geht diese Verheißung (des heiligen Geistes) und auf eure Kinder, und auf die Fernen alle, welche Gott herzurufen wird", sagte
Petrus am Pfingsttage.[4]) Die Wundergaben, die damals die Geistesmittheilung verkündigten, waren also eben nur Zeichen und Unterpfänder einer Gabe, die später nur durch den Glauben erkannt
und gewürdigt ward, die aber in jener Zeit ohne solche äußere Manifestationen nicht erkannt und nicht geglaubt worden wäre.

134. Auch jene Handauflegung, mittels welcher Personen
dem Kirchendienste gewidmet wurden, hatte den Charakter eines
Gnadenmittels. Zweimal in seinen beiden Briefen erinnert Paulus
den Timotheus an die Gnade, welche er bei seiner Ordination und
durch sie empfangen habe.[5]) Es war Paulus selbst, der ihm die
Hände aufgelegt hatte, aber mit ihm hatte dieß auch das Presbyterium gethan, und der Apostel ermahnt ihn, er solle die Gnade, die
durch diese Handauflegung in ihm sei, nicht vernachlässigen, sie vielmehr immer wieder (durch Gebet und Ausübung) erwecken. Die
Handauflegung hatte stattgefunden „mittels einer Prophetie", also in
ähnlicher Weise, wie die Ordination des Paulus und Barnabas, die
auch durch prophetische Inspiration in Antiochia erfolgt war. Schon
vorher in demselben Brief hatte der Apostel der früher über Timotheus ergangenen Prophetieen gedacht, denen gemäß er ihm die

---

[1]) Eph. 1, 13. 14; 5, 30. — [2]) Rom. 8, 23. — [3]) Joel 3, 1. 2.
cf. Act. 2, 17. ss. — [4]) Act. 2, 39. — [5]) 1 Tim. 4, 14; 2 Tim. 1, 6.

Weiſung an's Herz lege, daß er von dem Bewußtſein dieſer ihm
perſönlich geltenden Weiſſagungen durchdrungen und ermuthigt, einen
guten Kampf kämpfe. Einer oder Einige der prophetiſch begabten
Gläubigen hatten alſo den Timotheus als einen zum höhern Kirchenamte Berufenen, deſſen Amtsführung eine geſegnete ſein würde, bezeichnet, und darauf war ihm die Weihe ertheilt worden. Die Gnade
aber, das „Charisma", beſtand nicht in jenen außerordentlichen Geiſtesgaben, welche in der erſten Zeit den Getauften bei der allgemeinen Handauflegung zufloſſen, dazu würde keine Handauflegung des
Presbyteriums, ſondern nur des Apoſtels allein erforderlich geweſen
ſein. Jene wunderbaren Charismen bedurften auch keiner „Wiederbelebung oder Anfachung". [1]) Die Thatſache alſo, daß die Auswahl
des Timotheus in prophetiſcher Weiſe, das heißt durch höhere Erleuchtung der Wählenden ſtattgefunden hatte, war bei dieſem Her-
gange das Außerordentliche, die Ordination aber, welche in Folge
derſelben geſchah und welche die Gnade als etwas Bleibendes, dem
Geweihten von nun an Inwohnendes, ihm verlieh, war das der
kirchlichen, ſtabilen Ordnung Gemäße, war eine Amtsgnade, eine
höhere Befähigung und Kräftigung zur würdigen und geſegneten
Verwaltung ſeines kirchlichen Berufes. So war auch den Sieben zu
Jeruſalem, die kurz vorher an der Geiſtesausgießung des Pfingſtfeſtes ihren Antheil empfangen, dennoch bei ihrer Einſetzung zum
Kirchendienſte die apoſtoliſche Handauflegung ertheilt worden.

135. Ein eignes Gnadenmittel hat Jakobus in ſeinem Briefe
für die Kranken in der Kirche verordnet. [2]) Ein Kranker ſoll die Presbyter der Kirche zu ſich rufen, dieſe aber werden ihn mit Oel ſalben,
und über ihn beten; in Folge davon wird Gott ihm Geneſung oder doch
Kräftigung und Erquickung gewähren [3]), und ſeine Sünden werden
ihm vergeben werden. [3]) Hier iſt nicht von einem Charisma der
Krankenheilung die Rede; ein ſolches wäre nicht den Presbytern
eigenthümlich geweſen. Zudem hatte Chriſtus für charismatiſche Heilung der Kranken nicht eine Salbung, ſondern die Auflegung der
Hände angeordnet. [4]) Hätte Jakobus an ein ſolches Charisma gedacht, ſo würde er dem Kranken geboten oder gerathen haben, einen
Beſitzer dieſes Charisma, mochte er Presbyter oder Laie ſein, rufen
zu laſſen. Auch würde die ſichere Wirkung eines Charisma mit der
Thatſache im Widerſpruch geſtanden ſein, die doch der Apoſtel längſt

---

[1]) ἀναζωπυρεῖν. 2 Tim. 1, 6. — [2]) Jac. 5, 14. — [3]) Einmal: σώσει,
dann ἐγερεῖ αὐτὸν ὁ κύριος. 5, 15. — [4]) Marc. 16, 18.

vor Augen hatte, daß nämlich im Ganzen damals eine Generation in der bestimmten naturgesetzlichen Frist ebensogut wegstarb, wie dieß früher oder später der Fall war. Also nur Genesung oder Erleichterung in einzelnen Fällen, aber Tröstung, Erweckung der Glaubenszuversicht und Vergebung der Sünden in allen Fällen, natürlich unter der Voraussetzung des Glaubens und der Buße — das war es, was durch das hier verordnete Mittel erreicht werden sollte. Das Mittel aber ist: Salbung mit Gebet; jene nicht um ihres etwaigen medicinischen Gebrauches willen, an welchen bei den meisten inneren Krankheiten nicht gedacht werden konnte, obgleich die häufige Anwendung der Salbung mit Oel gegen Krankheiten unter den Juden ebenso zur Grundlage der nun als Gnadenmittel eingeführten christlichen Salbung gedient hat, wie jüdische Taufe, jüdisches Passahmahl zur Grundlage christlicher Taufe und Eucharistie diente.

136. Die apostolische Ansicht vom Abendmahle ist im ersten Briefe an die Korinthier und im Hebräerbriefe niedergelegt. Paulus wollte den Korinthiern beweisen, daß das Theilnehmen an heidnischen Opfermahlen, das Essen des Opferfleisches keineswegs eine gleichgiltige Sache sei. Zweck und Wirkung der Opfermahlzeiten war, mit der Gottheit, welcher das Opfer galt, in eine reelle Gemeinschaft zu treten, Tischgenossen des Gottes zu werden. Denn obgleich, sagt Paulus, die Götzen der Heiden eben nur todte Bilder sind, so sind es doch die Dämonen, welche die diesen Götzen dargebrachten Opfer sich aneignen, und mit diesen treten die Gäste des Opfermahles in Gemeinschaft, wie sie schon in der Einführung dieses Ritus beabsichtigt, und in dem allgemeinen Glauben der Hellenen vorausgesetzt ist.[1] Sind ja auch unter den Juden diejenigen, welche das Opfer essen, Genossen des Altares, d. h. durch den Altar und kraft des Bundes mit Gott selbst in Gemeinschaft gesetzt. Der Christ aber hat sein eigenes Opfermahl, in welchem das Brod die Gemeinschaft des Leibes Christi, der Kelch die Gemeinschaft seines Blutes ist. Wenn er also heidnisches Opferfleisch äße und zugleich Brod und Kelch des Abendmahles genöße, so würde er einerseits, gemäß der dem Akte inwohnenden Bedeutung und Absicht, in die Gemeinschaft der Dämonen treten, andrerseits in die des Leibes und Blutes Christi, welches ein Gräuel wäre. Er würde nämlich durch dieses Eintreten in die Dämonengemeinschaft einen Frevel begehen an der Einheit des Leibes Christi, einen Versuch machen, diese Einheit zu zerreißen; denn eben

---

[1] 1 Cor. 10, 19 ss.

dadurch, daß wir Alle von dem Einen Brode, dem eucharistischen, essen, (und so den Leib des Herrn empfangen,) werden wir Alle Ein Leib [1]); wir werden, wie Paulus anderswo sagt, „Glieder seines Leibes, von seinem Fleisch und seinem Bein." [2]) Indem wir nämlich, durch die Communion mit der Substanz seines Fleisches und Blutes genährt, zur Einheit des Leibes, welcher ist die Kirche, verbunden werden, findet im Abendmahle die Fortsetzung und Vollendung dessen statt, was in der Taufe begonnen worden ist. Die Aufgabe des zweiten Adam, das vom ersten Menschen ausgegangene Verderben zu heilen, soll auch an der leiblichen Seite des Menschen gelöst werden. Dem Adamitischen Fleische, dem Sitze der Sünde und der unreinen Begierden, soll das verklärte Fleisch Christi, mit seinen reinigenden Kräften und Segnungen in das Innere des Christen aufgenommen, entgegenwirken.

137. Die Mißbräuche, welche in Korinth bei der Begehung der mit der Eucharistie verbundenen Liebesmahle eingerissen waren, veranlaßten den Apostel, in demselben Briefe noch einmal und genauer von dem Abendmahle und dessen Einsetzung und Bedeutung zu reden. [3]) Bei der Feier des Abendmahles wird der Tod des Herrn verkündet, sagt Paulus. Wie nämlich die Feier des Passahopfers die fortwährende Verkündigung der Befreiung aus Egypten und des damit verknüpften Bundes zwischen Gott und Israel war, so ist das eucharistische Opfer die stete Verkündigung des Opfertodes Christi in seiner ewigen Wirksamkeit und bleibenden Gegenwart. Wer nun, fährt Paulus fort, unwürdig den Leib des Herrn genießt, indem er stumpf und gedankenlos diesen Leib nicht von einer gewöhnlichen Speise unterscheidet, nicht mit jener gläubigen und bußfertigen Gesinnung, ohne welche eine Feier des Erlösungstodes undenkbar ist, hinzutritt, der versündigt sich hiemit am Leibe und Blute des Herrn, und zieht sich durch diese Entweihung ein Strafgericht zu; denn der Leib des Herrn trägt die Macht in sich, zu segnen und zu bestrafen, und in der Corinthischen Gemeinde waren damals Krankheiten und selbst der Tod Folgen des unwürdigen Genusses. Unter allen alttestamentlichen Opfern hebt Paulus das Passahlamm als dasjenige hervor, welchem das Opfer Christi am meisten gleich komme, wie es denn auch das einzige jüdische Gedenkopfer war. Christus ist als unser Passah geschlachtet worden, sagt er, und in der That starb der Herr als das rechte Opferlamm gerade zur Stunde des gesetzlichen

---

[1]) 1 Cor. 10, 17. — [2]) Eph. 5, 30. — [3]) 1 Cor. 11, 23—30.

Paſſah. ¹) In ſeinem Verlangen jedoch, das Paſſah noch einmal mit ſeinen Jüngern zu eſſen, hatte er es in einem Privathauſe, (nicht an heiliger Stätte), ohne Schlachtung im Heiligthume und mehrere Stunden vor der geſetzlichen Zeit (am Donnerſtag Abends) mit den Seinigen gehalten. Hierin lag ſchon eine Abſonderung von der Gemeinſchaft der Geſetzesdiener, die um ſo natürlicher war, als er ſofort, nach genoſſenem Paſſah, mit Brod und Wein ſein eigenes neues Bundes- und Paſſahopfer einſetzte, womit er die Erfüllung dicht an das Vorbild, die Wirklichkeit an den Schatten hinrückte, und Fleiſch und Blut des göttlichen Lammes in den Zuſtand verſetzte, in welchem es genießbare Speiſe wurde.

138. Der alte Bund mit dem Paſſahopfer hatte Iſrael die Verſchonung von den Plagen Aegyptens, die Befreiung aus der Knechtſchaft und die Einführung in das verheißene Land verbürgt; der neue Bund mit ſeinem neuen, den ganzen Tempeldienſt abrogirenden und ſich an deſſen Stelle ſetzenden Opfer verbürgte und gewährte die Erlöſung von der Sünde und ihren Folgen, und ſein Opfer leiſtete dem Gläubigen Alles, was die Moſaiſchen Opfer in ihrer Vervielfältigung als Sühn-, Brand-, Friedens- und Dankopfer vorbildeten. So ward erfüllt, was durch den Propheten Maleachi geweiſſagt war; es war jenes reine Speiſeopfer, jene Mincha geſtiftet, welche aller Orten von Sonnenaufgang bis zum Sonnenuntergang dargebracht werden ſollte dem Namen des Herrn. ²) Es war erfüllt, was zugleich hiemit verkündet wurde, daß „Gott kein Opfer mehr annehmen werde aus den Händen des Levitiſchen Prieſterthums, daß er ein reineres und beſſeres Prieſterthum, als dieſes, ſich ſchaffen werde, ein neues Prieſtergeſchlecht, das nicht durch leibliche, ſondern durch geiſtige Zeugung werde fortgepflanzt werden, indem er die Söhne Levis läutern werde wie Gold und Silber, daß ſie ihm Opfer darbringen in Gerechtigkeit; eine Weiſſagung und Verheißung, die dort unmittelbar verknüpft iſt mit der Prophetie von der Sendung Johannes des Täufers und dem Kommen des Herrn zu ſeinem Tempel. ³)

139. Der Herr ſelbſt hatte in ſeiner Bergpredigt, da wo er die ethiſche Subſtanz ſeiner für alle Zukunft geltenden Lehre zuſammenfaßte, das ſtete Beſtehen eines Altars und folglich eines Opfers in ſeiner Kirche durch die über die Verſöhnung gegebene Vorſchrift in Ausſicht geſtellt. ⁴) „Wenn du deine Gabe darbringſt zum Altar,

---

¹) Luc. 22, 15. — ²) Mal. 1, 11. — ³) Mal. 3, 1—4. — ⁴) Matth. 5, 23—24.

und dich daselbst erinnerst, daß dein Bruder etwas wider dich hat,
so laß deine Gabe vor dem Altar, versöhne dich mit deinem Bruder,
und alsdann komme, und bringe deine Gabe dar." Er wollte nicht
den Juden ein neues Gebot, wie es im Mosaischen Gesetze sich nicht
fand, für die wenigen Jahre ihres noch fortbestehenden Opferwesens
geben, sondern vorgreifend seiner Kirche ein unvergängliches Gesetz
und eine Belehrung ertheilen über den nothwendigen und unzerreiß-
baren Zusammenhang zwischen der christlichen Bruderliebe und dem
eucharistischen Opfer als der Feier des leuchtendsten Altes göttlicher
Liebe. In dem Momente, in welchem der Christ sich der göttlichen
Liebe und Erbarmung bewußt wird, sie sich zueignet, soll er vor
Allem auch au Andern sie üben.

140. Wo die Apostel Christus nach der Seite seines Opfers
betrachten, da gehen sie davon aus, daß er das Opfer seiner Person
für das Heil der Menschheit mit dem Eintritte in diese Welt begonnen habe, daß er es fortgesetzt und gleichsam zusammengefaßt habe
in dem Momente der eucharistischen Einsetzung und des Körperleidens
am folgenden Tage, vollendet durch seine Auferstehung und Verklärung. Es ist der Grundgedanke des Hebräer-Briefes, daß Christus
im Stande seiner ewigen Herrlichkeit, im himmlischen Heiligthume,
seine priesterliche Wirksamkeit fortsetze. Christus ist Einmal gestorben
und kann nicht wieder sterben, und gleichwohl ist seine Selbst-Opfe-
rung kein vorübergehendes Ereigniß, sondern ein bleibendes und unvergängliches. Sein Priesterthum und Opfer ist eben so dauerhaft als
seine Incarnation. Er ist Priester für alle Ewigkeit[1]); er bringt daher stets ein Opfer dar; mit seinem eigenen Blute in's himmlische
Heiligthum eingegangen, ist er fort und fort für uns als unser Hoherpriester und Opfer vor Gott[2]); das Opfer aber, das er darzubringen
fortfährt, ist eben jenes Eine, welches Alles versöhnt hat, welches „die
Heiligen für alle Zeiten vervollkommnet hat."[3]) Denn Opfer und
Erlösungswerk fallen in ihm zusammen; durch sein Opfer hat er die
Erlösung vollbracht für das ganze Menschengeschlecht vom Anbeginn
bis zu dem, der der letzte aller irdisch gebornen sein wird. Aber in
den einzelnen Menschen ist dieses Werk noch nicht vollbracht; ihre Erlösung und Heiligung ist ein in der Kirche stets fortgehender Proceß
und eine lebendige Fortsetzung der That am Kreuze; denn Alles was
Christus an den Menschen wirkt, das wirkt er in Kraft seines Opfers,
jedem der Gläubigen wendet er die Früchte desselben besonders zu.

---

[1]) Hebr. 7, 3. — [2]) Hebr. 9, 12. — [3]) Hebr. 10, 14.

141. Als das große Sühnungsopfer zur Wiederherstellung der
zwischen Gott und den Menschen zerrissenen Gemeinschaft war Christus am Kreuze gestorben; er hatte in dem höchsten Akte selbstver-
läugnender Liebe, der freien Hingabe seines eigenen Wesens und
Lebens, der Welt die wahre Bedeutung des Opfers, das Wesen und
Ziel alles sacrifiziellen Dienstes gezeigt. Damit war das ganze
heidnische und jüdische Opferwesen innerlich abrogirt und gleichsam
entgeistet; beseitigt war das Darbringen des Fremden und Entfernten, des aus der äußern, dem Menschen untergebenen Natur
entlehnten Materials, des dem Gebiete der nützlichen Thierwelt entnommenen Opferstoffes. Solche Opfer als Schattenbilder, als unvollkommene Ersatzmittel und vorgängige Darstellungen des allein
wahren und vollgiltigen Opfers konnte und mußte der Mensch früher
darbringen, als noch zwischen ihm und Gott die Scheidewand der
Sünde bestand, als der gottmenschliche Mittler, in dessen Person das
rechte Opfermaterial gegeben war, noch nicht erschienen war. Von
da an aber, seitdem dem Menschen das Höchste und Edelste, was
Gott geben konnte, geschenkt worden, sollte nur Ein Opfer noch stattfinden, dasjenige, welches den Menschen in den Stand setzte, ja
nöthigte, Gott Alles zu geben, ohne Theilung, ohne Mischung, ohne
Rückhalt und ohne Beschränkung, da das Maß des Empfangenen
auch das Maß des Gott Gebührenden ist.

142. Wie nun Himmel und Erde Ein Reich Gottes sind, so
ist die himmlische und die irdische Kirche Ein zusammengehöriges,
untrennbares Ganze. Die irdische Kirche ist die Vorhalle des himmlischen Heiligthumes, und dieses reicht in jene herab: Gebet und Erhörung, Darbringung und Annahme steigen auf und nieder, die irdische Saat reift der Ernte für die höhere Kirche entgegen. Christus
ist der Hohepriester beider Abtheilungen der Einen Kirche. Er ist,
wie der Apostel sagt [1]), als Mittler der jenseitigen Güter, als Hoherpriester einer ewigen Ordnung, mit seinem Opferblute in das himmlische Heiligthum eingegangen", und dort sieht ihn Johannes „in der
Mitte vor dem Throne der Herrlichkeit, als das Lamm, das geschlachtet worden, erkennbar an den Wahrzeichen seines Todes." [2])

143. „Wir haben einen Altar," sagt der Apostel, „von welchem
die Priester des Zelttempels nicht essen dürfen." [3]) Er sagt es, um
den Hebräer-Christen die Verkehrtheit und Vergeblichkeit des Vertrauens auf levitische Opfer, den weiten Abstand und Vorzug des

---

[1]) Hebr. 9, 11. 24; 6, 9. — [2]) Apoc. 5. 6. — [3]) Hebr. 13, 10.

christlichen Priesterthums und Opfers begreiflich zu machen. Die
Juden, zeigt er, befinden sich in der Unmöglichkeit, sich an den am
Versöhnungstage dargebrachten Sühnopfern durch Genuß zu betheiligen, denn es ist ihnen gesetzlich verboten. Wir Christen aber haben
ein neues Opfer und ein dazu gehöriges Opfermahl. So vergleicht
er Altar mit Altar, Opfer mit Opfer, die christliche, zu dem neuen Sühnopfer gehörige, Communion mit dem jüdischen Mangel derselben.[1]

144. Im Gegensatze gegen die Mangelhaftigkeit des Levitischen
und Aaronischen Priesterthums schildert der Apostel die Vorzüge des
Priesterthums und Opfers Christi. Wenn der Aaronische Hohepriester ein seinem wahren Wesen nach leeres und vergängliches Opfer,
Thierblut nämlich, welches den geistigen Menschen nicht wahrhaft
entsündigen, Gott nicht wahrhaft wohlgefällig sein kann[2], darbringt,
ein Opfer, das steter Wiederholung bedarf, so hat dagegen Christus
ein höheres, kräftigeres Opfer dargebracht, und verwaltet einen besseren Priesterdienst. Was er darbrachte, ist ein Blut, welches mit
uns in der engsten organischen Verbindung steht[3], und gerade darum
so beredt vor Gott, so kräftig für uns ist[4]; denn es ist sein
eigenes Blut und zugleich das Blut des neuen, ewig währenden

---

[1] Der Altar, von welchem gegessen wird, soll nach den außerkirchlichen
Exegeten, auch den neuesten (Bleek, de Wette, Lünemann, Delitsch-
das Kreuz sein, während Thelud verzweifelnd meint, der Verfasser habe bei
dem Altar sich gar nichts Bestimmtes gedacht. Ist es nun schon unglaublich,
daß der Apostel die nur durch mehrere Mittelglieder zu realisirende Vorstellung
einer Essung vom Kreuze den Hebräern so ohne alle Erklärung zugemuthet haben sollte, so kommt noch hinzu, daß im ganzen Hebräerbriefe und in der ausführlichen Erörterung des Opfers Christi das Kreuz nicht einmal genannt wird
(wie denn im ganzen Neuen Testamente das Kreuz nie als Altar bezeichnet wird,
obgleich es allerdings die Stelle desselben in den Augen des Glaubens vertrat).
Wie hätten also die Leser des Briefes in der bestimmten Erklärung: wir haben
einen Altar, von welchem gegessen wird, d. h. welcher Altar und Opfermahltisch
zugleich ist — an das längst in der Erde vergrabene Kreuz denken sollen? Gerade dieß, daß die eucharistische Handlung mit der himmlischen Oblation so ganz
zusammenfällt und von ihr abhängig ist, das ist in diesen Worten des Apostels
hervorgehoben, wie er denn im ganzen Briefe den Blick seiner Leser nicht auf
das Kreuz, sondern auf das himmlische Heiligthum als die priesterliche Stätte
richtet. Warum dürfen die Diener der jüdischen Stiftshütte nicht vom christlichen Altare essen? Weil das, was hier gegessen wird, die Oblation Christi
ist, und weil Christus der Liturg der wahrhaften, nicht von Menschenhänden,
sondern von Gott erbauten Stiftshütte ist. (Hebr. 8, 2.) Alle Stiftshütte gegen
Stiftshütte, Altar gegen Altar, Opfermahl gegen Opfermahl. — [2] Hebr. 7, 26.
27; 9, 11. 14. — [3] Hebr. 2, 14; 4, 15; 7, 9 — [4] Hebr. 12, 24, 13, 15.

Bundes.[1]) Mit diesem Blute ist er in das wahre Heiligthum, in den Himmel, das von ihm erbaute Haus Gottes, dessen Gebieter er ist, eingegangen.[2]) Sein priesterliches Geschäft wird also seitdem im Himmel verwaltet, und ist damit hoch erhaben über dem gesetzlichen Priester- und Opferwesen, mit seinem irdischen, blos bildlichen Heiligthume. Sein Blut hat eine wahrhaft entsündigende und heiligende Kraft[3]), und das Opfer seines Leidens und Todes durfte nur ein für allemal dargebracht werden, da es in seiner Vollkommenheit ewig und allgenügend, Alle reinigend[4]) ist. Alle Sünden sind durch Ein Opfer gehoben, das uns in seiner Kraft und unerschöpflichen Wirksamkeit beseligen und vollkommen machen kann, den zuvor noch verschlossenen Eingang zu Gott uns eröffnet hat, die himmlischen Gaben des heiligen Geistes, die Güter der künftigen Welt und das Erbe des Himmels uns vermittelt.[5])

145. Das Aaronisch-Levitische Priesterthum ist also nicht aufgehoben, sondern nur geändert und übertragen worden. Christus, das Lamm, opfert sich fortwährend auf jenem himmlischen Altare, ist fortwährend der Priester, welcher die Versöhnung des Menschengeschlechtes vollbracht hat, und die Hostia, welche uns die Frucht der von ihm erworbenen Versöhnung in einer Fülle von Gaben zueignet. Und hier sollte seine Kirche auf Erden nicht ärmer sein als die himmlische. Darum hatte er am Vorabende seines Leidens das bleibende Opfer seines Leibes und Blutes in der Kirche eingesetzt, dessen Priester er hienieden wie jenseits selber sein wollte, nur daß Beides, sein Priesterthum wie sein Opfer, hier der gegenwärtigen Ordnung und der Oekonomie des Glaubens entsprechend, vor den Augen der Menschen verhüllt ist, sein Leib unter dem Schleier der irdischen Nahrungsstoffe, sein priesterlicher Akt hinter dem von der Kirche berufenen, an seiner Stelle handelnden Diener sich verbirgt.

146. Wie die Kirche durch die Fleischwerdung des Logos, durch sein Wohnen unter den Menschen begründet worden, so ist auch ihre Fortdauer, ihr stetes Blühen und Gedeihen auf Erden an die bleibende, zwar verhüllte, aber durch sinnfällige Zeichen angedeutete und verbürgte Gegenwart seines lebendigen Leibes in ihrer Mitte geknüpft. Wo er aber gegenwärtig ist, da ist er zugegen und muß zugegen sein als der sich unablässig Darbringende, und in dieser Darbringung sein Amt als unser Fürsprecher erfüllende[6]), so daß also

---

[1]) Hebr. 10, 12. 29; 13, 20. — [2]) Hebr. 3, 3. 4. — [3]) Hebr. 9, 14. 26—28; 13, 12. — [4]) Hebr. 9, 23—24; 10, 19. — [5]) Hebr. 6, 4. 5; 10, 34. — [6]) Hebr. 7, 21.

auf dem irdischen Altare der Kirche dieselbe Gegenwart und derselbe
Vorgang stattfindet, wie im himmlischen Heiligthume, hier auf dem
Altare vor den Augen der Gläubigen verhüllt, dort aufgedeckt. Denn
mit der Incarnation als einem ewig dauernden, jede Trennung des
Sohnes von seiner menschlichen Natur ausschließenden Verhältnisse,
ist auch schon die Permanenz seines Opfers gegeben. Ewig Gott-
mensch, ewig mit einem wahrhaft menschlichen, aber verklärten, durch
Leiden und Tod hindurchgegangenen Leibe verbunden, ist er für immer Hostia und Priester, ist er der zur Rechten des Thrones der
Majestät sitzende Hohepriester und Liturg des Heiligthumes. [1] In
dieser ununterbrochenen Opferfeier ist der einmal erlittene Tod desjenigen, über den der Tod jetzt keine Macht mehr hat, selbst wieder
nur ein einzelnes Moment, ist jetzt ein Moment der Gedächtnißfeier
des Vergangenen, aber stets Fortwirkenden, und so findet auch in der
irdisch-kirchlichen Opferhandlung die dem Andenken jener Liebesthat
gewidmete, dieselbe nachbildlich vergegenwärtigende Feier statt.

147. Nun ist aber Christus darum Mensch geworden, um in
seiner Erhöhung und Verklärung die Menschheit allmälig zu sich em-
porzuziehen. [2] Sein Wort: „Ich in meinem Vater, ihr in mir, und
ich in euch" — [3] hat er selber durch die Einsetzung seines Opfers,
hat Paulus durch die Hinweisung, wie Christus die Kirche zu seinem
Leibe, sich zu ihrem organischen Haupte gemacht habe, uns erschlos-
sen. Alle Vorbilder des alten Bundes sollten durch ihn in reichster
Fülle, in vollkommener Befriedigung unserer Bedürfnisse, in einer
alle menschlichen Hoffnungen übertreffenden Weise erfüllt und verwirklicht werden. Wenn die jüdischen Opfermahle das Bedürfniß und
die Sehnsucht nach der Annäherung zu Gott und der Gemeinschaft
mit ihm ausdrückten, so hat er in der Eucharistie ein Mittel gefunden, die engste für den Menschen im irdischen Leben denkbare Gemeinschaft und Verbindung zu verwirklichen, und zugleich uns in den
Stand gesetzt, das Eine, Gottes würdige Opfer fort und fort darzubringen. Wie damals das Fleisch der jüdischen Friedensopfer erst
durch Feuer zum menschlichen Genusse bereitet werden mußte, so hat
er uns sein Fleisch und Blut genießbar gemacht durch die Verhüllung
unter Brod und Wein, hat uns auf diese Weise das Edelste und
Kräftigste gegeben, das wir empfangen konnten — gegeben, damit
wir durch den Genuß und durch die Theilnahme an der Gesinnung,
von welcher Er beseelt ist, uns mit ihm vereinigen, und so das Eine

---

[1] Hebr. 8, 1. 2; 12, 2. — [2] Joh. 12, 32. — [3] Joh. 14, 20.

große, Gott allein gefällige Opfer herstellen und vollziehen. Denn weder will Gott Christum von uns ohne uns, noch uns ohne Christus empfangen. Nur die Oblation, in welcher die doppelte Darbringung und Hingabe Christi und der Gläubigen verschmolzen ist, gefällt ihm und ziemt den Jüngern des Gekreuzigten.

148. Dergestalt ist das eucharistische Opfer der Kirche die concentrische Zusammenfassung und Summe der ganzen christlichen Religion. Er als unser Bruder und unser Haupt, unser Erlöser und Hohepriester, unsere Speise und unsere Hostia, ist hier gegenwärtig und thätig für uns und mit uns. „Wer mein Fleisch ißt und mein Blut trinkt, der bleibt in mir und ich in ihm." [1]) Und der Apostel bezeichnet alle einzelnen Christen und alle Gemeinden der ganzen Welt als Ein Brod und Einen Leib[2]); denn das eucharistische, den Leib des Herrn verhüllende Brod speiset die Vielen zu Einem Leibe, und so wird die Kirche als der von ihm mit seiner Leibessubstanz genährte und gliedlich zusammengefaßte Leib des Herrn zugleich mit seinem eigenen natürlichen Leibe Gott dargebracht, und ist das eucharistische Opfer das Produkt dieser Einheit von Haupt und Gliedern, zugleich aber — in der Communion — das Mittel, diese Einheit zu erhalten, zu nähren und zu verstärken.

149. So ist das Opfer Christi in der Kirche zum Friedens- und Dankopfer geworden; es ist nun von Allem umgeben, was der am Kreuze vollzogenen Oblation noch abging. Wie im alten Bunde nicht nur gestattet, sondern geboten war, vom Fleische des Friedensopfers zu essen, so ist nun die Communion als Zeichen des Friedens und der vollbrachten Versöhnung, als Beschluß und Siegel des Opfers hinzugekommen. Dort auf Golgatha war das, was in Wahrheit vorging, verborgen, von den Menschen nicht verstanden; das Opfer war entehrt, ohne Genießende, ohne öffentliches Zeugniß seiner Würde und Kraft. In der Kirche aber ist es der Gegenstand immerwährender Verehrung, bildet es den Mittelpunkt aller Feier und Anbetung. Es ist aber auch ein Sühnopfer, eben weil es ein Opfer des Andenkens und der Danksagung ist; denn er selber, der Stifter der großen Versöhnung, und in dieser seiner Eigenschaft als Sühnopfer, ist hier zugegen, und das Andenken einer vollbrachten Sühnung, begangen von denen, die stets von Neuem der Sündenvergebung bedürfen, ist nothwendig eine stete Erneuerung der Versöhnung. Indem die Kirche Christus als ihr Sühnopfer dem Vater darbringt,

---

[1]) Jo. 6. 56. — [2]) 1 Cor. 10. 17.

thut sie nichts Anderes, als daß sie Gott in wirksamster Weise an-
fleht, er möge durch diesen unsern Mittler und Fürsprecher und kraft
des einmal am Kreuze von ihm erduldeten Versöhnungstodes den
Gläubigen Vergebung der Sünden und Ueberwindung derselben durch
Reinigung und Kräftigung des auf ihn gerichteten und mit ihm verbundenen Willens gewähren. Insofern freilich überhaupt die Versöhnung ein- für allemal vollbracht, die Menschheit dadurch wieder in
das rechte Verhältniß zu Gott gestellt und der Zugang zu ihm ihr
wieder eröffnet ist, in diesem Sinne ist Alles durch das Opfer auf
Golgatha bereits geleistet und kann das Opfer in der Kirche nicht
gleichen Zweck und gleiche Bedeutung in Anspruch nehmen, da es
weder eine Ergänzung noch eine Wiederholung jenes Opfers am
Kreuze sein kann und sein darf. Insofern es sich aber um die stete
Individualisirung, Austheilung und Zuwendung der dort errungenen
Güter und göttlichen Gaben handelt, und weil stete Vergebung der
Sünden eine und nicht die geringste dieser Gaben ist, insofern kommt
auch der kirchlichen Opferfeier die Kraft und Bedeutung eines Sühn-
opfers zu.

149. Wiederholt hebt es der Apostel hervor, daß Christus sich
nur einmal geopfert habe, sich nicht mehrmals zu opfern brauche. [1]
In der That kann sein Opfer weder durch ein anderes ersetzt werden, denn damit würde es als ungenügend erscheinen, noch kann es
wiederholt werden, denn damit verlöre es seine Einheit und würde auf
die Stufe der Mosaisch-gesetzlichen Opfer herabgedrückt werden. Aber
Jesus hat ein ewiges Priesterthum, er hat es nicht als eine bloße
Titularwürde, ohne entsprechende Thätigkeit, er ist also in einem
ewig bleibenden Akte der Darbringung begriffen [2], und die Opferhandlung der Kirche ist eben ein Mitfeiern dieses für immer währenden Aktes, die irdische Reproduction und Repräsentation einer „in
der nicht von Menschenhänden gemachten Stiftshütte" vor sich gehenden Darbringung. Es ist ein einziger Dienst, der zugleich hier und
dort oben begangen wird, ein Dienst, in welchem die lebenden Christen sich vereinigen mit dem Dienste und der Anbetung der seligen
Geister. Hier und dort und damals auf Golgatha derselbe Priester,
dieselbe Hostia, dieselbe Eine Immolation; dort das Kreuz in den
Augen der Himmlischen ein Altar, jetzt der Altar in den Augen der
Gläubigen Eines mit dem Kreuze, und Er auf demselben zugegen
als verhüllte Hostia, eine Eigenschaft, die nunmehr etwas von seinem

---

[1] Hebr. 9, 25—28. — [2] Hebr. 8, 4; 6, 20.

Leibe Unzertrennliches ist. Und wie könnte überhaupt die Feier und
Verkündigung jenes Opfertodes, bei welcher der damals Gestorbene,
nun Verherrlichte, selbst zur Stelle ist, etwas Anderes sein als eine
Opferhandlung, in welcher der Leib des Herrn unter dem Symbole
des Leidens und des vergossenen Blutes dem Vater im Himmel als
unser Sühn- und Dankopfer vorgehalten, und zum Zeichen der Versöhnung und des Friedens die Communion gespendet und empfangen
wird! Müßte man doch, um den Opfertod des Herrn ohne Opfer
zu begehen, sich gewaltsam jeder sich aufdrängenden Beziehung seiner
doch als gegenwärtig geglaubten Menschheit auf sein Verhältniß zu
Gott erwehren! Dem wahrhaft Glaubenden müßte es geradezu unmöglich sein, Christum, den er auf dem Altare leiblich anwesend weiß,
Gott nicht darzubringen, oder sich dem eben jetzt in der himmlischen
Kirche stattfindenden Akte der Intercession nicht thätig anzuschließen,
sich mit einem bloßen Rückblicke auf das ehedem vor Jahrtausenden
geschehene Opfer zu begnügen.

150. So ist das christliche Opfer zugleich permanent und einzig;
seine Einheit steht nicht im Widerspruche mit seiner Dauer, und sein
Beharren hindert nicht, daß es stets Eins und untheilbar sei. Wohl
zertheilt sich die Oblation dieses Opfers nach den Zeit- und Raumbe-
dingnissen des irdischen Lebens in unzählige Akte; aber diese werden getragen und in Einheit zusammengehalten durch die Person Christi, mit
welchem und in welchem seine Diener hier Alles vornehmen. Gerade in dieser Vervielfältigung der Oblation, in der die Eine, stets lebendige Hostia dargebracht und das Opfer des Kreuzes immer wieder in
seinen Wirkungen dem Ganzen und dem Einzelnen zugewendet wird,
offenbart sich die Vollkommenheit und unauslöschliche Kraft dieses
Opfers, und dem zurückschauenden Blicke des Christen stellt sich jetzt
schon die Menge der auf den Altären der Kirche begangenen sacrifiziellen
Akte in ihrer Abhängigkeit von jener Einen himmlischen Darbringung,
welche wieder an der des Kreuzes hängt, als eine einzige Opferfeier
dar. Denn „Jesus ist eingegangen in den Himmel, um jetzt vor
dem Angesichte Gottes für uns zu erscheinen."[1] Nicht eine neue
Immolation findet statt, sondern jene einmalige auf Golgatha wird
nur in symbolischer, die tödtliche Trennung des Leibes und des Blutes versinnbildender Handlung dem christlichen Volke gezeigt, und das
Kreuz hat sich zum lebendigen, immer grünenden, stets fruchtbaren,
die Kirche aller Zeiten und Räume überschattenden Baume entfaltet.

---

[1] Hebr. 9, 25.

6. Die letzten Dinge, die Zukunft der Welt und der Kirche.

151. Seitdem mit der Sünde der Todeskeim in die menschliche Natur eingedrungen, der Leib eines jeden, auch des geistlich gesinnten Menschen um der Sünde willen todt oder sterblich ist[1]), erscheint das allgemeine Gesetz des Todes, obgleich derselbe Sold und Strafe der Sünde ist, doch auch wieder als eine Wohlthat. Sterben ist das Ablegen eines lästig gewordenen Gewandes, das Verlassen einer zerbrechlichen Hülle, ein Auszug der Seele aus dem bisher bewohnten irdischen Hause.[2]) Denn der Tod als der Menschenfeind ist überwunden, Christus hat ihm seine Macht genommen[3]), und ihn zu einem Uebergang aus Leben in Leben, zum Antritt der den Seinigen beschiedenen Erbschaft gemacht. Diese, wenn sie, wie im Leben, so auch im Tode die Gemeinschaft mit seinem Sterben bewährt[4]), den Tod, in welcher Gestalt er auch an sie herantreten mochte, willig übernommen haben, sind nun vom Kampfe mit der Welt und den irdischen Leiden befreit, ruhen aus von ihren Mühen[5]), und reifen der Vollendung durch Wiederherstellung des ganzen Menschen und der ehgsten Vereinigung mit dem Herrn entgegen. „Dem Menschen steht bevor, einmal zu sterben, darnach aber ist das Gericht."[6]) Das menschliche Leben ist also nicht wiederholbar, etwa, nach Pythagoräischer Vorstellung, in einem neuen Körper. Mit dem Tode ist die Laufbahn abgeschlossen, und des Menschen Loos je nach dem Verhältnisse, in das er sich zu Christus gestellt hat, entschieden.

152. Die Seligkeit, in welche Christus die Seinigen einführt, wird beschrieben als eine überschwengliche, jedoch dem menschlichen Wesen und dessen tiefsten Bedürfnissen angemessene Herrlichkeit. Sie ist „ewiges Leben", also Thätigkeit.[7]) Nach der Schilderung der Apokalypse sind die Seligen im Himmel vor dem Throne Gottes, dem sie ununterbrochen dienen; sie empfinden weder Hunger, noch Durst, noch Hitze; das Lamm weidet sie, führt sie, trocknet ihre Thränen. Aus allen Zeiten und Völkern gesammelt bilden die Seligen Eine, in die Gemeinschaft des Gottes- und Menschensohnes aufgenommene Himmelsschaar, und verwalten sie „Tag und Nacht" ihren priesterlichen, dem Lob und der Verherrlichung Gottes geweihten Dienst.[8]) Sie nehmen Theil nicht nur an der Herrlichkeit[9]),

---

[1]) Rom. 8, 10. — [2]) 2 Cor. 5, 1—4. — [3]) 2 Tim. 1, 10. —
[4]) Matth. 10, 38. 39. — [5]) Apoc. 7, 15. 16; 14, 13. — [6]) Hebr. 9, 29. —
[7]) 2 Cor. 4, 17. Joh. 6, 35. — [8]) Apoc. 7, 15—17. — [9]) Jo. 17, 24.

sondern auch an der Herrschaft Christi[1]), und sie erfreuen sich stets
wachsender Erkenutniß. „Wir werden Gott ähnlich sein, denn wir
werden ihn schauen, wie er ist"[2]), und nach dem kühnen Ausspruche
Pauli werden wir sogar „einst dort erkennen, wie wir erkannt sind"[3])
— nämlich von Gott; was freilich mit der Beschränkung verstanden
werden muß, daß auch in jenem Reiche die Erkenntniß der Seligen
die unendliche, das Geschöpf vom Schöpfer trennende, Kluft nicht zu
überbrücken vermag.

153. Paulus verweist auf den Gegensatz, den die Erkenntniß
der Seligen gegen das Stückwerk, die Zersplitterung, Beschränkung
und Gebundenheit des jetzigen menschlichen Erkennens bilde.[4]) Gegenwärtig erkennen wir die höchsten Dinge wie in einem dunkeln
Metallspiegel; es sind räthselhafte Symbole, die uns gezeigt werden,
dort aber wird unsere Erkenntniß als ein intuitives Schauen von
Realitäten dem göttlichen Wissen einigermaßen (nicht quantitativ,
sondern qualitativ) gleichen, es wird wie ein Schauen von Angesicht
zu Angesicht sein. Die Seligen werden dort den Engeln gleichen[5]),
auch in der Art der Erkenntniß, und wenn nach dem Worte des
Herrn Freude ist im Himmel über einen bekehrten Sünder[6]), so deutet
dieß auf eine allen Himmelsbewohnern gemeinschaftliche Kenntniß auch
der irdischen Dinge. War schon das prophetische Charisma der apostolischen Zeit in manchen Fällen mit einer Erkenntniß des geheimen
Seelenzustandes einzelner Menschen verbunden[7]), so ist dieß in noch
höherem Grade bei den Seligen der Fall, denn hier, sagt Paulus,
ist, „was wir prophetisch erkennen, nur Stückwerk", dort aber, wo die
Hüllen weggenommen sind, wo wir Alles im Lichte Gottes sehen,
„wird das Stückwerk aufhören."[8]) In der Offenbarung Johannis
kennen die Seelen der Märtyrer im Himmel unter dem Altare den
Zustand der Kirche auf Erden; sie bitten, daß ihr vergossenes Blut
gerächt, den Leiden der Kirche ein Ziel gesetzt werde, und es wird
ihnen gesagt, daß die Zeit dazu noch nicht gekommen sei[9]), daß die
Zahl ihrer Brüder erst erfüllt werden müsse.[10])

154. Erste und Hauptbedingung des Gott-Schauens ist nun
aber völlige Reinheit, und kraft derselben Aehnlichkeit mit Gott.
„Wir wissen, sagt Johannes, daß bei der Wiedererscheinung Christi
sich zeigen wird, daß wir Gott ähnlich sind, denn wir werden ihn

---

[1]) Rom. 5, 17. 21. 2 Tim. 2, 11 sq. — [2]) 1 Jo. 3, 2. — [3]) 1 Cor.
13, 2. — [4]) 1 Cor. 13, 10—13. — [5]) Matth. 22, 30. — [6]) Luc. 15, 7. —
[7]) 1 Cor. 14, 25. — [8]) 1 Cor. 13, 10. — [9]) Apoc. 6, 10. — [10]) Apoc. 14, 4.

schauen, wie er ist." Aus der Verheißung des Gott-Schauens schließt
er also auf eine bis dahin erlangte Reinheit, welche wirklich eine
Aehnlichkeit mit Gott genannt werden darf. Jeder, setzt er bei, der
diese Hoffnung auf Gott setzt, reinigt sich, wie Gott selbst rein ist [1])
Und wie für den Menschen schon in diesem Leben das Maß seiner
Heiligung und Reinheit das Maß seiner Gottes-Erkenntniß ist, so
erfordert das paradiesische Schauen Gottes, „wie er ist", vollendete
Reinheit; denn „es gibt keine Gemeinschaft zwischen dem Lichte und
der Finsterniß" [2]), „nichts Gemeines", d. h. nichts, was noch an der
allgemeinen menschlichen Unreinigkeit Theil hat, wird eingehen in sein
Reich [3]), und ohne die Heiligung wird Niemand den Herrn schauen. [4])
Demnach darf weder verborgenes noch offenbares, weder habituelles
noch thätiges Böse der Seele ankleben; so lange ein ethischer Mangel, ein Rest der Sünde und ihrer Folgen an ihr bleibt, kann sie
nicht wirklich zur beseligenden Anschauung Gottes gelangen; und ist
der Proceß solcher Reinigung in diesem Leben nicht zu Ende gekommen, so muß er in dem Zwischenzustande zwischen Tod und Auferstehung fortgesetzt werden. „Gott züchtigt uns, damit wir an Heiligkeit ihm ähnlich werden" [5]); und „wen er liebt, den züchtigt er" [6])
— so lange, als die Seele dieses Reinigungsmittels bedarf. Diese
reinigenden Strafen werden ausdrücklich für Zeichen des göttlichen
Wohlgefallens erklärt, können aber, je nach dem durch den Tod
fixirten sittlichen Zustande des Menschen nicht anders als mehr oder
minder schmerzlich sein, denn auch die Wurzeln, welche das Böse
durch die einzelnen Sünden in dem Boden der Seele geschlagen hat,
müssen ausgerissen und allmälig bis auf die letzte Spur vertilgt
werden. Erhöht wird wohl das Schmerzliche dieses Heilverfahrens
sein durch die Beschaffenheit der durch den Tod ihrer körperlichen
Hülle entkleideten Seele, deren Empfindungsvermögen, wie es bisher durch den auf ihr lastenden irdisch-stofflichen Körper theilweise
eingeschläfert und betäubt war, so nun nach der Lösung dieser Bande
in hohem Grade geweckt und geschärft sein wird. Selbst die unerläßliche, und doch in diesem Leben so wenig erreichte Selbsterkenntniß, zu welcher die Seele jenseits allmälig erwachen wird, das
sich Kennen, wie man von Gott gekannt wird, die bloße Wahrnehmung und Empfindung des der Seele noch inhärirenden Bösen
und Unreinen, des noch mangelnden Guten, wird in diesem

---

[1]) 1 Jo. 3, 2. 3. — [2]) 2 Cor. 6, 14. — [3]) Apoc. 21, 27. — [4]) Hebr.
12, 11. — [5]) Hebr. 12, 10. — [6]) Hebr. 12, 5.

Zustande erhöhter Sensibilität schon ein schmerzliches, aber läuterndes Leiden sein.

155. Vor dem Namen Jesu werden nach dem Worte des Apostels nicht nur Alle im Himmel und auf Erden, sondern auch die „Unterweltlichen", die Gestorbenen im Hades, anbetend ihre Kniee beugen.[1]) Sie werden ihn dankbar anbeten als den Erlöser, denn ihre Reinigung vollzieht sich auch in diesem Zustande nur durch die Kraft seines für der Menschen Heil vergossenen Blutes; es ist „das Blut Christi, welches uns rein macht von allen Sünden."[2]) Paulus redet deshalb auch von einer Fortführung des Werkes, das der Herr in den Gläubigen begonnen hat, nicht blos bis zum Tode, sondern über den Tod hinaus bis „zum Tage Christi"[3]), d. h. bis zum letzten großen Entscheidungsgerichte; setzt also hier einen Heilsproceß im Zwischenzustande, der nur ein Stufengang der Läuterung sein kann, voraus. Und Christus selbst hatte mit unverkennbarer Beziehung auf den Zwischenzustand nach dem Tode von einer Haft geredet, aus der der Mensch nicht entlassen werde, bevor er die ganze Schuld — bis auf den letzten Heller entrichtet habe.[4]) Die Sünde gegen den heiligen Geist wird seinem Ausspruche nach weder in diesem, noch in jenem Leben vergeben.[5]) Es gibt also eine Sündenvergebung im andern Leben, und Unzählige befinden sich beim Eintritt in's Jenseits in einem Zustande, in welchem sie ohngeachtet der bereits im Leben empfangenen und zugesicherten Verzeihung doch noch einer letzten, Alles ausgleichenden, Vergebung bedürfen, da die volle Aphesis, d. h. die Aufhebung jeglicher Folge der Sünde, nur mit der völligen Hinwegnahme derselben und der gänzlichen Reinwerdung der Seele eintritt.

156. Räumlich wird dieser Zustand des Menschen als der Hades bezeichnet, welches Wort in den apostolischen Schriften dem alttestamentlichen Scheol entspricht[6]), ein Ausdruck, der überhaupt die Stätte und den Zustand bezeichnet, welchem die Menschen vor der Auferstehung und dem Weltgerichte verfallen. In der Apokalypse werden immer Tod und Hades unterschieden; Christus hat Gewalt über beide; zum Weltgerichte geben Meer, Tod und Hades die in ihnen enthaltenen Gestorbenen heraus, und zuletzt werden Tod und Hades in den Feuerpfuhl geworfen[7]); das heißt: mit der Vernich-

---

[1]) Phil. 2, 10. — [2]) 1 Jo. 1, 7. — [3]) Phil. 1, 6. — [4]) Matth. 18, 34. cf. 5, 20. — [5]) Matth. 12, 32. — [6]) Act. 2, 27. 1 Cor. 15, 55. [7]) odye. 1 18; 2, 27; 6, 8; 20, 13.

tung des Todes wird auch das Todtenreich ein Ende nehmen, theils
in den Himmel, theils in die Hölle ausmündend. In diesem Hades
oder Zwischenzustande hat nach den Aeußerungen des Petrus eine
Verkündigung des Evangeliums an die dort aufbewahrten Verstorbenen früherer Generationen stattgefunden. Einmal nämlich sagt er:
Christus sei in dem dreitägigen Zwischenraume zwischen seinem Tode
und seiner Auferstehung, während sein Leib im Grabe gelegen, dahin
gegangen und habe den Seelen derer, die einst ungläubig gewesen,
und in der Sündfluth dahingerafft worden, die frohe Botschaft der
Erlösung geprediget. [1] Dann aber sagt er ganz allgemein, daß den
Todten das Evangelium geprediget worden sei [2], so daß sie „zwar gerichtet seien nach Menschen Weise dem Fleische nach (insofern nämlich auch sie dem leiblichen Tode als der allgemeinen Strafe verfallen waren), aber leben nach Gottes Weise dem Geiste nach." Die
in der Sündfluth Umgekommenen sind also hier nur beispielsweise
angeführt. Uebereinstimmend hiemit heißt es im Hebräerbriefe [3],
daß den Gläubigen des alten Bundes die Vollendung nicht ohne die
des neuen Bundes habe zu Theil werden sollen, insofern nämlich der
Versöhnungstod Christi und seine Erscheinung für sie, die Harren-
den, der entscheidende Moment ihrer „Vollendung" geworden ist.

157. „In meines Vaters Hause, sagte Christus, sind viele
Wohnungen." [4] Das deutet auf große Mannigfaltigkeit in jenen
Regionen, auf gesonderte, der ethischen Beschaffenheit und Entwicklungsstufe der dort Aufgenommenen entsprechende, Abtheilungen des
großen himmlischen Gesammthauses. Mit Bildern, die den irdischen
Dingen entlehnt sind, wird in dem „himmlischen Jerusalem", der
Stadt des lebendigen Gottes [5], ein Allerheiligstes unterschieden, in
welchem der Thron Gottes, die volle Wesens-Offenbarung des Dreieinigen, die Erscheinung seiner Herrlichkeit sich befindet [6]); dann das
Heilige, oder die Himmel, die verschiedenen Wohnungen der Engel
und der Seligen. Sonst tritt aber, besonders bei Paulus, wenn von
dem Zustande und der Wohnung der Seligen die Rede ist, die Vorstellung des Oertlichen zurück. Der Himmel ist bei ihm vielmehr
eine andere, pneumatischen Leibern entsprechende Seinsweise, als ein
anderer Ort, ist der Zustand des vor Gott Seins. [7] Himmel und
Erde im theologischen Sinne sind nicht so von einander entfernt, daß

---

[1] 1 Petr. 3, 19. — [2] 1 Petr. 1, 6. — [3] Hebr. 11, 39. 40. —
[4] Jo. 14, 2. — [5] Hebr. 12, 22; 8, 25 sq. Apoc. 11, 19; 14, 17; 15, 6. —
[6] Apoc. c. 4. 5. — [7] Cf. Eph. 1, 3; 2, 6. auch 2 Cor. 5, 1. 6. 8.

jener irgend wo im räumlichen Universum zu suchen wäre; vielmehr
umgeben und durchdringen himmlische Kräfte das irdische Gebiet
und Christus konnte auch auf Erden im Himmel leben.[1])

158. Da die Kirche zugleich sichtbar und unsichtbar, in zwei
Welten heimisch, Christus ihr Haupt diesseits und jenseits ist, so
reicht auch der Zusammenhang der Glieder in die jenseitige Hälfte
der Kirche hinüber. Die gliedliche Verbindung der Gläubigen wird
dadurch nicht zerrissen, daß die einen bereits in jene glorreiche und
makellose Kirche eingegangen sind, zu welcher sich die diesseitige wie
der Vorhof zum innern Tempel verhält. „Alle Glieder des Leibes
Christi sollen, sagt Paulus, für einander sorgen, wenn das eine leidet, sollen alle mitleiden, und wenn eines verherrlicht wird, die andern sich mitfreuen."[2]) Es gibt also eine reelle Gemeinschaft der
lebenden Gläubigen mit den Hinübergegangenen; sie ist vermittelt
durch Christus, an dessen Leibe die einen wie die andern Glieder
sind; und es ist nicht zu zweifeln, daß die Seligen, die zum Schauen
gelangt sind, eben vermöge ihrer Zugehörigkeit zum Leibe Christi
auch Antheil haben an dem Wissen Christi von der irdischen streitenden Hälfte der Kirche, soweit nämlich Christus ihnen ein solches
Wissen zukommen lassen will. In Folge dieses Wissens nehmen sie
denn auch durch ihre Gebete Theil an dem großen Werke Christi
und der Vollstreckung seiner Gerichte auf Erden.[3]) Ueber den Sturz
Babylons frohlocken die Apostel und Propheten im Himmel.[4]) Daß
die Bekehrung eines einzigen Sünders ein Freudenfest im Himmel
sei, hatte Christus bereits erklärt.[5]) Und von den Heiligen (den
vierundzwanzig Aeltesten) wird gesagt, daß sie die Gebete der Frommen in goldenen Schalen vor Gott hinbringen.[6]) Ist die Liebe die
höchste der menschlichen Kräfte, die auch dann noch bleibt, wenn
Glaube und Hoffnung erlöschen[7]), und sind die Heiligen eben so gegen
ihre irdischen Brüder gesinnt, wie Christus, so kann es nicht anders
sein, als daß sie auch durch ihre Fürbitte ihrem Haupte, dem großen
hohenpriesterlichen Fürsprecher für die Gläubigen, ähnlich werden.

159. Auf Seite der lebenden Glieder der Kirche mußte sich die
über das Grab hinüberreichende Bruderliebe zur Fürbitte für die
Verstorbenen gestalten. Das Beispiel eines solchen Gebetes hat
Paulus selbst gegeben. Jener Onesiphorus zu Ephesus, dessen er
in seinem Schreiben an Timotheus gedenkt, war offenbar nicht mehr

---

[1]) Jo. 3, 13. — [2]) 1 Cor. 12, 25—26. — [3]) Apoc. 6, 10. 11. — [4]) Apoc.
18, 20; 19. 1—4. — [5]) Luc. 15, 7. — [6]) Apoc. 5, 8. — [7]) 1 Cor. 13, 8 ss.

unter den Lebenden. Paulus rühmt die Dienste, die dieser Mann
ihm häufig geleistet habe, läßt aber nicht, nach seiner sonstigen Sitte,
i h n grüßen, sondern seine Familie, wünscht nur dieser den Segen
vom Herrn, und betet dann für ihn, daß der Herr ihm gewähren
möge, Barmherzigkeit zu finden bei Christus am Tage des Gerichts.[1])

160. In der Zwischenzeit bis zur Auferstehung ist die Seele
in einem Zustande der Körperlosigkeit oder Nacktheit (im Vergleich mit ihrer diesseitigen Existenzweise), vor welcher der Apostel
ein Grauen empfindet, obgleich er es sonst als einen Zug des Gläubigen erwähnt, daß er sich sehne nach der Erlösung von diesem „To-
desleibe"[2]), in welchem das Gesetz der Sünde waltet, den er so oft
als eine den Geist niederziehende Last empfindet. Aber „wir wissen,
daß, wenn unser irdisches Zelthaus zerstört ist, wir einen Bau göttlicher Natur, ein nicht von Händen gemachtes ewiges Haus in den
Himmeln haben", und wir sehnen uns, statt der durch den Tod erfolgten Entleidung unserer Seele lieber gleich der Ueberkleidung, in
der das Sterbliche vom Leben verschlungen wird, theilhaft zu werden.[3]) Das wird aber nur denen widerfahren, welche die letzte Ankunft Christi erleben werden; diese werden dann plötzlich ihrem Leibe
nach verwandelt, und mit Verklärung wie überkleidet werden, sie werden mit dem neuen himmlischen Gewande, ohne Zerstörung des alten
durch den Tod, angethan werden, was natürlich eine entsprechende
umgebende Räumlichkeit, welcher der Mensch dann angehört, voraussetzt. Gleichwohl ist jene Nacktheit der durch den Tod von ihrem
irdischen Körper geschiedenen Seele nicht als eine absolut spirituelle
Existenz ohne jedes leibliche Substrat oder Organ zu denken; die
Eine geistig-leibliche Persönlichkeit, als welche der Mensch geschaffen
ist, und die Continuität ihres Bewußtseins, die der Seele wesentlich
inwohnende Corporisationskraft oder organisirende Macht, Alles dieß führt
nothwendig zu der Vorstellung, daß die Seele zwar keinen eigentlichen
Leib, wohl aber eine Hülle, eine inzwischen dessen Stelle vertretende,
Verleibung habe, daß sie auch im Zwischenzustande vor der Auferstehung jenes leiblichen Organes, ohne welches ein Empfangen von
Eindrücken und eine Manifestation oder Wirksamkeit nicht denkbar
ist, nicht ermangle. Und dieses Organ wird der Keim sein, aus
welchem sich bei der Auferstehung der neue unsterbliche Leib entwickelt. Denn Paulus bedient sich zur Erläuterung der Aufersteh
ungslehre des Bildes von dem in der Erde verwesenden und aus der

---

Verwesung zur lebensvollen Frucht reifenden Samenkorne, wobei
dieselbe Continuität wie beim menschlichen Leibe stattfindet.[1]) Läßt
es sich doch auch nicht anders denken, als daß die Seele mit ihrem,
in stetigem Umbildungsprocesse begriffenen, durch die Substanz des
Leibes Christi genährten und also von der Leiblichkeit des Herrn
durchwohnten Leibe in fortwährender Beziehung bleibt, eine Beziehung,
die sich als fortwährende Corporisationskraft bewährt — doch so, daß
in diesem Zwischenzustande vor der Auferstehung die seelische Existenzweise die herrschende ist, und also in der Apokalypse nur von den
Seelen der Erstandenen geredet wird.

161. Ganz verschieden vom Hades ist die Gehenna, oder der
„Feuerofen"[1]), der „Abgrund"[2]), die eigentliche Hölle, die Stätte
der Verworfenen. Das Wort bedeutet zuerst jenes durch die Gräuel
des Götzendienstes entweihte, und darum durch Josias absichtlich verunreinigte Thal Hinnom oder Tophet[4]), wo Israel dem Moloch
Kinder geopfert hatte, wo nachher die Leichen der Missethäter verbrannt wurden, und ein auf der Brandstätte stets glimmendes Feuer
allerlei hineingeworfenen Unrath und Gräuel verzehrte. Zur Zeit
Jesu war es der Volksausdruck für den Strafort der Verdammten
geworden; und von den Bewohnern der Gehenna sagt Christus[5])
mit den von Jesaias entlehnten Worten: daß ihr Wurm nicht sterben
und ihr Feuer nicht erlöschen werde.[6]) Wie hier, so wird auch sonst
das Loos der Verdammten in symbolischen Darstellungen angedeutet
als ein Hinausgeworfensein in die äußerste Finsterniß[7]), als ein zweiter oder ewiger Tod[8]), ein stets sterbendes Leben, bei Paulus als
eine Verstoßung vom Angesichte des Herrn und ein immerwährendes
Verderben.[9]) Aus diesen und andern Andeutungen ergibt sich als
der Zustand der Unverbesserlichen und daher von den Seligen Aus-
geschiedenen ein stetes Bewußtsein eines verfehlten Lebenszieles, ein
Entbehren alles dessen, woran früher ihr Herz gehangen; die völlige
Ohnmacht und der Mangel jeder Wirksamkeit als Folge der Entziehung aller Lebenskräfte und eines nunmehr leeren und unfruchtbaren,
auf das Böse gerichteten, Willens: der fortwährende Brand unbe-
friedigter Leidenschaften, und die nagende Pein des nun nicht mehr
zu betäubenden Gewissens. Die diesem Zustande innerer Unseligkeit

---

[1]) 1 Cor. 15, 35 sq. — [2]) Matth. 13, 50. — [3]) Apoc. 9, 1. Luc.
8, 31. — [4]) 2 Reg. 23, 10. Jerem. 7, 31; 19, 5; 32, 35. — [5]) Jes. 66, 24. —
[6]) Marc. 9, 43. 44. — [7]) Matth. 8, 12; 22, 13. — [8]) Apoc. 21, 8. —
[9]) 2 Thess. 1, 9. cf. Gal. 6, 8. 2 Petr. 3, 7. Jud. 7.

entsprechende umgebende Weltsphäre ist eben die Gehenna, wie denn auch die materielle Natur in jenen Schlacken und jenem stagnirenden Pfuhle, welcher als todter Niederschlag aus dem Regenerationsprocesse übrig bleiben wird, Stoff und Ort der Gehenna liefern wird.

162. Die Lehre von der Auferstehung der Todten war für die Apostel eine unterscheidende Hauptlehre, deren Bekenntniß stets vorangestellt ward als Kennzeichen eines Jüngers Jesu. Gäbe es keine Auferstehung, schließt Paulus [1]), so könnte auch Christus nicht auferstanden sein, und die Predigt der Apostel wäre dann nichtig und ihr Glaube eitel. Sie wären sogar falsche Zeugen. So aber ist Christus Bürge für unsre künftige Wiederherstellung; seine eigene Auferstehung ist Pfand und Siegel der unsrigen [2]); denn als das Haupt des Leibes seiner Gemeinde ist er auferstanden.[3]) Er ist nur der Erstling der Entschlafenen; wie er im Stande war, sein eigenes Körperleben wieder herzustellen, so steht es auch bei ihm, uns mit ver- klärten Leibern auszustatten, und durch seine Thaten, durch die Er- weckung einzelner Todten, durch die Hervorrufung des schon im Grabe liegenden, schon der Verwesung anheimgefallenen Lazarus hat er thatsächlich gezeigt, daß er, wie den Willen, so auch die Macht habe, als Sieger über den Tod auch dessen Gewalt über die Men- schen zu brechen, ihn zur Herausgabe seines Raubes zu zwingen.[4]) Und da es die Sünde ist, die den leiblichen Tod bewirkt hat, so ge- hört die endliche Vernichtung des Todes, der Wiederaufbau unseres zerfallenen Leibes, zur Integrität seines Erlösungswerkes. Darum heißt Jesus der Erstgeborne unter den Todten, dem viele Brüder nachfolgen sollen.[5])

163. Durch die Auferstehung Christi haben wir also die Ge- wißheit erlangt, daß auch wir in ähnlicher Weise wie er, mit einem solchen pneumatischen, mit Unvergänglichkeit, Herrlichkeit und Kraft begabten Leibe auferstehen.[6]) Denn wie wir dem irdischen, der Ver- gänglichkeit, Unehre und Schmach unterworfenen Leibe nach dem er- sten Adam ähnlich und ihm verknüpft sind, so werden wir auch durch den verklärten Leib dem zweiten Adam ähnlich werden und sein Bild an uns tragen. Nur bleibt freilich der Unterschied, daß Christus nicht erst die Hülle des psychischen Leibes abzulegen, nicht das Ver- wesliche zu säen brauchte, sondern sein sterblicher Körper unmittelbar

---

[1]) 1 Cor. 15, 13. 14. — [2]) 1 Cor. 15, 20 sq.; 6, 14. Eph. 2, 5. Phil. 3, 10. 1 Thess. 4, 14. — [3]) Eph. 1, 22. Col. 1, 18. — [4]) Hebr. 2, 14. — [5]) Apoc. 1, 5. — [6]) 1 Cor. 15, 43—49.

in einen verklärten verwandelt wurde. Fleisch und Blut, sagt Paulus, können das Reich Gottes nicht erben, und Verwesliches kann
nicht zur Unverweslichkeit gelangen.[1]) Also der animalische, aus gröberem Stoffe bestehende Leib in seiner Vergänglichkeit ist bestimmt,
zu vergehen, und in dem künftigen pneumatischen Leibe wird kein
„Fleisch und Blut" existiren.

164. Es ist folglich nicht eine, durch göttliche Allmacht zu bewirkende, einfache Wiederbelebung des Körpers, sondern eine, Tod
und Verwesung völlig und auf ewig überwindende Umgestaltung des
Leibes, welche zu erwarten steht. Paulus setzt der hinfälligen Schwäche
unseres jetzigen Körpers, des „irdischen Zeltes", die Vorzüge des
„nicht von Menschenhänden gemachten himmlischen Hauses", welches
wir dann bewohnen werden, entgegen. Der erneute Leib wird ein
reicheres Maß ungehemmt thätiger Lebenskräfte haben, wird im Vergleich mit dem jetzigen, aus gröberem Stoffe gebildeten, der irdischen
Natur und Ordnung angehörigen Körper, ein pneumatischer Leib sein,
frei von jedem Schmerz und Leide, von allen zerrüttenden Einflüssen,
ohne Geschlechtsunterschied[2]); der körperliche Grundstoff wird in ihm
durch Mittheilung himmlischer Herrlichkeit zu einem Lichtwesen ver-
feinert und verklärt, wie ein solches der Bestimmung und den Bedingungen des Lebens in einer höheren Weltordnung und verherr-
lichten Umgebung angemessen ist, das also auch die Fähigkeit, feste
Körper schnell zu durchdringen, besitzt.[3]) Dem Apostel schwebte dabei der auferstandene Leib des Herrn vor, wie er ihm selber gezeigt
worden war; daher sagt er auch: Christus werde vermöge der Kraft,
durch welche er sich Alles unterwerfen kann, unsern hinfälligen Körper umgestalten zur Aehnlichkeit mit dem Leibe, in welchem seine
himmlische Glorie sich darstelle.[4]) Die Ungerechten freilich, welche
gleichfalls auferstehen werden zum Gerichte[5]), werden selbstverständlich mit einer ganz anders, ja entgegengesetzt beschaffenen Leiblichkeit
angethan sich darstellen.

165. Er wird also wiederkommen, um die Seinigen, die durch
Glauben und Liebe ihm Vereinten und durch seine Macht nun wieder zur vollen menschlichen Integrität Hergestellten, zu sich zu nehmen, und das große Weltgericht abzuhalten. Denn der Welterlöser
ist zugleich Weltrichter. Wie er schon das erstemal zum Gericht in
die Welt gekommen ist, zur Ausscheidung des unheilbar Bösen und

---

[1]) 1 Cor. 15, 50. — [2]) Matth. 22, 30. — [3]) Jo. 20, 19. — [4]) Phil.
3, 21. — [5]) Jo. 5, 29. Act. 24, 15.

des Todten aus der großen Lebensgemeinschaft und zum Sturze des
bisherigen Weltherrschers[1]), so wird er auch zum letztenmale, und
dießmal nicht verhüllt in Knechtsgestalt, sondern in der Majestät seiner Glorie erscheinen, und damit wird zugleich der Abschluß der
ganzen gegenwärtigen Weltperiode eintreten. „Der Vater aber richtet Niemand, sondern alles Gericht hat er dem Sohne gegeben,"
weil er des Menschen Sohn ist[2]); denn wie er nur als solcher unser
Erlöser sein konnte, so ist er auch uns in Allem bis auf die Sünde
gleich geworden, menschlich denkend und fühlend, der rechte Richter.
Sein Gericht wird in doppelter Beziehung ein universales sein; es
wird einmal sich über die ganze Masse des menschlichen Geschlechtes,
über Völker und Individuen, über die Menschen aller Gegenden wie
aller Zeiten erstrecken[3]); und dann wird es den ganzen Lebenslauf
eines Jeden, seine Thaten und Unterlassungen, seine Gedanken und
Willensrichtungen umfassen[4]), die letzteren vor Allem, denn die Gesinnung ist es, die den Thaten des Menschen ihren Werth oder Unwerth gibt.[5]) Ueber die Vergeltung aber sind die Andeutungen gegeben, daß die Strafen ungleich sein werden, daß die Beurtheilung
eines Jeden durch das Maß seiner Kräfte und seiner Erkenntniß, soweit deren Mangel nicht verschuldet ist, bedingt wird, und daß von
dem, der weniger empfangen hat, auch weniger wird gefordert werden.[6])

166. Nun verweiset Paulus allerdings auf eine große, durch
die Parusie des Herrn zum Abschluß kommende Versöhnung des Uni-
versums, wo nach Ueberwindung des Todes und nach einer Palinge-
nesie der Schöpfung nichts mehr in der Welt Gott entfremdet und
feindselig, er vielmehr Alles in Allem sein wird.[7]) Er redet von einer
Lebendigmachung Aller in Christo, von einer Zusammenfassung aller
Dinge unter Ein Haupt[8]), und Johannes sagt, Christus sei die Versöhnung der ganzen Welt[9]); aber damit ist keine „allgemeine Wiederbringung" (Apokatastasis) angedeutet, sondern nur einerseits die
Allgemeinheit der Erlösung, von welcher nur die ausgeschlossen sind,
die sich selber ausschließen, andrerseits die Harmonie und Vollständigkeit des Gottesreiches. Und wenn es in der Offenbarung heißt:
„es wird kein Bann mehr sein"[10]), d. h. nichts mehr worauf der
Fluch Gottes ruht, so ist damit nur gesagt, daß alles Böse nunmehr

---

[1]) Jo. 12, 31—33. — [2]) Jo. 5, 22. 27. — [3]) 2 Cor. 5, 10. — [4]) Rom.
2, 16. 1 Cor. 4, 5. — [5]) Matth. 10, 10 sq.; 7, 21—23. — [6]) Luc. 12.
47. 48. Matth. 25, 14 sq. — [7]) Col. 1, 20. 1 Cor. 15, 21. 28. — [8]) Eph.
1, 2. Phil. 2, 10. 11. 1 Cor. 15, 22. — [9]) 1 Jo. 2, 2 — [10]) Apoc. 22, 3.

von der Gemeinde der Heiligen im neuen Jerusalem ausgeschieden
sei, und die strafende Gerechtigkeit Gottes dort keinen Gegenstand
mehr habe. Klar genug sind dagegen die Ausdrücke des Herrn von
dem ewigen Feuer, das dem Satan und seinen Engeln bereitet, von
dem Wurme, der nicht stirbt, von der Sünde, die weder in dieser,
noch in der zukünftigen Welt vergeben werden soll, so wie das Wort des
Johannes von der Sünde zum Tode, für die man nicht beten soll.[1])

167. „Siehe, ich mache Alles neu"[2]), weissagt Gott in der
Offenbarung Johannis von der Vollendung der letzten Zeiten. Die
ganze sichtbare Welt, oder Himmel und Erde, werden durch Feuer
verzehrt und geläutert werden.[3]) Wie die bewußtlose Natur in die
Mitleidenschaft des menschlichen Falles hineingezogen, durch die Schuld
des Menschen, ihres Wächters und Bewahrers, unfreiwillig der „Eitelkeit" und „Knechtschaft der Vergänglichkeit" unterworfen, und zur
„seufzenden Creatur" geworden ist[4]); so wird sie auch dem Proceß
einer Läuterung durch das Element des Feuers unterzogen, und
theilnehmend an der verklärenden Umwandlung des Menschen, ihrerseits erneuert und in einen erhöhten Zustand versetzt werden.[5]) Da
wird dann die himmlische und die irdische Kirche verschmolzen, das
Irdische wird himmlisch und das Himmlische irdisch geworden sein.
Aeußeres und Inneres, Geistiges und Leibliches werden in reiner,
ungetrübter Harmonie bestehen; der Leib wird in seiner geistlichen
Beschaffenheit, seiner Freiheit von irdischen Begierden, ein vollkom-
menes Organ des Geistes sein. Ist doch die ganze Natur mit dem
Menschen solidarisch verbunden, und darum wird auch erst dann das
königliche, die ganze Natur zusammenfassende Priesterthum des Christen in seinem vollen Glanze sich zeigen.

168. Von diesem Feuer nun, welches den vom Himmel kommenden Erlöser umgeben und die bisherige Gestalt der Welt ver-
zehren wird, sagt Paulus[6]), zunächst in Beziehung auf die damaligen
Lehrer des Evangeliums, offenbar aber auch in einem allen Gläubigen geltenden Sinne: das Werk eines jeden, sein Aufbau, wird seiner wahren Beschaffenheit nach erkannt werden am Tage des Gerichtes durch das prüfende und verzehrende Feuer. Was einer auf
dem guten Fundamente (dem Glauben an Christus) aufgebaut hat
(in That und Lehre), das wird entweder als diesem Fundament entsprechend erkannt werden und in dem Läuterungsfeuer bestehen, oder

---

[1]) 1 Jo. 5. 16. — [2]) Apoc. 21, 5. — [3]) 2 Petr. 3, 10. — [4]) 2 Petr.
3, 7 sq. — [5]) Rom. 8, 20—22. — [6]) 2 Thess. 1, 8. 2 Petr. 3, 10.

es wird als fremdartig sich zeigen und vom Feuer (wie Holz und Stop-
peln) verzehrt werden. Der Urheber aber wird, wenn sein Werk sich
bewährt, Lohn empfangen, wenn nicht, desselben verlustig gehen, und
zwar selig werden, aber nur wie durch's Feuer hindurch (d. h. gleich
einem, der mit dem Verluste seiner Habe durch Brand, und nicht unversehrt von den Flammen doch sein Leben noch davonbringt.[1]) So
erscheint der letzte Weltbrand bei Paulus zugleich als ein Prüfungs-
mittel, in welchem der Reinigungsproceß derer, welche die Parusie
lebend findet, in kürzester Frist sich vollendet, bei den schon früher
Gestorbenen aber nun zum Abschlusse kommt.

169. Wenn nun Alles vollendet, wenn die irdische Kirche mit
der himmlischen völlig Eins geworden, wenn durch den vollständigen
Sieg über alle Gegenmächte der Welt jeder Kampf erloschen, und
auch der letzte Feind, der Tod, durch die allgemeine Auferstehung
überwunden ist, dann hört auch das Königthum Christi auf; denn
dann ist keine Kirche mehr vorhanden, die eines Mittlers, Beschir-
mers und Vorstreiters bedürfte. Der Sohn wird also das Reich,
dessen Herrschaft er bisher zu des Vaters Ehre und nach seinem
Willen geführt hat, dem Vater übergeben, „damit Gott Alles in
Allem sei."[2] Als Mensch Eins mit den Seligen, deren Haupt er
ist, an dessen Leibe sie die Glieder sind, wird er dem Vater unterworfen, als göttlicher Logos aber dem Vater wesensgleich sein. So
wird die Herrlichkeit der Seligen die ihres Hauptes sein, und die
Herrlichkeit Christi wird die seines Vaters sein; in ihm wohnend
kraft seiner ewigen Geburt vom Vater, wird sie seiner menschlichen
Natur, und durch diese den ihm einverleibten Seligen sich mittheilen,
und so wird Gott in jedem Wesen, ohne Beschränkung oder Erlöschen der Individualität, Alles sein — Alles durch die nun einzig
auf ihn gerichteten, durch ihn gesättigten beiden Grundkräfte des
Menschen, Verstand und Wille; Alles auch durch die selbst die Leiber
durchleuchtende göttliche Glorie.

170. Was die apostolischen Schriften an prophetischen, auf die
künftigen Schicksale der Kirche hinweisenden Bestandtheilen enthalten, das ruht auf dem Grunde der Weissagungen Christi, insbesondere
der von Matthäus mitgetheilten eschatologischen Rede.[3] Die Apostel setzen die Kenntniß der in ihr enthaltenen Angaben bei den Gläubigen voraus, und beziehen sich auf dieselbe zum Theil mit wörtlicher
Wiederholung. Christus hatte in manchen Parabeln und Aussprüchen

---

[1] 1 Cor. 3, 12—15. — [2] 1 Cor. 15, 24—28. — [3] Matth. c. 24. 25.

gelehrt, daß nach der Zerſtörung von Jeruſalem noch ein (nothwendig langer) Zeitraum für die Bekehrung und chriſtliche Entwicklung
der Heidenvölker folgen werde; er hatte erklärt, daß das „Reich“,
der Beſitz und die Pflege des Gottesreiches auf Erden, welche bisher
den Juden anvertraut war, von ihnen genommen, und einem vor-
herrſchend aus Heiden beſtehenden Volke, das wahre Glaubensfrüchte
hervorbringen werde, würde gegeben werden.[1] Er hatte ferner erklärt, daß er einſt perſönlich und Allen ſichtbar wiederkehren werde,
und hatte die Seinigen angewieſen, mit lebendiger Hoffnung und
ſteter Wachſamkeit dieſer ſeiner Wiederkehr entgegenzublicken, zugleich
aber verſichert, daß der Zeitpunkt dieſer ſeiner Paruſie Allen verborgen ſein, und es bis zur Erfüllung bleiben werde[2], daß es den Seinigen nicht beſchieden ſei, die Zeitmomente, die der Vater feſtgeſetzt
habe in ſeiner Machtvollkommenheit, zu kennen.[3] Es gebe, hatte er
geſagt, durchaus kein Vorzeichen ſeines Erſcheinens zum Endgerichte,
vielmehr werde der Herr zu einer Zeit, wo ſie ſich deſſen nicht verſehen würden, plötzlich kommen[4], vielleicht wider Erwarten früh[5],
vielleicht aber auch erſt nach langer Zeit, und dann doch noch unerwartet.[6] Immer aber werde es eine Zeit fleiſchlicher Sicherheit
und gedankenloſer Leichtfertigkeit ſein, in der er ſich zeigen werde.[7]
Daneben aber hatte Chriſtus auch eine Reihe von Begebenheiten geweiſſagt, welche noch in das Lebensalter ſeiner Zeitgenoſſen fallen
ſollten, Begebenheiten[8]), deren Mittelpunkt die als Strafgericht zu
verhängende Zerſtörung Jeruſalems bildete. Er hatte dabei erklärt,
daß die „Zeiten der Heiden“ auf dieſe Zerſtörung folgen, und erſt,
wenn dieſe Zeiten erfüllt wären, ſeine letzte Paruſie eintreten werde.[9]

171. Jeſus hatte dabei beſonders die phyſiſchen Schreckniſſe
und ſittlichen Gräuel, welche der Zerſtörung Jeruſalems vorhergehen
und ſie einleiten würden, betont, um die Seinigen vor der Gefahr
der Verführung durch falſche Propheten, welche dann zahlreich auftreten würden, zu warnen; er hatte ihnen vorausgeſagt, daß die Verlockung unter den gegebenen Umſtänden faſt unwiderſtehlich, der Abfall groß ſein würde.[10] Zugleich hatte er in prophetiſch-bildlicher
Ausdrucksweiſe dieſes Strafgericht über Jeruſalem als ein an ſeine
(unſichtbare) Gegenwart geknüpftes bezeichnet, hatte ſeine Jünger

---

[1] Matth. 21, 41—43. — [2] Matth. 24. 36. Marc. 13. 32. — [3] Act.
1, 7. — [4] Matth. 24. 44. — [5] Matth. 24, 45—51. — [6] Matth. 25,
1—13. — [7] Matth. 24, 38, 39; 25, 14—30. — [8] Matth. 24, 31. —
[9] Luc. 21, 24. — [10] Matth. 24, 21. vergl. mit v. 5.

angewieſen, ſeine nahe Paruſie zu erwarten und ſie in dieſem Ereigniſſe zu erkennen, wie denn das Verhängniß der heiligen Stadt ein
Vorbild des letzten allgemeinen Gerichts, und dieſe ſeine erſte Paruſie
ein Vorbild ſeiner letzten Erſcheinung zum Endabſchluſſe ſein ſollte.
Zu den jüdiſchen Gewalthabern hatte er bei ſeiner Verurtheilung geſagt: Von jetzt an werdet ihr den Menſchenſohn kommen ſehen in
ſeiner göttlichen Machtfülle [1]); alſo die großen Manifeſtationen ſeiner
Herrſchaft, wie er ſie von da an, als erhöhter Schirmherr ſeiner
Kirche in die menſchlichen Dinge eingreifend, üben werde — darin
beſtand ſeine Paruſie, die er in prophetiſch-ſymboliſcher Weiſe ein
„Kommen auf den Wolken des Himmels“ nannte; dieſe ſollten ſie
ſehen, natürlich nur mit den Augen des Glaubens, denn ſchon vorher hatte er ihnen erklärt: dann erſt, wenn ſie ihm das Meſſianiſche
Bekenntniß huldigend entgegentrügen, würden ſie ihn ſehen oder erkennen. [2])

172. Dieſe Aeußerungen und Ankündigungen hatten alſo die
Apoſtel vor Augen, wenn ſie von dem Erſcheinen, der Paruſie des
Herrn ſprachen. Sie wußten, daß jene letzte Wiederkunſt Chriſti
zum richtenden Abſchluſſe des gegenwärtigen Weltlaufes Niemanden,
ſelbſt nicht den Engeln des Himmels, bekannt ſei, daß der Tag kommen werde, ſo plötzlich und ungeahnt „wie der Dieb in der Nacht“,
ein Ausdruck, den Paulus vom Herrn entlehnt hat. Auch die Dauer
der „Helden-Zeiten“ [3]), deren Chriſtus gedacht hatte, war ihnen ein
Geheimniß, in das ſie nicht hineinzublicken vermochten. Es war
denkbar, daß dieſe Zeiten bald, in Einer Generation ſchon, zu Ende
gingen. „Wachet, denn ihr wiſſet nicht den Tag noch die Stunde“,
hatte ihnen der Meiſter zugerufen [4]); daſſelbe riefen ſie ihren Gemeinden zu. Daß viele der Zeitgenoſſen noch die erſte große Kata-
ſtrophe, in der die Gläubigen bereits eine (vorläufige und vorbild-
liche) Paruſie Chriſti erblicken ſollten, erleben würden, das wußten
ſie. Wann aber wird die zweite, und die damit verbundene Auferſtehung eintreten? Jene wie dieſe hieß ihnen „der Tag, die Erſcheinung des Herrn“. Und das Eine, was ſie über den letzteren
mit Beſtimmtheit zu ſagen vermochten, war eben nur, daß er ſich
nicht durch Vorzeichen ankündigen, daß er wie der Blitz, wie ein
Dieb und Fallſtrick, über Alle kommen werde, die Sicheren ſowohl als

[1]) Matth. 26, 64. — [2]) Matth. 23, 39. — [3]) καιροὶ ἐθνῶν, Luc.
21, 24. — [4]) Matth. 25, 13. Marc. 13, 35 sq.

die Wachenden.[1]) Er konnte vielleicht in wenigen Jahren, vielleicht erst nach vielen Jahrhunderten, eintreten. Aber sie waren angewiesen, stets nach ihm auszublicken, wie Diener nach ihrem Herrn, wie Jungfrauen nach dem Bräutigam, und jedenfalls war die Zwischenzeit, die noch bis zum Ende verfließen mochte, die „letzte Zeit", die Schlußperiode der Weltgeschichte.[2]) Petrus sagt einmal: „das Ende aller Dinge ist nahe"[3]); dann aber: „Ein Tag ist bei dem Herrn wie tausend Jahre und tausend Jahre wie Ein Tag, und wenn der Herr noch zögert mit seinem verheißenen Kommen, so ist das nicht Saumseligkeit, sondern langmüthige Liebe."[4]) So wünscht Paulus einmal, die letzte Parusie noch selbst zu erleben, um, statt der Entkleidung durch den Tod, der „Ueberkleidung" bei der Auferstehung theilhaft zu werden; später aber stellt er sich selber den blutigen Märtyrertod in Aussicht[5]), sieht seinen Lebenslauf beschlossen, seinen Kampf ausgestritten, und erwartet nur noch den lohnenden Preis der Gerechtigkeit.[6]) Jakobus mahnt: „Die Parusie des Herrn ist nahe gekommen; der Richter steht vor der Thüre"[7]); und man hat richtig bemerkt, daß hierin ein Beweis für die Abfassung des Briefes vor der Zerstörung Jerusalems liege. So ist auch für Johannes die letzte Stunde da, die Parusie steht bevor; er erkennt sie an den beginnenden Zeichen, dem Hervortreten der antichristischen Lüge und Irrlehre.[8])

173. So war es denn ein Tag des Herrn, eine erste Parusie Christi, als Jerusalem und der Tempel und das ganze jüdische, bisher unauflöslich verschmolzene, Staats- und Kirchenwesen zusammenstürzte, und die christliche Kirche, noch immer in den Banden desselben verstrickt, zur vollen Freiheit gelangte. Darin offenbarte sich die Majestät des erhöhten Menschensohnes, wie in einem versengenden und weit umher leuchtenden Blitze.[9]) Die Apostel wußten also, daß diese Parusie Christi eine ganz nahe bevorstehende sei; daher ihre häufigen Hinweisungen auf diese Nähe, und der damit verbundene Ausdruck der Hoffnung.[10]) „Wir sehen den Tag nahen", sagt der Verfasser des Hebräerbriefes, d. h. schon sind in einzelnen Erschein-

---

[1]) 1 Thess. 5, 2—4. 2 Petr. 3, 10. Apoc. 16, 15. — [2]) Hebr. 1, 2. 1 Cor. 10, 11. — [3]) 1 Petr. 4, 7. — [4]) 2 Petr. 3, 8. 9. — [5]) Phil. 30, 10. cf. 2, 17. — [6]) 2 Tim. 4, 6 sq. — [7]) Jac. 5, 8. 9. — [8]) 1 Jo. 2, 18—22. — [9]) Matth. 24, 27. — [10]) 1 Petr. 4, 7. 1 Thess. 4, 15. 17. 1 Cor. 4, 5; 11, 26. 1 Tim. 6, 14. Hebr. 10, 25. 37. Jac. 5, 8. 1 Jo. 2, 18.

ungen der Zeit die von Christus vorausgesagten Zeichen, an denen
seine Parusie zu erkennen sei, in Erfüllung gegangen. Wann aber
die letzte entscheidende Parusie erfolgen, wie viel Zeit bis dahin noch
verfließen werde, das war ihnen völlig unbekannt. Nur daß sie derselben stets entgegenblicken, stets wachen, sich fort und fort die Möglichkeit eines Eintretens auch in nächster Zeit gegenwärtig halten
sollten, das wußten, das lehrten sie. Möglicher Weise konnte die
letzte Parusie ganz nahe auf die erwartete Katastrophe Jerusalems
folgen, aber es konnten zwischen beiden Ereignissen auch Jahrtausende verfließen — denn „tausend Jahre sind vor Gott wie Ein
Tag."[1]) Die Zeiten aber, die zwischen der ersten irdischen Ankunft
des Messias und seinem letzten Wiederkommen liegen, sind überhaupt
„die letzten"; die Schlußperiode der Welt-Aeonen hat bereits begonnen, wie kurz oder wie lang sie auch sein möge. „Wir Lebenden",
sagt Paulus von denen, welche das Ende erleben würden[2]), und
dachte sich dabei die Möglichkeit, daß er und Andere seiner Zeitgenossen Zeugen der Katastrophe wären, aber auch nur die Möglichkeit. Und nur vermöge der, alle Gläubigen, auch die künftigen, noch
nicht gebornen, umfassenden Glaubensgemeinschaft sagt er: „wir";
denn er wußte ja nur, daß der Zeitpunkt in ein für jeden, auch den
Erleuchtetsten undurchdringliches Dunkel gehüllt sei, und Allen, auch
den Wachenden, plötzlich und unerwartet, weil durch keine Zeichen vorherverkündigt, kommen werde; und ein andermal erwartet und wünscht
er vielmehr seine baldige Auflösung.[3]) Christus selbst, auf dessen
Aussagen sich Alles, was die Apostel über seine Parusie, das Gericht
und Ende, wußten und äußerten, zurückführt, hatte erklärt, daß die
Predigt des Evangeliums an alle Heiden dem Endgerichte vorhergehen würde. Und Paulus erwartete nach der Heiden-Evangelisirung
noch die Bekehrung der jetzt ungläubigen Juden. Ob diese beiden
Ereignisse sich in kürzerer oder längerer Frist verwirklichen würden,
war den Aposteln eben auch dunkel, und in der Zukunft der Kirche
und der Menschheit schauten sie daher überhaupt Alles nahe gerückt,
den demnächst eintretenden Anfang des Endes. „Wie ein Dieb in
der Nacht kommt der Tag des Herrn"; und die Blicke, welche die
Apostel und ersten Gläubigen in dieser Richtung thaten, waren denn
auch Blicke in eine Nacht, in welcher wohl Umrisse, aber nicht die
Nähe oder Ferne der Gegenstände wahrgenommen werden. Erst am
Ende der apostolischen Zeit ward in der Apokalypse den Christen ein

---

[1]) Petr. 3, 10. — [2]) 1 Thess. 4, 15. 17. — [3]) Phil. 1, 23.

18*

hellerer Blick in die Fülle künftiger Gestaltungen und göttlicher Rathschlüsse gewährt; aber auch da ist das Ganze eine auseinandergelegte
richterliche Parusie. Die erste Gestalt, welche bei Eröffnung des
ersten Siegels Johannes schaut, ist der zum Siege ausziehende Herr[1]);
und am Schlusse ist es wieder er selber, der zur Ueberwindung seiner Feinde vom Himmel auszieht.[2])

174. Das Auftreten vorgeblicher Propheten und falscher Messiasse
hatte Christus als ein Hauptzeichen der nahen richterlichen Katastrophe Jerusalems hervorgehoben; sie würden, sagte er, mit ihren zauberischen Wundern und Zeichen eine mächtige Verführung üben, welcher nur die Auserwählten widerstehen möchten. Als Paulus in
Kleinasien Abschied nahm von den Gemeinden, erkannte er an den dort
beobachteten Erscheinungen, daß derartige falsche Lehrer und reißende
Wölfe in nächster Zeit theils von Außen her in die Kirche einbrechen,
theils aus ihrem eigenen Schooße sich erheben würden.[3]) Er schil-
derte sie genauer in seinem Schreiben an Timotheus[4]); und Johannes, der sie mit ihren kräftigen Irrthümern in voller Thätigkeit sah,
erkannte darin das von Christus gegebene Vorzeichen der „letzten
Stunde.“[5]) Ihr habt gehört, sagt er, daß ein Antichrist kommen
wird; eure Erwartung ist bereits erfüllt, der Geist des Antichrist ist
schon in der Welt[6]), und als Kinder dieses Geistes haben Viele bereits sich enthüllt. Der Geist des Antichrist ist nämlich die durch
den großen Lügner von Anfang an eben jetzt gepflanzte und gehegte
Häresie, welche läugnet, daß Jesus Christus (der verheißene Messias) sei, oder doketisch seine menschliche Natur ihm abspricht.[7]) Die
Gläubigen hatten also nur im Allgemeinen bisher gehört, daß das
Auftreten eines Gegners oder Nebenbuhlers Christi zu erwarten sei,
und der Apostel gibt dieser Erwartung oder Vorstellung concreten
Inhalt, indem er wiederholt erklärt, die den Gottmenschen läugnenden, den Glaubensgrund antastenden, neuen Häretiker seien nicht
etwa blos Vorläufer eines noch künftig zu erwartenden Antichrist,
sondern die Fleischwerdung des in der Welt bereits vorhandenen
antichristischen Geistes, die Träger dieses Prinzips; jeder von ihnen
sei ein Antichrist im eigentlichen Sinne. Bei den übrigen Aposteln
findet sich indeß diese Bezeichnung nicht. Johannes ist der einzige,
der das Wort, und zwar fünfmal, gebraucht, offenbar in dem Sinne

---

[1]) Apoc. 6, 2. — [2]) Apoc. 19, 11 sq. — [3]) Act. 20, 29. 30. —
[4]) 2 Tim. 3, 1 sq. — [5]) 1 Jo. 2, 18. — [6]) 1 Jo. 4. 3. — [7]) 1 Jo. 2,
22; 4, 3. 2 Jo. 7.

einer die gottmenschliche Persönlichkeit und Würde Christi läugnenden Härefie. Das Antichristenthum ist absolute Lüge; der Geist des
Antichrist ist der Geist der Lüge und des Betrugs[1]); es sind
Pseudopropheten und Werkzeuge des Satans, des Vaters der Lüge,
welche von diesem Geiste geleitet, die Christen um die Wahrheit und
ihren Segen betrügen[2]), indem sie läugnen, daß Christus im Fleische
erschienen sei. Johannes unterscheidet also den einen Antichrist, von
dessen Kommen die Gläubigen gehört hatten, von den vielen bereits
hervorgetretenen Antichristen; aber diese stehen zu jenem im engsten
Verhältnisse, es ist der Geist desselben[3]), der in ihnen wirkt und sich
durch sie offenbart. Es ist demnach wohl denkbar, daß Johannes noch
einen Haupt-Antichrist erwartet habe, der, der persönlichen Wiederkunft
des Herrn vorangehend, eine die christlichen Grundlehren läugnende
und aufhebende Irrlehre mit großartigem Erfolge verbreiten werde.
Nur das Bild eines solchen „theologischen" Widersachers Christi kann
dem Geiste des Apostels bei seinen Aeußerungen vorgeschwebt haben.

175. In der Apokalypse dagegen findet sich weder der Name
noch die Sache. Das Thier, welches Johannes aus dem Meere auf-
steigen sieht, ist die Römische Weltmacht in ihrer heidnischen Feindseligkeit gegen das Christenthum. Es trägt den Lästernamen an
seinen sieben Häuptern, denn es läßt sich in Gott lästerndem Hoch-
muthe anbeten, und der Drache gibt ihm Macht und Herrschaft, damit es als Werkzeug seines Grimmes diene.[4]) Das andere Thier,
das aus der Erde aufgestiegen, ist das falsche heidnische Prophetenthum,
wie es damals durch Philosophen und Priester, durch Mantik und Magie
treibende Goeten und Orakeldeuter geschäftig war. Es wird zweimal
ausdrücklich der „falsche Prophet" genannt[5]); es stellt sich wie ein
Lamm und redet wie ein Drache, verführt durch seine Wunderzeichen
die Menschen zur Anbetung des ersten Thieres (des Römischen Imperiums in der Person der Kaiser und der Göttin Roma); es bewirkt, daß Bilder des Thieres errichtet und angebetet werden,
daß die Anbeter sich durch eingeätzte oder eingebrannte Abzeichen als
Genossen dieses Götzendienstes bekennen, und die dieses Malzeichen
nicht haben, weder kaufen noch verkaufen dürfen. Später dann[6])
wird die antichristliche Römische Macht in zwei Gestalten, dem Thiere
und der auf dem Thiere sitzenden Buhlerin, geschildert. Das Thier
ist auch hier das Römische Weltreich, und seine rothe Farbe ist das

---

[1]) 1 Jo. 4, 6. — [2]) 1 Jo. 2, 26. 2 Jo. 7. — [3]) 1 Jo. 4, 3. —
[4]) Apoc. 13, 1. 2. — [5]) Apoc. 16, 13; 19, 20. — [6]) Apoc. 17.

Zeichen des von ihm vergoſſenen Blutes; „die große Hure" aber iſt Rom, die Stadt, in welcher der Thron des Thieres iſt.[1]) Sie herrſcht über die Könige; ſie ſitzt an großen Waſſern; das bedeutet ihre Herrſchaft über die Völker; ſie wird aber wegen der bevorſtehenden Verödung in der Wüſte geſchaut. Umhüllt mit purpurnem und ſcharlachnem Gewande, dem Emblem der königlichen Herrſchaft und der Befleckung mit dem Blute der Chriſten, trägt ſie einen goldenen Kelch in der Hand voll Gräuel und Unzucht; denn ſie iſt das neue Babel, welches, gleich dem alten[2]), Könige und Völker mit dem Wein ſeines zuchtloſen Götzendienſtes getränkt und berauſcht, und mit ſeinen Gräueln die ganze Welt erfüllt hat. Jetzt iſt ſie „trunken vom Blute der Heiligen und Zeugen Jeſu." Sie wird aber verwüſtet und entvölkert unter dem Wehklagen der Kaufleute und Schiffer, die ihrer Ueppigkeit gedient haben. Erſt nach der Zerſtörung der Stadt wird auch an dem Thiere (der verfolgenden Weltmacht) und ſeinem Helfershelfer, dem falſchen Propheten, ſowie an den Erdbewohnern, welche das Thier angebetet haben, das Gericht vollzogen. Nun folgt die durch die Zahl von tauſend Jahren bezeichnete Periode der freien und herrſchenden Kirche, in welcher Zeit der heidniſche Götzendienſt überwunden und abgethan iſt, und Satan, im Abgrund gefeſſelt, keine Macht zur Verfolgung der Kirche in der früheren Weiſe hat. Er wird aber zuletzt wieder frei, und verführt entfernte Völker (Gog und Magog) zum (vergeblichen) Angriff auf die „geliebte Stadt", die Kirche. Dieſe wird jetzt wie ein ſtarkes Reich oder eine wohlbefeſtigte Stadt dargeſtellt. Die feindlichen Völker werden nicht als heidniſche[3]) bezeichnet, denn dieſe würde der Satan nicht erſt irre zu führen brauchen, während doch gerade dieſes Irreführen hervorgehoben wird.[4]) Weder das Thier noch der falſche Prophet ſind die Verführer, denn das alte Römiſche Heidenthum iſt längſt erloſchen, Thier und Prophet längſt unſchädlich gemacht. Hier iſt alſo eine andere Verführung, ein Wahn, der von dem heidniſchen Götzendienſt verſchieden, angedeutet. Das Werkzeug, deſſen ſich Satan dabei bedienen könnte, wird nicht erwähnt, und nach dieſer letzten Verführung und dem Angriff auf die „heilige Stadt" folgt mit dem Gericht über Satan und die Welt das Ende. Eine Perſönlichkeit, die vorzugs-

---

[1]) Apoc. 16, 10. — [2]) Jerem. 51, 7. — [3]) In dem Ausdruck ἔθνη liegt nicht ſchon der Begriff „heidniſch", wie Düſterdieck, Offenb. Joh. S. 548, meint und damit eine, nach einer Anſicht nicht zu löſende, Schwierigkeit ſchafft. — [4]) Apoc. 20, 3. 7. 10.

weise Antichrist genannt werden könnte, läßt sich demnach in der Apokalypse weder nachweisen noch irgendwo unterbringen.

176. Dagegen verkündiget Paulus im zweiten Briefe an die Gläubigen zu Thessalonika das baldige Hervortreten eines „Menschen der Sünde", den er selbst nicht als Antichrist bezeichnet, in welchem man aber später alle Züge eines großen Widersachers und Nebenbuhlers Christi zu erkennen geglaubt hat. Paulus wollte hier dem Wahne begegnen, daß der Tag des Herrn und das Ende der Dinge schon herangekommen sei, die große Katastrophe unmittelbar hereinbrechen werde. Er zeigt, daß dieß darum nicht der Fall sein könne, weil drei Ereignisse noch nicht eingetreten seien, die doch sicher zu erwarten seien, nämlich eine große Apostasie von Mitgliedern der Kirche, das Hervortreten eines potenzirten Antiochus, und das Attentat desselben gegen den Tempel zu Jerusalem. Wann das Weltende erfolgen, ob noch Jahrhunderte oder Jahrtausende darüber hingehen würden, das wußte er nicht; Tag und Stunde waren ja selbst den Engeln unbekannt. Aber das wußte er, daß die genannten Ereignisse noch vorher kommen mußten, und diese erwartete er allerdings in naher Zeit; denn er kannte die Persönlichkeit, deren Existenz dem Hervortreten des „Menschen der Sünde" allein noch im Wege stand. Was Paulus hier über künftige Ereignisse sagt, welche erst eintreten müssen, ehe an den „Tag des Herrn" oder die letzte Katastrophe gedacht werden darf, das hat er aus den Verkündigungen Christi, aus der Weissagung Daniels, auf welche Christus sich bezogen, und aus der Wahrnehmung gewisser Thatsachen seiner Zeit geschöpft. Christus hatte geweissagt, daß das Auftreten vieler falscher Propheten und Pseudochristi seiner Parusie vorhergehen, daß diese Menschen durch ihre Verführungskünste und ihre wundergleichen Gaukelwerke einen großen Abfall unter den Gläubigen bewirken, und daß dieß eine schwere Zeit des Drucks und der Verfolgung sein werde. Er hatte ferner erklärt, daß dann auch Daniels Prophetie von dem Gräuel der Verwüstung oder Entweihung an heiliger Stätte[1]), (der Tempelstätte, von welcher bei Daniel die Rede ist) und zwar durch ein feindliches Kriegsheer[2]), in Erfüllung gehen werde.

---

[1] Matth. 21, 15. Marc. 13, 14. — [2] Luc. 21, 20. Offenbar referirt Lucas hier dieselbe Weissagung, deren Matthäus und Markus gedenken; Christus hat also selbst noch näher erklärt, daß der von Matth. und Mark. erwähnte Gräuel ein Werk des feindlichen Heeres sein, oder mit der Einschließung Jerusalems durch das Heer zusammenfallen werde.

177. Paulus hatte, vierzehn Jahre früher, ein Ereigniß erlebt, welches ohne Zweifel auf ihn wie auf alle jüdischen Zeitgenossen, den tiefsten Eindruck gemacht hatte. Es war dieß der Befehl des Caligula, daß seine colossale Bildsäule im Heiligthum des Tempels zu Jerusalem aufgestellt werden, und der Tempel künftig den Namen: Tempel des Cajus, des neuen Jupiter, führen sollte. Der Syrische Proconsul Petronius sollte an der Spitze einer Heeres-Abtheilung den vorausgesehenen Widerstand der Juden brechen und die Aufstellung im Tempel besorgen. Die ganze Nation gerieth in Bewegung. Der Kaiser muß uns Alle erwürgen lassen, hieß es, ehe wir das geschehen lassen. Anschaulich schildern Philo und Josephus die Lage und die Stimmung. „Die ganze Welt, sagt Philo [1]), alle Städte und Völker, Männer und Frauen, schmeichelten und huldigten ihm, und steigerten damit seinen maßlosen Hochmuth; nur das jüdische Volk allein wollte von der Blasphemie, einen gewordenen und sterblichen Menschen zu einem ewigen Gott zu machen, nicht Theil nehmen. Er aber wollte, daß Nichts auf Erden, auch nicht dieser Eine Tempel, Gott dem Herrn gelassen werden sollte [2]); daß überall nur seiner Gottheit, und den von ihm geduldeten Göttern gehuldigt werde. Daher sein Haß gegen die Juden, die er als die ehrlosesten Sklaven behandelte, und mit einem unversöhnlichen Vertilgungskriege bedrohte." Schon waren die Synagogen in Alexandrien durch gewaltsame Aufstellung seines Bildes in Tempel oder Kapellen des neuen Kaisergottes verwandelt worden. Als die Gesandten der dortigen Juden schutzflehend vor ihm erschienen, fuhr er sie an: „Ihr also seid jene Gottverhaßten, die mich, den von allen übrigen Menschen anerkannten Gott, nicht so nennen wollen und einem Namenlosen den Vorzug geben"; dabei brach er, mit drohender Geberde die Hand gegen den Himmel erhebend, in Lästerworte aus, die, wie Philo sagt, auch nur zu hören Sünde war. Noch kurz vor seiner Ermordung beschäftigte er sich mit der Sache: bei Gelegenheit seiner Reise nach Aegypten sollte seine Bildsäule, die er bereits in Rom verfertigen ließ, plötzlich in den Tempel zu Jerusalem gebracht werden, so daß, wie Josephus sagt [3]), die ganze Nation, die sich unfehlbar deßhalb empört hätte, nur durch den Tod des Cajus vor dem Verderben bewahrt wurde.

178. Diese Angst und Gefahr seiner Nation hatte Paulus mit durchgelebt, er wußte, wie der Cultus der Kaisergötter in

---

[1]) De legat. ad Cajum, Opp. ed. Paris 1610, p. 1008. — [2]) Philo l. c. 1040. — [3]) Archaeol. 79, 1.

fortwährender Ausbreitung und Steigerung begriffen war. War Cäsar erst nach seinem Tode vergöttert worden, so wurden bereits dem
lebenden Augustus Tempel und Altäre errichtet. Unter Tiberius
stritten eilf Asiatische Städte um die Ehre, diesem Kaiser einen Tempel erbauen zu dürfen.[1] Und unter Cajus ward der Dienst der
zu Rom lebenden Gottheit im ganzen Umfang des Reiches organisirt.
Das Alles sah Paulus; er sah, wie die Asiatischen Städte, in denen
er wirkte, in diesem Cultus wetteiferten, ganze Bürgerschaften sich's
zu hoher Ehre rechneten, sich Tempelwärter, Neokoren des Kaisergottes, nennen zu dürfen. Andrerseits war der Tempel zu Jerusalem
bereits so gut wie in den Händen der Römer; ihre Besatzung lag
in der den Tempel beherrschenden Zwingburg Antonia, und an allen
hohen Festtagen rückte die Cohorte aus, um das Volk im Zaum zu
halten und an seine Abhängigkeit und Dienstbarkeit, auch in gottes-
dienstlicher Beziehung, zu mahnen.[2] Sogar die heiligen Gewänder
des Hohenpriesters wurden in der Burg eine Zeit lang unter Römischem Verschlusse gehalten.[3] Und die Juden wußten wohl, daß
die Kaiser die Herrschaft über ihren Tempel nach Willkühr verliehen,
wem sie eben wollten, wie denn Claudius sie eben erst dem Herodes,
Fürsten von Chalcis, auf dessen Bitte übertragen hatte. Sie mußten die
Opfergaben der Kaiser zur Darbringung in ihrem Tempel annehmen. Seitdem die Kaiser selber Götter geworden waren, nahm sich
bloß wie eine Höflichkeitsbezeugung aus, die der eine ebenbürtige
Gott dem andern erweise, und wie sehr die Juden das Entwürdi-
gende dieses Zwanges empfanden, das zeigte sich nachher unter Nero,
als die Priester, von dem Zeloten Eleasar beredet, die kaiserlichen
Opfergaben zurückwiesen, und keine Opfer eines Nichtjuden mehr annehmen zu wollen erklärten, womit denn das Signal zum Kriege
gegen Rom gegeben war.[4] Zugleich mußte der Tempel, in seiner bei-
spiellosen, von keinem andern Gebäude des Römischen Imperiums
erreichten Pracht und Schönheit die Heiden immer wieder zu Versuchen der Aneignung einladen; sein räthselhafter, einem namenlosen
Gotte gewidmeter, bildloser Cultus war eine stehende Lockung, die
Leere dieses Heiligthums und Dienstes nach Römischen Begriffen auszufüllen, die einzige Anomalie eines Tempels ohne Gott und Götter-

---

[1] Tac. Ann. 4, 56. vgl. Heidenthum und Judenthum S. 614 ff. —
[2] Joseph. bell. Jud. 5, 5, 8. — [3] Erst Claudius gab sie den Juden auf
ihre Bitte zur eigenen Verwahrung zurück. Jos. Arch. 20, 1, 2. — [4] Jos.
bell. Jud. 2, 17, 2.

bild verschwinden zu machen, und den Theos Epiphanes, den lebenden und sichtbaren Kaisergott, in den Besitz eines seiner so würdigen
Gebäudes zu setzen. Der Versuch des Cajus stand nicht vereinzelt da,
schon unter Tiberius hatte Pilatus es unternommen, mehrere der
kaiserlichen Gottheit geweihte Schilde im Tempel aufzuhängen. Und
was derartiges geschah, war bei den umliegenden Völkern des Bei-
falls und thätiger Unterstützung gewiß, theils aus Haß gegen die
Juden, theils aus Begierde, jenen Einen Gott gedemüthigt zu sehen;
wie denn Philo bemerkt: als Caligula verfügte, es solle jedem frei-
stehen, ihm und den Seinigen Altäre, Tempel, Bildsäulen, im Jüdischen Lande zu errichten, und jeder Versuch sich zu widersetzen, solle
sofort mit dem Tode bestraft werden, da habe man erwartet, daß
die Heiden das ganze Land mit Altären und Bildsäulen anfüllen
würden. [1]

179. Eine Entweihung des Tempels war den Jüngern Jesu
so gut ein Gräuel als den Juden. Der Herr hatte ihn das Haus
seines Vaters genannt, eine Reinigung des Tempels war der erste
und der letzte Akt seiner öffentlichen Thätigkeit gewesen, und die Jünger hatten das Wort: „der Eifer um dein Haus verzehret mich",
an ihm erfüllt gefunden.[2] Die erste Gemeinde der Gläubigen zu
Jerusalem betrachtete den Tempel wie ihre heimathliche Stätte, täglich kam sie dort zusammen[3], Paulus unternahm eine seiner Reisen
nach Jerusalem, nur um ein gethanes Gelübde im dortigen Tempel
zu lösen.[4] So konnten die Christen und der Apostel in demjenigen, dem man als dem Urheber der von Christus verkündigten
Tempelentweihung entgegenblickte, nur „den Menschen der Sünde,
den Sohn des Verderbens" erkennen. Ueberhaupt: in welchem Lichte
mußten die Cäsaren jener Zeit den Gläubigen aus dem Judenthume
erscheinen? Cäsar hatte den letzten Schein von nationaler Selbst-
ständigkeit vernichtet, und das Volk dem Fremdlinge, dem Idumäer
Antipater und dessen Söhnen überliefert. Augustus hatte die furchtbare Tyrannei des verabscheuten Herodes aufrecht erhalten. Unter
Tiberius hatte Pilatus in seinem Namen Christus dem Kreuzestode
preisgegeben. Caligula verfolgte die, die ihn nicht anbeteten, und
Claudius hatte eben erst die Juden und die ersten Christusgläubigen
mit ihnen aus Rom vertrieben. Und alle waren nun Götter, die
ihre Tempel, Altäre und Priester hatten. Feindschaft gegen Christus,

---

[1] Leg. ad Cajum. p. 1034. — [2] Jo. 2, 17. — [3] Act. 2, 46. —
[4] Act. 18, 18. 21.

Berachtung des wahren Gottes, tyrannische Verfolgung des Volkes
Gottes war das Zeichen dieses Cäsarenthums. Was in der Apoka-
lypse das Thier mit den sieben Köpfen will und thut, das thut bei
Paulus einer der Cäsaren als der „Widersacher."

180. Die Schilderung dieses Menschen der Sünde ist nun, zum
Theil wörtlich, von der des Antiochus Epiphanes bei Daniel entlehnt. Von diesem blutigen Verfolger der Juden, der im Tempel zu
Jerusalem dem Olympischen Zeus einen Altar errichten ließ, der zugleich die heidnischen Heiligthümer entweihte, so daß Polybius in seinem schrecklichen Tode die Strafe für solche Profanation erkannte —
von ihm sagt der Prophet: „der König wird sich auflehnen und erheben wider alle Gottheit, und wider den Gott der Götter wird er
Ungeheures reden. — Auch die Götter seiner Väter wird er nicht
achten, noch die Lust der Weiber (Nanäa, die Persische Artemis),
noch irgend einen Gott wird er achten, sondern sich wider Alle erheben."[1] Eben so erhebt sich der Widersacher des Apostels „über
jeden sogenannten Gott und über jedes Götterbild" (oder Heiligthum).[2]
Es ist also ein neuer Antiochus, ein heidnischer Monarch, den Paulus in Aussicht stellt. Nur von einem solchen konnte als charakteri-
stisches Kennzeichen angegeben werden, daß er sich über alle Götter[3]
und Idole erheben und sich selbst als Gott zur Anbetung hinstellen
werde. Bei einem Christen oder Juden ist derartiges einerseits nicht
denkbar, andererseits versteht es sich von selbst. Von selbst versteht
es sich, insofern jeder sich über das erhebt, was er verachtet, dessen
Nichtigkeit er erkennt; undenkbar ist es, weil eine solche mit Selbstvergötterung verbundene Erhebung über alle anderen Götter nur aus
heidnischem Bewußtsein heraus möglich ist. Der Frevler, dessen Paulus gedenkt, will einer der Götter sein, aber der Vornehmste, Mächtigste; wie eben ein Caligula, Nero, Domitian und andere Impera-
toren, denen wirklich im Vergleich mit ihrer schrankenlosen irdischen

---

[1] Dan. 11, 36. 37. — [2] σέβασμα, sonst nur noch Act. 17, 23, wo
Paulus zu den Athenern sagt: „ich betrachte eure Heiligthümer", nämlich Altäre
und Bildsäulen. Theophylaktus erklärt es mit είδωλα, und Theodoret
(Therap. 2) sagt zu den Heiden: αὐτοὶ τὰ θεῖα εἰς πολλὰ μερίσαντες σεβάσματα. Denselben Sinn (Götterbild) hat es Sap. 15, 17. — [3] Der Sinn
des πᾶς λεγόμενος θεός ergibt sich aus der Parallelstelle 1 Cor. 8, 5, wo
Paulus der heidnischen „sogenannten Götter" gedenkt, im Gegensatz gegen den
einzigen Gott der Christen, und mit dem Beisatz: „Wie es denn viele Götter
und viele Herren gibt", nämlich übermenschliche Mächte „Dämonen", welche die
Heiden als ihre Götter verehrten.

Machtfülle die Macht eines Gottes wie Apollo oder Mercur als viel
geringer vorkam, und die sich im Besitze der Gewalt wußten, neue
Götter zu decretiren oder bestehende Götter-Culte zu verbieten und
abzuschaffen, also einen Gott gewissermaßen zu vernichten.[1] „Tödte
mich, oder ich dich", rief Caligula mit Homerischen Worten dem Zeus
zu, den er zugleich beschuldigte, das Capitol usurpirt zu haben.[2]
Das heißt, sich über jeden sogenannten Gott und jedes Idol erheben,
und es leuchtet ein, daß dieß nur in einer Zeit geschehen konnte, wo
das Heidenthum noch herrschend war, wo es noch Idole gab. Seit
dem Untergange des Heidenthums ist eine derartige „Erhebung" einfach unmöglich geworden. Daher bezeichnet Paulus auch den neuen
Gott als den „Gesetzlosen", mit einem vorzugsweise von heidnischer
Gesetzlosigkeit gebrauchten Ausdrucke.[3]

181. Dieser Frevler wird sich nun auch an dem Tempel Gottes vergreifen. Hier kann nur der damals einzige Tempel des wahren Gottes, der zu Jerusalem, gemeint sein[4], der Tempel, auf den,
nach dem Worte eines Zeitgenossen, Orient und Occident wie auf

---

[1] Facit et hoc ad causam nostram, quod apud vos de humano arbi-
tratu divinitas pensitatur. Nisi homini Deus placuerit, Deus non erit.
Tertull. Apol. 5. Olshausen's Behauptung (Bibl. Commentar IV, 509):
„Die Kaiser erhoben sich nicht über die andern Götter, sie wollten nur neben
ihnen Platz haben als Repräsentanten des Genius des Römischen Volks" — ist
daher völlig unrichtig. Gerade die Erhebung über die Götter bildete einen
Hauptzug des Römischen Cäsarismus. Wer zugleich selbst als Gott sich anbeten
ließ, und als Pontifex Maximus über den gesammten Götzendienst u. s. w. entschied, Götter machte oder absetzte, der that genau, was Paulus hier sagt. So
mußte sich unter Elagabal Jupiter selbst gefallen lassen, dem neuen Syrischen
Gotte nachgesetzt zu werden; und der Kaiser ging noch weiter, id agens, ne quis
Romae Deus nisi Heliogabalus coleretur. Lamprid. vita Hellog. p. 796
ed. Lugd. 1671. — [2] Sueton. Calig. 22. Dio Cass. 59, 26. —
[3] ἄνομος. cf. Marc. 15, 28. Luc. 22, 37. Act. 2, 23. 1 Cor. 9, 21.
Rom 2, 12. So auch 1 Macc. 2, 44; 3, 5. Sap. 17, 2. ἄνομοι in N.
T. κατ᾽ ἐξοχήν vocantur gentiles, qui legem Mosaicam non habent, sagt
Schleußner, Lex. s. v. — [4] Die Erklärung des ναὸς τοῦ Θεοῦ von der
christlichen Kirche ist nun von jedem besonnenen Exegeten aufgegeben. Was sollte
auch ein „sich Setzen in die Kirche" heißen? Das könnte nur von einem nicht
an sich schon der Kirche Angehörenden, sondern von Außen mit Gewalt in dieselbe Eindringenden gesagt werden — von einem Feinde oder Verfolger. Von
einem Mitgliede der Kirche zu sagen: er setze sich in die Kirche, um als Gott sich
anbeten zu lassen, ist contradictio in adjecto. Allerdings könnte, da Paulus
Ephes. 2, 21. die Kirche „einen heiligen Tempel im Herrn" nennt, an sich dieser Ausdruck auch hier von der Kirche gemeint sein, aber dann müßte diese som-

eine Sonne mit Ehrfurcht blicken.[1]) Paulus hatte hier die Weissagung Daniels, auf deren neue bevorstehende Erfüllung[2]) Christus hingewiesen, vor Augen, er gedachte Caligula's und erwartete, daß demnächst ein neues Attentat auf den Tempel von Rom ausgehen werde,
wie das in der That auch unter den damaligen Umständen zu erwarten war. In dem Evangelium, welches nach den ältesten Zeugnissen unter dem Einflusse des Paulus geschrieben worden, wird die
Schändung oder Verwüstung, der Gräuel an heiliger Stätte, an die
Einschließung Jerusalems durch ein Heer geknüpft[3]). Paulus erwartete also, daß die Entweihung von einem Römischen Cäsar und seinem Heere werde vollbracht werden. Er dachte an Nero.

182. Der Brief ist, nach gewöhnlicher Annahme, im J. 53 abgefaßt worden. Damals saß Claudius auf dem Throne. Sein Stief-
sohn Nero, der unter Aufsicht eines Tänzers und Bartscheerers erzogene Neffe des Caligula, war bereits mit der Tochter des Kaisers
vermählt, in's Claudische Geschlecht adoptirt, und durch den Senat
als „Jugendfürst" proklamirt[4]), ein Titel, der in der Kaiserzeit den
Thronfolger officiell bezeichnete. Daß seine Mutter Agrippina nur
ihn und nicht Brittanicus zum Throne gelangen lassen würde, wußte
man ohnehin. Bereits hatte Claudius, von ihr beredet, dem Volke
durch ein Edikt und dem Senat durch ein Schreiben erklärt, daß im
Falle seines Todes Nero zur Regierung reif sei. Sein Oheim Caligula war es, den Nero sich mehr und mehr zum Muster nahm,
derselbe, von dem Josephus sagt: nur sein schneller Tod habe die
jüdische Nation vom Verderben gerettet.[5]) Bald übertraf er sein
Vorbild.[6]) Seine Regierung entsprach denn auch der Erwartung des
Apostels; er war wirklich auf dem Throne der über alle Götter und
Heiligthümer sich erhebende Mensch der Sünde. Daß er in Ver-
ruchtheit, in schamloser Hinwegsetzung über Zucht und Gesetz, Alles,
was die Welt bis dahin noch gesehen, überboten habe, also im präg-

---

belische Bedeutung durch den Zusammenhang bestimmt sein. Hier aber ist gerade
das Gegentheil der Fall: der Zusammenhang, die unmittelbar vorhergehende Erwähnung der heidnischen Götter und σεβάσματα führt mit Nothwendigkeit
darauf, daß unter dem Tempel Gottes gleichfalls etwas Verwandtes, ein σέβασμα, ein sichtbares Heiligthum, welches geschändet werden soll, verstanden werde.
— [1]) Philo, leg. ad Caj. p. 1019. — [2]) Eine neue oder zweite Erfüllung,
die Christus vorhergesagt; denn einmal war sie schon durch Antiochus Epiphanes
erfüllt. 1 Macc. 1, 50. 51, wo die Worte Dan. 12, 11 auf die That des
Antiochus angewendet sind. — [3]) Luc. 21, 20. — [4]) Princeps Juventutis.
v. Eckhel doctr. num. VIII, 371 sq. — [5]) Jos. Arch. 19, 1. — [6]) Ηρύς

nantesten Sinne der „Gesetzlose" gewesen sei, ist bekannt.[1] Plinius
nannte ihn den Feind und die gemeinsame Furie des menschlichen
Geschlechts. Dagegen erklärte ihn der Armenier-König Tiridates
öffentlich vor dem Römischen Volke für seinen Gott, den er wie die
Sonne selbst anbete. Bei seinem Einzug in Rom nach der Rückkehr
aus Hellas wurden ihm auf dem ganzen Wege Opfer geschlachtet.[2]
Dem Thrasea rechnete er es als Verbrechen an, daß er seiner göttlichen Stimme nicht opfere.[3] Dabei verachtete er alle Götter und
Culte[4]; nur der Syrischen Göttin diente er eine Zeit lang, aber
auch ihr Bild entehrte er schmachvoll, und an Apollo und dessen
Orakel in Delphi nahm er Rache, indem er ihm die Ländereien in
Cirrha entzog, Menschen im Heiligthume tödten, die Erdöffnung ver-
stopfen und 500 Statuen wegschleppen ließ.[5]

183. Nero hat persönlich Nichts gegen den Tempel zu Jerusalem unternommen, aber er hat Vespasian mit der Führung des Krieges beauftragt, und so, freilich erst nach seinem Tode, jene Entweihung herbeigeführt, jenen Gräuel der Verwüstung an heiliger Stätte
bewirkt, welche Paulus, gemäß den Andeutungen Christi und der
Danielischen Weissagung, als ein sich Setzen in den Tempel bezeichnet. Natürlich dachte sich der Apostel dieß nicht buchstäblich, sondern
er wollte sagen, daß die heidnische Macht auch des Tempels sich be-
meistern, daß auch dieser oder die heilige Stätte desselben durch den
Cäsaren-Cultus geschändet werden würde.[6] Auch in den Sibyllinen

τὸν Γαῖον Κτεινεν, sagt Dio (Excerpt. ed. Vales. p. 681), ὡς δ᾽ ἅπαξ
ἐχλᾶσαι αὐτὸν ἐπεθύμησε, καὶ ὑπερεβάλλετο. — [1] Daß Paulus mit den
Worten: „das Mysterium der Gesetzlosigkeit ist schon wirksam", Nero gemeint
habe, war die gewöhnliche Ansicht der Kirchenväter. So Victorinus, Hilarius,
Chrysostemus, Hieronymus. Auch von Augustinus und Theodoret wird sie erwähnt. Nero sei nämlich, sagen sie, der Typus des Antichrist gewesen, cujus
jam facta velut Antichristi videbantur (Aug. Civ. Dei 20, 19) oder: quod
ille (Antichristus) operaturus est postea, in isto (Nerone) ex parte comple-
tur. (Hieron. epist. 151 ad Algas. quaest. 2.) Sehr viele der Neuern sind
dieser Deutung gefolgt: Loranus, Erasmus, Gagney, Guillaud, Cornelius a
Lapide u. s. w. — [2] Suet. 25. — [3] Dio Cass. I. 62 p. 714. — [4] Re-
ligionum usquequaque contemtor, praeter unius Deae Syriae. Hanc mox
ita sprevit, ut urina contaminaret. Suet. 56. — [5] Dio I. 63, p. 721.
Pausan. 813, ed. Siebells. Lucian. Nero, Opp. ed. Biponi. IX, 302. —
[6] Schon Origenes hat erkannt, daß die Worte Pauli vom sich Setzen in den
Tempel nur die Anwendung der Weissagung Daniels vom Gräuel der Verwüstung seien. Ὑπὲρ παρὰ τῷ Παύλῳ Λύεσται, ὥστε αὐτὸν εἰς τὸν ναὸν
τοῦ θεοῦ καθίσαι, ἀποδεικνύντα ἑαυτὸν, ὅτι ἐστι θεός, τοῦτο ἐν τῷ

wird Nero als der Zerstörer des Tempels geschildert '); der jüdische Verfasser, ein Zeitgenosse, oder doch der Zeit nahe, wußte wohl, daß Titus dabei den Oberbefehl geführt, aber der eigentliche Urheber, der das Heer gen Jerusalem gesandt hatte, war doch immer Nero. Christus hatte das Erscheinen des heidnischen Heeres auf der Tempelstätte als die Erfüllung des Danielischen Ausspruches angegeben; die Paulinische Weissagung, daß der Gott-sein-wollende Frevler in den Tempel sich setzt, und angebetet wird, fand ihre Erfüllung, als die Römischen Adler mit den Bildnissen der Cäsaren auf der „heiligen Stätte" des Tempels aufgepflanzt, und nun der heidnisch-Römische Cäsaren-Cultus regelmäßig da gepflogen ward, wo vorher der Dienst des wahren Gottes geübt worden war.*)

184. Paulus hatte den Gläubigen, an die er schreibt, bei seiner persönlichen Anwesenheit bereits bestimmtere Belehrung über das nahe bevorstehende Ereigniß ertheilt; er erinnert sie daran, und ruft ihnen zugleich in's Gedächtniß zurück, daß er ihnen auch die Persönlichkeit, welche dem offenen Hervortreten des „Menschen der Sünde" jetzt noch im Wege stehe, bezeichnet habe. Ihr kennt, sagt er, den, der jetzt im Besitze ist, so daß der „Gesetzlose" sich erst zu seiner Zeit

---

Δανιήλ τοῦτον εἴρηται εἰς τρόπον καὶ ἐπὶ τὸ ἱερὸν βδέλυγμα τῆς ἐρημώσεως etc. Contra Cels. 6, 46. Will man eine ganz buchstäbliche Erfüllung der Vorhersagung Pauli suchen, so verkennt man, daß Paulus nicht etwa vermöge einer ihm zu Theil gewordenen besonderen prophetischen Inspiration zukünftige Dinge mit historischer Genauigkeit voraussagen wollte, sondern nur die Kenntniß und Erwartung, welche die damalige Kirche bezüglich der demnächst eintretenden Ereignisse aus den Worten Christi sich gebildet hatte, zur Belehrung der Thessalonicenser verwendete. Alles Wesentliche in seiner Beschreibung ist in Nero und in den damals eingetretenen, oder durch Nero herbeigeführten, Ereignissen erfüllt worden. Daß, wie man später allgemein in der Kirche angenommen hat, theilweise noch eine Erfüllung am Ende der Zeiten eintreten werde, ist natürlich damit nicht ausgeschlossen, so wenig, als die erste Erfüllung der Danielischen Weissagung durch Antiochus Epiphanes eine zweite durch die Römer, wie Christus sie verkündigte, ausgeschlossen hat. — ') Ὃς ναὸν θεότατον ἑαυτὸν καὶ θεὸς πολίσας. 5, 150. p. 108. ed. Friedlieb. Voraus ist er ganz deutlich als Nero, der Muttermörder u. s. w. bezeichnet. — *) Ich erinnere an Tertullian's Wort: Religio Romanorum tota castrensis signa veneratur, signa jurat, signa omnibus Diis praeponit. Apol. 16. cf. Joseph. Arch. 6. 32; Herodian. 4. 4. Baur hat bereits bemerkt: „Auch nachdem der Tempel nicht mehr stand, galt der Ort, wo er gestanden hatte, für ebenso heilig, als der Tempel, wie die Aufstellung des Idols unter Hadrian beweist." Theol. Jahrbb. 1855, 158.

offenbaren wird.¹) Aber jetzt schon wirkt „das Mysterium der Ruchlosigkeit"²), d. h. sie bereitet sich bereits zum offenen Hervortreten
vor, sie hat nur für jetzt noch Rücksichten zu nehmen, und ist nur
einmal der bisherige „Inhaber" aus dem Wege geräumt, so wird
sich offenbaren der „Gesetzlose."³) Demnach ist hier Claudius gemeint, und man begreift, warum Paulus in einem Briefe, der leicht
in die unrechten Hände fallen konnte, in so räthselhafter und geheim-
nißvoller Weise sich über die Lage der Dinge ausdrückt. Die Gläubigen konnten ihn nicht mißverstehen. Und in der That bildete
Claudius in der Beziehung, auf die es hier ankam, wie zu seinem
Vorgänger Caligula, so auch zu seinem Nachfolger Nero den vollständigsten Gegensatz. Er hatte verboten, ihm als Kaisergott zu
opfern, also ihm die eigentlich göttlichen Ehren zu erweisen, er hatte
ferner untersagt, daß Niemand ihm die unter Caligula üblich gewor-
bene Adoration leiste, daß man ihn, wenn er sich öffentlich zeigte,
nicht mit vergötternden Huldigungen empfange. Nero aber und

---

¹) Man übersetzt gewöhnlich ὁ κατέχων: der Hemmende. Aber κατέχων
heißt eigentlich nicht: hemmen, hindern, sondern: besitzen, inne haben, festhalten,
beherrschen. Man vergl. nur sämmtliche im Hase Tindorfschen Thesaurus angeführten Stellen. Die Bedeutung κωλύειν, die Hesychius nebst der von κρατεῖν
und συνέχειν ihm beilegt, ergibt sich nur, weil in den Ausdrücken κρατεῖν
τὴν ὀργήν, τὰ δάκρυα, das Beherrschen gleichbedeutend mit: Zurückhalten ist.
Im N. T. und namentlich bei Paulus, der das Wort am häufigsten gebraucht,
heißt es immer besitzen, festhalten, nirgends (auch nicht Röm. 1, 18, wie der
Context zeigt) hemmen. Zwar erklärt es Chrysostomus: τὸ κωλύον, aber nur,
weil er sich durch die ererbte Meinung, daß das Römische Reich gemeint sei,
bestimmen ließ. Uebrigens ist der „Inhaber" oder Besitzer hier allerdings der
Hemmende, im Wege Stehende; erst wenn der Mensch der Sünde in den Besitz
(der Herrschaft) gelangt ist, wird er offen mit seiner Lästerung u. s. w. hervortreten. — ²) Das zuerst gebrauchte Neutrum, τὸ κατέχον, wird durch das gleich
darauf dafür gesetzte Masc. ὁ κατέχων erklärt. Es handelt sich um eine Person, die aber zugleich eine Sache (die Herrschaft, das Kaiserthum) repräsentirt. —
³) Μόνον ὁ κατέχων ἄρτι ἕως ἐκ μέσου γένηται, d. h. μόνον ἕως ὁ κατέχων
ἄρτι etc., gerade wie Gal. 2, 10: μόνον τῶν πτωχῶν ἵνα μνημονεύωμεν.
Also: „bis daß der jetzt noch Besitzende, der Inhaber, beseitigt sein wird."
Die Vulg. übersetzt richtig ὁ κατέχων mit qui tenet, schiebt aber teneat ein,
wodurch der Sinn der Stelle verändert wird. Das hat denn zu so seltsamen
Auslegungen Anlaß gegeben, wie die von Estius (Comm. II. 195, ed. Duac.):
Quicunque tenet Christum et veram ejus religionem, firmiter retineat, do-
nec de medio ecclesiae sit apostasia. Ebenso Calmet: Que celui qui a
maintenant la foi, la conserve, jusqu' à ce que cet homme (l' Antéchrist)
soll détruit. Das sind so handgreifliche Entstellungen des Paulinischen Sinnes,
daß sie keiner ernsten Widerlegung mehr bedürfen.

Agrippina erwarteten damals ungeduldig seinen Tod, und so ward er denn bald darauf (im J. 64) durch das Gift der Locusta „aus dem Wege geräumt", damit der neue Kaisergott sich zeigen könne.

185. Diesen Ruchlosen wird nun Christus vertilgen „durch den Hauch seines Mundes und die Erscheinung seiner Ankunft", das heißt: Christus wird ebenso das Gericht über diesen Menschen der Sünde in die Hand nehmen, wie das Gericht über Jerusalem, jenes wie dieses wird eine Wirkung seiner Parusie sein. Daß Paulus über den Zeitpunkt der persönlichen Parusie Christi nichts wußte, daß er daher zwischen der ersten und der zweiten nicht ausdrücklich unterschied, ist bereits bemerkt worden. Paulus hatte für den Ausgang seines Ruchlosen das Vorbild des Antiochus, von dem es bei Daniel heißt: er werde seinem Ende entgegengehen ohne Rettung [1]), und dessen Tod auch in den Makkabäerbüchern als ein göttliches Gericht wider den Schänder des Heiligthums des wahren Gottes betrachtet wird.[2]) Und dazu kam noch, daß die Worte des Jesaias, die Paulus hier theilweise entlehnt: „Er wird den Frevler vertilgen mit seiner Lippen Zornhauch"[3]), schon von den Juden auf den Sieg des Messias über seinen Feind Armillus gedeutet wurden.[4])

186. Wenn Paulus das Auftreten des „Widersachers" mit satanischer Wirksamkeit in Verbindung bringt, so ist das um so natürlicher, als er überhaupt die stärkeren Manifestationen des Hei-

---

[1]) Dan. 11, 45. — [2]) 1 Macc. 6, 13. 2 Macc. 9, 7. — [3]) Jesai. 11, 4. — [4]) Neuerlich hat man sich alle Mühe gegeben, dem Verf. der Apokalypse und der ersten Kirche überhaupt das Mährchen von dem aus dem Tode durch ein Wunder wiederzuerweckenden und als Antichrist erscheinenden Nero aufzunöthigen. So Ewald, Lücke, de Wette, Bleek, Baur, früher schon Corrodi und Eichhorn. Nach Kern's Ansicht soll auch der Verf. des — also unächten — zweiten Thessalonicenser-Briefes an diese Fabel geglaubt, und den rückkehrenden Nero als den Antichrist geschildert haben, dessen Auftreten demnächst bevorstehe. Nun hatte sich allerdings gleich nach Nero's Tod das Gerücht verbreitet, er lebe noch, sei irgendwo verborgen, und werde wieder erscheinen, daß aber die Christen daraus die Fabel gesponnen haben sollten, er werde durch ein Wunder göttlicher Allmacht wieder lebendig gemacht werden, damit es nicht an einem leibhaftigen Antichrist fehle, davon findet sich in den ersten drei Jahrhunderten der Kirche nicht eine einzige Spur. Man verweist immer auf die Sibyllinischen Bücher, und Baur hat (Tübing. theol. Jahrbb. 1852, S. 138 ff.) die Stellen derselben abdrucken lassen, in denen Nero geschildert, und seine Wiederkehr prophezeit wird. Aber einmal wissen die Sibyllinen nichts von Nero's Tode; sie lassen ihn nur fliehen und verschwinden und später wiederkehren; dann aber, wie hat man es übersehen können, daß diese Bruchstücke von Juden, und

benthums, die heidniſche Verwerfung oder Anfeindung des Glaubens
an ſataniſche Einwirkungen knüpft: „der Gott dieſer Welt hat den
Sinn der Ungläubigen verblendet"[1]) — „wirkt in den Söhnen des
Unglaubens."[2]) Sataniſch iſt auch die Anwendung lügenhafter Wunderwerke, gaukelhafter Zeichen, die Paulus vorherſieht. Und da iſt
es denn merkwürdig zutreffend, daß, nach dem Berichte des Plinius,
Niemand eifriger den magiſchen Künſten ergeben war als Nero,
und zwar, um dadurch den Göttern gebieten zu können, wonach er
ſo begierig verlangte, daß er ſelbſt Menſchen als Opfer ſchlachtete.[3])

nicht von Chriſten verfaßt ſind? Kein Wort von der Chriſtenverfolgung; außer
ſeinen bekannten Freveln, dem Muttermorde u. ſ. w. iſt es der Krieg gegen „das
heilige Volk der Hebräer", die Zerſtörung ihrer Stadt und ihres Tempels, was
hervorgehoben wird, ſo 1. 5, p. 574:

ἡ καὸ θεότευτον ἴλεν καὶ δηλεξι πολίτας.

Und p. 575: Verlengt wird werden Italien,

ἧς ἕνεκα πολλοὶ ὄλοντο

Ἑβραίων ἅγιοι πιστοὶ καὶ ναὸς ἀληθής.

Nirgend in dieſen Stellen findet ſich eine Andeutung chriſtlichen Glaubens. Der
erſte Chriſt, der die Fabel erwähnt, iſt Commodianus, um die Mitte des dritten Jahrh., der ſie aus den Sibyllinen geſchöpft hat. (Spicil. Solesm. ed.
Pitra, I, 43). Dann folgt Lactantius, im vierten Jahrhundert, der ſie
aber für einen nur von Einigen gehegten Wahnſinn erklärt, und auf die
Quelle, die Sibyllinen hinweiſt (de mort. persec. c. 2). Und auch er kennt
nur die Vorſtellung von einem noch irgendwo lebenden Nero. Erſt Augu-
ſtinus ſagt: Nonnulli ipsum resurrecturum et futurum Antichristum suspi-
cantur. De Civ. Dei 20, 19, 3. Anders Sulpicius Severus: Man
glaube, daß Nero ſich nur verwundet, nicht getödtet habe, daß ſeine Wunde geheilt worden, und er noch lebe, um am Ende der Welt als Antichriſt zu erſcheinen. Hist. saer. 1. 2 p. 373 ed. 1647. Alſo erſt am Ende des vierten Jahrh.
fanden ſich hie und da ſolche Einbildungen; in der älteren Kirche wußte man
nichts davon. In der jüdiſchen, ſpäter gnoſtiſch interpolirten Schrift, dem Martyrium des Jeſaias, erſcheint zwar auch am Ende der Zeiten ein Nero als
Antichriſt, aber hier iſt es der Satan ſelbſt, Belial, welcher unter der Geſtalt
Nero's, des Muttermörders und „Königs dieſer Welt" auf die Erde herabſteigen
wird; die Pflanzung der zwölf Apoſtel, die Kirche, wird in ſeine Hand gegeben
werden; Alle werden an ihn glauben, und ihm als dem einzigen Gotte opfern,
nur Wenige werden Chriſto treu bleiben; nach 330 Tagen aber wird Chriſtus
kommen, und den Belial mit ſeinen Mächten in die Hölle ſtürzen u. ſ. w.
Ascensio Js. 4, 2—14. ap. Gfroerer, Prophetae vet. pseudepigr. p. 10.
Hier iſt alſo der Teufel, der nur zum Schein für den wiedergekehrten Nero
ſich ausgibt. Aber dieſe Interpolationen zu dem älteren jüdiſchen Texte ſind erſt
aus dem vierten Jahrh.; Origenes kannte ſie noch nicht. S. Lücke's Einl. in
die Off. Joh. S. 297. — [1]) 2 Cor. 4, 4. — [2]) Eph. 2, 2: τοῦ πνεύματος τοῦ νῦν
ἐνεργοῦντος, alſo daſſelbe Wort wie hier: κατ' ἐνέργειαν τοῦ σατανᾶ. — [3]) Primum-
que imperare Diis concupivit, nec quidquam generosius valuit. Nat. hist. 30, 5.

Indeß wird nicht gesagt, daß der Gesetzlose selber diese Zeichen verrichte, sondern daß die Menschen zu ihrem Verderben durch solche
Zeichen verführt werden würden. Paulus hatte dabei die Voraussagung Christi vor Augen; und die apokalyptische Schilderung des
falschen Propheten, des Thiers aus der Erde, welches mit großen
Zeichen die Menschen zur Anbetung des Thiers aus dem Meere
(der Kaiser) verführt, ruht auf derselben Anschauung, der hier Paulus folgte. Magische, theurgische Bestrebungen und Künste waren
von dem Heidenthume jener Zeit so wie von den aus heidnischen
Elementen hervorgehenden Häresien unzertrennlich.

187. Die Apostasie, welche zuerst eintreten wird, ist der Abfall
vom Glauben, die Verführung zur Irrlehre, deren Paulus auch sonst
gedenkt,[1] und welche überhaupt theils vor theils nach ihrem Eintreten die Apostel viel beschäftigt. Wie feierlich kündigt Paulus den
Ephesinischen Christen an, daß nach seinem Weggange reißende Wölfe,
verderbliche Irrlehrer, von Außen her sowohl als aus dem Schooße
der Gemeinden sich erheben und das Volk verführen würden.[2] Es
waren die Gnostischen Häretiker, die er meinte, und die er nachher
in dem Briefe an Timotheus sehr deutlich als die „Abtrünnigen“
bezeichnete, deren Hervortreten in den „letzten Zeiten“ der (prophetische) Geist „ausdrücklich“ vorausgesagt habe.[3] Sie waren es, die
zugleich durch magische Blendwerke[4] die Leichtgläubigen täuschten,
und für sich gewannen. Der Abfall, dessen Paulus gedenkt, kann
nicht etwas durch den „Menschen der Sünde“ zu bewirkendes sein.
Von diesem weiß Paulus nur die Selbstvergötterung mit Herabsetzung
oder Verachtung aller andern Götter. Er konnte nicht meinen, daß
eine große Anzahl von Gläubigen abfallen würde, blos um dem
Hochmuth dieses Mensch-Gottes zu fröhnen und ihn anzubeten. Von
der Besorgniß eines großen Abfalles zu diesem rohesten, an Wahnwitz
gränzenden Heidenthume kommt im ganzen Neuen Testamente keine
Spur vor, nirgends wird eine Warnung in dieser Richtung gegeben.
Paulus redet von einer wirksamen Kraft der Verführung, die diesen
Abfall bewirken werde. Aber die Apotheose eines Tyrannen konnte

---

[1] 1 Tim. 4, 1. — [2] Act. 20, 29. — [3] ῥητῶς, 1 Tim. 4, 1. — [4] Sa-
tanische Künste nennen sie die Alten, und gebrauchen dabei dasselbe Wort, wie
Paulus; so Justin M. von Simon: διὰ τῆς τῶν ἐνεργούντων δαιμόνων τέχνης
δυνάμεις ποιήσας μαγικάς. Apol. 2. So Eusebius 3, 26 von Menander:
διαβολικῆς ἐνεργείας. Daß Paulus erdichtete Wunder meine, πεπλασμένοις καὶ
οὐκ ἀληθέσι, bemerkt schon Joh. v. Damascus, 4, 26.

19*

so wenig besonders verführerisch sein, daß, wie Philo bemerkt, zwar
Jedermann, mit Ausnahme der Juden, sich an den dem Caligula
erwiesenen göttlichen Ehren betheiligte, aber doch nur aus Furcht und
seufzend.[1]) Es sind eben auch hier nur die Andeutungen Christi,
aus denen der Apostel geschöpft hat. Der Herr hatte eine große
Verführung mit dem Gräuel der Entweihung der heiligen Stätte in
zeitliche Verbindung gesetzt,[2]) und so sagte denn auch Paulus: die
Parusie des Gesetzlosen werde mit der durch gaukleriche Irrlehrer
und deren magiche Scheinwunder zu bewirkenden Apostasie zusammenfallen. Es sind zwei große Gerichte, deren Vollstreckung gleichzeitig stattfinden wird, die Schändung und der Fall des Tempels zu
Jerusalem, und die Verführung oder der Abfall vieler bisher Gläubigen zu den gnostichen Irrlehren. Dieses letztere Unheil ist dem
Apostel ein Gericht über die, welche „ohne Liebe zur Wahrheit Wohlgefallen haben an der Ungerechtigkeit; ihnen sendet Gott deßhalb eine
Kraft der Verführung, daß sie der Lüge glauben."

---

[1]) Phil. leg. ad Caj. 1008. — [2]) Matth. 24, 23 sq.

Drittes Buch.

Verfassung, Gottesdienst und sittlich-religiöses Leben in der apostolischen Kirche.

---

1. Die Apostel und die Gemeinden. Petrus. Erste Gliederung des Amtes. Aelteste oder Aufseher und Diakonen.

1. Die apostolische Kirche bis gegen das Jahr 64 hin war keineswegs ein verfassungsloses Chaos; als der Leib Christi war sie von Anbeginn an ein wohlgeordnetes Ganze; aber diese Verfassung entsprach dem Doppelzustande einer jetzt noch vor Allem auf Verbreitung und Erweiterung angelegten, und einer charismatisch erfüllten Kirche, welche durch außerordentliche, ohne Unterschied des Amtes gewährte Gaben beherrscht war. Alle Gewalt und Autorität lag in dem Apostolate. So lange die Apostel lebten, waren sie es, welche die Kirche regierten, und in ihrer Hand die gesammte Amtsgewalt vereinigten. Jeder einzelne Apostel hatte solidarisch, nicht getheilt oder stückweise, sondern im Ganzen eine Aufsicht über die Gemeinden; er konnte und sollte seine apostolische Autorität, wo es nöthig und nützlich war, in jedem Theile der Kirche gebrauchen. Paulus sagt daher: ihm liege die Sorge für alle Kirchen ob.[1] Nie ließen diese Männer sich von den Gemeinden eine Befugniß erst bewilligen, oder ein Recht übertragen; vielmehr standen sie mit väterlicher Autorität den Gemeinden als ihren in Christus gezeugten Söhnen gegenüber. Schon der Name "Apostel" wies auf einen Höheren zurück, dessen Bote, dessen Be-

---

[1] 2 Cor. 11, 28. 29.

vollmächtigter der Apostel war, so daß jeder, dem ein Träger dieses Titels entgegentrat, nothgedrungen fragen, oder sich die Frage beantworten mußte, wessen Apostel dieser Mann sei. Die Zwölfe nun gaben Gesetze, sowohl vereinigt, wie auf der Synode zu Jerusalem, als einzeln, darunter manche, welche nie ausdrücklich von Christus angeordnet worden waren. Paulus unterschied bestimmt zwischen Geboten, in welchen er nur der Dollmetscher Christi sei, und solchen, welche er kraft eigner Autorität verkünde.[1]) Er verhieß den Korinthern, daß er bei seiner persönlichen Ankunft noch mehrere Anordnungen machen werde.[2]) Seine Gewalt, Uebertreter zu strafen, mußte Paulus wohl geltend zu machen; hatten doch selbst die Korinthier den von ihm an sie abgeordneten Titus „mit Furcht und Zittern" empfangen.[3]) So droht er den Korinthiern, mit der Zuchtruthe zu ihnen zu kommen[4]); er ist bereit, jeden Ungehorsam zu ahnden[5]), er will, wenn er wieder kommt, nicht schonen.[6]) Er gebietet Absonderung von jedem, dessen Verhalten nicht den von ihm gegebenen Vorschriften entspreche[7]), und begehrt, daß sie ihm solche Personen namhaft machen. Da wo Einzelne oder ganze Parteien, wie in Korinth, seine Gewalt anzuerkennen sich weigerten, geschah dieß nur, weil sie ihn nicht für einen ächten Apostel hielten, so daß er ihnen gegenüber auch nur sein Recht zum apostolischen Amte behauptete, nicht über den Umfang oder die Befugnisse dieses Amtes stritt.[8])

2. Die Apostel hatten ihre dienenden Jünger und untergeordneten Gehilfen. Wir sehen namentlich Paulus und Barnabas sich einer Anzahl meist jüngerer Männer als Gehilfen bedienen. Sie werden als Ueberbringer von Aufträgen zwischen den Aposteln und den Gemeinden hin und her gesandt; sie erstatten Bericht über den Zustand dieser Gemeinden. Gewisse Funktionen sind ihnen überlassen; so namentlich das Taufen, welches die Apostel nach dem Beispiele Christi, der auch nicht selbst taufte, sondern die Handlung durch seine Jünger verrichten ließ[9]), gewöhnlich Andern übertrugen. Als Petrus den Cornelius und sein Haus belehrte, gebot er, „daß sie getauft werden sollten"[10]); Paulus erklärt, er habe keinen der von ihm belehrten Korinthier getauft, mit Ausnahme des Crispus, Cajus und der Familie des Stephanus, denn Christus habe ihn nicht gesandt,

---

. [1]) 1 Cor. 7, 10. — [2]) 1 Cor. 11, 31. — [3]) 2 Cor. 7, 15. — [4]) 1 Cor. 4, 21. — [5]) 2 Cor. 10, 6. — [6]) 2 Cor. 13, 2. — [7]) 2 Thess. 3, 6. 10. — [8]) 1 Cor. 9, 1. 2. 2 Cor. 11, 15; 12, 11. 12. — [9]) Jo. 4, 20. — [10]) Act. 10, 45. 48; 11, 12.

zu taufen, sondern das Evangelium zu predigen.¹) Auch zu Ephesus
scheint er so verfahren zu sein; von den zwölf Johannesjüngern, die
er dort fand, heißt es: „sie wurden getauft im Namen Jesu, und als
Paulus ihnen die Hände auflegte, kam der heilige Geist über sie."²)
Dieses Händeauflegen war dagegen, wie sich hier und bei den von
dem Evangelisten Philippus getauften Samaritern zeigt³), eine den
Aposteln eigenthümliche Prärogative.

3. Unter den Aposteln behauptete Petrus einen Vorrang, den
zu bestreiten keinem der Uebrigen einfiel. Er hat die Schlüssel des
Reiches empfangen, er ist der Fels, auf den die Kirche gebaut
worden, das heißt: Bestand, Wachsthum und Gedeihen der Kirche
beruht auf dem in seiner Person geschaffenen Amte. Ihm ist aufgetragen, die Brüder zu stärken, die Heerde Christi zu weiden. Ihm
ist, wie Paulus sagt, von dem Herrn ganz besonders das „Evangelium
der Beschnittenen" aufgetragen, wie dem Manne von Tarsus das
der Unbeschnittenen.⁴) Christus selbst war Diener der Beschneidung
geworden⁵), seine messianische Wirksamkeit war dem Heile Israels
gewidmet, so daß er selber sagte: „ich bin nur gesandt zu den Schafen vom Hause Israel"⁶) — und Petrus ist ihm hierin nachgefolgt;
er ist ganz eigentlich der Apostel Israels, das Haupt der Kirche der
Beschneidung, er ist dieß in höherem, vorzüglicherem Sinne als Jakobus, der in doppelter Beziehung Petrus nachstand, einmal da er
auf Jerusalem beschränkt blieb, während Petrus auch sofort die ganze
Diaspora in den Kreis seiner Wirksamkeit zog, und dann, weil Jakobus sich stets von den Heiden ferne hielt, während Petrus es war,
der die Heiden zuerst der Kirche einverleibte, und auch fernerhin seine
kirchliche Thätigkeit, wenn auch in untergeordneter Weise, auf die
bekehrten Unbeschnittenen erstreckte. Denn es gab nicht zwei Kirchen,
eine Kirche der Beschneidung und eine Kirche der Vorhaut, sondern
es besteht nur Ein Oelbaum, Ein Volk Gottes, Ein Israel⁷); in
diesen Baum werden die Heiden eingepfropft, und dadurch „theilhaftig der Wurzel und des Saftes im Oelbaum", als Adoptivsöhne
Abrahams; daher auch Petrus den gläubigen Frauen der Gemeinden, an die sein Brief gerichtet ist, sagt: sie seien Töchter Sara's
geworden.⁸) So ist der Apostel, dem von Gott Israel besonders

---

¹) 1 Cor. 1, 14—17. — ²) Act. 19, 5. 6. — ³) Act. 8, 6—17. —
⁴) Gal. 2, 7. — ⁵) Rom. 15, 8. — ⁶) Matth. 15, 24. cf. 20, 28. — ⁷) Rom.
11, 24. — ⁸) 1 Petr. 3, 6. Schon die Stelle 4, 3. 4 zeigt, daß das
Schreiben an Gemeinden, die vorzugsweile aus Heidenchristen bestanden, gerichtet ist.

anvertraut ist, nothwendig das Haupt des apostolischen Collegiums
und der ganzen Kirche. Das Uebereinkommen zwischen ihm und Paulus
betraf eine Theilung der Arbeit, nicht eine Theilung der Kirche, und
Paulus, der eigens nach Jerusalem reiste, um 15 Tage mit Petrus
zuzubringen, wußte wohl, daß Kephas unter den drei Säulenaposteln
der vornehmste sei, wenn er auch in dem Betreten des ihm durch
göttliche Berufung und Offenbarung gezeigten Wegs nicht abhängig
von Petrus sein wollte, und in Antiochia ihm entgegentrat. Die
Hauptsache, auf welche Paulus so hohes Gewicht legte, daß die Heiden unmittelbar, nicht auf dem Wege des Jüdischen Proselytenthums,
zu Christus bekehrt werden sollten, hatte nicht Paulus, sondern Petrus zuerst durch besondere Offenbarung gelernt. Und nicht eher,
als nach jener fünfzehntägigen Besprechung mit Petrus, trat Paulus
sein eigentliches Amt, das der Heidenpredigt an. So lange die Apostel in Jerusalem vereinigt blieben, trat denn auch bei jeder wichti-
geren Veranlassung der Primat des Petrus hervor. Er ist es, der
die Ergänzung des apostolischen Collegiums durch die Wahl des Ma-
thias veranstaltet. Die Form dieser Wahl wird von ihm bestimmt,
er beschränkt sie auf diejenigen, welche stete Begleiter und Zeugen
der Lehre und der Thaten Christi gewesen. Er führt das Wort vor
dem Volke wie vor dem Synedrium; er verrichtet das erste Wunder
zur Bestätigung der Auferstehung Christi. Das Strafgericht über
Ananias und Saphira, das Anathem über Simon, den ersten aller
Häretiker, die erste Besuchung und Stärkung der unter dem Druck
der Verfolgung leidenden Kirchen, das Alles war seine That. Wenn
er mit Johannes von dem Apostel-Collegium zu den Neubekehrten
in Samaria gesendet wurde, so war er eben selbst einer dieses Collegiums, und zwar der Vorsitzende. So sandten damals die Juden
ihren Hohenpriester Ismael an Nero[1]); und Ignatius sagt, daß die
benachbarten Kirchen in Asien, einige ihre Bischöfe, andere ihre
Presbyter oder Diakonen geschickt hätten.[2]) Wie immer und überall
stand Petrus auch auf der Versammlung zu Jerusalem, welche die
Freiheit der Heiden vom Ritualgesetz aussprach, an der Spitze; er
eröffnete sie, und seine Stimme mit den von Jakobus beigefügten
Bedingungen wurde zum Beschlusse erhoben.

4. Auf dieser Synode mußte das Urtheil des Jakobus von be-
sonderm Gewichte sein, denn Petrus war in der Streitfrage gewissermaßen Partei, so gut wie Paulus. Es war in Jerusalem bekannt,

---

[1]) Joseph. Arch. 20, 7. — [2]) Ep. ad Philadelph. 10.

daß er den Centurio Cornelius und andere Heiden mit ihm zu Cäsarea ohne Beschneidung zu taufen geboten hatte; das hatte schon
bei seiner Rückkehr nach Jerusalem starken Widerspruch erregt. Und
als jetzt Paulus und Barnabas nach Jerusalem kamen, und die Synode gehalten werden sollte, da erhoben sich wieder gläubig gewordene Pharisäer, behauptend, daß die Heiden sich der Beschneidung
und dem Gesetze unterwerfen müßten.[1] So war denn Jakobus, der
mit seiner ganzen Gemeinde das Gesetz so treu hielt, der beste, für
die Gegner überzeugendste Richter in diesem Streit, und es verstand
sich, daß das Dekret seiner Stimme gemäß gefaßt wurde. Darum
nannte Paulus im Galaterbriefe, sich auf die Säulen-Apostel berufend, die ihm und Barnabas die Rechte zum Zeichen der Gemeinschaft gereicht hätten, Jakobus zuerst und vor Kephas[2]; denn wirklich war der damaligen Lage entsprechend, und für Personen, welche
sich ohne Zweifel auf das Vorbild der das Gesetz festhaltenden Mutterkirche beriefen, das Beispiel des Jakobus noch gewichtiger, als das
des Petrus; wie denn auch später die Ebioniten sich bemühten, die
Autorität des Jakobus als die höchste in der Kirche erscheinen zu
lassen. Jakobus selbst aber erkennt es an, daß nach Gottes Anordnung Petrus berufen sei, aus den Heiden ein Volk, das seinen Namen trage, zu gewinnen, und es mit den gläubigen Israeliten zu Einer
Kirche zu vereinigen[3]; denn er bestätigt die Worte des Petrus: ihn
unter Allen habe Gott auserwählt, den Heiden zu predigen. So
ziemte sich's für den Apostel, der allein die Schlüssel des Reiches
empfangen hatte. Paulus trat also erst in das von Petrus begonnene Werk ein, und baute auf dem von diesem gelegten Grunde fort;
er hätte das nicht vermocht, wenn Petrus ihn nicht, in Folge jener
früheren Verhandlung zwischen beiden, als göttlich berufenen Mitarbeiter anerkannt hätte, obgleich Paulus seine rechte Sendung unmittelbar von Christus ableitete. Man erkennt wie Paulus eine Stufe
tiefer als Petrus stand, wenn er selber sein Verhältniß zu Juden und
Heiden so bestimmt: er trachte aus allen Kräften sein Amt als Heidenapostel durch zahlreiche Bekehrungen zu verherrlichen, damit er
(kraft des dadurch erlangten Ansehens) doch Einige seines Volkes
zur Nacheiferung reizen und sie gewinnen möge.[4] Petrus bedurfte
dieses Umweges nicht; er wirkte mit dem Gewichte seines Amtes
gleichmäßig auf Juden wie auf Heiden, und es war die freie Selbst-
beschränkung, die ihn nachher den Wirkungskreis unter Juden dem

[1] Act. 15, 5. — [2] Gal. 2, 9. — [3] Act. 15, 14. — [4] Rom. 11, 13. 14.

heidnischen vorziehen ließ. Uebrigens verbarg es Paulus selbst keineswegs, daß auch in seinen Augen Petrus nicht blos einer der Zwölfe sei, daß ihm vielmehr im Unterschied von allen Uebrigen eine eigenthümliche Stellung und Würde zukomme; daß die Berufung auf sein Beispiel noch ein besonderes Gewicht habe. Es genügt ihm nicht zu sagen: habe ich nicht auch das Recht, gleich den andern Aposteln eine Schwester herumzuführen, sondern er sagt: „wie die übrigen Apostel, die Brüder des Herrn und Kephas.“[1]) Und wenn Petrus seinerseits in der Mahnung an die Presbyter der Kirchen sich „ihren Mitpresbyter“ nennt, so war er der Vorschrift und des Beispieles seines Herrn dabei eingedenk; er folgte dem, der die Apostel, obgleich so hoch über ihnen stehend, „seine Brüder“ genannt[2]), der ihm geboten hatte, die „Brüder“ zu stärken[3]), und als der größte im Reiche zugleich der geringste und demüthigste zu sein; er sah in den Presbytern Männer, welche gleich ihm in Lehre und Verwaltung den Brüdern dienten, und in so weit waren er und sie Amtsgenossen. Und so ist denn auch Petrus, als der erste der Apostel, derjenige, der am nachdrücklichsten darauf bringt, „daß das Amt in der Kirche nur eine Führung, eine Dienstleistung, ein Vorleuchten durch Beispiel, keine Herrschaft sei, und der vor jedem geistlichen Herrschgelüste warnt.[4])

5. In der Gemeindeverfassung sind offenbar schon während des apostolischen Zeitalters bedeutende Veränderungen eingetreten. Zwar waren überall in den Gemeinden die aus dem Judenthume herübergenommenen Presbyter; aber ihr Geschäft konnte neben den in der ganzen Gemeinde verbreiteten Charismen nur untergeordneter Natur sein. Die Begabung war nicht bedingt durch die Beamtung. Die außerordentlichen Gnadengaben, welche die Apostel durch ihre Händeauflegung mittheilten, waren so verbreitet und vertheilt, daß fast Jeder oder doch Viele wenigstens zeitweise, Antheil an der einen oder andern Gabe hatten. Es war dieß ein in der Geschichte einziger Zustand, der sich späterhin nie mehr wiederholt hat, und den wir in Ermanglung der Erfahrung nur annähernd uns vorzustellen vermögen. Man möchte sagen: das Metall der Kirche war noch glühend, flüssig, formlos, und gewährte einen ganz andern Anblick als nachher im Zustande des kalt und fest gewordenen Gusses. Wie sehr das Amt und die corporative Organisation und Gliederung in diesem ersten Zeitraume noch mangelte oder zurücktrat, das zeigen die Paulinischen Briefe. Wenn wir von den in seine letzte Lebenszeit fallen-

[1]) 1 Cor. 9, 5. — [2]) Matth. 28, 10. — [3]) 1 Petr. 5, 3. — [4]) Luc. 22, 32.

den Briefen an die Philipper, an Timotheus und Titus absehen, gedenkt er nirgends der Diakonen, der Presbyter und Episkopen.[1] Er hat ihnen keine Aufträge, keine Winke und Belehrungen über ihre Amtsführung zu geben, und doch mußte so Manches, was er an den Gemeinden rügte, oder von ihnen begehrte, von dieser Amtsführung abhängen, wenn sie bereits die Stellung, in der wir sie später erblicken, einnahmen. Paulus spricht immer nur zu den Gemeinden. Wenn er die von Gott der Kirche gegebenen Lehrer nach ihren verschiedenen Abstufungen oder Eigenthümlichkeiten aufzählt, so sind gerade die Namen: Diakonen, Presbyter, Episkopen nicht darunter. So im Epheserbriefe[2]: „Gott bestellte Apostel, Propheten, Evangelisten, Hirten, Lehrer.“ Im Korinthier-Briefe[3]: „In der Kirche hat er gesetzt: erstens Apostel, zweitens Propheten, drittens Lehrer, dann Wunderkräfte, hierauf Charismen der Krankenheilungen, Hilfeleistungen, Deutungen[4]), mannigfaches Zungenreden.“ — Es ist klar, daß der Apostel in diesen Stellen nicht von festen Gemeindeämtern, sondern von Charismen redet. Auch die Apostel nennt er hier nicht als Träger des apostolischen Amtes, sondern als charismatisch begabte Personen. Seine Apostel, Propheten, Lehrer bedienen sich der dreifachen charismatischen Lehrweise je nach der empfangenen Begabung, der Lehre oder der Weisheit, der Gnosis oder der Pistis.[5]

6. Hier zeigt sich ein kirchlicher Zustand, in welchem das ganze Gemeindeleben durch die Charismen in ihrer auffallenden, außerordent-

---

[1] Im Römerbrief wird 16, 1 eine Diakonissin erwähnt. Sonst gebraucht P. das Wort διάκονος und διακονία stets im allgemeinen Sinne, ohne Beziehung auf das specielle Amt der zu Jerusalem eingesetzten Sieben. — [2] Eph. 4, 11. — [3] 1 Cor. 12, 28. — [4] ἀντιλήψεις, welches Wort nur einmal im N. T. vorkommt, wird allgemein mit „Regierungen“, „Verwaltungen“ übersetzt. Aber diesen Sinn hat es in der Septuag. nicht, sondern: consilia, prudentia, intelligentia. Das Lex. Cyrilli erklärt es mit ἐφόδιον, die Glossae inedliae in Prov. Salom. bei Schleußner (thes. s. v.) mit ἐπιδρομαὶ τῶν πραττομένων. Hesychius: ἀπαραίτητοι ἐπιδρομαὶ καὶ ἐφόδιον. Darauf deutet auch die Stellung der ἀντιλήψεις zwischen den ἰάματα und den γένη γλωσσῶν, so wie der Plural. Den ἀντιλήψεις entspricht in der gleich folgenden Parallele oder fragenden Wiederholung v. 29 das μὴ πάντες διερμηνεύουσιν, und in der vorangegangenen v. 9 die διακρίσεις γλωσσῶν oder die διακρίσεις πνευμάτων. Sollte aber κυβερνήσεις Gabe der Regierung heißen, so würde Paulus, der in diesem Kapitel dreimal die Charismen aufzählt, diese, die doch eine der wichtigsten, und zu seiner Absicht, die Nothwendigkeit des Zusammenwirkens zu einem gemeinschaftlichen Zwecke zu zeigen, ganz besonders geeignet wäre, zweimal auffallender Weise übergeben. Und andererseits würde er die διακρίσεις, deren er zweimal als eines eigenen Charisma gedenkt, in der Aufzählung v. 28 übergangen haben. Gewiß sehr unwahrscheinlich! — [5] 1 Cor. 12, 8. 9.

lichen äußerlich sofort erkennbaren Form bedingt und beherrscht ist.
Ohne Zweifel galt auch von andern Gemeinden, was Paulus von
der Korinthischen sagt, daß es ihr an keiner Gnadengabe fehle.[1])
Diese Gaben waren nothwendig, der Gläubige hatte sein Charisma
nicht sowohl für sich, als für Andere, es sollte als ein Andern oder
dem Gemeindeganzen zu leistender Dienst von ihm behandelt werden.
Dazu waren diese Gaben gegeben, nur so erfüllten sie ihren Zweck.[2])
Dabei mahnt er indeß: da die Charismen zwar alle gut, aber doch
von ungleichem Werth und größerer oder geringerer Bedeutung für
das kirchliche Gemeinwohl seien, so solle jeder nach den vorzüglichern
Gaben ringen. Da nun jeder, dem eine dieser Geistesgaben zu
Theil wurde, sofort auch eine derselben angemessene Wirkungssphäre
in Anspruch nehmen mußte, da zugleich manches Charisma bei
diesem oder jenem, zum Theil durch eigene Schuld, wieder erlosch,
oder einem andern höheren Raum gab, so sieht man, wie fließend
diese Verhältnisse waren, wie wenig noch an feste corporative Gestaltung, an Feststellung und Abstufung des kirchlichen Amtes und
seiner Befugnisse gedacht werden konnte, wie denn auch ein solches
Bedürfniß für jetzt noch nicht empfunden wurde.

7. Freilich aber konnte eine Gemeinde, trotz einer ihr gewährten
reichen Ausgießung der Geistesgaben, in arge Verirrungen fallen.
Paulus hatte in Korinth, gleichzeitig mit seiner Schilderung des
charismatischen Zustandes der dortigen Kirche, schlimme Mißbräuche
zu rügen. In den Galatischen Gemeinden hatte die Judaistische Verführung und die Verdunklung der christlichen Lehre durch den Wahn
von der Nothwendigkeit der Gesetzesbeobachtung so sehr überhand
genommen, daß der Apostel sie Thoren und Unsinnige schalt, zugleich
aber sich auf den Beweis berief, der in den auch ihnen, nicht durch
Jüdische Gesetzesbeobachtung, sondern durch den Christusglauben zu
Theil gewordenen Geistesgaben und Wunderkräften lag.[3]) Damals
mußten nun aber die Charismen der Lehre und Erkenntniß in diesen
Gemeinden schon geschwächt oder erloschen sein; außerdem wäre eine
so starke Verirrung nicht erklärbar. Immer jedoch ist auch in diesem
Briefe keine Spur eines festen Lehramtes; vielmehr werden am
Schlusse die „Pneumatischen" unter ihnen angewiesen, das Amt der
Rüge zu verwalten.[4]) Ueberhaupt aber hat sich von da an der
charismatische Zustand in den Kirchen mehr und mehr verloren,

---

[1]) 1 Cor. 1, 7. — [2]) 1 Cor. 12, 7. 1 Petr. 4, 10. — [3]) Gal. 3, 2. 5.
[4]) Gal. 6, 1.

wenn auch einzelne Charismen und einzelne mit denſelben begabte
Perſonen blieben. Im erſten Briefe an die Gläubigen zu Theſſa-
lonika hatte Paulus es noch beſonders hervorgehoben, daß ſein
Evangelium dort nicht als bloße Lehre, ſondern in Erweiſung der
Kräfte des heiligen Geiſtes gewirkt habe.[1]) In den Briefen an die
Philipper und Koloſſer findet ſich nicht mehr die geringſte Andeutung
oder Anſpielung auf die Charismen, obgleich in beiden Gemeinden
die Veranlaſſung dazu ſehr nahe lag, zu Philippi durch die Jüdiſchen
Widerſacher, in Koloſſä wegen der häretiſchen Gefahren und der
drohenden gnoſtiſchen Ascceſe. Dagegen werden im Philipperbriefe
bereits Epiſkopen und Diakonen als Gemeindebeamten erwähnt. In
den Paſtoralbriefen ſodann fehlt nicht nur jede Erwähnung der Charismen, ſondern ſtellt ſich auch ein von dem charismatiſchen völlig
verſchiedener Zuſtand der Gemeinden dar. Die Gemeinden in Kleinaſien, die Epheſiniſche zunächſt, ſind theils bedroht theils zerrüttet
von gnoſtiſchen Irrlehren, Logomachien, thörichten Streitfragen, leerem
Geſchwätz über Dinge des Glaubens, von Goeten-Unweſen, von einer
fortſchreitenden, gleich einem kalten Brande um ſich freſſenden Gottloſigkeit.[2]) Alle Rathſchläge, welche dem Timotheus hier ertheilt
werden, das Verhalten gegen dieſe Uebel, welches ihm empfohlen wird,
das Alles iſt ſo gefaßt, als ob es keine Charismen im weiteren Umfange mehr gäbe, als ob an die Stelle des erſten pneumatiſchen Auf-
ſchwunges, und der in den Gemeinden ſich manifeſtirenden Fülle von
außerordentlichen Kräften bereits die trockne Proſa des kirchlichen Lebens getreten wäre. Die früher von Paulus nicht erwähnten Kirchenämter, die den zu Ordinirenden nöthigen Eigenſchaften, werden eingehend beſprochen, aber auch hier iſt es kein einziges eigentliches
Charisma, welches Paulus für einen Presbyter fordert. Dieſes ganze
Gebiet erſcheint nun von der kirchlichen Verwaltung wie ausge-
ſchloſſen. Desgleichen iſt in den Schriften des Johannes nichts, was
auf die Fortdauer des charismatiſchen Zuſtandes in den kleinaſia-
tiſchen Gemeinden ſchließen ließe, obgleich beſonders der erſte Brief
die Bezugnahme auf einen ſolchen Zuſtand, wenn er noch beſtanden
hätte, kaum hätte vermeiden können.

8. Die Propheten der erſten Zeit hat Paulus einmal mit
den Apoſteln zuſammen, und nach einer Seite hin ihnen gleich geſtellt,
als das gemeinſchaftliche Fundament, auf welchem die Kirche erbaut

---

[1]) 1 Theſſ. 1, 5. — [2]) 1 Tim. 4, 1—3; 6, 3 ss. 20. 2 Tim.
2, 14 ss.

werde.[1]) Auch Johannes setzt statt der Christen überhaupt: die Heiligen, die Apostel und die Propheten[2]); in anderen Stellen blos: „die Heiligen und die Propheten"[3]), alle Organe christlicher Offenbarung und Verkündiger göttlicher Rathschlüsse unter dieser Bezeichnung begreifend. Sie waren göttlich begeisterte Männer, welche, aus der Erkenntniß heraus, die ihnen in der Form von Visionen und ekstatischen Eindrücken mitgetheilt worden, vor der Gemeinde redeten, während die, welche Paulus die „Lehrer" nennt, zwar auch pneumatisch erfüllt waren (denn der Apostel rechnet auch sie zu den Trägern eines Charisma), aber doch in ruhiger, begriffsmäßiger Erörterung ihre Gabe gebrauchten. Manche von ihnen hatten, wie eben die Apostel auch, den doppelten Beruf des Lehrens und des Regierens, sie waren „Hirten und Lehrer".[4]) Und wenn Paulus noch der Evangelisten besonders gedenkt, so versteht er darunter jene von den Aposteln berufenen Gehilfen, welche von Stadt zu Stadt wandernd die erste Sammlung von Gläubigen und Bildung von Gemeinden betrieben. So ist es denn richtig, was ein Späterer sagt, daß in der ersten Zeit jedermann gelehrt habe in der Kirche, jeder der mit dem Charisma die Fähigkeit des öffentlichen Redens empfangen hatte. Aber der Inhalt seiner Lehre unterlag dem Urtheil der Apostel, und derer, welche das Charisma der Geister-Unterscheidung[5]) besaßen.

9. In der Erstlingskirche zu Jerusalem äußerte sich bald nach der Geistes-Ausgießung eine Unzufriedenheit der Hellenischen Juden gegen die Palästinensischen, weil sie wähnten, daß ihre Wittwen bei der Spenden-Vertheilung zurückgesetzt würden. Den Aposteln war in Folge der freiwilligen Gütergemeinschaft auch die Verwaltung der Gemeindekasse und die Leitung der Speise- und Almosen-Vertheilung zugefallen, und es scheint, daß die Personen, deren sie sich dabei bedienten, zu jener Klage Anlaß gaben. Sie erkannten, daß es Zeit sei, sich eines Geschäftes und einer Verantwortlichkeit zu entäußern, welche in der so rasch anwachsenden Gemeinde ihren Lehrberuf nur beeinträchtigen konnte.[6]) Der „Dienst am Tische" sollte ihnen abgenommen und Andern übertragen werden, „weisen Männern voll des heiligen Geistes". Die Gemeinde suchte sieben Männer aus, welche die Apostel mit Gebet und Handauflegung ordinirten.

---

[1]) Eph. 2, 20. — [2]) Apoc. 18, 20. — [3]) Apoc. 11, 18; 16, 6; 18, 24. — [4]) ποιμένες Eph. 4, 11. προϊστάμενος, Rom. 12, 8. 1 Thess. 5, 12. — [5]) 1 Cor. 12, 10. — [6]) Act 6, 2.

10. Die ganze Kirche hat nachher hierin die Einsetzung des Diakonats erkannt; aber in den neutestamentlichen Schriften werden diese Sieben weder zusammen noch einzeln so genannt. Lukas bezeichnet den Philippus als Evangelisten und „Einen aus den Sieben".[1] Das Geschäft der Armenpflege und Agapen-Besorgung, welches die erste Veranlassung zu ihrer Einsetzung gegeben, bildete allerdings nachher, als die vollständige Organisation der Gemeinden durchgeführt war, den Beruf der Diakonen. Damals aber gab es in Jerusalem noch keine anderen Gemeindebeamten neben den Aposteln; die Sieben waren die tüchtigsten, bewährtesten Männer, welche die Gemeinde zu finden vermochte, und zwei aus ihnen, Stephanus und Philippus, wohl auch noch Andere, betheiligten sich alsbald an dem höheren apostolischen Lehr- und Missionsberufe. Während nun Lukas nie von „Diakonen" redet, erwähnt er öfter der „Presbyter", berichtet aber kein Wort von ihrer Einsetzung — eine Verschweigung, die sehr auffallend wäre, wenn die Apostel schon damals und bald nach der Ordination der Sieben noch ein eigenes Presbyterium eingesetzt hätten, also eine die Diakonen an Gewicht und Bedeutung überragende Körperschaft — eine Körperschaft, aus welcher auch nicht ein einziger Name sich erhalten hätte, während Lukas alle Namen der Siebenmänner nennt. Erst nachdem sich die durch die Verfolgung zerstreute Gemeinde wieder in Jerusalem gesammelt hatte, wird ganz zufällig zum erstenmale die Existenz von „Aeltesten" in Jerusalem erwähnt. Ihnen nämlich übergeben Paulus und Barnabas die von Antiochien gesandten Almosen, sie zu vertheilen. Dieß war aber gerade das den Sieben übertragene Geschäft. Weiterhin berichtet Lukas, daß Paulus und Barnabas in den Kirchen von Pisidien „Aelteste" eingesetzt hätten[2], und redet wiederholt von den „Aposteln und Aeltesten" in Jerusalem. Das Schreiben der Synode an die Christen zu Antiochia haben die „Apostel, Aeltesten und Brüder" erlassen. Die Sieben aber sind, wenn sie von den „Aeltesten" in Jerusalem verschieden waren, wie spurlos auf einmal verschwunden.

11. Wir werden demnach zu dem Ergebniß geführt, daß damals eine Scheidung von Diakonen und Presbytern noch nicht statt fand, daß die Sieben in Jerusalem vielmehr noch die nachher in diese zwei Aemter zertheilte kirchliche Thätigkeit umfaßten. Auch in den früheren Briefen des Paulus und in dem des Jakobus ist noch keine Spur eines Nebeneinanderbestehens von Diakonen und Presbytern. Erst im

---

[1] Act. 21, 8. — [2] Act. 14, 23.

Philipperbriefe und den Pastoralbriefen, also nach dem J. 64, erscheinen beide Aemter geschieden. Damit war der zweite Hauptschritt zur bleibenden Organisation der Kirche geschehen, der demnach in die spätere Wirkungszeit des Paulus und Petrus fällt. Eine Scheidung des Presbyterats und des bischöflichen Amtes war damals noch nicht vollbracht, die beiden Bezeichnungen werden noch als gleichbedeutend gebraucht. Der Name „Aufseher" oder Episkopos kommt überhaupt nur viermal als Amtsbezeichnung vor. Im Philipperbriefe werden die Gläubigen „nebst den Episkopen und Diakonen" angeredet. Sodann wird den Aeltesten von Ephesus, als Paulus in Milet Abschied von ihnen nimmt, gesagt, daß der heilige Geist sie zu „Aufsehern" in der Heerde, die Kirche des Herrn zu weiden, eingesetzt habe.[1] Dieselben Männer also, welche Lukas Aelteste nennt, redet Paulus als „Episkopen" an. Ebenso in dem Briefe an Titus: Paulus hat diesen seinen Jünger, wie er sagt, in Creta zurückgelassen, damit er unbescholtne und sonst geeignete Männer zu Aeltesten bestelle; denn ein Aufseher müsse unbescholten sein.[2]

12. Es scheint, daß in den judenchristlichen Gemeinden der Ausdruck „Aelteste", in den heidenchristlichen die Bezeichnung „Aufseher" anfänglich vorherrschend war. Petrus und Jakobus gebrauchen nur den Namen „Presbyteri", nie das Wort „Episkopen". Der Name „Aelteste" war den Juden geläufig, und aus dem Judenthume herübergenommen. „Aelteste" gab es sowohl im Synedrium, als Beisitzer neben den Oberpriestern und Schriftgelehrten[3], als auch an jeder Jüdischen Synagoge oder in jeder Lokal-Gemeinde, wo sie einen Synagogen-Obern zum Vorsteher hatten.[4] Den Heidenchristen war aber dieser Name fremd, es wäre ihnen wohl aufgefallen, wenn, was doch häufig geschah, jüngere Männer als „Aelteste" ordinirt wurden. Die Apostel mögen sich daher in diesen Gemeinden lieber des Wortes Episkopos bedient haben, welches sie in der Alexandrinischen Uebersetzung des alten Testaments in der Bedeutung von kirchlichen und bürgerlichen Beamten vorfanden. Diese Presbyter oder Episkopen waren nun in den größeren Städten und Gemeinden zu einem Collegium vereinigt, wie Ephesus, Jerusalem, Philippi und Andre zeigen; weßhalb auch Jakobus den Kranken empfiehlt, die Presbyter der Kirche (also mehrere) zur Vornahme der Salbung zu sich rufen zu lassen.[5]

---

[1] Act. 20, 28. — [2] Tit. 1, 5 ss. — [3] Daher γερουσία, Act. 5, 21. — [4] Luc. 7, 3. Act. 13, 15. — [5] Jac. 5, 14.

2. Das Episkopat.

13. Das Amt, welches nachher das bischöfliche genannt worden, war also noch nicht ausgeschieden; das Episkopat ruhte noch im Apostolat. Es war das letzte der Aemter, welche, wie Zweige aus einem Stamme, aus dem Apostolat hervorwuchsen. In Jerusalem hatte es bereits Gestalt gewonnen in der Person des Jakobus, der durch seine ganze Stellung zur dortigen Gemeinde, durch sein Verzichten auf die Missionswirksamkeit und seine Beschränkung auf die heilige Stadt als der erste wahre und eigentliche Bischof erscheint. Die übrigen Apostel übten in ihrer Ueberwachung und Leitung mehrerer Gemeinden das bischöfliche Amt. Nur Petrus und Jakobus, diesen in Jerusalem, jenen in Antiochien und Rom, kennt die kirchliche Ueberlieferung als Begründer und Stammväter einer Successionsreihe von Bischöfen, in welcher sie selber als die ersten Glieder mitbegriffen sind. Von den Paulinischen Kirchen hat keine Paulus als ihren ersten Bischof bezeichnet; er gehörte allen an, ohne irgend einer einen solchen Vorzug zu gewähren. Doch gab sein Zeugentod zu Rom der dortigen Kirche ein Anrecht, auch ihn neben Petrus als Mitbegründer der Römischen Kathedra sich zuzueignen. Auch die übrigen Apostel haben sich an keine besondere Gemeinde so gebunden, daß sie als deren erste Bischöfe hätten genannt werden können. Für Johannes war Ephesus der Mittelpunkt, von welchem aus er sein apostolisches Amt verwaltete; aber er ist nie als erster Bischof von Ephesus bezeichnet worden, vielmehr zeigt die Apokalypse, daß ein Andrer dort neben und unter ihm Bischof war. Je näher aber zwei Zeitpunkte rückten, der Moment ihres irdischen Abscheidens und der der völligen und entscheidenden Trennung der christlichen Kirche vom Judenthume, desto dringender wurde die Mahnung für sie, Sorge zu treffen für die Fortsetzung ihres apostolischen Amtes, das heißt: Bischöfe einzusetzen. Wir sahen schon, wie gewichtige Gründe für die Apostel vorhanden waren, lange mit dieser Einsetzung zu zögern. Sie hatten aber noch andere: Einmal war die Organisation der Kirche, so lange der Tempel stand und die Verbindung mit dem Jüdischen Kirchenwesen nicht völlig gelöst war, nach einer Seite hin unfertig und noch provisorisch. Die Gemeinden konnten in dieser Zwischenzeit Presbyter haben, welche ein allgemein Jüdisches Institut waren, und deren Aufstellung kein Zeichen der Spaltung und Lossagung war. Aber die Einsetzung von Bischöfen würde unstreitig von allen Juden und von den Gläubigen selbst als eine Thatsache, mit der die Ab-

schließung der Kirche und ihre definitive Trennung von der Israelitischen Nationalität und Religion besiegelt sei, betrachtet worden sein. [1])
Demnach behielten die Apostel die bischöfliche Autorität vorläufig noch
in ihren Händen. So lange ferner die Verschmelzung der zwei Na-
tionalitäten, der Judenchristen und der Heidenchristen, noch nicht vollzogen war, würde die Einsetzung eines Bischofs, der nothwendig der
einen der beiden Klassen angehört hätte, und doch beide einheitlich
leiten sollte, auf die größten Schwierigkeiten gestoßen sein. Wenn
schon in Jerusalem der Unterschied und die Eifersucht der Hellenischen und Palästinensischen Juden die erste Kirche beunruhigte, und
die Apostel zur Aufstellung von Gemeindebeamten aus beiden Theilen
nöthigte, wie vielmehr mußte dieß bei dem weit tiefer gehenden Gegensatze zwischen Heiden und Söhnen Israels der Fall sein. Ein
aus beiden zusammengesetztes, beide Theile repräsentirendes Presbyterium, der apostolischen Autorität zugleich untergeordnet und durch sie
gestützt, war, so lange dieser Riß noch klaffte, das heißt, so lange
die Judenchristen noch für sich das Ritualgesetz beobachteten, die einzig anwendbare Verwaltungsform. Ein Bischof aus den Judenchristen mußte unvermeidlich in die gleiche Lage gerathen, wie die war,
in der Petrus sich zu Antiochien befand; war er aber aus den Rei-
hen der bekehrten Heiden genommen, so hatte er, den Söhnen Israels gegenüber, mit noch größeren Schwierigkeiten zu ringen —
Schwierigkeiten, die sich durch die Einrichtung der Hauskirchen[2]) und
die Vielheit der Diakonen und Aeltesten besser überwinden ließen.
Denn auch unter den Juden der Diaspora lebte jener Geburtsstolz
bei denen, deren Geschlecht sich rein erhalten hatte von Griechischer
und Syrischer Vermischung, in deren Adern ächtes, israelitisches
Blut floß, und es hieß solchen Männern fast mehr zumuthen, als
von Menschen billig erwartet werden darf, wenn sie, welche von Jugend auf gelehrt worden, sich als die Kinder der Gnade und Erben
des Reiches zu betrachten, nun sich beugen sollten unter die Autorität eines Mannes, der vor Kurzem noch in der Blindheit und Un-

---

[1]) Man könnte einwenden, daß doch gerade in Jerusalem schon in der früheren Zeit Jakobus unter den Augen der obersten Behörde als Bischof hervor-
trete. Aber Jakobus war auch durch seinen unablässigen Tempelbesuch, durch
seine sorgfältige Gesetzeserfüllung ganz geeignet, den Juden jeden Verdacht einer
von den Christus Gläubigen beabsichtigten Trennung zu benehmen. In der Diaspora war dieß anders. — [2]) Rom. 16, 5. Col. 4, 15. τὴν κατ' οἶκον αὐτοῦ
(τοῦ Ἀρχίᾳ ἐκκλησίαν. Philem. 2.

reinigkeit des Heidenthums gewandelt war. Mußte doch selbst Paulus noch in einem seiner letzten Briefe über die, die Gemeinden ver-
wirrenden, Judaisten mit ihrer „Beschneidung oder vielmehr Zer-
schneidung" bittere Klage führen.[1]) Ueberhaupt aber war noch großer Mangel an den rechten Männern, denen ein Amt übergeben
werden konnte, das damals in vielfach noch so unfertigen Zuständen
doppelt schwer war. Paulus schreibt den Philippern, er wolle den
Timotheus nächstens zu ihnen senden, um Nachricht von ihren Verhältnissen zu empfangen; denn er habe keinen Andern, der, wie dieser, Eines Sinnes und Herzens mit ihm sei, die Uebrigen suchten
das Ihre, und nicht die Sache Christi.[2]) Mag dieses harte Urtheil
auch auf eine blos vorübergehende Entblößung von tauglichen Gehilfen zu beschränken sein, so zeigt es doch, wie sehr der Apostel genöthigt war, die obere Leitung der Gemeinden möglichst lange in
eigener Hand zu behalten; er mochte leichter Dutzende von Presbytern finden, als Einen Bischof, Einen mit voller Selbstverläugnung und Hingebung sich dieser Last unterziehenden Mann. Und
eben diesen Einen, den er am liebsten bei sich behalten hätte, um
ihn als seinen Legaten bald da bald dorthin zu senden, trat er dann
doch der Kirche zu Ephesus als Bischof ab, wiewohl er besorgen
mußte, daß man ihn seiner Jugend wegen verachten würde.[3]) So
erhielt denn auch Titus in Creta nur den Auftrag von ihm, Presbyter in den Gemeinden der Insel einzusetzen. Wie hätte man auch
in den dortigen noch so jungen Gemeinden, die nur vorübergehend
apostolischer Pflege theilhaft geworden, deren Mitglieder sämmtlich
Neulinge waren, Männer für das Episkopat finden können?[4]) Sollten doch Neophyten nicht einmal zu Presbytern genommen werden.

14. Wenn nun schon diese Hindernisse, die der Einführung des
Episkopats entgegenstanden, sich doch mit jedem Jahre verminderten,
wenn die Männer, denen die bischöfliche Bürde auferlegt werden
konnte, allmälig reiften, so häuften sich gegen das Lebens-Ende der
Hauptapostel hin die Gefahren, welche mit der festen einheitlichen
Verfassung der Gemeinden nicht länger zu zögern geboten: Petrus
und Paulus sahen die Zeiten der Verfolgung nahen, sahen zugleich
verführerische Irrlehrer, die selbst aus dem Schooße der Gemeinden sich
erheben würden, und weitgreifenden Abfall in nächster Zukunft drohen.

---

[1]) Phil. 3, 2. 3. — [2]) Phil. 2, 20. 21. — [3]) 1 Tim. 4, 12. — [4]) Oὐ
γὰρ πάντα εὐθὺς ἠδυνήθησαν καταστῆσαι οἱ ἀπόστολοι, sagt ganz richtig
Epiphanius von diesen Verhältnissen, haer. 75 p. 908 ed. Colon.

15. So bemerken wir denn bereits im Briefe an die Philipper[1]), daß Paulus, der im Eingange sein Schreiben an die ganze Gemeinde nebst den Aufsehern und Diakonen richtet, im Verlauf einen Einzelnen, ohne ihn zu nennen, aber mit der Bezeichnung eines treuen Amtsbruders[2]), anredet und ihm einen Auftrag ertheilt. Er war es also, dem der Brief eingehändigt wurde, der denselben als erster Empfänger den Uebrigen mitzutheilen oder vorzulesen hatte; und er ist der Einzige unter allen in den Briefen des Apostels erwähnten Personen, dem Paulus diesen ehrenden Titel eines „Amts-Collegen" gibt.[?]) Sonst nennt Paulus die Männer, die mit und unter ihm in den Gemeinden thätig sind, seine „Mitarbeiter", „Mitkämpfer", „Mitdiener".[3]) Alles dieß deutet auf einen Mann, der als kirchlicher Amtsträger keine ihm Gleichstehenden hatte, einen Bischof. So verhält es sich auch mit Archippus in Kolossä. Er ist der Einzige dort, dem Paulus die Ermahnung, sein Amt sorgfältig zu verwalten, zukommen läßt.[4]) Und wenn der Apostel an den Philemon zu Kolossä, in dessen Haus sich die Gemeinde oder ein Theil derselben versammelte, schreibt, um ihn mit seinem Sklaven Onesimus zu versöhnen, so richtet er den Brief zugleich an Archippus, „den Mitstreiter" des Apostels, ohne daß doch in dem Briefe, der sich nur mit der Privatangelegenheit des Philemon und Onesimus beschäftigt, irgend ein den Archippus betreffendes Wort vorkäme. Das zeigt doch wohl, daß das Schreiben nur darum an Archippus mit gerichtet wurde, weil er das Haupt der dortigen Gemeinde war, und damit er als solcher seine Fürbitte für Onesimus mit der des Paulus vereinige.

16. Hierauf wird Timotheus in der Gemeinde, welche dem Heidenapostel die theuerste und wichtigste war, in Ephesus, in eine Stellung versetzt, die ihn uns bereits im Besitze der eigentlich bischöflichen Gewalt in ihrem ganzen Umfange zeigt. Timotheus war der Lieblingsjünger des Apostels; er nennt ihn nicht nur seinen treuen und geliebten Sohn[5]), sondern auch seinen Bruder, sechsmal erwähnt ihn Paulus mit in der Aufschrift seiner Briefe, und sagt von ihm: er sei der einzige ganz Gleichgesinnte, den er habe.[6]) Es ist die volle apostolische Gewalt, wie sie Paulus selbst in Ephesus

---

[1]) Phil. 4, 3. — [2]) σύζυγε γνήσιε, also wörtlich: Mitgespann. — [?]) συνεργοί, Rom. 16, 3. 9. 21. Phil. 2, 25; 4, 3. Philem. 1. συνδούλος, Col. 1, 7. — [4]) Col. 4, 17. — [5]) 1 Cor. 4, 17. 1 Thess. 3, 2. Rom. 16, 21. — [6]) Phil. 2, 20.

geübt haben würde, die er ihm überträgt, die Gewalt über die Kirchendiener wie über die einfachen Gläubigen: er soll den ihm Anvertrauten gebieten und sie lehren[1]), Vorschriften machen für eine
geordnete Feier des Gottesdienstes, Weiber nicht zulassen zum öffentlichen Lehrvortrag; sein Amt ist, zu wachen über die Reinheit der
von den Uebrigen vorgetragenen Lehre, und selber verlässige Männer
zur Verkündigung dieser Lehre aufzustellen, Episkopen und Diakonen
zu ordiniren[2]); er hat über die Befähigung der Menschen zum Kirchendienste zu urtheilen, soll daher „Niemanden die Hände allzu rasch
auflegen“, eine Vorschrift, in welcher auch die Gewalt, Unwürdige
vom Kirchendienste zurückzuweisen, enthalten ist. Ferner liegt ihm
ob, dafür zu sorgen, daß den Kirchendienern der erforderliche Unterhalt und die gebührende Ehre gewährt werde; er hat kirchliche Gerichtsbarkeit zu üben, Anklagen zu untersuchen und zu entscheiden, nicht
nur gegen Laien, sondern auch gegen Presbyter, folglich auch Strafen
nach Maßgabe der Vergehen zu verhängen.[3]) Er soll durch öffentliche Rüge der Sünder den Andern Furcht einflößen; soll mit strenger Unparteilichkeit zu Werke gehen. Der Mann, den Paulus mit
so umfassender Gewalt bekleidet, ist noch so jung, daß zu besorgen
ist, man werde ihn dieser Jugend wegen mißachten; er soll die Presbyter ermahnen, wie Väter; soll sie, die selbst Vorsteher sind, richten[4]); und endlich zeigt sich, wie wenig Paulus an eine blos zeitweilige, transitorische Verleihung dieser Gewalten dachte, in den
Worten: er solle das Gebot des Apostels unversehrt halten bis zur
Wiederkunft Christi — also nicht blos er, sondern auch seine Nachfolger im Episkopate. So wird denn auch Timotheus von der kirchlichen Tradition immer als erster Bischof von Ephesus bezeichnet;
die folgenden Bischöfe werden seine Nachfolger genannt, und auf der
Synode von Chalcedon wurden von ihm angefangen 27 Bischöfe
von Ephesus gezählt.[5]) Man hat Timotheus zu den apostolischen
Delegaten gerechnet, und daraus eine eigene Klasse von Kirchendienern gemacht; aber das hindert nicht, einen eigentlichen Bischof in
ihm zu erkennen. Die Gewalt, die Paulus ihm übertragen, würde,
wenn sie nie in eine in bestimmtem Umkreise zu übende ordentliche
Amtsgewalt übergegangen wäre, mit dem Tode des Apostels er-

---

[1]) 1 Tim. 4, 11. — [2]) 1 Tim. 1, 12; 1, 3. 2 Tim. 2, 2. 1 Tim. 3,
1. 2. — [3]) 1 Tim. 5, 17. 19. 21. — [4]) 1 Tim. 5, 1. 17. 19. — [5]) Chrysost. in epp. ad Tim. Photias Bibl. cod. 254. Concil. Chalced. ap.
Labbé IV, 699.

loschen sein. Mit bloßen Delegaten verstorbener Männer würde den Bedürfnissen der Kirche wahrlich schlecht gedient gewesen sein, die gerade in dieser Zeit des Uebergangs aus der apostolischen in die nachapostolische Zeit einer festen Autorität, eines allgemein anerkannten höheren Lehr- und Hirtenamtes dringend bedurfte, um die Gemeinden gegen das gewaltig um sich greifende häretische Unwesen kräftig und nachhaltig zu verwahren und zusammenzuhalten. Solchen Delegaten würde überall entgegnet worden sein: eure Gewalt war eine blos zeitweise geliehene, und ist mit der Quelle, aus der sie geflossen, versiegt. Ihr seid nicht, wie die Apostel, unmittelbar vom Herrn berufen und gesendet, nicht Zeugen seiner Lehre und seiner Auferstehung. Paulus wußte auch wohl, als er dem Timotheus zum letztenmale schrieb: „Leiste deinem Amte volle Genüge“, daß er, der Apostel, dem Tode nahe sei [1]), und daß Timotheus künftig des mächtigen Rückhalts, den er bisher an ihm gehabt, beraubt, ganz auf eigenen Füßen stehen müsse.

17. Timotheus war also eigentlicher Bischof von Ephesus, obgleich er nicht so an die dortige Stadt und Gemeinde gebunden war, daß er nicht noch nebenbei zu apostolischen Hilfsleistungen verwendet worden wäre. Der fast allein gelassene Paulus rief ihn zu sich nach Rom, und versprach, ihn von da (auf der Rückreise nach Asien) zu den Philippern zu senden. Auch nach Judäa soll er, scheint es, einmal gesandt werden.[2]) Das war eben die Lage dieser Uebergangszeit, daß die apostolischen Legaten zu Bischöfen, und die Bischöfe gelegentlich wieder zu Legaten wurden, wie denn auch später noch die Bischöfe häufig in Angelegenheiten der Kirche reisten.[3]) Und zugleich erstreckten sich die Aufträge und Gewalten, die Paulus seinem Jünger gegeben, auf das ganze prokonsularische Asien. Ephesus aber blieb sein eigentlicher Wohnsitz. Wie es denn auch an sich schon nicht anders denkbar ist, als daß solche Männer, wie Timotheus und Titus, bei allem unstäten Herumreisen doch eine Stadt und eine Gemeinde hatten, die sie als ihre Heimath betrachteten, und in der sie wenigstens die spätern Jahre ihres Lebens in ruhigerer örtlich beschränkter Thätigkeit zubrachten. So war auch Titus der Tradi-

---

[1]) 2 Tim. 4, 5. 6. — [2]) Hebr. 13, 23. — [3]) Aus den Worten 2 Tim. 4, 12: „den Tychikus habe ich nach Ephesus geschickt“, hat Theodoret geschlossen, daß Timotheus sich damals nicht in Ephesus befunden habe. Das folgt nicht. Die Personen, die Paulus in diesem Briefe grüßen läßt, lebten in Ephesus. Vgl. 2 Tim. 1, 19 mit Act. 18, 26.

tion nach, obgleich seine Thätigkeit gemäß dem Auftrage Pauli allen
Gemeinden auf Kreta angehörte, doch zugleich, wenigstens zuletzt
Bischof von Gortyna. Und hiemit erklärt sich denn auch, warum
nirgends in den apostolischen Briefen Vorschriften oder Andeutungen
über kirchliche Leitung durch die collegiale Thätigkeit des Presbyteriums vorkommen. Dieses Schweigen ist sehr bedeutsam; denn irgend eine bleibende, die Bürgschaft der Dauerhaftigkeit in sich tragende Einrichtung, welche nach dem Hinscheiden der Apostel sich zu
behaupten vermochte, mußten Paulus und seine Collegen doch schaffen:
entweder die monarchische, indem sie das Apostolat in das Episkopat
hinüberleiteten, oder die collegiale von Presbyterien. An diese hat
aber Paulus offenbar nicht gedacht. Nur einmal ist von der Handauflegung des Presbyteriums die Rede [1]; aber der Ordinirende war
Paulus, die Presbyter wurden mit zugezogen, wie es noch heute
geschieht.

IX. Sofort erscheint jener Diotrephes, dessen Johannes in seinem dritten Briefe gedenkt, in einer Stellung, die nur die bischöfliche gewesen sein kann. In seinem herrschsüchtigen Uebermuth [2]
verbietet er den Gliedern der Gemeinde, fremde Brüder aufzunehmen,
und stößt die, welche es dennoch thun, aus der Kirchengemeinschaft;
er bietet selbst dem Apostel Trotz, und Johannes erkannte, daß er
persönlich zu dieser Gemeinde kommen müsse, um den Mann zu
entlarven. In scharfen, unverkennbaren Zügen tritt das Episkopat
in der Offenbarung Johannis hervor. Hier richtet der Herr sieben
Sendschreiben an die Vorsteher von sieben Asiatischen Kirchen. Sie
werden in der prophetischen Sprache als „Engel" oder Boten Gottes bezeichnet, wie bereits bei Maleachi die Priester als Engel oder
Abgesandte, Boten des Herrn der Heerschaaren, beschrieben sind [3],
und wie auch der Vorläufer Christi genannt wird. [4] Der Name
kommt also dem der Apostel am nächsten, ist fast synonym; die so
bezeichneten sind Boten Gottes, welche jetzt als Nachfolger der Apostel Gottes Willen den Gemeinden zu verkünden haben. Diese Engel
nennt Christus die sieben Sterne in seiner rechten Hand [5]; ihre
Gemeinden werden als sieben Leuchter, die also von den Sternen
ganz verschieden sind, symbolisirt. Der eine dieser Engel, der von
Thyatira, hat eine Gattin, die sich für eine Prophetin ausgibt, und
deren heidnisch-häretische Verirrungen und schädlichen Einfluß in der

---

[1] 1 Tim. 4, 14. — [2] 3 Joh. 9. 10. φιλοπρωτεύων. — [3] Mal. 2, 7.
— [4] Matth. 11, 10. — [5] Apoc. 1, 16. 20; 2, 1.

Gemeinde er in strafbarer Schwäche buldet.[1]) Sie werden daher
auch immer in der einfachen Zahl angeredet, welche erst dann mit
dem Plural wechselt, wenn das Wort sich an die Gemeinden wendet.
So in dem Briefe an den Engel zu Pergamus: „Du hast meinen
Glauben nicht verläugnet in den Tagen, als mein treuer Zeuge Antipas bei euch getödtet wurde." So wird immer der Engel oder
Bischof von der Gemeinde unterschieden; und einmal richtet der Brief
nach den dem Bischofe von Thyatira geltenden Warnungen sein
Wort an die Gemeinde mit der Wendung: „Euch aber, den Uebrigen in Thyatira, sage ich", nämlich demjenigen Theile, den die falsche
Prophetin nicht zu verführen vermocht hat.[2]) Diese Engel nun werden wegen des Guten, das sich in ihren Gemeinden findet, gelobt,
für die eingerissenen Mißbräuche verantwortlich gemacht; sie besitzen
also die Autorität, dieselben abzustellen. Dem Engel zu Philadelphia
wird verheißen, daß, obgleich er jetzt nur eine kleine Macht besitze,
doch ein Theil der bisher ungläubigen Juden noch vor ihm nieder-
knien werde (um als Täuflinge das Glaubensbekenntniß abzulegen
oder die Handauflegung zu empfangen). Diejenigen, in deren Gemeinden Nikolaiten und Bileamiten sich finden, erfahren scharfe
Rüge; sie hätten diese Menschen aus der Kirche ausstoßen sollen.
Hier also sind sieben Träger der apostolischen, in die bischöfliche
übergegangenen, Gewalt; Johannes verhängt Lob und Tadel und
Drohungen über sie, nicht in eigenem Namen, sondern es ist der
Herr selbst, der diese Briefe durch ihn schreiben läßt. Die Kirche
von Ephesus, die, wie sich bei dem Abschiede des Paulus zu Milet
zeigt, damals unter der Leitung mehrerer Aeltesten und der Ober-
leitung des Apostels stand, hat nun einen Vorsteher, einen Nachfolger des Timotheus, der, wie in dem Briefe von ihm gerühmt
wird, die falschen Apostel geprüft und verworfen hat und die Werke
der Nikolaiten haßt.

---

[1]) Apoc. 2. 20): τὴν γυναῖκά σου Ἰεζάβελ. Das Wort σου findet sich
in den besten und ältesten H.SS., in der syrischen und älteren latein. Ueberf.
(bei Cyprian, Primasius: uxorem tuam) und ist daher von Meyer,
Lachmann, Tischendorf, Buttmann mit Recht in den Text aufgenommen.
Nur Düsterdiel verwirst es, offenbar nicht aus Gründen der Kritik, die so
überwiegend dafür sprechen. — [2]) ὑμῖν δὲ λέγω τοῖς λοιποῖς τοῖς ἐν θ. Daß
dieß die richtige Lesart sei, ist durch die Uebereinstimmung der besten H.SS.
zweifellos geworden. Auf die spätere Entstellung: καὶ λοιποῖς, wonach alle mit
sammt der Engel im Plural angeredet würde, ist früher mehr als Ein presby-
terianisches Kartenhaus gebaut worden.

10. Der Brief des Römischen Clemens an die Gemeinde
zu Korinth fällt, gleich der Apokalypse, in die letzten Jahre des ersten
Jahrhunderts. Drei Abgeordnete von Rom waren mit diesem Schreiben nach Korinth gekommen, um zur Wiederherstellung der dort zerrütteten kirchlichen Ordnung und Eintracht mitzuwirken. Es war
durch Neid und Hochmuth eine schändliche und gottlose Spaltung in
der vormals so blühenden und wohlgeordneten, ihren Vorstehern ge-
horchenden Gemeinde entstanden. Um einer oder zwei Personen
willen[1]) hatte sich die Gemeinde wider ihre „Aeltesten" empört, und
Einige ihres untadelhaft verwalteten Amtes entsetzt.[2]) Die Niederen
erhoben sich gegen die Oberen, die Jüngeren gegen die Alten. Diese
Spaltung hatte unter den Gläubigen große Trauer erregt, großes
Aergerniß gegeben, auch die Fremden, Heiden und Juden, waren
aufmerksam darauf geworden. Clemens schildert das Beginnen als
ein Zerreißen der Glieder Christi, als ein sich Empören gegen den
eigenen Leib. Die „Vorsteher"[3]), gegen welche der Aufruhr gerichtet
war, werden zweimal „Aeltester" genannt[4]); auch dieses Wort ist
aber bei Clemens so wenig feststehender Amtsname, daß er es zweimal[5]) im Sinne von „bejahrten Leuten" im Gegensatz gegen die
Jüngeren in der Gemeinde gebraucht. Das Amt nennt er „Aufseheramt"[6]), und hebt als vornehmste Funktion desselben die eigentlich priesterliche, die „Darbringung der Gaben" hervor. Ebenso
schwankend wie das Wort „Presbyteros" ist bei ihm auch noch die
Bezeichnung „Episkopos". „Die Apostel, sagt er, predigten in verschiedenen Gegenden und Städten, und setzten die Erstlinge derselben,
nachdem sie dieselben im Geiste geprüft hatten, zu Episkopen und
Diakonen der künftigen Gläubigen ein." Auch bei ihm also werden
die beiden Namen, Presbyter und Episkopen, noch unterschiedslos
gebraucht: es sind Presbyter, die er meint. Die Apostel und ihre
Nachfolger unterscheidet er von diesen; „in der Voraussicht, sagt er,
daß über das Vorsteheramt Hader entstehen würde, stellten die Apostel die Vorerwähnten (Vorsteher) auf, und trafen für die Folgezeit
Anordnung, daß nach ihrem Tode andere bewährte Männer ihr Amt
(das apostolische der Einsetzung von Vorstehern) üben könnten."
Worauf er denn hinzufügt, es sei Frevel, die von den Aposteln oder
von den andern trefflichen Männern (ihren Nachfolgern) Eingesetzten
ihres Amtes berauben zu wollen.[7])

---

[1]) Ep. c. 47. — [2]) c. 45. — [3]) c. 21: ἡγούμενοι. — [4]) c. 43. 57. —
[5]) c. 1. 3. — [6]) ἐπισκοπή. — [7]) c. 44.

20. Clemens unterscheidet also drei Stufen: das Apostolat, wie es die Apostel und die „bewährten Männer nach ihrem Tode", ihre Nachfolger, insbesondere durch Einsetzung und Ordination von Vorstehern, ausübten, das Presbyter- oder Aufseher-Amt und das Diakonat. Als Vorbild und Parallele führt er die hierarchische Gliederung des alten Bundes an. Es scheint, daß zu Korinth auch Zwistigkeiten über die Zeit und Ordnung der gottesdienstlichen Feier entstanden waren; denn Clemens macht es als göttliche Vorschrift geltend, daß die liturgischen Dienste zu bestimmten Zeiten, an bestimmten Orten und von bestimmten Personen verrichtet würden. „Gottgefällig und selig sind die, welche ihre Opfer zu den bestimmten Zeiten darbringen. Denn dem Hohenpriester sind eigene Geschäfte übertragen, den Priestern ist ihre besondere Stelle angewiesen, und den Leviten liegen eigene Dienste ob, der Laie ist an die Vorschriften für Laien gebunden. So bringe denn jeder von euch in der ihm eigenen Rangordnung Gott seine Danksagung dar in gutem Gewissen, nicht überschreitend die festgestellte Schranke seines kirchlichen Dienstes."[1]) Gleich darauf folgt dann die Erwähnung der drei kirchlichen Stufen: der Apostel, Aufseher und Diener, und selbst die Bezeichnung „Laien-Mensch" ist schon eine specifisch christliche, welcher kein hebräisches Wort entspricht. Der Streit in Korinth war wahrscheinlich bei dem Tode des Bischofs, und über die Wiederbesetzung der bischöflichen Würde entstanden; darauf deutet die Angabe, daß es nur eine oder zwei Personen gewesen, welche die Veranlassung gegeben, und daß die Motive Eifersucht und Neid gewesen seien; darauf deutet ferner die Mahnung, daß der, der die Ursache des Zwistes geworden, lieber auswandern möge[2]), jeder Ort werde ihn aufnehmen. Damit ist denn auch erklärt, warum Clemens stets nur der „Vorsteher" oder „Presbyter" gedenkt. Er weiß von keinem Bischof in Korinth, weil der bischöfliche Stuhl gerade erledigt war; er weiß aber von den drei Amtsstufen, und nach seiner Sitte und Denkweise, der das Jüdische zugleich das Christliche ist, bezeichnet er sie als die hohepriesterliche, priesterliche und die der Leviten. Wenn die Worte Presbyteros und Episkopos erst einige Jahre nach Clemens, bei Ignatius, ihr bestimmtes Gepräge, als Bezeichnung der zwei kirchlichen Aemter, zeigen, so ist dieß dem natürlichen Entwicklungsgange gemäß, nach welchem die Sache eher da ist, als der

---

[1]) Ἐυχαριστεῖτω, mit Bezug auf die Eucharistie gewählt, als den Hauptakt und Mittelpunkt des Gottesdienstes. — [2]) c. 51.

Name. Im Neuen Testament gibt es daher überhaupt keinen einzigen
feststehenden Amtsnamen. Die Apostel nennen sich selbst Presbyter,
wie Petrus und Johannes.[1]) Paulus nennt sie Diakonen, dieselben
Personen heißen bald Presbyter, bald Episkopen.[2]) Und Paulus nennt
Andronikus und Junia, zwei sonst unbekannte Personen, „ausgezeichnete Apostel"[3]), Epaphroditus heißt bei ihm der „Apostel" der Philipper[4]), und er redet von Brüdern, seinen Gehilfen, welche „Apostel
der Kirchen und eine Ehre Christi" sind.[5])

21. Wenden wir uns nun zu den einzelnen Kirchen, um die
wenigen sichern Angaben über die dem apostolischen Zeitalter noch
angehörigen Vorsteher derselben zusammenzustellen, so ist es vor Allem die Römische Kirche, deren hier zu gedenken ist. Daß Petrus
in Rom gewirkt hat, ist eine so vollständig bezeugte, so tief in die
älteste christliche Geschichte eingreifende Thatsache, daß demjenigen,
der dieß als eine Dichtung verwirft, folgerecht die ganze älteste Geschichte der Kirche in Dichtung sich auflösen oder doch völlig unsicher
werden muß. Neben den schon früher[6]) angeführten Thatsachen dürften hier noch einige Umstände von Gewicht sein. Bekanntlich hängt
seine Anwesenheit in Korinth mit der Reise nach Rom zusammen,
und Niemand wird wohl jene annehmen, diese aber läugnen wollen.
Nun setzen die Parteiungen der Korinthier, gegen welche Paulus
eifert, voraus, daß Petrus eben so gut wie Paulus und Apollo
nach Korinth gekommen sei. „Jeder sagt: ich bin des Paulus, ich
des Apollo, ich des Kephas."[7]) Und wieder: „Es ist Alles Euer,
sei es Paulus oder Apollos oder Kephas."[8]) Keine Andeutung im
Briefe, daß es blos Jünger oder Anhänger des Kephas gewesen
seien, welche in Korinth in seinem Namen gepredigt, und für ihn
geworben hätten. Im zweiten Briefe aber, wo Paulus sein apostolisches Ansehen gegen Judaistische Gegner vertheidigt, wird wieder
mit keiner Sylbe auf Kephas hingedeutet, als ob die Gegner von
diesem gesandt, oder Jünger desselben gewesen wären.[9]) Woher also
die Kephas-Partei, wenn Kephas nicht selber in Korinth war? Nehmen wir den Apoteljünger Clemens hinzu; in seinem Briefe an die
Korinthier sagt er: „Paulus hat euch von sich selbst, von Kephas
und von Apollo geschrieben. — Denn ihr machtet Partei für die mit

[1]) 1 Petr. 5, 1. 2 Jo. 1. — [2]) 1 Cor. 3, 5. — [3]) Rom. 16, 7. —
[4]) Phil. 2, 25. — [5]) 2 Cor. 8, 23. — [6]) S. oben S. 98 ff. — [7]) 1 Cor.
1, 12. — [8]) 1 Cor. 3, 22. — [9]) Was man besonders 2 Cor. 11, 22, 23
erwarten müßte; aber nur davon ist die Rede, daß sie auf ihre Jüdische Abstammung und ihre Eigenschaft als Diener Christi pochen.

gutem Zeugniß versehenen Apostel und für einen von ihnen beglaubigten Mann." Clemens weiß nur von persönlichen durch die drei Männer selbst veranlaßten Parteiungen; und Apollos war nicht nur durch Paulus sondern auch durch Petrus beglaubigt worden[1]), nicht etwa in Judäa, wohin Apollos nicht gekommen war, sondern eben in Korinth. Daher denn der von Clemens hervorgehobene Kontrast: „Jetzt aber seht doch nur, wer diejenigen sind, die euch verkehrt haben"; damals waren es zwei Apostel und ein von ihnen bestätigter Mann, jetzt sind es namenlose Menschen, die mit Aposteln nichts gemein haben. Dionysius von Korinth hatte demnach sechszig Jahre später gutes Recht, zu behaupten, daß Petrus in Korinth gewesen sei.

22. Derselbe Clemens erinnert die Korinthier an den Märtyrertod des Petrus und Paulus und an die Vielen, die mit ihnen gelitten, ohne Bestimmung des Ortes, wenn sie nicht in den Worten „unter uns" liegt[2]), und Rom damit gemeint ist. Aber die Erwähnung selbst setzt den Martyrertod des Petrus als eine allbekannte Thatsache voraus, und es ist ebenso undenkbar, daß man bloß die Hinrichtung des Apostels ohne den Ort derselben gewußt, als daß man den Ort damals gewußt, bald danach aber vergessen, und dafür einen andern sich habe einreden lassen. Und wenn Ignatius einige Jahre nach Clemens den Römern schreibt: „Nicht wie Petrus und Paulus befehle ich euch: sie waren Apostel, ich bin ein Verurtheilter"[3]) — so bedarf es wohl keiner Ausführung, daß er die Römer hiemit an die beiden Männer, welche als Gründer und Lehrer ihre Kirche verherrlicht haben, erinnern will.

23. Ohngefähr gleichzeitig mit Ignatius oder gleich in den nächsten Jahren nach ihm muß die Ebionitische Schrift: die Predigt des Petrus, entstanden sein, da sie schon zu Hadrian's Zeiten von Herakleon benützt worden ist.[4]) Sie läßt Petrus und Paulus zu Rom zusammentreffen, und theilt Reden und Aeußerungen beider Apostel, welche zu Rom geschehen seien, mit. Nach dem Urtheile des Origenes fand sich in dieser Schrift Aechtes und Unächtes gemischt, während Clemens von Alexandrien sie öfter und immer ohne einen Zweifel bezüglich derselben zu äußern, anführt. Man begreift nun sehr wohl, daß bei der Abfassung eine allbekannte Thatsache, die Wirksamkeit des Petrus in Rom, zu Grunde gelegt wurde. Aber

---

[1]) Παρεκλίθητε γὰρ ἀποστόλοις μεμαρτυρημένοις καὶ ἀνδρὶ δεδοκιμασμένῳ παρ' αὐτοῖς. Clem. ep. 47. — [2]) c. 6: ἐν ἡμῖν. — [3]) Ign. ep. ad Rom. 4. — [4]) Orig. comm. in Jo. 13, 17. Opp. IV, 226.

daß eine derartige Schrift, die doch als ein ächtes Produkt der
apostolischen Zeit sich einführen, und in den Gemeinden Glauben
finden wollte, eine grundlose Erdichtung über den Schauplatz der
Wirksamkeit Petri zu einer Zeit vorangestellt haben sollte, wo noch
Manche, die den Apostel gesehen, am Leben sein mußten — das
ist doch geradezu unbegreiflich. Irenäus und Eusebius hatten
die Schriften von Papias und Hegesippus vor sich; gewiß hatten
diese Männer über Petrus nicht geschwiegen, gewiß aber auch der
sonst allgemeinen Angabe nicht widersprochen; sonst würde Eusebius
dieß nicht unerwähnt gelassen, Irenäus sich nicht so zuversichtlich
den in Rom selbst zahlreichen Häretikern gegenüber auf eine Thatsache berufen haben, mit deren Läugnung jene Gnostiker seine
ganze Argumentation erschüttert hätten. Zudem muß nach den
Worten des Eusebius Papias ausdrücklich in Uebereinstimmung mit
Clemens behauptet haben, daß Petrus seinen ersten Brief zu Rom
geschrieben habe. [1]

24. Bezüglich der ersten Römischen Bischöfe sind die
übereinstimmenden Angaben der Griechen, des Irenäus, Eusebius,
Epiphanius unbedingt den lateinischen bei Optatus, Augustinus
und in den Römischen Papst-Verzeichnissen vorzuziehen. Unter
diesen ist das unter Liberius (352—369) redigirte Verzeichniß von
Christi Tode bis auf Liberius das älteste und die Quelle der späteren [2]; der erste Theil bis zum J. 230 ist von geringerem Werthe
als der zweite, der aus der ächtesten Quelle geflossen ist, während
sich im ersten Theile bedeutende Fehler finden [3], und die gleichzeitigen Consulate und Kaiser nur nach einer ungefähren und sehr
fehlerhaften Berechnung beigefügt sind. [4] Alle späteren Römischen
Quellen und Angaben ruhen auf dieser Urkunde. [5] Das nächst-

---

[1] Euseb. 2, 15: ἦν (ἐπιστολὴν) καὶ συντάξαι φασὶν ἐπ᾽ αὐτῆς Ῥώμης.
Das φασὶν geht auf die unmittelbar vorher genannten Clemens und Papias. —
[2] S. hierüber Mommsen: Ueber den Chronographen vom J. 354, in den
Abhandlungen der Sächs. Ges. d. Wiss. II, 583. — [3] Namentlich der Haupt-
fehler, daß Anicetus vor Pius gestellt ist. — [4] Aus diesem Kataloge stammt die
viel erörterte Angabe von der 25jährigen Dauer des Episkopats Petri. Damit
ist aber nicht gemeint, daß er zu Rom 25 Jahre lang Bischof gewesen sei, wie
später mißverstanden wurde, sondern daß Petrus von der Himmelfahrt Christi
an bis zu seinem Tode, 25 Jahre lang, überhaupt sein Episkopat, d. h. seine
sachliche Würde, bekleidet habe. Post ascensum ejus (Christi), heißt es, Petrus
episcopatum suscepit. Und so werden auch die Consulate angegeben: vom J. 30
bis zum J. 55. — [5] Dieß ergibt sich aus dem Aufhören der Consulate in allen
späteren Recensionen des Liber Pontificalis mit Liberius.

älteste Document ist nämlich die frühere Recension des sogenannten
Pontifikalbuches, die mit Papst Felix unter Justinian (530) schließt.[1]
Andere Angaben des fünften, sechsten Jahrhunderts und weiter
hinab, sind ohne jede Bedeutung. Optatus aber und Augustinus
haben aus einer Quelle geschöpft, die entweder das Liberianische
Verzeichniß, oder doch aus diesem geflossen ist.[2] Dagegen sind
die Angaben des Hegesippus und des Irenäus, welche beide sich
in Rom aufgehalten hatten, und die gleichen des Eusebius von
der verlässigsten Art. Hegesippus, ein Palästinischer Judenchrist,
hatte auf seinen Reisen, die sich bis Rom erstreckten, bis zum
J. 156 dort verweilt, um in den einzelnen Kirchen den Stand der
Lehre kennen zu lernen, und die apostolische Succession in den
Hauptkirchen zu erforschen. Er selbst sagt, daß er in Rom die
Reihenfolge der Bischöfe bis auf Anicetus aufgezeichnet habe.[3]

---

[1] Bei Schelstrate Antiqu. eccl. T. I, p. 401 sq. — [2] Ehe näm
lich der Fehler der Verdoppelung desselben Papstes, Cletus und Anacletus, hin
eingekommen war. Aber die falsche Stellung des Anicetus vor Pius haben auch
sie. Eine gewissermaßen selbstständige Quelle bietet Victorinus, der Verfasser
des Gedichts gegen Marcion, das sich in den Ausgaben Tertullians findet. Daß
nämlich Victorin, Rhetor zu Marseille um das J. 425, der Verfasser sei, hat
Oehler nachgewiesen, Tertull. Opp. II, 782. Dieser gibt ein Verzeichniß der
Römischen Bischöfe bis auf Marcion's Zeit (3, 275—295), und stimmt mit dem
Liberianischen Kataloge in der Annahme eines Cletus und Anacletus, die er
aber vor Clemens setzt, so wie in der Notiz, daß der Bruder des Pius der Her.
mas sei, der den „Pastor" verfaßt habe. Dafür hat er richtig den Pius vor
Anicetus. Also dürfte man drei Recensionen der Römischen Succession im
Occident unterscheiden: die Römische im Liberianischen Katalog, die Afrikanische
bei Optatus und Augustinus, und die Gallische bei Victorinus. Im Kanon der
Römischen Messe ist noch der ursprüngliche, den Griechen entsprechende Wortlaut
der Diptychen: Lini, Cleti, Clementis, bewahrt. — [3] Διαδοχὴν ἐποιησάμην
μέχρις Ἀνικήτου. ap. Euseb. 4, 22. Und gleich darauf gebraucht er von der
Succession des Soter und Eleutherius das Wort διαδέχεται; und setzt bei: ἐν
ἑκάστῃ δὲ διαδοχῇ καὶ ἐν ἑκάστῃ πόλει οὕτως ἔχει, ὡς ὁ νόμος κηρύσσει καὶ
οἱ προφῆται καὶ ὁ κύριος. Ueber den Sinn von διαδοχή, bischöfliche
Reihenfolge, kann also kein Zweifel sein. Die Conjectur διατριβή, welche
Savile an den Rand seiner Ausgabe gesetzt und Stroth daraus hin
ohne Weiteres in den Text aufgenommen hat, ist aus keiner Handschrift
geschöpft, und ganz werthlos. S. die Note bei Routh Reliquiae sacrae
I, 245. Der Zusammenhang bei Hegesipp zeigt auch, daß er in den citirten
Worten nicht sagen wollte, qu'il aît mit par écrit la doctrine que suivoit alors
l'église Romaine, wie Tillemont, Mém. Eccl. III, 611 meint, obgleich es
allerdings seine Absicht war, den Stand der Lehre in den einzelnen Kirchen
zu erforschen.

Hier erkennen wir also die Quelle, aus der Eusebius seine Angaben über die ältesten Römischen Bischöfe und die Dauer ihres
Episkopats geschöpft hat; nicht aus Irenäus, der keine Zeitbe-
stimmungen hat, den aber seine Anwesenheit in Rom, etwa
25 Jahre nach Hegesippus, in den Stand setzte, ebenso wie dieser
die Reihenfolge von eilf oder zwölf Bischöfen durch die verlässigste
Autorität zu erfahren. Bedenkt man, daß Hegesippus, als er nach
Rom kam, seinem Zwecke nach nur zu erforschen hatte, welches die
Succession der dortigen Bischöfe in dem kleinen Zeitraume von etwa
83 Jahren gewesen sei; daß er sicher in der dortigen Gemeinde
Personen fand, deren Väter noch Zeugen des Anfangs gewesen, daß
ferner außer der kurzen und nicht tief eingreifenden Verfolgung unter
Domitian die Römische Kirche keine besonderen Störungen erlitten
hatte — so muß man seinen Angaben die höchste Glaubwürdigkeit
beilegen. Und dieß um so mehr, als ein Mann sie bestätigt, der
an derselben Quelle schöpfte, und dessen Lehrer noch den Apostel
Johannes gehört hatte.

25. Wir haben also für die Succession der ersten Römischen
Bischöfe zwei von einander unabhängige, und sich bestätigende Zeugen: Hegesippus und Irenäus. Der letztere hat das Buch des Hegesippus wohl nicht gekannt, da er sonst den Häretikern gegenüber
sich doch einmal darauf berufen haben würde. Beide, und auch die
Römischen Quellen, nennen Linus als den ersten Bischof nach den
Aposteln; wahrscheinlich ist dieß derselbe, den Paulus als ein Glied
der Römischen Gemeinde zugleich mit Eubulus, Pudens und Claudia
Grüße an Timotheus schicken läßt.[1]) Irenäus sagt: „Nachdem Petrus und Paulus die Römische Kirche gegründet und eingerichtet
hatten, übergaben sie dem Linus das Episkopat derselben."[2]) Hier
werden also die Einrichtung der Römischen Kirche und die Einsetzung des Linus als gemeinschaftliche Akte beider Apostel bezeichnet,
und seitdem hat man häufig die Römischen Bischöfe für die Nachfolger beider Apostel erklärt. Man sah in der Römischen Kirche
die Erbin, welcher Paulus seinen Vorzug als Heidenapostel so gut
wie Petrus seine Würde als Fundament der Kirche und Besitzer
der Schlüsselgewalt hinterlassen hatte. So sagt Eusebius einmal
von Linus: er sei der erste Bischof nach Petrus gewesen; und dann
von einem der späteren, von Alexander, er habe das fünfte Glied

---

[1]) 2 Tim. 4, 21. — [2]) Iren. 3, 3.

in der Succession von Petrus und Paulus an gebildet.[1] Und fast immer zählt er bei den Uebrigen „von den Aposteln an", d. h. von Petrus und Paulus. Epiphanius nennt geradezu Petrus und Paulus die ersten Bischöfe von Rom[2]), was freilich bei ihm auf einer eigenthümlichen, nachher näher zu erwähnenden Vorstellung beruht. Die Römische Kirche ist die Kathedra der zwei Apostel[3]), Rom's Macht gründet sich auf Petrus und Paulus[4]): diese und ähnliche Aeußerungen finden sich später häufig.

26. Auf Linus folgte Anenkletus[5]); jener wie dieser verwaltete nach der Angabe des Eusebius das bischöfliche Amt etwa zwölf Jahre, so daß also der Amtsantritt des Dritten, Clemens, in das Jahr 79 oder 80 fiele. Die Verunstaltung des Namens Anenkletus, woraus bald Kletus, bald Anakletus gemacht wurde[6]), hat veranlaßt, daß der Eine Bischof in zwei zerlegt wurde, von denen der erstere, Kletus, vor Klemens, der andere, Anakletus, nach ihm gesetzt wurde. Daß die griechischen Angaben, die nur von einem Anenkletus, und

---

[1] Euseb. 3, 4; 4, 1. — [2] Oi ἀπόστολοι αὐτοὶ καὶ ἐπίσκοποι. Panar. haer. 27, 6. — [3] So das Concil von Arles im J. 314: In quibus (partibus, nämlich Rom) apostoli quotidie sedent. Ep. ad Sylvestr. Vergl. Theodoret. ep. 113 ad Leonem. — [4] Paulin. natal. 3. — [5] Anacletus ist kein Name; er kommt meines Wissens nirgends vor; aber Ἀνέγκλητος (gleichbedeutend mit Innocentius) findet sich als Manns-Name in einer Spartanischen Inschrift bei Boekh Corp. Inscr. T. I, p. 116, n. 1240. Die Griechen haben immer Anenkletus. Bei Photius, Cod. 113, p. 90 Bekker, steht zwar Ἀνέγκλητος als Name des Römischen Bischofs, aber der Cod. Marc. hat das Richtige: Ἀνέγκλητος, wie Dindorf im Thesaur. Gr. s. v. bemerkt. Auch der Name Cletus kommt nie vor, und ist augenscheinlich gleichfalls nur durch Corruption des Anenkletus, eines, lateinischen Ohren so fremd klingenden Namens, entstanden. — [6] Mehreres hat zusammengewirkt, um den Schein einer Verwirrung und Ungewißheit in der Succession der ersten Römischen Bischöfe zu erzeugen. Einmal die oben erwähnte Corruption des zweiten Namens; dann der Einfluß, den die von Rufinus übersetzten Clementinischen Recognitionen, nebst dem, aus derselben Quelle geflossenen Briefe des Clemens an Jakobus, und die Angaben der apostolischen Constitutionen erlangten. Der Brief an Jakobus, der die feierliche Einsetzung des Clemens durch Petrus berichtet, wurde maßgebend, die Hauptstellen wurden in das Römische Pontifikalbuch eingerückt, und darum sollten dann Linus und Kletus blos Gehülfen des Petrus bei dessen Lebzeiten gewesen sein, wie Rufinus sich schon zu helfen gesucht hatte. Dazu kam, daß Cyprian von Hyginus sagt: qui in urbe nonus fuit; man bemerkte nicht, daß er den Petrus als ersten Bischof zähle, und meinte daher, den Anenkletus verdoppeln zu müssen, um die acht Vorgänger des Hyginus herauszubringen.

zwar vor Clemens wissen, die allein richtigen seien, ist nun selbst in
Rom anerkannt. [1])

27. Ob Clemens, wie schon Origenes und Eusebius meinten,
derselbe sei, den Paulus im Briefe an die Philipper rühmend erwähnt, ist doch sehr zweifelhaft. Es scheint eher, daß der Jünger
des Paulus der Gemeinde zu Philippi angehört habe. Jedenfalls
hatte der Römische Bischof, wie Irenäus bemerkt, noch die seligen
Apostel gesehen, und war mit ihnen umgegangen. Er ist der Verfasser jenes berühmten Briefes an die Korinthier, der „von Alters
her schon, wie Eusebius sagt, in den meisten Gemeinden vorgelesen
wurde." [2]) Clemens erscheint in dieser Schrift als ein durch die
Lektüre des alten Testaments genährter und gebildeter Geist. Wört-
liche Anführungen aus neutestamentlichen Schriften finden sich bei
ihm so gut wie gar nicht; und gegen eine Stelle, in der ein apostolisches Wort nachklingt, begegnet man immer zehn Citaten aus
dem Pentateuch, den Psalmen oder den Propheten. Er lebt und
webt in der althebräischen Geschichte; seine meisten Beispiele sind
dorther genommen. „Unser Vater Abraham", sagt er [3]), und man
hat deßhalb öfter gemeint, ihn für einen gebornen Israeliten halten
zu müssen. Er war es wohl nicht; aber es ist wahr, daß er wie
ein solcher redet. Für ihn gibt es seit Abraham nur Eine Kirche;
die Kirche der Verheißung ist nun durch einen gleichsam natürlichen
und nothwendigen Uebergang zur Kirche der Erfüllung geworden.
Alles Vergangene, Vorchristliche besteht in gewisser Art fort, gehört zur Gegenwart der Kirche. Jüdische Priester und christliche
Presbyter sind Ein Institut, wie Jene Opfer dargebracht haben, so
thun es auch diese, was von jenen gilt, auch von diesen. Kurz,
Clemens ist der entschiedenste Repräsentant der kirchlichen Continuität. Sein Grundgedanke ist: Wir Christus-Gläubigen sind

---

[1]) So schon von Lazeri: Catalogi duo antiquissimi Pontiff. Rom.,
Romae 1755. p. 31, der freilich meint, der eine Kletus oder Anakletus müsse
zweimal, sowohl vor als nach Clemens, Papst gewesen sei. Dagegen: Del-
signore, Institut. hist. eccl., Rom. 1837 T. 1. p. 38. Ferner: Sacca-
relli, hist. eccl. II. 212. Doch ist in den Origines de l'Eglise Rom. der
Benediktiner von Solesme (Paris 1836) noch einmal ein (verfehlter) Versuch
gemacht worden, den Anenkletus neben Kletus zu retten. Die Sache ist um so
gewisser, als auch der Römische Verf. des „kleinen Labyrinths" (Hippolytus)
von dem Doppelgänger des Anakletus nichts weiß, denn er zählt (ap. Eus. 5.
28.) Victor als den dreizehnten nach Petrus. — [2]) Eus. 3. 15. — [3]) Ep
ad Cor. 31.

die ächten Israeliten, die Söhne Abrahams und Erben der Verheißungen; Abraham und Jakob, Moses und David gehören uns
und nur uns.

28. Keiner der neutestamentlichen Autoren, keiner der nachapostolischen Zeit zeigt uns diese Jüdische, bei aller Entschiedenheit
bezüglich Christi und seines Erlösungstodes doch vorzugsweise dem
alten Testamente zugekehrte Sinnesweise so ausgeprägt wie Clemens.
In dieser Beziehung steht sein Brief in einem auffallenden Contraste
zu den ganz von neutestamentlichen Ideen, Wendungen und Erinnerungen durchzogenen und beherrschten Briefen des Ignatius und des
Polykarpus. So war denn Clemens der rechte Mann, den die Ebionitische, Gnostisch- oder Essäisch-Jüdische Partei zu ihrem Helden und
Stammvater (nebst Jakobus) erkor, und unter dessen Namen sie ihren
Schriften Ansehen und Eingang zu verschaffen suchte. Ein Mann,
der die beiden Apostel noch gekannt, der in der Hauptstadt des Reiches
einer der Nachfolger des Petrus war, dessen Brief in so vielen
Kirchen mit Verehrung gelesen wurde, und von seiner dem Judenthume so günstigen Denkweise Zeugniß gab — eignete sich besser als
irgend ein anderer Name der apostolischen Zeit zu dem Zwecke, als
das verbindende Mittelglied zwischen Petrus und den Ebionitischen
Gemeinden dargestellt zu werden. Daß hiebei auch seine Person und
Geschichte mit manchen Fiktionen ausgemalt wurde, verstand sich von
selbst. So ist er in den Clementinen, einem Ebionitischen Erzeugnisse des zweiten Jahrhunderts, in welchem das Christenthum als ein
gereinigter Mosaismus dargestellt wird, neben Petrus die Hauptperson, und seine und seiner Familie Geschichte bildet die Grundlage
dieses didaktischen Romans. Die Clementinische Epitome gibt die
Ursache, warum Clemens den Juden so werth gewesen sei, nicht ohne
eine Beimischung von Wahrheit, so an: Er habe ihre Vorväter als
Freunde Gottes, ihr Gesetz als heilig, göttlich und unvergänglich
geschildert, habe verkündet, daß Palästina ihr beständiges Erbe sein,
und ihre Nationalität nie aus dem Lande vertrieben werden würde,
wenn sie das Gesetz hielten.[1]) Die Ebionitische Auffassung des Clemens zeigt sich sodann etwas später in der „Didaskalia der Apostel",
welche die Grundlage der uns bekannten sogenannten apostolischen

---

[1]) Das muß doch wohl vor dem J. 136 geschrieben, oder aus einer vor
diesem Jahre verfaßten Schrift entlehnt sein, denn der Krieg unter Hadrian wurde
in solchem Grade ein Vertilgungskrieg, ὥστε πᾶσαν ὀλίγου δεῖν τὴν Ἰουδαίαν
ἐρημωθῆναι, wie Dio Cassius 69, 14 sagt.

Constitutionen bildete. Auch diese Didaskalia war eine aus Ebioni-
tischem Kreise hervorgegangene Schrift.[1]) Clemens ist auch hier,
wie in dem den Homilien voranstehenden Schreiben, das er an Jakobus gerichtet haben soll, der von Petrus selbst eingesetzte Bischof,
und die Brüder, die ihm von den Homilien beigelegt werden, Nice-
tas und Aquila, werden in den Constitutionen zu Bischöfen der Pa-
röcien von Asia, (welcher, ist nicht gesagt) gemacht.[2])

29. Dem Ebionitischen Kreise[3]) gehörte auch die schon erwähnte
„Predigt des Petrus" an, in welcher die letzten Reden des Apostels
zu Rom und sein dortiger Verkehr mit Paulus berichtet waren. In
dieser Schrift müssen sich bereits die Angaben über Clemens als
den von Petrus eingesetzten Nachfolger gefunden haben; sie scheint
die Quelle zu sein, aus der die verwandten Angaben in den Clementinen, den Recognitionen, dem Briefe des Clemens an Jakobus
und den Constitutionen geflossen sind. Schon die Thatsache, daß
das Kerygma die letzten Reden und Anordnungen des Petrus berichtete, nöthigt zu der Annahme, daß auch über die Leitung der
Römischen Gemeinde nach seinem Tode eine Angabe sich darin gefunden habe.[4]) Dieses „Kerygma des Petrus" wurde schon frühe
im Occident in lateinischer Uebersetzung verbreitet; Lactantius beruft
sich darauf und in einer alten Schrift über die Taufe wird das Buch
als die Quelle einer von Häretikern eingeführten Taufe bezeichnet.[5])
Aus dem direkten oder mittelbaren Einflusse dieser Schrift ist es
abzuleiten, daß Tertullian den Clemens von Petrus ordinirt werden
läßt, und später einige andere Lateiner dasselbe behaupteten. Daß
aber der Ebionitische Standpunkt es erheischte, den Clemens als

---

[1]) Zu den von Rothe (Anfänge der Kirche, S. 541 ff.) bemerkten Spuren
und Zeugnissen Ebionitischer Denkweise in den Constitutionen kommen noch andere
hinzu. So wird l. 1, c. 6 zu der Empfehlung der Mosaischen Gesetzbücher,
welche der Christ lesen solle, die Warnung beigefügt, er möge sich vor den darin
enthaltenen späteren Einschaltungen (τῶν ἐν αὐτῷ ἐπεισάκτων) hüten. Ueber
diese Ebionitische Ansicht, daß der Pentateuch unächte Zusätze erhalten habe,
vgl. Clementin. hom. 2, 38 und hom. 3, 47; 3, 4. 5. — [2]) Const. apost. 7, 46.
— [3]) Die Bezeichnung Ebionitisch im weiteren Sinne genommen, wonach nicht
bloß die von Epiphanius geschilderten oder in den Clementinischen Homilien sich
reflektirenden Ebioniten so zu nennen sind. Daß das Kerygma trotz der dem
Paulus in den Mund gelegten Aeußerung gegen das Jüdische Feste doch die
Judaistische Anschauung vertrete, zeigt die Uebereinstimmung mit dem Hebräer
Evangelium und das Christo beigelegte Bekenntniß der Sündhaftigkeit. S. Jones
Method of settling the Canon. Oxf. 1827, I, 313—15. — [4]) Inst. 4, 21. —
[5]) In der Bremer Ausgabe Cypriani, p. 22, Append.

den eigentlichen von Petrus selbst eingesetzten Erben und Nachfolger
darzustellen, und demnach Linus und Anencletus zu ignoriren,
leuchtet ein.[1])

30. Auch die Fabel von dem durch des Apostels Gebet bewirkten Sturze des fliegenden Simon ist aus einem der Petrinischen
Apokryphen, die alle im Ebionitischen Interesse verfaßt wurden, hervorgegangen, wahrscheinlich aus dem „Gericht des Petrus"[2]), das
wohl seinen Titel von dieser Erzählung erhalten hat. Eine geschichtliche Grundlage war vorhanden, denn Simon war wirklich nach
Rom gekommen, und Petrus war ihm dort entgegengetreten.[3]) Dazu
nahm man dann die von Suetonius erzählte Geschichte von einem
in Nero's Gegenwart gemachten unglücklichen Versuche[4]), der auf
Simon übertragen wurde. So ging die Erzählung in die Didaskalia der Apostel über, und im Occident war Arnobius[5]) der erste,
der sie (um das J. 303) adoptirte.[6])

31. Hier ist denn auch einer Hypothese des Epiphanius zu gedenken, in der man vielfach Aufschlüsse über die älteste Kirchenge-

---

[1]) Tert. Praeser. 32. Hieronymus, der selber schwankt und Clemens
einmal auf Anaclet, ein andermal unmittelbar auf Petrus folgen läßt, sich aber
doch in seinem Verzeichnisse der kirchlichen Schriftsteller für das letztere entschieden
ausspricht, sagt: die meisten Lateiner hielten ihn für den Nachfolger des Petrus
De vir. ill. c. 14. Dieß ist sicher eine Uebertreibung, denn unter den noch vorhandenen ist Tertullian der Einzige, der die Angabe hat, und Hieronymus kannte
nur wenige jetzt verlorene lateinische Autoren, nämlich nur Rheticius, Donatus,
Severus, nebst einigen jetzt nicht mehr existirenden Schriften von Novatian und
Victorin. — [2]) Judicium Petri, von Hieronymus (de vir. ill. in Petro) und
von Rufinus (Expos. in symb. apost. 38) erwähnt. — [3]) Hippolyt. Refut.
haer. 6, 19, der aber eine ganz andere Todesart Simons, nicht die in Rom
erfolgte, kennt. — [4]) Suet. Nero c. 12. — [5]) Derselbe Arnobius, dessen Buch
deutlich verräth, daß er manche von der kirchlichen Lehre abweichende Vorstellungen
aus apokryphischen und gnostischen Schriften geschöpft habe. — [6]) Const. ap.
6, 9. Schon Cotelier hat erkannt, daß die Fabel ihren Ursprung e libris apo-
cryphis et pseudepigraphis habe. PP. Apost. 1, 341. In Rom selbst scheint
die Fabel trotz der zahlreichen Autoritäten keinen Eingang gefunden zu haben.
Cotelier verweist schon auf das silentium Rom. Pontificum, qui «ua tacere non
solent; und im Liber Pontificalis heißt es blos: Dum dimisus altercarentur
(Petrus et Simon), Simon divino nutu interemptus est. Ed. Vignol. 1, 7.
Und auch dieß ist erst späterer aus Augustin's Schrift de haeres. entlehnter Zu-
satz. Augustinus selbst bemerkt, daß die meisten Römer die Erzählung von dem
Ereigniß zwischen Simon und Petrus für erdichtet hielten. Epist. 36 ad Casulan.
Ich glaube nämlich, daß nach Augustin's Worten das, was die Römer für falsch
erklärten, nicht blos die Ableitung des Sonnabend-Fastens von dem damaligen
Fasten des Petrus, sondern die ganze Erzählung war.

schichte und eine Lösung der in der ersten Römischen Succession ge-
fundenen Widersprüche wahrzunehmen geglaubt hat. Epiphanius
sagt nämlich: die Kirche zu Alexandrien habe nie gleich anderen
Städten zwei Bischöfe zugleich gehabt.[1]) Man hat daraus geschlossen, daß in den ersten Zeiten die noch unausgeglichene Differenz
zwischen Heidenchristen und Judenchristen die Apostel und ihre Gehilfen genöthigt habe, in derselben Stadt zwei Bischöfe, einen Hebräischen und einen Hellenischen, mit gesonderten Gemeinden aufzustellen. Darauf ist denn weiter die Hypothese gebaut worden, Linus
sei der von Paulus ernannte Bischof der Römischen Heidenchristen
gewesen, während Kletus, von Petrus ernannt, die Gemeinde der
Judenchristen verwaltet habe. Dieser Petrinische Bischof habe indeß
seinen Collegen überlebt, und sei vom J. 71 bis 77 einziger Bischof
der Römischen Gemeinde gewesen; ihm sei dann Clemens gefolgt,
von 78 bis 86.[2]) Diese Auffassung vermag sich indeß nicht auf
ältere Angaben zu stützen. Epiphanius selbst hat von seiner Annahme eines doppelten Episkopats in einigen Städten gerade bei
der Römischen Kirche keinen Gebrauch gemacht, ohne Zweifel, weil
ihm die so bestimmten und übereinstimmenden Verzeichnisse bei Irenäus und Eusebius doch eine gewichtige Autorität waren. Da er
aber zugleich an die Aechtheit der Didaskalia glaubte, welche die
Ordination des Clemens durch Petrus berichtet, so sucht er durch
die Annahme, die er indeß selbst als bloße Vermuthung bezeichnet,
zu helfen: Clemens habe nach seiner Ordination durch Petrus das
bischöfliche Amt abgelehnt, und sich, so lange Linus und Kletus
(Anenkletus) gelebt, ruhig verhalten; nach dem Tode des Kletus
aber habe man ihn genöthigt, die Leitung der Römischen Kirche zu
übernehmen. Von einem gleichzeitigen Episkopat des Linus und
Kletus weiß aber Epiphanius nichts, sondern er läßt den Kletus
auf den Linus folgen.[3]) Rufinus dagegen sucht die Glaubwürdigkeit
des Briefes an Jakobus durch die nachher oft adoptirte Voraussetzung zu retten, Linus und Kletus hätten der Römischen Kirche nur

---

[1]) Panar. haer. 68, 7. — [2]) So ist dieß die Theorie des H. v. Bunsen,
wie ein Freund von ihm, Greenwood, in seiner Cathedra Petri, I, 33, London 1856, sie mittheilt, mit der Bemerkung, sie werde in einem künftig erscheinenden Werke: Chronological tables of ecclesiastical history, näher begründet
dargelegt werden. — [3]) Epiph. haer. 27. Er meint, die Worte des Clemens
in seinem Brief an die Korinthier, wenn er dem, der den Anlaß zu der dortigen
Verwirrung gegeben, zurückzutreten räth, beziehen sich auf Clemens selbst — ein
Mißverständniß, das wohl nur auf einem Gedächtnißfehler beruhte.

bei Lebzeiten des Petrus vorgestanden.¹) Er selbst schöpfte, so viel
wir sehen, seine Annahme der Einsetzung des Clemens durch Petrus
aus keiner andern Quelle als diesem Ebionitischen Documente.

32. Die Behauptung des Epiphanius von den zwei Bischöfen
in der ersten Zeit steht völlig vereinzelt: nirgends findet sich eine
ähnliche Andeutung, nirgends eine Spur, daß eine Kirche wirklich
im Anfange zwei Bischöfe gehabt habe. Die Quelle jedoch, aus
welcher der unkritische und leichtgläubige Epiphanius seine Ansicht
sich gebildet hat, läßt sich nachweisen: es ist die apostolische Didaskalia. Er zuerst hat die Constitutionen als ein ächtes Werk der
Apostel, als „göttliche Rede", betrachtet und vielfach gebraucht.²)
So hatten denn auch die darin befindlichen Angaben über die ersten
von den Aposteln eingesetzten Bischöfe volle Autorität für ihn, und
da fand er³), daß Petrus in Antiochien den Evodius, Paulus aber
den Ignatius eingesetzt habe, daß in Ephesus Timotheus durch Paulus, Johannes durch Johannes Bischof geworden sei; wogegen von
Alexandrien behauptet wird, der erste sei der von Markus ordinirte
Annianus gewesen, und ihm sei der von Lukas ordinirte Abillus gefolgt. Und so sagt denn auch Epiphanius: Alexandrien habe nie
zwei Bischöfe gehabt gleich anderen Städten. Das Wahre an der
Ansicht des Epiphanius, daß nämlich allerdings in den ersten Zeiten
ein einheitliches Episkopat, getrennt von dem Apostolat, in vielen
Kirchen nicht wohl ausführbar war, ist bereits oben besprochen
worden.

33. Hegesippus fand in der Kirche, so weit er sie auf seinen
Reisen kennen gelernt hatte, allenthalben dieselbe Verfassung, Succession und Lehre. Gewiß hatte er auch auf seinem Wege aus Palästina nach dem Occident die Antiochenische Kirche besucht, als deren
erster Bischof Evodius angegeben wird, dem dann Ignatius folgte.⁴)
Ueber die Wiederbesetzung des bischöflichen Stuhles in der Jerusalemischen Gemeinde nach dem Tode des Jakobus hat Eusebius eine

---

¹) Praef. ad Recogn. ed. Coteler. I, 492. — ²) Er nennt sie einmal
θείος λόγος. — ³) Apost. Const. 7, 46. Epiphanius hat nicht nur die sechs
ersten Bücher, sondern auch das nach der gewöhnlichen Ansicht später entstandene
siebente Buch gekannt. Denn bei seiner Berufung auf die διάταξις τῶν ἀποστό-
λων bezüglich des Fastens (haer. 75, 6) hat er die Stelle Const. 7, 23 vor
Augen gehabt. In die Succession der Römischen Bischöfe hat er übrigens den
von den Constitutionen übergangenen Kletus, ohne Zweifel durch das Gewicht
des Zeugnisses bei Hegesippus und Irenäus bestimmt, mit aufgenommen. —
⁴) Euseb. 3, 22. 36.

wichtige, wahrſcheinlich aus Hegeſippus geſchöpfte Nachricht: nach
der Eroberung von Jeruſalem ſeien die noch lebenden Apoſtel und
Jünger zugleich mit den leiblichen Anverwandten Chriſti zuſammen-
gekommen, und hätten einmüthig den Simon, den Sohn des Klopas,
einen Vetter des Herrn, zum neuen Biſchof erkoren.[1]) Die noch
lebenden Apoſtel waren Johannes, Philippus und Andreas, die alſo
aus Kleinaſien zu dieſer Verſammlung um das J. 71 kamen. Daß
Polykarp bereits von den Apoſteln (Johannes zunächſt) als Biſchof
von Smyrna eingeſetzt worden, bezeugt ſein Schüler Irenäus.[2])
Wenn Polykrates von Epheſus, der im Todesjahre Polykarps
(J. 167) 38 Jahre alt war, berichtet, daß er in ſeiner Familie
bereits der achte Biſchof ſei, und ſich auf die Ueberlieferung dieſer
Verwandten und Vorgänger beruft, ſo reicht eine ſolche Biſchofsreihe
in Einer Familie wohl ſicher in die apoſtoliſchen Zeiten hinauf.[3])
In den Briefen des Ignatius, die wenige Jahre nach dem Tode
des Johannes geſchrieben wurden, zeigen ſich die Aſiatiſchen Kirchen
durchaus mit Biſchöfen verſehen. Und ſo beſtätigt ſich der Bericht
des Clemens von Alexandrien, des beſten Kenners der chriſtlichen
Literatur bis auf ſeine Zeit. „Als Johannes, ſagt Clemens, von
Patmos nach Epheſus heimgekehrt war, pflegte er von dort aus
auf Verlangen in die benachbarten Gegenden der Heiden zu wan-
dern, theils um Biſchöfe einzuſetzen, theils um ganze Gemeinden zu
ordnen, theils um den einen oder andern derer, die der Geiſt bezeichnete, in den Klerus aufzunehmen.“ Hier begegnen wir noch der
merkwürdigen auch von dem Römiſchen Clemens erwähnten[4]) Thatſache, daß, wie es bei Paulus und Timotheus der Fall war, die
Ordination zum Kirchenamte in Folge prophetiſcher Erleuchtung,
entweder des Apoſtels ſelbſt, oder auch Anderer in der Gemeinde,
erfolgte.

3. Die Diakoniſſen.

34. Frauen, verordnete Paulus, ſollen nicht öffentlich reden in
der Kirche[5]); ſie ſollen, den Männern unterthan, lernen und nicht
lehren. Doch gab es auch im weiblichen Geſchlechte charismatiſch
Begabte, wie die vier Töchter des Philippus, welche die Gabe der
Prophetie hatten.[6]) Und in Korinth war die Sitte, daß Frauen in
den Verſammlungen unter dem Einfluſſe des Sprachen- und Weis-

---

[1]) Euseb. 3, 11. — [2]) Iren. 3, 3. Euseb. 3, 36. — [3]) Ap. Routh
I, 371. — [4]) Clem. ep. c. 42. — [5]) 1 Cor. 14, 31. — [6]) Act. 21, 9.

sagungs-Charisma laut beteten und prophetisch redeten, wirklich auf-
gekommen. Die Apostel wußten indeß auch für weibliche Personen
einen Wirkungskreis im kirchlichen Leben zu finden. Es wurde das
Institut der Diakonissen geschaffen, und eine Diakonissin Phöbe
zu Kenchrea wird bereits im Römerbriefe erwähnt. Pflege der Armen, der Kranken und Fremden gehörte zu den Geschäften dieser
dem Dienste der Kirche sich widmenden Frauen. Näheres über sie
bietet der erste Brief an Timotheus. Paulus gedenkt dort zuerst
der Fürsorge, welche den hilflosen und verlassenen Wittwen zu gewähren sei; unmittelbar darauf aber redet er von einer besonderen,
ein eigenthümliches Verhältniß zur Kirche einnehmenden Gattung
von Wittwen. Solche sollen in ein Verzeichniß eingetragen oder in
einen eigenen Dienst eingewiesen werden.[1] Als Bedingung hiezu
wird gefordert, daß die Wittwe über sechzig Jahre alt, Eines Mannes Weib gewesen, daß sie das Zeugniß guter Werke besitze, Kinder
aufgezogen habe, gastfrei gewesen, und den Traurigen und Betrüb-
ten in ihrer Angst Trost und Hülfe gespendet habe.[2] Die Dienstleistungen der Diakonissen waren also von der Art, daß bejahrte
Frauen vorzugsweise dazu geeignet schienen, und nicht gerade körperlich anstrengend. Vorbereitung weiblicher Personen zur Taufe
und Handreichung bei derselben zur Vermeidung jedes Anstoßes,
Erziehung von Waisen, Besorgung apostolischer und bischöflicher
Aufträge an einzelne weibliche Glieder der Gemeinde — dieß und
Aehnliches gehörte zu ihrem Wirkungskreise, kurz: sie vertraten in
der großen Familie, welche die Ortskirche bildete, das weiblich müt-
terliche Element.

35. Bei Wittwen, welche das sechzigste Jahr überschritten hatten, verstand es sich von selbst, daß sie nicht wieder heiratheten;
ihnen wurde also wohl kein Versprechen deßhalb abgenommen. Aber
es gab auch jüngere Wittwen und Jungfrauen, die zum Diakonissen-
Dienste verwendet wurden. Die letzteren müssen schon in der apostolischen Zeit in einzelnen Gemeinden vorzugsweise erkoren worden
sein, denn Ignatius grüßt in dem Briefe an die Smyrnäer die
Jungfrauen, welche „Wittwen" genannt werden.[3] Dieß zeigt, daß

---

[1] καταλεγέσθω. 1 Cor. 5, 9. Man beachte hier, daß Paulus unmöglich
meinen kennte, alle noch nicht 60 Jahre alten Wittwen sollten von der kirchlichen
Unterstützung ausgeschlossen sein; daß er also hier nothwendig von einer besonderen Gattung von Wittwen redet. — [2] 1 Tim. 5, 9—10. — [3] Ign. ep. ad
Smyrn. 12, p. 196 Dressel.

die Bezeichnung „Wittwe" ein Amtsname für eine Diakonissin geworden war, daß aber in Smyrna nicht wirkliche Wittwen, sondern Jungfrauen wenigstens die Mehrzahl bildeten. Mit jüngeren Wittwen hatte man, entweder in Ephesus oder in anderen Paulinischen Gemeinden, bereits schlimme Erfahrungen gemacht. Sie hatten sich, gleich den Jungfrauen, durch ein Gelübde verbunden, in eheloser Enthaltung ganz dem Herrn zu dienen, und nach der Erwartung des Apostels Tag und Nacht im Gebete (und in den Werken kirchlicher Mildthätigkeit) auszuharren. Aber manche von ihnen wurden üppig, benützten ihren Zutritt in den Häusern zu Klatschereien, die Heirathslust erwachte, und sie brachen ihr Gelübde, womit den Widersachern der Christen Stoff zu Schmähungen geboten ward.[1] Darum wollte der Apostel, solche jüngere Wittwen sollten lieber eine zweite Ehe schließen, zum kirchlichen Diakonat aber nur sehr bejahrte Wittwen genommen werden. Da jedoch manche Funktionen dieses Gemeindedienstes eher jüngere und kräftigere Personen erforderten, so mochte man in manchen Kirchen um so geneigter sein, Jungfrauen dazu zu nehmen, bei welchen nicht wie bei jungen Wittwen zu besorgen war, daß die Begierde nach den schon versuchten Annehmlichkeiten des Ehestandes sie zum Bruche des Gott und der Kirche gegebenen Versprechens verleiten würde.

4. Eigenschaften, Auswahl, Unterhalt der Kirchendiener.

36. Paulus hat in den Briefen an Timotheus und Titus die Eigenschaften angegeben, die ein Christ besitzen müsse, um zum Aeltesten-Amte geeignet zu sein.[2] Er legt mehr Gewicht auf den sittlichen Charakter als auf geistige Vorzüge. Ein Neubekehrter soll nicht genommen werden, da er leicht, wenn er damit älteren und bewährteren Gemeindegliedern vorgezogen werde, übermüthig werden könne; eine Bestimmung, die wohl in Ephesus, nicht aber in allen Kirchen, nicht in noch jungen Pflanzungen anwendbar war. Nur ein Mann, der sich als tüchtiger Hausherr und sorgsamer Familienvater bewiesen, eignet sich, sagt Paulus ferner, denn nur er wird die Autorität des Amtes in der Gemeinde zu behaupten vermögen. In den Anfangszeiten der Kirche mußte es als Regel gelten, daß Familienväter zu kirchlichen Aemtern erlesen wurden, denn unter den Judenchristen reiferen Alters kam Ehelosigkeit nicht vor, und wenn ein Heide bis in die Jahre des vollen Mannesalters unver-

---

[1] 1 Tim. 5, 11—14. — [2] 1 Tim. 3, 2—12. Tit. 1, 6—9.

mählt geblieben war, so hatte er fast immer ein wüstes und aus-
schweifendes Leben geführt, und fehlte ihm eine wichtige vom Apostel
gesetzte Bedingung: der gute Ruf bei den Außerkirchlichen. Nüchtern-
heit und Keuschheit, eine würdige äußere Erscheinung und Haltung,
Uebung der Gastfreundschaft werden ferner als unentbehrliche Eigenschaften genannt. Die Uebung der Gastfreundschaft wurde damals
um so höher angeschlagen, als das Christenthum gewissermaßen eine
Wander-Religion war, und die Mission sowohl als die Verfolgungen
dem Gläubigen es nahe legten, stets ein Gemach seines Hauses für
kommende und gehende Brüder bereit zu halten.

87. In geistiger Beziehung werden nur zwei Dinge gefordert,
erstens daß der Aelteste lehrhaft sei, also einen gewissen Grad von
Vorbildung und die natürliche Gabe klarer, geordneter Mittheilung
besitze, und dann daß er festhalte an der überlieferten apostolischen
Auslegung des Alten Testamentes und der Worte Christi, also nicht
seine subjectiven Vorstellungen, sondern das glaubhafte Wort, wie es
von den Aposteln verkündet, in den Kirchen niedergelegt war, vor-
trage, und Widersprechende zu widerlegen vermöge. Die Lehrhaf-
tigkeit, welche der Apostel für einen Presbyter forderte, war eine
den damaligen Verhältnissen angemessene, d. h. sehr beschränkte. Die
Zahl derer, welche eine sorgfältige Jugendbildung genossen, muß
ungemein klein in den ersten Gemeinden gewesen sein; am ersten
noch besaßen die durch den Synagogendienst geschulten Judenchristen
die erforderliche Vorbildung, nämlich vertraute Bekanntschaft mit dem
Alten Testamente. Genaue Kenntniß der apostolischen Lehre verstand
sich von selbst. Die damals so hoch geschätzte Rhetorik und Kunst
der gewählten wohlklingenden Phrase und des eleganten Perioden-
baues hatte Paulus schon als etwas ihm Abgehendes, aber auch nicht
Erstrebtes von sich gewiesen[1]); aber die natürliche, gewiß auch mitunter charismatisch gesteigerte Beredsamkeit der Ueberzeugung, der
Begeisterung, wurde, wo sie sich zeigte, auch in den apostolischen Gemeinden als eine höchst werthvolle Gabe geehrt, und Paulus war
sich sehr wohl bewußt, welche Dienste seine Gabe der Ueberredung[2])
der Sache Christi leiste. Und noch in keiner Zeit, bei keinem Volke
war der Beredsamkeit eine so reine und hohe Aufgabe zugetheilt
worden, als jetzt, da die christliche Predigt als ein göttliches Institut und mächtiges Werkzeug menschlichen Heils in die Geschichte
eintrat, und alle Gegensätze des menschlichen Lebens, alle großen

[1]) 1 Cor. 2, 4. 5. — [2]) 2 Cor. 5, 11. cf. 6, 11.

Probleme des Geistes, alle sittlichen Beziehungen des Menschen zum Menschen, Leben und Tod, Himmel und Hölle, Gott und der Satan, das unerschöpfliche, ewig neue Thema der heiligen Rede bildeten. Wir mögen uns den Eindruck vorstellen, den ein Heide bei seinem ersten Eintritt in eine christliche Versammlung erhielt, wenn er, gewöhnt an ein stummes Priesterthum und schweigende Tempel, hier zugleich über die höchsten, sonst nur in den Philosophenschulen verhandelten Fragen und wieder über die alltäglichen Begebnisse und Pflichten des Lebens in der Sprache der Zuversicht und aus dem Bewußtsein einer gemeinschaftlichen Ueberzeugung und Erfahrung heraus reden hörte.

38. Nichts tritt in den apostolischen Schriften stärker hervor als das Bewußtsein, daß der Hirte verantwortlich sei für die Heerde. Paulus nennt seine Gemeinden seine Ehre am Tage des Herrn.[1]) Es ist ein heiliges Band gegenseitiger Liebe, welches den Hirten und die Heerde umschlingen soll. Was er leidet, leidet er um ihretwillen. Und es liegt im kirchlichen Amte, daß die Träger desselben der Kirche dienen durch ihr Leiden wie durch ihr Thun.[2]) Weil es zu ihrem Amte gehört, stets für ihre Gemeinde zu beten, ist es ein priesterliches, auch abgesehen von der Darbringung des eucharistischen Opfers. Deßhalb haben die 24 Aeltesten, welche das irdische Priesterthum und Kirchenamt im Himmel vorstellen, goldene Schaalen voll Rauchwerk, „welches die Gebete der Heiligen (der irdischen Glieder der Kirche) sind.“[3]) Und darum ist der Geist der Opferwilligkeit, die Freiheit von aller Selbstsucht eine der unentbehrlichen Eigenschaften, auf welche Titus bei seiner Auswahl der Vorsteher achten soll.[4])

39. Schon diese Forderungen, über deren Vorhandensein Männer wie Timotheus in Ephesus, Titus auf Kreta und ihre Nachfolger, also die Bischöfe, endgiltig zu entscheiden hatten, beweisen, daß ein Recht der Gemeinde, zu den Kirchenämtern zu wählen, nur in beschränktem Sinne und mit völliger Unterordnung unter die Apostel oder Bischöfe stattfinden konnte. Paulus setzt es als Regel voraus, daß die Männer, die sich im Besitze der erforderlichen Eigenschaften wissen, sich selbst um das kirchliche Vorsteheramt bewerben.[5]) In der That mußten die Apostel hie und da abwehren, wie die Mahnung des Jakobus, daß doch nicht allzu Viele Lehrer zu werden be-

---

[1]) Phil. 4, 1. 1 Thess. 2, 19. 2 Cor. 1, 14. — [2]) Col. 1, 24. — [3]) Apoc. 5, 8. — [4]) Tit. 1, 7. — [5]) 1 Tim. 3, 1.

gehren möchten, beweiset.[1]) Um nun die gehörige Prüfung der Be-
werber vornehmen zu können, sollten die Bischöfe mit der Ordination und wirklichen Einsetzung so lange, als ihnen nöthig schien,
zögern.[2]). In dem Ausspruche des Paulus, daß, wer nach einem
Aufseheramt strebe, ein edles Geschäft begehre[3]), liegt indeß auch
die Mahnung für den Bischof, nicht blos auf die sich Anbietenden
zu warten, sondern solche, die er als würdig erkannt, auch selber
zur Uebernahme zu ermuntern. Die Betheiligung der Gemeinde erfolgte dann, indem der Bischof den als geeignet Befundenen und
bereits Geprüften der Gemeinde vorschlug, und diese ihre Zustimmung ausdrückte. So sagt Clemens: „Die Apostel hätten Aufseher
und Diakonen eingesetzt unter Beistimmung der ganzen Gemeinde."[4])
Daß man zwischen mehreren Bewerbern habe abstimmen lassen, und
dann einfache Stimmenmehrheit den Ausschlag gegeben habe, davon
findet sich weder jetzt, noch in der nächstfolgenden Zeit eine Spur,
und ist bloß nie kirchliche Sitte geworden. Ein Fall, wie der in
der Erstlingskirche zu Jerusalem, wo die Apostel der erst kürzlich
mit den Geistesgaben erfüllten Gemeinde die Wahl der sieben ersten
Beamten ganz überließen[5]), ist in solcher Weise später kaum mehr
vorgekommen.[6]) Die Presbyter zu Ephesus sind durch den heiligen
Geist zur Kirchenleitung berufen; Timotheus ist in Folge einer Prophetie, und nicht durch Volkswahl, zur Ordination gelangt. Er wird
angewiesen, was er von Paulus vernommen, andern lehrtüchtigen
und treuen Männern aufzutragen[7]), deren Auswahl er also selbst
treffen soll, und nicht von dem Zufall einer Volksabstimmung abhängig machen darf. Andrerseits wurde auch gewiß keiner Gemeinde
ein Aeltester oder Bischof, welcher der Mehrheit mißfällig war, aufgedrungen. Ohnehin hatte Paulus die Bedingung gestellt, daß er
einen untadelhaften Ruf genieße.

40. Daß die Diener Christi und der Kirche von den Gläubigen
ernährt werden sollten, hatte der Herr selbst gleich im Beginne erklärt. Sie würden keinen Mangel leiden, hatte er den zum erstem-
male ausziehenden Jüngern gesagt, denn der Arbeiter sei seiner
Speise werth.[8]) Die dicht danebenstehende Mahnung, das umsonst

---

[1]) Jac. 3, 1. — [2]) 1 Tim. 5, 22. — [3]) 1 Tim. 3, 1. — [4]) Ep. ad
Cor. 41. — [5]) Act. 6, 1—6. — [6]) In dem χειροτονειν, Act. 14, 23 kann
eben so gut eine Ordination nach vorheriger Gemeindewahl, als eine selbstftän-
dige von den Aposteln getroffene Auswahl liegen. — [7]) 2 Tim. 2, 2. —
[8]) Matth. 10, 11.

Empfangene auch umsonst zu geben, wies auf den richtigen Mittel-
weg, den sie einhalten sollten, indem sie ohne gewerbsmäßige und
habsüchtige Betreibung des apostolischen Amtes doch andrerseits dem
Volke die Pflicht, für ihren Unterhalt zu sorgen, nicht verschwiegen.
Ausführlich erörterte Paulus dieses Recht der Boten und Diener
Christi, vom Evangelium zu leben, und durch die Gemeinden unterhalten zu werden, so gut wie der Krieger, der Gärtner und der
Hirte — er nennt die drei dem geistlichen Stande nächst verwandten Berufsarten — von ihrem Berufe leben. Er selber freilich
wollte, um seinen zahlreichen Widersachern gegenüber jeden Schein
des Gewinnes von seinem Amte zu vermeiden, lieber von seiner
Hände Arbeit leben; und er beharrte darauf, selbst wenn ihm, wie
in Korinth, dieses Ablehnen verdacht wurde, denn er wollte zugleich
den Christen das Beispiel der von ihm so dringend empfohlenen
Arbeitsamkeit geben.[1]) Aber dabei hebt er hervor, daß, wer das
Größere, die geistigen Güter der Lehre und Heilmittel, mittheile,
gerechten Anspruch habe auf das Geringere, die Mittel des physischen
Lebens. Er nahm daher auch die freien Gaben an, die ihm die
Gemeinde zu Philippi darbot, da hier die Bedenken, die ihn anderswo
abhielten, nicht eintraten. Seine Aeußerung im Briefe an Timotheus,
daß löblich vorstehende Presbyter, vornehmlich die, welche als Lehrer
und Prediger arbeiten, zwiefacher Auszeichnung werth seien[2]), ist,
wie die folgenden Worte zeigen, auch von einer reichlicheren, ihnen
zu gewährenden Unterstützung zu verstehen.

41. Wir sehen aus den apostolischen Briefen, daß die Gemeinden, obgleich die Zahl der Unbemittelten weit größer war, als die
der Wohlhabenden, doch viel und gerne gaben. Wiederholt wurden
Collecten an die armen Gemeinden in Palästina übersandt; und
Paulus mußte die einzelnen Kirchen, indem er ihnen das Beispiel
der andern vorhielt, anzuspornen.[3]) Seiner Anordnung nach sollte
je am ersten Wochentage jeder Christ in seinem Hause etwas von
seinem Erwerbe zurücklegen, zunächst für die Muttergemeinde in
Jerusalem. In welcher Form für den Unterhalt der Presbyter und
andere gemeinschaftliche Bedürfnisse gesorgt wurde, wissen wir nicht.

---

[1]) 1 Cor. 9, 7—11. 2. Thess. 3, 6 sq. — [2]) 1 Tim. 6, 17, und im
folgenden Verse die Berufung auf Deut. 24, 4; die Stelle Gal. 6, 6 ist nicht von
Mittheilung irdischer Güter zu verstehen, die Forderung würde zu maßlos sein.
Paulus meint die ethisch religiöse κοινωνία zwischen Lehrer und Jünger. —
[3]) Act. 11, 29. Rom. 15, 26. 1 Cor. 16, 1 sq.

Daß aber überall eine aus den freiwilligen Beiträgen gebildete Gemeindekasse bestand, ist klar.

5. Die Geistesgaben.

42. Marcus schließt sein Evangelium mit dem Berichte, daß
Jesus den Seinigen als die Zeichen, welche sie kraft ihres Glaubens
an ihn wirken würden, verheißen habe: Austreibung böser Geister,
Reden mit neuen Zungen, Sicherung gegen den Biß giftiger Schlangen und gegen tödtlichen Trank, Heilung von Kranken.[1]) Und in
der That ergoß sich seit der ersten Geistesmittheilung am Pfingstfeste
ein reicher Strom solcher und ähnlicher Gaben und Kräfte durch die
junge Kirche — Gaben, in denen sich zum Theil eine Naturanlage
erhöht, ausgebildet, dem Dienste der Kirche geweiht zeigte, die aber
auch theilweise einfach in das Gebiet der eigentlichen, die Schranken
des gewöhnlichen Naturlaufs durchbrechenden, Wunderkräfte gehörten.
Paulus hat sie im Korintherbriefe genannt, ohne jedoch eine vollständige Aufzählung aller in der Kirche damals vorhandenen Gei-
steskräfte geben zu wollen; seine Absicht war nur, zunächst die Einheit dieser Gaben in Quelle und Zweck bei aller Mannigfaltigkeit
derselben zu zeigen. Es waren, ihm zufolge, Gaben der Erkenntniß — Gaben der Glaubens- und Willenskraft — Gaben des
Sprachenredens. Alle hatten das gemein, daß sie, von demselben
göttlichen Geiste gewirkt, zum Nutzen Anderer, zur Erbauung der
Gemeinde, dienen, daß sie Funktionen am Leibe Christi sein sollten.
Nur als Dienstleistungen im weiteren Sinne erfüllten sie ihren
Zweck.[2]) Alle zusammen bilden nach der Auffassung des Apostels
einen Schatz, in dessen Besitz die Kirche sich befindet; es sind geistige
Reichthümer, in denen die Kirche ihre Stärke, ihren Ruhm und
Schmuck erkennt. Paulus erinnert daher die Korinthischen Christen
an den Contrast zwischen ihrem vormaligen stummen Heidenthume,
dessen Götterbilder schweigende Idole, dessen Tempel klanglose Räume
waren, und zwischen der überströmenden Fülle von Kundgebungen
und Mittheilungen, welche sie jetzt in ihren Versammlungen vernahmen.

43. Diese Gaben und Kräfte waren nun aber von sehr ver-
schiedenem Werthe, und Paulus ermahnte daher die Korinthier, nach
den höheren und besseren zu streben. Es waren Gaben, die man
bewahren oder verlieren, nach Willen anwenden oder ungenützt lie-

---

[1]) Marc. 16, 17. 18. — [2]) 1 Cor. 12, 7; 14, 12.

gen lassen konnte.[1]) Der Mißbrauch lag bei manchen nahe genug;
und jeder war für den Gebrauch des ihm anvertrauten Gutes dem
Spender, dem heiligen Geiste, verantwortlich. Wie Paulus eine
Gabe der Weisheit, die er auch sich selbst beilegte[2]), von der Gabe
der Erkenntniß (Gnosis) unterschied, muß wohl ungewiß bleiben.
Das besondere Charisma des Glaubens, dessen er gedenkt, kann
wohl nur in der energischen Kraft, der heroischen Zuversicht des
unbedingten Gott-Vertrauens, bestanden haben. Die Gabe der Geister-Unterscheidung[3]) befähigte den Besitzer, die wahren Propheten
von den falschen zu unterscheiden, zu urtheilen, ob das Verkündigte
wirklich von Gott, oder ob es eine Illusion sei, — damals eine
der Kirche nicht entbehrliche Gabe, denn Pseudopropheten traten in
Menge auf, drängten sich in die Gemeinden, und wuchsen mit jedem
Jahre an Zahl und Dreistigkeit. Es waren, wie man aus den
Andeutungen des Johannes sieht, Irrlehrer, welche ihre Doctrin
nicht blos als Ergebniß menschlicher Forschung und Einsicht, sondern als eine ihnen von oben mitgetheilte göttliche Offenbarung verkündigten.

44. Andere Charismen, deren der Apostel gedenkt, waren die
Krankenheilung und die Kraft, überhaupt außerordentliche Wirkungen
hervorzubringen; schon der Plural, den er hier gebraucht, zeigt, daß
den Einzelnen diese Gabe nur für gewisse Krankheiten und Leiden
gewährt war, wobei wohl auch verschiedene Mittel und Methoden
der Heilung angewendet wurden. Als charismatische Lehrweisen
werden Prophetie und Didaskalie oder einfache Lehre unterschieden;
jene ist bedingt durch Offenbarung (Apokalypsis), diese durch Erkenntniß (Gnosis). Nach der Gabe der Prophetie eifrig zu trachten,
empfahl Paulus seinen Lesern besonders.[4]) Die Propheten standen
höher als die Lehrer; der ihnen zu Theil gewordene Sehergeist war
eine für die Gemeinde vorzüglich gemeinnützige Gabe; in klar verständlicher Rede, tröstend, ermahnend, bot der Prophet einen für
Alle bestimmten Inhalt, erkannte er die Bedürfnisse der Zuhörer,
zog er das in den Herzen Verschlossene an's Licht. Wenn er auch
nicht immer selbst den vollen Sinn seiner Aussprüche erkannte, Andere faßten diesen Sinn um so besser. Immer aber sollten „die
Geister der Propheten den Propheten unterthan sein"[5]), denn, sagt

---

[1]) 1 Cor. 12, 31; 13, 8; 14, 1. 18. 19. 26—33. — [2]) 1 Cor. 3, 10. —
[3]) 1 Cor. 14, 29. 1 Thess. 5, 19—21. 1 Jo. 4, 1. — [4]) 1 Cor. 14, 1. —
[5]) 1 Cor. 14, 32.

Paulus, Gott ist nicht ein Gott der Verwirrung, sondern des Friedens. Die ächten Propheten ließen sich also nicht willenlos von der Begeisterung fortreißen, verfielen nie in eine, das klare Bewußtsein unterdrückende Ekstase, oder gar in einen enthusiastischen Taumel, wie die heidnischen Theoleptiker; sondern sie bewahrten sich die volle Freiheit des Wollens und des Denkens, und vermochten, wenn sie in der Gemeinde redeten, in jedem Momente abzubrechen. Manche von ihnen verkündigten Zukünftiges, wie Agabus, der die Theuerung zu Jerusalem[1]), und später durch eine symbolische Handlung die Gefangenschaft des Paulus weissagte; oder sie sahen und verkündeten Gesichte, ähnlich wie die des Johannes, als er „am Tage des Herrn im Geiste (in Entzückung) war", und eine Stimme hörte, wie von einer Trompete, und eine Pforte geöffnet sah in den Himmel, und das neue Jerusalem mit dem Lebensstrome und dem Lebensbaume erblickte.[2]) Auch Frauen empfingen die prophetische Gabe, wie die vier Töchter des Evangelisten Philippus.[3]) In Korinth traten wirklich Frauen als Prophetinnen auf; Paulus aber, der dieß erwähnt, verbot ihnen die öffentliche Ausübung dieser Gabe.[4])

45. „Geringer als die Prophetie achtete Paulus die Gabe der Glossolalie, das Reden in verschiedenen Sprachen; wünschte aber gleichwohl, daß alle Korinthier dieselbe besitzen möchten[5]), da sie doch eine Gnadenwirkung des heiligen Geistes, und sicherlich nicht ohne Nutzen für die Bekehrung von Ungläubigen war, wie er denn auch erklärt, ihm selber sei sie in noch reichlicherem Maße zu Theil geworden, als irgend einem in Korinth.[6]) Zugleich aber bekämpfte er die dortige Ueberschätzung dieses Charisma, welches die Korinthier als eine der höchsten und werthvollsten Manifestationen göttlichen Einflusses betrachteten, und welches, häufig und anhaltend in den Gemeindeversammlungen angewendet, eher störend und zerstreuend als fördernd und erbauend wirkte; denn Niemand verstand das also Gesprochene, wenn nicht der Redner selbst oder ein Dollmetscher es auslegte. Worin bestand nun aber dieses Zungen-Reden? Es war nicht ein Reden in ungewöhnlichen, auffallenden, vom herrschenden Sprachgebrauch abweichenden Ausdrücken; ebenso wenig war es eine Hervorbringung leiser, kaum vernehmlicher, unartikulirter Töne und Worte, oder ein Ausbrechen in bloße ekstatische Exklamationen, oder

---

[1]) Act. 11, 28; 21, 10. — [2]) Apoc. 1, 9; 4, 1; 21, 1; 22, 1. 2. —
[3]) Act. 21, 18. 19. — [4]) 1 Cor. 11, 5; 14, 34. — [5]) 1 Cor. 14, 5. —
[6]) 1 Cor. 14, 18.

ein geräuschvolles Jubeln und entzücktes Aufschreien.[1]) In solchen
Dingen, die auch heidnische und dämonische Begeisterung oft genug
hervorbrachte, würde Paulus überhaupt kein Charisma erkannt, er
würde nicht gewünscht haben, daß Alle eine so sterile und zweideu-
tige Gabe besitzen möchten. Da hätte es auch kaum einer besonderen Gabe der Interpretation bedurft. Zudem wäre der Gegensatz,
in den Paulus Prophetie und Glossolalie stellt, daß jene vorzugsweise den Gläubigen, diese nur den Ungläubigen als ein ihnen gegebenes Zeichen nütze, nicht recht zu begreifen.[2]) Das Zungen-
Reden in Korinth war im Wesentlichen dieselbe Erscheinung, welche
zu Jerusalem am Pfingstfeste, nachher an dem Cornelius und seinem
Hause, und an den zwölf Johannesjüngern zu Ephesus sich zeigte:
ein Reden in fremden Sprachen, und daher unverständlich in Versammlungen, deren Mitglieder nur eine oder zwei Sprachen inne
hatten.[3]) Nicht „neugeschaffene Sprachen“ waren es, welche zu
Cäsarea, Ephesus und in Korinth geredet wurden[4]); dieß widerspräche
aller Analogie ähnlicher später vorgekommener Phänomene, und man
müßte dabei so viele verschiedene, und blos momentane Sprachschöpf-
ungen annehmen, als redende Personen waren. Schon psychologisch
genommen ist es gewiß angemessener, daß der menschliche Geist in
dem Zustande geistiger Erregtheit, den die charismatische Begabung
voraussetzt, sich einer bis dahin ihm fremden, aber objektiv vorhandenen, und ihm nun intuitiv klar gewordenen Sprache gleichsam be-
mächtige, als daß er plötzlich eine völlig neue, mit Einem Wurfe
gleichsam vollendete Sprache schöpferisch hervorbringe.

46. Der ganze Zustand eines solchen Sprachenredners war aber
ein ekstatisch begeisterter[5]), wobei das discursive Denken zurückgedrängt

---

[1]) So die verschiedenen neuern Erklärungen von Baur, Schulz, Wieseler, Bleek, Meyer u. a. — [2]) Cor. 14. 22 — [3]) Die, welche großes
Gewicht darauf legen, daß Act. 10, 46; 19, 6, und 1 Cor. 12, 14 blos
γλώσσαις λαλεῖν gesagt, und nicht ἑτέραις beigelegt werde, wie bei der ersten
Erwähnung Act 2 (z. B. Meyer Comm. zur Apostelgesch. S. 210), vergessen,
daß Paulus durch das Citat aus Jesaias 1 Cor. 14, 21: ἑτερογλώσσοις und
ἑτέροις χείλεσιν, gerade die Identität des einen und des andern bestätigt hat.
Sichtbar bezieht Petrus und beziehen die mit ihm gekommenen Judenchristen
das, was sie an der Familie des Cornelius sahen und hörten, auf das Ereigniß am Pfingstfeste. „Sie erstaunten, weil auch über die Heiden die Gnade
des heiligen Geistes ausgegossen war; denn sie hörten sie in Sprachen reden
und Gott verherrlichen.“ — [4]) Wie de Wette und Rußtschuker (die Gabe
der Sprachen, Marburg 1850) annehmen. — [5]) In einer niederen Sphäre

war; er ergoß sich in Dankbezeugungen, Hymnen und Gebeten, aber
so, daß ihm nicht die freie Wahl der Sprache, in der er sich
vernehmen lassen wollte, blieb, sondern daß er durch einen innern
Drang genöthigt, in einer bestimmten Sprache, die ihm sonst ganz
fremd sein mochte, reden mußte; dabei hatte er wohl ein gefühls-
mäßiges Bewußtsein oder eine allgemeine Vorstellung von dem Inhalte des Geredeten, aber er empfand häufig eine Unfähigkeit oder
Schwierigkeit, es in gewöhnlicher Sprache zu wiederholen. So konnte
der Redner, ein Zwiegespräch mit Gott führend, sich selbst erbauen,
aber die Versammlung blieb unberührt. Für noch Ungläubige war

---

ohne alle charismatische Begabung, aber in einem Zustand starker religiöser Aufregung sind auch in unsern Tagen Thatsachen vorgekommen, welche die Phänomene der apostolischen Zeit theils zu erklären, theils zu bestätigen dienen.
Namentlich in den durch den Schottischen Prediger Irving oder auf Veranlassung seiner Lehre gebildeten Congregationen. Robert Baxter berichtet darüber, wie er zuerst in einer solchen Versammlung aufs stärkste ergriffen worden sei, und erzählt dann weiter: „Zu Hause kam eine mächtige Gewalt über
mich, aber geraume Zeit hindurch kein Impuls zum Aussprechen, darauf trat
mir ein Satz in französischer Sprache lebhaft vor die Seele, und ich mußte
ihn aussprechen. Kurz darauf wurden lateinische Sätze in gleicher Weise ausgesprochen, und mit kurzen Zwischenräumen Sätze in vielen andern Sprachen,
nach den Klängen und der verschiedenen Thätigkeit der Sprachwerkzeuge zu urtheilen. Meine Frau, die bei mir war, erklärte einige derselben für Italie-
nisch und Spanisch; das erste kann sie lesen und übersetzen, vom letzteren
versteht sie nur wenig. Sie war aber diesmal nicht im Stande, die Worte,
wie sie gesprochen wurden, zu dollmetschen oder zu behalten.“ Er selber empfand, wie er fernerhin erzählt, wiederholt den stärksten Drang, sich vernehm-
men zu lassen; er unterdrückte ihn, wenn es unartikulirte mißtönige Laute
waren, gab ihm nach, wenn sie sich zu Worten oder Sätzen gestalteten, obgleich
er die Sprachen, denen sie angehörten, mit Ausnahme des Französischen und
des Latein nicht erkennen konnte. S. Narrative of Facts, characterising the
supernatural Manifestations, in members of Mr. Irving's Congregation and
other Individuals, in England and Scotland, and formerly in the writer
himself, by Robert Baxter. 2 edition, London 1833 p. 183. 34. Hier
sehen wir das zwar ungewöhnliche, aber noch ganz dem Kreise natürlicher
Wirkungen angehörige Phänomen, in welches das Charisma der apostolischen
Zeit einsetzte, um es zu erhöhen und zu veredeln. Aehnliches ist auch sonst,
z. B. bei Magnetischen, vorgekommen. Dafür übrigens, daß es in Korinth
wirklich fremde Sprachen waren, in denen geredet wurde, zeugt auch die Fort-
existenz des Charisma in der Kirche, welches 120 Jahre später Irenäus ausdrücklich als ein παντοδαπαῖς διὰ τοῦ πνεύματος γλώσσαις λαλεῖν (2, 58.
ap. Euseb. 5, 7), und zwar als etwas zu seiner Zeit noch Vorkommendes
bezeichnet.

das Phänomen ein Zeichen, geeignet, sie zum weitern Forschen, und so zum Glauben zu bringen, Christen aber hatten eine solche Krücke für ihren Glauben nicht nöthig; sie kannten ohnehin die Erscheinung hinreichend. Sollte ein solcher Erguß für sie zu etwas dienen, so bedurfte es eines eigenen, mit dem Charisma der Dollmetschung begabten Mannes, der, ohne gerade die Sprache erlernt zu haben, doch das pneumatisch Gesprochene vermöge des gleichen charismatischen Zustandes intuitiv verstand, um der Gemeinde durch verständliche Wiedergabe des von dem Sprachen-Redner Gesprochenen einen Stoff der Erbauung und Belehrung darzureichen. Deßhalb schrieb Paulus vor: der zum Sprachen-Reden Angeregte solle Gott um die Gabe der Interpretation bitten[1]); wenn er sie aber nicht habe, und kein Interpret zugegen sei, solle er schweigen und innerlich mit Gott reden.[2]) Er selber, Paulus, wolle lieber in der Gemeinde fünf Worte in verständlicher, überdachter Rede, als zehntausend Worte in einer fremden Sprache vorbringen, und wenn er in Sprachen redend zu ihnen käme, würde er ihnen nichts nützen.[3]) Demnach sollten nur zwei, höchstens drei, der Reihe nach in der Versammlung in Sprachen reden, damit der für die Gemeinde weit ersprießlicheren Prophetie Raum gegeben werde.

47. Es ist zunächst nur die Korinthische Gemeinde, in deren charismatisch bestimmtes Leben wir an der Hand des Paulus einen Blick zu werfen vermögen. Daß sich dieselben Erscheinungen im Wesentlichen auch in den übrigen Kirchen fanden, lag in der Natur der Sache. Wenn Paulus im Briefe an die Ephesier für seine Leser nur um die beiden Charismen der Weisheit und der Weissagung bittet, so setzt er die geringeren Gaben bei ihnen schon voraus, und erwähnt diese beiden als die höchsten Geschenke des Geistes.[4]) Die Gläubigen zu Thessalonika ermahnt er, „den Geist (gleich einer Feuerflamme) nicht auszulöschen", das heißt: den charismatisch Ergriffenen freie Aeußerung und Bewegung in der Gemeindeversammlung zu gestatten, und insbesondere das Charisma der Prophetie werth zu halten.[5]) Die Galater fragt er, um sie ihres Irrthums zu überführen, ob denn die Wunderkräfte oder Charismen, die (noch jetzt) in ihnen wirksam seien, durch Gesetzeswerke oder durch die Glaubenspredigt verursacht seien.[6]) Allmälig aber verlor sich dieser Zustand, oder blieb nur noch in einzelnen Gaben und einzelnen

---

[1]) 1 Cor. 14, 13. — [2]) 1 Cor. 14, 28. — [3]) 1 Cor. 14, 6. — [4]) Eph. 1, 17. — [5]) 1 Thess. 5, 19. 20. — [6]) Gal. 3, 5.

Individuen. Das Schweigen darüber in den Pastoralschreiben und in den Johanneischen Briefen läßt bereits die Veränderung, welche hier vorgegangen war, errathen.

6. Die Taufe.

48. Als ein Symbol der Buße und jener Lebenserneuerung, durch welche der ganze Mensch gereinigt werden sollte, hatte zuerst Johannes den Ritus des Untertauchens im Jordan eingeführt. Es war dieß nicht eine Entlehnung des Jüdischen Brauchs, Proselyten zu taufen, der erst nach der Zerstörung Jerusalems aufkam[1]); er war gesandt, eine solche Bußtaufe anzuwenden. Den Ritus eignete hierauf Christus sich an, machte aber aus dem „Bade der Buße" ein „Bad der Wiedergeburt"[2]), und erhob den Akt zu einer Würde und Kraft, an welche die Taufe des Johannes, die nichts zu geben vermochte, nicht hinanreichte. Darum wurden auch die, welche nur die Taufe des Johannes empfangen hatten, wenn sie Bekenner Christi werden wollten, zum zweitenmale getauft, wie es jenen zwölf Johannesjüngern zu Ephesus auf das Geheiß des Paulus widerfuhr.[3]) Christus selbst hat nach alter Ueberlieferung[4]) nur den einzigen Petrus selbst getauft, dieser dann den Andreas; Andreas taufte den Jakobus und Johannes, und diese die Uebrigen.

49. Auch die christliche Taufe wurde zuerst gewöhnlich im Jordan vorgenommen, bei weiterer Verbreitung der Kirche natürlich auch in Häusern. Sie geschah, wie die Johanneische, durch Untertauchung der ganzen Person, wie denn schon das neutestamentliche Wort keine andere Bedeutung hat als: Eintauchen oder Untertauchen.[5]) An ein bloßes Aufgießen oder Besprengen mit Wasser wurde damals nicht gedacht.[6]) Nach der Lehre des Paulus war dieses Unterge-

---

[1]) Das älteste Zeugniß davon erst in der Gemara Babyl. Jabamoth 46, 2. — [2]) Luc. 3, 3. Tit. 3, 5. — [3]) Act. 19, 1—7. — [4]) In den Hypotyposen des Clemens von Alex., ed. Potter. p. 1016. — [5]) Auch Luc. 11, 38 und Marc. 7, 4 heißt βαπτίσωσαι Eintauchen, d. h. ein Bad nehmen, und ist nicht vom Händewaschen zu verstehen. In der ersteren Stelle ist von der pharisäischen Sitte die Rede, sich nach der Rückkehr vom Markte von den möglichen unreinen Berührungen durch ein Bad zu reinigen. — [6]) Bei der Bekehrung am Pfingstfeste ist nicht gesagt, daß die dreitausend alle gleich an demselben Tage getauft wurden (Act. 2, 41.), sondern nur: „es wurden 3000 an jenem Tage (der Predigt) hinzugethan", d. h. ihre Bekehrung, ihr Gläubigwerden erfolgte an dem Tage: getauft wurden sie natürlich erst allmälig in den folgenden Tagen; daher

tauchtwerden ein Symbol des Begrabenwerdens mit Christus, das
darauf folgende Auftauchen das Zeichen des Erstehens zu einem
neuen Leben mit Christus[1]); und die Taufe ist ihm überhaupt ein
„Bad."[2]) Von der Taufe des Aethiopiers heißt es daher: beide, er
und Philippus, seien in's Wasser hineingestiegen, und so habe der
Evangelist ihn getauft.[3])

50. Eine längere Vorbereitung zum Empfange der Taufe fand
nicht statt; nur die allgemeine Empfänglichkeit, nur der Glaube an
das Reich Gottes und dessen gottgesandten Stifter ward gefordert;
die Apostel ließen unbedenklich ganze Schaaren zur Taufe zu, die
den größten Theil der christlichen Lehre noch gar nicht kannten, deren
Glaube daher noch ein sehr unentwickeltes Gefühl, mehr eine Sehnsucht, als ein klares, bestimmtes Bewußtsein war. Der Taufakt
wurde in der Form von Frage und Antwort vollzogen. Der Täufling wurde gefragt, ob er dem Satan widersage, und Christo sich
zu eigen hingebe. Darum sagt Petrus: Wie ehemals durch die
Sündfluth die Gläubigen von den Ungläubigen geschieden wurden,
und jenen das Wasser heilbringend und zum Siegel der göttlichen
Gnade geworden, so sei jetzt die Taufe nicht eine Abwaschung des
leiblichen Schmutzes, sondern die Angelobung eines guten Gewissens
gegen Gott.[4])

51. Daß die Apostel auch unmündige Kinder getauft oder zu
taufen geboten hätten, dafür bietet das neue Testament weder Zeugniß noch Andeutung. Wenn von der Taufe ganzer Familien die
Rede ist[5]), so bleibt ungewiß, ob sich kleine Kinder darunter fanden,
und ob, wenn dieß auch der Fall war, die Handlung auch auf sie
sofort ausgedehnt wurde. Aber sicher ist es, daß es im Geiste des
Christenthums und in der Bedeutung und Natur der Taufe liegt,
auch die Kinder bereits dieses Gnadenmittels theilhaft werden zu
lassen. — Schon die Thatsache, daß Christus selbst nicht als reifer,
vollendeter Mensch, sondern als Kind in die Menschheit eingetreten
ist, daß in dem Kinde bereits die Fülle göttlicher Kräfte schlummerte,
entscheidet dafür, daß er auch als der Erlöser des unter dem Bann
der Erbschuld stehenden Kindesalters gekommen ist, daß der Mensch
dazu berufen ist, nicht erst einen Theil seines Lebens in der Entfernung von Gott und außerhalb der heilenden Einflüsse seiner Kirche

---

auch die Thatsache der Taufe ohne Zeitbestimmung berichtet wird. — [1]) Rom.
6, 4. Col. 2, 11. 12. — [2]) Eph. 5, 26. Tit. 3, 5. — [3]) Act. 8, 88.
— [4]) 1 Petr. 3, 21 — [5]) Act. 16, 15; 30—33; 18, 8. 1 Cor. 1, 16.

zuzubringen, sondern alsbald nach der Geburt in die Gemeinschaft
des dreieinigen Gottes versetzt und dem Leibe der Kirche als Glied
eingefügt zu werden. Von den Erwachsenen, die die Apostel zur
Taufe zuließen, foderten sie, wie bereits erinnert wurde, als Bedingung nicht den vollen, bewußten, die ganze Selbsthingabe an Christus
in sich schließenden Glauben, sondern sie begnügten sich schon mit
dem bloßen Bekenntnisse, daß Jesus der Messias sei, mit der
Empfänglichkeit und Bereitwilligkeit für den vollen Glauben. Gerade
durch die Taufe empfing der Täufling erst die Hilfe zu tieferem,
umfassenderem Glauben, und mit der Aufnahme in die Kirche wurden ihm erst die hier eröffneten Erkenntnißmittel zugänglich. Auch
die Kinder sind, obgleich sie noch nicht zu glauben vermögen, doch
für den Empfang der Taufe um so geeigneter, als eben durch dieses
Gnadenmittel erst jene Empfänglichkeit und Hinneigung zu Christus,
aus welcher der Glaube erwächst, in ihnen gepflanzt werden, als sie
damit zum künftigen Glauben eingeweiht und für denselben gebildet
und erzogen werden sollen.

52. Nach des Apostels Wort sind die Kinder, wenn auch nur
der Vater oder die Mutter christlich ist, schon heilig; das heißt, sie
sind bereits ausgesondert aus der Masse der Heiden und Juden
durch die bloße den göttlichen Willen verkündende Thatsache, daß sie
einen christlichen Erzeuger haben. Sie sind schon bestimmt und
fähig, geheiligt zu werden; das christliche Bekenntniß und Leben in
der Familie wirkt von der frühesten Zeit ihrer Existenz an heiligend
auf sie ein; sie erwachsen unter dem religiösen Einflusse des väterlichen oder mütterlichen Gebets und Beispiels. Sie haben daher
auch ein Recht an die christliche Gemeinschaft; denn sie sind werdende
Christen. Gerade für die Kinder hatte der Herr eine besondere Vorliebe bekannt, hatte sie den Erwachsenen als Vorbilder bezeichnet,
und diesen zugemuthet, vor Allem wieder kindergleich zu werden, um
in sein Reich eingehen zu können, kindergleich in der Offenheit und
Empfänglichkeit des Sinnes, in dem Gefühle der Hilflosigkeit, in
dem vertraulichen sich Anschmiegen an den Stärkeren, in der Entäußerung aller Vorurtheile und alles selbstgerechten und wissensstol-
zen Dünkels. Wie er lebend Kinder, die Hand ihnen auflegend,
segnete, so wollte er auch nicht, daß sie ausgeschlossen würden von
jenem Akte, den er als die erste und vornehmste Quelle des Segens
in seiner Kirche einsetzte. Aber er hat, so viel wir wissen, kein Gebot darüber hinterlassen; es gehörte das zu den vielen Dingen, die
seine Kirche in ihrem Entwicklungsprocesse durch den ihr gegebenen

Parallel lernen sollte, und das gänzliche Schweigen der Apostel, die Abwesenheit jeder Vorschrift und jedes Rathes in den Briefen, in denen doch so vieles über christliches Familienleben, und über die Pflichten der Gläubigen gegen die Ihrigen vorkommt, verbunden mit der ungleichen Praxis in der nächst folgenden Zeit — Alles dieß hat der Historiker wohl zu erwägen, ehe er über die Frage, wie es die Apostel mit den Kindern gehalten, entscheidet. Immer aber bleibt das Zeugniß des gelehrtesten unter den alten Theologen, des Origenes, von Gewicht: „Die Kirche hat es von den Aposteln empfangen, daß sie den Kleinen die Taufe gewähren soll."[1]

53. Eines eigenthümlichen Gebrauchs, nämlich einer stellvertretenden Taufe für Verstorbene, gedenkt Paulus. Unter den Gründen für die Auferstehung macht er nämlich auch den geltend, daß diejenigen, welche sich für Verstorbene taufen ließen, sonst etwas ganz Thörichtes und Widersinniges thun würden.[2] Es war dieß also ein damals nicht ungewöhnlicher Vorgang. Wahrscheinlich geschah es für solche, welche die Absicht, sich taufen zu lassen, zu erkennen gegeben, aber vor der Erfüllung ihres Vorsatzes gestorben waren. Es war dann ein überlebender Verwandter, der sich statt des Todten taufen ließ, um damit öffentlich der Gemeinde ein Zeugniß zu geben, daß der Abgeschiedene dem Wunsche und der Gesinnung nach als Glied der Kirche gestorben sei, und um dadurch für ihn die kirchliche Fürbitte zu erlangen, welche sonst den ohne Taufe Verschiedenen nicht gewährt wurde.[3]

7. Buße, Beichte und Kirchenzucht.

54. Am Tage seiner Auferstehung hatte Christus seinen Aposteln die richterliche Gewalt, Sünden zu erlassen und zu behalten, übertragen[4], und ihnen dazu durch Anhauchen die Gabe des heiligen Geistes verliehen. Damit hatte er die ihnen früher angekündigte[5]

---

[1] Comm. in Rom. 5, 9. Opp. ed. Maur. IV, 565. cf. II, 230. III, 948. — [2] 1 Cor. 15, 29. — [3] Daß alle Versuche einer andern Erklärung der viel besprochenen Stelle gewaltsam und unhaltbar sind, wird jetzt wohl allgemein anerkannt. Vergl. Adalb. Maier's Comm. über d. ersten Cor.-Brief S. 318. Hier möchte jetzt noch die Erklärung von Estius: *inde cui mortuae* heiße zum *jam moritur!*, sich aneignen? Daß der Ritus noch zu Tertullian's Zeiten mitunter statt fand, liegt in dessen Worten: Si autem baptizantur quidam pro mortuis, videamus an ratione. De resurr. carn. 48. — [4] Jo. 20, 23. — [5] Matth. 18, 18.

Gewalt des Bindens und Lösens näher bestimmt.[1]) Binden und
lösen, das heißt, überhaupt erlauben und verbieten, Gesetze in der
Kirche geben sollten die Apostel. Sie sollten aber auch binden, indem sie dem unbußfertigen Frevler, dem Irrlehrer, die Freiheit
nahmen, die Gemeinde zu verführen und zu zerrütten, ihm die Fessel
des Bannes, der Ausschließung aus der kirchlichen Gemeinschaft, der
Entziehung kirchlicher Vorrechte anlegten. Sie sollten lösen, indem
sie dem Bußfertigen das Entzogene wieder gewährten. Sie sollten
die Sünden behalten, wo es an Glaube und Buße mangelte, sollten
sie vergeben, wo die Bedingungen einer Vergebung erkennbar waren,
und ihr Urtheil sollte nicht blos vor den Menschen, sondern auch vor
Gott gelten, wenn sie es nach der Wahrheit, nach der Vorschrift
des Herrn, und nicht durch Heuchelei getäuscht oder durch Wahn
oder Leidenschaft verblendet, gefällt hatten. Christus hat daher bei
der Verleihung dieser Gewalt dasselbe Wort gewählt, welches sonst
immer von der Vergebung der Sünden durch Gott selbst, so wie
vom Verzeihen persönlicher Kränkungen gebraucht wird. Die gewährte Vergebung soll als eine aus göttlichem Auftrage, und mit
gottverliehener Autorität geschehene betrachtet werden, und die Miß-
griffe, welche menschliche Kurzsichtigkeit und Befangenheit dabei begehen würde, hat der Herr wohl vorausgesehen, hat sie aber eben
nur gleich den nicht minder sicher vorauszusehenden Mängeln, Ver-
unstaltungen und Irrthümern in der Verwaltung des Predigtamtes,
oder überhaupt in der Anwendung menschlicher Werkzeuge zur Erreichung göttlicher Zwecke und Wirkungen, als die unerläßliche Bei-

---

[1]) Man pflegt die Uebergabe der Schlüssel des Reiches und die Verleibung
der Binde- und Lösegewalt als zwei ganz synonyme Bilder zu deuten, unter der
Voraussetzung, daß die Thüren bei den Hebräern durch Riegel, welche mit Schnüren oder Riemen befestigt worden, verschlossen gewesen, daß also der Schlüssel
ein Werkzeug, diese Schnüre oder Riemen aufzuknüpfen oder zu lösen, gewesen
sei. Das ist aber eine ungegründete, blos aus Homer's Odyssee geschöpfte Vermuthung. Die Andeutungen im A. T. lassen auf eine andere Beschaffenheit der
Schlösser und Schlüssel schließen. Wenn es Sirach 22, 33 heißt: „O könnte
ich ein Schloß an meinen Mund legen", und wenn im Hohenlied 5, 5 auf die
Sitte angespielt wird, die Riegel und Schlösser an den Haus- und Zimmerthüren
geliebter Personen zu salben, so sieht man, daß hier an eine Verschlingung von
Riemen oder Schnüren nicht zu denken ist, wie denn auch zwar Riegel, aber keine
derartigen Riemen erwähnt werden. Die Gewalt der Schlüssel also, die dem
Petrus allein gegeben worden, ist eine Gewalt zu öffnen und zu schließen, die
Gewalt eines Hausverwalters; die Binde- und Lösegewalt aber, welche allen
Aposteln verliehen worden, ist die richterliche Vollmacht in der Kirche, die Gewalt
Sünden zu vergeben und zu behalten.

gabe seiner irdischen Oekonomie, als etwas was sich von selbst verstehe, und wodurch der überwiegend wohlthätige Erfolg des Instituts
nicht entkräftet werde, betrachtet.

55. Nun trat aber bei der Frage, wie die sittlichen Verirrungen der bereits in der Kirche befindlichen Christen zu behandeln seien,
die doppelte Rücksicht auf die Kirche oder Gemeinde, und auf den
innern Zustand, das Gewissen des sündigen Individuums ein. Der
Gemeinde widerfuhr zwiefache Unbill durch offene und schwere Sünden eines Gliedes, Unbill nach innen und außen; nach innen durch
das verderbliche Beispiel, durch das gegebene Aergerniß, welches
eine Gegenwirkung, eine gewisse Genugthuung oder Entkräftung erheischte: nach außen aber durch die Beeinträchtigung des guten
Rufes, den die Kirche bei Heiden und Juden genießen wollte und
mußte. Das letztere Uebel wurde, wie früher schon im Alten Bunde,
so auch jetzt und gerade in dem Zeitpunkte, wo der Ruf an die
Heiden ergangen war, noch stärker als eine Vergrößerung der Schuld
empfunden. So rief Paulus den Juden mit den Worten des Jesaias zu: „Gottes Name wird durch euch verrufen bei den Heiden"[1]);
und mahnte die christlichen Sklaven, durch ihr Benehmen gegen ihre
Herren dafür zu sorgen, „daß nicht Gottes Name und die christliche
Lehre verlästert werde."[2]

56. Von dieser Seite her mußte Ausschließung aus der Gemeinschaft der Kirche, welche der Sünder, so viel an ihm lag, be-
schädigt und erniedrigt hatte, dem Gebote der Selbsterhaltung gemäß, als das allein zweckmäßige Mittel erscheinen — Ausschließung,
bis das öffentlich gegebene Aergerniß auch öffentlich durch unzwei-
deutige Zeichen des Schuldbewußtseins und der Sinnesänderung ge-
sühnt war, und so ergab sich von selbst die öffentliche Buße bereits
in der apostolischen Kirche. Hiezu kam aber noch, daß Jeder sich
selbst betrachten, und von allen Uebrigen betrachtet werden sollte als
ein Glied am Leibe Christi, der Kirche. Kein Christ konnte blos
für sich sündigen, die Folgen mußten nothwendig, wenn auch in ent-
fernter, in äußerlich nicht wahrnehmbarer Wirkung auf andere Glieder, auf das Ganze sich erstrecken. „Leidet Ein Glied, so leiden
alle Glieder mit."[3] An der Sünde des einen Gliedes sind also
auch die Uebrigen betheiligt. Kein Christ durfte zu seinem Mitchristen sagen: „Was geht es euch an, wenn ich frevle." Jede
Gemeinde war ein Voll von Priestern, berufen, Gott gemeinsam zu

---

[1]) Rom. 2, 24. — [2]) I Tim. 6, 1. — [3]) 1 Cor. 12, 26.

dienen und Opfer der Hingebung ihm darzubringen, war die Braut,
die der Herr sich erwählt und bereitet hatte; die Sünden der Einzelnen entkräfteten dieses Opfer, befleckten das Brautgewand. So
lag denn jeder Gemeinde und der ganzen Kirche daran, daß die
Sünden gebüßt, daß sie nicht verheimlicht, sondern reuig bekannt, und
daß sie vergeben würden; denn jede Sünde war ein Frevel gegen
Gott und zugleich ein an der Kirche begangenes Unrecht. Und der
Sünder konnte so lange nicht ruhig sein, als ihm nicht Vergebung
von Seite der Verletzten zugesichert war, Vergebung also von Seite
und im Namen Gottes und Vergebung von Seite und im Namen
der Kirche. Darum war die Binde- und Lösegewalt der Kirche so
unentbehrlich, und mußte ein Institut geschaffen werden, das der
alte Bund in dieser Weise nicht gekannt und nicht bedurft hatte.
Die Kirche sollte vergeben, aber sie durfte es nicht, so lange sie
nicht die Zusicherung besaß, daß Gott vergeben habe. Wenn also
der Apostel oder Bischof im Namen und aus Auftrag Gottes, weil
er die Bedingung aufrichtiger Buße vorfand, den Sünder löste, so
vergab er zugleich im Namen der Kirche, er handelte in der doppelten Eigenschaft eines Verwalters göttlicher Macht und göttlichen
Auftrags, und zugleich eines kirchlichen Vollmacht-Trägers.

57. Andrerseits aber war in der Lösegewalt, welche Christus in
seiner Kirche geschaffen hat, auch Fürsorge getroffen für das Bedürfniß des schuldbeladenen Gewissens, auf reumüthiges Bekenntniß die
Zusage der Vergebung zu empfangen. Die Erben der apostolischen
Befugnisse sollten dieses Recht des Bindens und Lösens handhaben,
nicht nach Gutdünken, nach menschlichem Gefallen, sondern nach der
göttlichen Heilsordnung, als Organe, durch deren Mund Gott seinen
Entschluß, den Gläubigen ihre Sünden zu vergeben, verkündet, oder
seinen allgemeinen Willen der Vergebung auf die einzelnen Personen
anwenden läßt. Damit war also in der Kirche eine Gnadengabe
niedergelegt und eine Anordnung über deren Verwaltung getroffen,
welche den der Kirche verliehenen Gnadenmitteln der Taufe, des
Abendmahls und anderen darin verwandt war, daß auch hier die
sichere Mittheilung einer bestimmten geistig-heilenden und belebenden,
auf den heiligen Geist als Urheber zurückgeführten Wirkung an einem
menschlichen Vermittler und dessen sinnfällige Handlung geknüpft
war. Zugleich aber war hier der Grund gelegt zu einem Verhältniß des Vertrauens, des Rathes und der Belehrung zwischen dem
Träger der Lösegewalt und dem, der das Bedürfniß, Vergebung zu
empfangen, empfindet. Denn „es ist nicht gut, daß der Mensch

allein sei" — allein mit sich in Dingen, in welchen die Täuschung am leichtesten, der Trug der Eigenliebe schwer vermeidlich ist. Nicht er sollte sich das Urtheil sprechen und dabei sich beruhigen, sondern es sollte im Namen und nach der Richtschnur Gottes über ihn gesprochen werden. Zugleich liegt in dem Bekenntnisse und dessen Bedingung, der sorgfältigsten Selbsterforschung, eine erleuchtende, läuternde und stärkende Kraft, die durch nichts Anderes ersetzt werden mag; die Kirche aber konnte ihrer Aufgabe, die Verwundeten zu heilen, die Verlornen zurückzubringen, nur genügen, wenn sie selber rückhaltlos den Zustand ihres Gewissens eröffneten.

58. Als Verwalter der kirchlichen Mysterien und Gnadenmittel waren die Vorsteher der Kirche eingesetzt. Wenn Christus sagt, seine Jünger sollten das Heilige nicht den Hunden, die Perlen nicht den Schweinen hinwerfen[1], so ist das zunächst von der Lehre gesagt, aber es gilt auch von den Gnadenmitteln, die nicht an Unbußfertigen und Verstockten verschwendet und entweiht werden sollen. Gleichwie Paulus dem Einzelnen auferlegt, sich selber zu prüfen, ob er nicht unwürdig Leib und Blut des Herrn genieße, und sich selber Gericht esse und trinke[2], so war es auch Sache der Kirchen-Hirten, von ihrem Standpunkt aus eine solche Prüfung vorzunehmen, und nach dem Ergebniß derselben dem einen zu geben, was dem andern verweigert werden mußte. Diese Prüfung aber wurde nur möglich durch die Bereitwilligkeit der Gläubigen, ihre Sünden zu bekennen, und dem Priester, nicht als einem blos menschlichen, persönlich Vertrauen einflößenden Rathgeber, sondern als einem Diener Gottes, welchem die in der Kirche niedergelegten Gaben verzeihender Gnade zu verwalten aufgetragen ist, ihr Inneres aufzuschließen. Freilich gab es auch eine Sünde, welche nicht vergeben werden konnte, eine „Sünde zum Tode"[3]: die Sünde wider den heiligen Geist, jene bewußte Läugnung und Verwerfung göttlicher Wahrheit, welche die Frucht eines tief bösen, die Einsicht verdunkelnden, Willens, eines verhärteten Sinnes ist. Aber ob Jemand diese Sünde begangen habe, das konnte die Kirche nicht wissen; sie konnte also auch nicht auf Grund derselben eine Ausschließung verhängen. Sie hatte vielmehr vorauszusetzen, daß der bußbereite Christ, wenn er auch in die schwerste Thatsünde gefallen war, doch nicht unter dem furchtbaren Banne jener Einen unvergebbaren Sünde liege, und

---

[1] Matth. 7, 6. — [2] I Cor. 11, 27. — [3] Matth. 12, 31. Marc. 3, 28. Luc. 12, 10. I Jo. 5, 16. Hebr. 6, 4—6.

demnach mit ihm wie mit einem heilbaren Kranken zu verfahren.

59. In jener Zeit der kleinen auserwählten Christengemeinden, wo das Band ein so enges, die Wechselwirkung, in der die Glieder zu einander standen, eine so lebendige war, wo die charismatischen Zustände vorwalteten, die Propheten in der Gemeinde oft tiefe Blicke in das Innere der Gläubigen thaten, wurden auch ohne Zweifel die Sünden und Verirrungen Einzelner vor der Versammlung zur Sprache gebracht, und geschah dieß in der Form der Selbstanklage, des Flehens um die Fürbitte der Gemeinde, wohl auch in der der prophetischen Warnung und Enthüllung. Hier mochte auch ein einfacher Christ, der das prophetische Charisma besaß, einem gefallenen Bruder im Namen Gottes und der Kirche Vergebung seiner Sünde ankündigen. Aber allmälig, gegen Ende des apostolischen Zeitraumes, mußte auch in diesen Verhältnissen die Kirche in das regelmäßige Geleise der geordneten Amtsverwaltung eintreten. Schon im Alten Testamente war das Bedürfniß des Sündenbekenntnisses ausgesprochen, die wohlthätige Wirkung, der Segen, den Gott darauf gelegt hat, anerkannt. „Wer seine Sünde verbirgt, kann nicht glücklich sein; wer sie aber bekennt und unterläßt, erlangt Barmherzigkeit.“[1] „Weil ich schwieg, verzehrte sich mein Gebein.“[2] — Jakobus weiset in seinem Briefe den Kranken an das Amt der Presbyter; er soll sie zu sich rufen lassen, auf daß sie ihm die Salbung ertheilen, und er Vergebung der Sünden empfange. Und daran schließen sich unmittelbar die Worte: „Bekennet einander eure Sünden, und betet für einander, damit ihr geneset.“[3] Es ist also noch von den Kranken und ihrer Heilung die Rede; leibliche und geistige Genesung, Hebung der Körperkrankheit und Vergebung der Sünden setzt der Apostel in engen Zusammenhang: die Ermahnung, „beichtet einander“, gilt von den Kranken und den herbeigerufenen Priestern; denselben, welche den Kranken salben, und über ihn beten, soll er auch seine Sünden bekennen. Das ist es, was Jakobus verordnet.

60. Ueber die Stellung der Gemeinde zu dem in Sünde gefallenen Gliede lag schon eine Vorschrift des Herrn vor; er hatte dem beleidigten Christen die Anweisung gegeben, mit seinem Beleidiger in bestimmter Stufenfolge zu verfahren, ihn zuerst allein, dann vor einigen Zeugen zu mahnen, und nach fruchtlosen Versuchen ihn vor der Kirche anzuklagen, nicht vor der Menge des gläubigen Vol-

---

[1] Prov. 28, 13. — [2] Psalm. 32, 1. — [3] Jac. 5, 15. 16.

tes, was in den meisten Fällen nicht möglich wäre, sondern vor den
Vorstehern. Wenn der Beleidiger ihrer richterlichen Entscheidung
sich nicht unterwerfe, dann sei er als ein Heide und Zöllner, als
ein der Kirche Entfremdeter und Abgefallener zu behandeln.[1] Und
unmittelbar hieran knüpft dann der Herr die Verleihung der Binde-
und Lösegewalt. Die Apostel verordneten nachher, daß bei groben
offenbaren Sündern auch öffentliche Rüge statt finden solle. Hilft
dieß nicht, so soll ein solcher ausgeschlossen werden, so daß die Uebrigen den Umgang mit ihm abbrechen, auch nicht mehr mit ihm essen,
ohne ihn doch als einen Feind zu behandeln.[2] Diese Ausschließung
sollte als Besserungsmittel betrachtet und gehandhabt, und bei groben und öffentlichen Vergehen sogleich von der Gemeinde selbst angewendet werden. Selbst von den Irrlehrern Hymenäus und Philetus, welche Paulus „dem Satan übergeben", d. h. mit Versagung
aller Gnadenmittel aus der Kirche hinaus unter die Heiden und die
Macht des Weltfürsten gestoßen hatte, sagt der Apostel, es geschehe
nur als Züchtigung, damit sie die Lehre Christi nicht mehr zu lästern
lernten.[3] Wie die Apostel hier mit selbstständiger Autorität verfuhren, das zeigt der Fall mit dem blutschänderischen Korinther. Paulus schreibt, auf die ihm davon gewordene Kunde habe er schon,
zwar leiblich ferne aber geistig gegenwärtig, das richterliche Urtheil
im Namen Christi gefällt, daß dieser Sünder dem Satan übergeben
werde, damit sein Körper (mit Krankheiten) gepeinigt, seine Seele
aber gerettet werde.[4] Er hat sich dabei, sagt er, im Geiste in ihre
Versammlung versetzt, und darnach das Urtheil gefällt, so also, wie
wenn er der Richter, sie aber die Beisitzer oder Geschwornen seien.
Und nun blieb ihnen nur die Pflicht, sein Urtheil zu vollstrecken und
von jenem Uebelthäter sich abzusondern. Im nächsten Briefe will
er nun, nachdem seinem Gebote gehorcht, und der Frevler in sich
gegangen und in tiefe Trauer versetzt worden ist, daß ihm verziehen
und das Recht eines Gläubigen wieder eingeräumt werde, „damit
ihn das Uebermaß der Traurigkeit nicht verzehre", und er nicht in Verzweiflung falle.[5] Ein ähnliches Beispiel von der Verbindung kirchlicher Zucht mit erbarmender Liebe wird vom Apostel Johannes berichtet. Er hatte dem Bischofe einer Stadt in Vorderasien einen
Jüngling besonders empfohlen, der auch getauft ward, dann aber

---

[1] Matth. 18, 15—18. — [2] 2 Thess. 3, 6. 14. 15. 2 Tim. 3, 5.
2 Jo. 10, 11. — [3] 1 Tim. 1, 20. — [4] 1 Cor. 5, 3. — [5] 2 Cor. 2,
9—11.

verführt und Anführer einer Räuberbande wurde. Johannes suchte
ihn auf, bekehrte ihn und brachte ihn zu der Gemeinde zurück.
„Hierauf, heißt es, bat er mit häufigen Gebeten für ihn, fastete
gemeinschaftlich und anhaltend mit ihm, richtete sein Gemüth durch
mancherlei Worte des Trostes und der Mahnung auf, und verließ
die Stadt nicht eher, als bis er ihn der Kirche wiedergegeben hatte." [1]
Hier zeigt sich denn schon eine Ausbildung des Instituts der Buße,
wie sie dann in der Mitte des zweiten Jahrhunderts (bei Hermas
und Andern) noch bestimmter hervortritt.

8. Der Gottesdienst der Gemeinde.

61. Die erste Kirche zu Jerusalem blieb im religiös-nationalen
Verbande des Judenthums und beharrte in der Theilnahme an dem
Tempeldienste, wie ihr Christus selbst das Beispiel gegeben. Die
Christen erschienen zur Stunde des täglichen Abend- und Morgen-
opfers im Tempel; sie versammelten sich gerne in der Salomonischen
Halle [2], wie sie außer Jerusalem den Versammlungen der Synagogen an den Sabbathen, also dem hier mit Vorlesung von Schrift-
stücken und deren Auslegung, mit Gebet und Psalmengesang begangenen Dienste beiwohnten. [3] In allen diesen Bestandtheilen des
gesetzlichen Cultus erkannten sie mit ihrem, durch den Glauben ge-
schärften Auge die prophetische und vorbildende Beziehung auf den
Herrn, die in ihm erfolgte Erfüllung. Auch der Heidenapostel Paulus hielt daher die jüdischen Feste und Opfer, und besuchte die Synagogen. Bezeugt er doch selbst, daß er ein sehnliches Verlangen
gehegt habe, das jüdische Pfingstfest in Jerusalem zu feiern. [4] In
den heidenchristlichen Gemeinden konnte jedoch von allem diesem nicht
die Rede sein. Und selbst in Jerusalem konnten die Gläubigen sich
nicht auf jenen Antheil am öffentlichen Nationaldienst beschränken;
sie besaßen ein heiliges Vermächtniß, das sie nur in enger abgeschlossener Vereinigung unter einander begehen konnten: das neue
Passah, das den Tod Jesu stets verkündende, die Früchte desselben
stets aneignende Opfer und Opfermahl. Zu dieser Feier, die den
Mittelpunkt ihres religiösen Lebens bildete, versammelten sie sich, in
kleinere Vereine sich gliedernd, in den Häusern einzelner Gläubigen.

62. So ging bereits das Wort des Herrn in Erfüllung, daß

---

[1] Euseb. 3, 23. — [2] Act. 2, 1. 11; 5, 12. 20. 42. — [3] Act. 5.
42; 13, 14 sq. — [4] Act. 18, 21; 20, 16.

die Zeit komme, wo weder auf Garizim noch zu Jerufalem der Vater werde angebetet werden, fondern die rechten Anbeter ihn anbeten werden im Geifte und in der Wahrheit.[1]) Beides war nun dicht neben einander gerückt: im Tempel der gefetzliche Opferdienft mit feinem Thierblute, in feiner örtlich und ceremoniell gebundenen, ungeiftigen und nur noch der Vergangenheit angehörigen, nur vorbildlichen Wahrheit, und daneben in der Verborgenheit eines ftillen Gemaches die Feier des neuen Opfers, ganz Geift und Wahrheit, in welchem felbft die Victima pneumatifch war, und Alles auf Wirklichkeiten und Thaten, auf innerlicher Hingabe der Geifter und der Herzen an Gott beruhte. Noch einige Jahre, und Tempel und Tempelopfer waren für immer dahin, während das neue Opfer des Geiftes und der Wahrheit als die Erfüllung, Vergeiftigung und Vollendung des untergegangenen und forthin unmöglich gewordenen Tempeldienftes von Stadt zu Stadt, von Volk zu Volk wanderte, und auf Taufenden von Altären rein und unblutig gefeiert ward.

63. Den Gläubigen jener erften Zeit galt das ganze Leben als ein fteter Gottesdienft, jeder Tag als ein Feiertag. Sie kamen fehr häufig zufammen; gefchmäht und angefeindet von der fie umgebenden Maffe, fühlten fie lebhaft das Bedürfniß, fich möglichft oft zu vereinigen, fich von dem Herrn und ihren Hoffnungen zu unterhalten, fich in der Erinnerung an feine Reden und Thaten zu erquicken, fich gegenfeitig zu tröften und zu ermuthigen. Die feit dem Pfingftfefte im Schooße der Gemeinden reichlich vorhandenen charismatifchen Begabungen ertheilten diefen Zufammenkünften eine höhere Weihe, und auch wenn kein Apoftel zugegen war, fehlte es nicht an begeifterten Lehrern und Propheten, welche betend, betrachtend, ermahnend dem Glauben, der Sehnfucht des verfammelten Kreifes Ausdruck und Nahrung verliehen. Später mußte Jakobus befchränkend warnen, daß nicht allzuviele fich an der Lehrthätigkeit betheiligen follten.[2]) So floß Gottesdienft und Gemeindeleben in einander; eine Ausfcheidung der eigentlichen Cultushandlungen von dem gefellfchaftlichen Verkehr der Gläubigen wäre damals weder thunlich noch wünfchenswerth gewefen. Das oberfte in diefem Verkehr waltende Gefetz fprach Paulus aus: „Alles gefchehe zur Erbauung."[3]) Denn die Kirche ift das Haus Gottes, und die Seele jedes Gläubigen foll ein Tempel des heiligen Geiftes fein, an diefem Haufe, diefem Tempel muß immerdar gebaut werden; es gefchieht dieß, indem die volle

---

[1]) Jo. 4, 21. 23. — [2]) Jac. 3, 1. — [3]) 1 Cor. 14, 26.

Thätigkeit der Einzelnen wie des Ganzen auf allseitiges Wachsthum
und Festwerden in Glauben und Erkenntniß, in Liebe Gottes und
des Nächsten gerichtet wird; wer dazu mitwirkt an sich und Andern,
der baut, wer in entgegengesetzter Richtung wirkt durch böses Beispiel und Irrlehre, der reißt nieder.

64. Brüderliche Gleichheit und Gemeinschaft, Fröhlichkeit und
Herzenseinfalt[1]) bildeten den vorherrschenden Zug und die Stimmung der Gemeinden. Die gemeindliche Verbindung war so enge,
daß sie nahe an das Familienverhältniß streifte. Die christliche
Bruderliebe drückte sich aus in den Agapen[2]), einfachen Mahlzeiten, an denen Alle unterschiedslos theilnahmen, zu welchen jeder
nach Kräften beitrug; was übrig blieb, wurde dann zur Pflege der
Armen verwendet. Angeknüpft an die eucharistische Feier, verbunden
mit Gebet und Psalmengesang, und beschlossen mit dem christlichen
Bruderkuß[3]), hatten diese „Liebesmahle" oder „Mahlzeiten des
Herrn" einen gottesdienstlichen Charakter. Von der Urgemeinde zu
Jerusalem ging die Verknüpfung der Opferfeier mit dem Liebesmahle
zu Einem zusammenhängenden Akte aus. Hiebei wirkte einmal das
Beispiel Christi, der die Einsetzung seines Opfers bei einer Mahlzeit vorgenommen hatte; dann wohl auch die Sitte der griechischen
Syssitien, der aus Beiträgen der Theilnehmer veranstalteten Freun-
desmahle. In Korinth hatte der Mißbrauch sich eingeschlichen, daß
die Wohlhabenderen die mitgebrachten Portionen für sich und die
Ihrigen allein vorwegnahmen, so daß nach dem starken Ausdrucke
des Apostels die einen hungerten, die andern im Ueberfluß des Wein-
genusses schwelgten.[4]) Das dortige Parteiwesen trug hauptsächlich
die Schuld dieser Verunstaltung. Paulus hält ihnen vor: wenn sie
nur zur Gemeindeversammlung kämen, um nach Bedürfniß zu essen
und zu trinken, so könnten sie dieß ja besser, und ohne die ärmeren
Gläubigen durch ihre Absonderung und die Entfaltung eines ausge-
suchten Tisches zu beschimpfen, in ihren Häusern thun. Demnach
sollten sie einander liebreich aufnehmen, und unterschiedslos, jeder
vom Seinigen mittheilend, zusammenspeisen.[5])

65. Ob die eucharistische Oblation und Communion damals
dem Liebesmahle vorangegangen sei, oder den Beschluß desselben gebildet habe, ist nicht klar, und schon im Alterthume waren die Ansichten

darüber getheilt.[1] Die Verbindung war jedenfalls eine so enge,
daß Paulus in dem Gebahren der Korinthier bei den Agapen eine
Entweihung der Eucharistie sah. Sie bewiesen durch ihr aus Lieblosigkeit und roher Genußgier entstandenes Benehmen, daß sie sich
nicht in einem der Würde und Heiligkeit der Handlung entsprechenden
Seelenzustande befanden, daß sie den Leib und das Blut des Herrn
von gemeiner Nahrung nicht unterschieden. Sie genoßen den Leib
Christi ohne Selbstprüfung, mit unreinem Gewissen und in unreiner
Absicht, also unwürdig, und machten sich damit einer Profanation
schuldig; so daß sie sich selber ein strafendes Gericht aßen und
tranken, und Krankheiten und Todesfälle als göttliche Strafzeichen
die Folge waren.[2]

66. Daß, wie häufig angenommen worden, dieses eucharistische
Opfer täglich in den ersten Gemeinden gefeiert worden sei, ist doch
sehr zu bezweifeln. In den neutestamentlichen Schriften findet sich
keine Spur davon. Die Sitte müßte jedenfalls frühe schon wieder
abgekommen sein. Die Agapen, die mit der Eucharistie verknüpft
waren, wurden doch nicht täglich gehalten, sonst wären sie ganz an
die Stelle der häuslichen Mahlzeiten getreten, welche doch Paulus
als die Regel voraussetzt,[3] und hätten allzu störend in das Familienleben eingegriffen. Daß die Opferfeier nach dem Beispiele der
Stiftung immer oder doch häufig Abends statt fand, läßt sich aus
dem Vorgange zu Troas schließen. Paulus wollte hier den Sonntag
noch mit der Gemeinde durch Communion und Agape feiern; es war
Mitternacht herbeigekommen, als der junge Eutychus im Schlafe aus
dem Fenster stürzte, und erst nachdem der Apostel den Todten wieder
belebt hatte, schritt er zur „Brodbrechung."[4]

67. Andere gottesdienstliche Versammlungen wurden zu den
Zwecken der Lehrmittheilung, der frommen Erbauung und des Gebetes, und zwar sehr häufig, zu Zeiten wohl täglich, gehalten. Zu
diesen hatten auch Fremde, Unbekehrte, Zutritt. Hier wurden, nach
der Sitte der Synagogen, alttestamentliche Stücke gelesen und aus-
gelegt.[5] Wo charismatisch Begabte waren, nahmen diese, wenn sie
die entsprechende Gabe hatten, an dem Lehrgeschäfte Theil. Daß
auch noch Andere, die weder Charisma noch kirchliches Amt besaßen,
sich zum öffentlichen Lehrvortrage gedrängt hätten, findet sich nicht.

---

[1] Chrysostomus, Pelagius, Theodoret meinten das erstere; Augustin dagegen nahm das letztere an, ep. 118 ad Januar. — [2] 1 Cor. 11,
27—30. — [3] 1 Cor. 11, 22. 34. — [4] Act. 20, 7—11. — [5] 1 Tim. 4, 13.

Das Singen von Psalmen und Hymnen fehlte bei solchen Versammlungen nicht. [1] Gerade die Psalmen-Sammlung eignete sich für die
Kirche in ihrer damaligen Lage. Die stets wiederkehrenden Klagen
und Hoffnungen des Unterdrückten, die Gebete um Schutz und Rettung der Armen und Schwachen, drückten so ganz die Leiden und
den Glauben, das Flehen und die Zuversicht der ersten Christen aus.
Unter den Charismen zählt Paulus eine besondere Gabe des Psal-
mensingens auf. [2] Das waren also neu gedichtete, der feierlichen
Andachtstimmung entquellende Lieder, und wie wirksam und den Gläubigen geläufig sie waren, zeigt das Wort des Apostels: Nicht im
Weine sollten die Gläubigen Begeisterung suchen, sondern in Psalmen, Hymnen und geistlichen Gesängen. [3]

68. Nach der Vorschrift des Heiden-Apostels sollen die Gläubigen in ihren Versammlungen beten für alle Menschen, zuvörderst
für deren Erleuchtung und Bekehrung; denn Gott will, daß alle Menschen gerettet werden und zur Erkenntniß der Wahrheit gelangen.
Insbesondere sollen sie für die Fürsten und Alle, die an der obrigkeitlichen Gewalt Theil nehmen, beten, und sich damit zugleich die
Segensgabe eines durch obrigkeitlichen Schutz gesicherten, stillen und
ruhigen Lebens erflehen. [4] Beten sollen sie mit reinen, emporgehobenen Händen, die Männer mit unbedecktem, die Weiber mit be-
decktem Haupte [5] und in züchtiger Kleidung. Mit dem allgemeinen
Kirchengebete ward die Darbringung von Liebesgaben verbunden,
welche theils zum Unterhalte der Kirchendiener, theils für die Armen
der Gemeinde, theils auch zur Unterstützung anderer Gemeinden
verwendet wurden. Denn daß die Heidenkirchen die Judenkirchen
in Jerusalem und Judäa mit solchen Gaben unterstützen sollten,
war in der Uebereinkunft zwischen Paulus und den drei Haupt-
aposteln ausbedungen worden. [6] An jedem Sonntage, schreibt Paulus den Korinthiern, sollten sie etwas zurücklegen, um dann die

---

[1] Eph. 5, 19. Col. 3, 16. Jac. 5, 13. — [2] 1 Cor. 14, 25. — [3] Eph.
5, 19. — [4] 1 Tim. 2, 1—5. — [5] Dieß letztere „um der Engel willen",
sagt Paulus (1 Cor. 11, 10); wobei ihm derselbe Gedanke vorschwebte, den
Christus aussprach: „Verachtet keinen dieser Geringen, denn ihre Engel schauen
stets das Angesicht meines Vaters." (Matth. 18, 10). Frauen, will Paulus
sagen, sollen, wo die Sittsamkeit ihrer äußern Erscheinung beim Gottesdienste in
Frage steht, ebenso ihrer Schutzengel und dessen, den diese schauen, eingedenk
sein, als die Christen überhaupt im Verkehr mit einfältigen, anspruchlosen Gläubigen an die Schutzengel dieser Kleinen, die demnach hohen Werth vor Gott haben, denken sollen. — [6] Gal. 2, 10.

Summe den zur Ueberbringung nach Palästina Beauftragten einzuhändigen. [1])

9. Wochen- und Jahresfeste.

69. Der jüdische Sabbath war ein Tag der Ruhe, der Enthaltung von jeder Arbeit. Seine Bestimmung war an sich nicht, der
eigentliche Wochentag des Gottesdienstes zu sein, denn der gesetzliche
Opferdienst stand in keiner Beziehung zum Sabbath; aber zur Zeit
Christi wurde der Hauptgottesdienst in den Synagogen überall mit
Gebet und biblischer Lesung und Auslegung am Sabath begangen.
Auch Christus hatte, zugleich sich für einen Herrn des Sabbaths erklärend, den Tag in jüdischer Weise gehalten, und nur die Pharisäischen Verschärfungen des Ruhegebotes zurückgewiesen. In der
Kirche wurde anfänglich die Beobachtung des Sabbaths von den
Judenchristen beibehalten, und Paulus behandelt diesen Punkt gleich
andern Bestandtheilen des Mosaischen Gesetzes als etwas Erlaubtes,
wenn der Gesetzliche die Freiheit des Andern nicht beeinträchtige, kein
allgemein verpflichtendes Gebot daraus machen wolle. So nennt er
neben den Jüdischen Speisegesetzen, Fasten und Neumonden, auch den
Sabbath als Dinge, die nur noch die Bedeutung von Schattenbil-
dern hätten, und die der Gewissensfreiheit der Einzelnen anheim-
gegeben seien. [2]) Den Galatern, welche Gerechtigkeit und Heil in der
Beobachtung des Ceremonialgesetzes suchten, wirft er es vor, daß sie
die Jüdischen Wochen- und Jahresfeste, also auch den Sabbath, beobachteten, und damit wieder den Sklavendienst der „schwachen und
dürftigen Elemente" von vorne anzufangen im Begriffe stünden. [3])
Der eine, sagt er im Römerbriefe, wählt einen Tag vor dem andern;
der andere achtet alle Tage gleich; jeder folge unbeirrt seinem Gewissen. [4]) Und in der That gehörte der alttestamentliche Sabbath zu
den abgethanen Dingen, zu den „Elementen dieser Welt", welche für
Christen keine Bedeutung mehr hatten. Er war ein Gedächtnißtag
früherer, den Juden erwiesener Wohlthaten; jetzt war ein höheres
Heilswerk eingetreten. In einem höheren Sinne feierte und feiert
die Kirche vom Pfingsttage bis zum Ende der Zeiten Einen großen
Sabbath geistiger Ruhe in Gott. Der alte Sabbath aber mit seiner
nur als Unthätigkeit gefaßten Ruhe, seiner Buchstäblichkeit und seinem
Formalismus war zu Ende. Die Kirche schuf sich ihren eigenen
Wochen-Festtag.

---

[1]) I Cor. 16, 2. — [2]) Col. 2. 16. — [3]) Gal. 4, 8. 9. — [4]) Röm. 14, 6.

70. Das also steht fest, daß in der apostolischen Kirche das
Gesetz des Sabbaths als ein nicht mehr im Jüdischen Sinne ver-
bindliches betrachtet wurde. Es läßt sich auch nicht sagen, daß der
Sabbath durch die Apostel in den Sonntag verwandelt, die vorgeschriebene Haltung des siebenten auf den ersten Wochentag übertragen worden sei. Denn einmal findet sich nirgends eine Spur einer
solchen Uebertragung; sodann ist der Sonntag der christlichen Kirche
stets sehr verschieden gewesen von dem gesetzlichen Sabbath; der letztere war den Vorschriften gemäß kein Tag des gemeinschaftlichen
Gottesdienstes, sondern nur der körperlichen Ruhe; und andrerseits
ist in der christlichen Kirche das Verbot, am Sabbath Feuer in den
Häusern anzuzünden und Speisen zu bereiten[1]), nie für den Sonntag herübergenommen worden. Auch würden wir, wenn nicht die
nachapostolische Geschichte und Ueberlieferung der Kirche wäre, über
den Brauch der apostolischen Zeit in Bezug auf den Feiertag völlig
im Dunkeln sein; denn die im Neuen Testamente vorhandenen Spuren beschränken sich darauf, daß Johannes den Tag, an welchem ihm
seine Vision zu Theil geworden, den „Tag des Herrn" nennt,[2]) wo-
runter vielleicht der erste Wochentag gemeint ist; daß ferner Paulus
an einem Sonntage mit der Gemeinde zu Troas das „Brodbrechen"
feierte;[3]) woraus indeß selbstverständlich nicht folgt, daß die eucharistische Feier nicht auch an andern Tagen begangen worden sei —
und endlich, daß er den Korinthiern empfiehlt, an jedem ersten Tage
der Woche zu Hause etwas für die Liebesgaben zurückzulegen.[4])

71. Daß der Sonntag als der Auferstehungstag des Herrn
seinen festlichen Charakter empfangen habe, ist nicht zu bezweifeln,
und wird schon im Anfange des zweiten Jahrhunderts bezeugt.[5])
Schon die neukirchliche Bezeichnung: Tag des Herrn, die dem alten
Testamente ganz fremd ist, zeigt, daß es der Herr, daß es Christus
war, der in dem Bewußtsein der Kirche dem Tage das Siegel des
neuen Bundes aufdrückte. Und auf solche Weise erhielt das göttliche, nicht blos liturgische, sondern auch ethische Gebot: „Heilige den
Sabbath", in der Kirche seine Erfüllung. Die ersten Christen hielten sich weder an den alttestamentlichen Tag, noch an die gesetzliche
Begehungsweise gebunden; sie heiligten ihren neuen Festtag in dem

---

[1]) Exod. 35, 3; 16, 23. Numer. 15, 32. — [2]) Apoc. 1, 10. — [3]) Act.
20, 7. 8. Nach unserer Rechnungsweise freilich erst am Montage, denn die
Handlung erfolgte erst nach Mitternacht. — [4]) I Cor. 16, 2. — [5]) Ep. Bar-
nab. c. 15.

Sinne einer Gesellschaft, für welche die Jüdische Kluft zwischen dem
Sabbath und den Werktagen nicht exiftirte, welche das ganze Leben
des Chriften als ein Feftleben ansah, und demnach auch als das
Wesentliche und Unvergängliche der Sabbathfeier die Ruhe der Seele
in Gott erkannte.

72. Jahresfefte werden im Neuen Teftamente nirgends deutlich erwähnt, und doch darf mit Sicherheit angenommen werden, daß
Oftern und Pfingften, als Gedächtniß der Auferftehung Chrifti und der
Geiftesverleihung, feftlich begangen worden seien. Schon das Vorbild
des Herrn, der um des Paschafeftes willen nach Jerusalem zu reisen
pflegte, legte es den Chriften nahe, ein Feft beizubehalten, welches
jetzt, da Chriftus das wahre Paschalamm geworden, sein Opfer an
die Stelle des Oferlamm-Opfers getreten war, sich von selbft, und
faft mit zwingender Nothwendigkeit zu einem chriftlichen Fefte, und
zwar zum Hauptfefte der Kirche, geftaltete. So verhielt es sich auch
mit dem Pfingftfefte. In den Gemeinden, welche die lebendigen
Früchte jenes großen Stiftungstages der Kirche in den Geiftesgaben
vor Augen hatten, war die Jahresfeier des Ereignifses oder die Uebersetzung des Pfingftfeftes aus einer Jüdischen Aernte- und Erftlings-
feier in ein chriftliches Feft der Geiftesverleihung etwas, was sich
gewiffermaffen von selbft verftand, wozu es keiner besonderen Anordnungen bedurfte. Wir sehen auch, daß Paulus auf diese Feftzeit besonders Gewicht legte: in Ephesus wartete er die Pfingftzeit ab, um
sie noch in der Mitte der dortigen Gläubigen zuzubringen; ein an-
deresmal eilte er nach Jerusalem zu kommen, um dafselbe Feft dort
feiern zu können.[1]) In den nachher eingetretenen Paschaftreitigkeiten
beriefen sich bereits um das J. 160 Bischof Polykarp von Smyrna
und Anicetus von Rom jeder auf die apoftolifche, in seiner Kirche
überlieferte Anordnung. Polykarp namentlich machte geltend, daß er
selber noch mit dem Apoftel Johannes Oftern nach Asiatifcher Weise
gefeiert, und daß auch die übrigen Apoftel, mit denen er verkehrt habe
(Philippus und Andreas), damit übereingeftimmt hätten. In der That
ift es auch sehr denkbar, daß Petrus und Paulus in Rom die Zeit
des Ofterfeftes anders beftimmten als Johannes in Ephesus, der
dort noch besondere Rückfichten auf die Juden zu nehmen hatte.

10. **Das Gebet. Leiden und Märtyrerthum.**

73. Die Chriften waren vor Allem ein betendes Volk. Damit
beginnt die Geschichte der neugeborenen Kirche, daß sie „ftets im

---

[1]) Act. 18, 21; 20, 6. 16.

Tempel waren, Gott preifend und verherrlichend,"[1]) daß das Häuflein der Gläubigen „beharrlich im Gebete vereint war,"[2]) daß sie
„täglich und unausgesetzt im Tempel sich zu einander hielten."[3])
Sie hatten ihre stets wiederkehrenden Gebetszeiten: „Um die sechste
Stunde stieg Petrus auf das Dach, um zu beten."[4]) „Um Mitternacht beteten Paulus und Silas, und sangen Gott Loblieder."[5])
Ihr vieles Beten beruhte auf der Ueberzeugung, daß der Mensch
mit Gott verwandt, zur Gemeinschaft mit Gott geschaffen, zum Umgange mit ihm berufen ist, „daß der allwissende Gott nicht fern
ist von jedem unter uns, und wir in ihm leben und weben und
sind."[6]) Die Christen beteten, denn Gottes Wille war in ihren
Herzen, Gottes Name auf ihren Lippen, Gottes Reich ihre Hoffnung. Sie beteten, während die Heiden nicht einmal wußten, was
Gebet sei; denn das Volk rief wohl die Götter an um Hilfe in
der Noth und um irdische Güter, aber es betete nicht, und die
philosophisch Gebildeten konnten in dem Wahne, daß alle Dinge
den starren Gesetzen einer ewigen und unbeugsamen Weltordnung
unterworfen seien, von ohnmächtigen oder selbst unter dem Natur-
zwange stehenden Gottheiten keine Antwort auf vergebliches Flehen
erwarten.

74. Als ein kostbares Erbtheil aus dem alten Bunde hatten
die Christen die Psalmen mit herübergenommen. An ihnen besaßen
sie die einzigen wahren Gebete, die es damals unter den Menschen
gab. In ihnen fanden sie das, was auch sie bewegte und erfüllte,
das Gefühl der göttlichen Gegenwart, das Ringen nach einer engeren Gemeinschaft mit Gott, den Schmerz der Sünde und das Angst-
gefühl der Buße, mit dem Troste der Vergebung. Aber die Stelle,
die das Gebet in der christlichen Genossenschaft einnahm, war noch
eine höhere, als das Alte Testament ihm zugetheilt hatte. Die Christen waren angewiesen, ohne Unterlaß, in allen Verhältnissen[7]), ohne
je zu ermüden, zu beten. Beten sollte für ihr Geistesleben das sein,
was das Athmen für das Körperleben ist. Das stete Streben und
Begehren des menschlichen Herzens nach der ewigen Gerechtigkeit,
die Richtung des Verstandes und des Willens auf Gott, das Empor-
heben des Geistes aus den engen Schranken des Daseins in den
Verkehr mit jenem Wesen, welchem alles Böse ein Gräuel, dessen

---

[1]) Luc. 24, 53. — [2]) Act. 1, 44. — [3]) Act. 2, 46. — [4]) Act. 10, 9.
[5]) Act. 16, 25. — [6]) Act. 17, 28. — [7]) 1 Thess. 5, 17. Eph. 6, 18.
Luc. 18, 1.

Gesetz der Heiligkeit unwandelbar ist, das nur unsere Vervollkomm-
nung will — dieß war das „Beten ohne Unterlaß", welches Christus
und die Apostel empfahlen und selbst übten. Beten hieß den Christen: Gott vor Allem in ihrem Innern hören, sich an seine Worte
erinnern, ihre Gedanken nach der Vorschrift dieser Worte einrichten,
in dem von Gott ausströmenden Lichte sich selber erforschen und betrachten, die dunkeln Falten dieses Innern mit diesem Lichte beleuch-
ten, und in dem Anblicke der eigenen Mangelhaftigkeit und Sünde
Vergebung erflehen und Kraft zu fortgehender Läuterung. Was die
Philosophie in ihrer edleren Gestalt den Hellenen gewähren sollte:
Ruhe des Geistes, Mäßigung der Affekte, Besänftigung der aufge-
regten Leidenschaften, ethische Reinigung, das schöpften die Christen
aus dem Gebete. Für sie war diese Uebung die Schule der Philo-
sophie, in welcher sie, mit kindlicher Hingebung, mit Vertrauen, mit
Beharrlichkeit, rufend, bittend, dankend, die unterbrochene Gemein-
schaft mit Gott stets wieder zu erneuern, von irdischen Sorgen und
Geschäften zu ruhen, in der Meditation der höchsten Wahrheiten ihren
Glauben und ihre Liebe zu nähren beflissen waren. Die heidnische
Battologie, das gedankenlose Wiederholen derselben Formeln, wobei
das Vertrauen auf die magische Kraft der Worte gesetzt ward, hatte
Christus den Seinigen untersagt. Nicht in der Bewegung der Lippen, nicht in der Menge der Worte, sondern in der Liebe des Herzens, der Begierde, Gott zu gefallen, dem Hungern und Dürsten nach
der Gerechtigkeit, dem steten Gott dargebrachten Selbstopfer, darin
sollte das christliche Gebet bestehen, und diesem Gebete, aber nur
diesem, hatte Christus die unbedingte Erhörung zugesagt. [1]

75. Jesus hatte seinen Jüngern ein kurzes, aus sieben Bitten
bestehendes Gebetmuster hinterlassen, in welchem er den ganzen Sinn
seiner Bergpredigt zusammengefaßt hatte. Alles, was je ein Mensch
im betenden Verkehre mit Gott vorbringen kann, ist darin enthalten.
Zugleich ist es in seinem Gehalt und Charakter ein universales Gebet, es erhebt sich über die besonderen Wünsche und Bedürfnisse des
Individuums, es umfaßt alle Völker und die ganze Kirche. Schon
in der Anrede spricht sich das Bewußtsein des Verwandtschaftsbandes
zwischen Gott und Menschen, das völlige Vertrauen auf Gottes väterliche Liebe, die Erwiederung derselben durch Kindesliebe aus. Mit
der Nennung des Himmels versetzte der Betende sich in die Gegenwart Gottes, und schwang sich sofort auf zum Schauen; jenes Reich

[1] Matth. 21, 22.

und jene Wohnstätte der nichtgefallenen und der beseligten Wesen, in deren Mitte Gott in seiner Herrlichkeit thront, und Alles in Allem ist, stand sofort vor seinem Geistesauge. Den Anfang seines Gebetes machte nicht sein persönliches Bedürfniß und seine Klage, sondern das Bedürfniß und die Erfolge der Kirche. Als Bürger des göttlichen Reiches, dem vor Allem des großen Ganzen, an welchem er ein Glied ist, zu gedenken obliegt, fühlte er sich zuerst. Die Kirche hat keine andere Aufgabe, als die Heiligung des göttlichen Namens, die Verwirklichung des göttlichen Reiches und die Beugung der Menschheit unter den göttlichen Willen. Für die Kirche also betete er, daß durch sie und in ihr „Gottes Name geheiligt", d. h. Gott erkannt und angebetet werde als der Heilige, daß sein Name von Allen in Wort und That verherrlicht werde, und der Dienst Gottes, wie er in der Kirche begangen wird, ein des heiligen Gottes würdiger Dienst sei. Daran knüpfte sich die Bitte um das Kommen des Reiches; denn die Kirche hat die Sendung, die ganze Erde mit ihren Zweigen zu überschatten, sie ist nicht blos die fertige und gewordene, sondern auch die stets werdende, die in unvergänglicher Jugend fort und fort zu wachsen bestimmt ist, ein immerdar kommendes Reich, das den Trieb und die Kraft hat, zugleich nach innen und in die Tiefe wachsend immer mehr die Substanz der Menschheit zu durchbringen, immer tiefer mit seinen Gütern in die Seelen seiner Glieder sich einzusenken und nach Außen in die Breite von Land zu Land, von Volk zu Volk fortschreitend, seine Gränzen zu erweitern. Zugleich fiel hierbei der Blick des Betenden auch auf die Vollendung des Reiches und den Abschluß seiner irdischen Periode durch die Wiederkunft Christi. So betete der apostolische Christ, indem er das Kommen der Kirche erflehte, für das Heil der Welt. In der dritten Bitte sprach er das Höchste aus, wozu der endliche geschaffene Geist sich erheben kann, den Wunsch nach der völligen Uebereinstimmung des geschöpflichen mit dem göttlichen Willen. Indem er wünschte, daß der Wille Gottes von den Menschen so vollkommen vollbracht werde, wie die seligen Geister ihn erfüllen, mit so freiem freudigem Gehorsam, mit so unbedingter Ergebung in die göttlichen Rathschlüsse, flehte er für sich und Andere um das Edelste, das in diesem Leben nie ganz Erreichbare, aber immer annähernd zu Erstrebende; er sprach für sich, was der Herr im Momente des schwersten Seelenkampfes gesprochen hatte: Nicht mein, nicht unser, sondern dein Wille geschehe!

76. Mit plötzlichem, kühnem Uebergange wandte sich nun das

Gebet von den hohen Anliegen der Menschheit und der Kirche zum
persönlichen Bedürfnisse, vom Geistigen zum Irdischen. Doch wollte
und sollte der Christ von irdischen Gütern nicht mehr begehren, als
nie einfache leibliche Rothdurst. [1] Die Bitte war zugleich der Ausdruck seiner Genügsamkeit, seiner Bereitwilligkeit, Alles was über
das Unentbehrliche hinausgeht, Gott zu jeder Zeit aufzuopfern, wenn
ihm nur das Brod und vor Allem derjenige bleibe, der sich selbst
das „Brod des Lebens" genannt hat. [2] Sofort mahnte ihn das
Bewußtsein der Schuld, neben der irdischen Noth an die geistige,
an die Befriedigung des dringendsten Bedürfnisses für die ihrer
Sündhaftigkeit wohl kundige Seele zu denken: er vergegenwärtigte
sich die schlimmsten unter den zahlreichen Uebertretungen der göttlichen Gebote, deren er sich schuldig wußte, aber auch in dieser, wie
in der Bitte um das Brod, war sein Flehen nicht auf das Ich be-
beschränkt, sondern ein der Gemeinschaft angehöriges; „vergib uns"
betete er, nicht blos: vergib mir. Und alsbald wurde die Bitte zum
Gelübde. Indem er seine Sünde bußfertig bekannte, und die Wohlthat göttlicher Vergebung mit gläubiger Zuversicht als die Erhörung
seiner Bitte ergriff, gedachte er der Bedingung, unter der er dieses
Gut sich zueignen dürfe. Er wußte, daß nur dem vergeben wird,
der selber vergibt; und er erklärte seine Bereitwilligkeit, das schwerste
unter den Geboten der Liebe zu erfüllen, jedem Rachegefühl zu entsagen, und Kränkungen mit Wohlthaten zu vergelten. Doch nicht
blos Vergebung früherer Fehltritte erbat er; das Vergangene mahnte
ihn an Gegenwart und Zukunst, mahnte ihn, daß er auch jetzt noch
ein schwacher, gebrechlicher, der helfenden Gnade stets bedürftiger,
den mannichfachsten Versuchungen ausgesetzter Mensch sei und künftig
sein werde; er gedachte, wie oft die Regungen seines Herzens mit
den Versuchungen einverstanden waren, wie überwältigend diese für
ihn wurden, wenn er sie nicht gleich im Entstehen unterdrückte, und
so flehte er, Gottes väterliche Sorgsalt möge die gefährlichsten Aer-
gernisse und Anfechtungen ferne von ihm halten, möge ihn nicht bis
zum Erliegen, nicht über Vermögen in die Versuchung gerathen lassen.
Und endlich drängte er das schmerzlich-sehnsüchtige Gefühl eines ge-
sunkenen, aber in der Wiedererhebung begriffenen Wesens zusammen

---

[1] Ἄρτον ἐπιούσιον, dieses nur hier vorkommende Wort läßt nicht wohl
einen andern Sinn zu, als den, welchen die Ableitung von ἡ ἐπιοῦσα, der
morgige Tag, ergibt. Also: „gib uns heute unser Brod für den morgenden
Tag." — [2] Jo. 6, 35.

in die umfaſſende Schlußbitte um Erlöſung vom Uebel, von der Noth der Sünde und dem ewigen Verderben, und um die entſprechende Zulaſſung zu jenem Reiche, wo es kein Uebel mehr gibt.

77. Die Fürbitte, das Flehen um Segen und Gnade für Andere, hatte Chriſtus den Seinigen empfohlen: „Bittet für die, die euch beleidigen und verfolgen." [1] Er ſelbſt hatte in ſeinem hohenprieſterlichen Gebete ein erhabenes Muſter ſolcher Fürbitte aufgeſtellt, obgleich freilich keiner der Chriſten ſeine Worte mit Anwendung auf ſich ihm nachbeten konnte. Die Apoſtel baten oft um die Fürbitte der Gläubigen, [2] und ſchlugen ſie hoch an. „Das Gebet des Gerechten vermag viel, wenn es ernſtlich iſt," [3] ſagt Jakobus. Die Chriſten glaubten an einen doppelten Segen dabei, für den Betenden und für den, dem die Fürbitte galt; ſie gedachten des Wortes Chriſti, daß der Segen, mit dem die Apoſtel das von ihnen betretene Haus ſegnen ſollten, von den Unwürdigen zu ihnen zurückfließen werde. [4] So ſollte es auch mit dem Gebete für Andere ſein.

78. Wenn ein denkender Heide auf die neue, im Römiſchen Reiche ſich ausbreitende Religion aufmerkſam wurde, ſo mußte ihm das vorzüglich als etwas Außerordentliches erſcheinen, daß hier eine Religion des Gebetes ſich den Religionen der Ceremonien und der Götter-Invocationen gegenüberſtelle; daß dieſe Religion Allen, auch den Niedrigſten und Ungebildetſten, zumuthe, zu beten, das heißt: nachzudenken, den Geiſt in der Selbſterforſchung und der Betrachtung Gottes zu üben. Denn der betende Chriſt konnte, wenn ſein Gebet nicht bloßes Lippenwerk war, nicht anders als denken und meditiren, und die Verſammlungsorte der Chriſten waren zuerſt und vorzüglich nicht Schulen oder Hörſäle, ſondern Gebetsſtätten. Die Lehren aber, welche der betenden Geiſtesthätigkeit der Gläubigen als Stoff dienten, waren: die Allgegenwart und Heiligkeit Gottes, ſeine vergeltende Gerechtigkeit, des Menſchen Unſterblichkeit und Freiheit, ſeine Sünde, die Erlöſung, und das Bedürfniß der ſtärkenden und erhebenden göttlichen Gnade. Auf dieſem Gebiete chriſtlicher Metaphyſik bewegte ſich der Geiſt auch desjenigen, dem jede geiſtige Bildung vor ſeiner Bekehrung fremd geweſen; in dieſer Schule des Gebetes lernte er, was die Philoſophie für eben ſo ſchwierig als nothwendig und nur für Wenige erreichbar erklärt hatte, er lernte vor ſeinen eigenen Augen in der Geſtalt ſtehen, in der Gott ihn kannte;

---

[1] Matth. 5, 44. — [2] 1 Theſſ. 5, 25. Eph. 6, 18. 19. 1 Tim. 2, 1. — [3] Jac. 5, 16. — [4] Matth. 10, 12.

und von dieser Selbsterkenntniß führte das Gebet ihn zur Selbstherr-
schaft. Wenn der Heide die Götter anrief um die Befriedigung
seiner Leidenschaften, so war dem Christen die Beruhigung der Seele,
die Mäßigung und Reinigung der Affekte zugleich die Vorbereitung
zum Gebete und die Frucht desselben. So wurde das Gebet ein
Hebel sittlicher Erneuerung und durchgreifender Civilisation, mit
dessen Wirkungen nichts Anderes in Vergleich gebracht werden konnte.
Es war ein Band der Gemeinschaft und Verbrüderung, eine Uebung,
durch welche Intelligenz und Wille einer stets wachsenden Menschen-
zahl, wie groß auch die ursprüngliche Ungleichheit der Geistesanlagen
und der erworbenen Bildung sein mochte, in Einklang gesetzt wurden. Das Gebet des Christen war ferner ein immer wirksames
Mittel des Friedens und der Versöhnung, denn er mußte immer
beten, „vergib mir", und er konnte es nie thun, ohne in Wort und
That selber zu vergeben, und sich mit seinem Bruder zu versöhnen.
Es war ein fortgesetztes Ringen mit allen Regungen der Selbstsucht
und der Habgier; denn er mußte dabei des Wortes gedenken: „Gebet
und es wird euch gegeben werden." [1]) Wollte er um irdische Güter
bitten mit der Hoffnung der Erhörung, so konnte er es nur mit der
Bedingung thun, sie zum Besten anderer mitzuverwenden. Er mußte,
daß Alles, was er empfange, ihm nur geliehen, zur Verwaltung anvertraut werde, damit er es dem von ihm erkannten göttlichen Willen
gemäß nach Befriedigung der eigenen Bedürfnisse Anderen zueigne
oder in ihrem Dienste verbrauche. War er endlich unzufrieden mit
seiner Lage, grollte er mit den Verhältnissen, erbitterte ihn die Härte
und Ungerechtigkeit, unter welcher er litt, so war wieder das Gebet,
der Verkehr mit einem leidenden und gekreuzigten Herrn und Erlöser,
das sichere Mittel ihn zu beruhigen und zu geduldiger Ausdauer zu
stimmen. Und dieß um so mehr, als jedem, der in die Kirche eintreten wollte, vorausgesagt wurde, daß er einer Genossenschaft von
Gehaßten und Verfolgten sich anschließe, und daß er gefaßt sein
müsse auf ein volles Maaß von Leiden und Trübsalen. „Der Jünger ist nicht über seinen Meister und der Knecht nicht über seinen
Herrn; ihr müsset gehaßt werden um meines Namens willen." [2])
So hatte Christus gesprochen, und nicht anders sein Apostel: „Alle,
die in Christus gottselig leben wollen, müssen Verfolgung leiden." [3])
So mußten sie zum voraus, daß sie durch die Schule des Leidens
in die Schule des Gebetes geführt werden würden.

---

[1]) Luc. 6, 38. — [2]) Matth. 10, 22. 24. — [3]) 2 Tim. 3, 12.

79. Hier deckt ſich wieder ein weſentlicher Gegenſatz des Chriſtenthums gegen das Heidenthum, theilweiſe auch gegen das Judenthum auf. Eine Religion, deren Stifter am Kreuze geſtorben, konnte nur eine Religion des Leidens ſein. Es hat ſeine Wahrheit, wenn behauptet worden iſt: Zeitliches Wohlergehen ſei der Segen des Alten Teſtaments, Trübſal der Segen des Neuen. Denn daß das Leiden ein Segen, eines der wirkſamſten und wohlthätigſten Mittel göttlicher Seelenführung ſei, iſt die ſtets wiederkehrende apoſtoliſche Lehre.[1] Alle Leiden ſtehen im Allgemeinen mit der Sünde in genaueſter Verbindung, und ſind inſoferne Strafen, aber läuternde Strafen, welche Gott ſendet als Vater, um nicht einſt als Richter verurtheilen zu müſſen. Chriſtus iſt uns auch in ſeinem Leiden Vorbild geworden; es gebührt uns, ſeinen Kelch mit zu trinken, mit ihm zu dulden, um einmal an ſeiner Herrlichkeit Theil zu haben. Dieſe Vorſtellungen kehren ſtets wieder[2]), und man bemerkt beſonders an Paulus ein eigenthümlich gemiſchtes Gefühl von Freude, Troſt und Trauer, das ihn bei ſeinen Leiden erfüllt. Seine Ueberzeugung, daß denen, die Gott lieben, alle Dinge zum Beſten dienen[3]), erhält ihn auch unter ſchweren Trübſalen in der heitern Atmoſphäre des Dankes und der Liebe. Er rechnet ſich's zur Ehre, daß er von ſchmerzlichen Leiden heimgeſucht wird[4]), und erwartet, daß alle Gläubigen eben ſo fühlen, denn es ſind dieß Mittel der Vollendung, Unterpfänder göttlicher Gnade.

75. Hier ergab ſich nun eine erſt auf chriſtlichem Boden und aus der Wurzel chriſtlicher Ideen erwachſene Tugend, die Geduld, mit ihren Früchten oder Erſcheinungsformen des Gleichmuthes, der Standhaftigkeit und der Beharrlichkeit. Sie war bei den Apoſteln und ihren Glaubensgenoſſen ein ſo unerſchütterliches Vertrauen auf die Weisheit und Güte Gottes, daß der Wille des Dulders auch in lange anhaltenden Leiden ohne Murren und Unmuth ſich ganz in dieſen höheren Willen ergab, einzig darauf bedacht, die reinigende Kraft des Leidens an ſich wirkſam werden zu laſſen. Auch hier war Paulus Vorbild; er zeigt, wie das gänzliche Unvermögen, ſich ſelbſt zu helfen, die Chriſten zur völligen Hingebung an den göttlichen Willen drängte. Dreimal hatte er vergeblich um Hebung eines ſchweren Körperleidens gebeten, dafür aber die Antwort empfangen,

---

[1] Matth. 10, 34. 39. Luc. 9, 23. Jac. 1, 2, 3. 1 Petr. 4, 1, 2. Rom. 8, 18 sq. 2 Tim. 2, 12. Apoc. 7, 14. — [2] 2 Cor. 4, 10. Hebr. 12, 13. Phil. 3, 10. Rom. 8, 17. Col. 1, 24 — [3] Rom. 8, 28. — [4] Rom. 5, 3.

daß die Kraft der göttlichen Gnade gerade in seiner Schwäche und Ohnmacht sich bewähre.[1] So verklärte sich die Geduld zur Hoffnung, zum ruhigen Abwarten des Zeitpunktes, wenn es dem Herrn gefallen werde, das Leid in Freude zu verwandeln. Und aus der leidenden Geduld erwuchs zugleich die duldende und verzeihende Nachsicht gegen die sittlichen Gebrechen und Fehltritte des Nebenmenschen und gegen empfangene Kränkungen. Diese neue, rein christliche Tugend war aber überhaupt nur möglich durch die Ausbildung, welche das Gebet in der Kirche gewonnen hatte. „Hat Jemand unter euch zu leiden, sagt Jakobus, der bete."[2] Das, was so durch Gebet in der Seele hervorgerufen und weiter ausgebildet wurde, war denn auch völlig verschieden von jener Geduld, welche die Griechische Philosophie, die spätere Stoische nämlich — denn die ältere beschäftigte sich noch nicht mit diesem Gegenstande — lehrte und pries. Es fiel den Christen nachher auf, daß die Geduld von den Philosophen der verschiedensten Schulen einstimmig so hoch gestellt, und als die edelste Frucht ihrer Lehre gepriesen werde, daß sie gerade diese Tugend als ein redendes Zeugniß von der Vortrefflichkeit ihres Systems hervorzuheben pflegten, und während sie in allen andern Fragen sich wechselseitig bekämpften, nur in diesem Punkte einig seien.[3] Aber die philosophische Begründung dieser, der christlichen Geduld entsprechenden Apathie war in jedem Systeme eine andere, und im Grunde immer unbefriedigend. War es bei den Einen nur die dem Weisen ziemende ruhige Unterwerfung unter das Unvermeidliche, bei den Andern die erzwungene Herrschaft über alle Affekte, oder auch der unbeugsame Trotz gegen das Schicksal, oder etwa die Hoffnung, nach den bald vorübergehenden Störungen und Mißgeschicken sofort wieder der früheren Genüsse theilhaft zu werden, die sie unter dem Namen der Geduld anpriesen, so kamen die Stoiker der christlichen Anschauung insofern etwas näher, als bei ihnen allerdings von der Ergebung in den göttlichen Willen die Rede war.[4] Aber in der nähern Begründung derselben deckte sich alsbald die Hohlheit und Unnatürlichkeit dieser dem Menschen zugemutheten willigen Unterwerfung auf. Die Leiden des Menschen sollen nothwendig sein zur Gesundheit des Weltalls und zur Seligkeit des Zeus; denn in dem großen Zusammenhange aller Ursachen und Wirkungen bis zur höchsten Spitze hinauf ist auch nicht das

---

[1] 2 Cor. 12, 9. — [2] Jac. 4. 13. — [3] Tertull. de patient. c. 1. — [4] Arrian. 2, 16. Senec. ep. 107.

kleinste Glied der Kette entbehrlich[1]); Gott muß mehr für das Universum sorgen, als für die Einzelnen, das Leiden des Theiles ist
das Wohl des Ganzen, und wollte der Mensch, statt Resignation
zu üben, in Ungeduld ausbrechen, so würde er an dem großen
Thiere, dem Universum, ein Glied beschädigen oder verrenken.[2]
So lautete die stoische Doctrin, und ihre Kraft, den Menschen zu
beruhigen, mußte sofort verschwinden vor der christlichen Lehre, welche
allein es vermochte, die unzerstörbare Würde der menschlichen Individualität und ihre volle, auch in Leiden sich bewährende Berechtigung zur Anerkennung zu bringen.

81. Wenn der Christ gewürdigt wurde, für den Glauben, für
die Wahrheit und Gerechtigkeit zu leiden, so erkannte er darin die
höchste Gunstbezeugung der Gottheit. In Verfolgung, in Schmach
und Hohn, in Kerker und Tod das Bild des Leidens und Todes
Christi an sich zu tragen, das lernten die Jünger Jesu als ihre
Bestimmung betrachten; sie wußten, daß nach dem natürlichen Lauf
der Dinge ihr Bekennen mit den Lippen auch ein Bekennen mit der
That zur Folge haben müsse, daß die Lehre vom Kreuze Haß erwecken, und der Haß in Verfolgung übergehen werde. Sie mußten
das Kreuz Christi auf sich nehmen[3]), mußten bereit sein, die Bluttaufe gleich dem Herrn über sich ergehen zu lassen.[4] „Folge mir
nach", hatte Christus zu Petrus gesagt, als er ihm seinen Kreuzestod ankündigte[5]); daß er dem Tode Christi nachgestaltet werde,
darauf gründete auch Paulus seine Hoffnung künftiger Theilnahme
an dessen Herrlichkeit.[6] So entwickelte sich schon jetzt die Idee des
christlichen Martyriums, des gläubigen Zeugenthums. Jener entscheidende Moment, in welchem der Christ wählen mußte, entweder
sein Bekenntniß zu verläugnen, oder darauf zu beharren und zu sterben, galt als der Moment eines feierlichen, für den Erlöser abzu-
legenden Zeugnisses. Der Gläubige mußte hier vor der Welt zeigen, was die Ehre Christi ihm werth sei, was dessen Lehre, Gnade
und Heilmittel in ihm vermögen, welche Kraft in seinen Hoffnungen,
in dem ihn erfüllenden Vorgefühle der ewigen Freuden liege. Sein
öffentliches Bekenntniß war ein Akt der Wahrhaftigkeit und des sittlichen Muthes, ein Akt der Treue gegen Gott, und zugleich eine
That der aufopfernden Liebe für seine noch ungläubigen Brüder,

[1] Marc. Antonin. 5, 8. Senec. de provid. 3. — [2] Senec. ep. 74.
Auch Maxim. Tyr. diss. 25. — [3] Matth. 10, 38; 16, 24. Marc. 8, 34.
Luc. 9, 23. — [4] Matth. 20, 22. 23. — [5] Jo. 21, 19. — [6] Phil. 3,
10. 11. 2 Cor. 1, 5.

denen feine unerſchütterliche, ihnen räthſelhafte Feſtigkeit und Zuverſicht ein Wahrzeichen, eine Leuchte auf dem zu Chriſtus führenden
Pfade werden ſollte. In den „Zeugen" der erſten Kirche fand ſich
jene, allen Nichtchriſten unverſtändliche Vereinigung und Miſchung
von Stolz und Demuth, welche eben das Chriſtenthum erſt möglich
gemacht hatte. Der Chriſt konnte nicht umhin, Stolz zu empfinden,
denn er hatte das Bewußtſein, größer und freier zu ſein, als die
Starken und Mächtigen, in deren Gewalt ſein Körper und ſein Leben
war. Und zugleich war er wahrhaft demüthig, denn er mußte, daß
er auch dieß ſich nicht gegeben, ſondern empfangen habe, er war bereit, ſein Leben dafür aufzuopfern, daß weder den Glaubensgenoſſen,
noch den Ungläubigen ein Aergerniß gegeben werde, und dazu durchdrungen von dem Gefühle, daß die unſterblichen Seelen der Ungläubigen, die durch ſeinen Zeugentod zum Glauben erweckt werden
mochten, weit koſtbarer ſeien als ſein irdiſches Leben.

82. Wenn Paulus bereits den Stephanus, den Erſtling und
das Vorbild aller Märtyrer, einen „Zeugen" Chriſti nennt[1]), ſo
iſt es doch vorzüglich die Apokalypſe, in der ſich der Begriff des
chriſtlichen Märtyrerthums ausgebildet zeigt. Hier wird Antipas von
dem Herrn „mein treuer Zeuge" genannt.[2]) Die Seelen derer, „die
geſchlachtet worden um der göttlichen Lehre und des Zeugniſſes willen, welches ſie hatten", ſah Johannes unter dem Altar[3]); die Dar-
reichung des weißen Gewandes iſt das Symbol ihrer Seligkeit. Unter
dem Altare ſind ſie, weil ſie ſich ſelbſt ihrem Herrn haben opfern
laſſen. So hatte Paulus den Märtyrertod, dem er entgegenſah, bezeichnet als ein Hingegoſſenwerden wie ein Trankopfer[4]) und Ignatius,
der dem gleichen Tode zugeführt wurde, wollte ein „Schlachtopfer"
werden.[5]) Und endlich ſah Johannes auch das Weib (Rom) in ſeinem ſcharlach-rothen Gewande „trunken vom Blute der Zeugen Jeſu."[6])
Damit war den chriſtlichen Gemeinden deutlich genug geſagt, daß bei
der wachſenden Feindſchaft der heidniſchen Welt noch zahlreiche Zeugen aus ihrer Mitte würden gefordert werden. Zugleich aber prägte
der Gedanke ſich ihnen ein, daß es für einen Chriſten keinen ſchöne-
ren Schmuck gebe, als ſein Blut für den Herrn zu vergießen, daß
dieſes Erdulden von Qualen, dieſes Sterben als Zeuge ein Kampf
ſei, in welchem der Getödtete der Held und Sieger, die Richter und
Henker die Beſiegten ſeien, daß jeder Märtyrer-Tod eines Chriſten
eine dem herrſchenden Heidenthume geſchlagene Wunde ſei.

---

[1]) Act. 22, 20. — [2]) Apoc. 2, 16. — [3]) Apoc. 6, 9. — [4]) Phil. 2, 17.
2 Tim. 4, 6. — [5]) Ign. ep. ad Rom. 2, 4. — [6]) Apoc. 17, 6.

11. Aſceſe. Virginität und Cölibat. Gelübde.

83. „Pfleget des Leibes nicht ſo, daß die Lüſte des Fleiſches erregt werden." [1] — „Gebrauchet eure Freiheit nicht zu einem Anlaß für das Fleiſch." [2] — „Kreuziget das Fleiſch ſammt den Lüſten und Begierden." [3] In ſolchen und ähnlichen Mahnungen der Apoſtel ſpricht ſich die Ueberzeugung aus, daß in dem leiblichen Organismus des Menſchen eine Kraft des Böſen ſitze, daß ſein pſychiſch-leibliches Leben, welches der bibliſche Sprachgebrauch „Fleiſch" nennt, die erweckende, unterhaltende und verſchlimmernde Urſache des ſittlich Böſen in der Seele in ſich trage, daß es jene Affekte entzünde und nähre, welche durch die Zuſtimmung des Willens zu Thatſünden werden. Zwar wird auch das geſammte Sündenverderben, es werden auch diejenigen Sünden, welche ihren Sitz mehr in der Seele als im Leibe haben, wie die vorwiegend egoiſtiſchen, unter dem Ausdruck: Fleiſch oder Fleiſcheswerte [4] befaßt; es wird damit überhaupt das ſittlich Schwache, Hinfällige, das religiös Ohnmächtige und Verkehrte, das Gottwidrige im Menſchen bezeichnet. Die Apoſtel wußten indeß wohl, daß die Sünden des Zornes, der Herzenshärte, der Trägheit, der Selbſtſucht in nächſter Beziehung zum Leibe ſtehen, daß bei manchen derſelben ſchwer zu ſagen iſt, ob ſie mehr im Geiſte oder im Fleiſche wohnen. Die Erfahrung lehrte, daß üppige Pflege, reichliche Nahrung des Leibes allmälig den ganzen Charakter der Menſchen alterirt und niedriger ſtimmt. Darum erkannten ſie im Faſten, in der qualitativen und quantitativen Beſchränkung der Nahrungsmittel, eine Kraft zur Reinigung der Seele, ein Mittel, den Geiſt freier und ſtärker, den Körper williger und unterthäniger zu machen, und den Umgang des Menſchen mit Gott zu fördern, eine wohlthätige Uebung in der ſittlichen Enthaltſamkeit und Selbſtbeherrſchung, und ſelbſt eine Bedingung des leiblichen Wohlergehens.

84. Der Herr ſelbſt hatte, als er ſich zur Vorbereitung auf ſeinen Beruf in die Einſamkeit zurückgezogen, vierzig Tage lang gefaſtet; er ſollte den Seinigen in Allem als Vorbild dienen. Er hatte dann wie über Gebet und Almoſen, ſo auch über Faſten als die drei enge verbundenen Opfergaben des Menſchen, nähere Anweiſung gegeben, warnend vor dem Mißbrauche, ein zur Heiligung des Herzens

---

[1] Rom. 13, 14. — [2] Gal. 5, 17. — [3] Gal. 5, 24. — [4] Gal. 5, 19, ſq.

beſtimmtes Mittel zu phariſäiſcher Oſtentation anzuwenden.[1]) Beten
und Faſten, hatte er einmal erklärt, ſei das einzige ſichere Mittel
gegen gewiſſe dämoniſche Einflüſſe.[2]) Den Jüngern des ſtets faſten-
den Johannes war es aufgefallen, daß Jeſus häufig Einladungen
zu Gaſtmahlen folgte, daß man an ihm und ſeinen Jüngern keine
beſonderen Faſtenübungen bemerkte. Jeſus hatte erwiedert, jetzt ſei
für die Seinigen, da er als der Bräutigam bei ihnen ſei, eine Zeit
der Freude, gleichſam eine ſtete Hochzeitfeier; wenn aber der Bräutigam hinweggenommen ſein werde, dann werde für ſie die Zeit des
Faſtens beginnen.[3]) Paulus rechnet das Faſten zu den Erweiſun-
gen eines ächten, Gott gewidmeten Dienſtes[4]), und indem er die
Menge und Mannigfaltigkeit deſſen, was er in ſeinem apoſtoliſchen Berufe geduldet und geleiſtet habe, aufzählt, vergißt er nicht ſein häu-
figes Faſten.[5]) Bei der Ordination des Paulus und Barnabas, ſo
wie bei der Einſetzung von Presbytern, welche dieſe beiden Männer
vornahmen, wurde Faſten mit Gebet verbunden.[6]) Ob frühe ſchon
gemeinſchaftliche Faſttage feſtgeſetzt wurden, iſt ungewiß, es mochte
wohl darum nicht ſo bald geſchehen, weil die Judenchriſten ihre
Jüdiſchen Faſttage noch geraume Zeit zu halten fortfuhren. Klar
aber iſt, daß die Chriſten von Anfang an ein viel faſtendes Volk
waren.

85. Wie nothwendig aſcetiſche Enthaltſamkeit den Chriſten ſei,
das zeigt Paulus den Korinthiern an dem ihnen wohl bekannten
Beiſpiele der Agoniſten, welche bei den dortigen Feſtſpielen im Wett-
lauf auftraten.[7]) Durch ſtrenge Diät, durch ſorgfältige Enthaltung
bereiteten ſich ſolche Menſchen viele Monate lang vor. Was dieſe
für einen vergänglichen Kranz thun, laßt, ſagt er, uns für einen
unverwelklichen thun. Und ſofort ſtellt er ſich ihnen als Vorbild
dieſer chriſtlichen Agoniſtik auf, indem er mit kräftigen, vom Fauſt-
kampf hergenommenen Worten den Kampf ſchildert, den er mit dem
eigenen Leibe, dieſem Sitze ungöttlicher und verderbter Triebe, führe,
um das Widerſtreben des trägen und begierdevollen Fleiſches in ihm
zu brechen, ihn ganz zu unterjochen, daß er dem Geiſte als williges
und gefügiges Werkzeug diene. Alſo Mühſeligkeiten, Anſtrengungen,
Entbehrungen und Entſagungen mannigfacher Art waren die Mittel,
die Paulus anwandte, um ſeinen Leib mürbe zu machen, auf daß
er, der Andre wie ein Herold zum Kampfe auffordere, nicht etwa

---

[1]) Matth. 6, 16—18. — [2]) Matth. 17, 21. — [3]) Matth. 9, 15. —
[4]) 2 Cor. 6, 4 5. — [5]) 2 Cor. 11, 27. — [6]) Act. 13, 2 sq.; 14, 23. —
[7]) 1 Cor. 9, 2 Vgl. die von Wetſtein hier ausgeführten Stellen.

selbst im göttlichen Urtheile verworfen werde. Und das that derselbe Mann, der doch schon einen „Pfahl im Fleische", ein nieder-
beugendes körperliches Leiden, dessen Schmerzen er wie Faustschläge empfand, tragen mußte, um dessen Wegnahme er vergebens gebetet hatte.[1]

86. Es gab indeß auch eine Ascese, welche, aus fremden Anschauungen hervorgegangen, von den Aposteln nachdrücklich zurückgewiesen wurde, als sie in die junge Kirche einzudringen versuchte. In
der Bekämpfung dieser falschen Ascese folgt Paulus dem Winke, den
Christus gegeben hatte. Die Pharisäische sowohl als die Gnostisch-
Essäische Richtung unter den Juden stimmt darin überein, daß diese
wie jene in vielen Substanzen ein physisches Contagium annahm,
wodurch Leib und Seele des Menschen verunreinigt werde, so zwar
daß der Mensch vor der Gottheit zum Gräuel werde. Das hatte
die Folge, daß das Böse und die Sünde immer mehr materialisirt,
immer mechanischer aufgefaßt wurde, und das ganze Leben in einem
Wechsel von Befleckungen und dadurch nothwendig gewordenen Waschungen und andern Reinigungsceremonien verfloß. Das größte Gewicht ward aber auf die Speisen gelegt, deren verunreinigende Kraft
nicht durch Waschungen hinweggenommen werden konnte, die vielmehr
wie ein verderbliches Gift den ganzen Menschen, in dessen Wesen
sie verwandelt zu werden bestimmt sind, infiziren sollten. Gegen
diesen Wahn hatte Christus sein Wort gerichtet: „Nicht was eingeht
in den Mund, entheiligt den Menschen"[2]); Speise und Trank wird
verdaut, kann den inneren Menschen nicht berühren oder verunreini-
gen, das der Speise unerreichbare Herz mit seinen Begierden ist
die Werkstätte der Sünde. Paulus aber hatte einen Wahn zu bekämpfen, der noch schlimmer als die Pharisäische Ueberspannung der
Jüdischen Speisegesetze war, weil er mit einer ganzen Weltanschau-
ung zusammenhieng, die Vorstellung nämlich, daß jede animalische Nahrung an sich verwerflich und sündhaft sei. „Rühre nicht an, koste
nicht, greife nicht zu", sagten die Irrlehrer zu Kolossä[3]); und Paulus macht ihnen kurz und kräftig den Widerspruch bemerklich, der
darin liege, daß die Berührung von so nichtigen, zum Untergang
durch den Verbrauch bestimmten Dingen etwas so Hochwichtiges, so
Seelengefährliches sein solle, wie Christus bereits den Pharisäern
gegenüber die gleiche Verkehrtheit gerügt hatte. Freilich, fügt er
bei, habe diese Enthaltungs-Theorie einen Schein von gottesdienst-
lichem Eifer und Schonungslosigkeit gegen den Körper; auch scheine
die willige Unterwerfung unter diese Menschenlehren und Menschen-

[1] 2 Cor. 12. 7. — [2] Matth. 15. 11. — [3] Col. 2. 21.

gebote Demuth zu sein; im Grunde aber fehle doch jedes ehrenwerthe
Motiv, und sei es nur der fleischliche Hochmuth, der sich dadurch ge-
schmeichelt fühle.[1]) In der That waren gnostische und christliche
Ascese einander im Princip schlechthin entgegengesetzt: jene ging von
der Annahme aus, daß das Geschöpf, das zu Genießende, das Böse,
ethisch Giftige sei, die christliche dagegen wußte, daß „jedes Geschöpf
Gottes an sich gut ist"[2]), daß aber wir Menschen die Eine Ausnahme von dieser Regel sind, und daß deßhalb erforderlich sei, den
Genuß des an sich Guten und Unschuldigen zu beschränken, ihn durch
Enthaltung und Selbstbeherrschung zum bloßen Gebrauche, so weit
das physische Lebensbedürfniß ihn erheische, zu ermäßigen.

87. Milder urtheilte Paulus über jene Judenchristen zu Rom,
welche nicht nur die Jüdischen Feiertage zu feiern fortfuhren, sondern
auch sich des Fleisches und des Weines ganz enthielten.[3]) Hier lag
nicht, wie zu Kolossä, Gnostische Irrlehre zu Grunde, sonst würde
Paulus diese Personen nicht als blos Schwache im Glauben bezeichnen, denen die Andern mit brüderlicher Schonung und Liebe begegnen sollen; sondern es war wohl nur eine übertriebene Jüdische
Aengstlichkeit, die namentlich durch die Schwierigkeit erzeugt sein
mochte, in einer Stadt wie Rom Fleisch zu bekommen, welches rein,
d. h. nicht von einem Opferthiere genommen sei, und Wein, der nicht
zu Libationen gedient hatte. Dieß und ihr Festhalten an den Jüdischen Fest- und Fasttagen mußte störend in das christliche Gemeindeleben eingreifen. Hier entwickelte nun Paulus Grundsätze von großer
Tragweite, nach denen die Gläubigen in Fällen solcher, auf Gewissens-
bedenken gegründeten, praktischen Abweichungen für alle Zeiten sich
verhalten sollten. Keiner, sagt Paulus, darf in solchen Dingen den
andern richten, ihn einer Sünde zeihen, denn kein Gläubiger ist Herr
über den andern, alle sind Gottes Knechte. Jeder soll gemäß dem
ihm zugemessenen Maße seiner gläubigen Erkenntniß handeln, wie
er es für recht und Gott gefällig hält. Was der Mensch ohne und
wider seine auf den Glauben gegründete Ueberzeugung thut, das

---

[1]) Die Stelle ist bekanntlich eine der schwierigeren, nur daher sehr verschieden erklärt, besonders die Worte: πρὸς πλησμονὴν τῆς σαρκός. Die Griechen,
kann Estius und viele Andere meinen, Paulus habe gegen die ἀσκησία der Ir-
lehrer die dem Leibe durch volle Sättigung zu erweisende Ehre damit ausdrücken
wollen. Aber da würde Paulus sicher nicht das starke Wort πλησμονή, Anfüllung,
Vollsättigung, gebraucht haben: auch liegt bei uns die ethische Deutung, fleischlicher Sinn, näher. Daher hat schon Hilarius erklärt: sagina carnalis sensus
traditio humana est. — [2]) Röm. 14, 1 sq. [3]) 1 Tim. 1, 4 —

24 *

ist für ihn Sünde. Sein Gewissen, selbst wenn es in der praktischen Anwendung einer Glaubenswahrheit irren sollte, ist für ihn
Gesetz, und verpflichtet ihn, sich einer für unerlaubt gehaltenen Handlung zu enthalten. Der Andere aber ist verpflichtet, die Zartheit
dieses Gewissens zu achten, selbst auf Kosten seiner Rechte und mit
Aufopferung seiner Freiheit. Darum verlangt der Apostel: bei den
Gemeindemahlzeiten sollten die „Stärkeren" sich lieber gleichfalls des
Fleisches und des Weines enthalten, um die ängstlichen Brüder durch
ihr Beispiel nicht zur Nachahmung und dadurch zur Verletzung ihres
Gewissens zu verführen. War doch auch Paulus selbst, wie er von
sich sagt, den Schwachen ein Schwacher geworden, um die Schwachen
zu gewinnen. [1]

88. Wenn das Christenthum in manchen Lebensverhältnissen
neue Bahnen brach, wenn es Anschauungen begründete und einführte,
auf welche Juden und Heiden bisher wenig oder nicht vorbereitet
gewesen, so war dieß vorzüglich bei der Frage von der geschlechtlichen
Enthaltung und freiwillig erwählten Ehelosigkeit der Fall. Bei
den Juden galt es für einen Unsegen und eine Schmach, kinderlos
und unfruchtbar zu sein. Bei den Heiden gab es zwar einzelne
Priesterthümer, hauptsächlich weibliche, mit welchen ehelose Enthaltung
verbunden war, aber dem männlichen Geschlechte traute die Hellenische und Römische Welt überhaupt nicht die sittliche Kraft der freien
Enthaltung zu, und wandte daher in den wenigen Fällen, in denen
es für nothwendig galt, das Mittel der Entmannung oder künstlichen
Ertödtung des Fortpflanzungstriebes an, wie dieß z. B. bei den
Hierophanten der Eleusinischen Mysterien, bei den Priestern der Cy-
bele und einigen Andern geschah. [2] Ein solcher erzwungener Cölibat
bezog sich dann aber nur auf den Dienst einzelner Gottheiten, und
beruhte nicht auf sittlichen Motiven, nicht auf besonderer Hochachtung
der Keuschheit, sondern hatte seinen Grund in der Naturvergötterung
und in den Vorstellungen von Sterilität, von absterbender Zeugungs-
und Gebärungskraft der Natur, welche durch gewisse Gottheiten repräsentirt wurde. Die Enthaltung wurde in den meisten Fällen von
den Priestern derselben nur um der Sterilität willen, damit kein
Wesen das Dasein durch sie empfange, gefordert. Die Ansicht, daß
ehelose Enthaltung mit dem Streben nach Heiligung zusammenhänge,
konnte schon darum nicht auf heidnischem Boden sich bilden, weil
hier im Allgemeinen die Ideen der Heiligkeit, des Gebetes und Ver-

---

[1] I Cor. 9, 22. — [2] Heidenthum und Judenthum. S. 171. 347.

lehre mit Gott, sowie der Entsagung für das Wohl und den Dienst Anderer, mangelten. Ueberhaupt konnte in der damaligen heidnischen Welt von einer Werthschätzung des ehelosen Standes nicht die Rede sein, vielmehr mußte die entgegengesetzte Anschauung vorwalten; die Gesetzgebung des Augustus hatte bedeutende rechtliche Nachtheile an den Cölibat geknüpft; die Staatsgewalt wollte, daß die Vermeidung der Ehe als Mangel an staatsbürgerlichem Sinne, als Nichterfüllung einer der wichtigsten Bürgerpflichten betrachtet würde. So hatten schon in den Griechischen Republiken, in Athen und Sparta, Straf-gesetze gegen Agamie (Cölibat), in Sparta selbst gegen Opsigamie (spätes Heirathen), bestanden.[1]) Bei den Römern hatten bereits ältere Gesetze den Cölibat untersagt, und Preise oder Vortheile auf Kinder-Erzeugung gesetzt.[2]) Die herrschende Ansicht war, daß die Ehelosen, die allerdings sehr zahlreich waren, nur aus egoistischen Motiven, um sorgloser zu leben, um den Aufwand für Weib und Kinder zu ersparen, und vorzüglich um desto freier mit Sklavinnen und freigelassenen Buhlerinnen ihrer Lust zu fröhnen, die Ehe ver-schmähten, im besten Falle durch die Furcht vor den Thorheiten und Ausschweifungen der Frau und der Söhne sich abhalten ließen. An einen edleren Beweggrund dachte Niemand, wiewohl damals zwei berühmte Philosophen, Epiktet und Apollonius von Tyana, gleichfalls unvermählt zu bleiben vorzogen. Bei den Staatsmännern und Pa-trioten jener Zeit mußte demnach die Empfehlung der geschlechtlichen Enthaltung, wie sie in der christlichen Kirche stattfand, die Abneigung gegen die neue Religion steigern, wie dieß auch nachher in Persien eine Hauptanklage gegen das Christenthum bildete.

89. Bei dem Propheten, welcher vor allen anderen der evan-gelische und messianische Seher zu heißen verdient, findet sich[3]) eine merkwürdige Weissagung. Indem er eine Zeit ankündigt, wo die Heiden nicht mehr von der Gemeinschaft Israels geschieden sein wür-den, wendet er sich zu den Verschnittenen mit der Zusage: sie soll-ten nicht sagen: sieh, ich bin ein dürrer Baum; denn ihnen, die am Bunde Gottes festhalten, werde Gott in seinem Hause und in seinen Mauern Hand und Namen, besser als Söhne und Töchter, einen ewigen, unvertilgbaren Namen geben. Während also den „Fremden",

[1]) Pollux Onomast. 8, 6. Ariston ap. Stob. serm. 73. Plut. Ly-sandr. c. 3. — [2]) Cic. de legib. 10. 20. Gell. 5, 19, wo der praemia pa-trum schon in einer Rede des Scipio Africanus gedacht wird. Columell. 1, 8. — [3]) Jesai. 56, 3. 4. 5.

den Heiden, nur verheißen wird, daß Gott einſt ſie zu ſeinen Altären zulaſſen, und ihre Opfer wohlgefällig aufnehmen wolle, wird
den Eunuchen etwas weit Höheres in Ausſicht geſtellt: ſie ſollen im
Hauſe Gottes (der Kirche) Amt und Würde[1]) erhalten, und der
Mangel an Kindern ſoll ihnen reichlich erſetzt werden. Der Prophet
kann hier, bei einem ſo feierlichen Ausblick in die künftige Größe
und Herrlichkeit der Kirche, unmöglich an die damals an einigen
Aſiatiſchen Königshöfen befindliche verhältnißmäßig kleine Zahl von
Verſchnittenen gedacht haben; wie wäre er dazu gekommen, gerade
dieſen ein ſo ausgezeichnetes Loos in der Kirche zu verheißen? Er
hat auch nicht unter den Eunuchen die Heiden überhaupt gemeint[2]),
denn er unterſcheidet genau zwiſchen dieſen, den „Fremden“, und
zwiſchen den Verſchnittenen, und verſteht unter den letzteren Ehe-
und Kinderloſe. Er hat alſo in der That einen prophetiſchen
Blick in das Innere der Kirche geworfen, und iſt ihm dort jene
Schaar von Eunuchen um des Himmelreichs willen gezeigt worden,
deren Chriſtus nicht ohne Erinnerung an das Wort des Jeſaias
gedenkt.

90. Als nämlich die Jünger, durch die den Jüdiſchen Ohren
ſo hart klingenden Ausſprüche des Herrn über die Unauflösbarkeit
der Ehe erſchreckt, meinten, es ſei wohl beſſer, gar nicht zu heirathen, da ſagte ihnen Chriſtus: „dieſes Wort faſſen nicht Alle,
ſondern die, denen es gegeben iſt.“ Er beſtätigt alſo die Wahrheit
des von den Jüngern Geſagten: es verhält ſich wirklich ſo, daß es
für Manche beſſer iſt, ehelos zu bleiben; aber nicht Jedermann
nimmt dieß auf in ſein Herz und ſeine Ueberzeugung, ſondern nur
die, welchen das rechte Verſtändniß der Sache und die ſittliche Befähigung von Gott verliehen iſt. Dieß näher erklärend, ſetzt er
bei: es gebe dreierlei Eunuchen, ſolche, die ſchon in dieſem Zuſtande
geboren worden, andere, die es durch Menſchenhand geworden, und
andere, die ſich um des Himmelreiches willen ſelbſt verſchnitten hätten.
Alſo außer denen, die von Natur oder durch Verſtümmelung zur
Ehe untüchtig ſeien, gebe es noch eine dritte Klaſſe Eheloſer, welche
freiwillig der Ehe entſagt hätten, um dem Himmelreich ſicherer und
ungehinderter nachzutrachten oder für den Dienſt deſſelben (in der

---

[1]) Das bedeutet die „Hand“ im Hauſe Gottes, und der „Name“. Tóπον
ὀνομαστόν, überſetzt die Septuag. — [2]) Wie z. B. Umbreit annimmt, Commentar über den Jeſaias, S. 406. Wogegen Stier, Jeſaias, nicht Pſeudo-
jeſaias, 1850, S. 673, durch die Deutung: diejenigen, die ſich geiſtlich als untüchtig vorkommen, ſeien gemeint, dem Terte offenbar Gewalt anthut.

Kirche) besser geeignet zu sein.[1]) Wer es fassen kann, der fasse es,
setzt er bei, das heißt: der handle darnach. Hiemit ist also die
Erklärung gegeben, inwiefern mit Wahrheit gesagt werden könne,
daß ehelos bleiben besser als heirathen sei: nicht an sich schon,
oder weil die Unauflöslichkeit der Ehe eine allzu drückende Last ist,
wie die Jünger meinten, sondern „um des Himmelreichs willen",
also für das Reich, welches Christus eben jetzt gründete, in welches
die Menschen jetzt eintreten sollten, dessen Schlüssel er nachher dem
Petrus übergab. Es gibt Menschen, denen unter Leitung und Erleuchtung der göttlichen Gnade klar wird, daß es für sie angemessener sei, in eheloser Enthaltung Gott und dem Nebenmenschen
im „Reiche" und für das „Reich" zu dienen, und die dann auch
die Kraft haben, dieses Opfer zu bringen. Das ist es, was
Christus hier ausgesprochen hat. Ihm schließen Johannes und
Paulus sich an.

91. Wenn Johannes die 144,000 Besiegelten als eine vor
allen Gläubigen durch besondere Heiligkeit ausgezeichnete Schaar
von Auserwählten schildert[2]), so ist es neben ihrer Wahrhaftigkeit
und Tadellosigkeit überhaupt ihre jungfräuliche Enthaltung, die er
hervorhebt. „Sie haben sich mit Weibern nicht befleckt, denn sie
sind jungfräulich geblieben." Und als besonderer Lohn ist ihnen
das Vorrecht unter den Seligen zu Theil geworden, das beständige
Gefolge des Lammes zu bilden, da sie allein dem Herrn in der
steten Bewahrung der Virginität ähnlich geworden sind.[3])

92. Paulus stellt es als allgemeines, an sich geltendes Prinzip
hin: es sei gut für den Menschen, ein Weib nicht zu berühren[4]),
sich der Ehe — denn dieß ist gemeint — zu enthalten. Er wünscht

---

[1]) Matth. 19, 11. 12.[*] — [2]) Apoc. 14, 4. 5. — [3]) Es ist vielerlei
versucht worden, das in dieser Stelle liegende Zeugniß zu entkräften. Früher
hieß es: Enthaltung von Göpendienst sei gemeint. Das ist nun aufgegeben.
Das neuere Vorgeben, daß bloße Enthaltung von Huren gemeint sei, wie Bleek
und de Wette wollen, wird schon durch die Bezeichnung παρθένοι und das
ganz allgemein lautende μετὰ γυναικῶν widerlegt. Die Ausflucht, daß dieß von
Gläubigen der Endzeit die Rede sei, „für welche auch die Ehelosigkeit zu einer
sittlichen Nothwendigkeit durch die besondern Umstände jener Zeit werde" (Hof-
mann, Schriftbeweis II, 2. S. 392), scheitert an dem klaren Context; sie sind
vielmehr eine ἀπαρχή, „Erstlinge, erkauft aus den Menschen". Das einfachste
Verfahren ist das von Neander und Düsterdiek, das ganze Buch deßhalb
für unächt zu erklären. Rothe, Ethik III, 614, bekennt: „Nach unserem exegetischen Gewissen sind wir nicht im Stande, bei dem παρθένοι etc. an etwas
anderes zu denken als an die eigentliche Virginität". — [4]) I Cor. 7, 1.

daher, daß Alle so wie er sein möchten, in freiwilliger Enthaltung
lebend. Diesen seinen Wunsch beschränkt jedoch die Thatsache, daß
Gott seine Gaben verschieden vertheilt, daß er dem Einen mit der
Gabe der leichteren Enthaltsamkeit auch die Befähigung zum Allein-
stehen im Leben, zur Hingabe an einen höhern Beruf verleiht,
während ein Anderer mit der Neigung zum Familienleben auch die
besondere Befähigung zur Erfüllung der ehelichen und väterlichen
Pflichten als sein Charisma empfangen hat. Zugleich weiß Paulus
sehr wohl, und sagt es, daß es besser sei zu heirathen, als ein
unreines, bei sündlichen Gelegenheiten sicher ausbrechendes, Feuer
der Begier in sich zu nähren. Wer also heirathet, der sündiget
nicht; wer aber, um dem Herrn zu dienen, der Ehe entsagt, der
thut besser. „Bist du frei vom Weibe, sagt Paulus, so begehre
nicht ein Weib"; denn es sind wichtige Gründe, welche den Cölibat als den für einen Christen vorzüglicheren Stand erscheinen
lassen. Schon um der bevorstehenden Bedrängnisse willen ist die
Freiheit der Gebundenheit durch die Ehe vorzuziehen.[1]) Sodann
aber, und dieß ist ein bleibender, in der Natur der Dinge gegrün-
deter und daher für alle Zeiten gleich gewichtiger Grund — wird
der Vermählte durch weltliche Sorgen, durch den Wunsch, dem
Weibe zu gefallen, vielfach vom Dienste des Herrn abgezogen,
während der Unvermählte diesem Dienste mit ungetheiltem Herzen,
mit freiem Geiste und voller Kraft sich widmen kann. „Der eine
sorgt für die Sache des Herrn, wie er dem Herrn gefallen möge,
der andere sorgt für weltliche Dinge, wie er der Frau gefalle."[2])
Und so auch beim weiblichen Geschlechte: „die Unverheirathete sorgt
für des Herrn Sache, damit sie heilig sei an Leib und Seele, die
Verheirathete aber sorgt für weltliche Dinge, wie sie dem Manne
gefallen möge." Dazu kommt, daß nach dem Rathe des Apostels
selbst Gatten sich zuweilen mit gegenseitiger Einwilligung auf einige

[1] „Wegen der bevorstehenden Noth" 7, 26. Mit Beziehung auf die Worte
Christi, Matth. 24, 21, von der „großen Bedrängniß" bei der ersten Parusie.
Paulus sah eine Zeit schwerer Bedrückungen für die ganze Kirche kommen, und
betrachtete dieß als einen Grund unter mehreren, warum ehelose Enthaltung der
Ehe vorzuziehen sei. Der ganze Zusammenhang zeigt aber, daß dieß nicht sein
Hauptgrund war; denn er führt vorher und nachher viel gewichtigere, in der
Sache selbst gelegene, und von diesen vorübergehenden Zeitumständen unabhängige
Motive an, Motive, welche, wenn sie überhaupt Wahrheit enthalten, für alle Zeiten
gelten, für Zeiten der Ruhe eben so wohl als für Zeiten der Bedrängniß und
der großen Katastrophen. — [2] 1 Cor. 7, 32.

Zeit einander entziehen sollen, um sich geistlichen Uebungen zu widmen.[1]) Also ist der eheliche Umgang ein Hinderniß ernster Gebets-
übung, und derjenige, der stets im Gebete leben will, thut daher
besser, demselben ganz zu entsagen.

93. So entschieden ist hier die Ehelosigkeit, als der dem Christen und seiner hohen Bestimmung angemessenste Stand geschildert,
daß der Apostel selbst sich gedrungen fühlt, zu erinnern, wie er mit
seinen Worten den Gläubigen nicht „einen Strick überwerfen"[2]), d. h.
ihrem Gewissen nicht einen Zwang auflegen wolle, welcher leicht zu
Sünden der Unzucht führen möchte. Er verwahrt sich demnach gegen
die Vorstellung, als ob er ein allgemeines Gesetz geben, und dadurch
seine Autorität mißbrauchen, die christliche Freiheit beeinträchtigen
wolle. Es ist nur ein Rath, den er ertheilte, aber er kann nicht umhin, in der religiösen Jungfräulichkeit die edlere Form des Lebens[3]),
die unabhängigere und würdigere Stellung, und die Bedingung eines
treuen und unzerstreuten Ausharrens im Dienste des Herrn[4]) zu erkennen. Es ist in seinen Augen ein hoher Vorzug, daß der Leib der
Jungfrau blos dem Herrn gehört, und rein bleibt von jeder Entweihung, während in der Ehe, wo das Weib „seines Leibes nicht
mächtig ist"[5]), diese Entweihung durch Uebermaß oder Mißbrauch
des ehelichen Geschlechtsverhältnisses nur allzu häufig eintritt. Zu
der Reinheit des Leibes kommt aber, wie der Apostel andeutet, die
Reinheit des Geistes hinzu als das, was jene erst sichert und ihren
rechten Werth ihr verleiht.

94. Paulus hat hier kein ihm überliefertes Gebot des Herrn
vorzuschreiben; er räth nur und empfiehlt, aber er thut dieß als
einer, der „durch Gottes Barmherzigkeit glaubhaft ist"[6]), der sich
bewußt ist, gemäß der ihm gewordenen Erleuchtung durch den heiligen Geist zu reden.[7]) Er will selbstredend nicht sagen, daß der
Ehestand, dessen Heiligung durch Christus er wohl kennt, nothwendig
und in jeder Beziehung ein Hinderniß für das religiöse Leben sei; er
wußte sehr wohl, daß in mancher Ehe die Gattin dem Manne, dieser
dem Weibe vielmehr zur Förderung auf der christlichen Lebensbahn
gereicht. Aber was er sagen will, das ist: erstens, daß es Menschen
gibt, welche vorzugsweise zu einem jungfräulichen Leben berufen und
geeignet sind, und daß diese, obgleich ihrer immer nur Wenige sein

---

[1]) 1 Cor. 7, 5. — [2]) 1 Cor. 7, 35. — [3]) Τὸ εὔσχημον, 7. 36. —
[4]) Τὸ εὐπάρεδρον τῷ κυρίῳ ἀπερισπάστως. — [5]) 1 Cor. 7, 4. — [6]) 1 Cor.
7, 25. — [7]) 1 Cor. 7, 40.

werden im Verhältniß zu den andern, wohl thun, diesem Berufe Raum zu geben. Zweitens: daß der Ledige für den Dienst Christi, also insbesondere für ein kirchliches Amt besser befähigt ist, als der Vermählte, daß er in diesem Dienste mehr zu leisten vermag, weil er nicht getheilt ist, nicht durch weltliche Sorgen, durch eheliche Rücksichten und Familien-Angelegenheiten sich in einem, den ganzen Menschen erfordernden Dienste gehemmt und abgezogen fühlt. Drittens: daß überhaupt das innere Verhältniß zu Gott, der Verkehr mit Christus, leichter und ungestörter von dem Ledigen als von dem Verheiratheten gepflegt und festgehalten werde. Es gab damals, wie zu allen Zeiten, eine große Menge Menschen, denen die bürgerlichen Verhältnisse die Ehe zur Unmöglichkeit machten, oder die nur mit der Aussicht auf bittere Noth für sich und die Ihrigen eine Familie begründen konnten; schon durch die Sklaverei fanden sich Tausende in die Lage eines unfreiwilligen Cölibats versetzt; allen diesen zeigte Paulus durch seine Lehre, wie sie ihren Stand heiligen, selbst eine göttliche Wohlthat in demselben erkennen könnten. Denn, wie er in demselben Briefe sagt, „Gott ist treu, der euch nicht über eure Kräfte versucht werden läßt"[1]); der Christ, welchem Gebet, Wachsamkeit, Mäßigkeit und die Gnadenmittel der Kirche zur Seite stehen, ist auch heftigen Anfällen des physischen Triebes stets gewachsen, und vermag denselben zu bändigen und zu beherrschen. Die Versuchung zur Ausschreitung ist für den Ehelosen nicht stärker, als die Versuchung zum zuchtlosen Mißbrauche des Erlaubten für den Vermählten.

95. Es kann kein Zweifel darüber bestehen, wie Paulus die Frage, wenn sie ihm vorgelegen hätte, beantwortet haben würde: Ob für den Träger eines Kirchenamtes Ehe oder Entsagung das Vorzüglichere sei. „Kein Krieger, sagt er, den Timotheus zur gewissenhaften Führung des Kirchenamtes mahnend — kein Krieger, der seinem Feldherrn wohlgefallen will, flicht sich in die Händel des Lebens ein."[2]) Schon hiemit ist im Prinzip die Verzichtung des Klerus auf Ehe und Familie ausgesprochen. Paulus würde also erwiedert haben: jeder Träger des Kirchenamtes ist ein Kämpfer, der unablässig den schwierigsten Kampf zu bestehen hat, der, um seinem Feldherrn zu gefallen, auch dessen Beispiel nachahmen muß, wie auch ich es thue. Er darf die Schwierigkeiten, die sich ihm in der treuen Verwaltung seines Amtes entgegenthürmen, nicht noch durch die Versuchungen, die Zerstreuungen und Abhaltungen des Ehestandes ver-

---

[1]) 1 Cor. 10, 13. — [2]) 1 Tim. 2, 4.

mehren. Der Herr, dem er angehört, die Kirche, der er dient, müssen den Schwerpunkt seines Lebens und alles Thuns und Lassens bilden, er darf kein anderes Verhältniß zum Mittelpunkte seiner Neigungen machen. In jedem andern Verhältnisse und Stande kann und darf der Mensch getheilt, darf er halb Ehemann und Familienvater und halb Beamter oder Geschäftsmann sein. Nur der Dienst der Kirche des neuen Bundes, das neue, bisher noch nicht in der Welt gewesene Amt der Seelensorge, verträgt keine Theilung, begnügt sich nicht mit dem halben Menschen. Zwischen dem, welchem der heilige Geist eine Gemeinde anvertraut hat, über deren Seelen er wachen, von welchen er einst Rechenschaft ablegen muß[1]), und dieser seiner ihm angetrauten Gemeinde, zwischen dem geistlichen Vater und seinen Kindern soll kein Weib, keine Familie stehen. Wenn, nach des Herrn Wort, der gute Hirt sein Leben für seine Schafe gibt[2]), so muß sein Kopf wie sein Herz, seine Zeit wie seine Kraft, seine Sorge wie seine Liebe, seine Hand wie seine Habe den Schafen gehören. Wer aber Gatte und Vater ist, bei dem gehöret alles dieses zuerst dem Weibe und den Kindern, und nur was übrig bleibt, fällt der Gemeinde zu. So würde der gesprochen haben, der von sich selber sagen konnte: er sei, voll Zärtlichkeit gegen seine Gemeinden, gerne bereit, nicht nur das Evangelium Gottes, sondern auch das eigene Leben ihnen zu geben.[3])

96. Dennoch aber konnte und durfte die Forderung lebenslänglicher Verzichtung auf die Ehe in diesen Zeiten der Anfänge und des Werdens noch nicht an die zum Kirchendienste Berufenen gestellt werden. Einmal mußten die Presbyter vorzugsweise aus den Judenchristen genommen werden; unter diesen aber gab es nur selten Ehelose, denn kinderlos zu sein galt bei dem Volke der Verheißung als Schmach und Unglück[4]); jene wenigen Judenchristen, welche ehelos geblieben, mußten die Apostel zum Evangelistendienste der Missionsreisen verwenden, und auch unter den Heidenchristen waren gerade die Ehelosen, die im Heidenthume diesen Stand aus Scheu vor der Bürde und Gebundenheit der Ehe, oder durch ihre bürgerliche Lage gezwungen erwählt hatten, natürlich am wenigsten zu kirchlichen Aemtern geeignet. Zudem hatte das kirchliche Amt damals für den natürlichen Menschen wenig Anlockendes; brach eine Verfolgung aus, so waren

---

[1]) Act. 20, 28. Hebr. 13, 17. — [2]) Jo. 10, 11. — [3]) 1 Thess. 2, 8. — [4]) 1 Sam. 1, 5. Hiob 21, 21. Luc. 1, 25.

es immer die Vorsteher, welche zuerst und vorzugsweise davon ergriffen wurden. Die Dinge standen nicht so, daß bei dem Andrange Vieler zu Kirchenämtern den Aposteln und ihren Gehilfen eine Auswahl unter ihnen freigestanden hätte. So begnügte sich denn der Apostel mit der geringeren Forderung [1]): daß ein Aufseher und ein Diakonus solle Eines Weibes Mann sein, so wie er gleich darauf fordert, daß zur Diakonissin eine Wittwe, die Eines Mannes Frau sei, genommen werde.[2]) Die vielfach versuchte Deutung, als ob der Apostel nur geboten habe, keine in Polygamie lebenden Männer zu Bischöfen und Diakonen zu machen, ist, wie schon die Parallele mit den Wittwen zeigt, ganz unstatthaft. Denn einmal ist, wie sich von selbst versteht, nicht daran zu denken, daß es in den apostolischen Gemeinden getaufte, gleichzeitig mit zwei oder mehreren Weibern lebende Christen gegeben habe, denen also alle Rechte der kirchlichen Gemeinschaft, nur nicht das Recht zu Kirchenämtern zu gelangen, zugestanden worden wäre. Sodann kam damals Bigamie oder Polygamie weder unter Juden, noch innerhalb des Römischen Reiches, unter Heiden vor. Im ganzen neuen Testamente ist nicht eine Spur von einer bei Juden üblichen Polygamie zu entdecken[3]); und wirklich wird die Polygamie auch nirgends untersagt, aus demselben Grunde, aus welchem Solon kein Gesetz gegen den Vatermord gab, weil man etwas Unerhörtes nicht erst verbieten zu müssen glaubte. Denn im ganzen Römischen Reiche wurde sie nicht geduldet, war vielmehr mit der Strafe der Infamie belegt.[4])

97. Der Presbyter und Diakon sollte also Eines Weibes Mann sein, wie die Wittwe-Diakonissin Eines Mannes Frau sein sollte, und Paulus kann den Ausdruck dort nicht anders als hier verstanden haben. Der Grund lag in seinem Gefühle, daß die zweite Ehe eines Wittwers zwar an sich erlaubt, aber doch etwas Mangelhaftes, und daher bei einem zum Vorbild der Gemeinde bestimmten Manne selbst etwas Anstößiges sei. Durfte doch auch der Jüdische Hohepriester nur einmal in seinem Leben heirathen, und war bei Griechen und Römern die Ansicht verbreitet, daß die Knüpfung eines neuen Ehe-

---

[1]) 1 Tim. 3, 2. 12. — [2]) 1 Tim. 5, 9. — [3]) Zwar wirft Justin dem Tryphon vor, daß es Jüdische Lehrer gebe, welche dem Einzelnen bis zu fünf Weibern zu nehmen gestatteten, d. h. welche behaupteten, daß dieß im Gesetz nicht verboten, und durch das Beispiel der Patriarchen gerechtfertigt sei (Opp. ed. Otto, II, 412): aber daß diese Theorie einzelner Lehrer beim Volke zur Praxis geworden, davon sagt Justin nichts. — [4]) Cod. l. 5, tit. 5, 2; schon nach prätorianischem, also älterem Rechte.

bandes nach dem Tode des Gatten im Widerspruch mit dem idealen
Charakter und der Würde der Ehe stehe.¹) Paulus hatte also zwei
Gründe, diese Bedingung zu stellen. Erstens: ein Presbyter sollte
vor Allem völlig untadelhaft sein²), nicht nur unter den Gläubigen,
sondern auch in den Augen der Heiden; denn darauf, daß den Ungläubigen kein Anlaß gegeben werde, an den Bekennern des Evangeliums etwas zu rügen, legte Paulus großes Gewicht.³) Wenn
aber an einem christlichen Presbyter bemerkt wurde, was selbst an
manchem heidnischen Priester Mißfallen erregt haben würde, so lag
darin allerdings ein Aergerniß. Zweitens: Paulus, der die Enthaltung von der Fleischeslust so hoch schätzt, sie zu den edelsten
Früchten des heiligen Geistes rechnet⁴), der es als das Kennzeichen
eines ächten Christen angibt, daß er sein Fleisch sammt den Leidenschaften und Begierden gekreuzigt habe⁵) — Paulus konnte in einem
der zweiten Gattin angetrauten Manne kein leuchtendes Vorbild
der Enthaltsamkeit, kein nachahmungswürdiges Muster für die Gemeinde — was der Vorsteher doch sein sollte⁶) — erkennen. Und
so ist denn auch in der alten Kirche von den Aposteln an diese
Bedingung, daß ein Geistlicher nur einmal geheirathet haben dürfe,
stets als allgemeines Kirchengesetz betrachtet worden.⁷)

98. Bezüglich der Apostel wird schon frühe bezeugt, daß drei
von ihnen: Paulus, Johannes und Jakobus, unvermählt geblieben
seien, die übrigen aber, und namentlich Petrus, verheirathet gewesen
seien. Von Johannes wird es einstimmig bezeugt.⁸) Von Jakobus
berichtet die Tradition dasselbe⁹), so zwar, daß die Ebioniten eine
Zeit lang aus Ehrfurcht vor seinem Beispiele die Virginität hoch-
hielten.¹⁰) Nun sagt aber Petrus zum Herrn: „Sieh wir haben

---

¹) Die zweite Ehe galt nach dem Ausdruck des Valerius Maximus
als legitimae cujusdam intemperantiae signum. In den vielgepriesenen Gesetzen des Charondas war verordnet: wer seinen Kindern eine Stiefmutter gebe,
solle keine Stelle im Rathe bekleiden dürfen. Diodor. 13, 12. cf. Liv. 10, 23.
Tacit. Germ. 19, wo Tacitus sich sehr stark über die Vorzüge der einmaligen
Ehe erklärt. — ²) ἀνεπίλημπτον, 1 Tim. 3, 2. — ³) 1 Thess. 4, 12. —
⁴) Die ἐγκράτεια, Gal. 5, 22. vergl. 1 Cor. 7, 9: εἰ δὲ οὐκ ἐγκρατεύονται,
γαμησάτωσαν. — ⁵) Gal. 5, 24. — ⁶) 1 Petr. 5, 3. — ⁷) Wie Theodoret
zu seiner abweichenden Erklärung gekommen sei, ist im Hippolytus und Kal-
listus, S. 149 gezeigt worden. — ⁸) So Epiphanius, Ambrosius, Chrysostomus, Paulinus, Augustin, Cassianus. Hieronymus behauptet,
gerade deßhalb sei er von Christus so sehr bevorzugt worden. — ⁹) Epiph.
p. 1045: er sei 96 Jahre alt als παρθένος gestorben. — ¹⁰) Epiph. p. 126.

Alles verlassen, und sind dir nachgefolgt", und die Antwort Christi darauf zeigt, daß hierunter auch die Gattinnen begriffen waren. [1] In der alten Kirche war daher die Ansicht verbreitet, daß die verheiratheten Apostel dem Gebrauch der Ehe im späteren Leben entsagt hätten. [2] Man pflegt hiegegen die Aeußerung des Paulus geltend zu machen: „Haben wir nicht das Recht, eine Schwester, ein Weib, mit umherzuführen, wie auch die übrigen Apostel, und die Brüder des Herrn und Kephas thun? Oder entbehre ich und Barnabas allein des Rechtes, nicht zu arbeiten?" [3] Hier sind aber nicht Gattinnen gemeint, welche die Apostel nebst Kindern und Mägden auf ihren Missionsreisen mit sich führten, man müßte denn annehmen wollen, daß sie, so lange sie Christus nachfolgten, dem ehelichen Umgange entsagt, später aber auf ihren häufigen und oft nach weit entfernten Orten gerichteten Missionsreisen sich von Weibern und Kindern hätten begleiten lassen; sondern, wie die Väter schon bemerkt haben, waren es Frauen, welche nach Jüdischer von Christus selbst beobachteter Sitte [4] den Aposteln folgten, um ihnen zu dienen und ihren Verkehr mit dem weiblichen Theile der Familien zu vermitteln. Das konnten jene Apostel, deren Wirkungskreis vorzugsweise unter den Juden lag, unbedenklich thun, da es diesen nicht auffiel; Paulus und Barnabas aber, deren Thätigkeit den Heiden gehörte, verzichteten auf ein Recht, dessen Gebrauch den Heiden anstößig gewesen wäre. [5]

---

[1] Matth. 19, 27. 29. — [2] So nennt Athanasius die Virginität ἀπόστολον μίζγμα. Epiphanius (p. 491) glaubt, daß Christus unter denen, die sich um des Himmelreichs willen verschnitten, die Apostel gemeint habe; Hieronymus, Apol. ad Pammach. 21. behauptet, sie seien vel virgines vel post nuptias continentes gewesen, oder, wie er contr. Jovin. 1, 14 sagt: relinquunt officium conjugale. So auch Jsidor v. Pelusium, Epp. 3, 176. — [3] 1 Cor. 9, 5. — [4] Matth. 27, 55. — [5] Diejenigen, welche darauf bestehen, daß die „Schwestern", welche die Apostel und Brüder des Herrn mit herumführten, ihre Frauen gewesen seien, scheinen das 7. Kapitel des Briefes vergessen zu haben. Denn es wäre doch seltsam, wenn Paulus, der sich im 7. Kapitel als Muster freiwilliger, um des Dienstes Christi willen übernommener Ehelosigkeit hinstellt, und sogar wünscht, daß sein Beispiel allgemein befolgt werde, gleich darauf, im 9. Kapitel, gesagt hätte: „Habe ich nicht das Recht, meine Gattin mit mir herumzuführen?" Die Gegner, gegen welche er hier sich vertheidigt, würden wohl einfach erwiedert haben: Wer keine Frau hat, kann auch keine herumführen. Daß du aber nicht ehelos bleibst, um nur die Gemeinden nicht mit der Sorge für die Verpflegung deiner Gattin zu belasten, hast du eben selbst erklärt, da du deinen Cölibat auf eine weit höhere Basis gestellt hast, und deiner Versicherung nach ehelos bist, weil es gut ist, ein Weib nicht zu berühren, und

99. Die Sitte, sich durch ein Gelübbe Gott gegenüber eine
Verpflichtung zu einer besonderen religiösen Uebung aufzuerlegen,
ging aus dem Judenthume in die christlichen Genossenschaften über.
Gleichwie der Ehe in der christlichen Kirche der Charakter der Unlösbarkeit dadurch gegeben ist, daß sie nicht blos eine Verpflichtung
gegen einen andern Menschen ist, sondern eine Bindung vor Gott
und gegen Gott, so liegt die Kraft und Bedeutung des Gelübbes
darin, daß der Mensch seinen Entschluß, um ihn gegen die eigene
Unbeständigkeit und Veränderlichkeit sicher zu stellen, durch ein an
Gott gethanes Versprechen heiliget und festiget. Mit einem Gelübbe
traten, bei der Taufe, die Gläubigen in die Kirche ein; es war das
umfassendste, allgemeinste, welches abgelegt werden konnte, denn es
enthielt nichts Geringeres als die völlige Selbstübergabe an Gott,
das Versprechen, den erkannten Willen Gottes zur Richtschnur des
Lebens zu machen. Dabei blieb noch Raum für besondere, auf einzelne Handlungen und bestimmte Zeiten gerichtete, oder zu einer besondern religiösen Thätigkeit verpflichtende Gelübbe. So band sich
Paulus durch ein Gelübbe, zu dessen Lösung er eigens nach Jerusalem reiste.[1]) Ein Gelübbe, sich ganz dem Herrn zu weihen im
Dienste der Kirche und unvermählt zu bleiben, wurde, wie später,
so auch schon in der apostolischen Zeit, den Diakonissen abgenommen.
Deutlich zeigt sich dieß in den warnenden und strafenden Worten

---

weil der Ehelose einzig dafür sorgt, wie er dem Herrn, und nicht gleich dem
Ehemanne, wie er seinem Weibe gefallen möge. Also war es eine dienende
„Schwester", die Paulus hätte herumführen können, und welche die Gemeinten
dann zu verpflegen verpflichtet gewesen wären. So haben es auch Chrysostomus, Theodoret, Tertullian, Hieronymus verstanden. Nur Clemens
v. Alexandrien hat sich durch den ἀδελφήν, Phil. 1, 3., welchen er irrig für
eine Gattin nahm, auch hier täuschen lassen. — [1]) Act. 18, 18. Die Deutung,
daß Aquila hier als derjenige, der das Gelübbe gehabt, bezeichnet sei, ist schon
alt, aber sicher unrichtig. Die Vulgata hat sie, unter den Neuern außer Hammond und Grotius: Wieseler, Schneckenburger, Meyer. Schon
unter den Alten haben Didymus und Augustinus erkannt, daß Paulus gemeint sei; es wäre auch nicht zu begreifen, warum der sonst so pragmatische
Lukas hier diesen Umstand von einer so untergeordneten Persönlichkeit, wie Aquila,
anführte. Er will vielmehr diese Reise des Paulus nach Syrien und Jerusalem
motiviren. Paulus sagt selber zu den Ephesiern, die ihn bei sich behalten wollten: er müsse durchaus das nächste Fest in Jerusalem begehen — offenbar weil
dieß zur Lösung seines Gelübbes gehörte. Von der ganzen Reise wird sonst gar
kein Zweck angegeben, während alle anderen Reisen des Paulus bei Lukas genau
motivirt erscheinen.

des Paulus, der dem Timotheus räth, jüngere Wittwen nicht zum
Kirchendienste zuzulassen; denn es geschehe leicht, daß sie aus Ueppigkeit und Unenthaltsamkeit wieder zu heirathen begehrten, und hiemit schon ihr erstes Gelübde brächen, wodurch sie sich eine schwere
Schuld und Strafe zuzögen. [1])

12. Das weibliche Geschlecht in der Kirche. Keuschheit. Ehe und Ehescheidung.

100. Man darf wohl sagen: die christliche Religion sei vor
Allem die Religion der Gerechtigkeit; in dem Sinne, daß sie, und
sie allein unter allen, jeder menschlichen Eigenthümlichkeit, jeder
Anlage, jedem Bedürfniß ihr Recht widerfahren läßt, daß sie nie
eines auf Kosten des andern bevorzugt und erhebt, sie vielmehr alle
heiligt, und sie im Dienste Gottes zu verwenden versteht. Dem
flachen Verstande, dem Fremden, der draußen stehend die Kraft und
Wahrheit dieser Religion nicht an sich erlebt hat, erscheinen da
überall Widersprüche und Einseitigkeiten, wo der Sohn des Hauses
vollendete Harmonie, wahre, das gesammte Leben umfassende Universalität wahrnimmt. So weiß sie den Stand der Virginität zu
erheben, ohne die Ehe zu beeinträchtigen, sie weiß Freiheit und Gehorsam nicht nur zu versöhnen, sondern jene durch diesen zu schaffen, sie predigt ohne Widerspruch rechtliche Gleichstellung des Weibes
mit dem Manne und Unterordnung der Frau unter die Botmäßigkeit des Gatten.

101. Wenn sich die Lehre Christi als eine frohe Botschaft für
die Menschheit überhaupt ankündigte, so war sie dieß in doppeltem
Maße für die weibliche Hälfte des Menschengeschlechtes. Mit der
Stiftung der Kirche war auch jene Anstalt gegründet, durch welche
das Weib wieder in seine Rechte und seine Würde eingesetzt, wieder
zu der ihm gebührenden socialen Stellung erhoben werden sollte.
Das Weib ist, wie Petrus sagt, das „schwächere Werkzeug", steht
physisch unter dem Manne, aber in der Kirche ist es ihm ebenbürtig
und gleich; es ist so gut Mitbürgerin des Reiches der Gnade, als
er Bürgerrecht in demselben hat; er soll also sein Weib als ein vor
Gott gleichberechtigtes Wesen liebend, schonend, achtungsvoll behandeln, seine physische Ueberlegenheit nicht launenhaft oder tyrannisch

---

[1]) 1 Tim. 5, 11. 12.

mißbrauchen, „damit sein Gebet nicht verhindert", d. h. unfruchtbar werde durch seine Unwürdigkeit.[1])

102. Höher erhebt sich Paulus, wenn er das Verhältniß Christi zur Kirche, die Liebe des himmlischen Hauptes zu diesem seinem Leibe, als Vorbild der irdischen Ehe und der reinen Liebe, mit welcher Mann und Weib einander ergeben sein sollen, darstellt. Er bezieht selbst die einzelnen Züge dieser Liebe Christi auf die Ehe; es ist eine hingebende, heiligende und reinigende Liebe, die der Apostel diesem hohen Vorbilde gemäß von dem Manne für sein Weib fordert[2]), etwas von dem sinnlichen Wohlgefallen weit Verschiedenes. Die Frau ist der Leib, den das männliche Haupt zugleich zu beherrschen, zu lieben und geistig zu beleben hat, und beide bilden nur Ein Ganzes, eben wie Kopf und Leib; weßhalb in der Liebe des Mannes (wie auch des Weibes) das Moment der Selbstliebe mit enthalten ist, denn „Niemand hat jemals sein eigenes Fleisch gehasset." So ist die Ehe selbst wieder eine Kirche im Kleinen, sie bildet den Kern, um welchen herum zuerst die Hauskirche sich gestaltet, und aus den einzelnen Hauskirchen erbaut sich die Gemeinde, aus den Gemeinden der große Bau der christlichen Gesammtkirche, der Braut, des Leibes Christi. Und so erhöht die christliche Ehe das Gefühl, das der Mensch von seinem Werth und seiner Würde hat; sie bringt ihm zum Bewußtsein, daß er noch etwas Besseres ist, als ein Individuum, daß er Theil eines höheren und heiligeren Ganzen ist, eines Bundes, von welchem die Vereinigung der Kirche mit ihrem Herrn das Vorbild ist.

103. Im engsten Zusammenhange mit dieser Wiederherstellung der Würde des Weibes stand die Erhebung der Keuschheit zu ihrer vollen sittlichen Bedeutung durch die Idee des allgemeinen Priesterthums. Der Leib des Christen ist ein Tempel Gottes, in welchem der heilige Geist wohnt[3]), ist geweiht für den Dienst Gottes; Keuschheit ist die reine priesterliche Gesinnung, welche den Leib bewahrt vor der Herabwürdigung zu einem Werkzeuge der bloßen Genußgier; sie heiligt den Leib zu einem Organ des göttlichen Willens in der Fortpflanzung des Geschlechtes, und sie nimmt, stets eingedenk der Geschlechtsgemeinschaft mit dem Erlöser[4]), der künftigen Auferstehung und körperlichen Verklärung[5]), auch den Leib in das Eine, Gott fortwährend darzubringende Opfer mit auf. Denn darin zeigt sich die Kraft und Aechtheit einer Religion, daß sie sich jenes Triebes be-

[1]) 1 Petr. 3, 7. — [2]) Eph. 5. 28 sq. — [3]) 1 Cor. 6, 19. — [4]) Hebr. 2, 16. — [5]) Phil. 3, 21.

mächtigt, welcher von allen der gewaltigste, der zügellofeste, der furcht-
barsten Verirrung unterworfene ist, welcher in seiner Ausartung, statt
Leben zu geben, mörderisch wird, und die Quellen des Daseins befleckt und vergiftet. Hier vor Allem mußte das Christenthum seine
schwersten, seine wohlthätigsten Siege erringen. Entwürdigung des
Weibes, Mißachtung der Ehe, Ehelosigkeit und Kinderlosigkeit aus
Selbstsucht und Corruption und durch an einander gereihte Frevel,
Leichtigkeit der Scheidungen und Wiederverheirathungen, Päderastie,
Schamlosigkeit des öffentlichen Lebens, Erniedrigung zahlreicher Menschenklassen zu verachteten Werkzeugen der Wollust — alle diese sittlichen Gräuel hingen zusammen, herrschten weit und breit, veröbeten
ganze Provinzen. Die Kirche trat ihnen entgegen durch ihren Begriff der Keuschheit, ihre Heiligung der Ehe, ihr Verbot jeder
Scheidung, ihr Lob der Enthaltung und der Virginität. Sie lehrte
und zeigte, daß das Weib für den Mann nicht eine Sache, nicht
ein Werkzeug der Wollust oder der Erben-Erzeugung, sondern ein
ebenbürtiges Wesen in einer geheiligten, jeder menschlichen Willkühr
entzogenen Verbindung ist. Die Apostel reden denn auch von den
Sünden der Unkeuschheit als von Dingen, welche ächten Christen
ganz fremd, eigentlich heidnisch, und nur der früheren heidnischen
Lebensperiode der damaligen Christen angehörig seien, welche unter
Gläubigen nicht einmal genannt werden sollten.[1]) Solche Werke
der Finsterniß stammen vom Satan, machen den Thäter zum Knechte
des satanischen Reiches, ziehen Fluch und Verderben nach sich.[2])
„Kreuzige dein Fleisch mit seinen Leidenschaften und Begierden" —
„tödte durch den Geist die Verrichtungen des Fleisches" — „jeder
bewahre sein Gefäß, den Leib, in Heiligung und Ehren" — „wol-
let ihr aus euren Leibern, die Glieder Christi sind, Glieder einer
Buhlerin machen, an eurem eigenen Körper sündigen?"[3]) So lau-
ten die apostolischen Warnungen. In der Keuschheit wurde die
Tugend erkannt, welche vorzugsweise der Seele sittliche Kraft und
energische Selbstbeherrschung verleiht, sie vor Verweichlichung, vor
der Unterdrückung durch die Körperwucht bewahrt. Was aber das
eheliche Verhältniß betrifft, so kennt die christliche Lehre keine Liebe,
die ein unwillkührliches, der menschlichen Freiheit und Selbstbestimmung entzogenes Gefühl wäre: die Apostel würden eine solche
Empfindung mit einem ganz andern Namen belegt haben.

---

[1]) Col. 3, 7; 1 Thess. 4, 5; Eph. 5, 3, 1 Petr. 2, 11. — [2]) Eph.
5, 5; 1 Cor. 6, 9; Hebr. 13, 4. — [3]) Gal. 5, 21; Rom. 8, 13; 1 Thess.
4, 3. 1 Cor. 6, 15 sq.

Die Liebe, welche ſie den Gatten zur Pflicht machen, iſt eine freie und bewußte Richtung, die der Chriſt aus höheren und religiöſen Motiven ſeinem Willen gibt; er liebt ſeine Gattin nicht mit unfreier Leidenſchaft, ſondern weil und wie er ſie lieben will; es ſteht bei ihm, dieſe Neigung zugleich rein und dauerhaft zu machen, ſo gut wie Freundſchaft, Kindesliebe, Vaterlandsliebe. Das meint Paulus, wenn er die Männer ermahnt, ihre Frauen zu lieben.[1])

104. Die chriſtliche Ehe iſt alſo eine ſo innige Verſchmelzung von zwei Menſchen, daß beide die Ergänzung ihres Daſeins in einander finden, beide in voller gegenſeitiger Hingebung eine wahrhafte Lebenseinheit bilden, in welcher nur Ein Wille herrſcht. Zwei Gatten, welche ſich als lebendige Glieder des Leibes Chriſti wiſſen, arbeiten mit der faſt unwiderſtehlichen Macht, welche die eheliche Liebe und Anziehungskraft dem Manne über das Weib und dieſem über jenen gewährt, jedes an der Beſſerung und Heiligung des Andern; denn ſie empfinden die Fehler des andern Theiles als ob es die eigenen wären, ſie ſehen in dem andern die Hälfte ihres Selbſt. Der Mann, dem ſchon das Begehren einer andern Frau als Ehebruch im Herzen gilt[2]), reiniget die Zuneigung zu ſeiner Gattin von unlauterer Sinnlichkeit[3]) und Selbſtſucht, und heiliget ſie durch die höhere Liebe zu Chriſtus. Dem Weibe iſt der Mann das, was Chriſtus der Kirche iſt; ſie ordnet ſich ihm als dem Haupte unter, überläßt ſich willig und vertrauensvoll ſeiner Leitung, und beide theilen und tragen, ſich gegenſeitig helfend, Leiden wie Freuden miteinander.

105. Indem Paulus den Frauen das öffentliche Lehren in den Gemeindeverſammlungen verbietet, ſetzt er bei: das Weib werde ſelig durch Kindergebären.[4]) Er wollte ſagen: Gott habe dem weiblichen Geſchlechte ſtatt des den Männern vorbehaltenen kirchlichen Lehramtes einen andern Kirchendienſt angewieſen, durch deſſen treue Erfüllung ſie ihr Heil wirken ſollen, nämlich die Bevölkerung der Kirche, die Gebärung der Kinder und ihre Erziehung zu Bürgern des göttlichen Reiches auf Erden. Dieſe Pflege des Familienlebens, dieſe Weihe des Zeugungsaktes und des Kindergebärens, dieſe Erhebung und Läuterung der ſinnlichen Triebe und der natürlichen elterlichen Zärtlichkeit zu der Würde einer prieſterlichen Thätigkeit in der Hervorbringung und Bildung von neuen Gliedern der Kirche und Erben des Reiches — dieß iſt die Seite der Ehe, in welcher ihre höchſte

---

[1]) Eph. 5, 25. — [2]) Matth. 5, 28. — [3]) 1 Cor. 7, 29. — [4]) 1 Tim. 2, 15.

wenn richtig geleitet und mit religiöser Gewissenhaftigkeit behandelt, eine fortwirkende Quelle des Segens, in seiner Ausartung und Verwilderung aber eine Wurzel des Verderbens für ganze Geschlechter ist, unter die Hut und heiligende Kraft eines Gnadenmittels gestellt, und so auf einen höhern Zweck, die Erhaltung und Fortpflanzung des göttlichen Reiches auf Erden, gerichtet werden. Nur so ist die Ehe wirklich, wofür Paulus sie erklärt, die geweihte Copie eines göttlich menschlichen Urbildes, der Verbindung Christi mit seiner Kirche; denn wie diese Verbindung nur dadurch möglich wurde, daß der Herr die zu seiner Braut Erkorne durch das Wasserbad der Taufe reinigte, und so den Vermählungsakt zugleich zu einem Akte der Reinigung machte[1]), so mußte auch das göttlich geordnete Nachbild mit der Kraft, ein Mittel der Reinigung und Heiligung zu sein, ausgestattet werden.

106. Mit dem ersten Erforderniß der Ehe, daß diese Verbindung eine monogame sei, haben Christus und die Apostel sich nicht befaßt, weil sie eben an die Möglichkeit der Polygamie nicht dachten. Es fiel ihnen nicht ein, das erst zu gebieten, was schon durch Gesetz und Sitte des heidnischen Staates feststand, dessen Verletzung die Christen unter die Heiden erniedrigt haben würde. So findet sich denn in den neutestamentlichen Schriften kein verbietendes Wort gegen Bigamie oder Polygamie. Aber um so dringender war es, die Unauflösbarkeit der Ehe, die unbedingte Verwerflichkeit jeder mit Wiederverheirathung verbundenen Scheidung als ein Grundgesetz der neuen Kirche zu verkündigen. Viermal hat Christus nach dem Berichte der drei ersten Evangelisten sich über diesen Gegenstand ausgesprochen. Das Mosaische Gesetz hatte das Recht des Mannes, sich von seiner Frau zu trennen und eine andere zu freien, als ein bereits bestehendes Gewohnheitsrecht anerkannt, und die Form eines, der Verstoßenen zu ertheilenden, Scheidebriefes dafür festgestellt. Zuziehung anderer Personen, oder Entscheidung eines Gerichtshofes fand demnach hiebei nicht statt; der Mann handelte ganz nach eigenem Ermessen, und nur ihm war das Recht eingeräumt; die Frau durfte sich nicht scheiden. In der Zeit der letzten Propheten muß das Unwesen leichtfertiger Scheidungen sehr überhand genommen haben, denn Maleachi rügt es als die Ursache des Mißfallens, welches Gott an den Opfern Israels habe. „Jehova, sagt er, ist Zeuge zwischen dir und dem Weibe deiner Jugend, an welchem du treulos gehandelt,

---

[1]) Ἵνα αὐτὴν ἁγιάσῃ καθαρίσας τῷ λουτρῷ τοῦ ὕδατος ἐν ῥήματι. Eph. 5, 26.

da sie doch deine Genossin und das Weib deines Bundes ist."[1]
Daß es zur Zeit Jesu nicht besser geworden, zeigt der Streit zwischen den beiden Schulen der Gesetzeslehrer Hillel und Schammai;
während jener annahm, der ganz allgemeine Ausdruck der Mosaischen
Satzung: „wenn sie ihm nicht mehr gefällt", gewähre dem Manne
schrankenlose Freiheit, sein Weib auch wegen geringfügiger Ursachen
oder bloß nach Belieben zu verstoßen, behaupteten die Schammaiten,
zwei vom Gesetzgeber beigesetzte Worte bewiesen, daß er die Befugniß zur Ertheilung des Scheidebriefes auf die Fälle, in denen
der Mann ein Zeichen von Schamlosigkeit an seinem Weibe wahrnehme,
habe beschränken wollen. Im Leben konnte jeder Jude der Hillel'-
schen Theorie folgen, und Josephus, der doch von priesterlichem Geschlechte war, berichtet von sich selbst: seine erste Frau habe ihn
verlassen, die zweite, obgleich Mutter dreier Kinder, habe er, da ihm
ihr Benehmen nicht gefallen, verstoßen, um eine dritte zu nehmen.[2]

107. Bei Matthäus erklärt Jesus in jener Bergpredigt, in welcher
er verkündigte, wie die vollständigste Erfüllung des Gesetzes der Zweck
seiner Sendung und die Bedingung der Zugehörigkeit zu seinem Reiche
sei, im Gegensatz gegen den ehemals gestatteten Scheidebrief: Wer
seine Frau entlasse, es sei denn wegen Hurerei, der mache, daß sie
(durch Vermählung mit einem Andern) Ehebruch begehe, und wer
eine Entlassene heirathe, mache sich des gleichen Verbrechens schuldig.[3]
Nach dem Berichte desselben Evangelisten wiederholte Jesus diesen
Ausspruch, als die Pharisäer in der Absicht, ihn in einen Widerspruch
mit dem Mosaischen Gesetze oder ihrer Deutung desselben zu ver-
wickeln, ihn fragten, ob es (nach der Lehre der Schule Hillel's), um
jeder Ursache willen erlaubt sei, die Gattin zu verstoßen.[4] Der
Herr schreitet nun in seiner Antwort nicht nur über die Streitfrage
der Schulen hinweg, sondern auch über den Gesichtskreis der Pharisäer, welche sich an die ihrer Meinung nach unwiderrufliche Freiheit des
Scheidebriefes hielten, und erklärte: nach der ursprünglichen göttlichen
Einsetzung sei die Ehe ein so starkes und unauflösliches Band, daß
jedes andere, selbst das, welches Söhne und Töchter an ihre Eltern
knüpfe, dadurch gelöst werde; jede Entlassung, den einen Ausnahms-
fall abgerechnet, sei daher Ehebruch und führe zum Ehebruch.

108. Diese den herrschenden Jüdischen Vorstellungen so schroff
und entschieden entgegentretende Lehre fiel auch den Jüngern auf;

---

[1] Mal. 2, 14. cf. Mich. 2, 9. — [2] VII. 75, 76. — [3] Matth. 5,
31. 32. — [4] Matth. 19, 4 sq.

sie fragten ihn daher zu Hause noch einmal, und dießmal erklärte er jede Lösung des Ehebandes ohne Ausnahme für verwerflich.[1]) Dasselbe that er den Pharisäern gegenüber bei einer andern, von Lukas allein berichteten Veranlassung.[2]) Er hatte eben den Juden an einem Beispiele zeigen wollen, wie in seinem Reiche das Gesetz werde erfüllt werden, nämlich so, wie es auf seinen reinsten, der Idee völlig entsprechenden Ausdruck zurückgebracht sich darstellt, also vervollkommnet und in der höchsten Genauigkeit. Als eine Probe davon hatte er den Grundsatz aufgestellt, daß man nicht zwei Herren dienen könne, nicht Gott und dem Götzen Mammon. Das hatte den Spott der geldgierigen Pharisäer erregt. Sie meinten: im Gesetze sei doch nirgends der Besitz von Reichthümern, das was Jesus den Dienst des Mammon nannte, untersagt; im Gegentheil: irdische Güter seien den Frommen, und also auch ihnen von Gott verheißen. Darauf erwiederte Jesus: Ja, das ist die alte gesetzliche Ordnung, wie sie bis auf den Täufer Johannes bestanden hat und gelehrt worden ist. Um dieser anzugehören, bedurfte es keiner „Gewalt", keiner sittlichen Anstrengung und Selbstverläugnung; man fand sich schon durch die Geburt in dieselbe versetzt, und man konnte neben Gott dem Mammon dienen, und doch für einen Sohn Abrahams gelten. Aber seit Johannes und mit ihm ist eine neue Periode eingetreten, die Aufrichtung des Gottesreiches auf Erden wird verkündigt, und in dieses Reich einzudringen ist schwer, der Antheil daran muß mit Anstrengung erkämpft werden. Denn hier wird das Gesetz nicht in der Weise wie vor Johannes, sondern in seiner Vollkommenheit gelehrt und geübt. Ehe würden Himmel und Erde vergehen, als daß in dem neuen Gottesreiche der Integrität des Gesetzes, dieser Offenbarung der göttlichen Heiligkeit, auch nur der geringste Abbruch geschehen dürfte. Und als ein Beispiel dieser Herstellung des göttlichen Gesetzes in seiner ursprünglichen, nicht mehr durch menschliche Verkehrtheit alterirten und getrübten Integrität hält er ihnen die ausnahmslose Unauflösbarkeit der Ehe vor, welche in seinem Reiche wieder zur vollen Geltung kommen solle, womit demnach die bisherige Zulassung der Scheidung aufgehoben sei. Endlich gibt auch Paulus der Gemeinde zu Korinth mit der ausdrücklichen Erklärung, daß nicht er, sondern der Herr es so verordne, die Vorschrift: die Ehe als ein schlechthin unauflösbares Verhältniß zu betrachten und zu behandeln.[3])

---

[1]) Marc. 10, 4. — [2]) Luc. 16, 18. — [3]) 1 Cor. 7, 10. 11 sq.

109. Fassen wir nun die Lehre Christi über diese Frage zusammen, so stellen sich folgende vier Sätze dar. Erstens: die Ehe beruht auf göttlicher, schon beim ersten Beginne der Menschheit geordneter Einsetzung; als die lebenslängliche, unzerreißbare Verschmelzung zweier Personen zu einer sittlich-religiösen Persönlichkeit hat Gott die Ehe angeordnet, und der Mensch, der in diesen Stand tritt, muß sich mit seiner Willkühr dieser göttlichen Einrichtung unterwerfen; in jedem einzelnen Falle ist es Gott, welcher dieses Band knüpft, und was Gott gebunden hat, kann und darf der Mensch nicht lösen. Zweitens: die Mosaische Satzung mit der Gestattung des Scheidebriefes ist etwas später Dazwischengetretenes; Moses hat diese Abweichung von dem ersten Gesetze als eine für eine gewisse Zeit gewährte Dispensation zugelassen, um der Jüdischen Herzenshärte willen, damit nämlich nicht noch ärgere Verbrechen, wie heimlicher Mord und Aehnliches begangen würden. „Von Anfang an war es nicht so." Drittens: diese zeitweilige Gestattung der Scheidung nimmt aber nun ihr Ende; in der Kirche gelangt die angestammte Würde und Heiligkeit der Ehe wieder zu ihrem vollen Rechte, und kann von einem der menschlichen Herzenshärte zu machenden Zugeständnisse um so weniger die Rede sein, als hier durch die Menschwerdung eine neue Quelle göttlicher Kräfte für den Gläubigen eröffnet ist. Denn eben dazu ist die Kirche gegründet, daß die Mittel zur Ueberwindung menschlicher Härte und Fehlerhaftigkeit reichlich in ihr niedergelegt seien, und die alte Weissagung in Erfüllung gehe, daß Gott den Seinigen ein neues Herz, ein fleischernes statt des harten, steinernen geben werde.[1] Wer also schlechterdings in der Herzenshärte verharren, sich nicht von derselben heilen lassen wollte, der würde nicht zur Gemeinde der Erlösten gehören, und müßte folgerecht aus der Kirche ausscheiden. Viertens: Wer sein Weib verstößt und ein anderes nimmt, macht sich dadurch eines doppelten oder selbst dreifachen Vergehens schuldig; denn einmal begeht er durch solche Entlassung selber die Sünde des Ehebruches an seiner Gattin; sodann wird er die Ursache, daß seine Frau durch Vermählung mit einem Andern in Ehebruch verfällt; und endlich muß auch die ehebrecherische That dessen, der eine Entlassene freit, auf ihn zurückfallen.[2]

110. Drei Zeugen, Markus, Lukas und Paulus, lassen den

---

[1] Ezech. 36, 26. 27. Jerem. 31, 33. — [2] Marc. 10, 11. Matth. 19, 9.

Herrn die Ehe für schlechthin unauflöslich erklären, während einer, Matthäus, angibt, Christus habe zweimal seiner Regel die Beschränkung beigefügt: „es sei denn, daß es wegen Hurerei geschehe." Zwei von Markus und von Lukas angeführte Erklärungen Christi finden sich bei Matthäus nicht; nämlich diejenige, welche er den über seine öffentliche Aeußerung betroffenen Jüngern zu Hause gab, und die andere, wo er den Pharisäern den Unterschied zwischen der Reinheit und Vollkommenheit des Gesetzes in seiner Kirche und zwischen der bisherigen Deutung und Handhabung desselben an diesem Beispiele zeigen wollte. Aber in dem Berichte der, jener häuslichen Aeußerung vorangegangenen, Antwort auf die Frage der Pharisäer treffen Matthäus und Markus zusammen, nur lautet sie bei diesem als allgemeines Verbot jeglicher Scheidung, bei jenem aber ist die erwähnte Ausnahme beigesetzt. Demnach ergibt sich, daß Jesus zweimal, einmal in der Bergrede und dann den Pharisäern gegenüber gesagt hat: „keinen Scheidebrief, außer im Falle der Hurerei," ebenso oft aber, und besonders auf die Frage seiner Jünger, die Ehe für schlechthin unauflöslich erklärt hat; daß ferner Markus seine Gründe haben mußte, einmal die von Matthäus erwähnte Beschränkung zu übergehen, daß endlich Paulus nur von einem unbeschränkten Verbot jeder Lösung des Ehebandes wußte, oder, wenn er von dem bei Matthäus erwähnten beschränkenden Zusatze vernommen hatte, denselben bei den Gemeinden, an denen er thätig war, nicht für anwendbar erachtete, oder ihn dahin verstand, daß die allgemeine Regel von der Unlösbarkeit der Ehe nicht davon berührt werde.

111. Matthäus schrieb bekanntlich sein Evangelium in aramäischer Sprache für die palästinischen Judenchristen, daher ist es die lokaljüdische Färbung, der Jüdische Gesichtskreis, der Zusammenhang des Christenthums mit dem Judenthum, was in diesem Evangelium stärker hervortritt, während Markus und Lukas für die heidenchristlichen Gemeinden geschrieben haben. Daher berichtet Markus, daß Christus auch die Frau, welche sich, nach heidnischer Sitte, von ihrem Manne scheide, und einen andern nehme, für eine Ehebrecherin erklärt habe, während Matthäus dieß als etwas den Jüdischen Sitten Fremdes und Unerhörtes übergeht. Umgekehrt verhält es sich mit dem Zusatze von der Hurerei. Christus hatte erklärt: nur in dem einen Falle, wenn der Mann entdecke, daß seine Frau ihn betrogen, und schon vor der Ehe Unzucht getrieben, daß er also statt einer Jungfrau eine von einem Fremden bereits Entehrte erhalten habe,

sei ihm gestattet, sie durch einen Scheidebrief von sich zu thun. Daß
dieß der Sinn seiner Worte ist, beweiset das von ihm gebrauchte
Wort (Porneia), welches immer nur die Fleisches-Sünde einer Unvermählten bedeutet, nie die Untreue einer Frau, wofür im alten
wie im neuen Testament stets ein anderes Wort (Möchia) gesetzt
wird. Das Gesetz hatte der Braut, welche sich für eine Jungfrau
ausgab, ohne es zu sein, die Todesstrafe der Steinigung zuerkannt. [1]
Bei einem Volke, bei welchem das Gefühl der Eifersucht auf die
jungfräuliche Integrität der Braut so mächtig war, wie bei dem
Jüdischen [2], erschien eine derartige Täuschung als ein todeswürdiges Vergehen [3], und wenn auch die gesetzlich vorgeschriebene öffentliche Ueberführung und Hinrichtung nicht stattfand — kein Beispiel
der wirklichen Vollstreckung ist bekannt — so war es doch ganz natürlich und in der Ordnung, daß der Mann, gleich nach entdeckter
Täuschung, die Entehrte und ihn Entehrende ihren Eltern zurück-
schickte, indem er ihr nach der Mosaischen Form den Scheidebrief
gab. Sollte das strenge Gesetz auch bis in die Zeit nach dem Exile
gehalten worden sein, so ward es doch sicher im Leben gemildert,
seitdem die Juden mit Griechen zusammenwohnen, griechische Herrschaft ertragen mußten, denn die Steinigung eines verführten Mäd-
chens mußte den Griechen als Barbarei und unverzeihliche Grausamkeit erscheinen. Am ersten mußte die mildere Praxis des Scheide-

---

[1] Michaelis, Mos. Recht §. 93, Bd. II, S. 118 der Bieler Ausg., bemerkt, die Juden hätten Christus nicht anders verstehen können, als daß der
Mann berechtigt sei, der Frau den Scheidebrief zu geben, wenn er in der ersten
Nacht entdecke, daß sie ihn hintergangen, und schon vor der Ehe Unzucht begangen habe. Wenn er dann beifügt, die Juden würden nebstdem auch noch den
nach der Ehe begangenen Ehebruch als in den Worten Christi mitbegriffen verstanden haben, so widerspricht er sich; denn wenn sie an das erste, die vor der
Ehe begangene Unzucht dachten, konnten sie vernünftiger Weise nicht bei dem dafür gebrauchten Worte auch an etwas ganz Verschiedenes, nämlich an späteren
Ehebruch, denken. Auch ein neuerer Erklärer des Deuteronomium's, J. W. Schulz
(Berlin 1859, S. 563) meint: „das Wort des Herrn, Matth. 5, 32, ist weit
genug, um auch unsern Fall (nämlich den der vermißten Jungfrauschaft) als
Scheidungsgrund anzuerkennen.“ So auch Stier, die Reden Jesu, I, 131,
der 2. Ausg.: „Das Wort greift wirklich weiter und schließt nicht aus eine Unkeuschheit des Weibes vor der Ehe.“ Sie ist freilich so wenig ausgeschlossen,
daß Christus gerade sie allein gemeint hat. — [2] Die Gluth der Jüdischen Eifersucht, die sich nie mit Gaben abfinden ließ, schildert Salome, Sprüche, 6,
34, 35. Man vgl. was Jahn, bibl. Archäologie, II, 251 hierüber aus den Berichten von Reisenden anführt. — [3] Jahn l. c. Michaelis, Mos. Recht,
Biel 1777, V, 217 ff.

briefes für solche Fälle in Galiläa, wo Jesus eben lehrte, herrschend werden, in dem Lande, das schon seit der Makkabäer Zeiten
„Galiläa der Heiden" hieß, und ganz von Griechen und Syrern
durchwohnt war. ') Daher wollte auch Joseph Maria, seine schwan-
gere Verlobte, heimlich entlassen, sei es, daß er ihr den Scheidebrief
im Stillen einzuhändigen, oder daß er ohne alle Form sein Verhältniß zu ihr zu lösen beabsichtigte. Dem Gesetze nach wäre sie dem
Tode verfallen gewesen.') Wurde nun in solchem Falle der Scheidebrief gegeben, so fand eigentlich keine Lösung des Ehebandes statt;
jede Ehe wurde vielmehr unter der schon durch das Gesetz anerkannten Bedingung, daß die Braut noch Jungfrau sei, geschlossen, und
eine Täuschung in diesem, nach orientalischen Begriffen so wesentlichen,
Punkte entkräftete, da dann eine Einwilligung des Mannes zu der
Ehe nicht anzunehmen war, den ganzen Akt. Billig befreite sich derjenige durch den Scheidebrief, der, wenn er um die Sünde des Mäd-
chens gewußt hätte, sie nicht zur Gattin begehrt haben würde, und
der damit noch schonend verfuhr, und nicht ihren Tod wollte. Indem also Christus den Juden gegenüber, die ihn gar nicht anders
verstehen konnten, diese eine Ausnahme, in welcher die Ertheilung eines
Scheidebriefes zuläßig sei, beifügte, blieb seine Regel: was Gott zu-
sammengefügt hat, soll der Mensch nicht scheiden, völlig unangetastet.
Das göttliche Band verknüpft nur Wollende, Einwilligende. Zugleich wird nun begreiflich, warum Jesus bei andern Gelegenheiten,
insbesondere als er seine Jünger über die künftige Geltung des Un-
lösbarkeits-Prinzips in seiner Kirche belehrte, dieser Ausnahme nicht
erwähnte. Er unterließ dieß da, wo er nicht das Jüdische Institut
des Scheidebriefes zunächst im Auge hatte, sondern nur den großen,
für Heiden- und Judenchristen gleich bindenden, Grundsatz verkündigen
wollte, daß jede Ehescheidung die Zerstörung eines Werkes Gottes,
und darum unbedingt verwerflich sei. Es wird nun auch klar, wie
Markus in seinem für Heidenchristen verfaßten Berichte über die von
Matthäus zuerst erzählte Verhandlung den von Christus als Ausnahme bezeichneten Fall, als etwas blos die Jüdischen Gemeinden
noch Angehendes und die Hauptfrage von der schlechthinigen Unlösbarkeit des Ehebandes gar nicht Berührendes, unerwähnt lassen
konnte.

112. Man hat nun aber vielfach, am häufigsten in jüngster
Zeit, das Wort des Herrn: „mit Ausnahme der Hurerei", von der

') 1 Macrab. 5, 15. Matth. 1, 15. — ') Matth. 1, 19.

ehelichen Untreue verstanden, und demzufolge ihm die Lehre unter-
gelegt: eigentlich sei zwar die Ehe als ein von Gott geknüpftes
Band unauflöslich; sie werde jedoch lösbar oder thatsächlich wirklich gelöst, so oft von einem oder von beiden Gatten Akte ehelicher
Untreue begangen würden; dann könne Scheidung und Verheirathung mit andern Personen unbedenklich eintreten. Zum Behufe dieser Auslegung hat man die Theorie ersonnen: Untreue
zerstöre das Wesen der Ehe, sie sei schon faktisch aufgehoben, sobald auch nur einer der Gatten ein derartiges Vergehen begangen
habe, und die förmliche Scheidung und Wiederverheirathung sei
nur die Constatirung und berechtigte Folge einer bereits vollbrachten
Thatsache.

113. Diese Auslegung der Worte Christi ist sprachlich, geschichtlich, logisch unhaltbar. Sprachlich: denn Christus unterscheidet, wie
es ausnahmslos in allen Stellen der biblischen Schriften geschieht,
sorgfältig die beiden Worte, deren eines (Porneia) die von einem Unvermählten begangene Unzucht, das andere (Möchia) die eheliche Untreue, den eigentlich sogenannten Ehebruch bezeichnet. Die Behauptung,
daß jenes erste Wort als Gattungsbegriff für jede Art von Fleisches-
Sünden gebraucht werde, und daher den Bruch der Gatten-Treue
als Species unter sich begreife, ist irrig, und nur um dieser Auslegung willen ersonnen.[1] Es ist undenkbar, daß Christus, der in
den fraglichen Aussprüchen die unverletzliche Heiligkeit des Ehebandes
einschärfen, die Möglichkeit einer Scheidung jedenfalls in die engsten
Grenzen einschließen wollte, gerade an entscheidender Stelle ein viel-
deutiges Wort gebraucht, und damit den Scheidungsgelüsten eine

---

[1] Ganz richtig bemerkt Tholuck, Bergpredigt, vierte Ausg., S. 247:
„Im Interesse einer Erweiterung der Scheidungsbefugniß ist die lexicale Bedeutung des Ausdrucks mannigfach erweitert worden." Nur freilich hat er selbst
dieß, gleich fast allen übrigen seines Bekenntnisses, auch gethan, und zwar, ohne
irgend einen Beweis dafür beizubringen. Er selbst führt die Erklärung von
Stier an: „jedwede tiefere Einheitsstörung im Gattenverhältniß," und von
Warheineke: „Alles wodurch eine Ehe in sich vernichtet wird," so daß es
keinen dehnbareren Begriff gibt, als Porneia. Beim bloßen adulterium will ja
doch Niemand stehen bleiben; eine oder einige andere Ursachen werden immer
noch hinzugefunden. Auch Carlblom (Ueber Ehescheidung, in der Dorpater
Zeitschrift für Theol., Jahrg. 1859, S. 524) bemerkt: „Sehen wir uns in der
Gegenwart um, so werden wir, glaube ich, keinen evangelischen Exegeten oder
Ethiker finden, der mit Zuversicht und Consequenz πορνεία als einzigen Scheidungsgrund für die Gesetzgebung fordert."

breite Gasse eröffnet haben sollte, während er dicht daneben das eigentliche Wort zweimal anwendet.

114. Wenn ferner in den Worten bei Matthäus unter der „Hurerei" Ehebruch zu verstehen wäre, dann fände sich zwischen ihm und den drei Zeugen Markus, Lukas und Paulus ein Widerspruch, welcher kaum zu erklären wäre, weshalb man zu Hypothesen gegriffen hat, welche auf die geschichtliche Treue und Genauigkeit der biblischen Schriftsteller ein sehr zweideutiges Licht fallen lassen.[1]) Denn es bildet im Leben wie in der Theorie einen unermeßlichen Unterschied, ob Christus gesagt hat: In der Kirche kann es überhaupt keine rechtmäßige Lösung des Ehebandes geben, denn Gott hat diesem Bande sein Siegel aufgedrückt, hat diese That menschlicher Einwilligung aus dem Gebiete des Veränderlichen und des Wechsels in das der Unveränderlichkeit erhoben — oder ob er gesagt hat: Die Ehe ist zwar ein Werk Gottes, und der Mensch soll nicht willkührlich und leichtfertig um dieser oder jener Ursache willen sie zerstören; es gibt jedoch Fälle, häufige Fälle, in denen der eine Gatte vom andern sich scheiden und eine neue Ehe knüpfen kann, wenn der andere nämlich Untreue begeht. Sobald der eine der beiden Gatten gegen die Heiligkeit des Gott-geknüpften Bandes gesündiget hat, kann der Andere getrost dieses Band vollends zerreißen und die Heilung unmöglich machen, indem er sich mit einer andern Person vermählt. Hat Christus das erstere gesagt, so tritt jeder mit dem Bewußtsein in die Ehe, daß er hiemit ein schlechthin unzerstörbares Verhältniß, an welchem menschliche Willkühr nichts zu ändern vermöge, eingehe. Hat er das letztere sagen wollen, so weiß jeder beim Antritt sowohl, als während der ganzen Dauer der Ehe, daß, wie fest auch sein eigener Entschluß sein möge, doch der andere Gatte es in seiner Gewalt habe, das Band zu lösen. Hat demnach Christus die Auflösbarkeit der Ehe durch Untreue gelehrt, so haben Paulus und die beiden Evangelisten den Gemeinden, für welche sie schrieben, diese wichtige Thatsache vorenthalten, eigentlich sie durch ihre Darstellung der Sache irregeführt, und die Kirchen mußten erst aus der griechischen Uebersetzung des Matthäus den wahren Sachverhalt lernen — mußten erst aus dieser Quelle erkennen, daß Paulus sich mindestens sehr ungenau

---

[1]) Wie z. B. die Erklärung von Julius Müller (Ueber Ehescheidung, Berlin 1855, S. 3): „der evangelischen Ueberlieferung konnte es leicht begegnen, den Anlaß zu verlieren."

ausgedrückt habe, wenn er wiederholt die Ehe als ein nur durch
den Tod zu lösendes Verhältniß beschreibt.

115. Christus konnte um so weniger in der Bergrede und in
der Antwort auf die pharisäische Frage den Männern das Recht
zusprechen, ihren Frauen wegen Untreue den Scheidebrief zu geben,
als die Todesstrafe, die das Mosaische Gesetz über die Ehebrecherin verhängte, fortwährend bestand.[1]) Wäre eine Mil-
derung eingetreten, so würde sich doch wohl irgend eine Spur
von einer andern dafür angewendeten Strafe finden, denn selbst
nach römischem und nach athenischem Rechte konnte der Mann
seine auf der That betroffene Gattin tödten[2]), und nach dem
neuen Gesetze des Augustus konnte der Vater dieß thun; geschah
es nicht, so ward sie nach einer Insel verbannt.[3]) Gewiß hatten
die Römer den Juden nicht ihre Jurisprudenz und Strafpflege
aufgedrungen, selbst wenn sie ihr Recht über Leben und Tod beschränkt haben sollten[4]); und Niemand wird glauben, daß eine
gemeine, des Ehebruchs überführte Jüdin nach einer Insel verbannt
worden sei. Vielmehr setzt das Ereigniß mit dem auf der That
ergriffenen und von den Pharisäern vor Christus gebrachten Weibe
offenbar voraus, daß die Mosaische Strafe noch in voller Geltung
bestand[5]), denn die Pharisäer bauten darauf ihren Versuch, Jesus
zu einem Ausspruche zu verleiten, der ihnen Stoff zu einer Anklage
auf Gesetzesverachtung geboten hätte. Sie kannten seine Milde, seine
Herablassung zu Verirrten, sie wußten, daß er in dem Rufe stand,
ein Freund der Sünder zu sein, mit ihnen zu essen und zu trinken,
daß er von sich selber sagte, gerade um der Sünder willen sei er gekommen[6]); selbst den Umgang eines so verrufenen Weibes, wie
Maria Magdalena, wies er nicht zurück; sie erwarteten also sicher,
daß er für Verschonung des Weibes sich aussprechen werde, und das

---

[1]) Auch F. W. Schultz in seiner Erklärung des Deuteronomium, 1859,
S. 579 hat nun bemerkt, was so oft übersehen worden, daß in dem Streite
zwischen den Schulen Hillel's und Schammai's über den Sinn des Mosaischen
erst daher vom Ehebruch gar nicht die Rede sein konnte, weil dieser mit dem
Tode bestraft werden sollte. — [2]) Schol. Cruq. ad Hor. Sat. 2, 7, 61. —
[3]) Paull. 2, 26, 14. — [4]) S. darüber die Beilage II. — [5]) Eine Verlobte,
die sich verführen ließ, sollte gesteinigt werden, bei der Vermählten ist die Todesstrafe im Gesetze nicht angegeben. Wahrscheinlich war es aber dieselbe, wie bei
der Braut und dem den Bräutigam täuschenden Mädchen. Der späte Talmu-
dische Anspruch (Sanhedr. f. 51. 2): Adultera, cum nupta, strangulanda,
cum desponsata, lapidanda, ist hier von keinem Gewichte. — [6]) Matth. 11,
19. Marc. 2, 16. 17.

konnte ihnen nur dann als Waffe wider ihn dienen, wenn die gesetzliche Strafe noch zu Rechte bestand.[1])

116. In welcher Lage befanden sich nun aber die Christen der
apostolischen und der folgenden Zeiten außerhalb Judäa's in solchen
Fällen? Nach dem Julischen Gesetze mußte der Mann oder der
Vater oder beide in bestimmter Frist das untreue Weib vor Gericht
anklagen. That dieß der Gatte nicht, so verfiel er, falls er zu einer
zweiten Ehe schritt, in das Verbrechen der Bigamie, wodurch er nicht
nur bürgerlich ehrlos ward, sondern auch (nach dem Julischen Gesetze) zugleich mit seiner zweiten Frau der Strafe des Stuprum verfiel, welche bei geringeren Personen in Geißelung und Verbannung
bestand, während das Weib, das sich eigenmächtig von seinem Manne
wegen Untreue schied und einen Andern heirathete, als Ehebrecherin
bestraft ward.[2]) Wollte er als Ankläger seines Weibes vor Gericht
auftreten, so versündigte er sich an dem guten Rufe der Gemeinde,
und gegen das apostolische Verbot, Streitsachen vor die heidnischen
Obrigkeiten zu bringen.[3]) Wollte er seine Scheidung unter Vorgeben eines andern Grundes vollziehen, so erschien er jedenfalls als
Frevler an der Heiligkeit des Ehebandes, und mußte aus der
Kirchengemeinschaft gestoßen werden. Die Christen waren indeß
an sich schon, durch die Worte des Herrn, überzeugt, daß eine
Wiedervermählung des schuldlosen Theils wegen Untreue des Gatten schwere Sünde sei, wie die älteste, aus der nachapostolischen
Zeit auf uns gekommene Aeußerung über diese Frage, die des Hermas, beweiset.

---

[1]) In der Beilage II glaube ich nachgewiesen zu haben, daß die Römer
damals den Jüdischen Behörden das Recht, Todesstrafen zu verhängen, nicht
entzogen hatten; aber selbst wenn dieß der Fall gewesen wäre, so würde daraus
nur folgen, daß die Juden der Genehmigung des Prokurators bedürften, um
Gericht zu halten und das Todesurtheil zu vollstrecken — eine Genehmigung, die
in gewöhnlichen Fällen gewiß nicht versagt wurde. Daher ist auch die Meinung
Meyer's (Comm. zum Evang. Joh., zweite Ausg. S. 220) unstatthaft, die
Pharisäer hätten Jesam, wenn er sich mit Moses für die Steinigung entschieden
hätte, bei der Römischen Obrigkeit verklagen wollen. Jesus konnte nach der
Strenge des Gesetzes entscheiden, ohne sich um die Vollstreckung zu bekümmern,
oder darüber auch nur ein Wort zu äußern; er konnte gerade sagen, wie die
Pharisäer nachher gegen ihn sagten: „Wir haben ein Gesetz, und nach diesem
muß er sterben", die gleichwohl dabei so wenig an einen Eingriff in die Rechte
der Römischen Obrigkeit dachten, daß sie vielmehr angelegentlich bemüht waren,
dieses Urtheil und Vollstreckung zuzuschieben. — [2]) Instit. 4, 18, 4. Paull.
2, 26, 13. — [3]) 1 Cor. 6, 1.

117. Aber selbst logisch ist es undenkbar, daß Jesus für den Fall der Untreue auch nur dem schuldlosen Theile das Recht, eine Andere zu freien, habe einräumen wollen. Denn der Vorwurf des auffallendsten Widerspruches würde dann von seiner Lehre nicht abgewendet werden können. Nach seinem Ausspruche machen sich nämlich die drei, bei einer Ehe-Auflösung und Wiedervermählung betheiligten Personen[1]) des Ehebruches schuldig: der Gatte, der sein Weib verstößt und eine Andere nimmt; das verstoßene Weib, das sich darauf von einem Anderen freien läßt, und der Mann, der die Geschiedene heirathet. Wenn er nun aber zugleich auch gelehrt hat, daß durch Untreue die Ehe wirklich gelöst und wenigstens dem schuldlosen Theile die Befugniß ertheilt werde, abermals zu freien, so wird ja das Weib, welches von dem Gatten aus irgend einer anderen Ursache, als der der Untreue, verstoßen wird, wirklich frei, der Gatte, der eine Andere sich zum Weibe nimmt, ist der Ehebrecher, die ihrerseits wieder freiende Frau aber kann der Vorwurf des Ehebruchs so wenig treffen, als den Mann, der mit dieser Geschiedenen sich verbindet. Nur dann also, wenn Christus bei der von ihm ausgenommenen „Porneia" nicht an Ehebruch gedacht hat, werden seine Worte begreiflich. Denn daß er, der das Recht der beiden Gatten gleich stellt, und eben so gut die Scheidung der Frau von ihrem Manne, als die des Mannes von dem Weibe für Ehebruch erklärt, gleichwohl habe lehren wollen: der Mann zwar dürfe seine untreue Gattin verstoßen und durch eine andere ersetzen, aber die von ihrem ehebrecherischen Manne verstoßene Frau müsse zeitlebens sich, obgleich eine andere ihre Stelle einnimmt, doch an ihn gebunden erachten, und in schutzloser Einsamkeit bleiben — dieß wird wohl Niemand im Ernste behaupten wollen.

118. Mit der Zeit mußte die Kirche es aussprechen, daß eine wahre Ehe nur zwischen Christen geschlossen werden könne, mußte also der Verbindung eines Christen mit einem Heiden oder Juden ihre Zustimmung versagen. In der apostolischen Periode aber waren begreiflich die Ehen, in welchen nur ein Theil sich zum christlichen Glauben bekannte, der andere heidnisch oder jüdisch blieb, sehr häufig. Auf solche Ehen konnte die volle Forderung der Unauflösbarkeit nicht sofort angewendet werden. Der ungläubige, der Kirche fremde, außerhalb ihrer Einflüsse stehende Gatte konnte nicht behandelt werden

---

[1]) Eigentlich vier Personen; denn ohne Zweifel ist dem Sinne Christi gemäß auch das Weib, welches einen geschiedenen Mann heirathet, des Ehebruchs schuldig.

als einer, der bereits dem göttlichen, nur für die Kirche gegebenen Gebote unterworfen sei. Er befand sich noch unter der Herrschaft der „Herzenshärte". Eine solche nur halb-christliche Ehe konnte kein Vorbild sein des Bundes Christi mit der Kirche. Demnach durfte zwar der gläubige Gatte seinerseits nichts thun zur Auflösung einer solchen Ehe; wenn aber der Ungläubige eben um der Religion willen die Ehe fortzusetzen sich weigerte, wenn er als Bedingung dieser Fortsetzung sogar den Abfall vom Glauben begehrte, dann stellte sich die Sache anders. Der Christ, sagt Paulus, ist in solchen Fällen nicht knechtisch gebunden[1]), er ist nicht verpflichtet, dem seinen Glauben schmähenden, ihn selber deßhalb mißhandelnden heidnischen Gatten sich aufzudrängen. Denn als Diener des Friedens, und nicht zu stetem Hader, sind die Christen von Gott berufen; und wenn der Ungläubige selber sich trennt, dann wird auch der gläubige Gatte frei. Wo sich aber der heidnische Theil nicht also feindlich verhält, da ist er auch durch den christlichen Gatten geheiligt; denn er und die Kinder stehen unter dem Einflusse des heiligen Wandels, den sie an dem gläubigen Familiengliede wahrnehmen, und mittelbar bereits unter dem der Kirche, ohne ihr noch einverleibt zu sein.

14. Armuth, Reichthum und Arbeit. Eigenthum und Almosen. Nächstenliebe. Menschenachtung. Sklaverei.

119. Zu den neuen christlichen Anschauungen, welche den herkömmlichen Vorstellungen und Neigungen der Menschen gründlich widersprachen, gehörten die christlichen Begriffe von Armuth und Reichthum. Die Aussprüche Christi sind keiner andern Menschenklasse so ungünstig, als den Reichen, den Geldmenschen nämlich, deren Lebensberuf das Sammeln und stete Vermehren des Besitzes ohne Rücksicht auf das Wohl Anderer ist. Der Reichthum ist ihm der „Mammon", ein Götze, dem die Menschen dienen, und dessen Dienst schlechterdings unvereinbar ist mit dem Dienste Gottes.[2]) Eher könne, sagt er, ein Kameel durch ein Nadelöhr gehen, als ein Reicher in das Gottesreich eingehen.[3]) „Wehe euch, ihr Reichen, ruft er aus, ihr habt euren Trost dahin."[4]) Seine Parabel von Lazarus und dem reichen Manne, der ohne eben lasterhaft zu sein, sein Vermögen nur zu seinem Genusse gebrauchte, steht im Einklange mit jenen scharfen Worten. Es sei, lehrte er damit, sehr schwer, reich

---

[1]) 1. Cor. 7, 15. 16. — [2]) Matth. 6, 24. Luc. 16, 13. — [3]) Matth. 19, 23. 24. — [4]) Luc. 6, 24.

zu sein, und nicht mit dem Herzen an seinen Gütern zu hängen; schwer, viel zu besitzen, ohne davon besessen zu sein; es liege in dem Reichthum eine Macht des Betruges[1]), und keiner werde in's Himmelreich eingehen, der nicht entweder wirklich durch völlige Entäußerung oder doch innerlich durch die Abkehr der Willensrichtung von der Lust des Besitzes und Genusses sich seines Reichthums entschlagen habe und geistig arm geworden sei; denn „wo euer Schatz ist, da ist euer Herz."[2]) Das Christenthum konnte blos solche Reiche anerkennen, welche, sich als Gottes Haushalter betrachtend, so besaßen, als besäßen sie nicht. Denn die Habsucht, die unersättliche Begier nach immer neuem Erwerb, ist, wie Paulus sagt, die Wurzel aller Uebel, und reich werden wollen führt in's Verderben.[3])

120. Dieß also war die christliche Anschauung, daß der Mensch nur Nutznießer der irdischen Güter sei, daß sie nicht Zweck, nur Mittel, die Sache Gottes und das Wohl des Nebenmenschen zu fördern, sein sollten, daß er für deren Verwendung Gott verantwortlich sei. Auch bei Paulus herrscht der Gedanke vor, daß Güter und Besitzthümer kein des Christen und seines Strebens würdiges Ziel seien, da ihnen nur für das vergängliche, irdische Leben, für diese Wohnstätte, die wir, ohne darin einheimisch geworden zu sein, doch bald wieder verlassen müssen, eine Bedeutung zukommt; „haben wir nur Nahrung und Bedeckung, sagt er, so genügt uns das."[4])

121. Es war demnach zu erwarten, daß die christliche Lehre den Reichen und überhaupt den nur dem Gewinne zugekehrten Menschenklassen ganz besonders abstoßend und widerwärtig erscheinen würde. Der Stifter der christlichen Religion hatte im Leben nicht, wo er sein Haupt hinlegte, hing im Tode nackt und bloß am Kreuze, predigte sein Evangelium vorzugsweise für die Armen[5]), seine Lehre wurde überall von den Armen weit bereitwilliger aufgenommen als von den Reichen. „Das gemeine Volk hörte ihm wohlgefällig zu," sagt Markus.[6]) So war es auch in der Zeit der Apostel. „Es sind nicht viele menschliche Weise unter euch, nicht viele Mächtige, nicht viele Vornehme; sondern die für thöricht Gehaltenen und die Schwachen hat Gott erkoren, um die Weisen und die Mächtigen zu beschämen," sagt Paulus.[7]) In der That gehörten die ersten Bekehrten fast alle den armen und niedrigen Ständen an. Nikodemus und Joseph, Sergius

---

[1]) Matth. 13, 22. — [2]) Matth. 6, 21. — [3]) 1 Tim. 6, 9. 10. — [4]) 1 Tim. 6, 6. — [5]) Matth. 11, 5. Luc. 4, 18. — [6]) Marc. 12, 38. — [7]) 1 Cor. 1, 25.

Paulus, Dionysius der Areopagit, Apollos und Paulus selbst sind die einzigen bekannten Ausnahmen. Das war der Gang des Christenthums: zuerst die Armen, die Idioten und Ungebildeten, die Sklaven und Niedrigen; von diesen wurden dann allmälig und langsam die Klugen, die Reichen und die Mächtigen gewonnen oder vielmehr überwunden und genöthigt, dem allgemeinen Zuge zu folgen.

122. Bei allen Völkern, bei welchen Sklaverei in bedeutendem Umfange bestand, war die Handarbeit, besonders die der industriellen Production und der mechanischen Gewerbe, mißachtet; man überließ sie den Sklaven, bei manchen Stämmen auch den Weibern, und weil sie von diesen verrichtet wurde, erschien sie als etwas den freien Männern nicht Ziemendes. Jeder Bürger hatte bei Griechen und Römern gewissermaßen Anspruch auf den Müßiggang. Man rechnete sich die Arbeitscheu zur Ehre, und ließ sich gerne durch die öffentlichen Spenden ernähren. Die christliche Kirche erzeugte und pflegte eine hievon sehr verschiedene Sinnesweise. Das uralte, zu den ersten Menschen gesprochene Wort: „Im Schweiße deines Angesichtes sollst du dein Brod essen"[1], betrachtete der Christ als jedem in der Kirche geltend, er rechnete die stete Thätigkeit zu den Dingen, welche er mit Christus und dessen Vater, den immerdar Wirkenden, gemein haben solle[2]; er erwog, daß Christus gekommen sei zu dienen[3], und den Seinigen in der demüthigen Form dieses Dienens ein Beispiel habe geben wollen.[4] So mahnte denn Paulus nicht nur[5]: jeder solle mit seinen Händen arbeiten, zunächst allerdings weil die Mehrzahl der Gläubigen in Thessalonika aus Handwerkern bestand; er erklärte auch: wer nicht arbeiten wolle, der solle auch nicht essen[6]; wobei ihm der Grundsatz vorschwebte, daß jeder einen thätigen Beruf zu üben verpflichtet sei, denn die Kirche kannte hier keinen andern Unterschied als den, daß den Einen die bestimmte Art der Arbeit durch die Umstände angewiesen, den Andern dieselbe zu freier Wahl überlassen sei. Und erst die Kirche war es, die den Menschen den hohen Werth der Zeit, und daß kein Moment der Zeit ihnen umsonst gegeben sei, zum Bewußtsein brachte. Aus der christlichen Lehre schöpften sie die Einsicht, daß die Zeit um der Ewigkeit willen gegeben sei, daß jeder ihrer Momente eine Beziehung auf das Ewige habe, daß es die Aufgabe des Christen sei, die Zeit zu beherrschen und jede sich darbietende Gelegenheit des nützlichen Wir-

[1] 1 Mos. 3, 19. — [2] Jo. 5, 17. — [3] Matth. 20, 28. — [4] Jo. 13, 15. — [5] 1 Thess. 4, 11. — [6] 2 Thess. 3, 10.

lens zu ergreifen.[1]) Um den ersten Gemeinden zu zeigen, wie beides, die Sorge für das Seelenheil und unermüdete Körperarbeit,
zusammengehöre, und eines das andere ergänze und befruchte, verrichtete Paulus neben seinem hohen Apostelberufe noch die Arbeit
eines Gewerbes; und derselbe Mann, der Tag und Nacht für das
Wohl „aller Gemeinden" sorgte, dessen Briefe Denkmale der gewaltigen Geistes-Arbeit sind, fand noch Zeit und Kraft, Teppiche oder
Zelttücher zu wirken. Und so stand es ihm wohl an, auch den
Grund für das arbeitsame Leben geltend zu machen, daß der Gläubige mit seiner Hände Bemühung erwerben solle, damit er den
Nothleidenden geben könne.[2]) Denn das sollte das Kennzeichen eines
wahren Christen werden, daß er, was er hat und erwirbt, nicht für
sich allein besitzen und genießen will.

123. Eine förmliche Gütergemeinschaft mit Aufhebung alles
Privateigenthums bestand in der Erstlingskirche zu Jerusalem nicht.
Eine Gemeindekasse, aus der die Bedürftigen unterstützt wurden, war
gebildet, und manche verkauften Grundstücke, um den Erlös in diese
Kasse zu legen. Es stand aber jedem frei, das Seinige zu behalten,
und es wird nachher das Haus, das Maria, die Mutter des Markus,
in Jerusalem hatte, erwähnt.[3]) Der Unterschied von Reichthum
und Armuth war also selbst dort und in diesen ersten Jahren nicht
ganz aufgehoben; die Christen wußten wohl, daß eine völlige Gütergemeinschaft im Großen und auf die Dauer nicht ausführbar sei.
Aber so eindringlich hatte Christus den Seinigen die thätige Nächstenliebe empfohlen, daß es der förmlichen Gütergemeinschaft in den
apostolischen Gemeinden nicht bedurfte. In seinen Reden und Lehren
lehrt stets das Thema wieder: Gebt und es wird euch gegeben werden, — was ihr dem Geringsten thut, das habt ihr mir gethan.
Beim Endgerichte werden die an Nothleidenden verrichteten oder
unterlassenen Werke der Barmherzigkeit der Maßstab sein, nach welchem
den Einen Seligkeit, den Andern Verwerfung zuerkannt wird.[4]) „Gebt,
sagt er den Pharisäern, die auf die rituelle Reinigung ihrer Gefäße
so hohen Werth legten, gebt Almosen von dem Inhalt eurer Gefäße,
und siehe, Alles ist euch rein."[5]) Dem reichen Jüngling rieth er,
um vollkommen zu werden, solle er seine ganze Habe verkaufen, den
Erlös den Armen vertheilen, und ihm nachfolgen. Die Bruderliebe
ist das große neue Gebot, das er den Seinigen hinterläßt[6]), und das

---

[1]) Col. 4, 5. Eph. 5, 16. — [2]) Eph. 4, 28. — [3]) Act. 12, 12. —
[4]) Matth. 25, 31 sq. — [5]) Luc. 11, 41. — [6]) Jo. 15, 17.

Kennzeichen, woran man erkennen wird, daß sie seine Jünger sind.[1])
Nicht darauf kommt es ihm zunächst an, daß den Armen und Leidenden geholfen werde, sondern daß überhaupt die Liebe Gottes
und als nothwendige Wirkung derselben die Liebe des Bruders —
oberstes Gesetz und die Alles beherrschende Kraft des Lebens werde.
„Wer, sagt Johannes, im Besitze weltlichen Guts vor seinem Bruder, den er Noth leiden sieht, sein Herz verschließt, wie könnte in
Solchem die Liebe zu Gott bleiben?"[2])

124. Jakobus nennt die Liebe des Nächsten das „königliche
Gesetz"[3]), ihm ist der wahre Gottesdienst, Waisen und Wittwen in
ihrer Trübsal besuchen und sich unbefleckt von der Welt bewahren.[4])
Und mit prophetischem Zorne kündigt er den unbarmherzigen Reichen ihr bevorstehendes Gericht an; ihre Ungerechtigkeit schreit um
Rache gen Himmel, und ihre, üppiger Lust dienenden, Schätze werden
zum fressenden Feuer für sie werden.[5]) Der ganze erste Brief des
Johannes ist wie ein Commentar über das Wort des Herrn von dem
sicheren, in der Bruderliebe, gegebenen Kennzeichen des wahren Chri-
stusjüngers. Diese Liebe ist ihm die Krone des christlichen Lebens;
das Wahrzeichen, daß die Gläubigen nicht mehr in der Finsterniß,
sondern im göttlichen Lichte leben. Nach ihm kann es hier keine
bloße Gleichgültigkeit geben, sondern unser Verhältniß zu den Brüdern ist entweder das der opferbereiten Liebe, oder das des Hasses,
der sich unter Umständen bis zur Mordgier steigert.[6]) Wer die Brüder liebt, dem ist der Zutritt zu Gott stets offen und die Erhörung
sicher. Vorzüglich aber ist es Paulus, der mit seiner energischen
Beredsamkeit und in den mannigfaltigsten Wendungen die thätige
Nächstenliebe preist, in allen ihren Lebensäußerungen sie empfiehlt,
und sie immer auf ihre lautere Quelle zurückführt.[7]) Damit diese
Liebe sich immer wieder in ihre Quelle, die Gottesliebe, eintauche,
dringt er so oft auf die wechselseitige Fürbitte. Aber er hebt es
auch hervor, daß man Werke der Milde und Freigebigkeit thun, und
doch dabei ohne wahre Liebe sein könne, und daß dann solche Werke
ohne Segen und für den Vollbringer vergeblich seien[8]), worauf er
denn durch Aufzählung ihrer Aeußerungen ein Bild der ächten Liebe,
als der fruchtbaren Mutter aller Tugend, zeichnet.

125. Sie muß in der That mächtig gewesen sein in den apostolischen Gemeinden diese Liebe, sonst wäre die Verschmelzung so

[1]) Jo. 13, 31. 35. — [2]) 1 Jo. 3, 18. — [3]) Jac. 2, 8. — [4]) Jac.
1, 27. — [5]) Jac. 5, 1—6. — [6]) 1 Jo. 3, 11—18. — [7]) Rom. 12, 10—13.
Gal. 6, 9. 10. etc. — [8]) 1 Cor. 13, 3.

disparater und innerlich feindseliger und widerstrebender Elemente,
wie Juden und Heiden, Freie und Sklaven, Arme und Reiche, Gebildete und Unwissende in jener Zeit waren, nicht gelungen. Zwar
erweist sich das Gefühl der Zuneigung, die Bereitwilligkeit zu wechselseitiger Hülfeleistung, überhaupt in jeder kleinen und von der übrigen
Welt abgesonderten Genossenschaft besonders kräftig; es bringt das
schon der Sektengeist mit sich, und Tausende von Heiden mochten auch
von dieser Seite in der Kirche nur eine Sekte sehen; waren doch
auch die Christen vom Apostel selbst angewiesen, vorzugsweise den
Glaubensgenossen Gutes zu thun.[1]) Aber zugleich sollten die Christen
mit einer weitherzigen, wie Sonnenschein über die ganze Menschheit
sich ausbreitenden Liebe in entschiedenen Gegensatz sich stellen gegen
jene aus Widerwillen und nationalem Dünkel gemischte Misanthropie,
mit welcher der Jude allen Heiden entgegentrat. Sie sollten durch
Thaten allgemeiner Menschenliebe zeigen, daß sie die Jünger desjenigen seien, der das neue, noch nie vernommene Wort in die Welt
gesprochen hatte: Gott ist die Liebe; daß dieses Wort das Siegel
und der Wahlspruch ihrer Gemeinschaft sei.

126. Die Christen hatten hier noch einen schwereren Stand
als die Juden. Denn diese trieb doch ihr damals schon stark entwickelter Handelsgeist und unermüdlicher Erwerbssinn immer wieder zum
Verkehr mit den Heiden, sie mußten sich in das Gewühl des heidnischen Volkslebens stürzen, und sie konnten, da ihre Nationalität auch
in religiöser Beziehung anerkannt und gesetzlich berechtigt war, in
den Gerichtshöfen, bei Eidesleistungen und ähnlichen Veranlassungen
jeder ihr Gewissen verletzenden Zumuthung mit Erfolg widerstehen,
und ihre Privilegien geltend machen. Aber dieser gesetzliche Schutz
fehlte den Christen gänzlich, und man kann sagen, daß eine so un-
säglich schwierige Stellung, wie die der ersten Christen, nie da gewesen war. Das ganze öffentliche und gesellschaftliche Leben im Staat
und im Volke war von heidnischer Sitte durchzogen, durch den Zusammenhang mit dem Götzendienste gefärbt. Wohin der Christ den
Fuß setzte, begegnete er den Symbolen des heidnischen Cultus, ward
er, oft ehe er sich nur besinnen oder zurückweichen konnte, in Theilnahme an heidnisch-religiösen Akten verwickelt. Wollte er sich ernstlich rein und unberührt davon erhalten, so blieb ihm fast nur gänzliche Absonderung und Einschließung zwischen den Wänden seines
Hauses übrig. Die Christen trugen jedoch das Bewußtsein in sich,

---

[1]) Gal. 6, 10.

daß sie das Salz der Erde, die Stadt auf dem Berge seien, daß sie das Licht ihres Glaubens und Lebens leuchten lassen müßten vor den Heiden, daß jeder berufen sei, in seiner Sphäre für die Erweiterung der Kirche Sorge zu tragen. Das trieb sie wieder hinaus in die Kreise des Heidenthums, so groß auch die Gefahr war, in der Berührung mit so mannigfachen Verderbnissen an der eigenen Seele Schaden zu leiden.

127. In der ersten Zeit nach der Belehrung mußte der Wunsch des Heidenchristen, sich aus dem Kreise seiner bisherigen Bekannten und Verwandten zurückzuziehen, häufig jede andere Rücksicht überwiegen; und man begreift, daß schon an der Wiege der Kirche der Vorwurf des Menschenhasses erhoben wurde.[1]) Es mußten lange Jahre vergehen, bis die Christen durch die That die Heiden zu überzeugen vermochten, daß sie sich nicht nur untereinander liebten, sondern auch den Armen und Leidenden ohne Unterschied des Glaubens und der Nation hülfreiche Hand zu bieten stets bereit waren. Man wollte dieß lange um so weniger glauben, als die geheimen, oft nächtlichen, Zusammenkünfte der Christen, verbunden mit ihrer scheuen Absonderung und ihrem ängstlichen Wesen und mit den von Juden ausgesprengten Anklagen, von Anfang an auch die heidnische Sage erzeugt hatten, sie fröhnten im Stillen unter sich verbrecherischen Lüsten, so daß schon Petrus sagt: „die Heiden reden von euch als Uebelthätern."[2])

128. Doch die christliche Religion trug die Kraft und die Mittel in sich, diese feindliche Stimmung allmälig zu mildern und zu wenden. Sie wies die Ihrigen nicht nur zu den Thaten der helfenden und mittheilenden Nächstenliebe an, sie flößte ihnen auch jenen Geist der Achtung und der zarteren Schonung ein, welcher das gesellschaftliche Leben veredelte, welcher aber auch nur da erwachen und herrschend werden konnte, wo die angeborne Menschenwürde und das volle Recht der Persönlichkeit, als Selbstzweck, nicht als Sache, behandelt zu werden, erkannt wurde. Im weitesten Umfang und ohne irgend eine Unterscheidung wird den Christen geboten: „Ehret alle Menschen."[3]) Also nicht blos jene, die einer besonderen Ehre würdig sind, sondern jeden bloß deßhalb schon, weil er ein Mensch, weil er nach dem Bilde Gottes geschaffen ist[4]), weil auch er Gegenstand der göttlichen Liebe ist, auch er zu der Welt gehört, welche Gott so sehr liebt, daß er seinen einzigen Sohn für sie hingegeben hat. Das ist

---

[1]) Tacit. Ann. 15, 44. — [2]) 1 Petr. 2, 12. — [3]) 1 Petr. 2, 17. — [4]) Jac. 3, 9.

die unterſcheidende Lehre, die nur das Chriſtenthum verkündet, daß
jedes menſchliche Weſen, weil es den Stempel der göttlichen Schöpfung
an ſich trägt, Anſpruch darauf habe, von ſeinen Mitmenſchen geehrt
zu werden. Alle ſind zur Seligkeit berufen[1]), und darum ſoll auch
für Alle gebetet werden. So iſt gerade durch die chriſtliche Lehre,
obgleich ſie den tiefen Fall und die allgemeine Sündhaftigkeit des
ganzen Geſchlechts ſo ſtark und entſchieden hervorhob, doch das
Urtheil über die Menſchen im Ganzen ein günſtigeres geworden;
finſtere, mißmuthige Herabſetzung und Verachtung der Menſchen war
eine dem chriſtlichen Geiſte fremde Geſinnung; der Chriſt war vielmehr angewieſen, das Gute an jedem Menſchen, ſelbſt hinter der
abſtoßenden Larve des Böſen, aufzuſuchen.

129. Die Apoſtel gingen noch weiter. Sie verlangten, daß jeder
demüthig den Blick auf die eignen Mängel und auf die Vorzüge des
Andern richte. „Einer achte den andern höher als ſich ſelbſt.“[2])
Hier trat der Gegenſatz der Religion Chriſti gegen alle heidniſche
Weisheit und Moral ſcharf hervor. Wenn Bias ſchon zu ſagen
pflegte: die Maſſe der Menſchen ſei ſchlecht[3]), ſo rechnet es Ariſto-
teles, indem er ſein Ideal von dem Charakter des Großmüthigen
entwirft, zu deſſen Eigenſchaften, daß er offen in ſeinem Haſſe wie
in ſeiner Liebe ſei und Andere verachte.[4]) In der ſpäteren philo-
ſophiſchen Denkweiſe, der Stoiſchen namentlich, hatte ſich dieſe Anſicht noch vertieft, und je ernſter die Geſinnung war, deſto greller
ſprach ſich, wie bei Tacitus, bei Seneca, die Verachtung der Menſchen,
in zornigem Unmuth oder in Trauer aus. Lucian bekennt von ſich,
die weit überwiegende Mehrzahl der Menſchen zu haſſen, da ſie ja
doch aus Betrügern oder Betrogenen beſtehe.[5]) Und wie verächtlich
äußerten ſich die Phariſäer über ihre eigene Nation: „dieſer Pöbel,
der das Geſetz nicht kennt, iſt verflucht!“[6]) Bei dem heidniſchen
Moraliſten war dieſe miſanthropiſche Geſinnung das natürliche Ergebniß ſeines Tugendſtrebens; denn ſein Blick entdeckte immer das
Böſe viel ſchärfer und raſcher als das Gute, und Feindſchaft gegen
das Böſe und die Böſen gehörte zu ſeiner Tugend. Das einzig
mögliche Gegengewicht, die ſpezifiſch chriſtlichen Tugenden der Demuth und der Liebe, fehlte.

130. Für die Chriſten aber bedurfte es der Hinweiſung auf die

---

[1] 1 Tim. 2, 4. — [2] Phil. 2, 3. — [3] Diog. Laert. 1, 5, 88. —
[4] Ethic. Nicom. 1, 4, 25. Er iſt εατασφρονητικος και ολιγωρητικος. —
[5] Piscator 20, III, 151. Lehmann. — [6] Jo. 7, 49.

Pflicht der Demuth und die allen Menschen zu erzeigende Ehre um
so mehr, als die Apostel ihnen sonst ihre hohen Vorzüge der übrigen
Welt gegenüber in so starken Farben zu schildern pflegten. Den
Gläubigen jener Zeit wurde gesagt: „Ihr seid das auserkorene Geschlecht, die königlichen Priester, das heilige Volk, das Volk des
Eigenthums Gottes."[1]) Paulus äußert, daß sie einer besondern
Erleuchtung bedürften, nur um die hohe und glorreiche Bedeutung
ihrer Stellung gehörig zu fassen[2]); er betrachtet sie als pneumatische Menschen, die Alles beurtheilen, während sie selber von Niemand beurtheilt werden können.[3]) Diesen hohen Vorstellungen von
der bereits erlangten Würde geht dann aber auch das Bewußtsein
und die Mahnung zur Seite, daß alles dieses unverdiente Gnade
sei, und die werthvollste, eigenste Tugend des Christen, die Demuth[4]), ihn bestimme, nicht nur vor Gott, sondern auch vor den
Menschen sich zu beugen und, gleich dem Herrn selber lieber Andern zu dienen, als sich dienen zu lassen.[5])

131. In dieser Anschauung lag schon eine innere Unverträg-
lichkeit des Christenthums mit der Sklaverei. In dem Maße,
als das Christenthum zur Herrschaft gelangte und die gesellschaftlichen Verhältnisse durchdrang und neu gestaltete, mußte die leib-
eigene Knechtschaft in ihren verschiedenen Formen allmälig verdrängt
werden. Gleichwohl hat keiner der Apostel die Aufhebung der Sklaverei gefordert oder nur empfohlen, auch nicht in dem engen Kreise
der christlichen Gemeinden; obgleich sie gewiß ihre Augen den ver-
derblichen Wirkungen, die dieses Verhältniß im Ganzen und Großen
erzeugte, nicht verschloßen. Paulus rieth sogar den bekehrten

---

[1]) 1 Petr. 2, 9. — [2]) Eph. 1, 18. — [3]) 1 Cor. 2, 15. — [4]) 1 Petr.
5, 5. — [5]) 1 Cor. 7, 21. Es ist dieß bekanntlich eine der zweifelhaftesten
Stellen des N. T., und jeder wird wohl, wenn er sie auch noch so oft im Con-
texte gelesen hat, noch immer einige Mühe haben, sich für die eine oder andere
der zwei entgegengesetzten Auslegungen zu entscheiden, nämlich zu μᾶλλον χρῆσαι
entweder τῇ ἐλευθερίᾳ oder τῇ δουλείᾳ zu suppliren. Drei Gründe scheinen
mir aber doch die oben angegebene Erklärung gebieterisch zu fordern: 1) die
Schwierigkeit, das ἀλλ᾽ εἰ καὶ in v. 21 anders zu verstehen, als: „Sondern,
wenn du auch im Stande bist, frei zu werden, benütze es vielmehr" u. s. w.
2) die Autorität der Griechischen Kirchenväter; 3) die v. 21 wiederholte Regel,
daß jeder in dem Stande, in welchem er berufen worden, bleiben solle, was
keinen Sinn hätte, wenn Paulus unmittelbar vorher den Sklaven das Gegentheil gerathen hätte. Die Worte v. 23, auf welche die Vertheidiger der entgegengesetzten Deutung, z. B. Olshausen, sich stützen: „Ihr seid um einen hohen Preis
erkauft, werdet nicht der Menschen Knechte," beziehen sich nur auf das unmittel-

Sklaven, nicht nach der Freilassung zu trachten. Der Rath galt selbstredend nur mit der Beschränkung: wenn der Sklave durch seine Lage nicht in der Erfüllung heiliger Pflichten gehindert, nicht zu sündhaften Dingen gezwungen werde. Man muß aber noch hinzunehmen, daß die Lage der Freigelassenen häufig eine schlimmere war, als die der Sklaven; bisher ohne Nahrungssorgen, sahen sie sich durch die Freilassung plötzlich ganz auf den unsichern Ertrag ihrer Handarbeit angewiesen, und im Erkrankungsfalle dem äußersten Elend preisgegeben.[1] Paulus mochte es gesehen haben, wie in den großen Städten die Freigelassenen, nunmehr Clienten geworden, kriechend an den Thüren des reichen Patrons um die Sportula des Morgens bettelten. Und er mußte fürchten, daß diese Freigelassenen als Proletarier häufig den ohnehin der Mehrzahl nach aus Armen bestehenden Gemeinden zur Last fallen würden. Er begnügte sich daher, die Sklaven auf jene Freiheit zu verweisen, die sie innerlich besäßen als „Freigelassene Christi", und äußerlich in der Kirche, in welcher der Unterschied zwischen Knechten und Freien so gut aufgehoben sei, als der zwischen Juden und Heiden. Er zeigt, wie das „Dienen" jetzt durch Christus geadelt worden sei, durch den, welcher selber auf Erden in Gestalt eines Knechtes erschienen war[2]), welcher jeden Vorrang und jede Gewalt unter Christen für einen Dienst erklärt hatte, und in seiner Kirche keine Machthaber, sondern nur Diener der Andern wollte[3]), welcher endlich den Sklavendienst des Fußwaschens an den Seinigen verrichtet hatte, um ihnen damit ein Beispiel zu geben.

14. Christenthum und Freiheit. Pflichten gegen die Staatsgewalt. Die Stellung der Christen im Römischen Reiche.

132. Daß die christliche Kirche die Schule und Bildungsanstalt für wahre bürgerliche Freiheit zu werden bestimmt sei, das konnte der Tieferblickende auch schon im apostolischen Zeitalter wahrnehmen. Der wahre Begriff der Freiheit und der Sinn dafür war in der vorchristlichen Welt noch nicht vorhanden, jener Freiheit nämlich,

---

der Vorhergehende: der als Freier Berufene, hatte nämlich Paulus gesagt, sei ein Knecht Christi, und solle sich wohl hüten, seinen Stand aufzugeben und in ein Abhängigkeits- oder Knechtschaftsverhältniß einzutreten, was damals den brotlosen Armen nicht selten geschah. Der eine wie der andere Rath war also der aufgestellten Regel gemäß. — [1]) Juvenal. 1, 95; 3, 219. Martial. 3, 7. 11; 14. 125. — [2]) Phil. 2, 7. — [3]) Matth. 20, 26.

welche auf der Anerkennung fremder Gleichberechtigung und der
Würde und Unantastbarkeit der menschlichen Individualität beruht.
Was die heidnische Welt Freiheit nannte, das stützte sich auf massen-
hafte Unterdrückung und Entwürdigung einer Mehrzahl von Menschen zum Vortheil gewisser Stände und Bürgerschaften, die dann
in der demokratisch- oder aristokratisch-republikanischen Verfassung
und in der Abwehr jeder monarchischen Gewalt die begehrte Freiheit suchten und fanden. Unter den Culturvölkern der vorchristlichen
Zeit hatte im Grunde nur das Jüdische Volk Sinn und Verstand
für Freiheit, wiewohl auch nur in sehr unvollkommener Weise, einerseits weil auch dieß sich nicht ohne Sklaven zu behelfen vermochte
oder behelfen wollte, andrerseits weil sein Königthum ohngeachtet
des in dem festorganisirten Priesterthume gegebenen Gegengewichts
zu sehr in Despotismus entartete, was auch bei den auf fremde
Söldnerschaaren sich stützenden Hasmonäern der Fall war. So
wurde denn die ächte Freiheit erst mit und in dem Christenthume
in die Welt eingeführt: jenes Recht der freien Selbstbestimmung
nämlich, kraft dessen der Mensch, die gleiche Freiheit aller Andern
anerkennend und achtend, also entfernt von dem egoistischen Streben,
andere Menschen blos als unfreie Werkzeuge zu Zwecken des eigenen
Nutzens und Genusses zu gebrauchen, in dem ganzen, unter der
Leitung des Gewissens stehenden, Gebiete menschlichen Thuns nicht
fremdem Willen, sondern nur eigener Einsicht und eigenem Willen folgt.

133. Hiemit ist aber die Freiheit eine sehr bedingte, und ist
ihr damit eine Schranke gesetzt, welche der natürliche, nicht religiös
bestimmte Mensch sich durchaus nicht gefallen lassen will. Unter der
Herrschaft seiner Gelüste und Leidenschaften stehend, geräth er mit
den Rechten und Interessen Anderer, mit Recht und Sitte überhaupt,
mit den diese schützenden Mächten in stets sich erneuernden Conflikt.
Unfehlbar will er das ihm gebührende oder zu Gebote stehende Maß
von Gewalt und Einfluß erweitern, will er über Andere herrschen,
und sie nöthigen, seinen Zwecken und Gelüsten dienstbar zu werden.
Es ist überhaupt nicht Freiheit, die er will, denn diese müßte er
ebenso für alle Andern als für sich begehren, sondern Willkühr, für
sich allein, oder für sich im Bunde mit Gleichgesinnten oder durch
gleiche Interessen Verknüpften. Der wirkliche Freiheitssinn konnte
also nur durch eine Religion geschaffen werden, welche die Menschen
dazu anleitete und befähigte, daß Gottes Wille ihr Wille, Gottes
Gesetz ihr Gesetz wurde, welche als obersten Grundsatz ihres ganzen

Thuns und Lassens ihnen das Gebot in Verstand und Herz schrieb,
daß Gott über Alles, der Nebenmensch aber mit der gleichen Liebe,
wie die, mit der wir uns selber lieben, geliebt werden müsse; durch
eine Religion endlich, welche hiemit alles selbstische Widerstreben gegen die göttlichen Ordnungen auf Erden und gegen die Würde und
Gleichberechtigung Anderer überwand. So lange der Mensch sich
nicht zum Knechte Gottes gemacht hat, kann es für ihn keine Freiheit geben.

134. Die Menschen mußten also erst durch die christliche Kirche
für die Freiheit erzogen werden, die Individuen und später die Völker. Die christlichen Lehren und Anschauungen von der brüderlichen
Gleichheit der Menschen, von der Würde des Weibes, von der Heiligkeit der Familie, von der Pflicht der Selbstverläugnung, von dem
rechten Gebrauche irdischer Güter mußten erst in Saft und Fleisch
der Menschen übergegangen sein, es mußte sich erst eine, diesen Lehren
entsprechende, herrschende öffentliche Meinung und Sitte gebildet haben, ehe ächte staatliche Freiheit und Gleichheit vor dem Gesetze zu
voller lebendiger Wahrheit werden konnten. Dazu gehörten selbstredend Jahrhunderte, die Anfänge dieses großen Erziehungs- und
Bildungs-Prozesses sehen wir aber im Neuen Testament.

135. Den freiheitsbegierigen und freiheitsstolzen Juden sagte
Christus einmal: „Wenn ihr bei meiner Lehre bleibt, so wird die
Wahrheit euch frei machen." [1]) Sie sahen darin eine Kränkung,
denn das lautete, als ob sie Unfreie seien, die erst einer Entlassung
aus der Knechtschaft bedürfen. „Wir sind Abrahams Söhne, und
sind nie Knechte eines Andern gewesen," antworten sie. Selbst die
Thatsache, daß doch wirklich das Joch Römischer Herrschaft auf ihnen
laste, wollten sie nicht eingestehen. Jesus zeigte ihnen durch seine
Antwort, daß es sich für sie vor Allem erst um Befreiung aus der
Knechtschaft der Sünde handle, daß sie als Knechte nicht Söhne und
Erben seien, also auch nicht im väterlichen Hause (der göttlichen
Heilsanstalt) bleiben, sondern ausgestoßen werden würden; nur wenn
sie durch den Sohn sich frei machen ließen, würden sie wahrhaft frei
werden, das heißt: nur durch die sittliche würden sie auch zur staatlichen und nationalen Freiheit gelangen. Auch die Apostel sind stets
bemüht, in den Gläubigen das Bewußtsein ihrer Christenwürde und
der hierin liegenden Freiheit zu wecken. „Ihr seid, sagen sie ihnen,
das auserwählte Geschlecht [2]), aus Fremdlingen seid ihr Bürger und

---

[1]) Jo. 8, 32 sq — [2]) 1 Petr. 2, 9.

Hausgenossen im göttlichen Reiche geworden[1]), zur Freiheit durch Christus berufen[2]), Kinder des Lichtes[3]), eure Glieder sind Christi Glieder, eure Leiber Tempel des heiligen Geistes.[4]) Betrachtet euch als ein theuer erkauftes Eigenthum Gottes[5]), als Knechte Gottes, die ihr rechtmäßiger Herr zurückgekauft hat. Damit, daß ihr Gottes Knechte seid, ist jede andere Knechtschaft ausgeschlossen[6]), euer Dienst aber besteht in dem freien Gehorsam der Liebe gegen Alles, was Gottes Ordnung und Wille ist."

136. Dieß also war die Freiheit, deren die Apostel so oft gedachten: das Christenthum ist ein Gesetz der Freiheit[7]), wo der Geist des Herrn ist, da ist Freiheit[8]) — eine Freiheit, die jedoch nicht zum Deckmantel der Bosheit dienen darf.[9]) Also das Recht, keinem andern Willen in allen Sachen des Gewissens, als nur dem göttlichen zu folgen, und mit dem Rechte auch die Kraft und Fähigkeit dazu, das heißt, die Erlösung aus dem Joche der Sünde, das war die einzige wirkliche Freiheit und die Bedingung jeder andern im apostolischen Sinne. Indem die Christen so zur wahren Freiheit in der Kirche erzogen wurden, mußten sie zugleich nach Außen und im gesellschaftlichen Leben ihren Freiheitssinn erproben und stählen im steten Kampfe gegen die übermächtige, durch und durch heidnische und götzendienerische Sitte, in der Entsagung und Entbehrung so vieler von allen andern Menschen so leidenschaftlich begehrten, ihnen aber sündhaften Genüsse. Sie mußten Tag für Tag jene mannhafte Charakterfestigkeit, jenen moralischen Muth erproben, der dazu gehörte, den Hohn oder das geringschätzige Mitleiden heidnischer Bekannten zu ertragen, ihre Einladungen zur Theilnahme an Lustbarkeiten sich zu versagen, ihren Verdacht, als ob die Christen geheimen Ausschweifungen fröhnten, zu dulden; sie mußten mit dem Bewußtsein, Gegenstand des allgemeinen Hasses zu sein, Christus verkündigen und ihre Seelen zu gewinnen suchen, auf die Gefahr hin, aus den Häusern gestoßen oder in den Kerker geworfen zu werden oder den Tod der Verbrecher zu sterben. Das waren die Lehrjahre der Christen für die künftige Freiheit.

137. Zugleich aber war auch die Kirche selbst in ihrer inneren Gliederung und gesellschaftlichen Zucht und Ordnung eine bahnbrechende und als Vorbild dienende Anstalt für künftige staatliche Frei-

---

[1]) Eph. 2, 19. — [2]) Gal. 5, 13. — [3]) Eph. 5, 7—9. — [4]) 1 Cor. 6, 15. 19. — [5]) 1 Cor. 6, 20. — [6]) 1 Petr. 2, 16. — [7]) Jac. 2, 12. — [8]) 2 Cor. 3, 17. — [9]) 1 Petr. 2, 16.

heit. In ihren Kreisen herrschte die volle und ächte brüderliche Gleichberechtigung Aller; hier lernte und verstand man den willigen Gehorsam; hier ordnete der Patricier sich auch dem zur priesterlichen oder bischöflichen Würde erhobenen Sklaven unter. Die Träger des kirchlichen Amtes waren hier nicht die Räder und Schrauben einer großen Maschine, sondern freie Persönlichkeiten, die Verwaltung der kirchlichen Angelegenheiten war kein Mechanismus, kein Schreiber-geschäft, sondern organisches Leben.

138. Damit die Idee der christlichen Freiheit nicht mißverstan-den, die königliche Herrscherwürde der Gläubigen[1]) nicht als eine Entbindung von der Pflicht des politischen Gehorsams gedeutet würde, haben Paulus und Petrus die Lehre eingeschärft, daß der weltlichen Obrigkeit aus Motiven des Gewissens und vermöge göttlicher An-ordnung Gehorsam gebühre.[2]) Diese Lehre war damals ganz neu in der Welt, war aber um so nothwendiger, als die heidnische Staats-macht, sobald sie nur irgend nähere Kenntniß von der christlichen Genossenschaft nahm oder empfing, auch unfehlbar in ein feindliches Verhältniß zu derselben treten mußte, wovon die Vorboten sich bereits zeigten. Zudem gab es wohl auch unter den Christen Manche, welche noch unter dem Einflusse des jüdischen Zelotengeistes standen, und meinten, daß es ihnen eigentlich nicht zukomme, sich unter das Joch heidnischer Gewalt zu beugen, daß sie vielmehr dem göttlichen Rechte nach die Gebieter aller Nationen sein sollten.

139. Paulus sagt wörtlich: „Jedermann sei unterthan den höherstehenden Gewalten." Welches diese Gewalten seien, wußte jeder, und auf die Gestaltung derselben, ob monarchisch oder republi-kanisch oder gemischt, darauf kam es hiebei nicht an; dieß war für den religiösen Standpunkt etwas Zufälliges. Dem Rechte nach lag die Ausübung der Souveränität damals in den Händen des Römi-schen Senats; die Kaiser herrschten eigentlich nur durch den Senat, der sie zu ernennen und abzusetzen, ihre Handlungen zu bestätigen befugt war.[3]) Thatsächlich freilich war der Senat von dem Willen des Kaisers vollkommen abhängig. Wäre es aber, als bald darauf der Senat den Nero für einen Feind erklärte, und einen Verhafts-befehl gegen ihn ausstellte, zum längeren Bürgerkrieg gekommen, in welchem die Einzelnen hätten Partei nehmen müssen, so wären die

---

[1]) Apoc. 5, 10. — [2]) Rom. 13, 1—6. 1 Petr. 2, 13. 17. — [3]) Bei-spiele: Suet. Nero 19. Spartian. Did. Julian. Capitolin. Maxim. duo 15. Lamprid. Heliog. 13.

Christen doch verbunden gewesen, sich gegen Nero und für den Senat und den von ihm anerkannten Imperator zu erklären.

140. Also die Staatsgewalt überhaupt, oder die Obrigkeit, welches auch ihre Form und Zusammensetzung sein möge, ist nach der apostolischen Lehre die zu heilsamen Zwecken verordnete Dienerin Gottes und Verwalterin göttlichen Rechtes auf Erden. Der Christ hat folglich die jedesmaligen Träger dieser Gewalt, ohne Rücksicht auf deren sittliche und religiöse Beschaffenheit, in ihrem Range und in der Ausübung ihrer Funktionen anzuerkennen, und sich ihnen Gewissens halber, und nicht aus Furcht vor der Strafe, zu unterwerfen. „Alle Gewalt ist von Gott", wie die väterliche so die staatliche, sie beruht nicht auf einem Vertrag, einer willkührlichen Verabredung der Menschen, selbst dann nicht, wenn eine bestimmte Form der Regierung geschichtlich, vertragsmäßig entstanden ist. Der Gehorsam gegen die Gewalt ist also kein freiwilliger, durch vorausgegangene Zustimmung bedingter, sondern ein nothwendiger, jedem als Pflicht angeborener. Paulus wollte nicht sagen, daß die Staatsgewalt eine zu einer gewissen Zeit geschehene positiv-göttliche Institution sei, wie die Verfassung der christlichen Kirche, sondern nur, daß ihre Autorität sich auf Gottes Gebot und Ordnung gründe, welcher Form sie auch sein, und durch welches geschichtliche Ereigniß sie auch so geworden sein mochte. Doch nicht bloß daß die Staatsmacht kraft göttlicher Anordnung und Ermächtigung ihre Herrschaft führe, sondern auch daß sie Gottes Dienerin sei, indem sie Furcht vor dem Bösen durch Strafe, und gute Handlungen durch Lob bewirke, lehrte Paulus, auch hierin an die Weisungen des Herrn sich anschließend.

141. So hatte Christus dem Pilatus, der ihn an seine Macht erinnerte, erwidert: der Römer selber habe eine höhere Gewalt über sich, von der auch er abhängig[1]), deren Werkzeug zu höheren, ihm unbewußten Planen er sei, und nicht von ihm, sondern nur von dieser höheren Macht Gottes wußte Christus, wie er dabei andeutete, sich beherrscht. Er hatte das Volk ermahnt, dem Kaiser zu geben, was des Kaisers ist, und Gott, was Gottes ist.[2]) Er meinte dabei den Census, bezüglich dessen er gefragt worden war, hinweisend auf den Grundsatz: Wessen Bild die Münze trägt, der ist des Landes Herr. Dann aber auch Alles, was dem Kaiser nach der bestehenden rechtlichen Ordnung gebührte. Aber zugleich stellte er die Pflicht gegen Gott dicht daneben, um damit zu lehren, daß es des Christen

---

[1]) Jo. 19, 11. — [2]) Matth. 22, 21.

Aufgabe sei, den Gehorsam gegen die Staatsgewalt und ihre Ordnung mit dem Gehorsam gegen Gott, weil beides zusammengehöre, zu vereinigen und so auszugleichen, daß in Collisionsfällen der letztere als der höherstehende nicht durch den ersteren beeinträchtigt werde, der Christ nie vergesse, „daß man Gott mehr gehorchen müsse als den Menschen", wie es die Apostel nachher aussprachen.[1]) Gott und Gottes Gesetz und Ordnung haben den ersten Anspruch an den Menschen, wollte Christus sagen, und nur was diese ihm übrig lassen oder freigeben, darf und soll er dem Ansinnen der Staatsgewalt gewähren. So wurde durch die christliche Lehre die Forderung des social-politischen Gehorsams einerseits erweitert, andrerseits beschränkt, — erweitert, weil sie daraus eine Angelegenheit des religiös bestimmten Gewissens, etwas zum Dienste Gottes Gehöriges machte; beschränkt, insofern sie das ganze unermeßlich weite Gebiet der religiösen und ethischen Pflichten, des Bekenntnisses und der Verkündigung der geoffenbarten Lehre, des häuslichen und des gemeinschaftlichen Gottesdienstes, der Pflichten der Menschenliebe, selbstständig, ohne Rücksicht auf bestehende Gesetze und Ansichten, ohne hierin dem Willen der Machthaber irgend eine Geltung einzuräumen, ihrem Geiste gemäß bestimmt und theils der Kirche, theils der eigenen Wahl und Entscheidung vorbehalten hatte. Hiemit war der vorchristlich-heidnische Standpunkt völlig aufgegeben, auf welchem Religion und Ethik im Staate ausging, und der gute Bürger weder andere Götter noch eine andere Moral hatte und begehrte, als die Götter und die Moral seines Staates. Die heidnischen Machthaber und Philosophen ahnten noch nicht, kamen noch lange zu keiner klaren Vorstellung darüber, bis zu welchem Grade die christliche Kirche die Nebenbuhlerin des Römischen Staates war, und in welch weitem Umfange die Christen anderen Gesetzen folgten, einer anderen Sphäre angehörten; sie würden sonst nicht stoßweise und mit Unterbrechungen, sondern von Anfang an planmäßig, ununterbrochen und bis zur Ausrottung die Kirche verfolgt haben.

142. Denn eine neue Freiheit war mit dem Christenthume geboren, ein weites, dem Kaisergebot wie dem Volkswillen unzugängliches Gebiet, in welchem auch der Bettler, auch ein schutzloses Weib, auch der Sklave, sich frei und unbezwingbar fühlte, war geschaffen; es war die Freiheit des Gewissens, das bisher verkannte Recht der Individualität. Die Abhängigkeit von Gott, das Bewußtsein des vollständigsten Gebundenseins durch Gott, bildete nun gegenüber der

---

[1]) Act. 5, 29.

Welt und dem Staate die Freiheit des Christen. In der christlichen
Ueberzeugung, daß der Mensch für jegliches Thun und Lassen, für
jeden Gebrauch oder Nichtgebrauch seiner Zeit, seiner Kräfte und
seines Besitzes Gott verantwortlich sei, lag ein unvertilgbarer Trieb
nach freiester Selbstbestimmung in allen Gebieten des geistigen und
sittlichen Lebens. Nicht dem Staate, dem Gemeinwesen, anzugehören
mit Leib und Seele, nicht durch den Staat in seinem Wollen, Denken
und Thun bestimmt zu werden, sondern durch Gott, durch das Streben nach Heiligkeit, das war der Grundgedanke, das Ziel des neuen
christlichen Freiheitssinnes. Der Staat konnte für den Christen
nicht mehr der Endzweck des Daseins, der Inbegriff seines Strebens sein; dem Vaterlande, dem Gemeinwesen diente der Christ, indem er das Beispiel des willigen Gehorsams gab, die Gesetze, so
weit sie nichts seinem Glauben und seiner religiös geheiligten Sitte
Widersprechendes geboten, beobachtete, die gemeinsamen Lasten mit-
trug, und für das Wohl des Kaisers und des Reiches betete. Aber
er kannte noch ein anderes Vaterland und ein anderes Reich, das
Land und Reich des göttlichen Vaters; die Zugehörigkeit zu diesem
Reiche, das Bürgerrecht in der irdischen Filiale desselben, der Kirche,
dieß gab den Christen das Bewußtsein der Freiheit. Darum geht
bei den Aposteln die Mahnung zur willigen Unterwerfung unter die
bestehenden Gewalten und Gesetze Hand in Hand mit der Erinnerung
an die dem Christen eigenthümliche Freiheit, und mit der Warnung,
sich dieselbe nicht verkümmern zu lassen. So bei Petrus[1]: „Unter-
werfet euch aller menschlichen Ordnung um des Herrn willen", d. h.
weil es der Wille des Herrn ist, „dem Kaiser sowohl als den Statt-
haltern. Aber thut es als Freie, doch nicht als solche, die ihre Freiheit zum Deckmantel der Bosheit gebrauchen." So auch Paulus:
„Um einen Preis seid ihr erkauft (von Christus, seine Knechte zu
sein), werdet also nicht der Menschen Knechte."[2] Weil der Gläubige der Knecht Christi war, und in so weit er dieß war, darum und
in so weit war und fühlte er sich frei. Denn Gottes Knechtschaft
schließt jede andere aus. Er fühlte sich frei von dem Joche der
Sünde, frei von Menschenfurcht, frei in seinem Innern, selbst wenn
er dem Leibe nach Sklave war, denn die fünf Tyrannen des menschlichen Lebens: Haß und Neid, Wollust, Habsucht und Ehrsucht,
vermochten nichts über ihn, oder er war sich doch der Kraft, sie zu
überwinden, bewußt.

---

[1] 1 Petr. 2, 11—16. — [2] 1 Cor. 7, 23.

Döllinger, K. G. 3te Aufl. I. (II.) 27

143. Um zu erkennen, welches Maß von Freiheit in religiösen und bürgerlichen Dingen die Christen damals anstreben und erreichen konnten, muß man sich ein klares Bild von den socialen Zuständen im Römischen Reiche entwerfen. Man darf den Maßstab eines modernen absolutistisch regierten Staates durchaus nicht an die Römische Staatsverfassung anlegen. Selbst in den schlimmsten Zeiten der Kaiserperiode gab es in diesem Weltreiche sehr viel Freiheit, und zwar solche Freiheit, wie sie der Christ suchte und bedurfte. Die Hauptstützen eines absoluten Staates nach der neueren Form sind eine mächtige, über das Land vertheilte Armee, eine überall gegenwärtige Polizei, ein Staatsmonopol des Unterrichts und der Schulen, eine Censur der Presse, und vor Allem eine nach dem Princip der Staatsallmacht gebildete, in Alles eingreifende, Alles bevormundende Verwaltung, welche, mittelst eines Heeres von besoldeten Beamten geübt, wie ein ungeheures Netz über Land und Volk ausgespannt ist, und argwöhnisch jede Regung unabhängiger und gemeinschaftlicher Thätigkeit niederhält. In einem so geordneten Staate würde die christliche Kirche, wenn sie sich überhaupt zu bilden vermocht hätte, doch nach menschlicher Berechnung bald wieder zu Grunde gegangen sein; sie würde erstickt sein, oder vertilgt worden sein. Aber die Römische Staatsordnung bildete zu Allem Diesem einen fast vollständigen Gegensatz, und selbst die schlimmsten Tyrannen unter den Kaisern ließen sich nicht einfallen, das Reich mit solchen Mitteln zu regieren. Die Legionen wurden nicht zur Niederhaltung des Volkes verwendet, sondern standen an den Gränzen. Nur in der Hauptstadt lagen die Prätorianer-Cohorten zum persönlichen Schutze der Kaiser. Ein umfassendes, zusammenhängendes Polizei-Institut gab es nicht, und die moderne Polizei war überhaupt den Römern unbekannt. Für die Erhaltung der öffentlichen Ordnung und Sicherheit sorgten einige Beamte, Aedilen und Prätoren unter dem Stadtpräfekten mit den einfachsten Mitteln. An eine Censur zur Ueberwachung der Literatur wurde nicht gedacht. Eben so wenig gab es ein System des Staatsunterrichts. Von Staatsschulen wußte man eigentlich nichts. Alle niederen Schulen waren Privatanstalten. Nur einige Lehrstühle der Rhetorik und Philosophie wurden allmälig unter den Kaisern errichtet. Im Ganzen war Lehre und Erziehung völlig frei und Privatsache. Im Grunde wurde überhaupt sehr wenig regiert. In den Provinzen befanden sich außer den Proconsuln oder Prätoren und ihren Schreibern und Dienern nur Steuerbeamte und Postbeamte. Die Verwaltung wurde zum größeren Theile durch die

Communalbehörden geführt, deren Mitglieder ohne Besoldung dienten, und die schon deßhalb nicht begierig waren, ihren Geschäftskreis durch Vielregiererei zu vergrößern und zu erschweren.

144. Man sieht: dieser Zustand war ein der Entwicklung der Kirche sehr günstiger, ein den Wünschen und Bedürfnissen der Christen entsprechender. Nur unter solchen Verhältnissen war es ihnen möglich, sich ohngeachtet des allgemeinen Hasses und Argwohns, der auf ihnen, als einer Rotte heimlicher Uebelthäter, von Anfang an lastete, zu behaupten. Dabei kam ihnen zu Statten, daß eine große Menge von Collegien und mannigfachen Sodalitäten und Corporationen theils zu religiösen Zwecken, theils zu Zwecken des gemeinsamen Nutzens und Vergnügens mit sehr freier Bewegung bestand und vom Staate geschützt wurde, obgleich bei den Römischen Juristen der Grundsatz galt, daß Staatsautorisation zum gültigen Bestehen einer Genossenschaft erforderlich sei, und also zwischen erlaubten und unerlaubten Vereinen (Hetärien) scharf unterschieden wurde. Aber schon die große Menge von Vereinen machte eine genauere Ueberwachung derselben nicht wohl thunlich. So hatte denn der Freiheitssinn der Christen einen weiten Spielraum. Allerdings gab es damals wenig politische Freiheit, wenn die Theilnahme an der obersten Regierungs- und Gesetzgebungsgewalt darunter verstanden wird; aber darnach waren die Christen auch nicht lüstern. Wäre sie ihnen erreichbar gewesen, sie hätten sie in ihrer damaligen Lage in einem ganz vom Heidenthume erfüllten und durchzogenen Staatswesen als einen Fallstrick und eine unerträgliche Last zurückweisen müssen.

145. Der christlichen Freiheit entsprach die christliche Gleichheit. Die allgemein herrschende Ansicht, daß ein Theil der Menschen schon von Natur zur Knechtschaft bestimmt, daß Sklaverei ein ewiges Naturgesetz sei, verwarf die christliche Lehre. Alle Menschen sind als Abkömmlinge Eines von Gott geschaffenen Urpaares Brüder, Alle haben denselben Vater im Himmel und auf Erden, Alle tragen das Bild Gottes unvertilgbar an sich, Alle ohne Ausnahme sind zur Kindschaft Gottes, zur Theilnahme an Christus, zum Eintritt in die Kirche berufen; und in der Kirche sind Alle Glieder Eines Leibes. „Hier ist weder Jude noch Grieche, weder Knecht noch Freier, weder Mann noch Weib"[1]), hier sind alle Trennungen gehoben, alle Unterschiede ausgeglichen. Der Christ sollte die bürgerlichen Abstufungen und Unterschiede achten und wahren, die natürliche und der göttlichen

---

[1]) Gal. 3, 28.

Anordnung gemäße Unterordnung des Weibes unter den Mann sollte nach wie vor bleiben. Aber vor Gott, in religiöser Beziehung, in der Kirche sollten Alle gleich sein an Rechten wie an Pflichten, und nur die Ungleichheit des Dienstes, die Mannigfaltigkeit der Organe bestehen.

146. Eine eigenthümliche Schwierigkeit in dem Verhältnisse der Christen zum Staate bildete der Eid. Es ist auf den ersten Blick einer der auffallendsten Differenzpunkte zwischen der alttestamentlichen Ordnung und der von Christus gegebenen, daß dort der Eid, diese wesentlich religiöse Handlung, als göttliche Anordnung für bestimmte Fälle vorgeschrieben war[1], wogegen Christus seinen Jüngern über haupt zu schwören verbietet, und die Forderung stellt, daß ihre Ver sicherungen der Wahrheit über ein lebhaftes Ja oder Nein nicht hin ausgehen sollten.[2] Seine Aufzählung und Verwerfung einzelner Eidesformeln, beim Himmel, bei der Erde, bei Jerusalem oder dem eigenen Haupte, war gegen die damalige Sitte und die Casuistik der Schriftgelehrten gerichtet. In gleichem Sinne begehrte Jakobus: die Christen sollten weder beim Himmel, noch bei der Erde, noch irgend einen andern Eid schwören, sondern es bei der einfachen Bejahung oder Verneinung bewenden lassen[3]. Man sieht, es waren drei Miß bräuche und Uebelstände, denen Christus und Jakobus durch ihr Ver bot begegnen wollten: erstens die Gefahr des Meineides bei so vielem und leichtfertigem Schwören, welches sich unvermeidlich auch über ungewisse Dinge erstreckte; zweitens die Verkennung der Natur des Eides, welcher wesentlich eine Betheuerung im Namen und unter Anrufung Gottes ist, und die Erfindung und Anwendung von min der feierlichen und vermeintlich weniger streng verpflichtenden For meln; drittens das herrschende Mißtrauen und dessen Ursache, der Mangel an Wahrhaftigkeit; denn nur in der Voraussetzung, daß der Andere lügen werde, begehrte man so häufig, auch bei geringfügigen Dingen, eine eidliche Betheuerung. In dem Gebote des Herrn lag also vor Allem der Wille und die Erwartung, daß in seiner Kirche strenge Wahrhaftigkeit, und folglich auch volles wechselseitiges Ver trauen herrschen, daß keiner die Lieblosigkeit begehen werde, durch die Forderung eidlicher Bekräftigung das einfache Wort seines Bruders und Mitchristen als eine Lüge zu brandmarken. Wäre die christliche Kirche auf der ersten Stufe ihrer Entwicklung stehen geblieben, hätte sie die ursprüngliche Gestalt kleiner Gemeinden von enge verbundenen,

---

[1] 2 Mos. 22, 10. 11. 5 Mos. 6, 13; 10, 20. — [2] Matth. 5, 34- 38. — [3] Jac. 5, 12.

sich wechselseitig genau kennenden Gläubigen, mit der dieser Gestalt entsprechenden Kirchenzucht, behalten, so würde sie bei dem gänzlichen Verbote des Eides unter den Christen verharrt, sie würde fortwährend keinem Gläubigen gestattet haben, seinen Glaubensgenossen die Leistung eines Eides zuzumuthen. Dieses Verbot konnte aber schon dem heidnischen Staate gegenüber nicht geltend gemacht werden. Wie in der Kirche des alten Bundes, da sie Staats- und Volkskirche war, der Eid nicht nur nicht untersagt, vielmehr ausdrücklich geboten war, so hatte auch der Christ, dem Staate gegenüber, die Verpflichtung, sich der Eidesleistung nicht zu entziehen, wenn nur nicht ein eigentlich heidnischer Eid, d. h. im Namen der Götter, oder beim Genius des Kaisers, von ihm begehrt wurde. Denn von der Staatsgewalt konnte er billig nicht erwarten, daß sie ihm, und nur ihm, die einfache Bejahung oder Verneinung als eideskräftig gelten lasse, während sie von allen Nichtchristen den Eid fordern mußte. Sodann mußte die Kirche, sobald sie ihre Pforten ganzen Völkern und Bevölkerungsmassen öffnete, und nun auch mit der staatlichen Ordnung in ein bestimmtes Verhältniß wechselseitiger Anerkennung und Berechtigung trat, den politischen und gerichtlichen Eid, als ein unentbehrliches Mittel, der Wahrheit zum Lichte und zu ihrem Rechte zu verhelfen, unbedenklich zulassen.[1])

16. Tod und Leichnam.

147. Wie rasch und mächtig das Christenthum auch die tiefgewurzelten Vorurtheile der Menschen zu verdrängen oder umzugestalten vermochte, das zeigte sich deutlich an den Vorstellungen vom Tode und den Leichnamen. Bei den Juden verunreinigte die Berührung eines Leichnams, und eine Entsündigung durch Sprengwasser war in solchem Falle bei Todesstrafe geboten. Zudem ward

---

[1]) Um dieses Recht der Kirche zu bewahren, und die so allgemein lautenden Aussprüche des Herrn und seines Apostels zu beschränken, darf man sich indeß nicht, wie häufig geschieht, darauf berufen, daß Christus selber „einen förmlichen und feierlichen gerichtlichen Eid abgelegt habe" Matth. 26, 63; Christus hat da nicht geschworen, sondern nur dem ihn beschwörenden Hohenpriester in der möglichst einfachen und kurzen Form geantwortet. Aber die starken Betheuerungsformeln bei Paulus (1. B. 2 Cor. 1, 23; Gal. 1, 20; Phil. 1, 8 und ähnliche) kommen einem Eidschwur sehr nahe.

Alles unrein, was ein so Befleckter berührte. Wer aber auch nur das Zimmer, in welchem ein Mensch gestorben war, betrat, oder ein Todtenbein, ein Grab, anrührte, ward unrein.[1]) Die Griechen und Römer standen unter der Macht derselben Vorstellungen. Leichname, Gräber, Todtenhäuser galten für unrein und verun-reinigend, und der bloße Anblick einer Leiche reichte hin, einen feierlichen Cultusakt so zu entweihen, daß alles noch einmal vor-genommen werden mußte.[2]) Ganz anders glaubten, dachten, em-pfanden die Christen. Für sie hatte die leibliche Seite des Menschen einen weit höheren Werth, seitdem in der Menschwerdung der Leib in die Gemeinschaft der Gottheit erhoben und die Gläubigen nach dem Worte des Apostels Tempel des heiligen Geistes[3]), ihre Leiber Glieder[4]) Christi geworden waren, die einst in der Auferstehung zur Theilnahme an der Verherrlichung des ganzen Menschen berufen seien. Während sie in Folge dieses Glaubens jede sündhafte Be-fleckung des Leibes sorgfältig mieden und verabscheuten, verwandelte sich bei ihnen das Gefühl der Scheu und des Widerwillens gegen Todte in eine Regung der Ehrfurcht; die Stätten, wo die irdischen Reste abgeschiedener Brüder ruhten, wurden anziehend für sie; es waren Saatgefilde, in denen der Same zu einer glorreichen Aernte verborgen lag. Hier schliefen die Heiligen, hier sollten sie auf-erstehen. Darum widerstrebte auch das heidnische Verbrennen der Todten dem christlichen Gefühle, und sie führten schon in der aposto-lischen Zeit das Begraben ein.

––––––

148. Herodot schildert den Eindruck, den der Anblick des Aegyptischen Staats- und Volkswesens auf die Griechen machte, in den Worten: dieses Volk habe sich Sitten und Einrichtungen gebildet, welche fast durchaus das gerade Gegentheil von denen anderer Menschen seien.[5]) Wenn ein gebildeter Römer oder Hellene in der Zeit der jungen Kirche sich um das Innere, um die An-sichten und Einrichtungen dieser neuen Genossenschaft, näher beküm-merte, so mochte er einen ähnlichen Eindruck empfangen. Es war ein Staat im Staate, den er hier entdeckte, ein selbstständiges Reich, das in den Augen des Römers die gebrechliche und ephemere

––––––

[1]) Joseph. Arch. 18, 2. 3. contr. Apion. 2, 26. Hagg. 2, 13. Num. 19, 14. — [2]) Dio Cass. 54, 28. — [3]) 1 Cor. 3, 16. 17. — [4]) 1 Cor. 6, 15. — [5]) Herod. 2, 35.

Schöpfung fanatischer Thorheit und Verblendung oder eine finstere
Rotte von Verschwörern war, eine lichtscheue Sekte, die von dem
ehernen Fuße der Staatsgewalt wie ein an der Erde kriechendes
Gewürm zertreten werden mußte, sobald sie nur aus ihren schützenden Schlupfwinkeln hervor an's Tageslicht sich wagte. Die Glieder
dieses Reiches waren wehrlos und entschlossen, auch das Aergste
widerstandslos über sich ergehen zu lassen, hielten sich aber dennoch
ihres endlichen Sieges, der unzerstörbaren Festigkeit und Dauer
ihres Vereins gewiß. In diesem Reiche war ein gekreuzigter Jude
Anfang, Mitte und Ende, er ward als dessen unsichtbarer König
verehrt, und Jüdische Fischer und Zöllner waren die sichtbaren
Gründer. Es mehrte sich, stille aber gewaltig, unter Schmähungen
und Mißhandlungen, durch Mittel, die der Heide nicht begreifen,
durch Kräfte, die er nicht ermessen, nicht zergliedern konnte. In
diesem Reiche aß der Sklave mit dem Herrn an Einem Tische,
konnte es sich treffen, daß der Sklave Vorsteher und der Herr
dienender Bruder war. Die Armen und Niedrigen waren hier
nicht minder geehrt, als die Wohlhabenden und Vornehmen. Juden,
Griechen und Römer, die sich sonst unter einander haßten, waren
hier alle Brüder; hier galt Unterschied der Nationalität so wenig
als Unterschied des Ranges. Der Größte war der, welcher am
meisten diente, Umfang und Schwierigkeit des Dienstes bildete den
einzigen Unterschied zwischen Niederen und Höheren. Zum erstenmale wurde hier Schwäche, Erfahrung menschlicher Ohnmacht, Er-
mattung der Naturkraft durch Körperleiden als Bedingung und
Mittel sittlicher Kraft und Stärke erkannt und gepriesen.[1] Die
Güter des Reiches besaßen alle mit gleichen Ansprüchen. Rechte
gab es hier nur um der Pflichten willen. Das Weib stand hier
so hoch als der Mann, die Jungfrau war nicht minder geachtet
als die Gattin und Mutter. Nur Eine Schutzwaffe, nur Ein
Abschreckungsmittel konnte und wollte dieses Reich zu seiner Selbsterhaltung gebrauchen, das der Ausschließung aus seiner Gemeinschaft; aber so gefürchtet war diese Waffe, daß der Getroffene den
Wiedereintritt auch um den Preis der tiefsten Demüthigung erflehte.
Für den, der sich den Herrn des menschlichen Geschlechtes nennen
ließ[2], wurde in diesem Reiche zwar gebetet, aber man war auch
bereit, eher zu sterben, als ihn in das Innere desselben eingreifen

---

[1] 2 Cor. 12, 10. — [2] Tac. hist. 3, 68.

zu laſſen. Und da in dem Glauben der Angehörigen ihr Reich
zugleich ein dieſſeitiges und ein jenſeitiges war, da es über die
Schranken des irdiſchen Daſeins in eine andere Welt hinüberreichte,
ſo war hier Cicero's ſchönes Wort von dem Weltſtaate, deſſen
gemeinſchaftliche Bürger Götter und Menſchen ſeien, freilich in einem
andern, von Cicero nicht geahnten, Sinne erfüllt.[1])

[1]) De legg. I, 7.

Beilage I.

Geschichte der Erklärung des Abschnittes vom Menschen der Sünde im zweiten Briefe an die Thessalonicenser.

———

Es gibt im Neuen Testamente keine Stelle, welche zu so vielen und höchst verschiedenen Auslegungen Anlaß gegeben, keine, welche nach allgemeinem Geständnisse größere Dunkelheiten und Schwierigkeiten darbietet, als die Stelle 2 Theff. 2, 1—12. Zugleich aber ist sie in dogmatischer sowohl als geschichtlicher Beziehung so bedeutend, für das Verständniß der ganzen Anschauungsweise des Apostels so wesentlich, daß eine historische Uebersicht der Erklärungsversuche und der aus der Stelle abgeleiteten Vorstellungen und Erwartungen immerhin auf den Dank der Leser wird rechnen dürfen. Daß diese Uebersicht zugleich dazu dienen solle, die in diesem Buche entwickelte zeitgeschichtliche Deutung zu rechtfertigen, versteht sich von selbst.

Diese Deutung geht von der Voraussetzung aus, daß in dieser Weissagung in ähnlicher Weise, wie in der von Christus verkündeten, Hindeutungen auf Ereignisse der nächsten Zeit und zugleich auf Begebenheiten am Ende des Weltlaufs enthalten seien, oder daß ihr eine doppelte Erfüllung, eine erste in der dem Apostel nächsten Zeit, und eine zweite am Ende der Tage zukomme. Es kommt hiebei nicht darauf an, ob der Apostel selbst sich dieser doppelten Beziehung und Erfüllung seiner Worte klar bewußt gewesen sei, welche Vorstellung er von der Nähe oder Ferne des Endes der irdischen Dinge gehabt habe; denn es liegt in dem Charakter der Weissagung, daß ihr objektiver Inhalt keineswegs immer mit dem subjektiven zusammenfällt, daß zuweilen eine Tragweite in sie gelegt ist, welche über das, was dem Organ derselben vor dem Geistesblicke stand, hinausgeht. Es zeigt sich dieß in vielen Gesichten der alttestamentlichen Propheten.[1]) Und gerade bei eschatologischen Weissagungen mußte dieß ganz besonders der Fall sein, da nach dem von Christus so bestimmt verkündeten göttlichen Willen die Zeit der Schluß-Katastrophe Allen, den Aposteln so gut wie jedem Christen, völlig verborgen bleiben sollte, Niemand also wissen konnte, ob das Ende und die demselben unmittelbar vorangehenden Ereignisse morgen oder erst nach Jahrtausenden hereinbrechen würden. Daß bei Daniel's Weissagungen eine doppelte Erfüllung, eine erste durch Antiochus Epiphanes, und eine zweite spätere anzunehmen sei, ist ohnehin allgemein anerkannt. Bossuet hat seine Erklärung der Apokalypse auf die Annahme einer doppelten oder mehrfachen Erfüllung derselben Weissagung gebaut. Er beruft sich dabei auf die gleiche Ansicht aller Theologen.[2])

Daß gegen das Ende des jetzigen Weltlaufes und vor der letzten Parusie des Herrn ein letzter und großer Antichrist, eine der Kirche vorzüglich feindliche Macht auftreten und viele Menschen zum Abfalle verleiten werde, das ist die allgemeine constante Ansicht und Ueberlieferung in der ganzen Kirche. Dieser Antichrist wird demnach Aehnlichkeit haben mit dem von Paulus beschriebenen „Menschen der Sünde", man wird in ihm eine Erfüllung der Weissagung von dem Auftreten des großen „Widersachers" erkennen. So lautet die seit Irenäus und Tertullian stets bezeugte kirchliche Anschauung. Aber ist diese letzte Erfüllung die einzige, oder ist eine andere schon vorhergegangen, so daß Paulus zunächst diese erste und unmittelbar bevorstehende Erfüllung vor Augen hatte, und einige seiner Angaben sich nur auf dieses ganz nahe Ereigniß beziehen? Diese Frage ist eine offene, und ich habe Letzteres um so mehr bejahen zu müssen geglaubt, als jeder bisherige Versuch, bei der Annahme einer einzigen erst noch künftigen Erfüllung den κατέχων zu erklären, handgreiflich mißlungen ist, und als hoffnungslos aufgegeben werden muß.

Wir unterscheiden zur besseren Uebersicht die patristische Erklärung,

---

[1]) Vergl. darüber unter Andern John's Einleitung in die Bücher des A. B. II. 873 ff. — [2]) A cela il faut ajouter ce que dit Alcasar avec tous les théologiens, qu' une interprétation même littérale de l'Apocalypse ou des autres prophéties, peut très-bien compatir avec les autres. Et il montre ensuite en quelques exemples, comme man bei biblischen Weissagungen eine bereits geschehene Erfüllung und eine andere künftig bevorstehende unterscheiden müsse. Oeuvres, ed. de Liége, 1768. II. 268.

die mittelalterliche, die neuere katholische, die ältere protestantische
und die der neuesten Zeit. Was zuerst die Kirchenväter betrifft, so
läßt sich das, worin sie Alle oder doch die Mehrzahl übereinstimmen,
in folgenden Punkten zusammenfassen. 1. Der „Mensch der Sünde"
wird gegen Ende der irdischen Geschichte gleichzeitig mit dem Zerfall des Römischen Reiches hervortreten, und sein eigenes Reich an
die Stelle des Römischen setzen. 2. Er wird als der von den Juden
erwartete Messias auftreten, und den Tempel zu Jerusalem entweder selbst erbauen, oder doch sich des bereits erbauten bemächtigen.
3. Der „Hemmende" ist das Römische Reich. 4. Das schon wirksame Mysterium der Bosheit ist Nero.

Daß in diesen Erklärungen der Väter Einiges sei, was sich
durch den Verlauf der Geschichte als unhaltbar erwiesen hat, und
nothwendig aufgegeben werden muß, hat Bossuet bereits gesehen.
Er sagt: ils (les pères) ne marchent qu' à tâtons dans l'explication du détail de la prophétie, marque assurée que la tradition n'en avoit rien laissé de certain.[1] Wenn man auch, sagt
er weiter, mit Grotius annehmen wollte, daß die Vorhersagung Pauli
vollständig erfüllt sei, ohne daß noch irgend etwas am Ende der
Zeiten zu erwarten wäre, so würde doch das Geheimniß, welches
Paulus den Thessalonicensern mündlich mitgetheilte hatte, verborgen
geblieben sein, und sich nichts davon in der Tradition erhalten haben.
Dieß ist aber eben die Frage. Es scheint mir wahrscheinlicher, daß
die in der alten Kirche so gewöhnliche Deutung des bereits wirksamen Mysteriums der Gottlosigkeit auf Nero in ursprünglicher Ueberlieferung ihren Grund hatte, und daß man darum später die heidnische Sage von dem wiederkommenden Nero sich aneignete, weil
man meinte, die Beziehung des Menschen der Sünde zum Jerusalemischen Tempel sei durch den historischen Nero nicht so buchstäblich
erfüllt als man für nöthig erachtete.

Der erste unter den Vätern, der sich auf eine Erklärung des
„sich Setzens in den Tempel Gottes" einläßt, ist Irenäus. Er
behauptet, nach dem Sprachgebrauche des Apostels könne hier nur
der wahre Gott, also auch nur der Tempel zu Jerusalem, verstanden
werden. Auch er nimmt an, es sei hier dasselbe gemeint, was Christus Matth. 24, 15 mit dem „Gräuel der Verwüstung an heiliger
Stätte" angezeigt habe; verbindet nun aber hiemit die Vorstellung,
der Antichrist werde sein Reich nach Jerusalem verlegen, und sich im

---

[1] Préf. sur l'Apocal. Œuvres II, 378.

dortigen Tempel anbeten laſſen. 5, 25, 2—4. Er muß alſo an eine
frühere Wiedererbauung des Tempels durch die Juden geglaubt haben. Wirklich war dieß in den nächſten Jahrhunderten die gewöhnliche Vorſtellung. Man erkannte deutlich, daß die, an welche Paulus
ſchrieb, ſeine Worte nicht anders verſtehen konnten, als vom Tempel
zu Jeruſalem, daß die offenbare Bezugnahme auf Daniel's Weiſſagung von den Schickſalen des Tempels jede andere Deutung unmöglich machte. Und ſo ward denn auch ziemlich allgemein angenommen,
daß zugleich mit einer Sammlung und Wiederherſtellung der zer-
ſtreuten Juden eine Wiedererbauung des Tempels zu Jeruſalem erfolgen werde. Sie wird in den Sibylliniſchen Büchern durchweg
vorausgeſetzt. Man glaubte es um ſo mehr, als noch bedeutende
Trümmer des Tempels geraume Zeit hindurch ſtanden. Im vierten
Jahrhundert wurde nun angenommen, der Antichriſt ſelber werde den
Tempel erbauen, eine Meinung, die den älteren Vätern fremd war,
ſo zwar, daß Lactantius vielmehr ſagte, er werde den Tempel zu
zerſtören ſuchen.[1]) Ueber die Schwierigkeit, daß ein vom Antichriſt
erbauter Tempel ſo kurz weg vom Apoſtel als „der Tempel Gottes"
bezeichnet worden ſei, ſetzte man ſich weg.

Schon bei Irenäus, noch mehr aber bei Hippolyt, in deſſen Buch
über Chriſtus und den Antichriſt, und von da an überhaupt bei den
Griechiſchen Vätern wird nun aber auch die Vorſtellung von dem
„Menſchen der Sünde" erweitert durch das Herbeiziehen des einen
der beiden Thiere in der Apokalypſe (Cap. 13), und des kleinen
Horns bei Daniel (7, 7 flg. 20 flg.), welches auf dem Kopfe des
vierten Thiers emporſchießt, und, Läſterungen redend, von den andern
zehn Hörnern (Königen) drei ausrottet, und die Heiligen bekämpft
und überwindet. So bildete ſich die Anſicht aus: der, von dem
Paulus rede, werde ein großer Monarch und blutgieriger Tyrann
ſein, werde über die ganze Erde herrſchen, und das Römiſche Reich
zerſtören; ſein eigenes Reich aber werde die letzte Univerſal-Monarchie
ſein. Daher ſagte man: wie die älteren Weltreiche von den ſpäteren, das der Perſer von den Griechen, das Griechiſche von den
Römern, zerſtört worden ſei, ſo werde das Römiſche vom Antichriſt,
das des Antichriſt aber von Chriſtus, zertrümmert werden. Und zwar
ſollte dieſes letzte Reich des Antichriſt im Orient errichtet werden,
wie denn Lactantius eine alte Prophetie, der zufolge der Orient herrſchen und der Occident dienen werde, anführt. Da man damals

---

[1]) Inſtit. 5, 17.

die vier Weltreiche bei Daniel von dem Babylonischen, Persischen, Macedonischen und Römischen verstand, dieses also als das letzte nahm, so erwartete man einen Zeitpunkt, wo das Römische Reich unter zehn Königen zertheilt sein werde; darauf werde der Antichrist, drei dieser Könige vernichtend, die übrigen sich unterwerfend, drei und ein halbes Jahr lang (Dan. 7, 25) die Weltherrschaft behaupten. Mit allen Künsten der Magie ausgerüstet, und als das auserkorene Werkzeug des Satans wird er sich für den Sohn Gottes, für Christus selbst, ausgeben. Nicht zum Götzendienste wird er einladen oder verführen, sondern als ein Antitheos wird er, wie Chrysostomus sagt, alle Götter auflösen.[1] So betrachtete man denn diese drei Dinge: den Untergang des Römischen Reiches, die Erscheinung des Antichrist und das Ende der Welt als mit einander verknüpft und fast gleichzeitig. Die Väter sagten: Nach dem Römischen Reiche wird es kein anderes Reich mehr geben.[2] Alle anderen Reiche werden mit dem Römischen Reiche untergehen. So lange die Furcht vor dem Römischen Reiche dauern wird, sagt Chrysostomus, wird Niemand sich gerne dem Antichrist unterwerfen; sobald aber dieses Reich gestürzt ist, wird er das erledigte einnehmen, und das Reich Gottes und der Menschen an sich reißen.

Am vollständigsten ausgemalt und phantastisch erweitert zeigt sich die Erwartung bei dem Syrier Ephräm[3] und bei Pseudohippolytus, d. h. dem Verfasser der Schrift de consummatione mundi et Antichristo, der, wie Dodwell wahrscheinlich gemacht hat, um die Mitte des siebenten Jahrhunderts schrieb.[4] Beide heben als den Hauptzug an dem Antichrist die Heuchelei hervor; er werde sich äußerst demüthig und milde anstellen, und die Welt durch den Schein der Frömmigkeit, so wie durch den Flitterglanz seiner lügenhaften Wunder betrügen; erst, wenn die hintergangenen Menschen ihn als ihren König ausgerufen, werde er sich in seinem wahren Lichte zeigen, hart, grausam und schamlos. Es versteht sich, daß der Schauplatz des ganzen Drama immer nach dem Orient verlegt wird; die drei

---

[1] Opp. XI, 525. — [2] Lactant. 7, 25. Hieron. in Daniel. 7. Chrysost. in 2 Thess. Vim maximam universo orbi imminentem, nennt Tertullian Apol. c. 32 die Herrschaft des Antichrist. Insustentabili dominatione vexabit orbem terrarum, sagt Lactantius. In uno Romano imperio propter Antichristum blasphemantem omnia simul regna delenda sunt, meint Hieronymus. — [3] Opp. ed. lat. Paris V. 303 sq. — [4] Sie steht in Hippolyti opp. ed. Fabricius, am Ende des ersten Bandes.

Könige, die er vertilgt, find Könige von Aegypten, Libyen und Aethiopien; in Jerusalem läßt er sich anbeten, und auf dem Oelberge daselbst erfolgt die Katastrophe seines Unterganges. Ein Jude mußte er sein, denn nur als geborner Jude konnte er sich für den ächten Messias ausgeben und bei dem Jüdischen Volke allgemeinen Glauben finden. Daß er aus dem Stamme Dan sein werde, schloß man aus der biblischen Bezeichnung des Dan 1 Mof. 49, 17 als einer Schlange. Daran hielt man beharrlich fest, ohne sich durch die Thatsache, daß es längst keine gesonderten oder unterscheidbaren Jüdischen Stämme mehr gebe, beirren zu laffen. Es war hauptsächlich die Vorstellung, daß der Tempel zu Jerusalem wieder werde erbaut werden, um dem Antichrist als Tempel und Thron zu dienen, welche zu der Annahme führte, daß die Juden vorzugsweise ihm zufallen und huldigen würden. So schon Irenäus: Zu ihm (dem Antichrist) werde die gottvergessene Wittwe, das irdische Jerusalem, flüchten, um durch ihn Rache an ihren Feinden zu nehmen.[1] Dieß wurde nun weiter ausgemalt: er werde einen besonderen Eifer für den Tempel an den Tag legen, werde, von den Juden als der rechte Messias begrüßt, wiederum diesem Volke ganz besondere Ehre erweisen.[2] Einige gingen übrigens so weit, ihn geradezu als eine Incarnation des Satan zu denken, wie Theodoret. Auch Cyrillus denkt sich ihn so vom Satan erfüllt, daß dieser αὐτοπροσώπως δι' αὐτοῦ ἐνεργῶν sei.[3] Lactantius nennt ihn malo spiritu genitus[4], und Martin von Tours bei Sulpitius: malo spiritu conceptus.[5] Basilius meinte sogar: der Apostel verstehe unter dem Sohne des Verderbens geradezu den Teufel.[6] Hilarius[7], der Verfasser des lange unter dem Namen des Ambrosius gelesenen Commentars über die Paulinischen Briefe, stellt die Sache so dar, als ob der Satan selbst, der jetzt erst aus dem Himmel auf die Erde herabgestürzt werde, das ganze antichristliche Drama in's Werk setze, und sich von den Menschen als Gott anbeten laffe, wobei er sich des Menschen nur als einer Larve bediene. Auch Gregor der Große dachte sich das Verhältniß in ähnlicher Weise.[8] Hieronymus indeß

---

[1] Iren. 5, 25. — [2] Cyrill. Catech. 15. Greg. Naz. or. 47. — [3] Catech. 15, c. 14, 17. — [4] Instit. 7, 17. — [5] Dialog. 2. — [6] In ps. 7, Opp. I, 98 ed. Garner. — [7] Cognoscitur ipse esse quasi eorum Deus, quos prius nota ejus ut Deos coluit vulgus, quorum sit ipse primus aut summus. Ambrosii opp. ed. Bened. T. II, Append. p. 284. — [8] Er nennt den Antichrist: homo a diabolo assumtus — damnatus ille homo, quem in hac mundi apostata ille angelus assumet. Er sagt: ipse (diabolus) illud

wies die Vorstellung, als ob der Satan selbst als Antichrist unmittelbar auftreten werde, zurück.[1]) Gewöhnlich begnügte man sich
aber mit der Annahme, er werde in der engsten Verbindung mit
dem Satan stehen als dessen williges Werkzeug; dieser werde,
wie Ephräm sagt, seine Dämonen nach allen Weltgegenden aus-
senden, die erfolgte Ankunft des großen Königs in seiner Herrlichkeit
zu verkünden.

Die lateinischen Väter, namentlich Ambrosius und Hieronymus, halten sich großentheils an die Vorstellungen der Griechischen. So auch Augustinus, der, besonders in seinem Werke de
civitate Dei, die nun schon sehr verbreiteten und herkömmlichen Angaben über den Antichrist, die Dauer seiner Verfolgung, seinen Ursprung aus dem Stamme Dan und Aehnliches wiederholt, dabei
aber zugibt, daß bezüglich des „Hemmenden" oder „Innehabenden"
und des Mysteriums der Bosheit bloße Vermuthungen existirten.
„Sehnlich und mühsam, sagt er, möchten wir die Meinung des
Apostels erforschen, vermögen es aber nicht; ich gestehe geradezu,
daß ich es nicht weiß."[2]) Auch bei den Lateinern war die Ansicht,
daß Nero der von Paulus Bezeichnete sei, frühe schon verbreitet,
entweder indem man in ihm den Vorläufer des letzten großen
Antichrist sah, oder so, daß man die ursprünglich heidnische und
Jüdische Erwartung einer Wiederkunft Nero's, besonders unter
dem Einflusse der Jüdischen Sibyllinen-Dichtungen, sich aneignete,
was seit der Mitte des dritten Jahrhunderts, zuerst von Commo-
dian, dann von Lactantius und Victorin von Petabis geschah. Die
erstere Annahme drückt Hieronymus so aus: Multis malis atque
peccatis, quibus Nero, impurissimus Caesarum, mundum premit,
Antichristi parturitur adventus.[3]) Die Anhänger der zweiten
Ansicht, zu denen auch Martin von Tours und sein Biograph Sulpicius Severus gehörten, behaupteten entweder, Nero werde wieder
vom Tode auferstehen, oder, er sei gar nicht um's Leben gekommen,
sondern werde noch irgendwo lebendig aufbewahrt. Augustin, der
dieß berichtet[4]), setzt bei: sed multum mihi mirum est hoc
opinantium tanta praesumptio. Diese praesumptio zeigt sich in
merkwürdiger Weise bei dem Afrikaner Commodianus um das

_____

tus perditionis ingressus, Antichristus vocabitur. Opp. ed. Bened. I, 422.
445. — [1]) In Daniel. 7, 8: Ne eum putemus, juxta quorundam opinionem
vel diabolum esse vel daemonem, sed unum de hominibus in quo totus Sa-
tanas habitaturus sit corporaliter. — [2]) Civ. Dei 20, 2. — [3]) Ep. 151 ad
Algas. quaest. 11. Cf. Comm. in Daniel. 11, 30. — [4]) Civ. Dei 20, 19.

3. 252.[1]) Sein Antichrist ist Nero, der aus der Unterwelt wieder heraufsteigt, und, von dem eine unwiderstehliche Verführungskraft ausübenden falschen Propheten (Apoc. 13, 11 flg.) begleitet, sich für den Messias ausgibt und als Gott anbeten läßt. Er theilt die Herrschaft der Welt mit zwei andern Herrschern oder Cäsaren, die er sich beigesellt. Indeß erkennen die von ihm verführten Juden ihren Irrthum, und rufen zu Gott um Hilfe. Sofort erscheinen die bisher verborgenen zehn Stämme mit dem vom Himmel herab-gestiegenen Christus an der Spitze, und die ganze Schöpfung freut sich bei ihrem Anblicke. Sie nehmen Jerusalem ein, der Anti-christ flüchtet nach dem Norden[2]), sammelt dort das große Heer des Gog und Magog. Er unterliegt aber und wird mit dem falschen Propheten in die Gehenna geworfen, worauf das tausendjährige Reich sammt der ersten Auferstehung in dem vom Himmel herab-gelassenen Jerusalem eintritt. In dem Carmen, welches wahr-scheinlich eine spätere Ueberarbeitung der Instructiones ist, werden zwei Antichriste verkündigt, ein westlicher in Rom, der die Christen verführt, und ein Orientalischer in Jerusalem, der die Juden be-trügt. Beide theilen sich gleichsam in die Antichristlichen Geschäfte; jener, Nero, läßt sich in Rom anbeten, unterdrückt das christliche Opfer, und verfolgt die Christen blutig.[3]) Gegen ihn aber zieht der rechte Jüdische Antichrist, der aus Persien kommend, von vier Nationen, Medern, Persern, Chaldäern und Babyloniern, begleitet wird. Er tödtet die drei Cäsaren, und vertilgt Rom und dessen Einwohner, worauf er sich in Judäa anbeten läßt. Zu so starken Abweichungen von der Apokalypse führte schon damals das Bestreben, Daniel, die Apokalypse und die Paulinische Stelle mit einander zu verschmelzen.

Von dem Gedichte Crisias, welches Pitra kürzlich im 4. Bande seines Spicilegium (1858) herausgegeben, soll hier kein Gebrauch gemacht werden, obgleich es sich mit dem Antichrist in großer Aus-führlichkeit beschäftigt. Arevalo hatte vermuthet, der Verfasser sei der Afrikanische Bischof Verecundus im sechsten Jahrhundert, und Pitra will nicht entscheiden, ob es dem sechsten oder dem fünfzehnten

---

[1]) Seine beiden Gedichte, die schon längst bekannten Instructiones, und das neuerlich von Pitra (Spicileg. Solesm. T. I) herausgegebene Carmen apologe-ticum sind hier zusammenzunehmen. — [2]) Pitra glaubt im B. 974 des Carmen: Et fu(giet in rub)ore ergänzen zu sollen, aber die Vergleichung mit den In-structiones (I. 42, v. 38) zeigt, daß zu lesen ist: Et fugit in Boream. — [3]) Oblatio Christo v. 872.

Jahrhundert angehöre. Mir scheint es ganz klar, daß es ein Ita-
lienisches Erzeugniß des fünfzehnten oder sechzehnten Jahrhunderts
sei, großentheils eine Uebersetzung oder Paraphrase der Sibyllinen.
Ganz im Geschmacke der damaligen, Heidnisches und Christliches so
gerne amalgamirenden, Italienischen Humanisten wird der gesammte
Hellenische Olymp mit seinen Göttern und Göttinnen in Anspruch
genommen, um die Erziehung und Ausbildung des Antichrist für seinen künftigen Beruf zu besorgen. Im Gegensatz gegen die gewöhnliche
Ansicht, daß er ein durch Scheinheiligkeit verführender Heuchler sein
werde, heißt es: totus per stupra nefanda Amplexusque ruet, cir-
cumdatus agmine semper Foemineo, semperque inter lasciva volu-
tans. Dabei: Intentusque epulis, semperque intentus Jacclio etc.

Im Allgemeinen dachten sich die Väter der sechs ersten Jahrhunderte die ganze Episode des Antichrist als eine Erhebung des
Judenthums. Der Antichrist ist ihnen ein Jüdischer Pseudo-Messias,
wie deren von Zeit zu Zeit auftraten, aber der mächtigste, dreisteste,
erfolgreichste von allen. Gewöhnlich deutete man die Worte, die
Christus Joh. 5, 43 zu den Juden gesprochen, auf ihn. Man erwartete, daß er von Jerusalem aus überall das Mosaische Gesetz und
die Beschneidung einzuführen streben werde. So Victorin, Cyrillus,
Sulpicius Severus, Hieronymus, Augustin, Pelagius, Sedulius, Hilarius, Gregorius der Große, Gregor von Tours, Isidor von Sevilla.
Niemand dachte daran, daß er aus dem Schooße der christlichen Kirche
sich erheben solle; im Gegentheil, man dachte ihn und sein sehr kurz
(nur 3½ Jahre) dauerndes Reich als der Kirche fremd und feindlich
gegenüberstehend. Weit entfernt, sich selber oder seine Genossenschaft
christlich zu nennen, wird er vielmehr sein Judenthum recht offen
zur Schau tragen; viele Christen werden zwar zu ihm abfallen, viele
christliche Kirchengebäude von ihm und den Seinigen eingenommen
werden, aber der Lauf und die sichtbare Succession der Kirche wird
dadurch keineswegs gestört oder beeinträchtigt werden. [1]) Die, welche
das Verhältniß der Abtrünnigen zu den treu Bleibenden bestimmen
wollten, schlossen aus Apoc. 12, 4, daß ein Drittheil der Christen
verführt werden würde. So Victorin, Gregor der Große, Hilarius
u. A. Diese Vorstellungen blieben auch in den folgenden Jahrhunderten trotz vielfacher rhetorischer Amplifikationen und mitunter phan-
tastischer Verzerrungen die in der Kirche verbreiteten. [2]) Freilich wuchs

---

[1]) Man vergl. z. B. Augustin. de civ. Dei. 20, 8. — [2]) Mir ist nur
ein einziger bedeutender Theologe bekannt, der unter dem Eindruck der Ereignisse

mit der geographischen Erweiterung des Gesichtskreises und mit der
Ausbreitung der Kirche in fremden Welttheilen die Schwierigkeit,
sich ein von Jerusalem aus regiertes antichristliches, ganz Jüdisches
Weltreich und eine so allgemeine und doch in die kurze Spanne Zeit
von drei und ein halb Jahren eingeschlossene Verfolgung zu denken.
Die späteren Theologen, seit dem siebzehnten Jahrhundert, wurden
daher allmälig viel zurückhaltender und nüchterner in der Erwähnung
und Schilderung des Antichrist, und begannen einzusehen, daß man
in der Combination Daniel's, der Worte Christi, Pauli und der
Apokalypse viel zu weit gegangen sei.

In der Griechischen Kirche setzte die nüchterne und zurückhaltende
Weise, mit der sich Johannes von Damaskus in seiner zu klassischer
Autorität gelangten Dogmatik über den Antichrist erklärte, den Spe-
kulationen über dieses Thema eine Schranke, und führte gewissermaßen einen Abschluß herbei.[1] Er legt die Paulinische Stelle zu
Grunde, und enthält sich jedes Herbeiziehens der Apokalypse, offenbar weil er erkannt hatte, daß der „Mensch der Sünde" bei Paulus
nichts mit den beiden apokalyptischen Thieren gemein habe. Dafür,
daß die Juden den Antichrist als ihren Messias aufnehmen werden,
bürgt ihm das Wort Christi Joh. 5, 43. Der Tempel, in dem er
sich als Gott anbeten läßt, ist der alte Jüdische, „nicht der unsrige
(d. h. nicht die Auferstehungskirche zu Jerusalem), denn er wird
nicht uns, sondern den Juden kommen." Ein aus Unzucht geborner,
aber mit der ganzen Kraft Satans ausgerüsteter Mensch, wird er
plötzlich sich der Herrschaft bemächtigen, die Kirche verfolgen, aber
mit seinen lügenhaften Scheinwundern nur die schwachsinnigen und
haltungslosen Menschen zum Abfall verführen.

Weit mehr wollte man in der Abendländischen Christenheit des
Mittelalters über den Antichrist wissen. Die Occidentalen im Mittelalter schöpften ihre Vorstellungen vom Antichrist und ihr Verständniß der Paulinischen Stelle vorzüglich aus Augustin, Hieronymus und Hilarius (Ambrosiaster). Hiezu kam noch als Haupt-
quelle die Schrift eines ungenannten Afrikaners (verfaßt zwischen 450

tes siebzehnten Jahrhunderts in dieser Sache alles Maß überschritt: Dominicus
Sotus in seinem Commentar über das 4. Buch der Sentenzen, dist. 46, quaest.
1, art. 1: Extincta fide per discessionem ab apostolica sede totus mundus
vanus erit ac deinceps in casum processurus. Aber schon Bellarmin und
de Valentia haben sich scharf tadelnd über die Verkehrtheit dieser Auffassung
geäußert. — [1] De fid. orthod. 4, 26. Opp. ed. Lequien 1, 269.

und 455): de promissionibus et praedictionibus Dei, mit ihrem
Anhang, dem Dimidium temporis, ad cujus finem implendae
sunt visiones in scripturis s. factae de Antichristo.[1]) Diese Schrift,
die man allgemein dem Prosper zuschrieb, war im Mittelalter eine der
verbreitetsten. Auch ihr Verfasser versteht unter dem Antichrist eigentlich den Satan, der entweder unter der Gestalt Nero's oder auch unter
der eines Andern auftreten, jedenfalls aber Nero's Laster zur Schau
tragen werde. Während Viele, besonders Spätere, meinten, der Antichrist werde die ganze Geschichte Christi bis zu täuschender Aehnlichkeit nachäffen, behauptet er im Gegentheil, die Verschiedenheit seiner
Erscheinung und seines Wirkens werde eine so vollständige sein, von
allem dem, was Christo widerfahren, werde bei ihm so gar nichts
eintreffen, daß es den Nachkommen leicht sein werde, ihn als einen
falschen Messias zu erkennen. Da er zu einer Zeit schrieb, wo die
katholischen Afrikaner bereits unter dem Joche der Arianischen Van-
dalen seufzten, so nimmt er an, die in die (natürlich auch von ihm
als sehr nahe gedachte) Zeit des Antichrist fallende Verfolgung werde
eine von den Arianern verhängte sein. Die Hauptschrift, aus der
seit dem eilften Jahrhundert fast jeder seine Notizen über diese
Materie schöpfte, wurde eine kurze Abhandlung, welche der Mönch
Adso, seit 968 Abt des Klosters Moutier-en-Der, um d. J. 953
auf Verlangen der Fränkischen Königin Gerberga verfaßte. Sie
wurde bald dem heil. Augustin, bald dem Rhabanus Maurus oder
auch Alcuin beigelegt[2]), und gelangte dadurch trotz ihres theilweise
phantastischen und fratzenhaften Inhalts zu bedeutendem Ansehen.
Der Antichrist, berichtet Adso, wird in Babylon geboren, in Bethsaida und Corozaim von Zauberern ernährt und großgezogen. Dieß
wurde von da an oft genug wiederholt, ohne zu bedenken, daß seit
vielen Jahrhunderten kein Babylon, kein Bethsaida und kein Corozaim mehr existirte. Der Satan bemächtigt sich seiner schon im
Mutterleibe. Er läßt sich in Jerusalem nieder, wo alle Juden zu
ihm als ihrem Messias zusammenströmen, beschneidet sich, sendet seine
Prediger in die ganze Welt, wirkt eine Menge von Wundern, erweckt
selbst Todte, errichtet den Tempel von Neuem, und läßt sich als den
Sohn Gottes anbeten. Er bekehrt alle Fürsten zu sich, und durch
sie die Völker. Die Christen, die ihm nicht zufallen, werden getödtet.

---

[1]) In der Pariser Ausgabe der Werke Prosper's (1711), Append. p.
91 sq. p. 190 sq. — [2]) Sie steht in Augustin's Werken, T. VI, App. p. 723,
ed. Antwerp. Auch in der Froben'schen Ausgabe Alcuin's.

Adso läßt ihn sogar, im Widerspruche mit den ältern Vätern, den
Götzendienst (daemonum cultoram) wieder einführen, und als ob
er es jedem Nachfolger unmöglich machen wollte, ihn an Gräßlichkeit
der Schilderung zu überbieten, behauptet er, das ganze menschliche
Geschlecht werde durch den Antichrist betrogen und in's Verderben
gestürzt werden.[1] Als mildernden Umstand fügt er jedoch bei: Nach
der Tödtung des Antichrist auf dem Oelberge werde nicht gleich das
Gericht folgen, sondern Gott werde erst die Belehrung einer Anzahl
der Verführten abwarten. Der Mensch der Sünde werde aber nicht
eher auftreten, als bis die Discessio erfolgt sei, d. h. bis alle dem
Römischen Reiche unterworfenen Länder sich von demselben getrennt
haben, was nicht geschehen werde, so lange es Könige des Franken-
Reichs gebe.

Außer diesen Schriften sind es noch die sogenannten Offenbarungen des Methodius, welche wesentlich dazu beitrugen, die
eschatologischen Vorstellungen des späteren Mittelalters zu färben.
Sie sind wohl erst lange nach Adso's Schrift, im zwölsten Jahrhunderte, im Occident bekannt geworden.[2] Man schrieb sie dem
berühmten Bischof von Patara im Anfange des vierten Jahrhunderts
zu; sie sind aber weder von diesem, noch von dem gleichnamigen
Patriarchen von Konstantinopel, der 846 starb, wie Fabricius meinte.[3]
Der Name ist wohl überhaupt fingirt. Die Schrift beschäftigt sich
mit den Schicksalen der Orientalischen Christenheit; ihren Leiden
unter dem Joche der Söhne Ismaels[4], einem erwarteten großen
Siege des Griechischen Kaisers, der das Muhamedanische Joch
brechen wird, und der Mongolen-Invasion (Gog und Magog).
Darauf wird der Griechische Kaiser zehn und ein halb Jahre in
Jerusalem thronen, und sofort der Antichrist erscheinen, der in Corozaim geboren, in Bethsaida erzogen wird, und in Capharnaum
herrscht, bis er nach Jerusalem zieht, und sich dort im Tempel anbeten läßt. Eigenthümlich ist hier die Annahme, der Antichrist werde,
durch die Predigt des Henoch und Elias entlarvt, von allen Völkern
wieder verlassen und allgemein verachtet werden.

Im Ganzen war auch während der Jahrhunderte des Mittel-

---

[1] Totam simul humanum genus suo errore decipiet et perdet. —
[2] Sie steht Griech. und Latein. in den Orthodoxographa Basil. 1569, Tom. I.
— [3] Cod. Pseudepigr. V. T. p. 436. 440. — [4] Der Latein. Uebersetzer hat
in den Ueberschriften der Kapitel immer die Türken genannt, während der Verfasser das Kalifat im Auge hat.

alters der Blick der Christen bezüglich des Antichrist immer nach dem
Orient gerichtet, und wenn man sich seine Erscheinung als besonders
nahe dachte, so waren es eher Ereignisse des Orients als des Occi-
dents, welche dazu bestimmten.   Denn daß er im Orient, in Chal-
däa und dann in Palästina, anstreten werde, wurde nicht bezweifelt.
In einem weiteren und uneigentlichen Sinne nannte man wohl auch
einzelne Personen, die man als besondere Feinde oder Verderber der
Kirche brandmarken wollte, Antichriste, oder praecursores Antichristi,
da Johannes bereits den Begriff eines Antichrist verallgemeinert
hatte.   Natürlich machte man diese Bezeichnung vor Allem bei Verfolgern, bei Urhebern von Spaltungen und Irrlehren, geltend. · So
erklärten bereits Cyprian und Hieronymus: alle Häretiker seien Antichriste [1]); wogegen der Arianer, der das opus imperf. in Matthaeum
verfaßte, die Katholiken oder Homousianer für die Schaar des Antichrist erklärte.   Dergestalt entwickelte sich allmälig die Vorstellung:
alle Häresieen seien Vorbereitungen zu der großen Empörung, welche
die Verfolgung des Antichrist verursachen werde, und würden dann
in dieser wie Bäche und Flüsse in einem großen Meere verschlungen
werden.   Unter seiner Herrschaft würden also keine neuen Sekten
und Irrlehren mehr entstehen, vielmehr werde es nur noch zwei Religionen in der Welt geben, die katholische und die des Antichrist.

Im zwölften Jahrhundert erhoben sich bereits Stimmen, welche
meinten, man sei in der Ausmalung des Antichrist und der vorher-
gehenden und begleitenden Ereignisse viel zu weit gegangen, und
demnach gegen das kategorische Behaupten von Dingen, die doch nicht
zur überlieferten Glaubenslehre der Kirche gehörten, protestirten.
Dieß that namentlich der gelehrte Propst Gerhoh von Reichersberg
in seiner Schrift: de investigatione Antichristi.[2]) Er will zeigen,
daß Alles, was die heilige Schrift vom Antichrist sage, bereits durch
die frühere Geschichte der Kirche und die Thaten ihrer Feinde erfüllt
sei, wenn auch kein solcher Antichrist mehr komme, wie man sich ihn
vorzustellen pflegt, der sich für Christus ausgebe, sich in einem Tempel als Gott anbeten und Feuer vom Himmel fallen lasse, den Henoch und Elias tödte, und das Uebrige vollbringe, was vielmehr die
kirchliche Meinung als der Glaube annehme.   Denn in Bezug auf
den Antichrist gehöre zum Glauben nur so viel, als zur Erfüllung

---

[1]) Cyprian. ep. 74. 76. Hieron. in Matth. 24, 5. Opp. VII, 193.
— [2]) Auszugsweise mitgetheilt von Jodok Stülz, im 22. Bande des Archivs
für Kunde Oesterreich. (Geschichtsquellen, Wien 1859.)

der ihn betreffenden biblischen Weissagungen nothwendig sei; es stehe uns also frei anzunehmen, daß schon die vorausgegangenen Antichriste zur Erfüllung der heiligen Schrift und des Mysteriums der Bosheit hinreichen, und demnach der Herr gerechtfertigt sei, wenn er auch heute schon das letzte Gericht anbrechen lasse.[1]) Manchen genügte die Vorstellung, daß die Erscheinung des Antichrist überhaupt nahe sei, noch nicht; sie versicherten zu wissen, daß er bereits geboren sei, daß er noch in dieser Generation sich zeigen werde. So Norbert, der Stifter des Prämonstratenser-Ordens, von dem der heilige Bernhard dieß berichtet.[2])

Das größte Aufsehen erregte der Bischof Ranieri von Florenz, der schon früher, zwischen 1071 und 1080, dasselbe behauptet hatte. Der Erzbischof Guibert von Ravenna, nachher Gegenpapst, suchte ihn durch ein Schreiben[3]) von seinem Irrthum zu überführen, worin er sagt, seine Behauptung sei der Gegenstand aller Gespräche, und ihm vorstellt, er maße sich an zu wissen, was kein Prophet gewußt habe; noch stehe das Römische Reich in voller Kraft, herrsche in ganz Italien; von der Discessio des Apostels, die doch dem Antichrist vorhergehen müsse, sei noch keine Spur da. Wiederum hatte der Dominikaner Vincenz Ferrer, wie er im J. 1412 dem Avignoner Papste de Luna schrieb, erfahren, daß der Antichrist bereits geboren sei.

Die Schule der Joachimiten ersann die Theorie der Danielischen Tagjahre, die nachher so viele Verwirrung gestiftet hat, wonach die 1260 Tage eben so viele Jahre bedeuten; vom J. 1200 bis 1260 sollte die Bedrückung der Kirche durch das mystische Babylon, d. h. die deutsche Kaisermacht unter den Hohenstaufen, währen, und von 1256 bis 1260 die Tyrannei des Antichrist. Die Joachimiten unterschieden aber den Antichristus mixtus oder mysticus, oder Antichristus reipublicae, die tyrannische weltliche Gewalt mit einem von ihr gemachten falschen Papste, von dem eigentlichen Antichrist.[4]) Als

---

[1]) Gerhoh erzählt auch, daß schon zu seiner Zeit das Mysterium des Antichrist häufig in den Kirchen dramatisch dargestellt werde, was er denn aufs schärfste als etwas wahrhaft Antichristliches mißbilligt. l. c. p. 4. Dadurch mußte denn freilich dem Streben, die Sagen vom Antichrist mehr mythisch auszumalen, stets neue Nahrung zugeführt werden. — [2] De Antichristo eum inquirerem quid sentiret, durante ea quae nunc est generatione revelandum illum esse certissime scire protestatus est. Ep. 56. Opp. ed. Mabill. I, 59. —
[3]) Abgedruckt in den Novelle letterarie von Florenz 1764, p. 771. 803. —
[4]) So z. B. Joachim in Hierem. p. 329.

das Jahr 1260 vorübergegangen war, ohne eine Erfüllung der gehegten Erwartungen zu bringen, ergriff man Daniel's 1335 Tage,
und bestimmte das Jahr 1335 als das Datum der Vernichtung des
Antichrist. So die Beguinen oder Anhänger der Lehre des Pierre
Jean d'Olive.[1]) Wyclyffe, wenn er der Verfasser der Schrift:
the last age of the church ist, machte das Jahr 1400 zur Aera
der Offenbarung des Antichrist. Er hat wohl auch sonst in seinen
Schriften gelegentlich den Papst den Antichrist[2]), oder einen Antichrist genannt; aber bei ihm wie bei andern Häretikern des Mittelalters ist dann das Wort in einem weiteren und uneigentlichen Sinn
genommen, sie denken nicht daran, die Paulinische Stelle vom Menschen der Sünde auf den päpstlichen Stuhl zu beziehen; denn die
Ansicht, daß Paulus eine einzelne Persönlichkeit, die sich im Orient
aus dem Schooße des Judenthums am Ende der Zeiten erheben
werde, gemeint habe, stand allzu fest. Man wollte also nur sagen,
daß die Päpste Antichriste seien, wie es deren Viele vor ihnen gegeben habe unter den Häretikern und Verfolgern der Kirche, oder, wie
Wyclyffe ausführte, daß zwischen einem Papste und Christus ein
durchgreifender Contrast sei. Ein Theil der Waldenser bezeichnete
den Papst Sylvester als den Antichrist; sie meinten natürlich nicht,
daß der letzte und eigentliche Antichrist schon im vierten Jahrhundert
erschienen sei, sondern nur, daß Sylvester, der durch die Annahme
der Konstantinischen Schenkung die Kirche vergiftet habe, sich damit
als einen Feind der Kirche und häretischen Vorläufer des Antichrist
gezeigt habe. So sahen die Beguinen in Papst Johann XXII, der
ihr Lieblingsdogma von der vollkommenen Armuth verworfen hatte,
den mysticus Antichristus. Das galt aber nur diesem einzelnen
Papste, nicht dem Papstthume[3]), welches vielmehr alle Beguinen als
göttliche Institution betrachteten. Der rechte Antichrist, meinten sie
zum Theil, werde gerade aus dem vorzüglichsten aller Orden, dem
des heiligen Franziskus, hervorgehen, wie Lucifer aus der höchsten
Klasse der Engel gewesen.

Mit der Kirchentrennung des sechzehnten Jahrhunderts trat eine
folgenreiche Veränderung auch in der Auslegung der Paulinischen
Stelle ein, eine Veränderung, die in der That eines der außer-
ordentlichsten Ereignisse in der ganzen 1800jährigen Geschichte der
Bibelauslegung ist. 1500 Jahre lang hatte jedermann den Apostel

---

[1]) Lib. Sentent. Inquis. Tolos. bei Limborch hist. Inquis. p. 298. 303.
— [2]) Ed. by J. H. Todd. Dublin 1840. — [3]) Ap. Limborch. l. c. p. 308.

von einer bestimmten einzelnen Person verstanden, die er als den
Widersacher, den Menschen der Sünde bezeichne. Von allen Bätern
hatte auch nicht Einer die Sache anders genommen. Da ward plötzlich die Deutung erfunden. Paulus meine nichts weniger als dieß,
sondern vielmehr eine lange, durch viele Jahrhunderte sich fortziehende
Reihenfolge von Personen, nämlich die Succession der Bischöfe auf
dem Römischen Stuhle; er habe der Kirche voraussagen wollen, daß
sie selber das Reich und der Sitz eines mindestens anderthalbtausend
Jahre permanenten Antichrist werden würde, so daß eine regelmäßige
Dynastie oder Succession von Antichristen stattfinden solle, doch mit
kurzen Unterbrechungen; so oft nämlich der Römische Stuhl erledigt
werde, fehle es an einem Antichrist, sobald aber die Wiederbesetzung
desselben erfolgt sei, sei auch sofort ein Antichrist, ohne welchen die
Christenheit nun bis zum Ende der Welt nicht mehr sein könne und
dürfe, wieder vorhanden. Der Tempel Gottes, in welchen der Widersacher sich setzen werde, könne nichts anderes sein, als die christliche Kirche.[1]) Die Ansicht, daß der Antichrist erst mit dem Zer-
falle des Römischen Reichs habe hervortreten sollen, wurde beibehalten, nur daß man nicht recht anzugeben wußte, wann denn dieser
Fall des Reiches eigentlich erfolgt sei, ob man hiebei auf das West-
römische, oder das Byzantinische Reich, oder auf beide sehen solle.
Die zu Jahren gestempelten 1260 Tage Daniel's wurden nun als
Bezeichnung der Dauer des Antichristischen Reiches genommen, und
je nachdem man diesen oder jenen Papst zum ersten in der langen
Reihe der Antichriste machte, reichte man damit bis in's achtzehnte,
neunzehnte oder auch einundzwanzigste Jahrhundert. Unter den sogenannten Göttern, über welche der „Widersacher" sich setzt, sind

---

[1]) Ueber den Widerspruch, daß die Kirche, welche den Antichrist als ihr
Haupt erkennt, von dem Apostel „der Tempel Gottes" genannt, zugleich aber auch
wieder von ihm als eine abtrünnige bezeichnet werden solle (denn so verstand
man jetzt die „Apostasie"), setzte man sich weg. Daß nach dem Ausspruch Pauli
alle Anhänger des „Menschen der Sünde" ἀπολλύμενοι, unrettbar Verlorene
sind, erregte im Reformationszeitalter kein Bedenken. Man gab vielmehr die
ganze Konsequenz bereitwillig zu; später freilich erregte die Sache Bedenken, weshalb, wie Koppe bemerkt, plerosque interpretum hanc orationis Paulinae
partem (2, 11. 12) prorsus silentio praeterиsse animadvertimus. De Wette
hat schon erinnert, daß der metaphorische Sinn des Tempels als der christlichen
Kirche mit der Vorstellung des „sich Setzens" nicht stimme, aber für solche feinere
Wahrnehmungen fehlte natürlich in jener Zeit Sinn und Stimmung.

Fürsten und Könige zu verstehen, denn die Päpste haben behauptet, daß auch sie ihrer kirchlichen Autorität untergeben seien. Diese Auslegung, zuerst von Luther ersonnen, ward in die Schmalkaldischen Artikel aufgenommen, erhielt damit dogmatisch-symbolisches Ansehen, und wurde von der ganzen protestantischen Theologie eifrig ergriffen und festgehalten. Calvin erklärte, die Deutung sei so klar und einleuchtend, daß auch ein zehnjähriger Knabe sie als wahr erkennen müsse. Die Stelle anders zu verstehen, war gefährlich; es war einer der Anklagepunkte, die den Erzbischof Laud auf das Blutgerüste brachten, daß er den „Menschen der Sünde" in dem Römischen Bischofe nicht habe erkennen wollen.¹) Da indeß diese Auslegung nunmehr allenthalben, wo es eine wissenschaftliche Theologie und Exegese gibt, verlassen ist, so genügt es, sie hier erwähnt zu haben. Richtig sagt Kern: „daß unser Text von einem individuellen Subjekte rede, und zwar so bestimmt als nur immer möglich, dieß leuchtet dem Unbefangenen so unausweichlich ein, daß man gar nie daran hätte zweifeln können, wenn man nicht aus gewissen anderweitigen, dogmatischen und anderen Gründen der Annahme einer bestimmten einzelnen Person um jeden Preis hätte entgehen wollen." Tübing. Zeitschr. f. Theol. 1839, Heft 2, 158.

Die ersten, welche die Nothwendigkeit einer andern Deutung erkannten, und zugleich wahrnahmen, daß dem Apostel Personen und Verhältnisse seiner Zeit vorgeschwebt seien, waren Niederländer und Engländer. Grotius meinte: der Mensch der Sünde sei der Kaiser Caligula, und die Apostasie die damals am kaiserlichen Hofe herrschende Ruchlosigkeit, vom 8. V. an aber sei vom Magier Simon die Rede. Witsius und Wetstein verstanden unter dem Menschen der Sünde den Titus, und unter der Apostasie die Empörungen Römischer Heere unter und nach Nero. Hammond bezog alles auf die Gnostiker und ihr Haupt, Simon Magus. Diese Deutungen

---

¹) Die Behauptung, daß die katholischen Theologen Luther und sein Werk als den von Paulus gemeinten Antichrist bezeichnet hätten, scheint schon ganz traditionell geworden zu sein. Einer schreibt sie dem Andern unbesehen nach. So Clausen IV, 521, Lünemann S. 210. In Wahrheit ist es von Niemanden geschehen, und hätte ein Theologe sich im Paroxismus der Polemik zu einer solchen Verkehrtheit fortreißen lassen, so würde es als etwas der allgemeinen kirchlichen Anschauung Widersprechendes überall verworfen worden sein. Lünemann citirt dafür Estius, Fromond, Bern. a Piconio (Piequigny). Keiner von diesen sagt Derartiges.

konnten leicht widerlegt werden. Eben so unbefriedigend war eine andere Erklärung[1]), daß unter dem Menschen der Sünde die ungläubigen, die Christen verfolgenden Juden zu verstehen seien. Während Benson und Macknight nur gedankenlos die von Luther ersonnene Deutung wiederholen, findet sich eine Mischung von Richtigem und Schiefem in dem Commentar Whitby's, des scharfsinnigsten unter den älteren Englischen Exegeten.[2]) Er hat bereits erkannt, daß unter dem κατέχων der Kaiser Claudius gemeint sei; unter dem Widersacher aber denkt er sich die Jüdische Nation mit ihrer Tendenz zum Aufruhr und ihrem Hasse gegen die christlichen Gemeinden, die nur Claudius noch am Abfalle hindere. Mit ihm stimmt im Wesentlichen Rösselt.[3])

Die ersten protestant. Theologen in Deutschland, die der älteren Deutung entsagten, Döderlein, Eckermann, Kleuker, suchten sich durch Beziehung der Stelle auf die Meutereien der Juden gegen die Römer und die damaligen falschen Messiasse und Aufwiegler zu helfen. Koppe, Stolz, Quinöl meinten, Paulus ziele auf eine successive Reihe von Widersachern Gottes und Christi, welche einmal noch in der Kirche aufstehen würden. Berthold glaubte, der Antichrist des Paulus sei ein bloßes Gebilde Jüdischer Phantasie, eine Zeitvorstellung, in der auch Paulus befangen gewesen sei.[4]) Nach Baumgarten-Crusius enthält die Paulinische Weissagung keine dem Apostel eigenthümliche neue Belehrungen, sondern nur den alten Propheten, besonders Daniel, entlehnte Bilder; an bestimmte Persönlichkeiten ist nicht zu denken. Der κατέχων ist der „junge Geist der christlichen Sache", oder auch „Christus in den Gläubigen." Olshausen[5]) folgt in seiner Erklärung denen, die in der Ausmalung des Antichrist-Bildes am weitesten gehen. Verhüllt ist der Antichrist schon lange wirksam; es wird aber eine Zeit kommen, wo er alle Hüllen abwirft und sich leibhaftig, als eine Menschwerdung des Satans selbst, kund gibt. Es widerstrebt sichtbar seinem exegetischen Gefühl, den Tempel Gottes in die christliche Kirche umzudeuten, er findet aber keinen Ausweg.[6]) Der κατέχων ist ihm das Römische Reich oder der Kaiser als Repräsentant desselben.

---

[1]) Zuerst in La Roche Mémoires de litter. Septemb. 1726. — [2]) Paraphrase and Commentary on the New Testament. Lond. 1718, II. 470. — [3]) Opuscula, 1787, II. 202. — [4]) Christolog. Jud. I. 16. — [5]) Bibl. Commentar, IV. 566 ff. — [6]) Er führt zwei Gründe für diese Umdeutung an: 1) im Tempel zu Jerusalem sei außer der Bundeslade kein Bild oder Thron

Eine eigene Klasse von protestantischen Theologen und Exegeten hat sich in den letzten Decennien der Ansicht ergeben, daß die Weissagung Pauli eigentlich und in ihrem vollen Sinne auf „unsere Tage", die Mitte des neunzehnten Jahrhunderts, sich beziehe, und gegenwärtig Alles mehr und mehr zum Hervortreten des rechten und vollen Antichrist sich anlasse. So sagt O. von Gerlach: „In unsern Tagen sind Kräfte der Lüge von der (der Römischen Kirche) entgegengesetzten Seite her erwacht, welche bei weitem gewaltiger und entschiedener auf die nun schon nähere Erfüllung dieser apostolischen Weissagung hindeuten." Und er zählt nun auf: die Vergötterung des menschlichen Geschlechtes selbst, die Lehre von der Herstellung des Fleisches, die allgemeine Auflösung der kirchlichen und gesetzlichen Bande, das Entschwinden der Ehrfurcht vor der Obrigkeit, die Angriffe gegen die Grundlagen des christlichen Glaubens. Sobald sich diese Kräfte der Bosheit in einem höchst begabten Menschen sammeln und einigen, und dieser die Welt glauben macht, in ihm' sei der Geist selbst ganz und gar Fleisch geworden, so ist das Ereigniß da, das Paulus vorherverkündigt.

Ziemlich nahe kommt dieser Gerlach'schen Auffassung die von Heubner[1]) gegebene: „Der Sündenmensch ist als Collectivum, als Generation zu denken, obwohl in dieser Generation ein vorzüglicher Repräsentant derselben auftreten kann." Aus der Mitte der christlichen Kirche selbst, meint er, werde ein Geist ausgehen, von welchem beherrscht die Menschen in Natur- und Selbstvergötterung, Naturalismus, Panlogismus oder Logolatrie und Autotheismus verfallen würden. Dieser Geist habe sich schon zu Pauli Zeiten in den Gnostischen Irrlehrern geregt, das Hinderniß des völligen Ausbruchs sei in den ersten Jahrhunderten der christlich-apostolische sich mächtig regende Geist gewesen, vom vierten Jahrhundert an die politische Macht, die das Christenthum begünstigte. Wird die politische Macht von jenem Zeitgeist ergriffen, dann wird er zum Ausbruch kommen. — Auch in dem neuen Zeller'schen Wörterbuch der Bibel heißt es II, 44: „Mitten unter den Gerichten

---

Jehova's gewesen. Welche Beweiskraft hierin für die Substituirung der christlichen Kirche statt des Tempels liegen solle, ist nicht abzusehen; 2) nach Matth. 24, 2 und Joh. 1, 21 solle der zerstörte Tempel nicht wieder aufgebaut werden. Das ist aber weder in der einen noch in der andern Stelle gesagt. Und läge es auch darin, so müßte man noch immer die Worte Pauli in ihrem nächsten, hier allein möglichen Sinne nehmen. — [1]) Praktische Erklärung des N. T., Bd. IV. S. 176.

Gottes steigert sich der Abfall und die Gesetzlosigkeit, so daß das
vorausgesetzte Austreten des Menschen der Sünde nicht lange wird
auf sich warten lassen." Ebendaselbst S. 704 wird die Erwartung
näher formulirt: Unter Anführung der beiden Zeugen (Offenb. 11,
vgl. Mal. 3, 1) wird in Jerusalem ein christlicher Tempel neu erbaut und gegen den Widerchrist eine Zeit lang geschützt, nach der
Ueberwindung der Zeugen aber von ihm in Besitz genommen werden,
worauf er den bloßen Menschengeist in diesem Tempel als Gott verehren lassen wird. So sieht auch Rudelbach die ganze Erscheinung
(der antichristlichen Periode) in wahrhafter Riesengröße vor uns da-
stehen.¹) Dagegen haben Andere neuerlich mehrfach angenommen,
Paulus habe sich getäuscht. So Düsterdieck, die Johannes-Briefe
1852, I, 330: Paulus hat die persönliche Erscheinung des Widersachers in chronologischer Beziehung unrichtig vorgestellt. De Wette,
exeget. Handbuch, 2. Bdes. 3. Thl. S. 133: Der Apostel entrichtete
darin der menschlichen Schwachheit einen Zoll, daß er zuviel voraus-
wissen wollte; zugleich war er von jüdischer Apokalyptik und dem in
diesem Sinne mißverstandenen Buch Daniel abhängig. Zu ähnlichem
Ergebnisse gelangte Wieseler, Chronologie des apostol. Zeitalters,
1848, S. 273: Der Hemmende (die Christen zu Jerusalem oder Jakobus) ist längst verschwunden, aber — „der Mensch der Sünde ist
noch nicht erschienen." Schrader²) sieht in dem Sündenmenschen
„ein Gebilde der Phantasie, welches wir fast ganz in dem Magier
Simon wiederfinden", und schließt daraus auf die Unächtheit des
Briefes. Krehl, Wörterbuch des N. T. S. 638, begnügt sich mit
der Behauptung: eine nähere Darlegung der eigentlichen Meinung
des Apostels lasse sich nicht geben, weil er von einer zukünftigen und
dunkeln Sache spreche. Lünemann's Auslegung, der im κατέχων
wieder das Römische Reich sieht, führt, was den angeblichen Irrthum
des Apostels betrifft, wesentlich zu demselben Ergebnisse. Er meint:
Paulus habe „fortgerissen von seiner Individualität", Genaueres über
den Hergang und die historischen Vorbedingungen der Schlußkata-
strophe festsetzen wollen, als überhaupt dem Menschen, sei er auch
der von Christi Geist am meisten erfüllte Apostel, zu wissen beschieden ist.³) Lechler läßt eigentlich die ganze Stelle unerklärt, und
begnügt sich mit dem Resultate, daß der Widersacher der Antichrist

---

¹) Zeitschrift für Luther. Theologie, 1859, S. 255. — ²) Der Apostel
Paulus, 5. Thl, S. 46 ff. — ³) Kritisch exeget. Handb. üb. d. Briefe an die
Thessal. 2. Ausgabe, 1859, S. 220.

fei, nur daß dieſer Name nicht ausgeſprochen ſei, und (gegen Kern)
daß die von Paulus erwähnten Erſcheinungen nicht auf dem poli-
tiſchen, ſondern auf dem religiöſen Gebiete zu ſuchen ſeien.[1]) Dagegen
legt Baur, übereinſtimmend mit Kern, dem Verfaſſer des Briefes,
der bei ihm ein anderer als Paulus iſt, den Wahn von der Wiederkunft Nero's unter, und meint: „es hindert uns nichts, unter dem Antichriſt des Briefes daſſelbe Individuum wie in der Apokalypſe zu verſtehen", d. h. den Nero, und macht demzufolge den Veſpaſian zum
κατέχων.[2])

Eine eigene Erklärung, mit der er, bis jetzt wenigſtens, allein
ſteht, hat Ewald ſich erdacht. „Wir haben hier ein Geheimniß vor
uns, ſagt er, welches in den erſten apoſtoliſchen Zeiten nur die Gläubigen unter ſich gern beſprachen und fortpflanzten, ſo daß Paulus
nicht gern ganz offen darüber reden mag." Dieſes Geheimniß, das
ſich im Schooße der Muttergemeinde zu Jeruſalem gebildet hatte,
beſteht nun nach Ewald's Entdeckung darin, daß der κατέχων Elias
ſei, der vor dem Auftritt des Antichriſt wiederkehren und erſt von
dieſem aus dem Wege geſchafft werden muß.[3])

Von neueren Engliſchen Theologen ſind mir nur drei bekannt,
welche ſich näher über unſern Abſchnitt erklärt haben.   Burton[4])
verſteht unter dem Menſchen der Sünde die Chriſten, welche bald
nach Paulus ihren Glauben abſchworen und den Gnoſticismus erwählten; er kann in der ganzen Stelle nichts finden, was nöthigte,
die Erfüllung der Weiſſagung in eine dem Weltende nicht lange vorangehende Periode zu verlegen. Unter dem „Hemmenden" möge der
Apoſtel ſich ſelbſt und die übrigen Apoſtel gemeint haben. Alford[5])
verlegt Alles in die Zukunft, findet das Myſterium der Ruchloſigkeit
in allen Chriſtenverfolgern, in Muhamed, den Päpſten, Napoleon,
dem Mormonismus, und den „Hemmenden" in den weltlichen Staaten und deren Fürſten. Am ausführlichſten, in einer eigenen Abhandlung: „On the Man of sin", hat Jowett[6]) ſich neuerlich über die
Sache ausgeſprochen. Aber auch ihm bleibt faſt Alles in der Stelle
dunkel und unſicher; er vermuthet indeß als das Wahrſcheinlichſte,
der Menſch der Sünde möge nichts weiter als eine bloße Perſonifi-

---

[1]) Das apoſtol. und nachapoſt. Zeitalter, 2. Ausg., Stuttg. 1857, S. 132.
— [2]) Theol. Jahrbücher, 1855, S. 150 ff. — [3]) Jahrbücher der bibl. Wiſſen-
ſchaft, III, 251. — [4]) Inquiry into the heresies of the apostolic age. Oxford 1829, p. 400. — [5]) The Greek Testament, Vol. III, London 1856. —
[6]) The Epistles of S. Paul etc. London 1855, Vol. I, p. 168–182.

fation des von Daniel erwähnten Gräuels der Verwüstung sein, zu welcher etwa die Wahrnehmung des damaligen Kaiser-Cultus den Apostel veranlaßt habe.

Die katholischen Exegeten schlossen sich im sechzehnten und siebenzehnten Jahrhundert in den Hauptpunkten meist an die früheren Erklärungsversuche an, ließen aber mehr und mehr merken, daß diese Deutungen sie doch selber nicht befriedigten. Ganz isolirt steht die Erklärung Harbouin's [1]) und seines Schülers Berruyer [2]): Der Abfall ist eine zu Jerusalem sich vollziehende Vermischung des Judenthums mit Heidenthum und Götzendienst, woran eine bedeutende Fraktion des Volkes sich betheiligt, deren Haupturheber aber der sadducäisch gesinnte Hohepriester Ananias (Apost.-Gesch. 23, 2) ist. Diesen nennt Paulus den „Menschen der Sünde" und der κατέχων ist der damalige Inhaber der hohenpriesterlichen Würde. Daß die Geschichte von dieser ganzen Hypothese kein Wort berichtet, ist für Harbouin wie sonst so auch hier kein Bedenken. Man sieht aber, wie auch ihm und Berruyer die Nothwendigkeit, die Erklärung der apostolischen Stelle in der zeitgenössischen Geschichte zu suchen, einleuchtete, und sie zu solch einem verzweifelten Auskunftsmittel verleitete. Seit diesem mißlungenen Versuche scheint eine gewisse Scheu die Theologen abgehalten zu haben, sich mit dem fraglichen Briefe und dem Hauptabschnitt desselben zu befassen. Seit 130 Jahren haben von katholischen Theologen meines Wissens nur zwei den Versuch gemacht, das Paulinische Räthsel zu lösen. Ein so völliges Schweigen von 1730 etwa bis 1818 (wo Jahn's Abhandlung erschien) und wieder von 1818 bis 1858 läßt sich nur daraus erklären, daß man die Sache für hoffnungslos hielt, und weder die herkömmliche Erklärung, mit dem den Antichrist aufhaltenden Römischen Reiche, haltbar fand, noch eine andere Deutung aufzufinden vermochte. Jahn in Wien war nach etwa 80 Jahren der erste, der sich der Aufgabe unterzog. [3]) Mit seinem richtigen exegetischen Takt erkannte er, daß Paulus nur von dem Tempel zu Jerusalem reden könne, und findet es beinah unbegreiflich, wie dieser so wichtige Umstand von allen Auslegern übersehen werden konnte (das ist seit 1818 anders geworden). Aber — und nun tritt er in die Fußstapfen von Hammond — Paulus redet von der Empörung der Juden, nur diese war da-

---

[1]) Comm. in Nov. Test. Amstel. 1741, p. 613. — [2]) Paraphrase litt. des Epîtres des Apôtres. Amsterd. 1758. IV, 62. — [3]) Erklärung der Weissagungen Jesu u. s. w. in Bengel's Archiv für Theologie. II. 376 ff.

mals ſchon insgeheim im Anzug, und ſein geſetzloſer Böſewicht iſt
Bild der Oberhäupter der Empörer, die ihre Afterpropheten und
Zauberer oder Gaukler hatten. Ueber den κατέχων „bleibt unſere
Neugierde unbefriedigt." Man begreift, daß ein ſo unbefriedigendes
Ergebniß ſeitdem Niemanden gelockt hat, es ſich anzueignen. Und
ſo ruhte denn wieder die Exegeſe des zweiten Theſſalonicenſer-Briefes
und der fraglichen crux interpretum, bis 1858 die „Erklärung" des
H. Prof. A. Bisping in Münſter erſchien. Er iſt zu der unglücklichen Erklärung zurückgekehrt, die man ſchon als von jedem beſon-
nenen Exegeten aufgegeben betrachten durfte, und die faſt alle Väter
gegen ſich hat, daß unter dem Tempel Gottes, in welchen der Widerſacher ſich ſetzen werde, die chriſtliche Kirche zu verſtehen ſei. Zugleich ſcheint er ſeine eſchatologiſchen Vorſtellungen bis zu der Erwartung eines völligen Unterganges der ganzen Kirche geſteigert zu
haben, denn er gibt als den Sinn Pauli an: „der Antichriſt wird
aus der Kirche den wahren Gott, das einzige Objekt der Anbetung,
verdrängen, und ſich ſelbſt an deſſen Stelle ſetzen." Ich ſetze als gewiß voraus, daß H. Bisping dieſe Worte nicht in ihrer ganzen Tragweite genommen wiſſen will, daß er z. B. nicht der Anſicht iſt, die
Verheißungen, die Chriſtus ſeiner Kirche gegeben, ſollten nur bis
zum Auftreten des Widerſachers gelten, dann aber und durch ihn zu
nichte gemacht werden. Das wäre aber doch unzweifelhaft der Fall,
wenn es ihm gelänge, Gott aus der Kirche zu verdrängen. Das
„Geheimniß der Ruchloſigkeit" ſind „die noch vereinzelten und zerſtreu-
ten Züge von Ruchloſigkeit und Gottloſigkeit, die zwar jetzt ſchon hie
und da hervortreten, aber als Vorboten des Antichriſt nur von Wenigen erkannt werden." Dieß iſt eine gewöhnliche, im Grunde aber
doch völlig unhiſtoriſche Erklärung. 1. Sie löſt ſich in den Gemein-
platz auf, den ich dem Apoſtel nicht zutrauen kann, daß es ſchon damals Sünde und Irrthum gegeben habe, daß Sünde und Irrthum
in ſteigender Progreſſion (der Erfahrung nach etwa 2000 Jahre und
darüber) fortwuchern, und endlich im Antichriſt culminiren würden.
2. Wenn Paulus wirklich die zu ſeiner Zeit vorhandenen Züge von
Sünde und Gottloſigkeit für Vorboten des Antichriſt ausgegeben
hat, ſo muß man mit allen Umſchreibungen und mildernden Phraſen
am Ende doch geſtehen: er habe ſich getäuſcht. Es widerſpricht nun
einmal aller Logik, Ereigniſſe, welche ſich unter Claudius und Nero
begaben, für Vorboten eines anderen Ereigniſſes, welches 1800 Jahre
ſpäter noch nicht eingetreten iſt, zu erklären; wo kein cauſaler Zu-
ſammenhang ſtattfindet, kann von Vorboten nicht die Rede ſein.

3. Die Züge des Bösen, die Paulus gemeint haben soll, müssen entweder innerhalb der Kirche oder außerhalb derselben existirt haben. Wenn das letztere der Fall sein sollte, so gab es in dem weiten Gebiete des Heidenthums nicht blos vereinzelte Züge von Ruchlosigkeit, sondern Alles war davon voll, die Gräuel lagen offen vor, und konnten in keine Beziehung zu dem lange nach dem Untergange des Heidenthums erst zu erwartenden Antichrist gesetzt werden. Waren es aber Sünden oder Verirrungen innerhalb der Kirche, so konnte und durfte Paulus sie nicht als ein „Mysterium" behandeln; sondern er mußte sie, wie er auch sonst immer zu thun pflegte, zur Warnung seiner Gemeinden zur Sprache bringen, und nicht so geheimnißvoll damit thun.

Ueber den κατέχων sagt H. Bisping: ohngeachtet des Jahres 1806 und des Unterganges des deutschen Reiches glaube er doch an der alten Erklärung festhalten zu müssen; Paulus habe das Römische Reich, und kann in weiterem prophetischen Blick den christlichen Staat gemeint; dieser trete als hemmende Macht dem allgemeinen Abfalle von Gott entgegen und halte das Erscheinen des Antichrist noch auf. Hält es H. Bisping wirklich für denkbar, daß Paulus, bei dem sich sonst nicht die leiseste Spur eines solchen prophetischen Fernblickes über das Römische Reich hinaus zeigt, den Gläubigen zu Thessalonika Vorträge über den christlichen Staat gehalten habe?

Ueberschauen wir nun noch die Versuche, welche in verschiedenen Zeiten gemacht wurden, die Apostasie, den κατέχων und den Tempel Gottes, in welchen der Widersacher sich setzen wird, zu erklären. Unter der Apostasie, die zuerst kommen muß, verstanden die Griechen, Chrysostomus, Theodoret, Theophylakt, Ephräm, den Antichrist selbst, weil er Viele zum Abfalle verleiten werde; und ihnen schloß sich Augustin an, denn er las in seiner Uebersetzung refuga, und setzt daher bei: quem (Antichristum) refugam vocat, utique a Domino Deo.[1]) Man glaubte, der Apostel meine eine große Trennung von der Kirche, die durch den Antichrist bewirkt werden würde. Andere, wie Cyrill von Jerusalem, verstanden einen Abfall vom Glauben. Häufiger aber war die Erklärung von einer Empörung der dem Römischen Reiche unterworfenen Völker. So Hieronymus, Hilarius (Ambrosiaster), Sedulius, Primasius, der Commentar über die Briefe in Anselm's Werken. Doch läßt dieser auch noch zwei andere Erklärungen offen: Sive, ut multitudo ecclesiarum discedat a Ponti-

[1]) Civ. Dei, 20, 19.

fice Rom , aut multitudo hominum discedat a fide. Nach Thomas
von Aquin[1]) muß erst die ganze Welt den christlichen Glauben annehmen, und dann werden Viele wieder abfallen. Es ist daher eine
doppelte Apostasie, eine vom Römischen Reiche, und eine vom katholischen Glauben zu erwarten. Denn wie Christus zur Zeit der Uni-
versalherrschaft des Römischen Reiches kam, so ist umgekehrt der
Abfall von diesem Reiche das Zeichen zur Ankunft des Antichrist.
Die beiden Glossen, die ordinaria und interlinearis, auch Cajetan
und Cornelius a Lapide halten sich an die Deutung eines Abfalls
vom Römischen Reiche. Engelbert von Admont nahm einen dreifachen Abfall an: den der Länder und Völker vom Römischen Reiche,
dann den der Kirchen vom Papste und endlich den der Gläubigen
von Gott.[2]) Daß man in der älteren Kirche unter dem „Tempel
Gottes" den Tempel zu Jerusalem verstanden habe, ist schon gezeigt
worden. Die Vorstellung, daß der Apostel christliche Kirchen gemeint
habe, und daß der Antichrist sich in christlichen Kirchen werde anbeten lassen, weiset Cyrillus noch als etwas Undenkbares ab.[3]) Aber
bald nach ihm verfielen einige Griechische und Lateinische Väter auf
den Gedanken, unter dem Tempel Gottes seien auch christliche
Kirchengebäude zu verstehen, deren der Antichrist sich bemächtigen,
in denen er sich anbeten lassen werde. So Hieronymus, Chrysostomus,
Theodoret. Der erste scheint blos christliche Kirchen mit Ausschluß des
Tempels verstanden zu haben, wogegen Chrysostomus Beides, ein
Sitzen im Tempel und in christlichen Kirchen annimmt, und der Arianische Verfasser des Commentars über Matthäus die Erwartung äußert,
der Antichrist werde obtinere loca ecclesiarum sancta sub specie
Christi.[4]) Augustin, der überhaupt bezüglich der ganzen Paulinischen
Weissagung zurückhaltender war als die übrigen Väter, und lieber
seine Unkenntniß gestand, läßt es ungewiß, in welchem Tempel Gottes
der Antichrist sitzen werde, und erwähnt nur die Meinung Einiger[5]):
Paulus rede nicht von einer bestimmten Person, sondern von der
ganzen Menge der antichristisch gesinnten Menschen, zugleich mit ihrem
Oberhaupte, dem Antichrist, die sich selbst zum Tempel Gottes, d. h.

---

[1]) Comment. in Pauli epp. Antwp. 1591, f. 193: futurum erat, ut
fides a toto mundo reciperetur. istud ergo praecedit, quod nondum est
impletum, et post malti discedent a fide. — [2]) De ortu et interitu Rom.
Imp. c. 18. — [3]) Μὴ γένοιτο γὰρ τοῦτον ἐν ᾧ ἱερῷ sagt er, Catech. 15,
15. — [4]) Opus imperf. in Matth., in Montfaucon's Ausg. des Chrysostomus
T. VI, append. p. VI. — [5]) Civ. Dei, 20, 19.

zu einer Kirche mache.[1]) Jedenfalls hatte diese Meinung nur wenige Anhänger. Die Väter, die unter dem Tempel auch christliche Kirchen verstanden wissen wollten, dachten sich also das Verhältniß, wie es im Orient unter Muhammedanischer Herrschaft sich zeigt, wo christliche Kirchen in moslemische Moscheen verwandelt sind.

Ganz unrichtig meint übrigens Estius, Comm. II, 192, ed. Dune., die Annahme einiger Väter, daß der Antichrist sich christlicher Kirchen bemächtigen werde, komme mit der anderen, daß unter dem Tempel Gottes symbolisch die christliche Kirche gemeint sei, in der er seinen Thron aufrichten werde, auf eins heraus. Im Gegentheil ist hier ein weiter Unterschied: jenes würde blos ein Alt der Gewalt und verfolgender Unterdrückung sein; dieses aber könnte nicht ohne Zustimmung wenigstens eines sehr großen Theils der Kirche geschehen. Nach ihm ist noch der Erklärung Fromond's[2]), eines der besseren Exegeten des siebenzehnten Jahrhunderts, zu gedenken. Dieser sah doch, daß unter dem „Tempel Gottes" nicht die christliche Kirche gemeint sein könne, und behauptete daher, man müsse eine von den zwei ehemaligen christlichen Kirchen in Jerusalem, die seitdem freilich in Moscheen umgewandelt worden, oder etwa auch die Kirche des heiligen Grabes, oder die der Minoriten daselbst sich denken.

Indem man die Danielischen, auf Antiochus Epiphanes sich beziehenden Schilderungen, auf den Antichrist deutete, wurde man auch darauf geführt, die Worte des Propheten von der zeitweiligen Unterdrückung des täglichen Opfers im Tempel auf eine allgemeine Unterdrückung des eucharistischen Opfers der Kirche zu beziehen, und dieß nöthigte wieder, die Macht des Antichrist und seines Anhangs und die von ihm ausgehende Verfolgung in geographischer Schrankenlosigkeit zu fassen, sie als eine über alle Nationen und über die ganze Erde ausgebreitete zu schildern; besonders wenn man, wie häufig geschah, daran festhielt, daß der Antichrist nicht eher auftreten werde, als bis nach dem Ausspruch des Herrn das Evangelium wirklich allen Nationen verkündet und die Kirche über den ganzen Erdkreis verbreitet sein werde. Bei den älteren Vätern, Irenäus und Hippolyt, welche die Kirche nur in ihren Anfängen kannten, und Verfolgungen sahen, die, wenn gesteigert, wirklich zum Aufhören des kirchlichen Opfers und Gottesdienstes führen mußten, war dieß sehr

---

[1]) Es müsse, sagten sie, dem Griechischen gemäß heißen, nicht: in templo, sondern in templum Dei sedet, tanquam ipse sit templum Dei, quod est ecclesia. — [2]) Comment. in Epistol. p. 315.

begreiflich. Der Arianische Verfasser des opus imperf. in Matthaeum[1]) meinte, die Christen würden dann in wüste Gegenden flüchten, so daß Niemand bleiben werde, eine Kirche zu betreten oder das Opfer dort darzubringen. Ephräm, Primasius, Pseudohippolyt schilderten gleichfalls die allgemeine Veröbung der Kirchen und das Erlöschen des Opfers während der 1260 Tage. Pseudoprosper erwartet dasselbe von der vereinigten Tyrannei der Arianer, der Gothen und anderer in's Römische Reich einbrechender Völker.[2]) Aber die angeseheneren Väter, Chrysostomus, Cyrillus, Augustinus, Johann v. Damaskus, wissen von diesem Aufhören des Opfers nichts.[3]) Bezüglich des κατέχων konnte doch die unter den Occidentalen gewöhnlich gewordene Erklärung vom Römischen Reiche bei den Griechen nicht recht zur Geltung kommen. Theodor von Mopsvestia meinte, der Apostel verstehe darunter „die Anordnung Gottes." Severian wollte lieber die Geistesgaben verstanden wissen.[4]) Da der Zerfall des Römischen Reiches unmittelbar das Auftreten des Antichrist und die allgemeine Welt-Katastrophe zur Folge haben sollte, so dachte man sich fortwährend diese Dinge als sehr nahe. Jede Schärfung der Verfolgung steigerte die Erwartung. Fast alle ältern Väter, Hermas, Justin, Tertullian, Cyprian, Lactantius, äußern sich in diesem Sinne; nur die Alexandriner waren zurückhaltender. In der Blüthezeit des Arianismus meinte man wieder alle Zeichen der Nähe des Antichrist in dem zerrütteten Zustande der Kirche zu erkennen.[5])

---

[1]) Im 6. Bande des Chrysostom. Homil. 49. — [2]) l. c. p. 199 — [3]) Um so auffallender ist es daher, daß so viele Neuere, namentlich Bellarmin, Acosta, Valentia, Saunders, Viegas, Suarez, Malvenda gleichfalls dieses Aufhören der kirchlichen Liturgie behaupteten. Eine Weltmacht, welche stark genug wäre, gleichzeitig in Europa, Asien, Afrika, Amerika, auf allen Inseln alle Kirchen zu schließen und allen Gottesdienst zu unterdrücken, ist doch etwas geradezu Undenkbares. Malvenda selbst meint, die Sache etwas beschränken zu müssen. Man werde doch immer in Krypten und Katakomben, in Höhlen, Schlupfwinkeln und Einöden das heilige Opfer feiern (de Antichr. 9, 11). Er sieht nicht, daß damit die ganze Deutung der Danielischen Stelle zusammenbricht. Denn an einen allgemeinen Abfall glaubt auch er nicht, versichert vielmehr, daß unter dem Antichrist plurimi ubique gentium fortes et invicti in religione permanent. l. 9. c. 22. — [4]) Catena Cramer. p. 389. — [5]) So Hilarius: Necesse est in ipsam nos aetatem Antichristi incidisse. Contra Aux. 6. p. 1615. ed. 1693. Die Arianer sind ihm imminentis Antichristi praevii ministrique. p. 1262. Desgleichen Gregor v. Naz. or. 14, T. I, p. 218, ed. 1630. Ephräm: Opp. graec. T. I, p. 44, Romae 1732. Cyrill von Jerusalem: „Die Apostasie ist jetzt da; denn die Menschen sind vom rechten

29 *

Dann kamen die Erschütterungen der Völkerwanderung. Die Ohnmacht und Auflösung des Römischen Reiches ward immer sichtbarer. Um so zuversichtlicher erwartete man die Erscheinung des Menschen der Sünde. „Der Aufhaltende, sagt Hieronymus im J. 409, wird weggeschafft (d. h. das Römische Reich zerfällt), und wir sollten nicht erkennen, daß der Antichrist sich nähert?" [1]) Augustinus erklärte sich darüber mit größerer Zurückhaltung, da ja Christus gewollt habe, daß wir die Zeit nicht wissen sollten.[2]) Aber Gregor der Große ließ sich durch die Täuschung so vieler älteren Väter nicht abhalten, für seine Zeit, den Anfang des siebenten Jahrhunderts, zuversichtlich den Eintritt der letzten Dinge zu verkündigen[3]); und Theodor Studita (um 813) meinte wieder, die Apostasie, welche Paulus als zuerst kommend verkündet habe, und folglich die Ankunft (ἡ εἴσοδια) des Antichrist, vor Augen zu sehen.[4])

Die Deutung des κατέχων vom Römischen Reiche wurde natürlich von allen Anhängern der reformatorischen Theorie über den Paulinischen Antichrist begierig ergriffen, obgleich es unmöglich war, sich bei dieser Deutung irgend ein Griechisches Masculinum, das Paulus im Sinne gehabt haben könnte, zu denken; denn wenn die ganze Reihenfolge der Kaiser damit bezeichnet sein sollte, hätte Paulus den Plural setzen müssen. Diese Theologen nahmen an, das Römische Reich sei längst völlig vernichtet, während die kirchlichen Ausleger meist es im Deutschen Reiche fortdauern ließen, obgleich die Continuität unmöglich nachzuweisen war. Selbst ein Mann wie Stapleton trug kein Bedenken zu behaupten[5]): Kirche und Römisches Reich seien ganz aneinander gekettet, und beide würden mit einander zerfallen. Da man sich indeß auf protestantischer Seite durch die Consequenz der Sache und des Systems gedrängt sah, den Anfang der Succession von Antichristen immer höher, bis in die ersten Jahrhunderte hinaufzurücken, so kam man damit allerdings in eine Zeit, wo das Römische Reich wirklich noch bestand. Doch fühlten bereits einzelne protestantische Ausleger des sechzehnten Jahrhunderts die Unhaltbarkeit der herkömmlichen Deutung. Tilenus behauptete, Paulus habe

---

Glauben abgefallen, die Ankunft des Feindes also zu erwarten." Catech. 15, 9. p. 228 ed. Bened. — [2]) Ad Ageruchiam, ep. 123, 16. — [3]) Ep. 199 ad Hesych. — [4]) Er stützt sich dabei auf eine Vision oder einen Traum des B. Redemptus von Ferentinum, und sagt dann: Quid in aliis mundi partibus agatur, ignoro. Nam in hac terra, in qua nos vivimus, finem suum mundus jam non nuntiat, sed ostendit. Dial. 3, 38 Opp. II, 368, ed. Bened. — [5]) Epp. 2, 17. Opp. Sirmondi V. 410. — [6]) Opera. Paris 1610, II. 422.

sich selbst als den „Hemmenden" bezeichnet; Du Jon (Junius) ge-
neralisirte: Man müsse sich alle guten, das Evangelium predigenden
Diener Gottes darunter denken. Auch auf katholischer Seite suchte
man nach einer andern Erklärung, oder bekannte, das Räthsel nicht
lösen zu können. Ambrosius Catharinus sagt: er wolle Augustins
Beispiel nachahmend seine Unwissenheit bekennen; von allen Erklärungen, die er gelesen, genüge ihm keine.[1]) Derselbe hebt auch
die Härte hervor, die in der gewöhnlichen Beziehung des bereits
wirksamen Mysteriums der Ruchlosigkeit auf den noch gar nicht
existirenden Antichrist liege; er scheint gefühlt zu haben, daß die
Annahme einer langen Reihe von Verfolgern und Häretikern, welche
alle die Vorläufer oder Bahnbrecher des nach ein paar Jahrtausenden
endlich auftretenden Antichrist sein sollten, im Grunde doch nur eine
ausweichende Phrase und ein Nothbehelf sei; doch beruhigt er sich
dabei, daß man eben den Satan selbst als den in verschiedenen
Werkzeugen einstweilen wirksamen sich bei den Worten Pauli denken
müsse. Estius und Justinian sahen wohl, daß die Erklärung
vom Römischen Reiche, das den Antichrist aufhalte, verkehrt und
ungeschichtlich sei; der erstere versucht daher, die Apostasie, die erst
kommen müsse, dafür zu substituiren, fühlt aber auch gleich die
Schwäche dieser Erklärung, und zieht daher vor, mit Augustin sein
Nichtwissen zu bekennen. Dagegen beharrten Cornelius a Lapide
und Calmet bei der Deutung vom Römischen Reiche. Jener
meinte: es sei gewiß, daß das Römische Reich das letzte sein, und
bis zum Ende der Welt dauern werde, um dann in das Reich des
Antichrist sich zu transformiren; und Calmet wähnte noch im J. 1730
behaupten zu dürfen: Obgleich unendlich geschwächt, existire das
Römische Reich noch immer im Deutschen Reiche; aber eben diese
Schwäche und die Trennung so vieler (protestantisch gewordener)
Kirchen seien sichere Zeichen von der Nähe des Endes.

Bossuet hielt für die wahrscheinlichste Erklärung des κατέχον
die des Theodoret, welcher darunter den unveränderlichen, die Ankunft des Antichrist bis zum Weltende aufhaltenden Rathschluß
Gottes versteht.[2]) Picquigny meinte dagegen, Gott habe gewollt,
daß die Meinung Pauli uns verborgen bleiben sollte.[3]) Mauduit
verstand darunter den orthodoxen Glauben und das öffentliche Be-

[1]) Comment. in Pauli epp. Paris 1566, p. 385. — [2]) Avertissement
aux Protestants, § 49. Oeuvres, III. 83. — [3]) Explication des epitres de
S. Paul, 9e édition, Paris 1839, III, 100.

kenntniß desselben.[1]) Der Verfasser des Werkes: Le sept ages de l'église[2]), denkt sich eine große, dem Antichrist vorangehende religiöse Umwälzung, welche den Juden die Pforten der Kirche öffnen, und den ungläubig gewordenen Heiden sie verschließen werde. Dieß verstehe Paulus unter der Apostasie und dem jetzt Besitzenden. Die Heiden seien es, die jetzt den Glauben besäßen, und dadurch der Ankunft des Antichrist im Wege stünden. Alcasar[3]) adoptirt die gewöhnliche Auslegung vom Römischen Reiche, meint aber, da das Reich in der heiligen Schrift immer nur als ein heidnisches und als Feind der Kirche betrachtet werde, so wolle der Apostel sagen: dieses Reich erfülle die Aufgabe des Antichrist oder vertrete dessen Stelle durch Verfolgung der Kirche, bis die Kirche (unter Constantin) über dasselbe siegen werde. Thorndike[4]), der richtig sah, daß Paulus unter dem Widersacher einen Römischen Kaiser verstanden haben müsse, und daß die „sogenannten Götter", über die er sich erhebe, nur die heidnischen Gottheiten seien, gab gleichwohl von dem κατέχων eine sehr gezwungene Erklärung: es sei dieß das Jüdische Gesetz, dessen Beobachtung die Christen gegen Verfolgung (das Mysterium der Bosheit) geschützt habe, und die „Apostasie" sei die Lossagung der Christen von diesem Gesetze.

Koppe, Heidenreich, Reiche, Schott verstehen unter dem κατέχων Paulus selber, der sich, wie Heidenreich meint, nur aus Bescheidenheit nicht habe nennen wollen. So auch jetzt wieder Böhmer.[5]) Wieseler denkt sich darunter collectivisch „die damaligen Frommen Jerusalems, insbesondere die Christen." Glaube man aber, ihn durchaus als Individuum fassen zu müssen, so sei es der Apostel Jakobus Alphäi. Dagegen sagt Joh. Pet. Lange[6]): dem Zusammenhange nach könne unter dem Hemmniß oder Widerhalt nur die alte sociale Ordnung (Kirche und Staat, der letztere besonders) verstanden werden. Ebenso Lutterbeck[7]): jede Ordnungsgewalt in der Welt. Nach Flörke[8]) „kann das Aufhaltende nichts anders sein, als der Engel des Gottgemäßen in der Schöpfungsordnung." Eine nähere Erklärung über diesen bis jetzt nur H. Flörke kundgewordenen

---

[1]) Analyse des epitres de S. Paul, Lyon 1710, p. 66. — [2]) Rome 1783, I, 311. — [3]) Vestigatio arcani sensus in Apocalypsi, Lugd. 1614, p. 540. — [4]) Works, Oxford, 1844, I, 718. — [5]) In den Jahrbüchern für deutsche Theologie. 4. Bandes 3. Heft. S. 452. — [6]) Dogmatik, Heidelberg 1851, S. 1270. — [7]) Die neutestamentlichen Lehrbegriffe, Mainz 1852, II, 231. — [8]) Die Lehre vom tausendjährigen Reiche, Marburg 1859, S. 186.

Engel wird nicht gegeben. Otto von Gerlach[1]) gesteht zuerst,
was unter dem Aufhaltenden zu verstehen sei, lasse sich nur ver-
muthen, und vermuthet dann, es möge „die auf dem Grund der
Religion erbaute obrigkeitliche Gewalt sein, wie es damals die der
heidnischen Römischen Kaiser, wie es im Mittelalter, dem Papst
gegenüber, die der christlichen Fürsten gewesen, wie es noch jetzt die
meisten Obrigkeiten in der Christenheit seien. Daß Paulus, sagt
endlich Meßner, hiebei (beim κατέχων) eine Macht seiner Zeit im
Auge hatte, kann nicht zweifelhaft sein; wohl aber muß es unbestimmt
bleiben, auf welche Macht derselben hiebei sein Blick gerichtet war,
und ob er eine allgemeine Macht oder eine einzelne Persönlichkeit,
in welcher sich die Kraft des Zurückhaltens concentriren wird, im
Auge hatte. Und er macht die an sich richtige Bemerkung: da die
großen Weissagungen der Schrift überhaupt eine mehrfache Erfüllung
zulassen, so stehe die letzte volle Erfüllung der Weissagung, wie die
Parusie selbst, der sie vorausgehen soll, noch in der Zukunft bevor.[2])

[1]) Das Neue Testament mit Anmerkungen, Berlin 1851, z. k. St. —
[2]) Die Lehre der Apostel, Leipzig 1856, S. 287.

Beilage II.

Das Recht des Synedriums über Leben und Tod.

Als Pilatus die Juden aufforderte, sie sollten selber Jesus, dessen Tod sie von ihm begehrten, hinrichten, erwiderten sie nach dem Berichte des Johannes 18, 31: „Wir dürfen Niemanden tödten." Diese Antwort wird von de Wette[1]) dahin verstanden: das Synedrium habe damals unter der Römischen Herrschaft nicht mehr das Recht über Leben und Tod gehabt. Zum Beweise dafür beruft man sich auf das Zeugniß des Josephus[2]): ohne die Zustimmung des Profurators habe das Synedrium nicht Gericht halten dürfen; sodann auf die Aussage des Talmud: vierzig Jahre vor der Zerstörung Jerusalems sei das Recht über Leben und Tod von Israel genommen worden; und endlich auf die Analogie des Römischen Rechtes. Da die Frage auch bezüglich der Aussprüche Jesu über die Ehe von Wichtigkeit ist, so mag sie hier kurz erörtert werden.

Vor Allem muß es auffallen, daß Pilatus durch seine Aufforderung, die Juden sollten selbst über Jesus Gericht halten, das Volk und dessen Vorsteher öffentlich verhöhnt haben soll, denn dieß ist die einzige Erklärung, welche man bei der Annahme: er habe wohl gewußt, daß sie dieß nicht gedurft hätten, seinen Worten zu geben weiß. Pilatus müßte dann zweimal die Juden auf diese Weise verspottet haben, denn Joh. 19, 6 sagt er wieder: „Nehmt ihr ihn und kreuziget ihn." Und da wird denn wohl jeder Kenner Römischer Ge-

---

[1]) Erklärung des Johannes. 4. Ausg. von Brückner, S. 269. — [2]) Arch. 20, 9, 1.

schichte und Sitte dieses wiederholte übermüthige Verspotten einer
Nation durch den von Rom gesandten Statthalter mindestens sehr
unwahrscheinlich finden; und hier doppelt unwahrscheinlich, da Pilatus die Juden fürchtete, und aus Furcht, daß sie ihn beim Präses
von Syrien oder unmittelbar beim Kaiser denunciren würden, das
Todesurtheil über Christus sprach. War ferner der Antrag des Pilatus, daß sie Jesum selber richten sollten, eine bloße Verhöhnung
der Juden, und diese wirklich der Gerichtsbarkeit beraubt, so paßt
die Darstellung des Evangelisten nicht, denn dieser leitet die Erfüllung
der Weissagung Jesu über die Art seines Todes aus der ablehnenden
Antwort der Juden ab, wogegen sie dann vielmehr etwas unter den
damaligen Umständen sich von selbst Verstehendes, also überhaupt
keine Weissagung mehr war. Die „Analogie des Römischen Rechtes"
kann nicht als Beweis gelten, daß die Juden ihre Autonomie verloren hatten. Vielmehr waren die Fälle, in denen Städten und
Distrikten ihre Autonomie gelassen wurde, zahlreich. So bemerkt
Strabo, daß Massilia den in die Provinz gesandten Gewalthabern
nicht unterworfen sei, und bezeugt dasselbe von der Stadt Nemausus
und dem ganzen Stamme, dem diese Stadt und noch 24 Städte
gehörten. Den Syriern nahm erst Claudius, weil sie Römische
Bürger getödtet hatten, ihre Freiheit [1], dasselbe Loos traf die Rhodier,
die sogar Römer gekreuziget hatten, wie denn diese Freiheit und
Autonomie allerdings nach dem Gutdünken der Kaiser und des
Senats entzogen werden konnte, und nicht selten entzogen wurde.
Gerade um den freien Gebrauch ihrer Gesetze zu haben, begehrten
die Juden nach dem Tode des Herodes so sehnlich, daß ihr Land
zur Provinz Syrien geschlagen und ihnen eigene Römische Procura-
toren gegeben würden. Sie hofften bezüglich ihrer Gesetze und
Magistrate selbstständiger zu werden, als sie unter Herodes gewesen
waren.[2] Wäre, als dieß geschah, diese Hoffnung der Juden ver-
eitelt und die Autonomie ihnen genommen worden, so würde dieß
Josephus wohl erwähnt haben. Aber sein Schweigen über ein so
tiefgreifendes Ereigniß berechtigt zu der Annahme, daß es nicht stattgefunden habe. Auch läßt er den Hohenpriester Ananus und den
Titus selbst es aussprechen, daß die Römer die Gesetze der Juden
befestigt, die freie Handhabung derselben ihnen gewährt hätten.[3]

---

[1] Div. I. 60, p. 676. 681. — [2] Joseph. Arch. 17, 9, 4. cf. ib.
13, 1. Fortwährend ist bei allen damals von den Juden gethanen Schritten
von der „Autonomie", an der ihnen Alles lag, die Rede. — [3] Bell. Jud. 6, 6, 2.

Selbst nach Ausbruch des Krieges bot Titus den Juden noch die Autonomie an, wenn sie sich unterwerfen wollten [1]), die ihnen also sicher vorher nicht entzogen worden war.

Josephus erwähnt die Beschränkung, daß das Synedrium als Gerichtshof nicht ohne Genehmigung des Römischen Prokurators versammelt werden durfte, bei Gelegenheit der durch den Hohenpriester Ananus veranlaßten Verurtheilung und Hinrichtung des Jakobus. Gerade dieser Vorgang und die Bezeichnung der dadurch begangenen Rechtsverletzung zeigen, daß das Synedrium allerdings Todesurtheile zu fällen hatte. Sonst würde die Anklage, welche die „Gemäßigten" bei Albinus erhoben, ganz anders gelautet haben. Die Willkühr, welche Ananus sich gestattete, hätte dann in der Vollziehung des Todesurtheils, und nicht wie seine Ankläger behaupteten, in der eigenmächtigen Versammlung des Synedriums bestanden. Wahrscheinlich mußte der Hohepriester die Vollmacht, das Synedrium zu versammeln, von jedem Prokurator bei seinem Amtsantritte ein für allemal nachsuchen. Jedenfalls wäre die Hinrichtung eine bedeutende Erschwerung seiner Schuld gewesen, und dazu eine Schuld des ganzen Synedriums, während doch nur Ananus angeklagt und durch Absetzung bestraft wurde.

Josephus bemerkt an dieser Stelle, daß die Sadducäer alle andern Juden in Härte und Grausamkeit bei Verurtheilungen überträfen. Damals standen die Juden, mit der vierjährigen Unterbrechung der Regierung des Herodes Agrippa, bereits gegen 40 Jahre unter unmittelbarer Römischer Herrschaft. Er bemerkt ferner, daß die Essäer jede Verunglimpfung des Moses mit dem Tode bestraften. [2]) Nimmt man die von Titus bezeugte Thatsache hinzu, daß selbst Nicht-Juden, wenn sie sich gegen die Jüdische Religion vergingen, z. B. in den inneren Tempelhof eindrangen, den Tod erlitten [3]), und zwar durch die Jüdische Behörde, so wird es um so unglaublicher, daß ihnen die Befugniß, ihren Gesetzen gemäß über ihre eigenen Volksgenossen zu richten, entzogen worden sein sollte. Die Römischen Statthalter hatten die Macht, in allen Fällen, welche als Aufruhr, Hochverrath und Störung der öffentlichen Ordnung zu betrachten waren, zu richten und zu strafen, aber in religiösen Dingen und in den durch das Mosaische Gesetz vorgesehenen Fällen blieb das Recht

---

[1]) Bell. Jud. 6, 3, 5. — [2]) Ibid. 2, 8, 9. — [3]) Bell. Jud. 6, 2, 4. Titus sagt: τίνα ἡμεῖς ἐπετρέψαμεν. Der Schuldige wurde also nicht von dem Römischen Gewalthaber verurtheilt, sondern den Juden ausgeliefert.

der Jüdischen Behörden, über Leben und Tod zu entscheiden, und
das Urtheil vollstrecken zu lassen, ungeschmälert. Darum sagte Pilatus zu den Juden: ich finde keine Schuld an ihm; nehmet ihr ihn
und kreuziget ihn[1]), d. h. „ich kann nicht finden, daß er das Verbrechen des Aufruhrs oder Hochverraths, dessen Bestrafung mir zu-
steht, begangen habe. Ob er gegen eure Religion und euer Gesetz
gefrevelt habe, weiß ich nicht, oder lasse es dahingestellt; da ihr
aber dieß meint, so straft ihn auch." Die Annahme, daß er mit
diesen Worten die Ohnmacht der Juden nur habe höhnen wollen,
widerspricht dem natürlichen Gefühl und der historischen Lage gleich sehr.

Auch das Verhalten der Jüdischen Behörden gegen die Apostel
wird nur unter der Voraussetzung der vollen Autonomie in religiösen
Dingen und des Rechts über Leben und Tod begreiflich. Es wird
Apost.-Gesch. 5, 23 berichtet, daß das Synedrium in heftiger Ent-
rüstung schon darüber rathschlagte, die Apostel hinrichten zu lassen,
als Gamaliel den Beschluß noch abwendete. Aber auch er zweifelte
nicht an der Macht des Synedriums. Die Hinrichtung des Stephanus war, so leidenschaftlich auch die Vollstreckung war, doch das
Ergebniß eines förmlichen gerichtlichen Verfahrens und Zeugenver-
hörs; sie stand auch keineswegs vereinzelt, denn Paulus sagt nachher:
„Viele Heilige ließ ich, kraft der von den Hohenpriestern erhaltenen
Vollmacht, einkerkern, und wenn sie hingerichtet wurden, gab ich
meine Stimme dazu."[2]) Und Christus selbst sollte nach dem Willen
der Pharisäer schon früher, weil er den Sabbath gebrochen habe,
getödtet werden.[3]

Die Angabe des Talmud, daß die Gerichtsbarkeit über Leben
und Tod 40 Jahre vor der Zerstörung der Hauptstadt den Juden
entzogen worden sei, kann schon darum nicht als geschichtliches Zeugniß gelten, weil die Zeitbestimmung nicht zutrifft. Nicht 40 Jahre
vor der Zerstörung, sondern 60 Jahre vorher wurde Judäa zur
Römischen Provinz gemacht, und damals müßte die Entziehung er-

---

[1]) Joh. 19, 6. — [2]) Act. 26, 10. — [3]) Joh. 5, 18; 7, 1. 25. Auch
das Verfahren mit Paulus im Tempel zu Jerusalem zeigt auf Seite der Römer
wie der Juden das Bewußtsein, daß die letzteren im Besitze der Gerichtsbarkeit
über Leben und Tod waren. „Wir haben ihn ergriffen, und wollten ihn, weil
er den Tempel profanirt hatte, richten, als der Chiliarch ihn uns entriß", sagen
die Juden. Dieser aber rechtfertigt sein Eingreifen nur damit, daß Paulus Römischer Bürger sei. Aprst.-Gesch. 21, 6. War den Juden die Autonomie entzogen, so war es keine Pflicht, jeden, ohne Rücksicht auf Römisches Bürgerrecht,
den sie bedrohten, zu beschirmen.

folgt sein. Zudem führt Selben eine Stelle der Gemara an[1]), wonach während der 40 Jahre vor der Zerstörung vier Arten von Todesstrafen in Gebrauch waren, und nach der Darstellung desselben Gelehrten ist die Meinung der Talmudisten nur die, daß in der genannten Zeit, also vorzüglich unter Pilatus, die Jurisdiction über Leben und Tod bei den Juden vielfach unterbrochen gewesen sei.

Wie sind also die Worte der Juden Joh. 18, 31 zu erklären? Sie wollten, daß Jesus zum Kreuzestode verurtheilt würde. Darum lag ihnen so sehr daran, daß Pilatus das Urtheil spreche; ward es durch sie gefällt, so mußten sie auf Steinigung erkennen, wie nachher bei Stephanus. Sie klagten ihn daher an, sich die Königswürde angemaßt zu haben; über dieses politische Verbrechen durften nicht sie, sondern nur der Römische Gebieter richten. Sodann wollten sie, daß Jesus nicht erst nach den Ostertagen, wenn die Schaaren der Tempelbesucher heimgekehrt sein würden, sondern noch während der Feiertage, vor den Augen des aus allen Landestheilen versammelten Volkes, den schmachvollsten Tod durch heidnische Hände erlitte. An einem der heiligen Tage die Hinrichtung vollziehen zu lassen, und noch dazu durch Jüdische Hände, wäre für sie eine frevelhafte Entweihung des Festes gewesen.[2]) Hätten sie nun bestimmt gesagt: „wir dürfen am Feste keine Hinrichtung vornehmen," so hätte Pilatus gesagt: wohl, so bewahrt ihn bis nach den Festtagen auf. Um dem vorzubeugen, sagten sie doppelsinnig: wir dürfen keinen tödten, d. h. erstens keinen des Hochverraths Angeklagten; zweitens: jetzt, in der Festzeit nicht.

---

[1]) De synedr. 2. 15, 11. — [2]) Man sieht dieß aus Philo's Werten: in Flaccum, p. 976, ed. Paris. 1640.

Beilage III.

Ueber die Aussprüche Christi von der Ehe.

Die Vertheidiger der Meinung, daß Christus in seinen beiden, von Matthäus berichteten Aussprüchen die Ehe im Falle des von einem der beiden Gatten begangenen Ehebruchs für aufgelöst oder auflösbar erklärt habe, sehen sich genöthigt 1. zu behaupten, daß das von ihm gebrauchte Wort πορνεία auch die Bedeutung: adulterium habe oder zulasse; 2. einen Grund aufzufinden, warum Christus das sonst herkömmliche und von ihm gebrauchte Wort μοιχεία gerade hier an entscheidender Stelle vermieden habe; 3. das Prinzip aufzustellen, daß ein von einem der beiden Gatten begangener Akt ehelicher Untreue an sich schon eine Auflösung der Ehe sei. Diese drei Punkte verdienen näher geprüft zu werden. Der ersten Behauptung muß auf's bestimmteste widersprochen werden. Πορνεία heißt stets außereheliche Unzucht, und nie, weder im Neuen Testament, noch in der Septuaginta, noch bei Profanschriftstellern, Ehebruch. Stets werden πορνεία und μοιχεία unterschieden, so Matth. 15, 19; Marc. 7, 21. Von der ergriffenen Ehebrecherin heißt es Joh. 8, 3: ἐν μοιχείᾳ κατειλημμένην. Daß πορνεία in einer allgemeineren, auch Ehebruch begreifenden Bedeutung, zu nehmen sei, ist eine völlig grundlose Behauptung; vielmehr wird, wenn mehr als einfache Hurerei ausgesagt werden soll, entweder μοιχεία oder ἀκαθαρσία eigens neben der πορνεία erwähnt. So Marc. 7, 21; 2 Cor. 12, 21; Gal. 5, 19; Eph. 5, 3; Col. 3, 5; Hebr. 13, 4. So hat auch Meyer zum Belege seiner Behauptung, πορνεία heiße Matth. 5, 32 Ehebruch, nichts beizubringen als die Stellen Joh. 8, 41 und

1 Cor. 5, 1. In der ersten sagen die Juden zu Christus: „wir sind nicht Hurensöhne (d. h. Götzendiener), wir haben Einen Vater, Gott." In der andern Stelle nennt Paulus das Zusammenleben eines Mannes mit der Wittwe seines Vaters πορνεία, da die Griechische Sprache kein Wort für Incest hat, also das Verhältniß, in dem Paulus keine giltige Ehe erkannte, eben nur als πορνεία bezeichnet werden konnte. Beide Stellen bestätigen demnach, daß πορνεία nicht Ehebruch heißt. Desgleichen wird im Alten Testamente, im Hebräischen wie in der Septuaginta, πορνεία, hebr. senut oder tasnut, und μοιχεία, hebr. naphuph, stets unterschieden, das letztere nicht von einer Unvermählten, das erstere nicht von einer Ehefrau gebraucht. Der einzige Fall, bei Amos 7, 17, wo πορνεύειν von einer Verheiratheten gesagt wird, bestätigt die Regel; denn da heißt es: „dein Weib wird in der Stadt geschändet werden", also unfreiwillig, was nicht Ehebruch ist. Außerdem sind noch bei Sirach 23, 20, beide Worte der Verstärkung wegen zusammengesetzt: ἐν πορνείᾳ ἐμοιχεύθη. Quinöl und Andere haben nebst der Stelle Amos 7, 17 auch Hoseas 3, 3 angeführt; in der letzteren Stelle wird von einem Weibe, die vorher μοιχαλίς genannt wird, gesagt: καὶ οὐ μὴ πορνεύσῃς. Aber es heißt gleich weiter: „und wirst keines Mannes sein." Das Weib nämlich, als Symbol Israels, wird vom Propheten wie eine Sklavin gekauft; er vollzieht die Ehe nicht mit ihr, sie ist sein gekauftes Eigenthum, aber für jetzt noch nicht seine Gattin; sie soll unterdeß unberührt bleiben, und sich enthalten. Hier ist also πορνεύσῃς am rechten Orte. Die Griechen heben es immer hervor, daß πορνεία gerade den Ehebruch ausschließe, und nur die zwischen Unvermählten begangene Unzucht bedeute. So Gregor v. Nyssa ep. can. T. II, p. 118: πορνεία ἐστὶ καὶ λέγεται ἡ χωρὶς ἀδικίας ἑτέρου γενομένη τισὶ τῆς ἐπιθυμίας ἐκπλήρωσις, und Balsamon p. 1048: πορνεία λέγεται ἡ χωρὶς ἀδικίας ἑτέρου μίξις, ἤγουν ἡ πρὸς ἐλευθέραν ἀνδρὸς γυναῖκα. Nur dann, wenn die Unzucht einer Vermählten zur offenen Prostitution an Viele, zum förmlichen Hurengewerbe wird, ist, wie in allen Sprachen, so auch im Griechischen, πορνεία und πορνεύω von einer Ehefrau gebraucht worden. So sagt Dio Cassius 60, 31 von der Messalina: ὥσπερ οὐκ ἐξαρκοῦν οἱ ὅτι καὶ ἐμοιχεύετο καὶ ἐπορνεύετο, denn sie that wirklich Beides: sie ging ehebrecherische Verbindungen ein, und sie gab sich förmlich in einem Hause der Unzucht jedem preis. So auch bei Clemens dem Alexandriner, wenn er, um die Verwandtschaft der Idololatrie und der Hurerei zu zeigen, sich

an diese Art der Prostitution hält, und sagt: ὡς εἰδωλολατρεία ἐκ τοῦ ἑνὸς εἰς τοὺς πολλοὺς ἐπινέμησίς ἐστι θεοῦ, οὕτως ἡ πορνεία ἐκ τοῦ ἑνὸς γάμου εἰς τοὺς πολλοὺς ἐστιν ἐπίπτωσις. Strom. 3, p. 552, Potter; wo schon der Vergleich ihn nöthigte, den gewöhnlichen Begriff von Porneia aufzugeben. — Tholuck gibt an, in der Itala und bei Ulfilas sei πορνεία im Sinne von μοιχεία übersetzt. Das ist unrichtig, man sehe die Ausgabe der Vetus Italica von Sabatier, III, 27: da steht exempta causa fornicationis; und so haben die meisten H. SS., so lesen Hieronymus, Augustinus, der sich auf die ihm bekannten, hierin gleichlautenden H. SS. beruft (de conjug. adult. opp. VI, 393). Nur zwei H. SS. der Itala (Cod. Clarom. und Cantabrig.) übersetzten adulterium, wie es auch bereits Tertullian that, und nach ihm Zeno von Verona.

Wollte man indeß auch zugeben, daß Porneia einmal in der Bedeutung von adulterium habe genommen werden können, so ist hiemit noch nicht erklärt, warum denn Christus oder Matthäus gerade hier dieses Wort gebraucht habe, wo es darauf ankam, diejenige Handlung, welche allein den Grund zur Lösung der Ehe enthalten soll, auf's Genaueste zu bezeichnen. Christus redet hier wiederholt von μοιχεία, was kann ihn nun bewogen haben, plötzlich ein anderes Wort zu wählen, und da von „Hurerei" zu reden, wo er nach der Meinung der Gegner Ehebruch und nur Ehebruch verstanden wissen will? Die Meisten ziehen es vor, diese Schwierigkeit schweigend zu übergehen. De Wette, v. Gerlach und Weiß[1]) sagen: Darum habe Christus oder Matthäus das Wort μοιχεία hier vermieden, weil er μοιχᾶσθαι in diesem selben Satze im weiteren Sinne, nämlich von der Wiederverheirathung oder dem Nehmen einer schon vermählten Frau gebrauche. Damit wird aber dem klaren Sinne Christi geradezu widersprochen. Der Herr will vielmehr das Nehmen einer zweiten Gattin oder einer von ihrem Manne verstoßenen Frau im engsten und eigentlichsten Sinne als „Ehebruch" bezeichnen, und, wenn das Eheband unauflöslich ist, so ist die Bezeichnung auch völlig adäquat; die fleischliche Vereinigung eines verheiratheten Mannes mit einer Andern, oder eines Ledigen mit einer bereits einem Manne angehörigen Frau, ist dann nicht etwa in einem weiteren und uneigentlichen, sondern im nächsten und eigentlichsten Sinne μοιχεία.

[1]) Die Schriftlehre von der Ehescheidung, in der deutschen Zeitschrift für christl. Wissenschaft, 1856, S. 269.

Um es nun einigermaßen begreiflich zu machen, daß Christus einerseits die Ehe als ein von Gott geknüpftes und aller menschlichen Willkühr entrücktes Band für unauflöslich erklärte, zugleich aber wieder seine eigene Regel umgestoßen, und Allen erlaubt habe, im Falle der von dem einen Theile verschuldeten Untreue sich sofort zu trennen und mit einem andern zu vermählen, hat man das Prinzip aufgestellt: durch einen oder einige Akte der Untreue des einen Theils werde das Wesen der Ehe selbst zerstört, und die förmliche Auflösung der Ehe und Vermählung mit einem Andern sei dann nur die Constatirung und ganz natürliche Folge einer bereits vollbrachten Thatsache. So sagt Julius Müller[1]): „Mit dem Ehebruche ist nach dem Sinne des Herrn die verpflichtende Kraft des Ehebündnisses für den beleidigten Theil aufgehoben; nicht er zerreißt das Band, wenn er dann eine andere Ehe eingeht, sondern es ist schon zerrissen durch den andern Theil." Nach Olshausen[2]) ist πορνεία nicht ein Grund der Scheidung, sondern die Scheidung selbst. Meyer[3]): der Ehebruch vernichtet eo ipso das Wesen der bestehenden Ehe. Liebetrut[4]): durch den Ehebruch ist die Ehe schon faktisch aufgehoben. Sartorius[5]): der Ehebruch durchbricht das geist-leibliche Band der Ehe faktisch und völlig. Weiß[6]): der Ehebruch ist eigentlich gar kein Scheidungsgrund, sondern eine faktische Lösung der Ehe, die die Sünde herbeiführt. v. Gerlach[7]): die Entlassung erklärt nur, was ohne Zuthun des nichtschuldigen Theils bereits geschehen ist. Und ganz folgerecht Tholuck[8]): der treulose Theil hat hiemit selbst ein neues Eheband eingegangen. Aehnliche Aeußerungen finden sich allenthalben, und ist dieß jetzt die, wenigstens im protestantischen Deutschland, herrschende Theorie, die zugleich behauptet, im Einklange mit der gesammten protestantischen Exegese des sechzehnten und siebenzehnten Jahrhunderts zu stehen, da Gerhard bereits sage: der Ehebruch zerstöre die unitas carnis und hebe damit die Ehe quoad substantiam auf. Doch hat man bis jetzt noch diese Theorie weiter durchzuführen und consequent auszubilden Anstand genommen. Wird mit derselben rechter Ernst gemacht, so ergibt sich eine Anschauung von der Ehe, und eine Behandlung ehelicher Fra-

---

[1]) Ueber Ehescheidung und Wiederverehelichung geschiedener Gatten, Berlin 1855, S. 22. — [2]) Commentar zum N. T. I, 718. — [3]) Exeget. Handbuch über Matthäus, 4. Ausg. 1858, S. 151. — [4]) Ueber geordnete Entwicklung der Ehe, 1856, S. 101. — [5]) Lehre von der heiligen Liebe, III. II, 69. — [6]) Die Schriftlehre von der Ehescheidung, l. c. 261. — [7]) Das Neue Testament, Berlin 1851, S. 73. — [8]) Die Bergpredigt, 4. Aufl., 1856, S. 216.

gen, welche jedenfalls weit verſchieden iſt von der Lehre und Praxis der chriſtlichen Kirche.

Drei ſind es, durch deren Willen nach der Lehre Chriſti und Pauli die Ehe zu Stande kommt: Gott, der Mann und das Weib; wer ſich von dem Menſchen ſcheidet, mit dem Gott ihn verbunden hat, ſcheidet ſich zugleich von Gott; ein durch göttlichen Willen geſtetes Band begründet ein göttliches Recht, welches durch die einzelne That des einen Theilnehmers um ſo weniger aufgehoben werden kann, als nicht einmal Wille und Abſicht, das eheliche Verhältniß ſelbſt dadurch zu zernichten, in allen Fällen vorausgeſetzt werden kann. Göttliches Recht kann überhaupt nie durch menſchliches Thun in ſeinen rechtlichen Wirkungen aufgehoben werden, und ein göttlich geſchlungenes Band ſteht immer menſchlicher Sünde unlösbar gegenüber. Von dem Momente an, wo Chriſtus erklärt hat: die Ehen ſchließt und beſiegelt Gott, und: was Gott verbunden, ſoll der Menſch nicht trennen, hieß dieſes „ſoll" für die Kirche: es kann nicht getrennt werden, und ſo hat es der Herr ſelbſt verſtanden, da er den drei Perſonen, welche ſich bei einer ſolchen Transaktion betheiligen, das Anathem, das Gott auf den Ehebruch gelegt hat, ankündigt; ſo hat es Paulus verſtanden, wenn er den Ehebund als ein Nachbild des ſchlechthin unauflöslichen Bundes Chriſti mit der Kirche, und daher als eben ſo unzerſtörbar betrachtet. Es iſt daher auch ein Widerſpruch, wenn einer, doch in den meiſten Fällen vorübergehenden, Verirrung die Kraft beigelegt wird, einen das ganze Leben und alle Beziehungen deſſelben umfaſſenden Bund zu zerſtören, wenn ein Frevel gegen das Niedrigſte in der Ehe, die bloße, dem Höheren nur dienende Naturſeite derſelben, deſtructiv ſein ſoll für ein Verhältniß, welches vor Allem eine Gemeinſchaft des geiſtigen Lebens, eine Anſtalt zur gemeinſchaftlichen Erziehung chriſtlicher Kinder zu ſein beſtimmt iſt. Keiner der Hauptzwecke der Ehe wird durch die Sünde der Untreue geradezu unerfüllbar. Selbſt die heidniſche Anſicht, wonach die Ehe ein „Conſortium des ganzen Lebens, eine Mittheilung von göttlichem nnd menſchlichem Rechte iſt",[1] ſteht höher, als dieſe angeblich chriſtliche, welche, um eine Zerſtörung der Ehe durch Untreue behaupten zu können, ihr Weſen in die fleiſchliche Beiwohnung ſetzt. Gerade das fordert die wahrhaft chriſtliche Anſchauung in dieſer Frage, daß die Wunde, welche durch die Untreue des einen Gatten dem gottbeſiegelten Bunde geſchlagen wird, nicht

[1] L. 1 Digeſt. de ritu nupt.

unheilbar gemacht, daß, wenn auch zeitweilige Aufhebung der Lebensgemeinschaft eintritt, die Pforte offen gelassen werde für wahre Vergebung des einen, für Reue und Buße des andern Theiles. Daß
dem gefallenen Weibe Vergebung nicht zu versagen sei, hat Christus
selbst durch sein Benehmen gegen die vor ihn geführte Sünderin
gezeigt, hat er eingeschärft durch sein Wort: Nicht siebenmal, sondern
siebenzigmal siebenmal sollen wir dem an uns sündigenden Bruder
vergeben. Wo aber Scheidung und Wiederverheirathung stattfindet
da ist keine Vergebung. Und endlich läßt sich, sobald eine wirkliche
Zerstörung des Ehebundes durch Untreue angenommen wird, der
Schluß vom Kleinern auf das Größere nicht abweisen. Mit Recht
sagt Stier: „Was können auch in christlichen Ehen für schändliche
Dinge allerlei Art des Ehescheidens wahrlich ebenso rechtmäßiger
Grund werden, als die im Fleisch vollzogene Untreue."[1] Es gibt
eine Untreue der Gesinnung, welche, ohne irgend eine fleischliche Verirrung, dem Wesen, dem innersten Charakter und den Zwecken der,
Ehe feindlicher entgegentritt als diese. Wenn sich die Neigung der
Gatten in Widerwillen verkehrt, und dieser sich bis zum Hasse steigert, so ist das, falls überhaupt die Ehe auflösbar ist, mindestens
ein eben so zureichender Grund der Scheidung als das Vergehen eines
verführten Weibes oder die momentane Berirrung eines Ehemannes.

Das Verkehrte und Empörende dieser Auffassung tritt deutlich
hervor, sobald man nur erwägt, daß die einzelne, oft bald darauf
bitter bereute That des Menschen eine Wirkung haben soll, die er
oft gar nicht beabsichtigt, und ein Verhältniß vernichten, ein Band
zerreißen soll, dessen Eigenthümlichkeit gerade darin besteht, daß es
als etwas objektiv-real Gewordenes aller menschlichen Willkühr entzogen sein, und unabhängig von dem wechselnden und unsicheren
Belieben, vom wandelbaren Willen des Individuums, lebensläng-
lich bestehen soll. Nach dieser Theorie aber steht es jeden Augenblick in dem Belieben des einen der beiden Gatten, die Ehe, in
der er lebt, zu vernichten; fühlt er sie gerade als ein lästiges Joch,
oder ist er von heftiger Begierde zu einem Andern entbrannt, so ist
er der stärksten Versuchung ausgesetzt, durch das Werk einer Viertel-
stunde den für das Leben geschlossenen Bund aufzulösen, und der
unschuldige Theil müßte, selbst wenn er seinerseits vergeben und
gerne die Ehe fortsetzen wollte, dennoch die vollbrachte Thatsache der
bereits vernichteten Ehe anerkennen, sich ihr unterwerfen, und den

---

[1] Die Reden des Herrn Jesu, 2. Ausg., 1851, I, 137.

zur Trennung und Verbindung mit einem Andern geneigten Theil
ziehen, seine Kinder vater- oder mutterlos werden lassen.

Christus hat zwar blos von der Entlassung des Weibes durch
den Mann gesprochen, nach der neuen Theorie aber ist es für den
Bestand des Ehebandes ganz gleich, ob die Untreue von dem Manne
oder vom Weibe begangen wird. Die unitas carnis, und hiemit
die Substanz der Ehe, wird natürlich eben so gut aufgehoben durch
die Verirrung des Mannes, als durch die Sünde des Weibes. Der
Mann, welcher etwa mit der Magd des Hauses gesündigt, hat dadurch sofort die Ehe mit der Mutter seiner Kinder aufgelöst, und ist
mit der Magd in die unitas carnis getreten. Diese hat nun besseren
Anspruch auf die Hand des Herrn und den Rang seiner Hausfrau,
als die bisherige Gattin. Gemäß dieser Lehre müßte man dann
auch, weit entfernt, die förmliche Verheirathung des Ehebrechers mit
der Ehebrecherin zu verhindern oder zu verbieten, dieselbe vielmehr
möglichst erleichtern und begünstigen; denn faktisch ist ja die neue
Ehe schon vollzogen und die frühere vernichtet, die förmliche oder
öffentliche Vermählung ist dann nur die Konstatirung eines innerlich
und substantiell schon geknüpften Bandes, und wäre jedenfalls sittlicher, oder vielmehr minder unsittlich, als wenn der Ehebrecher, von
dem ersten Gatten getrennt, an der Ehe mit dem zweiten gehindert,
nun in eine dritte unitas carnis mit irgend einer andern Person
einträte. Dieß sind nur einige Ergebnisse der neuen Theorie von
der Substanz der Ehe; es wäre leicht, noch mehrere andere, die sich
unabweisbar geltend machen würden, namhaft zu machen. Jeder
Nachdenkende wird sie von selbst finden.

———

Register.

A.

Abendmahl. Einsetzung Seite 37 fg. Ist Opfer und Sakrament zugleich 39. Apostolische Lehre von demselben 248 fg., im ersten Briefe an die Korinthier 248 fg., im Hebräerbrief 251 fg. Das Abendmahl als Opfer siehe Opfer. Die Abendmahlsfeier im apostolischen Zeitalter 352 fg.

Abfall vom Glauben, der unvergebbare nach dem Hebräer-Brief 211. Die Apostasie vor der Wiederkunft Christi nach dem zweiten Thess. Br. 291 fg.

Abgar 142.

Abraham, als Musterbild des Glaubens 199.

Adäus oder Thaddäus, einer der 70 Jünger, 141.

Agabus, Prophet, 76.

Agapen, die, und ihre Verbindung mit dem eucharist. Opfer 352 fg.

Agrippa I. 76.

Alexander, Irrlehrer 238.

Alexandrinische Schule, ihre universalistische Ansicht vom Judenthum 153.

Alexandrinische Uebersetzung der heil. Schrift, s. Septuaginta.

Allgemeinheit der Heilsanbietung 216, der Kirche 220 ff.

Alphäus oder Klopas und seine Söhne 103.

Altar und Opfer des N. B. nach der Bergpredigt Jesu 250, nach dem Hebräerbrief 252 fg.

Altes Testament s. Schrift, die heilige.

Aelteste s. Presbyter.

Amt Christi, dreifaches, verwaltet in der Kirche 228 fg. Das Priesterthum in der Kirche: das spezielle 230 fg., das allgemeine 231 fg. Fortpflanzung priesterlicher Amtsgewalt durch Ordination 233. Alles Kirchenamt beruht auf Sendung und Gewalt von oben 234, ist für die Gemeinde, aber nicht von ihr 236.

Aemter, die kirchlichen, im Einzelnen, in der Apostelzeit: der Apostolat 293, der Primat des Petrus 295 fg., Amt und Charisma 298 fg.; charismatische Aemter: Propheten 301, Evangelisten 302; Diakonen und Presbyter in ihrer anfänglichen Ungeschiedenheit 303, Presbyterat und Episkopat in ihrer anfänglichen Ungeschiedenheit 304, das Episkopat in seiner Ausscheidung 305 fg., das Episkopat bei Paulus 308 fg., bei Johannes 311 fg., bei Clemens v. Rom 313 fg.

Amtsnamen, es gibt noch keine feststehenden im N. T. 315.

Anakletus f. Anenkletus.

Ananias 45.

Ananus, Hoherpriester, 107, 457.

Andreas, Apostel, seine Berufung 5, 11, seine Wirksamkeit in Scythien 140.

Andronikus 315.

Anenkletus, Bischof von Rom 320, war nicht zugleich mit. Linus Bischof 325.

Anschauung Gottes 260.

Antichrist, der, in den Briefen des Johannes 129, 276, in der Apokalypse findet sich weder der Name noch die Sache 277 fg.; der Antichrist („Mensch der Sünde") bei Paulus 279 fg. Vgl. Beilage I, S. 425 ff.

Antinomistische Häretiker 128 fg.

Antiochien, die Anfänge der dortigen Kirche 51, ihre ersten Bischöfe 327.

Antiochus Epiphanes, bei Daniel 283.

Apathie, heidnische, im Vergleich mit christlicher Geduld 361 fg.

Apokalypse des Johannes 115 fg.

Apokatastasis 269, vgl. Welterneuerung 270.

Apollos, zu Ephesus und zu Korinth 68.

Apostasie f. Abfall.

Apostel, ihre Berufung 5, 11, vorläufige Aussendung 12, ihre Heranbildung 13 fg., die geschlossene Zwölfzahl 56, ihre Vollmachten 33 fg., 293 fg. Verhältniß zu den Gemeinden 293, ihre Gehilfen 294, apostolische Delegaten 309, Ehe und Cölibat der Apostel 381, dienende Schwestern 382. Die Hauptapostel f. unter ihren

Namen; biographische Nachrichten über die übrigen 140 fg.

Apostelconcil 61 fg.

Apostelgeschichte des Lucas 134.

Apostolische Delegaten 309.

Apostolische Gehilfen 294.

Apostolische Theologie 143 bis 292 (das ganze zweite Buch). Die einzelnen Lehrpunkte f. unter den entsprechenden Artikeln.

Aquila, in Korinth 66, in Rom 74, 98.

Arbeit, christliche Anschauung über deren Pflicht und Bedeutung 403.

Archippus, Bischof in Kolossä 308.

Aristarchus 78.

Armuth und Reichthum, christliche Begriffe davon 401 fg.

Ascese, die christliche 368 fg., die falsche 370. Paulus über ascetische Freiheit 371.

Athen, Pauli Anwesenheit daselbst 66.

Auferstehung Christi 41 fg., Verhältniß derselben zur Rechtfertigung und Heiligung der Menschheit 191, 194; zur allgemeinen Auferstehung 267.

Auferstehung der Todten, eine apostolische Hauptlehre 267 fg.

Auferstehung, doppelte, in der Apok. 124, 125.

Ausschließung aus der Kirche 345, 349.

Autorität, göttliche, des Kirchenamtes, 234 fg.

B.

Babylon, im ersten Briefe Petri, ist Rom 92.

Barnabas, seine Wirksamkeit zu Antiochia 51, seine Ordination und Apostelwürde 56 fg. Begleitet den Paulus auf seiner ersten Missionsreise 58, geht mit ihm auf das Apostelconcil nach Jerusalem 60; sein Benehmen zu

Antiochia und seine Trennung von Paulus 65; sein Tod auf Cypern und der ihm zugeschriebene Brief 111.

Bartholomäus (Nathanael), Apostel, Berufung 5, 11. Wirksamkeit in „Indien" 140.

Begraben, das, der Todten, Einführung desselben durch das Christenthum 422.

Beichte, ihre Nothwendigkeit 347, ihre kirchliche Form und biblische Begründung 348.

Bekehrung, Prozeß derselben 208 fg., ist ein Werk des heil. Geistes 210.

Bekenntniß des Glaubens, Pflicht, Hauptinhalt und Einheit desselben 237. Bekenntniß der Sünden f. Beichte.

Beredtsamkeit, christliche, 330 fg.

Beröa 66.

Besessene im N. T. 175.

Bileamiten 131.

Binde- und Lösegewalt, des Petrus 30, der Apostel insgesammt 32, 334, 343 fg., Unterschied zwischen der Binde- und Lösegewalt und der Schlüsselgewalt, 344 Note; kirchliche Bedeutung derselben 345, persönliche 346.

Bischöfe, der Episkopat ruht anfangs noch im Apostolat; verzögerte Einsetzung 305, Schwierigkeit der Auswahl 306 fg., erste Spuren von Bischöfen in den paulin. Briefen 308 fg., deren Befugnisse und Pflichten 309; das Episkopat bei Johannes (die „Engel" der Apol.) 311, im Briefe des Clemens von Rom 313; nirgends zwei Bischöfe zugleich 325. Die ersten Bischöfe von Rom 315 fg., von Antiochien, Jerusalem, Smyrna und Ephesus 327.

Blutzeugen, die ersten, 367.

Brüder Jesu 11, 103 fg., 327.

Bruder- oder Nächsten-Liebe, thätige 405 fg. vgl. Liebe.

Buhlerin, die, in der Apol. 278.

Buße, Bedingung der Theilnahme am Reiche Christi 22 fg., vgl. Bekehrung. Oeffentliche Buße 345.

C.

Caligula, Entweihung des Tempels zu Jerusalem durch ihn 280 fg.

Ceremonialgesetz, Streit über dasselbe 58 fg.

Cerinth 113, 135.

Charismen, ihre anfängliche Fülle und ihr Verhältniß zur Gemeindeverfassung 298 fg., ihr frühes Verschwinden 301 vgl. 339; Bedürfniß und Gebrauch 334 fg., ihre Verbreitung 339.

Christen, Ursprung des Namens zu Antiochia 61. Glaubensgrund der ersten Christen 159 fg.

Christenthum, sein Verhältniß zum Judenthum 25 fg., 58 fg., 158, 350 fg., 355, sein Gegensatz zum Heidenthum 358, 362, 364 fg., 401 fg., 406 fg., 419, Gegensatz zum Judenthum und Heidenthum zugleich 372, 422. Das Christenthum die Religion der Gerechtigkeit 384.

Christenverfolgungen: von Seiten des Judenthums 47, unter Agrippa 55, von Seiten des Heidenthums unter Nero 101 fg. unter Domitian 118 fg.

Christologie des N. T. 166 fg., 176 fg.

Christus f. Jesus Christus.

Claudius, Kaiser, vertreibt die Juden aus Rom 98, ist der καῖσαρ des zweiten Thess. Br. 288.

Clemens von Rom über die Kirchenämter 313 fg., seine alttestamentliche Geistesrichtung und sein

Ansehen bei den Ebioniten 321 fg., die Clementinen 322.

Cletus f. Anenkletus.

Cölibat, der christliche, und seine Verschiedenheit vom heidnischen 372 fg., heidnische Mißachtung des Cölibats 373, Prophetie des Jesaias vom Cölibat 373 fg., Aussprüche Christi darüber 374, der Cölibat bei Johannes und Paulus 375 fg., Ehe oder Cölibat des Klerus 378 fg., der Apostel 381 fg.

Communion f. Abendmahl.

Concil der Apostel zu Jerusalem 61.

Confirmation zu Samaria 48, zu Ephesus 69; die Confirmation ein Gnadenmittel der Kirche 245, eine Prärogative der Apostel 295.

Continuität der kirchlichen Lehre 166.

Cornelius, der Centurio, seine Aufnahme in die Kirche 49.

Crescens, Begleiter des Paulus 83.

Creta, Anwesenheit des Paulus daselbst 81, 82.

Crispus 67.

Cultus, Jesus über den wahren christlichen Cult im Gespräch mit der Samariterin 8, vgl. 26; gottesdienstliches Leben der ersten Kirche 350 ff.

D.

Dämonologie des N. T. 174 fg.

Delegaten, apostolische 309 fg.

Temas 78, 83.

Demuth und Stolz der Christen 367, 408.

Diakonen, Stephanus 47, Philippus 48. Einsetzung des Diakonates 302 fg., Diakonat und Presbyterat noch ungeschieden 303, das Diakonat bei Clemens von Rom 313 fg., Ordination der „Sieben" zu Jerusalem 247.

Diakonissen 327.

Didymus, Apostel, f. Thomas.

Dinge, die letzten, f. Eschatologie.

Dionysius, der Areopagite, seine Bekehrung 66.

Dionysius von Korinth, über Petrus als den Gründer der Röm. Kirche 97, über den Tod des Petrus und Paulus 101.

Diotrephes 115, 311.

Disciplin f. Kirchenzucht.

Degmatischer Inhalt der apostolischen Schriften 115.

Domitian in der Apokalypse 118.

E.

Ebioniten, die, über Clemens von Rom 322.

Ehe, die christliche, nach Paulus ein Abbild des Verhältnisses Christi zur Kirche 385, 387, die Ehe ein Kirchendienst 387, §. 105; ihr sakramentaler Charakter 388, ihre Unauflösbarkeit 389 fg., Aussprüche Christi darüber 390 fg., die Ausnahme bei Matth., richtige Auslegung 393 fg., Widerlegung der falschen 395 fg., vgl. Beilage III, Lage der Christen in Scheidungsfällen 399; die gemischte Ehe 400, §. 118.

Ehebrecherin, die vor Christus gebrachte, 398.

Ehebruch, löst die Ehe nicht auf 393 fg., 396 fg., vgl. Beilage III.

Ehelosigkeit, die christliche, und ihre Verschiedenheit von der heidnischen 372 fg., vgl. Cölibat und Virginität.

Ehescheidung, Aussprüche Christi über Aufhebung der Jüdischen Ehescheidung 392 fg., vgl. Beilage III, Lage der Christen in Scheidungsfällen 399.

Eid, warum durch Christus verboten 420, der Christ dennoch

dem Staate gegenüber zur Eidesleistung verpflichtet 421.

Eigenthum, Besitz und Verwendung desselben 401.

Einheit, die, der Kirche 225, des
Bekenntnisses 237.

Engel, Lehre des N. T. darüber
172 fg. Die Engel der Apokal.
des Johannes 119, 311 fg.

Entwicklung der Kirche 223 fg.,
der christlichen Lehre 163 fg.

Epaphras 78.

Epaphroditus 315.

Ephesier, Brief des Paulus an
dieselben 78, des Johannes in
der Apokal. 119.

Ephesus, Wirksamkeit des Paulus
und des Apollos daselbst 68,
Aufruhr gegen Paulus 69, Anwesenheit des Paulus zwischen
der ersten und zweiten Röm. Haft
82, Irrlehrer 128.

Epiphanius, Widerlegung seiner
Meinung von der Simultaneität
zweier Bischöfe in einer Gemeinde
323.

Episkopat s. Bischöfe.

Erbsünde, Lehre des N. T. davon 21, 182 fg.

Erkenntniß der Seligen 260.

Erlösung, Lehre Christi von derselben 21 fg., Lehre der Apostel
besonders des Paulus 176 fg.,
Universalität derselben 216.

Erwählung, nach Paulus 216, 218.

Eschatologie des N. T. 125,
259 fg., eschatologische Weissagungen Christi und der Apostel
271 fg.

Essäer 127.

Eucharistie s. Abendmahl.

Evangelien, die synoptischen 131
fg., das Johanneische 134 fg.,
Verhältniß des Johanneischen zu
den synopt. 135 fg., des Hebräer-
Evang. zu dem des Matth. 138.

Evangelisten 131 fg. Die Evangelisten bei Paulus 302.

Evodius, Bischof von Antiochien
327.

Exkommunikation 345, 349.

F.

Fasten 368 fg.

Fegfeuer 261 fg.

Felix 77.

Feste, die christlichen, in der Apost.-
Zeit 355 fg.

Festus 77.

Feuer, das läuternde, nach dem
ersten Korinth.-Br. 270.

Feuersbrunst, große, zu Rom
102.

Firmung s. Confirmation.

Freigebigkeit der christlichen Gemeinden 333.

Freiheit, die, des Menschen, ist
durch die Sünde geschwächt, aber
nicht vernichtet 183, ihr Verhältniß zum Rechtfertigungsprozeß
207, zum rechtfertigenden Glauben
200, Freiheit und Gehorsam der
Gläubigen gegenüber der Kirche
239. Paulus über ascetische Freiheit 371. Die wahre (bürgerliche)
Freiheit erst mit dem Christenthum eingeführt 410 fg., Erziehung zur Freiheit durch die
Kirche 412 fg., Erweiterung und
Beschränkung der Freiheit durch
das Christenthum, Gewissensfreiheit 416 fg., Begünstigung
der christl. Freiheit durch die Zustände im Röm. Reiche 418.

Freilassung der Sklaven, Paulinische Lehre darüber 410.

Fürbitte, besonders für die Verstorbenen 264, für Andere überhaupt 362.

G.

Gaben des heil. Geistes s. Charismen. Freiwillige Gaben der christlichen Gemeinden 333, 354.

Galater, Brief an die, 69 fg.

Gamaliel 47, Lehrer des Paulus 52.

Gebet, der Gebetseifer der ersten Christen 357 fg., das Gebet des Herrn 359, Verhältniß des Gebetes zum Wesen des Christenthums 362 fg.

Gebote Gottes, Jesus über Nothwendigkeit und Möglichkeit ihrer Erfüllung 24, über das Gebot der Liebe 23, vgl. Gesetz.

Geduld, christliche, 364 fg.

Gehenna 266.

Gehilfen der Apostel 294.

Gehorsam und Freiheit der Christen gegenüber der Kirche 239, gegenüber der staatlichen Obrigkeit 414 fg.

Geist, der heilige, Ausgießung desselben am Pfingstfeste 43, Lehre Jesu und der Apostel über Person und Werk desselben 19, 169 fg., Wirksamkeit desselben in der Rechtfertigung 193, in der Bekehrung 210, in der Erfüllung des Gesetzes 211.

Geistesgaben f. Charismen.

Gelübde 383.

Gemeindeverfassung f. Verfassung der Kirche.

Gerechtigkeit Gottes, neue Offenbarung derselben in der Erlösung und Rechtfertigung 196.

Gerechtigkeit (des Menschen), die wahre, nach der Lehre Jesu 24, apostolische Lehre von der Gerechtigkeit aus dem Glauben 188 fg., objektiver und subjektiver Faktor 197, wahre und falsche Gerechtigkeit 202, die wahre identisch mit der Heiligkeit 205; ist verlierbar 211.

Gericht, das letzte, 268 fg.

Gericht des Petrus, ein Ebionitisches Apokryph 324.

Gesellschaftliche Lage der ersten Christen 406 fg.

Gesetz, das, des A. B. Jesus über die Erfüllung desselben durch ihn 25, 29. Streit über dasselbe 58 fg., Paulinische Lehre über das Gesetz 184 fg. Gerechtigkeit aus dem Gesetz und die aus dem Glauben 188. Abrogation 186, und „Aufrichtung des Gesetzes" nach Paulus 197, 200, 203; das Gesetz Christi oder der Freiheit 203, Gesetz und Evangelium 204, Gesetzeserfüllung durch die Gnade des heiligen Geistes 211.

„Gesetzlose", der, bei Paulus 288.

Glaube, als Bedingung und Zweck der Wunder Jesu 16, der Glaube an Jesus als Bedingung des Heils 22, der rechtfertigende Glaube bei Paulus 188 fg., bei Jakobus 214 fg., Wesen desselben 198, 200, Früchte 189, sein Verhältniß zu den guten Werken 189, 205 fg., 214 fg., Glaube und Gesetz 202. Muster des Glaubens: Noe und Abraham 199. Vgl. Rechtfertigung und Werke.

Glaubensgrund der Christen 159 fg.

Glaukias, Interpret des Petrus 95.

Gleichheit, die christliche, 412.

Gleichnisse Jesu vom Himmelreiche, doppelter Zweck derselben 27.

Glossolalie 336.

Gnade, ist eine göttliche Kraft 199, Gnade und Gerechtigkeit in der Rechtfertigung 201, Gnade und Verdienst 213.

Gnadenmittel der Kirche, ihre Einsetzung und Wirksamkeit im Allgemeinen 242, die einzelnen Sakramente 243 fg.

Gnadenwahl und Verwerfung nach Paulus 218 fg.

Gnosticismus 127 fg., 221.

Gott, Lehre Jesu von Gott als Vater 17, apostolische Trinitäts-

lehre 166 fg., Gott Alles in
Allem 271.

Götter, die sogenannten (ὡς λε-
γόμενοι θεοί) bei Paulus 283.

Gottesdienst, der christliche, in
der ersten Kirche 350 fg.

Gottheit Jesu 18 fg., 166 fg.,
vgl. Jesus Christus.

Götzenopferfleisch und Götzen
opfermahlzeiten, das Concil von
Jerusalem über den Genuß davon 61, Paulus im 1 Kor.-Br.
72 fg., vgl. 131.

Gräuel der Verwüstung im
Tempel zu Jerusalem 280, 282
fg., 286 fg.

Griechische Sprache, Christianisirung derselben 147 fg.

Gütergemeinschaft, es bestand
keine förmliche in der Erstlingskirche zu Jerusalem 104.

H.

Hades 262.

Handauflegung, konfirmatorische
245 fg., bei der Ordination 245 fg.

Häresie, die Anfänge derselben
125 fg., strenge Ausschließung
derselben von der Kirche 238 fg.,
Paulus' Weissagung von ihr 291
fg., die Häresie ein Antichristen
thum nach Johannes 276.

Hebräerbrief 84 fg., Lehre desselben vom Opfer und Priesterthum 180, 296 fg.

Hebräer-Evangelium 138.

Hegesippus, über die Succession
der Röm. Bischöfe 318, der An-
tiochen. 326 (auf 327).

Heiden, erste Aufnahme derselben
in die Kirche 12, Erbauung der
Kirche aus ihnen 220 fg., feind
liche Stimmung der Heiden gegen
die Christen 407.

Heidenkirche zu Antiochia 51.

Heidenthum, apostel. Lehre von
der Herrschaft der Dämonen im
Heidenthum 175, 290 fg.

Heidenzeiten, die καιροὶ ἐθνῶν,
273, 275.

Heil, Universalität desselben 216 fg.

Heiligkeit Gottes, Offenbarung
derselben im Christenthum 181,
196.

— des Menschen s. Gerechtigkeit u.
Rechtfertigung. Heiligkeit der Kirche
224, S. 104.

Herodes Agrippa, seine Christen-
verfolgung 55, sein Tod 56.

Herodes Antipas 4, 20.

Himmel, neutestamentliche Lehre
davon 263.

Himmelreich s. Kirche und Reich
Gottes.

Hölle 265.

Hymenäus, Irrlehrer, 128, 238.

J.

Jakobus, der Aeltere, der Sohn
des Zebedäus, Apostel, Berufung
11, Martyrertod 55.

Jakobus, der Jüngere, Sohn
des Alphäus, Apostel, Berufung
11, seine hervorragende Stellung
im Apostelkreis und Verwandtschaft
mit dem Herrn 103 fg., Identität des Apostels, des Alphäiden,
mit dem Bruder des Herrn und
Bischof von Jerusalem 104 fg.,
sein ascetisches Leben und sein Tod
106, sein Brief 107, 145, Ueber
einstimmung seiner Rechtfertigungslehre mit der Paulinischen 213
fg., sein Verhältniß zu Petrus und
Paulus auf der Synode zu Je
rusalem 296 fg.

Jenseits, das, Jesu Lehre über
dasselbe 24, vgl. Eschatologie.

Jerusalem, seine Zerstörung und
deren Folgen für die christliche
Kirche 110 fg., Christi Weissag
ung hierüber 272, Parusie Christi
in der Zerstörung Jerusalems 274.

Die ersten Bischöfe von Jerusalem: Jakobus 104, 305, Simon 327.

Jesus Christus, seine Jugendgeschichte und Taufe im Jordan 2 fg., Jesus und Johannes 4 fg., die ersten Schüler 5, erstes Wunder 6, erste Tempelreinigung 6, Gespräch mit Nikodemus 7, mit der Samariterin 8, Wirksamkeit in Galiläa, Wanderungen von Kapernaum aus 9, Dauer seiner Lehrthätigkeit, Weise und Inhalt seiner Lehre im Allgemeinen 10, Apostelwahl 11, Jesu Stellung zum Volke 12, zu den Priestern und Pharisäern 13, Heranbildung der Apostel 13 fg., Einheit von Wort und That 14 fg., Wunder 15 fg., Weissagungen 17, Jesu Lehre 17—34: über Gott, als Vater 17, über seine eigene höhere Natur 18, über den heiligen Geist 19, Jesus der „Menschensohn" 19, Jesus als ächter Mensch 20. Seine Lehre über Sünde und Satan 21, von seinem Opfertode 21 fg., über Glaube und Buße 22, über die Liebe 23, über die wahre Gerechtigkeit 24, die Erfüllung des Gesetzes und der Verheißung 25 fg., über das Reich Gottes und die Kirche 27 fg., über die Würde des Petrus 30 fg., die Vollmachten der Apostel 33, sein Vermächtniß an die Kirche 34. Die Verklärung 35, Einzug in Jerusalem und zweite Tempelreinigung 36, das Abendmahl 37 fg., die Agonie in Gethsemane 39, Leiden und Tod 40 fg., die Auferstehung 41 fg., die Himmelfahrt 42, die Ausgießung des heil. Geistes 43 fg., Lehre der Apostel von der Gottheit Christi 166 fg., der Logos des Johannes 167 fg., der des Philo 168. Menschwerdung, Versöhnung und Erlösung 176 fg., Bedeutung des Todes und der Auferstehung Christi für das christliche Leben 191 fg. Christus als Haupt und Bräutigam der Kirche 221 fg., sein dreifaches Amt 228 fg., sein Priesterthum insbesondere 251 fg., seine Wiederkunft als Weltrichter 268 fg., Uebergabe des Reiches an den Vater 271.

Jezabel, in der Apokal. des Johannes 131, 312.

Inspiration, der heil. Schrift, 151, 156.

Johannes, der Apostel und Evangelist, Berufung 5, 11, sein Leben 113, seine Schriften: die Briefe 114, die Apokalypse 115 fg., das Evangelium 134 fg., Hauptinhalt seiner Schriften überhaupt 145, individueller Charakter derselben 146, Einsetzung von Bischöfen durch ihn 327, Legende über seine Pastoralforgfalt 349 fg.

Johannes, der Presbyter 115.

Johannes, der Täufer 1 fg., Ursprung und Bedeutung seiner Taufe 340.

Johannesjünger zu Ephesus 68.

Joses, Sohn des Alphäus, ein Bruder des Herrn 103, 104.

Irenäus, über die Succession der Röm. Bischöfe 319.

Irrlehre u. Irrlehrer s. Häresie.

Judaismus, pharisäischer 59 fg., gnostischer 127 fg.

Judaisten, zu Jerusalem und Antiochia 59 fg., in Galatien 70, in Korinth 71, 73.

Judas Ischkarioth 11.

Judas Thaddäus, oder Lebbäus, Bruder des Herrn, Apostel, Berufung 11, sein Brief 109, Verhältniß desselben zum 2. Br. Petri vgl. 95, die darin geschilderten Irrlehrer 128.

Juden, ihre Niederlassung zu Rom 98, in Babylonien 99, ihre Abneigung gegen das Christenthum

111 fg., ihr Haß gegen die Heiden 112.

Judenthum, Christi Stellung zu demselben 26, Verhältniß zwischen Christenthum u. Judenthum 25 fg., 58 fg., 158.

Jünger Jesu f. Apostel; die siebenzig 10.

Jungfrauen, als Diakonissen 328 fg.

Jungfräulichkeit f. Virginität.

Justus, Proselyt 67.

Jzatas, König von Adiabene 60.

K.

Kanon, der, des A. T. bei den Christen 149, der des N. T. im Zeitalter der Apostel noch nicht vorhanden 155.

Katholizität der Kirche 220 fg.

καυχων, ὁ, bei Paulus 288.

Kephas f. Petrus.

Kerygma des Petrus, eine Ebionitische Schrift 317, 323.

Ketzer und Ketzerei f. Häresie.

Keuschheit, ihre Bedeutung im Christenthum 385 fg.

Kirche, Christi Lehre darüber 27 fg., Christi Vermächtniß an sie 34, ihre anfängliche Verwachsenheit mit der Synagoge 29, 45, 221 fg., Lehre der Apostel, besonders des Paulus von der Kirche: über ihre Katholizität 220 fg., ihr Verhältniß zur Synagoge 211 fg. vgl. 295, zur Welt 222, ihr Wachsthum, die Kirche Christi Leib 223 fg., ihre Heiligkeit: die Kirche Christi würdige Braut 224, ihre Einheit 225 fg., Sichtbarkeit und Unsichtbarkeit 226, Unzerstörbarkeit und Unfehlbarkeit 227 fg., ihre Aemter, besonders das Priesterthum 229 fg., ihr Bekenntniß 237, ihr Verhalten zur Häresie 238, ihre Autorität 231 fg., 239; ihre erziehende und heilende Wirksamkeit 240 fg. Privilegien ihrer Mitglieder 242. Ihre Gnadenmittel u. ihr Opfer 242 fg. Gemeinschaft der dießseitigen und jenseitigen Kirche 264, Christi und der Apostel Weissagungen über ihre künftigen Schicksale 34, 271 fg.

Kirchenamt, das dreifache Amt Christi in der Kirche 229 fg., das spezielle Priesterthum 230 fg., das allgemeine 231 fg., Fortpflanzung der kirchlichen Gewalten durch Ordination 233, alles Kirchenamt beruht auf göttlicher Sendung 234, ist für die Gemeinde, aber nicht von ihr 236. Die einzelnen Kirchenämter 293 fg., der Apostolat 293, der Primat des Petrus 295 fg., die Charismen 298 fg., Propheten 301, Evangelisten 302, Diakonen und Presbyter 303, Presbyter u. „Episkopen" 304, das Episkopat 305 fg. bei Paulus 305 fg., bei Johannes 311 fg., bei Clemens von Rom 313 fg., die ersten Bischöfe einzelner Kirchen, besonders der Römischen 315 fg.

Kirchendiener, Eigenschaften derselben 329 fg., Auswahl 331 fg., Unterhalt 332 fg., Cölibat derselben 376 fg., Monogamie 380.

Kirchenverfassung, frühere 298 fg., ihr anfänglich flüssiger (charismatischer) Zustand 298.

Kirchenzucht 348 fg. vgl. Binde- und Lösegewalt, und öffentliche Buße.

Klerus f. Kirchendiener.

Kletus f. Anencletus.

Kolossä, Irrlehrer daselbst 127.

Kolosser, Brief an dieselben 78.

Korinth, Gründung der dortigen Kirche 66.

Korinthier, Zustand der Gemeinde und erster Brief Pauli an dieselbe 71, zweiter 73. Petrus in

Korinth 315 fg. Brief des Röm. Clemens an die Korinthier 313 fg., Abendmahlslehre des ersten Kor.-Br. 248 fg.

Krankenheilung, Charisma derselben 335.

Krankensalbung, Sakrament 247.

Kreta, Reise des Paulus dorthin 82.

L.

Lage der Christen, gesellschaftliche, im apostolischen Zeitalter 406 fg.

Lamm Gottes, Christus 21, Christus das wahre Passahlamm 219 fg.

Legaten, apostolische, 309.

Lehre und Lehrweise Jesu 10 fg., 17—34, vgl. den Art. Jesus Christus.

Lehre der Apostel, das ganze zweite Buch. Uebersicht in der Inhaltsanzeige zum 2. Buch; die einzelnen Lehrpunkte unter den betreffenden Artikeln des Registers.

Leib der Auferstehung, Beschaffenheit desselben 268, leibliches Substrat im Mittelzustand vor der Auferstehung 265.

Leichnam, christliche Werthschätzung und Behandlung desselben 421 fg.

Leiden Christi 32 fg., der Christen 363 fg.

Liebe, das höchste Gebot 23, Universalität derselben 27, ihr Verhältniß zum Glauben und zur Rechtfertigung 208 fg., thätige Bruderliebe in den apost. Schriften und Gemeinden 405 fg.

Liebesgaben der christlichen Gemeinden 354, vgl. 333.

Liebesmahle oder Agapen 352 fg.

Linus, Schüler des Paulus 84, Bischof von Rom 319, Widerlegung der Hypothese von der Simultaneität seines Episkopats mit dem des Anenkletus 325.

Logos, der, des Johannes 167 fg., des Philo 168.

Lucas, Evangelist, gesellt sich zu Paulus 66, folgt ihm nach Rom 78, 83; sein Evangelium 133 fg., die Apostelgeschichte 134.

Lucius von Cyrene 56.

M.

Magna Charta der Kirche 34.

Manahen 56.

Marcus, Begleiter des Paulus, von dem er sich trennt 65, Begleiter und Interpret des Petrus 95, 133; sein Leben und sein Evangelium 133, 142.

Maria, die Frau des Alphäus 103 fg.

Martyrium, das christliche 366 fg.

Matthäus, Apostel, Berufung 11, Evangelium 131 fg., Verhältniß desselben zum Hebräer-Ev. 138, ascetisches Leben 140.

Matthias, Erwählung zum Apostel 43, ein ascetischer Ausspruch von ihm 140.

Melchisedech, im Hebräerbrief 181.

Mensch, Lehre von der Erlösungsbedürftigkeit und Rechtfertigung desselben s. die betreff. Artikel.

Mensch der Sünde, der, bei Paulus 272 fg., ist Nero 285 fg., vgl. Beilage L.

Menschensohn, der, 12.

Menschheit Jesu, ächte, 20.

Menschwerdung, apostolische Lehre darüber 177 fg.

Meßopfer s. Opfer.

Missionsreisen des Apostels Paulus, s. Paulus.

Mittelzustand, als Zustand der Reinigung 261, als Räumlichkeit, Hades 262, als Zustand der Entkleidung od. Nacktheit der Seele 264.

Monogamie der Kirchendiener 380.

Mysterium, das, der Ruchlosigkeit bei Paulus 288 fg.

N.

Nächstenliebe s. Liebe.
Nacktheit der Seele vom Tode bis zur Auferstehung, Paulinische Lehre davon 265.
Nathanael (Bartholomäus), Apostel, Berufung 5, 11.
Nazaräer, ihr Evangelium 138.
Nero, verfolgt die Christen 101, ist der „Mensch der Sünde" bei Paulus 285 fg., vgl. Beilage I, das Märchen von seiner Wiedererweckung 289, Note 4.
Nikodemus, im Gespräch mit Jesus 7.
Nikolaiten 130.
Nikolaus, der Diakon, 130.

O.

Obrigkeit, die kirchliche, Verhältniß der Gläubigen zu derselben 239, vgl. Kirchenamt. Christliche Lehre über Gehorsam und Freiheit gegenüber der staatlichen Obrigkeit 414 ff.
Offenbarung des Johannes s. Apokalypse.
Onesimus 308.
Onesiphorus 83, 264.
Opfer, das, des N. B., das blutige am Kreuze: Jesus über seinen Opfertod 21 fg. Lehre der Apostel von Jesus als Sühnopfer 176 fg., vgl. Versöhnung. Das eucharistische oder unblutige Opfer: Einsetzung 37 fg., 249 fg. Verhältniß desselben zum Passahopfer des A. B. 249 fg., zu den Jüdischen Opfern überhaupt 252, zum Opfertod auf Golgatha 256, zum Opfer Melchisedechs 181, zum himmlischen Priesterthum Christi 252, 253 Note 1. Permanenz des Opfers Christi 251, 254, dreifache Bedeutung 256 fg., Verbindung von Permanenz und

Einheit in ihm 268. Verhältniß des eucharist. Opfers zu den Agapen, wie oft und wann es gefeiert wurde 352 fg.
Opferfleisch und Opfermahlzeiten, heidnische, der Genuß davon den Christen durch die Synode von Jerusalem verboten 61, Paulus über diesen Punkt 72.
Opfertod Jesu s. Opfer.
Ordination, die kirchlich-sakramentale 233 fg., 246 fg., Ordination in Folge prophetischer Erleuchtung, die des Paulus und Barnabas zu Antiochia 56, des Timotheus und Anderer 327, 332.
Ostern, das christliche, und Osterfeier 357.

P.

Papst s. Petrus und Primat.
Parteien, die, in Korinth 71 fg.
Parusie Christi, seine und der Apostel Weissagungen über dieselbe 271 fg., Ungewißheit des Zeitpunktes 275 fg., das Strafgericht über Jerusalem eine erste Parusie Christi 271.
Passahopfer, das christliche, und dessen Verhältniß zum Jüdischen 249.
Pastoralbriefe des Paulus 81 fg.
Paulus, Namen, Herkunft, Erziehung und Bekehrung 52 fg., Vorbereitung zum Apostolat in Arabien 54, erste Reise nach Jerusalem 54, zweite 55, mit Barnabas in Antiochia zur Heidenmissionen berufen und ordinirt 56, erste Missionsreise 58, dritte Reise nach Jerusalem 60, Privat-Conferenz und Concil zu Jerusalem 61 fg., Zusammentreffen mit Petrus in Antiochia 63 fg., Trennung von Barnabas und Markus 65, zweite Missionsreise 65 fg., Gründung von Gemeinten in Philippi,

Theſſalonita, Berëa, Korinth 66, Rede zu Athen 66. Erſter Brief an die Theſſalonicenſer 67, zweiter 68, vierte Reiſe nach Jeruſalem über Epheſus 68, Beſuch in Antiochien und den Galatiſchen Gemeinden 68, längerer Aufenthalt in Epheſus 68 fg., Brief an die Galater 69, erſter Brief an die Korinthier 71 fg., zweiter Brief an die Korinthier 73, abermaliger Beſuch in Korinth 73, Brief an die Römer 73 fg., fünfte und letzte Reiſe nach Jeruſalem 75 fg., Aufruhr gegen ihn zu Jeruſalem und ſeine Vertheidigung vor dem Synedrium 76, Gefangenſchaft zu Cäſarea und Rom 77. Briefe an die Koloſſer und Epheſier 78, an die Philipper 79; ſeine Befreiung 79 fg., Reiſe nach Spanien 80 fg., nach Epheſus, Kreta, Macedonien, Milet und Nikopolis 81, 82, die Paſtoralbriefe 81 fg., zweite Röm. Haft 83, der Hebräerbrief 84 fg. Paulus' Perſönlichkeit 86 fg., ſeine Viſionen 87, Leiden 88, ſein Tienſt 89, Gemeindeleitung 90, Seltenheit der Beziehungen in ſeinen Briefen auf die Geſchichte und Ausſprüche Chriſti 90 fg., ſeine Demuth und Zuverſicht 91, ſein Verhältniß zu den andern Apoſteln 91 fg., zu Petrus insbeſondere 296 fg., zur Röm. Kirche 97. Verhältniß ſeiner Rechtfertigungslehre zu der des Jakobus 214. Sein Tod 101, kurze Inhaltangabe ſeiner Briefe 145, individueller Charakter ſeiner Schriften 146. Seine Lehre im Einzelnen ſ. unter den entſprechenden Artikeln.

Pergamus, die Nikolaiten daſelbſt, eine Gnoſtiſche Sekte 131.

Petrus, Simon, Apoſtelfürſt, wird von Jeſus berufen und Kephas genannt 5, zum Apoſtel gewählt 11, empfängt die Verheißung des Primates von Jeſus 30, erhält dieſen Vorrang wirklich 31, wird in den Evangelien gleichmäßig ausgezeichnet 32, iſt Zeuge der Verklärung 35, der Auferſtehung 41, leitet die Wahl des Apoſtels Matthias 43; ſeine Rede am Pfingſtfeſte 44 fg., Strafverhängung über Ananias 45 fg., Verantwortung vor dem Synedrium 46, Confirmation zu Samaria und Drohung gegen Simon Magus 48, Aufnahme des Cornelius in die Kirche 49 fg., wunderbare Befreiung aus dem Kerker 55, ſein Antrag auf dem Concil zu Jeruſalem 61, ſein Benehmen zu Antiochia und Zuſammentreffen mit Paulus 62 fg. Erſtes Sendſchreiben 93 fg., Ort der Abfaſſung deſſelben 99, dogmatiſcher Hauptinhalt 144, zweites Sendſchreiben 94 fg., verſchiedene Interpreten des Petrus 95. Sein Verhältniß zur Römiſchen Kirche: er hat 1) die Römiſche Kirche geſtiftet 95 fg., vgl. 315 fg., 2) er hat dort den Tod erlitten 100 fg., vgl. 316, ſein Römiſches Epiſcopat 101, vgl. 305 u. 315 fg., ſein Primat (Verhältniß zu Paulus und Jakobus) 295 fg., vgl. 30 fg. Zuſammentreffen mit Simon dem Magier in Samaria 48, in Rom 324. Petrus in Korinth 315.

Petriniſche Apokryphen: das „Kerygma des Petrus" 316, 323, das „Gericht" 324.

Pfingſtfeſt, das erſte 43 fg., Feier des Pfingſtfeſtes in der Kirche 357.

Pharao, Paulus über ſeine Verhärtung 217.

Phariſäer, ihre Stellung zu Jeſus 12 fg.

Philemon, Brief an ihn 78, vgl. 208.

Philetus, Irrlehrer 128.

Philipper, Brief an die, 79.

Philippi, Gründung der dortigen Gemeinde 66.

Philippus, der Apostel, Berufung 5, 11, apostel. Wirksamkeit 140.

Philippus, der Diakon 48.

Philo, Verhältniß seiner Logoslehre zu der des Johannes 105.

Pilatus, Landpfleger 1, 40.

Polizei, im Röm. Reiche 418.

Polykarp, Bischof von Smyrna 327.

Polykrates, Bischof von Ephesus 327.

Porneia, in den Aussprüchen Christi über Ehescheidung bei Matth. ist nicht Ehebruch 393 fg., 400, vgl. Beilage III.

Prädestination und Gnadenwahl nach Paulus 216 fg.

Predigt, die christliche, 331.

Predigt, die, des Petrus, Ebionitisches Apokryph 316, 323.

Predigtamt in der Apostelzeit, Erfordernisse dazu 330.

Presbyter, Bedeutung des Wortes im 2. und 3. Brief des Johannes 114, im Briefe des Röm. Clemens 313; war anfangs wahrscheinlich ein in den judenchristlichen Gemeinden vorherrschender Amtsname 304, ursprüngliche Ungeschiedenheit der Presbyter und Diakonen 303, der Presbyter u. Episkopen 304, 313; geforderte Eigenschaften der Presbyter 329.

Presbyterium, Stillschweigen der apostel. Briefe über dessen kirchliche Thätigkeit 311.

Priester, die jüdischen, ihre Stellung zu Christus 13.

Priesterthum Christi, Lehre des Hebr.-Br. von demselben 180 fg., 229 fg., 251 fg., vgl. Opfer Christi.

Priesterthum, das christliche, in der Kirche, Verhältniß desselben zum Priesterthum Christi 229 fg., zum Jüdischen 231, allgemeines und spezielles Priesterthum 231 fg. Fortpflanzung des speziellen durch Ordination 233, priesterlicher Charakter des kirchlichen Amtes resultirend aus der Gebetspflicht 331.

Priesterweihe s. Ordination.

Primat Petri 30 fg., 295 fg., vgl. Petrus.

Privilegien der Christen resp. der Mitglieder der Kirche 242.

Propheten, in der Apostelzeit 301 fg.

Prophetenthum, das falsche, in der Apokalypse des Johannes 123, 277 fg.

Prophetie, als Charisma 335 fg.

Prophetien Jesu s. Weissagungen Jesu.

Prophetinnen in der Apostelzeit 336.

Proselyten des Thores, ihre Freiheit vom Ceremonialgesetz 49, 59.

Psalmengesang beim christlichen Gottesdienste 354, 358.

R.

Rathschluß Gottes, Gegenstand desselben 216, sein Verhältniß zur menschlichen Freiheit und Selbstverhärtung 217 fg.

Rechtfertigung, Lehre Christi darüber 22 fg., Lehre der Apostel, besonders des Paulus 182 fg., die Rechtfertigung wird bei Paulus von der Versöhnung genau unterschieden 182, sie kommt aus dem Glauben 188 fg., ihr Verhältniß zu den guten Werken 189, 205, 211, Prozeß der Rechtfertigung 190 fg., sie ist Frucht des Todes Christi 191, 194, der Auferstehung 192, ist eine Lebensmittheilung 192, und ein Werk des heiligen Geistes 193, eine Manifestation göttlicher Macht 193, eine neue Offenbarung der göttlichen Gerechtigkeit 196 fg., sie ist identisch mit Heiligung 205, mit Rettung 206, ist im Entstehen u. Bestehen bedingt von der menschlichen Freiheit 207. Jakobus und Paulus stimmen in dieser Lehre überein 214 fg.

Reich Gottes, Christi Lehre darüber 27 fg.

Reich, das tausendjährige, 120, 124, 278.

Reichthum und Armuth, christliche Anschauung davon 401 fg.

Reinigungszustand 261 fg., Fürbitte für die Seelen in demselben 264.

Reprobation, Paulinische Lehre davon 219.

Rom, Niederlassung der Juden daselbst 98. Rom ist das Babylon im 1. Briefe Petri 99, in der Apokalypse 122 fg., 277.

Römerbrief 73 fg.

Römische Kirche, ihre Gründung durch Petrus 95 fg., 315, Verhältniß des Paulus zu ihr 97, ihre Anfänge 98 fg., ihre ersten Bischöfe und Succession derselben: Petrus 315 fg., Linus, Anencletus und Clemens 317 fg.

S.

Sabbath, Jesus über denselben 25 fg., der Sabbath in der Kirche 355.

Sakramente s. Gnadenmittel.

Salbung der Kranken, Sakrament 247.

Samariter, der Diakon Philippus predigt ihnen das Evang. 48.

Samariterin, die, im Gespräche mit Jesus 8.

Satan, Christi Lehre von demselben 21, Lehre der Apostel 174 fg., seine Bindung in der Apok. 124, sein Verhältniß zum Heidenthum 175.

Saulus s. Paulus.

Schlüsselgewalt, des Petrus 30 fg., Verschiedenheit der Schlüsselgewalt von der Binde- und Lösegewalt 344 Note.

Schrift, die heilige, Anlaß und Zweck der apostolischen Schriften, Inhalt 144 fg., individueller Charakter 146, griechische Sprache 147, Herübernahme des A. T. in die christliche Kirche 118 fg., der Kanon des A. T. bei den Christen 149, Anwendung des A. T. im Neuen 150 fg., Gebrauch der Septuaginta 152, Freiheit im Gebrauch Alttest. Stellen 153 fg.; noch kein Kanon des N. T. in der Apostelzeit 155, Schwierigkeit des Verständnisses 155, kein Selbstzeugniß der Neutestam. Schriften über ihre Inspiration 156, Zeit der Abfassung 156, Verhältniß zur Tradition 157, 159, 162.

Schriftgelehrte, die Jüdischen, ihre Stellung zu Christus 13.

Schüler Jesu, die ersten, 5, vgl. Apostel.

Schwestern, dienende, der Apostel 382.

Schwören, das, Verbot desselben im Christenthum 420, Nothwendigkeit desselben wegen des Verhältnisses des Christenthums zum Staate 421.

Seele, die entkleidete, nach Paulus 265.

Seligkeit, Lehre der Apostel darüber 259, Erkenntniß der Seligen 260.

Sendschreiben, die apokalyptischen 119, 125, 311.

Septuaginta, die, Uebersetzung des A. T. Gebrauch derselben im N. T. und ihr Verhältniß zum Hebräischen Text 152, 154.

Sichtbarkeit und Unsichtbarkeit der Kirche 226.

Sieben, die sieben Diakonen (resp. Presbyter) zu Jerusalem 303, die sieben kleinasiatischen Gemeinden in der Apokal. 119, 125, 311.

Siebenzahl, in der Apokal. 120.

Silas, Begleiter des Paulus 65, Ueberbringer des 1. Briefes Petri 93.

Simon, Sohn des Alphäus, 103, 104, Bischof von Jerusalem 327.

Simon, der Magier, Architektiler 129, sein Zusammentreffen mit Petrus in Antiochia 48, in Rom 324; seine Rechtfertigungslehre 213.

Simon Niger 56.

Simon Petrus s. Petrus.

Simon Zelotes, Apostel, 11.

Sklaverei, Verhältniß derselben zum Christenthum 402 fg.

Smyrna, in der Apokal. des Johannes 119, Polykarp von Johannes als Bischof dort eingesetzt 327.

Sonntag, der, und sein Verhältniß zum Jüdischen Sabbath 356.

Sprache des N. T., Christianisirung der Griechischen Sprache 117.

Staatsgewalt, s. Obrigkeit.

Stephanus, erster Martyrer, 47.

Succession der Römischen Bischöfe 317 fg.

Sühnopfer Christi 178 fg., sühnende Bedeutung des Meßopfers 256 fg., vgl. Opfer.

Sünde, Christi Lehre von derselben 21, Lehre der Apostel 182 fg.

Sünde gegen den heil. Geist 211.

Sündenvergebung, ist nicht getrennt von der Unterjochung der Sünde 209.

Symbolum, das apostolische, 161.

Synagoge, ihr Verhältniß zur Kirche in der Apostelzeit 29, 45, 221 fg.

Synedrium, das Recht desselben über Leben und Tod, Beilage II.

T.

Taufe, die, des Johannes 2, vgl. 340, Taufe Jesu im Jordan 2, Bedeutung derselben 3; die christliche Taufe nach der Lehre der Apostel 242 fg., die Apostel tauften in der Regel nicht selbst 291, Verhältniß der christlichen Taufe zu der des Johannes 340, Weise der Spendung 340, Vorbedingungen, Kindertaufe 341 fg., Taufe für Verstorbene 343.

Tausendjähriges Reich 120, 278.

Tempel, der, zu Jerusalem, Reinigung desselben durch Christus, erste 6, zweite 36; Entweihung durch Caligula 280, 282 fg., durch Nero 286 fg., der Tempel Gottes im 2. Br. an die Thess. 284 fg., vgl. 287 Note 1 und 418 fg.

Testament, Altes und Neues, s. Schrift, die heilige.

Teufel, Lehre Christi von demselben 21, Lehre der Apostel 171 fg.

Thaddäus oder Adäus, einer der 70 Jünger 112.

Thaddäus, Judae, der Apostel s. Judas Thaddäus.

Theophilus, im Evangelium und der Apostelgesch. des Lukas 131.

Thessalonika, Gründung der dortigen Gemeinde 66, erster Brief an sie 67, zweiter 68. Erklärung des Abschnittes vom Menschen der Sünde im 2. Br. an die Thess. 280 ff., vgl. Beilage I. S. 124 ff.

Thier, das, in der Apokal. 277 fg.

Thomas, Apostel. Berufung 11, Wirksamkeit in Parthien 140.

Thyatira, christliche Gemeinde von, in der Apokal. 131, 312.

Timotheus, gesellt sich in Lystra zu Paulus 65, bringt ihm Nachrichten aus Thessalonika 66, läßt sich beschneiden 66, dient dem Apostel in Rom 78, ist der Lieb-

lingsjünger des Paulus 308,
apostolischer Delegat, und Bischof
von Ephesus 309; erster Brief
des Paulus an ihn 82, zweiter 84.

Titus, geht mit Paulus auf das
Concil nach Jerusalem 60, wird
nicht beschnitten 61, ist Bischof
von Gortyna auf Kreta 311, vgl.
307; Brief Pauli an ihn 82,
sein Tod 142.

Tod, Lehre des N. T. von demselben 259, 421. Recht des Synedriums über Leben und Tod,
Beilage II.

Tod Christi 41, versöhnende und
erlösende Kraft desselben 178, Bedeutung desselben für die Rechtfertigung 191, 194.

Todesstrafe s. Tod.

Todtenbegräbniß, Einführung
desselben durch das Christenthum
422.

Tradition, mündliche, Priorität
derselben vor der Schrift 156 fg.,
Uebergang der Jüdischen Tradition in die christliche Kirche 157
fg., aus Jüdischer Tradition
stammende Lehren und Angaben
im N. T. 158, Stetigkeit zwischen
Judenthum und Christenthum 158,
erklärendes und ergänzendes Verhältniß der Tradition zur Schrift
159, ihr Verhältniß zum Glauben
der Christen 160 fg., Continuität
(Apostolicität) und Simultaneität
(Katholicität) der Tradition 162,
vgl. 165; erste Fixirung derselben
162.

Trinität, Lehre Christi von derselben 17 fg., Lehre der Apostel:
von den einzelnen Personen 166
fg., von der göttlichen Trias 171,
Verhältniß der Trinität zur Rechtfertigung 196.

Trophimus 76, 82.

Tychikus, bei Paulus in Rom
78.

U.

Unfehlbarkeit und Unzerstörbarkeit der Kirche 227 fg.

Unterhalt der Kirchendiener 333.

B.

Verdienst, das, der guten Werke
212 fg.

Verfassung der Kirche 293 fg.,
298 fg.

Verfolgung der Christen s. Christen-
verfolgung.

Verhärtung, Paulinische Lehre
davon 217, 219.

Verklärung, Jesu 35, des menschlichen Auferstehungsleibes 268.

Versammlungen, gottesdienstliche
351 fg.

Versöhnung, Lehre Christi von
derselben 22, Lehre der Apostel
176 fg., Verhältniß der Versöhnung zur Heiligung 181, zur
Rechtfertigung 182.

Verstockung s. Verhärtung.

Verstorbene, Fürbitte für dieselben 264.

Verwerfung, Paulinische Lehre
davon 219.

Virginität, christliche, Christus
über dieselbe 374, Johannes und
Paulus 375 fg.

W.

Wahl, Schwierigkeit der Auswahl
von tüchtigen Amtspersonen, besonders Bischöfen, in der Apostelzeit 307; ein Wahlrecht der Gemeinden nur in beschränktem Sinne
stattfindend 331.

Weibliches Geschlecht, Erhebung
desselben durch das Christenthum
und die Kirche 384 fg., vgl. Ehe
und Virginität.

Weissagungen Christi, im Allgemein. 17, eschatologische 271 fg.

Welt, die, im Sprachgebrauche Christi 21.
Weltbrand, der letzte 270.
Welterneuerung 270 fg.
Weltgericht 268 fg.
Werke, die guten, sind Früchte des Glaubens 127, 205 fg., zur Rechtfertigung unerläßlich 205 fg., sind Gottes Werk im Menschen 211, sind Früchte des heil. Geistes und haben hohe Verheißungen 212 fg., unterscheiden sich von den Gesetzeswerken 215; Uebereinstimmung des Jakobus mit Paulus über diesen Lehrpunkt 211 fg.
Wiederbringung s. Apokatastasis.

Wiederkunft Christi zum Gericht 268 fg., vgl. Parusie.
Wittwen, als Diakonissen 328 fg.
Wunder Jesu 16, Zweck derselben 16.
Wundergaben s. Charismen.

Z.

Zeit, christliche Anschauung über deren Werth 403.
Zungenreden, Charisma 336 fg.
Zurechnung, in der Rechtfertigung 188.
Zwölfzahl, die geschlossene, des Apostelkreises 43, 56 fg.

St. J. Neher,
Kirchliche Geographie und Statistik.

Oder: Darstellung des heutigen Zustandes der katholischen Kirche mit steter Rücksicht auf die früheren Zeiten und im Hinblick auf die anderen Religionsgemeinschaften. Specielle kirchliche Geographie und Statistik. 1te Abtheilung: Die europäischen Kirchenprovinzen. 1r Bd. Auch u. d. Titel: **Kirchliche Geographie und Statistik von Italien, Spanien, Portugal und Frankreich.** gr. 8. 4 fl. od. 2 Thlr. 15 sgr.

2r Bd. Auch u. d. Titel: **Kirchliche Geographie und Statistik von Irland, Großbritannien, Niederlande, Schweiz, Deutschland und die angrenzenden Staaten, Rußland, Türkei und Griechenland.** gr. 8. 4 fl. od. 2 Thlr. 15 sgr.

So sehr wir heutzutage mit Büchern aller Art überschwemmt sind, hatten doch bis jetzt wir Katholiken auffallender Weise so viel als keine kirchliche Geographie und Statistik, da man doch meinen sollte, eine Uebersicht des gegenwärtigen Bestandes der katholischen Kirche müßte mindestens ebenso anziehend und wichtig sein als eine allgemeine Geographie oder dgl. Ohne Zweifel waren es nur die ungewöhnlichen Schwierigkeiten, die gerade hier zu überwinden sind, was von einem bezüglichen Versuche abschreckte, da selbst die vorhandenen Bruchstücke einer solchen allgemeinen Uebersicht an bedeutenden Mängeln leiden. Weil aber anderer Seits eine kirchliche Geographie und Statistik doch für Viele ein dringendes Bedürfniß und für jeden Gebildeten von hohem Interesse ist, so faßte der oben genannte Priester der Diöcese Rottenburg den Entschluß, koste es was es wolle, eine solche auszuarbeiten, und sammelte mit wahrem Bienenfleiße die dazu nöthigen Behelfe. Das Ganze gedenkt er in zwei Haupttheile zu scheiden, nämlich einen allgemeinen und einen speciellen. Der letztere soll 3 Bände umfassen. Die allgemeine kirchl. Geographie und Statistik soll als 4. Band das ganze Werk abschließen. Jeder Band wird übrigens ein für sich abgeschlossenes Ganzes bilden. Was nun die vorliegenden Bände betrifft, verdienen sie unzweifelhaft alle Anerkennung. E. L. Bl. Nr. 47.

———

Graf von Montalembert,
die Mönche des Abendlandes
vom h. Benedikt bis zum h. Bernhard.
Vom Verfasser genehmigte deutsche Ausgabe von **P. K. Brandes.**
1r—4r Bd. gr. 8. 10 fl. 12 kr. od. 6 Thlr. 6 sgr.

„Von einem Autor, welcher unter solchen Voraussetzungen an eine der erhabensten Aufgaben der christlichen Geschichtschreibung herantritt, kann selbstverständlich nichts Mittelmäßiges oder Gewöhnliches, sondern nur ganz Ungewöhnliches und Ausgezeichnetes erwartet werden, so daß wir von weiterer Berichterstattung Umgang nehmend, einfach der christlichen Gelehrten Republik und Lesewelt zurufen dürfen: Tolle, lege!" W. Lit. Z.

Dr. F. Stiefelhagen,
Theologie des Heidenthums.

Die Wissenschaft von den alten Religionen und der vergleichenden Mythologie nebst neuen Untersuchungen über das Heidenthum und dessen Verhältniß zum Christenthum. Ein Versuch zur Verständigung. Lex. 8. 4 fl. 48 kr. od. 2 Thlr. 28 sgr.

G. Phillips,
Kirchenrecht.

1—5r Bd.   gr. 8.   22 fl. 42 kr. od. 16 Thlr. 25 sgr.
Gr Bd.   gr. 8.   5 fl. 48 kr. od. 3 Thlr. 18 sgr.

„Der vorliegende (6.) Band beendet die Lehre vom Primat, ist aber in sofern als ein besonderes und selbstständiges Werk zu betrachten, als der ganze Inhalt die römische Curie zum Gegenstande hat und zwar in einem Umfange, wie diese Materie, in Deutschland wenigstens, noch nicht bearbeitet worden ist. Der Verfasser hat auf's Sorgfältigste die Geschichte und die heutige Gestaltung der sämmtlichen hier in Betracht kommenden Beamten der Kirche und der damit zusammenhängenden Institute und Verhältnisse so speciell dargestellt, daß Jeder, auch wenn er sich ex professo damit beschäftigt hat, doch in mannichfacher Weise Belehrung zu schöpfen im Stande sein wird."
Lit. Centralbl. 1855. Nr. 9.

G. Phillips,
Lehrbuch des Kirchenrechtes.

2 Bde.   Reg. 8.   12 fl. od. 7 Thlr. 12 sgr.

P. B. Gams, O. S. B.,
die Kirchengeschichte von Spanien.

Ir Bd. Die drei ersten Jahrhunderte. IIr Bd. 1te Abtheil.
Vom Jahre 305 bis 589.   gr. 8.   7 fl. od. 4 Thlr. 12 sgr.

Die Wiener Lit. Zeitg. X. No. 10 sagt am Ende einer ausführlichen Recension: „Zum Schlusse bitten wir den hochw. Verfasser uns bald mit der Fortsetzung seiner spanischen Kirchengeschichte zu erfreuen, und danken ihm für das Buch, das dem ruhmreichen und gesegneten Namen seines Ordens alle Ehre macht, und wir scheiden von ihm mit dem Wunsche, immer mehr jene Studien im Benediktiner-Orden wieder aufleben zu sehen, die ihn zu einer glänzenden, vielleicht der glänzendsten Zierde katholischer Wissenschaft gemacht haben."

Dr. J. A. Möhler's,
gesammelte Schriften und Aufsätze.

Herausgegeben von Dr. J. J. J. von Döllinger. 2 Bde. gr. 8.
4 fl. 48 kr. od. 3 Thlr.

Hr. Dr. Döllinger hat die in verschiedenen Zeitschriften zerstreuten Aufsätze und Abhandlungen seines seligen Freundes, als eben so viele Goldkörner der Wahrheit und Wissenschaft zusammengesucht und in einer eigenen Sammlung dem Publikum zugänglich gemacht. — Wie von dem evangel. Hausvater, so wird hier aus dem reichen Schatze Möhlers Altes und Neues geboten, durch das der fromme Priester, wie im Leben auf seine Hörer, auch noch im Tode segenreich fortwirkt auf seine Leser.   Kathol. Stimmen. 4s Heft.

J. A. Möhler,
Kirchengeschichte.

Herausgegeben von P. B. Gams.

Ir Bd. Erster Zeitraum. 2r Bd. Zweiter Zeitraum. Das Mittelalter.   gr. 8.   à 4 fl. od. 2 Thlr. 16 sgr.

Die histor. polit. Blätter (LXI. 5.) sagen am Schlusse einer ausführlichen Besprechung über vorstehende zwei Bände: „Wir können die bereits vorhandenen zwei Bände der Kirchengeschichte Möhler's nicht anders als im Gefühle der Freude über das viele Schöne und Wahre, welches uns als Erinnerung an diesen edlen Geist in demselben dargeboten wurde, aus der Hand legen. Wir haben nur den doppelten Wunsch, daß der gelehrte Herausgeber dieser kirchengeschichtlichen Verträge, der es bisher bewiesen hat, daß er im Interesse der Kirche und kirchlicher Wissenschaft keiner Mühe und keinem Tadel sorchtsam aus dem Wege geht, uns recht bald mit der Veröffentlichung des dritten und letzten Bandes erfreuen, und daß die Theilnahme für dieses Werk in den weitesten Kreisen sich kundgeben möge.

Dr. K. Werner,
der heilige Thomas von Aquino.

3 Bde. (1r Leben u. Schriften des h. Thomas v. A. 2r die Lehre des h. Thomas v. A. 3r Geschichte des Thomismus.) gr. 8. Belinp. 17 fl. 24 kr. od. 10 Thlr. 15 sgr.

Dr. K. Werner,
Franz Suarez u. die Scholastik der letzten Jahrhunderte.

2 Bde. gr. 8. 6 fl. 30 kr. od. 4 Thlr.

Dr. J. Hergenröther,
Photius, Patriarch von Konstantinopel.

Sein Leben, seine Schriften und das griechische Schisma. Nach handschriftlichen und gedruckten Quellen 1r u. 2r Band. Lex. 8. à 6 fl. od. 3 Thlr. 18 sgr.

„Das Werk ist im ächtesten Sinne des Wortes eine Bereicherung der Literatur" heißt es am Schlusse einer ausführlichen Recension in der A. Lit. Zeitg. XIII. 51.

Dr. D. B. Haneberg,
Geschichte der biblischen Offenbarung
als Einleitung in's alte und neue Testament.

3te Aufl. gr. 8. 4 fl. 48 kr. od. 3 Thlr.

Das Werk Hanebergs bietet die Früchte der eingehendsten Forschungen in der edelsten Form; die Sprache ist würdig, fern von allem Pathos; durchwebt von der poetischen Weihe lauterster Frömmigkeit, ein beneidenswerther Herzensspiegel. Die Kenntniß der so schwer zugänglichen, spät hebräischen National-Literatur im Speciellen, wie der orientalischen im Allgemeinen, die Hr. Abt Haneberg mit seltener Meisterschaft beherrscht, hat sein Buch mit einer Reihe historischer Detailangaben bereichert, von denen die gewöhnlichen Einleitungsschriften nichts enthalten.   A. Lit. Zeitg. XII. 40.

Allgemeine
Realencyklopädie,
oder Conversationslexikon für alle Stände.

3te, gänzlich umgearbeitete und sehr verm. Auflage.
In 12 Bänden oder 144 Heften.
Lex. 8. à 18 kr. od. 5 sgr.

Dieses Werk ist in dieser dritten Auflage, den gesteigerten Anforderungen der Gegenwart entsprechend, völlig umgestaltet und steht auf der Höhe der Zeit. Unter seinen zahlreichen (mehr als 100 im Vorwort genannten) Mitarbeitern befinden sich Koryphäen der Wissenschaft. Durch seinen innern Werth wie den höchst billigen Preis hat es sich bereits einstimmige Anerkennung und ein über alles Erwarten große Verbreitung errungen.